Mike Eldar

Israels geheime Marine- kommandos

Kapitän zur See d.R. Mike Eldar

Mike Eldar

Israels geheime Marine- kommandos

Geschichte –

Einsätze –

Hintergründe

der Flotilla 13

Ins Deutsche übertragen
von Wolfram Schürer

Motor
buch
Verlag

Einbandgestaltung: Andreas Pflaum unter
Verwendung von Vorlagen aus dem Archiv des
Verfassers.

Vorsatz: Siehe Abbildung Seite 125
Nachsatz: Siehe Abbildung Seite 81

Die teilweise geminderte Bildqualität ist auf das Alter
der Abbildungen und die Umstände ihres Entstehens
zurückzuführen.

Ins Deutsche übertragen von **Wolfram Schürer**
Deutsche Bearbeitung: **Helma** und **Wolfram Schürer,
Karl Veltzé**

Der deutschen Übersetzung lag das Manuskript
von Kapitän zur See d.R. Mike Eldar zugrunde, das
Janet Neeman aus dem Hebräischen ins Englische
übersetzte.

ISBN 3-613-02012-2

1. Auflage 2000
Copyright © by Motorbuch Verlag,
Postfach 103743, 70032 Stuttgart.
Ein Unternehmen der Paul Pietsch-Verlage
GmbH & Co.

Lektorat: Karl Veltzé / Martin Benz
Innengestaltung: Viktor Stern
Repro: digi bild reinhardt, 73037 Göppingen
Druck: Rung-Druck, 73033 Göppingen
Bindung: E. Riethmüller, 70176 Stuttgart
Printed in Germany

»Der vollständigste und glücklichste Sieg besteht darin, die Streitmacht eines Gegners zu verblüffen, ohne unsere eigene zu schwächen.«
Bellisarius

»Der Ruhm und die Existenz der Kommandoeinheiten mißt sich an der Anzahl ihrer Gefallenen und nicht an der Niederlage des Gegners – und daran: lebend zurückzukehren!«
Mike Eldar

»In den Geschichtsbüchern sind zu viele Kapitel geschrieben worden, als ob jene, die daran beteiligt waren, keinen Verstand, keine Kindheit, keine körperlichen Wahrnehmungen und keine Gefühle hatten.«
Peter Lovenberg

Inhalt

Vorwort

Dieses Buch ist die Geschichte einer militärischen Einheit, deren Äquivalent in anderen Ländern von einem Schleier des Geheimnisses umhüllt wird. Es ist das Ergebnis einer langwierigen Forschungsarbeit, welche die Benutzung von rund fünfzig Nachschlagewerken, Tausenden von Dokumenten und Dutzende von Befragungen von Kämpfern und Kommandeuren einschließt.

Viele unter jenen, die von diesem Buch erfuhren, waren erstaunt. »Wie können Sie über eine derart geheime Einheit schreiben?«, frugen sie. »Es wird Ihnen nicht gestattet werden, darüber etwas zu veröffentlichen!« Sie hatten recht! Die Angehörigen des Militärischen Abschirmdienstes Israels (Israeli Field Security) und die Zensoren unternahmen alles in ihrer Macht Stehende, um die Veröffentlichung zu verhindern. Sie hatten unrecht! Sie kannten meine Entschlossenheit und die Tatsache nicht, daß fast alle Geheimnisse dem Gegner bekannt waren, aber vor der israelischen Öffentlichkeit geheimgehalten wurden.

Sie hatten auch unrecht, weil die Angehörigen dieser Kommandoeinheiten der Marine keine Wunderknaben sind; es sind junge Männer, die freiwillig – jeder aus seinen eigenen Gründen – in eine Truppe eintraten, die einzigartige Fertigkeiten verlangt. Die ursprünglichen Rekruten waren Angehörige eines geheimen »Selbstmord-Kommandos« und ihre Aktivitäten kannten nur sie selbst. Ihre Nachfolger schlossen sich einer organisierten Truppe mit einer stolzen Tradition an, einer Truppe, die aus den Leistungen und Fehlern ihrer Vergangenheit gelernt hat.

Dieses Buch erzählt die Geschichte der verwegenen jungen Männer, die sowohl 1948 als auch heute die Herausforderung und die Gefahr suchten.

Wie alle Kommandoangehörigen überall auf der Welt waren sie Taucher und benutzten dieselbe Ausrüstung: Unterwasserfahrzeuge, Motorboote, Taucheranzüge mit Zubehör sowie alle Arten von Waffen. Sie führten dieselbe Art Operationen durch wie andere Kommando-Einheiten auch: Küstenüberfälle, Vorstöße gegen gegnerische Stützpunkte, geheimdienstliche Spähtrupps und die Versenkung von Schiffen. Nichts von alldem ist geheim; das hauptsächliche und zugleich wichtigste aller Geheimnisse ist für jeden Soldaten des Heeres, der Luftwaffe oder der Marine gleich: wo, wann und – von allen auf der Welt existierenden Methoden – wie wird der Gegner morgen angreifen.

Die meisten Operationen der »13. Flottille« sind in diesem Buch enthalten: ihre Erfolge, ihre Fehlschläge und die Probleme, die während dieser Zeit aufgetreten sind. Die Zensur hinderte mich daran, einige Operationen zu erwähnen, aber die Tatsache, daß sie nicht aufgenommen worden sind, hat ihrer allgemeinen Faszination keinen Abbruch getan.

Ich habe die Aktivitäten der »13. Flottille« mit jenen der israelischen Marine in Verbindung gebracht. Auf diese Weise stellt dieses Buch auch eine historische Rückschau auf die bedeutendsten Operationen in der Marinegeschichte unseres Landes dar.

Ich habe mein Bestes getan, um sachliche Genauigkeit zu gewährleisten, und ich hoffe, mir ist es gelungen, die Wahrheit deutlich hervortreten zu lassen, wie sie die meisten der Kommandeure und Kämpfer gesehen haben, auch wenn es klar ist, daß einige der Auffassung sein werden, die Wahrheit sei eine andere.

Ich schulde vielen Menschen für ihre Unterstützung und Ermutigung meinen aufrichtigsten Dank. Zuerst und vor allem gebührt dieser dem ehemaligen Flottenchef, Konteradmiral Mica Ram, der die mutige Entscheidung getroffen hat, das unter höchster Geheimhaltungsstufe stehende Archiv der Marine mit den Operationen zu öffnen. Ihm schulde ich Dank, daß ich in die Erzählungen der Kämpfer die Originaldokumente einbeziehen konnte, um so nahe, wie mir dies nur möglich war, an den tatsächlichen Ereignissen zu bleiben – ein seltenes Geschenk für jemand, der sich mit einer historischen Forschungsarbeit dieser Art beschäftigt, und zudem eine Gelegenheit, wie sie nur einmal im Leben einem Autor zuteil wird. Ich kenne kein über militärische Einheiten von höchster Geheimhaltung geschriebenes Buch, dessen Autor eine derartige Freiheit erhielt, sich in Dokumente zu vertiefen, die als geheim eingestuft sind. Doch nicht genug damit! Was verlieh dem Autor ein derartiges Recht, während diese Einheit noch immer auf dieselbe Art und Weise operiert?

Dank schulde ich Mica ebenso wie Avraham Shavit und Amnon Ben-Zion, Angehörigen der Veteranen-Vereinigung der Kommandoeinheiten der Marine, für die Ehre, einer Gruppe von Individualisten zu begegnen, miteinander wetteifernd und extrem in ihren Gefühlen: einerseits von leidenschaftlicher Zuneigung zu ihren Kameraden erfüllt und andererseits von tiefem Abscheu und tiefer Verachtung geprägt, Furcht oder Mangel an Vertrauen zu zeigen. Es gab jene, die der Auffassung waren: Dies ist so, wie wir sind – Männer mit der Fähigkeit zu führen und somit mit der starken Macht der Rivalität in uns. Und andere vertraten die Meinung: In Wirklichkeit sind wir alle Kinder, die mit gefährlichem Spielzeug spielen – und deshalb wetteifern wir miteinander. Die Wahrheit dürfte irgendwo in der Mitte liegen.

Ich traf eine Gruppe von Menschen, die zumeist ihre wahren Gefühle weit unter ihrer machohaften Oberfläche verbargen. Als ich meine Befragungen beendete und über sie alle nachdachte, kam ich zu einer einfachen Schlußfolgerung, eine, die mir in Wirklichkeit von Anfang an bekannt war: Sie sind genauso wie wir alle. Sie lieben und hassen, sie sind glücklich und gleichgültig, menschliche Wesen wie andere auch, die sich freiwillig meldeten, um auf einem einzigartigen Feld zu dienen – dem der Kommandoeinheiten der Marine.

Mein tiefempfundener Dank gilt allen von mir Befragten aller Dienstränge, die mir ihre persönlichen Erlebnisse offenbarten und mir halfen, über sie und die Marine zu schreiben. Dank ihnen allen, daß ich über einen kleinen, einzigartigen Teil der Geschichte des Staates Israel schreiben konnte, zu dessem Aufbau sie beitrugen.

1. Kapitel

Yom Kippur: Viermal in Al Hurghada

Sirenen am Sabbat

Das Yom-Kippur-Fest, der jüdische Versöhnungstag, fiel 1973 auf einen Samstag, dem jüdischen Sabbat. Das ohrenbetäubende Heulen der Luftschutzsirenen durchbrach an diesem heiligsten aller Feiertage die mittägliche Stille und erneut sahen sich die Israelis der Aussicht gegenüber, um ihr Leben und um die Existenz ihres Landes zu kämpfen.

Einen Tag zuvor, am 5. Oktober, befand sich Fregattenkapitän Shaul Ziv, 34 Jahre alt, der Chef der »13. Flottille«*, in seinem Dienstzimmer, als Alarm ausgelöst wurde. Er schien sich nicht von vielen anderen zu unterscheiden, die Ziv und seine Kameraden erlebt hatten. Er informierte seine Männer und befahl, die Urlauber zurückzurufen und sich auf den Kampf vorzubereiten.

Im Marinekommando in Tel Aviv wurde ihm lediglich mitgeteilt, daß großangelegte syrische und ägyptische Manöver einen regelrechten Krieg heraufbeschwören könnten. Admiral Bini Telem, der Befehlshaber der Marine, ließ ihn wissen, es bestünde eine große Wahrscheinlichkeit, daß sich die Ägypter und Syrer auf einen Überraschungsangriff vorbereiteten und daß er – ein polnischer Überlebender des »Holocaust«, der schon als Kind dem Tod ins Auge sah – im Begriff stünde, seine Männer in die Schlacht zu führen und erneut um sein Leben zu kämpfen.

Am nächsten Morgen informierte Adm. Telem seine höheren Stabsoffiziere, daß entsprechend einer als geheim eingestuften Mitteilung ein Überraschungsangriff auf Israel um 18.00 Uhr [17.00 Uhr MEZ; alle Uhrzeiten nach israelischer Zeit] beginnen sollte. Die Aufgabe der Marine bestünde darin, das Entstehen einer dritten

---

* Die Originalbezeichnung der Einheit lautet Flotilla 13. Verlag und Übersetzer haben sich in dieser Ausgabe für den deutschen Begriff 13. Flottille entschieden. Für den Titel wurde die Originalbezeichnung jedoch belassen.

Front an den Küsten Israels zu verhindern – keine einfache Aufgabe, da die israelische Marine viel kleiner als die ihrer Gegner war. Sie bestand aus

- 13 schnellen Flugkörper- bzw. Kanonenbooten der »Sa'ar«-(»Sturm«-)Klasse (11 FMB's und 2 FGB's),
- 13 Patrouillenbooten der »Dabur«-(»Wespe«-) Klasse (PB's),
- neun Landungsbooten (LCT's) und
- zwei Kommando-Einheiten: der »13. Flottille« und der »Einheit 707«.

Marinestützpunkte befanden sich in Haifa und Ashdod am Mittelmeer sowie in Eilat, Sharm-el-Sheich und Ras-el-Sudr am Roten Meer.

Der Bestand der syrischen und der ägyptischen Marine setzte sich wie folgt zusammen:

- 32 Flugkörper-Schnellboote der »Osa«- und der »Komar«-Klasse (FMB's),
- drei Zerstörer der Z- und der »Hunt«-Klasse,
- zwei Fregatten,
- 18 Minenleger bzw. -sucher,
- vier Raketen-Landungsboote,
- 12 Unterseeboote,
- 33 Torpedo- und Patrouillenboote,
- 12 U-Jagdboote und
- 26 kleine Patrouillenboote (PB's).

Die Stützpunkte der syrischen Flotte befanden sich hauptsächlich in Latakia und Tartus, während die ägyptischen Einheiten in Alexandria und Port Said am Mittelmeer sowie in den Häfen von Adabija, Al Hurghada und Port Safaga am Golf von Suez bzw. am Roten Meer stationiert waren.

Um 11.00 Uhr erging der Mobilmachungsbefehl. Die Reservisten wurden buchstäblich von zu Hause sowie aus den Synagogen weggezerrt, wo sie während des Fastens beteten.

FKpt. Shaul Ziv und seine Männer blieben sehr kühl. Ihre langjährige Erfahrung hatte sie gelehrt, auf jeden Notfall vorbereitet zu sein. Doch es herrschte trotzdem eine Atmosphäre der Bestürzung, der Überraschung und sogar des Zorns, daß Israel überrumpelt worden war. Eine schwache Hoffnung blieb dennoch – vielleicht war es ein falscher Alarm.

Um 14.00 Uhr griffen die Ägypter und die Syrer an und durchbrachen die israelischen Verteidigungsstellungen auf den Golan-Höhen und am Suezkanal.

Die israelischen FK-Schnellboote waren ausgelaufen und FKpt. Shaul Ziv wußte, daß seiner Kommando-Einheit der Vorteil der Überraschung fehlen würde – nicht imstande, einen Präventivschlag durchzuführen, und sich einem Gegner gegenübersehend, der seine gesamtem Verteidigungsmöglichkeiten nutzen würde. Noch hatte er ein paar Überraschungen auf Lager: die Zeit des Angriffs, die Methoden, die er anwenden würde, und – vor allem – die erstaunliche Kraft seiner Männer zur Selbstaufopferung, die das Gleichgewicht der Kräfte zugunsten der Israelis umstoßen konnten.

Shaul Ziv, ein wagemutiger und beherzter Kämpfer, hatte nie den bitteren Geschmack der Niederlage vergessen, den seine Einheit 1967 im Sechs-Tage-Krieg erlitten hatte. Er wußte, daß seine Männer diesmal auf eine völlig andere Art und Weise operieren mußten. Er war sich auch der Tatsache bewußt, daß einige höhere Stabsoffiziere nur zu schnell mit der Frage bei der Hand waren, ob die Kommandotruppe jetzt wirklich erforderlich wäre, da sich andere Elite-Einheiten in früheren Kriegen als erfolglos erwiesen hätten.

FKpt. Shaul Ziv rief seine Männer zusammen, die aktiv dienenden wie auch die Reservisten.

»OK, Jungs«, sagte er, »wir sind mit heruntergelassenen Hosen erwischt worden. Bei unseren Operationen zwischen den Kriegen waren wir stets die ersten, die zuschlugen. Vergeßt es! Diesmal ist der Feind voll alarmiert und wartet auf uns. Wir werden mit einem viel höheren Risiko als sonst operieren müssen. Die „Rückkehr"-Option ist keine heilige Kuh mehr.«

Die Kampfausrüstung der Einheiten stand bereit: etwa 40 Schlauchboote und 20 schnelle Motorboote des Typs »Snunit« (»Schwalbe« bzw. des amerikanischen »Zigaretten«-Typs), jedes mit zwei Maschinengewehren bewaffnet. Sie dienten sowohl als Führungsboote wie auch als Personentransporter. Mehrere »Snunit«-Boote waren auch in Angriffs-Sprengboote des »Patzchan«-Typs umgewandelt worden. Außerdem besaß die Einheit acht SDV's (Unterwasserfahrzeuge zum Transport und zum Absetzen von Kampfschwimmern, hebräisch als »Hazirim« bezeichnet), die imstande waren, jeweils vier Kampfschwimmer und fünf ältere SPC's aufzunehmen. Jedes SPC (Unterwasserfahrzeug zur Fortbewegung von Kampfschwimmern, hebräisch als »Dolphin« bezeichnet) konnte einen Kampfschwimmer fortbewegen.

An diesem Abend zählte die Einheit 150 Aktive und Reservisten, allesamt erpicht darauf, in den Kampf zu gehen; darunter befanden sich einige ihrer erfahrensten Veteranen, wie Admiral a.D. Yochai Ben-Nun, 49 Jahre alt, der erste Kommandeur der Flottille, der später Befehlshaber der Marine wurde, und Fregattenkapitän a.D. Yossale Dror, 48 Jahre alt, der erste Führer der Kampfschwimmer-Einheit.

Kommando-Operationen waren jedoch weit davon entfernt, für die Armeechefs vorrangige Priorität zu genießen, die fieberhaft damit beschäftigt waren, dem Überraschungsangriff des Gegners Widerstand entgegenzusetzen.

Um Mitternacht am Ende des ersten Kriegstages gingen bei FKpt. Shaul Ziv erfreuliche Meldungen ein. Israelische FK-Schnellboote hatten bei Latakia ihren ersten Sieg errungen. Israelische »Gabriel«-Seezielflugkörper hatten sich gegenüber den sowjetischen »Styx«-Flugkörpern als überlegen erwiesen und ohne israelische Verluste waren fünf syrische Boote – drei FMB's, ein MTB und ein Minensucher – versenkt worden. Nach den schweren an Land erlittenen Verlusten erschien dies als ein durch die Dunkelheit der Fehlschläge dringender Hoffnungsstrahl. Doch in diesem frühen Stadium des Krieges befürchtete Shaul Ziv, daß Admiral Telem nicht bereit sein würde, seine Kommandoeinheiten zu riskieren, sondern es vorzog, sie zu einem kritischeren Zeitpunkt einzusetzen. Trotz dieser Besorgnisse unterbreitete er Adm. Bini Telem eine Reihe von Vorschlägen und erhielt schließlich den Befehl, sich auf eine Landoperation in Syrien vorzubereiten.

Die Kommandos suchen im Süden nach Beute

Als der Krieg begann, liefen die in Sharm-el-Sheich an der Südspitze der Sinai-Halbinsel stationierten israelischen Flotteneinheiten an den Eingang des Golfs von Suez zur Aufklärung aus. Um Mitternacht wurden sie mit Flugkörpern angegriffen, gestartet von zwei ägyptischen FK-Schnellbooten der »Komar«-Klasse, die in Al Hurghada etwa 50 sm südwestlich von Sharm-el-Sheich stationiert waren. Nur das wagemutige taktische Verhalten der Kommandanten der israelischen Boote – die gefährlich nahe an den Korallenriffen manövrierten und sogar auf ihnen landeten – verhinderten ein ernstes Unheil. Die Flugkörper verfehlten ihre Ziele und detonierten auf dem Strand, aber den gegnerischen Booten gelang es, sich in den Hafen zurückzuziehen. Ein von einem ägyptischen Flugzeug abgeschossener Flugkörper war erfolgreicher und traf eine Radarstation der israelischen Luftwaffe zur Luftraumüberwachung in diesem Gebiet. Ägyptischen Luftangriffen gelang es, wesentliche Einrichtungen sowie Hubschrauber zu beschädigen, die Kommandos am Golf von Suez an Land setzten.

Der strategisch bedeutsame Marinestützpunkt Sharm-el-Sheich an der Südspitze der Sinai-Halbinsel am Roten Meer. Er kontrolliert die Einfahrt in den Golf von Akaba und damit den Zugang zum israelischen Hafen Eilat.

Im Verlaufe der ägyptischen Luftangriffe erhielt der Hafen keinen Treffer und dem damals unter meinem Kommando stehenden bewaffneten Tender gelang es sogar, während der ersten Minuten des Krieges eine MIG zu treffen. Zwei israelische »Phantom«-Jäger schossen eine Reihe ägyptischer Flugzeuge ab. Diese Erfolge verliehen uns das Gefühl, daß wir trotz der Überraschung erneut einen knappen Sieg erringen würden.

Die Marine hatte in diesem Seegebiet keine FK-Schnellboote und das Kräfteverhältnis sprach sehr gegen Israel. Die Ägypter besaßen hier vier FK-Schnellboote, neun Motortorpedoboote, zwei Zerstörer und eine Anzahl Patrouillenboote, stationiert am Golf von Suez bis hin nach Barnis (Ras Benas) nahe der Südgrenze Ägyptens am Roten Meer.

Die israelische Flotte war dagegen um einiges schlechter ausgerüstet vertreten: sechs Patrouillenboote der »Dabur«-Klasse, bewaffnet mit je zwei 20-mm-Geschützen und zwei 12,7-mm-Maschinengeweh-

ren, sowie vier LCT's und die BAT-YAM, ein bewaffneter Tender. Dieser Nachteil wurde durch das Fehlen von eigenen Land- und Luftunterstützungskräften in diesem Raum noch verstärkt.

Dem Befehlshaber der Marine war überaus klar, daß wir unsere unterlegene Position nur durch eine aggressive Initiative überwinden konnten. Gegen 24.00 Uhr in der Nacht vom 6./7. Oktober wurden zwei Boote der »Dabur«-Klasse zur ägyptischen Seite des Golfes von Suez entsandt – um dort auf den Angriff wartende Kommandoeinheiten außer Gefecht zu setzen. Es gelang ihnen, zu einem Ankerplatz vorzudringen und mehrere Kommando-Boote zu vernichten, die im Begriff standen, auszulaufen. Ebenfalls am 6. Oktober griff ein ägyptisches Unterseeboot zur Straße von Bab-el-Mandeb hin etwa 600 sm südlich von Sharm-el-Sheich im Roten Meer einen israelischen Tanker an. Die Torpedos gingen vorbei und das unversehrt gebliebene Schiff setzte seine Fahrt nach Eilat fort.

Admiral Bini Telem teilte den Offizieren seines Stabes zur Einschätzung der Lage am 7. Oktober mit: »Gestern hatten die »Zahal« [von den hebräischen Initialen für IDF] den Tiefpunkt in ihrer Geschichte erreicht. Die Lagebeurteilung des Generalstabschefs war derart deprimierend, daß ich sie einfach nicht an Sie weitergeben wollte, aus der Besorgnis heraus, Ihre Moral vollständig zu zerstören. Sogar in den ernstesten Situationen gelingt es ihm zu lächeln, doch diesmal täuschte dieses Lächeln weder ihn noch uns. Aber gegen 01.00 morgens fing ich an, das Gefühl zu bekommen, an der Front wäre eine wirkliche Besserung eingetreten, und zum erstenmal hätte sich uns ein organisierter Plan dargeboten.«

Admiral Telem befahl die sofortige Verlegung von zwei Patrouillenbooten der »Dabur«-Klasse und einer Kommandoeinheit vom Mittelmeer nach Sharm-el-Sheich. Außerdem befahl er, mit den ersten Vorbereitungen für eine Suez-Landung zu beginnen.

Am Montag, dem 8. Oktober, verabschiedete sich FKpt. Shaul Ziv um 06.00 Uhr von einem Lkw-Konvoi, zu dem 45 Mann gehörten, geführt von seinem Stellvertreter, KKpt. Gadi Shefi. Noch eine weitere Truppe unter FKpt. Dov Bar, bestehend aus 25 Angehörigen der »Einheit 707« (dem Unterwasser-Sprengkommando der Marine), wurde nach Sharm-el-Sheich in Marsch gesetzt.

Shaul Ziv, ein verwegener Kämpfer, befand sich in der Zwickmühle. Er wollte bei diesem wichtigen Einsatz bei seinen Männern sein. Doch er konnte sich nicht zerreißen. Sein Problem löste sich, als ihm Adm. Telem befahl, im Mittelmeer-Stützpunkt zu verbleiben - in seiner Nähe.

Während sich die Kommando-Einheiten in Sharm-el-Sheich vorbereiteten, errang die Marine zwei weitere Erfolge. Im Seegebiet auf der Höhe der ägyptischen Küstenorte Baltim und Damietta wurden drei FK-Schnellboote der »Osa«-Klasse versenkt und zwei »Dabur«-Patrouillenboote vernichteten im nördlichen Teil des Golfes von Suez ein ägyptisches Patrouillenboot des »De Castro«-Typs. Die Ägypter aus Al Hurghada griffen erneut mit Flugkörpern an, verfehlten wiederum ihre Ziele und auch diesmal blieben unsere Streitkräfte unbeschädigt.

In den frühen Morgenstunden des Dienstag befahl Adm. Telem mehrere küstennahe Operationen im Golf von Suez: das Verlegen von Minen, das Legen eines Hinterhaltes und das Versenken der FK-Schnellboote, die in Al Hurghada festgemacht hatten. Ihm war nicht daran gelegen, die amphibischen Operationen zu gefährden, die darauf abzielten, einen Teil der ägyptischen Küste zu erobern, um eine starke Position bei Verhandlungen zu erreichen, die am Ende des Krieges stattfinden würden.

Eingegangene Informationen wiesen auf die Möglichkeit hin, daß eines der FK-Schnellboote beschädigt worden sei – Beweis genug, daß sich Boote im Hafen befanden und auf diese Weise den Kommandos die Rechtfertigung gaben, die sie brauchten, um anzugreifen.

Zur Planungsgruppe gehörten KKpt. Gadi Shefi, KKpt. Eli Marek, der Führer der Boots-Abteilung, und KKpt. Gadi Kroll, der Führer der Tauch-Abteilung. Letzterer hatte bereits als 13jähriges Kind seinen Eltern geholfen, in seinem heimatlichen Kibbuz Handgranaten scharfzumachen. Zu ihnen stieß Adm.d.R. Avraham Botzer (Spitzname »Gepard«), ein ehemaliger Befehlshaber der Marine, der entsandt worden war, um im südlichen Bereich den Gesamtbefehl zu übernehmen. Admiral Telem war mit der Rolle nicht zufrieden gewesen, die Kapitän z.S. Ze'ev Almog, Kommandeur des Befehlsbereiches Süd und ehemaliger Chef der 13. Flotille, gespielt hatte. Weitere Offiziere, die zur Gruppe stießen, waren Yochai Ben-Nun und Yossale Dror, die in den Süden heruntergekommen waren, weil sie das Gefühl hatten, sie könnten hier, ungeachtet ihres hohen Rangs, einen größeren Beitrag leisten.

Das Ziel, 100 sm hin und zurück, war eine Aufgabe für die schnellen »Snunit«-Boote, aber diese befanden sich noch im Norden. Daher mußten Schlauchboote trotz der Tatsache eingesetzt werden, daß die Entfernung zweimal so groß wie die Distanz war, für die sie stets trainiert hatten.

Die Bedingungen in diesem Seegebiet waren außerordentlich schwierig und hatten vor einem Jahr den Untergang eines »Snunit«-Bootes bei einem Aufklärungseinsatz verursacht. Es stellte sich auch heraus, daß es unmöglich sein würde, Luftsicherung durch Jäger oder Rettung durch Hubschrauber zu bekommen. Außerdem müßten sie den größten Teil ihres Rückmarsches bei Tageslicht zurücklegen. Einige Angehörige der Einheit erkannten die Durchführbarkeit des Unternehmens nicht. Sie hatten das Gefühl, der Plan wäre mehr für theoretische Kriegsspiele geeignet. Sie wußten jedoch, daß der Zielort, technisch gesehen, erreicht werden könnte und daß jetzt alles von ihrer Fähigkeit abhing, die Schlauchboote während der langen und qualvollen Fahrt zusammenzuhalten.

Erstes Eindringen in Al Hurghada: Ein kampfloses Unentschieden

Vier Schlauchboote wurden vorbereitet, jedes mit zwölf Brennstoffkanistern beladen. Auf einem »Dabur«-Patrouillenboot wurde ein Reserveschlauchboot untergebracht.

Oktober 1973 in Sharm-el-Sheich: KKpt. Eli Marek, der Führer des ersten Unternehmens gegen den ägyptischen Flottenstützpunkt Al Hurghada und gleichzeitig Führer der Boots-Abteilung, zusammen mit FKpt. Shaul Ziv (rechts im Bild), dem Chef der 13. Flottille, auf einem »Patzchan«-Sprengboot.

Adm.d.R. Botzer billigte den Plan und nach einer Nacht erfrischenden Schlafes machten sich die Kommandos für die Strapazen bereit und legten ihre Waffen zurecht. Am Abend dann verwandelte sich der unrealistische Plan in eine regelrechte Operation. Die Einsatzbesprechung verlief detailliert, aber hinsichtlich der genauen Lage der Ziele im Hafen gab es keine präzisen Informationen. Entlang der drei Kilometer langen Fahrrinne mit der ägyptischen Küste auf der einen und einem Korallenriff auf der anderen Seite würden die Kommandos schwimmen und tauchen müssen. Außerdem herrschte als zusätzliches Problem Vollmond, der die Männer der vollen Sicht des Gegners aussetzte. Die Strömungen in diesem Gebiet waren nicht voraussagbar und auf etwa halbem Wege zwischen Sharm-el-Sheich und Al Hurghada gab es auf der Insel Shadwan eine Radarstation. Der Führer des Unternehmens war Eli Marek, der gerade zwei Tage zuvor zum Korvettenkapitän befördert worden war und voller Ungeduld darauf brannte, sich zu beweisen. Gadi Kroll war nicht weniger ungeduldig. Er hatte nie das Scheitern eines Unternehmens während des Sechs-Tage-Krieges vergessen, als er und die anderen Kommandoangehörigen aus Syrien zurückkehrten, ohne ihren Auftrag erfüllt zu haben (siehe 7. Kapitel).

Eli Marek kannte das Zielgebiet gut. Er machte geltend, daß jeder Seemann, der sich seines Wertes rühmte, einen Blick auf die Seekarte werfen und begreifen sollte, welchen unmöglichen Auftrag sie im Begriff stünden auszuführen. Die See hatte ihr eigenes Gesetz – und ein verrücktes noch dazu. Manchmal war sie ruhig, blau, romantisch und glatt wie ein Spiegel und manchmal war sie so stürmisch, daß die Fahrtbedingungen unerträglich waren – besonders für Schlauchboote, die nicht viel aushielten. Die ägyptischen FK-Schnellboote befanden sich im Hafen und Eli Marek und seine Männer wußten, daß sie den Auftrag in dieser Nacht durchführen mußten. Aus der Besorgnis heraus, daß ihre Ziele nicht mehr da sein könnten oder daß der Krieg vorüber sein würde, konnten sie sich den Luxus nicht leisten, auf eine mondlose Nacht zu warten.

Sie verließen Sharm-el-Sheich in Richtung Ras Muhammed, der südlichsten Spitze der Sinai-Halbinsel. Unmittelbar nach dem Start stellten sie beim Motor eines der Schlauchboote eine Störung fest. Er wurde gegen den Reservemotor auf dem »Dabur«-Boot ausgetauscht. Letzteres blieb nahe Ras Muhammed zurück, da es bei einem Weitermarsch vom Radar auf Shadwan geortet worden wäre.

Die Männer erprobten ihre Waffen und der Lärm ihrer Schüsse stärkte ihren Kampfgeist. In dem Augenblick, in dem sie aus dem Landschutz herauskamen, traf sie der Sturm mit voller Gewalt. Mit zwei Meter hohen und grimmigen Wellen peitschte ein Nordweststurm gegen die Schlauchboote, er zerbeulte die Dreibeine der Maschinengewehre und durchnässte die Männer bis auf die Haut. Den Bootsführern war es fast unmöglich, miteinander Sichtkontakt zu halten, denn die Schlauchboote verschwanden immer wieder zwischen den hohen Wellen. Eli Marek navigierte unter Benutzung einer Seekarte, einer Luftaufnahme und eines kleinen Magnetkompasses. Gegen den Sonnenuntergang zu sah er die Gifatin-Bergspitze und drehte nach Westen in Richtung der ägyptischen Küste ab. In einer Entfernung von etwa fünf Kilometern vom Hafen erkannte er die Häuser von Al Hurghada. Als sich die Boote der Küstenlinie näherten, wurde die See ruhiger und die Stimmung der Männer hob sich.

Gegen 20.00 Uhr erreichten sie die wie im Flutlicht daliegende Küste. Zwei Stunden lang fuhren sie nach Süden in Richtung Ankerplatz, der sich sehr dicht am Riff befand. Bei mehr als einer Gelegenheit berührten die Propeller die Korallen und tauchten mit »gellendem« Getöse aus dem Wasser, so laut, daß die Männer überzeugt waren, die ganze Welt wäre sich ihrer Anwesenheit bewußt. Ihre Besorgnis verstärkte sich durch die Tatsache, daß sie die Leute klar im Blickfeld

KKpt. Gadi Kroll, der Führer der Tauch-Abteilung der 13. Flottille, war ebenfalls an den Unternehmen gegen Al Hurghada beteiligt. Beim zweiten Einsatz mußten er und seine Kampfschwimmer acht Stunden unter Wasser operieren.

kehren. Ihnen blieben nicht genügend Stunden der Dunkelheit übrig, um getaucht ihr Ziel zu erreichen. Sollten sie das Gebiet zu spät verlassen, wären sie bei vollem Tageslicht Angriffen aus der Luft und von See her ausgesetzt, ohne Aussicht auf Unterstützung zu haben. Eli Marek hatte nicht die Absicht, seine zwölf Männer unnötig in Gefahr zu bringen. Er und Gadi Kroll beurteilten die Lage mit kühlem Verstand. Trotz ihres starken emotionalen Wunsches weiterzumachen, mußten sie sich von ihren Gefühlen freimachen und die Situation mit geschultem, professionellem Blick einschätzen.

Nach 19 Stunden, die sie in der See hin- und hergeworfen worden waren, kehrten sie nach Sharm-el-Sheich zurück. An Körper und Geist gebrochen, erkannten sie das Scheitern ihres Einsatzes. Sie waren sogar noch deprimierter, als sie feststellten, daß sie weder jemand gesehen noch auf sie Jagd gemacht hatte. Ihre einzige Hoffnung bestand darin, daß die Tatsache, das Hindernis der vorher nicht geübten Distanz überwunden zu haben, ihnen einen nochmaligen Versuch ermöglichen würde.

Acht Stunden unter Wasser: Eins zu Null

Am selben Tag fand bei Admiral Telem eine Besprechung statt. Er begann mit einer erfreulichen Ankündigung. Die Syrer waren auf den Golan-Höhen zurückgeworfen worden, der Plan zur Überquerung des Suez-Kanals war im Anrollen und FK-Schnellboote führten Angriffe gegen strategisch wichtige Küstenpositionen durch. Nach dem Erhalt der Meldung, daß der Al-Hurghada-Einsatz gescheitert war, befahl Adm. Telem, sobald wie möglich einen weiteren Versuch durchzuführen.

Nach der Besprechung flog FKpt. Shaul Ziv nach Sharm-el-Sheich zu einer abschließenden Einsatzbesprechung. Der Hauptpunkt, der zur Debatte stand, war die Notwendigkeit von »Snunit«-Booten. Er forderte ihre Überführung nach Süden, aber Bini Telem stimmte dem nicht zu, da er sie im Norden haben wollte. So wurde entschieden, einen zweiten Versuch mit Schlauchbooten durchzuführen. Schweren Herzens gingen die Männer schlafen. Trotz ihres starken Wunsches, den Angriff zu wiederholen, gab es unter ihnen einige, die das Gefühl hatten, daß die Verwendung derselben Methode sogar noch gefährlicher als beim ersten Mal wäre. Shaul Ziv war der Auffassung, daß gegenüber den Nachteilen der Vorteil schwerer wiegen würde, mit dem Zielgebiet und der geringen Wachsamkeit vertraut zu sein, die der Gegner bei ihrem ersten Einsatz an den Tag gelegt hatte.

hatten, die an der Küste umherliefen. Mit dem Nachtglas suchten sie nach der Brennstoffpier, ihrem festgelegten Punkt zum Tauchen. Plötzlich beobachteten sie ein Fahrzeug. An seinem weiß aufschäumenden Kielwasser erkannten sie, daß es sich um ein Boot der Marine handelte – es kam direkt auf sie zu. Eli Marek wich ihm aus, indem sie in einen engen Kanal zwischen die Riffe schlüpften. Da sie ihr Versteck nicht durch eine weiße Kielwasserspur verraten wollten, nahmen sie die Fahrt heraus. Zum Zerreißen gespannt, warteten sie ab. Jeder griff nach seiner Waffe, bereit, falls etwas passieren sollte. Nach ein paar Minuten drehte das Boot nach Norden ab und sie atmeten befreit auf. Doch dann stellten sie fest, daß sie zwei Stunden hinter ihrem geschätzten Zeitplan zurücklagen. Um allem die Krone aufzusetzen, waren sie infolge ihres mörderischen Hinmarsches auch noch sehr knapp an Treibstoff.

Nach kurzer Diskussion trafen Eli Marek und Gadi Kroll eine bedauerliche, aber unausweichliche Entscheidung; sie würden nach Sharm-el-Sheich zurück-

Ferner wurde entschieden, diesmal nur zwei Taucherpaare einzusetzen und das dritte Schlauchboot zum Mitführen von Reserve-Brennstoffkanistern zu verwenden.

Während die Vorbereitungen für diesen Einsatz im Gange waren, fanden im Golf von Suez zwei eigene Minenunternehmen statt. Ein Verband, bestehend aus Angehörigen der »Einheit 707« und der 13. Flottille, überquerte in Schlauchbooten den Golf und erreichte ohne Schwierigkeiten die Küste. Nachdem sie ihre Minen gelegt hatten, warteten sie vier Stunden, um zu sehen, ob ägyptische Fahrzeuge vorbeikommen würden – aber nichts geschah. Danach ließen sie die Minen hochgehen, blockierten die Straße, traten den Rückmarsch an und kehrten auf dem schnellsten Wege problemlos nach Sharm-el-Sheich zurück, um zu ihren Kameraden zu stoßen, die mittlerweile zu ihrem zweiten Vorstoß nach Al Hurghada an Bord ihrer Boote gegangen waren.

Diesmal war die See freundlich zu den Männern und sie legten mit ihren Booten rasch denselben Weg zurück. Da sie ihrem Zeitplan voraus waren, mußten sie langsam fahren, um nicht die ägyptische Küste zu erreichen, solange es noch hell war. Als die Dunkelheit hereinbrach und sie sich dem Land näherten, überkam sie dasselbe Gefühl wie das letzte Mal: Nur wenige hundert Meter von der Küste entfernt, müßten sie zweifellos im hellen Mondlicht gesehen werden. Mit hin und her fahrenden Fahrzeugen war der ägyptische Marinestützpunkt ein Ort voller Geschäftigkeit. Diesmal sahen sie die Brennstoffpier deutlich und um 20.30 Uhr gingen die Taucher mit genügend Zeit in Reserve ins Wasser. Während sie noch in den Schlauchbooten waren, vernahmen sie etwas, das sich wie Geschützfeuer anhörte. Doch sobald sie im Wasser waren, erkannten sie, daß sie das Detonieren von Wasserbomben gehört hatten. Eine starke Strömung ließ sie nur langsam vorankommen und nach einer Weile erreichten sie ein Riff, von wo aus es ihnen möglich sein sollte, die Pier mit den daran festgemachten ägyptischen Booten zu erkennen. Sie sahen nichts. Gadi Kroll erkannte, daß er einen Fehler begangen hatte, als sich die Wucht der Wasserbomben abschwächte. Sein Entschluß stand fest: zum Ursprung der Detonationen zu schwimmen, wo die FK-Schnellboote lagen. Über und unter Wasser schwammen sie weiter und spürten die zunehmende Gewalt der Detonationen. Nach einer Weile sah Gadi Kroll nicht weit von der Pier entfernt den Schatten eines Bootes. Er entschloß sich, das Objekt anzugreifen, sich beim Gedanken an das andere Taucherpaar daran erinnernd, daß sie nur militärische Ziele angreifen sollten. Nach zehn Minuten unter Wasser kam er an die Wasseroberfläche und sah einige Fischerboote und ein großes, dunkles Schiff. Getaucht darauf zuschwimmend, stellte er fest, daß es nicht mehr genutzt wurde, da der Rumpf von Seetang überzogen war. An den Bug gelangend, benutzte er ihn als Deckung für einen weiteren Rundblick – und sah nichts. Unter Wasser schwamm er zum Mittelpunkt des Hafens. Als er an die Wasseroberfläche stieg, erkannte er nahe der Pier einen dunklen Umriß mit einer weißen Markierung. Die Wucht der Detonationen war hier am stärksten, und so entschied er, daß es sich um das Ziel handeln müsse.

Sich auf seinen Kompaß konzentrierend, tauchte er erneut, wobei die Hand mit dem Kompaß infolge der Detonationen die ganze Zeit über erschüttert wurde. Ohne dies zu bemerken, gelangte er in eine Tiefe von 20 m. Sein hinter ihm schwimmender Partner zog ihn höher, da er sich in einer gefährlichen Tiefe befunden hatte. Nach fünf Minuten anstrengenden Tauchens unter den fortwährenden Schlägen der Wasserbomben stieß er an den Boden eines Bootskörpers. Er hatte vier Propeller. Dies bedeutete nur eines: Es handelte sich entweder um ein FMB oder ein MTB. Mit hämmernden Herzschlägen versuchten Gadi Kroll und sein Gefährte, die Minen mit besonderen Sprengschrauben zu befestigen, aber dies erwies sich als nicht durchführbar. Schließlich hatten sie mit der Verwendung von Daumenschrauben Erfolg. Sie aktivierten die Spezialvorrichtung, die die Minen bei dem Versuch detonieren ließ, sie zu entfernen. Während sie noch arbeiteten, setzten sich die Schläge der Detonationen fort. Als sie fertig waren, detonierten zwei Ladungen direkt über ihnen. In der Erkenntnis, daß ihnen zu wenig Zeit zur Verfügung stand, um nach einem weiteren Ziel zu suchen, entschlossen sie sich, zu den Schlauchbooten zurückzukehren.

Als sie aus dem Schutz des Bootskörpers herauskamen, wurde aus einem direkt über ihnen fahrenden Boot eine Wasserbombensalve abgefeuert. Sie waren sicher, entdeckt worden zu sein. Als Folge der Detonationen verlor Gadi Kroll jeglichen Orientierungssinn und fand sich dicht am Meeresboden wieder, zurück in die Richtung des FMB tauchend. Nur mit der Unterstützung seines Partners gelang es ihm, sich zusammenzureißen, und sie verschwanden aus der Gefahrenzone. Nach etwa einer Stunde unter Wasser, als die Nachwirkungen der Detonationen nachließen, tauchten sie schließlich auf, orientierten sich nach ihrer Umgebung und schwammen weiter. Hierbei schlief der aufs äußerste erschöpfte Gadi Kroll ein.

Das zweite Paar litt unter technischen Problemen. Nicht in der Lage, das Ziel ausfindig zu machen und zu erkennen, verrann den beiden Tauchern die Zeit. Sie entschlossen sich daher, zu den Schlauchbooten zurückzukehren.

Zunächst warteten Eli Marek und seine Männer nicht weit von den Riffen entfernt. Vom hellen Mondlicht beleuchtet, entschloß sich Marek, geräuschlos zu rudern und am Riff zu ankern. Ihre Nerven waren angespannt, keiner schlief und alle Augen blickten in

Ein ägyptisches FK-Schnellboot der »Komar«-Klasse 1973 vor Al Hurghada im Golf von Suez, eines der beiden FMB's, die im Yom-Kippur-Krieg durch die 13. Flottille versenkt wurden. Sie stellten im nördlichen Roten Meer eine Bedrohung der Israelis dar, insbesondere für Landungsoperationen im Golf von Suez. Die von der Sowjetunion an Ägypten gelieferten 75 ts großen und 40 kn schnellen »Komar«-Boote führten zwei Seezielflugkörper »Styx« (SS-N-2A) achtern sowie ein 25-mm-Zwillingsgeschütz vorn.

Richtung des Marinestützpunktes, der nicht weit von ihnen entfernt lag. Es gab keine Anzeichen dafür, daß sie entdeckt worden waren, da sie sehen konnten, daß dort jedermann wie üblich seinen Geschäften nachging. Eine halbe Stunde vor Mitternacht bemerkten sie eine vermehrte Aktivität und hörten, wie ein Generator angelassen wurde. Eli Marek entschied, sich auf eine schnelle Flucht vorzubereiten, während seine Männer mit bereitgehaltenen Waffen abwarteten. Nach einer Weile ließ die Geschäftigkeit nach und Eli Marek erkannte, daß es sich vermutlich um einen Schichtwechsel gehandelt hatte.

Mitternacht – der Zeitpunkt zur Aufnahme war verstrichen. Eli Marek wartete gespannt. Seine Nervosität nahm zu, als er die Geräusche von Bootsmotoren hörte. Kurze Zeit später kam ein Fischerboot mit drei Schlauchbooten im Schlepp in Sicht. Ihnen folgten zwei weitere Schlauchboote, die rund 300 m von ihnen entfernt passierten. Eli Marek holte den Anker ein; jeder war wachsam und kampfbereit. Zu ihrer großen Erleichterung passierte sie der Konvoi und lief in den Hafen ein. Erst später wurde bekannt, daß dies – wie Marek vermutet hatte – eine ägyptische Kommando-Einheit gewesen war, die von einem Angriff auf Sharm-el-Sheich zurückkehrte, nachdem dieser von einem Patrouillenboot der »Dabur«-Klasse abgewiesen worden war.

Eli Marek wußte, daß das Risiko, entdeckt zu werden, umso größer wurde, je länger sie auf die Taucher warteten. Doch obwohl ihre Frist für das Verlassen dieses Ortes schon lange verstrichen war, wußte er auch, daß er die Taucher keineswegs aufgeben würde.

Gegen zwei Uhr morgens ging von den Tauchern ein Funkspruch ein: »Aufgabe durchgeführt!« Um 03.20 Uhr wurden Gadi Kroll und sein Partner aufgenommen, nachdem sie sich mit ihren Infrarot-Signalen identifiziert hatten. Sie fühlten sich leblos an, als die beiden schweren Körper ins Boot gezerrt wurden. Die Zeit verging und die Anspannung wuchs. Schon bald würde es hell werden und sie müßten den Ort verlassen haben. So saßen sie da und warteten auf das zweite Paar, suchten nach einem Erkennungssignal und beteten, daß die Männer bald auftauchen würden. Um 03.40 Uhr wurden ihre Gebete belohnt. Nicht weit von der Ölpier entfernt waren Lichter zu sehen: ein riskanter Platz für ein Aufnehmen. Eli Marek wartete bis 03.55 Uhr und dann hatte er keine Wahl mehr. Die Männer ruderten geräuschlos vom Riff weg, warfen die Motoren an und bewegten sich mit so wenig Lärm wie möglich auf die Pier zu. In einer Entfernung von etwa 30 m zur Pier nahmen sie die Taucher an Bord, aber dies war ein zu dichtes Herangehen und sie wurden gesehen. Geschützfeuer zischte über ihre Köpfe und Eli Marek befahl äußerste Kraft voraus. Im hellen

Mondlicht suchten sie ihren Weg im Zickzackkurs hinaus auf See. Als sie rund 1000 m von der Küste entfernt waren, hörte das Schießen auf. Doch dann erkannten sie zu ihrem Schrecken, daß eines der Schlauchboote fehlte. Es blieb ihnen keine Wahl; sie mußten zurück und nach ihm suchen.

Die Anspannung ließ sich buchstäblich mit dem Messer schneiden. Die Männer fürchteten um das Leben ihrer Kameraden und in dem Versuch, sich selbst sowie auch sie zu überzeugen, stammelte Eli Marek, daß solche Dinge im Krieg passierten. Sie waren alle sehr erleichtert, als das Schlauchboot mit beschädigtem Motor gefunden wurde. Aus Besorgnis vor einer bald einsetzenden Verfolgung verschwendete Marek keine Zeit und befal, das Boot aufzugeben. Diese Eventualität war eingeplant worden; daher befand sich im Schlauchboot eine Sprengladung. Wie später durchsickerte, hatte der Mann, der sie anbrachte, in der Eile bedauerlicherweise vergessen, den Sicherheitsstift zu entfernen. Infolgedessen fielen das Boot, einige Minen, ein Zielsuchgerät und ein Gewehr den Ägyptern in die Hände.

So schnell, wie sie konnten, verließen sie den Ort des Geschehens. Eli Marek forderte über Funk Luftunterstützung an, obwohl er wußte, daß hierfür keine Aussicht bestand. Erstaunlich war, daß die Ägypter nicht zur Verfolgung ansetzten. Nach einer Weile erfaßte die Männer Erleichterung, als sie zwei »Snunit«-Boote erkannten, die sie – endlich aus dem Norden eingetroffen – zurück zum Stützpunkt geleiteten. Der Befehlshaber der Marine hatte ihre vorzeitige Verlegung in den Süden befohlen, aber sie waren für diesen Einsatz nicht rechtzeitig eingetroffen. Die nicht zur 13. Flottille gehörenden Fahrer der Lkw's hatten sich die Reifen zerschnitten, als sie eingeschüchtert ins Kampfgebiet fuhren.

Gegen 09.00 Uhr am 12. Oktober trafen sie nach 20 Stunden in See in Sharm-el-Sheich ein. Unter härtesten Bedingungen hatten sie ihren Auftrag erfüllt, waren acht Stunden lang unter Wasser geschwommen und im Triumph zurückgekehrt: Ein FK-Schnellboot der »Komar«-Klasse war vernichtet worden.

Die Sprengboote: »Bringt den Rothaarigen zurück!«

Am selben Tag [Freitag, 12. Oktober] teilte Admiral Telem seinen Offizieren mit, daß die ägyptische Infanterie in den Sinai durchgebrochen war und daß sich Israel bis zur Beruhigung der Lage an der syrischen Front abwartend verhielt, ehe seine Streitkräfte zu einer großangelegten Operation gegen Ägypten antraten. Die Beurteilung der Lage ergab, daß am 14. Okto-

ber Verhandlungen zur Feuereinstellung beginnen sollten, und Bini Telem befahl ein Landungsunternehmen in der Nähe der ägyptischen Ölförderanlagen am Golf von Suez, um Territorium zu besetzen.

Gadi Shefi nahm an der Einsatzbesprechung teil und flog dann nach Norden, um zu versuchen, Adm. Telem zu überzeugen, daß der beste Weg zur Vernichtung des verbliebenen FK-Schnellbootes darin bestünde, die »Patzchan«-Boote einzusetzen, die in ihrem vorderen Teil eine starke Sprengladung hatten. Der Steuermann mußte sein Boot auf das Ziel ausrichten und sich außenbords ins Wasser fallen lassen, ehe der Aufprall erfolgte. Niemand war seit 1964 mehr an einer solchen Operation beteiligt gewesen, als die alten Sprengboote italienischen Entwurfs (siehe 3. Kapitel) ausgemustert worden waren und die neuen sich noch im Entwicklungsstadium befanden.

Adm.d.R. Botzer, der in den Norden zurückbeordert wurde, und KptzS. Almog, der wieder sein Kommando übernahm, sprachen sich für den Einsatz der neuen Boote aus. Trotz der Tatsache, daß diese Boote noch nicht über lange Strecken oder unter schweren Wetterbedingungen erprobt worden waren, gab Adm. Telem seine Zustimmung zu diesem Unternehmen.

In der Nacht vom Sonntag [14. Oktober] wurde bei Ras Muhammed mit »Snunit«-Booten ein Hinterhalt gegen ein erwartetes Kommandounternehmen der Ägypter im Gebiet von Sharm-el-Sheich gelegt. Einer der daran teilnehmenden Männer war der Oberbootsmann Yair Michaeli, rothaarig und temperamentvoll, der im Heimatkibbuz von Yochai Ben-Nun aufgewachsen war. Er hatte als Kind zu Füßen der Angehörigen des »Teams« gespielt, jener Handvoll Kämpfer, die in den Jahren vor der Staatsgründung die erste Kommandoeinheit der Marine gebildet hatten (siehe 2. Kapitel).

Als der Hinterhalt gelegt war, traf ein Funkspruch ein: »Bringt den Rothaarigen zurück!« Yair Michaeli, ein erfahrener Sprengboot-Steuermann, der an der Entwicklung des »Patzchan«-Bootes beteiligt gewesen war, kehrte zur Küste zurück. Zusammen mit einem jungen Kommando wurde er unmittelbar darauf zum Stützpunkt der Einheit in den Norden in Marsch gesetzt. Nach ihrem Eintreffen begannen sie mit der Ausbildung an den »Patzchan«-Booten. Fehler ergaben sich, die aus der Tatsache herrührten, daß nicht genügend Zeit zur Verfügung stand, das junge Kommando auszubilden. Als Ersatz wählte Yair Michaeli den Oberbootsmann Didi Ya'ari aus, einen fronterfahrenen Bootssteuerer, der aus dem aktiven Dienst entlassen worden war, nachdem er sich 1969 bei einem Unternehmen gegen Green Island am Eingang zum Suezkanal (siehe 7. Kapitel) eine schwere Verwundung zugezogen hatte. Er war dann in die Niederlande ge-

Oktober 1973: Ein »Patzchan«-Sprengboot, eine israelische Weiterentwicklung der italienischen, bzw. der deutschen Sprengboote der Kommandoeinheit z. b. v. 800, genannt »Brandenburger«, durch Umbau von »Snunit«-Motorbooten. Der vordere Teil des Bootes mit der Sprengladung konnte am Ziel abgesprengt werden, um unter das angegriffene Schiff zu gleiten.

gangen, wo er als Regieassistent gearbeitet hatte, und als der Krieg ausbrach, war er, wie ein »Gammler« aussehend, nach Hause zurückgekehrt.

Yair Michaeli und Didi Ya'ari stießen auf ein ernstes Problem: Die Rettungsvorrichtung der Boote funktionierte nicht. Trotz dieser Tatsache und weiterer Probleme mit den Motoren fiel die Entscheidung, die Boote in den Süden zu senden.

Am Abend des 16. Oktober führte die 13. Flottille ein weiteres Unternehmen in Port Said durch (s. Kap. 9).

Die Sprengboote trafen am Mittwoch [17. Oktober] um 22.30 Uhr in Sharm-el-Sheich ein. Zwei Stunden später erfolgten unter dem Kommando von Eli Marek die ersten Erprobungen und eine Reihe von Störungen wurden beseitigt. Gadi Shefi übernahm die Führung des Unternehmens und entschied sich für eine neue Angriffsmethode, und zwar für den Einsatz von handbedienten Raketen-Leuchtgeschossen. Ansonsten würde das Hafeninnere von Al Hurghada seiner Auffassung nach für einen erfolgreichen Einsatz zu dunkel sein. Die anderen erhoben Einwände und forderten, das klassische Verfahren sollte angewandt werden – das einzige, auf das die Ausbildung ausgerichtet war –, und zwar das Ziel mit dem Nachtglas zu identifizieren. Um noch näher an das Ziel herangehen zu können, wollte Yair

Michaeli auch das Sicherheitskabel kappen, das es dem Bootssteuerer ermöglichte, nach dem Scharfmachen der Sprengladung ins Wasser zu springen. Seiner Forderung wurde nicht entsprochen. Ferner wollte er wissen, welchen Typ Zielsuchgerät für Flugzeuge sie erhalten hätten, und bekam lediglich als kurze Antwort: »Keine Luftrettung!« Auf seine weitere Frage, was in einem Notfall geschehen würde, erhielt er die Antwort: »Schwimmen, bis Sie aufgefischt werden!« Yair Michaeli wußte, daß sie unter Dauerbeschuß liegen würden, und besorgte sich einen Helm und eine kugelsichere Weste, nachdem er festgestellt hatte, daß die Weste schwimmfähig war.

In der Nacht vom Donnerstag führte das Kommando eine Übung durch, in derem Verlauf ältere Leuchtgeschosse abgefeuert wurden, um die neueren für den tatsächlichen Einsatz aufzusparen. Als ein Ergebnis wurde der Entschluß gefaßt, daß die erste Zielsuche der »Patzchan«-Boote mit der Unterstützung eines neben ihnen fahrenden »Snunit«-Radarbootes durchgeführt werden würde, während die endgültige Identifizierung durch die Leuchtgeschosse zu erfolgen hätte. Der Geheimdienstbericht machte geltend, daß das beschädigte FMB an das Nordende der Pier verbracht worden wäre, wobei ein Teil von ihm aus dem Wasser ragte.

Admiral Telem machte deutlich, daß er besorgt wäre, die »Patzchan«-Boote einzusetzen, obwohl er wirklich die Versenkung des FK-Schnellbootes wünschte. Er hätte das Gefühl, wenn diese Boote ohne eingehende Erprobungen eingesetzt würden, könnte das Ergebnis bestenfalls schludrig und schlimmstenfalls katastrophal sein. Doch trotz seiner gesamten Befürchtungen machte er weiter und gab dem Einsatz seine Zustimmung. Er annullierte die Idee einer Suez-Landung, befahl aber der amphibischen Einheit, in Bereitschaft zu bleiben, da er der Auffassung war, daß dieser von allen vorgeschlagenen Operationsplänen der geeignetste wäre. Daher war es von wesentlicher Bedeutung, das FK-Schnellboot in Al Hurghada zu vernichten.

Admiral Telem flog nach Sharm-el-Sheich zu seinem ersten Besuch im südlichen Kampfgebiet, seit der Krieg ausgebrochen war. Um 16.00 Uhr begann eine letzte Einsatzbesprechung. Yair Michaeli wurde gebeten, eine Skizze des Hafens und den Umriß eines »Komar«-Bootes anzufertigen, um zu bestätigen, daß er mit dem Ziel vertraut war. Bini Telem nahm danach die Bootssteuerer beiseite und frug sie, ob sie mit dem neuen Plan zufrieden wären. Die Antwort war natürlich zustimmend. Adm. Telem fuhr dann fort, ihnen zu erklären, wie wichtig es wäre, das FK-Schnellboot zu versenken.

Probleme mit den »Patzchan«-Booten in Al Hurghada: Noch immer Eins zu Null

Am Freitag, dem 19. Oktober, um 22.30 Uhr verließen die Angehörigen der Kommando-Einheit die ruhigen Gewässer von Sharm-el-Sheich zum dritten Einsatz in Al Hurghada. Der Verband bestand aus drei »Snunit«-Booten sowie aus zwei »Patzchan«-Sprengbooten, die zusammen mit mehr als einer Vierteltonne Sprengstoff bewaffnet waren. Adm.a.D. Yochai Ben-Nun führte das »Snunit«-Rettungsboot, das bei Ras Muhammed in Bereitschaft verblieb. Für Yair Michaeli und Didi Ya'ari war dies der erste Vorstoß nach Al Hurghada. Minuten vor dem Auslaufen und ohne Erlaubnis kappten die beiden Männer das Sicherheitskabel.

Die See war ruhig und bis Ras Muhammed verlief der Anmarsch mühelos – von einem kleinen Zwischenfall abgesehen: Ein Fliegender Fisch traf Didi Ya'ari hart an der Brust. Der restliche Anmarsch gestaltete sich schwieriger. Ein heftiger Sturm aus nördlicher Richtung begann zu blasen, die Wellen trafen die Boote seitlich und sie nahmen Spritzwasser über. Die beiden »Patzchan«-Bootssteuerer litten mehr als die anderen, denn ihre Sitze lagen höher als die auf den normalen »Snunit«-Booten. Die Wellen spritzten ihnen ins Gesicht, füllten ihre Augen mit Salzwasser und machten es ihnen fast unmöglich, etwas zu erkennen. Ohne das Problem zu melden, setzten sie ihre Fahrt fort. Es war ihnen unbekannt geblieben, daß diese Folge eintreten könnte, da sie mit den Booten nicht geübt hatten. Daher waren sie nicht mit Schutzbrillen oder Tauchermasken ausgerüstet. Zusätzlich zu diesem Problem nahmen sie Wasser über, und da der Bug dieser Boote infolge seiner Sprengstoffladung tiefer im Wasser lag, mußten während des gesamten Anmarsches die Wasserpumpen in Betrieb sein. Nach einem langen und mühsamen Abschnitt der Fahrt änderte sich die Richtung des Windes, der nunmehr von hinten blies. Zu diesem Zeitpunkt verkündete Didi Ya'ari, daß sein Motor stotterte und sogar von Zeit zu Zeit aussetzte.

Planmäßig trafen die Boote etwa 30 Minuten vor Tagesanbruch an ihrem Bestimmungsort ein und brachten sich etwa zwei Seemeilen von der Küste entfernt in Position. Die Männer konnten eine Anzahl Lichter und zwei Scheinwerfer erkennen. Gadi Shefi, der das Ziel ihres Einsatzes zum erstenmal sah, war ruhig, aber angespannt. Obwohl er wußte, wie ermüdet die Männer nach diesem anstrengenden Anmarsch waren, entschloß er sich, keine Zeit zu verschwenden und sofort anzugreifen, um so in der Lage zu sein, noch vor Tagesanbruch wegzukommen. Dicht an die Riffe herangehend, die infolge der Ebbe gut zu sehen waren, fuhr Gadi Shefi mit seinem Boot an ihnen entlang, in Kiellinie von den anderen Booten gefolgt. Nahe dem Munker-Riff befahl er das Einnehmen der Angriffsformation, wobei jedes »Patzchan«-Boot von einem »Snunit«-Boot geführt wurde. Von Zeit zu Zeit stoppte er und blickte durch sein vom Sternenlicht erhelltes Fernglas. Bald darauf machte er auf eine Entfernung von etwa 300 m die Pier aus und war imstande, das halb mit dem Heck unter Wasser gesunkene FMB zu erkennen, wobei seine FK-Starter noch ein wenig herausragten. Auf der Pier parkten eine Anzahl Heereslastwagen und Soldaten liefen umher. Nicht weit von ihnen entfernt, sah er das andere FMB. Er war der Meinung, daß die Steuerer der »Patzchan«-Boote das Ziel genauso gut erkennen konnten. Der hinter ihm stehende Eli Marek konnte nicht begreifen, warum sich Shefi zum Angriff entschlossen hatte, ohne den Bootssteuerern die Gelegenheit zu geben, das Ziel durch das Nachtglas zu betrachten. Es hätte ihnen bestimmt geholfen, dachte Marek, da es das Mondlicht zusammen mit dem Dunst des frühen Morgens unmöglich machte, sehr viel zu erkennen.

Gadi Shefi war voller Ungeduld. Er befahl Yair Michaeli und seinem »Snunit«-Führungsboot zurückzubleiben. Didi Ya'ari war verblüfft, Gadi Shefi plötzlich neben sich zu sehen und seinen gellenden Ruf zu hören: »Mir nach!« Ya'aris Augen brannten, der Wind pfiff ihm ins Gesicht und vage sah er die Umrisse des

Hafens und den Schein des Leuchtfeuers: das vereinbarte Signal zum Angriff.

In dem Augenblick, in dem das Leuchtgeschoß detonierte, gab es einen Feuerball, der den Himmel mit Leuchtspuren füllte. Didi Ya'ari wurde von dem Leuchtgeschoß geblendet, das seine Leuchtwirkung zu niedrig entfaltete. Er wandte sich um, setzte sich neben das »Snunit«-Boot und verlangte mehr Licht. Die Detonation des Leuchtgeschosses zwischen ihm und der Pier ließ ihn nur Blitze sehen, die ihn äußerst verwirrten. Die Sekunden verstrichen und er entschloß sich, das Ende der Pier in der Annahme zu treffen, daß das FK-Schnellboot in Brand geraten oder schwer beschädigt werden würde, auch wenn es keinen Volltreffer erhielt. Er richtete das Boot auf das Ziel aus und zog den Auslösegriff des Schleudersitzes. Im Nu fand er sich mit dem Sitz im Wasser schwimmend. In der Bootsmitte sah er die kleine rote Betriebslampe leuchten und beobachtete, wie sich das Boot von ihm entfernte. Plötzlich drehte es nach links ab, verfehlte das Ende der Pier und verschwand im Morgendunst außer Sicht. Nach ein paar Sekunden sah er es plötzlich aus dem Wasser springend wieder.

Gadi Shefi hatte keine Ahnung, was geschehen war, da es keine Detonation gegeben hatte. Schließlich sahen die Männer Didi Ya'aris Infrarot-Leuchte und das Boot stürmte los, um ihn aufzunehmen. Auf dem Wege zu ihm mußte der Rudergänger jedoch das Boot in den Rückwärtsgang umsteuern, um eine Kollision mit Ya'aris »Patzchan«-Boot zu vermeiden, das vor ihnen aus dem Ruder lief und nur wenige Meter von ihnen entfernt um sie einen Kreis schlug. Es gelang ihnen, dem Sprengboot auszuweichen und Didi Ya'ari unter heftigem Beschuß aufzunehmen. Anfangs befahl Gadi Shefi seinen Männern, das Feuer nicht zu erwidern, um nicht entdeckt zu werden, aber sofort nach dem Aufnehmen eröffneten sie das Feuer in Richtung Pier. Hierbei versuchten sie, das FK-Schnellboot mit einem RAG zu treffen, aber der Versuch schlug fehl.

Auf seinem Boot konnte Yair Michaeli das Ende der Pier und das teilweise gesunkene FMB sehen. Als das Schießen begann, fuhr er etwas zur Seite und befand sich etwa 30 m von den anderen entfernt. Auch ihn erschreckte Didi Ya'aris »Patzchan«-Boot, das um sie herum Amok lief. Einige der Männer auf dem ihn begleitenden »Snunit«-Boot eröffneten sogar das Feuer auf dieses Boot, da sie es für ein angreifendes ägyptisches Boot hielten. Michaeli gelang es, unbeschädigt davonzukommen, und nach wenigen Minuten war Gadi Shefi bei ihm und forderte ihn mit einem Schrei auf zu folgen. Etwa 600 m von der Pier entfernt stoppten sie und Shefi schrie ihm den Angriffsbefehl zu. Yair Michaeli rief zurück, daß er kein Ziel identifizieren könnte und bat ihn um die Benutzung des Fernglases. Gadi Shefi verweigerte ihm dies und für Argumentieren war keine Zeit. Unter Beschuß fuhren sie dicht an die Pier heran.

Yair Michaeli zog seine kugelsichere Weste aus und legte sie über das elektronische Betriebssystem, um es vor Beschädigungen zu schützen. In Angriffsposition gehend, bewegte er sich seitlich zur Pier, wo er glaubte, ein Ziel finden zu können. Alle Systeme arbeiteten einwandfrei, aber auch ihn blendete das Licht der von Shefis »Snunit«-Boot abgefeuerten Leuchtgeschosse. Von ihrem Schein angestrahlt, fuhr er an. Geschosse umschwirrten ihn und nur ein Wunder rettete ihn davor, getroffen zu werden. Kein Ziel kam in Sicht, so daß er scharf nach links abdrehte und parallel zur Pier lief. Von allen Seiten trafen jetzt Geschosse sein Boot. Daraufhin gab er das Boot auf und ein paar Sekunden später hörte er eine laute Explosion und sah Gadi Shefis Boot auf sich zujagen. Seine Kameraden zogen ihn an seinem Helm hoch und danach traten sie aus dem Gebiet den Rückzug an. Als sie etwa eine Meile von der Pier entfernt waren, hörten sie die durch die Vorrichtung zur Selbstzerstörung in Didi Ya'aris »Patzchan«-Boot ausgelöste Explosion. Während sich der Himmel rot färbte, richteten die Ägypter ihre Scheinwerfer nach oben. Doch das Kommando war bereits weit vom Ort des Geschehens entfernt – auf dem Weg zurück nach Sharm-el-Sheich.

Um 09.00 Uhr liefen die erschöpften Männer mit ihren Booten in die Sharem-Bucht ein, zur Begrüßung von den Sirenen der Schiffe rundum begleitet. Dieses Zeichen der Solidarität linderte ihre Niedergeschlagenheit nicht. Sie fühlten sich scheußlich. Die Jahre ihrer Ausbildung für einen derartigen Einsatz hatten im Mißerfolg geendet.

Die Atmosphäre bei der abschließenden Besprechung des Einsatzes trug nicht dazu bei, ihre Lebensgeister zu heben. Die Männer schrieben das Scheitern sich selbst und ihrer außerordentlichen Erschöpfung zu. Außerdem rügten sie die Tatsache, daß das »Patzchan«-Boot nie unter Gefechtsbedingungen erprobt worden war. Sie machten die technischen Störungen verantwortlich; und sie tadelten Gadi Shefi, der nach ihrem Empfinden nicht auf professionelle Art gehandelt hätte. Einige waren der Auffassung, das Unternehmen wäre von Anfang an zu gefährlich gewesen. Mit wenigen Worten faßte Shaul Ziv das Ergebnis zusammen: »Wir müssen eine Linie ziehen, unterhalb derer die Chancen einer erfolgreichen Operation fast Null sind und die Gefahr von Verlusten hoch ist. Der »Patzchan«-Einsatz lag unterhalb dieser Linie.«

Einige Zeit später gingen die Männer zum Flugplatz, um sich einem Verband anzuschließen, dessen Aufgabe es sein sollte, einen amphibischen Angriff gegen ägyptische Posten bei Port Fuad am Mittelmeer durchzuführen.

Zur selben Zeit hielt Adm. Bini Telem im Marinekommando eine Besprechung ab. Der verantwortliche Offizier des Marinenachrichtendienstes informierte den Admiral und seinen Stab, daß in Al Hurghada drei ägyptische Soldaten verwundet worden wären und etwas in der Nähe der Pier Beschädigungen erlitten hätte. Er fuhr fort: »Dieses „Etwas" könnte alles mögliche gewesen sein, und ich bin nicht sicher, daß es ein FMB war. Ich neige zur Auffassung, daß wir kein FMB getroffen haben. In der Zwischenzeit spielen die Ägypter mit Teilen der Sprengboote herum, die dort zurückgeblieben sind, und sie sind kreuzfidel dabei.« Admiral Telem war über das Scheitern der Unternehmung verärgert und entschloß sich, seine Männer dorthin zurückzuschicken – in derselben Nacht.

Der vierte Versuch: Schließlich doch noch 2:0

Während die Kommandoangehörigen auf ihren Flug warteten, erhielt Gadi Shefi den Befehl, sofort nach Sharm-el-Sheich zurückzukehren. Wieder im Stützpunkt eingetroffen, schob er die Abfahrt des »Snunit«-Konvois auf. Bini Telems Entschluß wurde ihm von KptzS. Ze'ev Almog mitgeteilt, der das Unternehmen für zu gefährlich hielt. Auch Gadi Shefi telefonierte mit Adm. Telem und äußerte Bedenken über diese Entscheidung, da seine Männer zu erschöpft seien. Daraufhin antwortete dieser: »Sir, Sie kamen extra herauf in den Norden und haben mich mit diesen Booten verrückt gemacht. Sie haben gesagt, Sie könnten das FMB versenken, und mich gezwungen, Ihnen die Boote zu schicken, obwohl sie sich noch in der Entwicklung befanden. Da Sie mich überredet haben, dies alles zu tun, so erweisen Sie mir auch die Gunst, das FMB zu versenken – und ich kümmere mich nicht darum, wie Sie es machen!«

Die Kommandoangehörigen waren sehr bestürzt. Einige von ihnen machten geltend, daß ein weiteres Unternehmen nicht nur unlogisch sondern auch gleichbedeutend mit Selbstmord sein würde. Sie hätten das Gefühl, daß ein Waffenstillstand bevorstünde, und da es keine Landung mehr geben würde, wäre es lächerlich, ihr Leben für nichts in Gefahr zu bringen. Seit ihrem ersten Einsatz gegen den ägyptischen Hafen waren nur 14 Tage vergangen und danach hatten die Ägypter bei ihrem zweiten und dritten Einsatz über sie Bescheid gewußt und auf sie gewartet. Doch trotz der unzufriedenen Stimmung wußten die meisten von ihnen, daß sie ihre Besorgnis und Erschöpfung überwinden und erneut angreifen würden. Nur auf diese Weise konnten sie das FK-Schnellboot ausschalten, das den Landungsverband bedrohte, der in Sharm-el-Sheich vor Anker lag und auf den Befehl zum Angriff wartete. Einer der immer wiederkehrenden Alpträume des amphibischen Verbandsführers bestand in den Zerstörungen, die ein »Styx«-Flugkörper – mit einem 500 kg

Sprengstoff enthaltenden Gefechtskopf – unter den schwer beladenen LCT's, darunter 50 Panzer und gepanzerte Fahrzeuge sowie Hunderte von Männern, verursachen könnte.

Der willkommene Aufschub kam am Abend. Die Mannschaften der Kommandoeinheit schliefen, während ihre Offiziere eine neue Taktik diskutierten. Yochai Ben-Nun war dafür, mit einem »Snunit«-Boot an das FK-Schnellboot heranzugehen und es einfach zu entführen oder eine Sprengladung zu werfen. Die Idee, es zu entführen, wurde als zu extrem angesehen, um sie durchführen zu können. Statt dessen fiel die Entscheidung, die neuen »Lao«-Raketen zu benutzen, die erst vor ein paar Tagen auf dem Luftwege aus den USA eingetroffen waren und die zur Vernichtung von Panzern eingesetzt werden sollten. Keiner hatte bisher Zeit gehabt, diese Waffe zu erproben, und keiner wußte, welchen Schaden sie verursachen konnte, wenn sie von einem im Wasser schwankenden kleinen Boot aus abgefeuert wurde.

Der gefaßte Entschluß sah vor, den eigentlichen Angriff erneut etwa eine Stunde vor der Morgendämmerung anzusetzen – dem Zeitpunkt, an dem die Wachsamkeit der Wachen am geringsten sein würde –, auch wenn ein Angriff zu dieser Stunde den sich bei Tageslicht zurückziehenden Verband dem Bordwaffenbeschuß aus der Luft aussetzen würde. Die Offiziere waren der Auffassung, daß ihnen diese unlogische Angriffszeit den Vorteil der Überraschung gewähren würde, da die Ägypter einen weiteren Angriff zu dieser Stunde sicher nicht erwarten würden.

Im Verlaufe des Samstags wurde die neue Waffe erprobt. Zwanzig Abschußgeräte waren eingetroffen und zehn von ihnen sollten für die Ausbildung der beiden jungen Kommandoangehörigen verwendet werden, die für ihre Bedienung vorgesehen waren.

Wie die meisten seiner Männer war Gadi Shefi sehr besorgt darüber, zum vierten Male in das Zielgebiet zurückzukehren. Er argwöhnte, daß KptzS. Ze'ev Almog trotz der Tatsache, daß er hinsichtlich des Erfolges im ungewissen war, nur aus Loyalität gegenüber Bini Telems Befehlen auf die Durchführung der Operation drängte. Der einzige, der fest daran glaubte, daß der Einsatz zuwege gebracht werden konnte, war Yochai Ben-Nun, der »alte Seebär«.

Als die Ausbildung beendet war, trafen sich die Offiziere in Ze'ev Almogs Dienstzimmer. Hier verkündete Almog, daß er an dem Unternehmen teilnehmen würde, um ein Beispiel zu geben und die Männer zu beruhigen, die bezüglich des erneuten Aufbruchs besorgt waren. Gadi Shefi war entschieden dagegen; seine Argumentation beruhte auf der Tatsache, daß Ze'ev Almog mit dem »Snunit«-Boot nicht vertraut sei und nur im Wege sein würde. Yochai Ben-Nun wollte wieder das Rettungsboot kommandieren. Doch Gadi Shefi hatte das Gefühl, daß die Anwesenheit so vieler Stabsoffiziere in der Führung nur Konflikte hervorrufen würde. Er wollte einfach keinen Befehlsführenden über sich haben. Als Ze'ev Almog für einige Minuten das Zimmer verließ, meinten Shefis Offiziere: »Nimm ihn nicht mit. Wenn wir scheitern, wird er uns die Schuld geben, und wenn wir Erfolg haben, wird er versuchen, allen Ruhm für sich einzuheimsen!« Gadi Shefi erwiderte, daß er sich dabei nicht wohlfühle. Ze'ev Almog war der vorherige Chef der 13. Flottille gewesen, und er empfand es als schwierig, ihm die Teilnahme zu verweigern. Er bestand jedoch weiterhin darauf, daß die Teilnahme von zwei hohen Stabsoffizieren – Yochai Ben-Nun und Ze'ev Almog – an einem derart gefährlichen Unternehmen falsch wäre und forderte die Zustimmung von Adm. Bini Telem. Auch Almog war gegen die Teilnahme Yochai Ben-Nuns wegen dessen Rang als Konteradmiral. Adm. Telem gab sein Einverständnis für das Mitgehen der beiden Stabsoffiziere, nachdem Almog ihm erklärt hatte, daß er die Männer nicht zu einem Einsatz hinaussenden könnte, zu dem er kein Zutrauen hätte, wenn er nicht selbst mitginge. Indem er seine Zustimmung gab, mißachtete Bini Telem eine wesentliche Erfahrung aus dem Sechs-Tage-Krieg: keine hochrangigen Offiziere zu einem derartigen Einsatz zu entsenden.

Um 21.00 Uhr am Sonntag, dem 21. Oktober, fand der vierte Einsatz gegen Al Hurghada statt. An Bord des Führerbootes befanden sich Gadi Shefi, Ze'ev Almog und drei Kommandoangehörige. Shefi und Almog hatten vor dem Auslaufen ihre Führungsfunktionen gegeneinander abgegrenzt. Gadi Shefi hatte geltend gemacht, daß es in einem »Snunit«-Boot keine zwei Kommandanten geben könnte. Ze'ev Almog hatte daraufhin erwidert, daß er sich so verhalten würde, als ob er sich in seinem Gefechtsstand in Sharem befände. Mit anderen Worten: Er würde nur bei operativen und prinzipiellen Fragen eingreifen und nicht in die tatsächliche Führung des Unternehmens. Das zweite »Snunit«-Boot führte ObltzS. Dagai Israel. Bei ihm befanden sich Yair Michaeli als Bootssteuerer und zwei Kommando-Angehörige. Das dritte »Snunit«-Boot, das Rettungsboot, kommandierte Yochai Ben-Nun.

Unterwegs nach Ras Muhammed wurde eine Nachtübung durchgeführt, bei der zum erstenmal die »Lao«-Raketen Verwendung fanden. Hierbei konnte eine Reihe von Treffern verzeichnet werden und es wurde auch entschieden, die Schußentfernung sollte weniger als 100 m betragen. Um die Zerstörung zu vollenden, käme unmittelbar danach eine 15-kg-Sprengladung zum Einsatz. Sie sollte vom »Snunit«-Boot aus auf das ägyptische FK-Schnellboot geworfen werden – trotz der Besorgnis, einer der »Styx«-Flugkörper könnte dabei getroffen werden und sie alle mit seinen 500 kg Sprengstoff im FK-Gefechtskopf ins Jenseits befördern!

Anschließend setzten sie den Anmarsch zu dem nunmehr schon vertrauten Hafen des Gegners fort. Zehn Minuten später hatte eines der »Snunit«-Einsatzboote eine Motorenstörung. Rasch wurde entschieden, das Boot gegen das Rettungsboot auszutauschen. Dagai Israel und seine Männer schafften ihre Ausrüstung hinüber und Yochai Ben-Nun mußte mit dem defekten Boot nach Sharm-el-Sheich zurückkehren, um die Antriebsanlage zu reparieren. Er war über die Entscheidung nicht glücklich; denn er wollte selbst am Angriff teilnehmen, erkannte aber klar, daß die jüngeren Männer für die Durchführung des Unternehmens geeigneter waren. Hier war er nun und tauschte den Platz mit dem Jungen, der im Kibbuz einst zu seinen Füßen gespielt hatte, und er – Yochai Ben-Nun – mußte ihn im Stich lassen. Ehe Yochai Ben-Nun abdrehte, sagte er noch: »Jungs! Es ist egal, was ich mache. Hauptsache ist, daß ihr Erfolg habt!«

Auf dem Anmarsch zum Zielgebiet gab es keine besonderen Probleme. Als sie jedoch die Insel Shadwan erreichten, machten sie einen neuen Scheinwerfer aus, der in Al Hurghada installiert worden war. Die beiden »Snunit«-Boote gelangten unentdeckt bis zur Einfahrt in die Fahrwasserrinne, die zur Pier führte. Um 03.00 Uhr identifizierte der durch sein Nachtglas blickende Gadi Shefi die Umrisse eines Bootes, das an der Kante der Riffe am Ende der Fahrwasserrinne ankerte. Zuerst hielt er es für ein ägyptisches Versorgungsfahrzeug, aber dann begann er eine Falle zu argwöhnen. Er entschloß sich, es näher in Augenschein zu nehmen. Doch Almog befahl ihm, die Fahrt in Richtung Pier fortzusetzen. Gadi Shefi war der Auffassung, daß sich Almog nicht an ihre Vereinbarung hielt und sich in Dinge einmischte, die außerhalb seiner Zuständigkeit lagen. Er frug Almog, worauf sein Befehl beruhe. Almog antwortete: »Ich gebe Ihnen einen Befehl, als ob ich mich im Stützpunkt befände.« Shefi entgegnete scharf: »Mein Funkgerät ist außer Betrieb und ich stehe nicht mit dem Stützpunkt in Verbindung!« Danach musterte er weiterhin das Boot. Er war nicht gewillt, ein Boot zu ignorieren, daß ihn von hinten in Gefahr bringen könnte. Auf eine Entfernung von etwa 500 m identifizierte er die Umrisse als ein FK-Schnellboot, das vermutlich weiter weg von der Pier ankerte, um einem Angriff zu entgehen. Almog bestätigte die Identifizierung. Stolz im Wasser schwimmend, bot das FMB ein gutes Ziel. Diese Entdeckung beendete die Auseinandersetzung zwischen Shefi und Almog und die beiden schnellen Motorboote bewegten sich verstohlen auf das gegnerische Kampfboot zu. Sein Umriß war im Mondlicht deutlich zu erkennen und die Angreifer konnten an Bord eine Reihe von Wachen ausmachen. Gadi Shefi befahl seinen Männern, auf eine Entfernung von 70 m das Feuer zu eröffnen. Danny feuerte die erste »Lao«-Rakete in einem ungünstigen Schußwinkel ab und verfehlte das Ziel. Das Boot deutlich erkennend, zielte er ruhig und schoß drei weitere Raketen ab. Der Winkel war zwar verbessert, aber auch sie gingen vorbei. Vom zweiten »Snunit«-Boot aus schoß Uri nacheinander vier Raketen ab, aber auch sie verfehlten alle das Ziel. Die Anspannung war groß und das FK-Schnellboot begann, den Beschuß mit Handfeuerwaffen zu erwidern. Die Antwort vom Marinestützpunkt bestand in einer Granatwerfersalve und im Feuer automatischer Waffen. Dieser Beschuß war nicht besonders gefährlich, aber der Himmel war von Leuchtspurgeschossen erleuchtet. Die Männer in den Motorbooten schossen zurück. Im jedem »Snunit«-Boot war jetzt nur noch eine einzige Rakete vorhanden. Gadi Shefi bat Uri dringend, das Ziel zu treffen. Almog, der diese Waffe noch nie benutzt hatte, war überzeugt davon, daß ihn sein Rang zu einem besseren Schützen machte. Er wollte ihn ersetzen und die letzte Rakete selbst abfeuern. Uri erklärte ihm ruhig, daß er bereits fünf Raketen in der Ausbildung und weitere vier bei diesem Unternehmen abgefeuert hätte, und versprach, diesmal würde die Rakete ihr Ziel finden. Gelassen zielte er, feuerte und traf das Heck des FMB.

Yair Michaeli auf dem zweiten »Snunit«-Boot bemerkte, daß er zu dicht an die Riffe geraten war und hob die Propeller an, so daß sie nicht beschädigt werden konnten. Er sah Uris Treffer und bat Danny zu warten, bis er das Boot zur Ruhe gebracht hatte. Dann ließ er die Propeller wieder herunter, das Boot lag ruhig auf Kurs und Yair Michaeli sagte zu Danny: »Ich reiß' dir die Eier ab, wenn du es nicht triffst!« Diese Drohung reichte Danny, der prompt zwischen Brücke und Deck einen Volltreffer anbrachte. Das FK-Schnellboot geriet in Brand und schreiende Männer warfen sich von ihm ins Wasser. Gadi Shefi beschloß, die Sprengladung auf nahe Entfernung zu werfen und das Kampfboot ein für allemal zu erledigen. Er befahl seinem Bootssteuerer, näher heranzufahren. Die Motoren dröhnten, aber nichts geschah. »Sind Sie verrückt, warum fahr'n wir nicht?«, schrie Shefi. »Wir sitzen auf dem Riff fest, Sir!«, schrie der Rudergänger zurück. Tatsächlich hatte sich das Motorboot auf dem Riff festgefahren und auf der anderen Seite befand sich das FMB – eine heikle Situation. Die Ägypter schossen Leuchtkugeln und feuerten aus allen Richtungen. Vom »Snunit«-Boot sprangen Männer ins Wasser und schoben es zurück. Während sie schoben, löste sich vom Bug des Motorbootes her ein Feuerstoß und schwirrte über Shefis Kopf. Es stellte sich heraus, daß Almog aus Versehen auf den Auslöser für Dauerfeuer getreten war, als er ohne weitere Umstände ins Wasser sprang und schieben half.

Zur Unterstützung dichter heranfahrend, passierte Yair Michaeli die im Wasser schwimmenden Ägypter. Einer seiner Männer versuchte, auf sie zu schießen, aber Michaeli gab ihm einen Klaps, da sie keine Bedrohung darstellten. Sich näher an das andere »Snunit«-Boot heranschiebend, warf er ein Tau um dessen Heck und schleppte es frei. Es war 04.45 Uhr. Der Morgen dämmerte, als die beiden Motorboote den Einsatzraum verließen.

Als sie sich der Insel Shadwan näherten, trafen sie auf Yochai Ben-Nuns Boot und hörten von ihm, daß der Waffenstillstand verkündet worden war.

Es war 09.00 Uhr morgens. Die Männer standen auf dem hohen Kliff am südlichen Ende der Sharm-Bucht und warteten auf die Angehörigen der Kommando-Einheit. Für einen Augenblick vergaß jeder, daß MIG-Flugzeuge erst vor 14 Tagen die Bucht angegriffen hatten. Der Krieg war nicht auf die Art anderer Kriege geführt worden. An diesem Tag, dem Tag der Feuereinstellung, war jeder verwirrt. Die »Zahal« stand in Afrika, auf der ägyptischen Seite des Suezkanals, die ägyptischen Truppen waren auf der Sinai-Halbinsel eingeschlossen und niemand wußte, was dieser Tag bringen würde. Trotz der Bestürzung, die dieser Krieg verursacht hatte, gab es ein starkes Gefühl des Stolzes. Die Marine hatte sich selbst übertroffen: Ihre FK-Schnellboote hatten für künftige Seegefechte ein Vorbild geliefert, ihre »Dabur«-Patrouillenboote waren zu den Häfen des Gegners vorgestoßen und hatten Angriffsmethoden angewendet, die niemand zuvor für möglich gehalten hatte, und die Männer der 13. Flottille waren erfolgreich bei wagemutigen Einsätzen, die Anlaß zum Stolz geben sollten, in gegnerische Häfen eingedrungen. Jetzt standen diese Männer aufrecht in ihren schnellen Motorbooten und winkten den Zuschauern zu. Unter ihnen stand Almog, der Kommandeur des Befehlsbereiches Süd, mit einem weißen Verband um die Stirn. Aus allen Richtungen klang Beifall auf. Dies war ein angenehmer Klang – es lag Stolz in der Luft. Wir alle fühlten eine gegenseitige Partnerschaft mit diesen Männern, als ob wir alle zusammen die Kommandoangehörigen unterstützt hätten, die eine Speerspitze unseres Kampfes gewesen waren. *Wir* hatten die gegnerischen FMB's ohne unsere eigenen Flugkörperboote überwältigt. *Wir* hatten improvisiert, waren wagemutig gewesen, hatten am Auftrag festgehalten und sie schließlich versenkt. Auf meinem Schiff befahl ich das Anstellen der Sirenen und der Feuerlöschschläuche. Die anderen Schiffe schlossen sich mir in einer fröhlichen Kakophonie der Begrüßung an. Wasserstrahlen schossen in den Himmel und grüßten die Helden, die zum viertenmal innerhalb von 14 Tagen in den ägyptischen Hafen eingedrungen waren.

Der Beifall symbolisierte unsere Marineausbildung, unsere Kameradschaft sowie die lange Tradition der 13. Flottille und der Marine.

Die weiteren von der Marine und den Männern der 13. Flottille im Yom-Kippur-Krieg durchgeführten Operationen beschreibt das 9. Kapitel (siehe unten).

2. Kapitel

Das »Team«: Ein Biß in den Schwanz des britischen Löwen

Die Geschichte der Kommandoeinheiten der israelischen Marine beginnt während der britischen Mandatszeit in Israel und des Kampfes der Juden in Europa, der mit dem Aufstieg des nationalsozialistischen Deutschlands seinen Anfang nahm.

1939 setzte der aktive und organisierte Widerstand der *Hagana* – der inoffiziellen israelischen Militärorganisation – gegen die Briten ein. Er begann hauptsächlich als Ergebnis der Beschränkungen, die von den Briten der jüdischen Einwanderung in das damalige Palästina auferlegt wurden.

Am 8. August 1939 verübte ein ausgebürgerter britischer Jude im Hafen von Haifa einen Sabotageakt gegen ein britisches Polizeiboot. Er war ein Angehöriger der Sonderkampfeinheit der *Hagana* und diente als Mechaniker auf dem britischen Boot.

Nach dem Ausbruch des Zweiten Weltkrieges nahm die Einwanderung zu und die Briten fingen an, jene Juden zu deportieren, denen es gelang, das »Verheißene Land« zu erreichen. Mitte November 1939 wurden 1900 Juden zur Deportation auf die im Hafen von Haifa vor Anker liegende PATRIA gebracht. Die Führung der Juden entschied, das Schiff am Auslaufen zu hindern. Ein Angehöriger der Sonderkampfeinheit brachte eine Mine mit der Absicht am Schiff an, eine leichte Beschädigung zu verursachen. Die Unterteilungen des Schiffes waren jedoch verrottet, es bekam Schlagseite und sank. Die bedrückende Liste der Todesopfer umfaßte 202 Einwanderer und 50 Briten.

Der Krieg in Europa brachte die Einwanderung zum Stillstand und zwischen *Hagana* und den Briten kam eine Zusammenarbeit zustande. Dies führte zur Schaffung einer Sondereinheit, die aus den besten israelischen Seeleuten bestand.

Mitte Mai 1941 liefen 23 Männer und ein britischer Offizier mit einem Boot nach Tripoli im Libanon aus, der damals unter vichy-französischer Verwaltung stand, um einen Sabotageauftrag durchzuführen. Das Kommando verschwand auf See und nie wieder wurde eine Spur von den Männern gefunden.

1941 entstand der *Palmach* als militärischer Arm der *Hagana* und im Dezember 1943 wurde die *Palyam* als Marinezweig des *Palmach* gebildet, um sich mit der Einwanderung zu befassen, die gegen Ende des Krieges erneut einsetzte. Ihren Widerstand gegen eine illegale Einwanderung nach Palästina fortsetzend, sperrten die Briten die unglücklichen Opfer des »Holocaust« in Internierungslager ein. Dies war der Auslöser für eine Verstärkung des Widerstandes. Anfang Oktober 1945 sickerten Angehörige der *Palmach* in ein Internierungslager ein und befreiten etwa 300 seiner Insassen.

Vierzehn Tage später hielt Ernest Bevin, der damalige britische Außenminister, eine Rede, die alle Türen für eine Änderung der britischen Politik zuschlug. Die Reaktion auf diese Rede erfolgte rasch. In der Nacht zum 2. November führte die *Hagana* Angriffe auf eine Reihe von Bahnhöfen durch und an rund 150 Stellen wurden die Eisenbahnschienen gesprengt – um den Briten zu zeigen, daß die *Hagana* imstande war, Palästina von seinen Nachbarn abzuschneiden.

Der Beginn: Einsätze von »Froschmännern« in Haifa und Jaffa

Im Zuge dieser Anschläge operierte der *Palmach* zum erstenmal gegen britische Patrouillenboote, die einen Teil der Blockadestreitkräfte bildeten. Zu den hierzu eingesetzten britischen Kräften gehörten Aufklärungsflugzeuge, Radarstationen, Zerstörer, eine Anzahl kleiner Patrouillenboote und rund 3000 britische Soldaten.

Der Sabotageauftrag gegen die Patrouillenboote lag in den Händen des 21jährigen Yochai Ben-Nun. In Jerusalem aufgewachsen, erlebte der fünfjährige Yochai die blutigen Pogrome von 1929. Er sah zum erstenmal einen toten Mann, als seine Nachbarschaft von

Eine Legende: Yochai Ben-Nun im Jahre 1947. Der spätere Chef der 13. Flottille und Befehlshaber der israelischen Marine gehörte damals zur *Palyam*, dem Marinezweig des *Palmach*, des militärischen Arms der gegen die britische Mandatsmacht in Palästina kämpfenden Untergrundbewegung *Hagana*.

Aufgabe mitzuwirken, die britischen Patrouillenboote kampfunfähig zu machen. Dies veränderte den Verlauf seines gesamten Lebens.

Zur Vorbereitung standen nur 48 Stunden zur Verfügung. Yochai Ben-Nun wählte den 19jährigen Shaul Aharonov, einen Schwimmlehrer, als Taucher aus. Keiner von ihnen kannte sich mit den Patrouillenbooten, mit dem Hafen oder mit der Örtlichkeit aus, wo sie vor Anker lagen. Am schlimmsten war jedoch die Tatsache, daß sie keine Vorstellung davon besaßen, wie sie eine Sprengladung bzw. eine Mine für ein Schiff zusammenbauen oder wie sie ein Sabotageunternehmen zur See ausführen sollten. Doch der Wagemut und die »Chutzpe« der Jugend trugen ihren Teil dazu bei. Die beiden jungen Männer stellten aus den Schläuchen von Motorradreifen zwei Minen her, in die sie eine Sprengstoffladung füllten. Diese Mine erhielt den Namen »Kishke«, da sie wie ein Teil des traditionellen jüdischen Gerichtes »Cholent« aussah. Sie verschafften sich alte Verzögerungszünder, bei denen sich Säure im Inneren eines Glasröhrchens befand. Wenn das Glas zerbrach, zersetzte die Säure einen Bleidraht, der an einer gespannten Feder befestigt war. Sobald der Draht dann brach, löste sich die Feder und schnellte gegen einen Schlagbolzen, der mit Hilfe eines Zündhütchens die Sprengladung detonieren ließ.

Yochai Ben-Nun und Shaul Aharonov wußten, daß die 15 m langen Patrouillenboote aus Holz gebaut waren. Sie entschlossen sich deshalb, die Minen mit Klammern zu befestigen, verstärkt durch eine starke Feder und eine lange Schraube. Die Zubehörteile stammten aus alten Fahrzeugen und die beiden stellten die Klammern im Kibbuz Sedot Yam her, der aus eini-

Arabern angegriffen wurde. Hierbei hörte er das schreckliche Kreischen der nach Blut schreienden Araberinnen und er folgte den britischen Soldaten, die im Gefolge eines Angriffs auf ein Waisenhaus auf die Araber schossen. Das furchtbare Bild der schreienden Waisenkinder mit den Rufen »Helft uns, Shema Israel!« sollte er für den Rest seines Lebens nicht vergessen.

Yochai Ben-Nun schloß sich der *Palmach* an und als der Zeitpunkt seiner Entlassung kam, entschied er sich zur Erfüllung seines lebenslangen Traumes, Medizin zu studieren. Doch das Schicksal hatte für ihn einen anderen Plan auf Lager. Ein *Palmach*-Kommandeur überzeugte ihn, sich dem Auftrag anzuschließen, die Einwanderung über See zu unterstützen. Yochai Ben-Nun, der kaum schwimmen konnte, hatte nicht die Absicht, den Ruf der Geschichte zu ignorieren. Auf diese Weise fand sich die Jerusalemer Landratte als Teilnehmer an einem Marinelehrgang und einem Sabotagekurs wieder. Sein gründliches Wissen über Sabotage war der Grund für seine Berufung, an der

Mit primitivsten Mitteln gegen Patrouillenboote und Schiffe der Briten: Eine der aus alten Kraftfahrzeugteilen hergestellten Klammern zum Befestigen von Sprengladungen unter dem Kiel von Schiffen, wie sie 1948 das »Team« benutzte.

gen wind- und sandgepeitschten Zelten bestand und äußerst dringend ein Einkommen brauchte. Die kurze Zeit bis zur Ausführung des Unternehmens verbrachten sie mit Schwimmtraining und mit der Anfertigung eines Brustgeschirrs zum Mitführen der »Kishke«. Sie stellten bald fest, daß das Schwimmen mit der schweren Ausrüstung sowohl Lärm als auch Luftblasen verursachte, und sie mußten sich sehr bei dem Versuch anstrengen, ihre Schwimmbewegungen aufrechtzuerhalten. Doch es gab keine andere Wahl. Sie besaßen keine Ausrüstung, die sie beim Schwimmen oder beim schnelleren Tauchen unterstützen konnte. Das Fischerboot ALISA aus Sedot Yam wurde zu ihrem Stützpunkt auserkoren. Da es dem Kibbuz an den nötigen Geldmitteln fehlte, war es nicht versichert worden. Doch sein Skipper zögerte nicht, als Yochai Ben-Nun ihn frug, ob er das Boot zum Hafen von Haifa bringen könnte.

Yochai Ben-Nun und Shaul Aharonov verließen den Kibbuz in einem kleinen Motorboot. Sie liefen in den Hafen von Haifa ein und passierten die am Hauptkai festgemachten Patrouillenboote. Im Hafen gingen sie an Bord der ALISA, die in der Nähe der anderen Fischerboote lag. Yochai Ben-Nun erklärte ihrer Besatzung, was vor sich gehen sollte. Die Fischer waren überrascht; es war ihnen noch nie passiert, daß sie an einem Sabotageunternehmen teilnehmen sollten. Die Minen wurden an den Bordwänden des Fischerbootes versteckt und an Deck wurden Ausgucks postiert. Ben-Nun und Aharonov ruhten sich inzwischen aus und warteten auf Mitternacht. Dieser Zeitpunkt war zur Durchführung aller Sabotageakte an Land bestimmt worden.

Etwa eine Stunde vor der festgesetzten Zeit wurden die Minen aus ihrem Versteck geholt und Shaul Aharonov bereitete sich darauf vor, ins Wasser zu gehen. Plötzlich näherte sich ein britisches Polizeiboot. Es war keine Zeit mehr, die Minen zurück in ihr Versteck zu bringen. Sie wurden daher rasch unter einer Matraze verborgen. Einer der Seeleute legte sich auf sie und gab vor, hohes Fieber zu haben. Auch die übrige Besatzung lag in ihren Kojen und schnarchte so laut, wie sie konnte. Die Polizisten kletterten an Bord. Sie gelangten auch zur Koje, unter der die Minen versteckt waren, aber als sie den »kranken« Matrosem sahen, entschlossen sie sich zum Aufgeben ihrer Durchsuchung und kehrten auf ihr Boot zurück. Offensichtlich war die Durchsuchung die Folge eines Verdachtes der Briten, daß etwas im Gange war. Yochai Ben-Nun entschloß sich daher, den Einsatz aufzuschieben. Etwa um Mitternacht waren Schüsse zu hören, die aus Haifa vom Bahnhof her kamen, und der Ausguck meldete, daß im Hafen eine große Aktivität zu beobachten wäre. Um 03.00 Uhr war es im Hafen wieder ruhig geworden. Ben-Nun und Aharonov kamen an Deck. Die Patrouillenboote waren beleuchtet und auf ihren Decks konnte man die Wachtposten deutlich erkennen, die sich an den Klängen lauter Musik erfreuten. Nur einen Badeanzug tragend, rieb sich Shaul Aharonov in der Annahme, daß ihn dies vor der Kälte schützen würde, mit einer dicken Schicht Schmierfett ein, während ihm die Besatzung half, das Geschirr anzulegen, an dem die »Gummiwürste« befestigt waren. Mit Messern bewaffnet, ruderten Yochai Ben-Nun und Shaul Aharonov in einem kleinen Beiboot auf die Patrouillenboote zu. Etwa 100 m von ihnen entfernt, hielten sie an und Aharonov ging ins kalte Wasser. Die schweren Metallklammern zogen ihn hinunter und er schlug mit Armen und Beinen hart aufs Wasser auf. Es war für ihn sehr schwierig, den Kopf über Wasser zu halten. Seine schweren Schwimmzüge erzeugten einen hellen Schaumstreifen. Nach großen Anstrengungen erreichte er den Bug des ersten Bootes und beobachtete die Bewegungen des Wachtpostens an Deck. Als dieser nach unten ging, füllte er seine Lungen mit Luft und tauchte zum Kiel. Er versuchte, die Feder zu öffnen, so daß die Klammer den Kiel umfassen konnte, aber vergebens – die Klammer blieb geschlossen. Dies zwang ihn an die Wasseroberfläche zurück, um Luft zu holen. Danach tauchte er erneut, entschlossen, seinen Auftrag zu erfüllen. Mit größter Anstrengung gelang es ihm endlich, die Mine am Kiel zu befestigen. Anschließend wiederholte er den Vorgang am zweiten Boot und kehrte dann erschöpft zu dem kleinen Beiboot zurück.

Yochai Ben-Nun war erleichtert und glücklich, ihn zu sehen. Sie ruderten zum Fischerboot zurück, kletterten an Bord und liefen »normal« zum Fischfang aus. Hierbei passierte das Fischerboot gelassen die verminten Patrouillenboote.

Auf der Rückfahrt nach Sedot Yam waren die beiden überglücklich vor Freude, als sie um 07.00 Uhr hörten, daß die zwei improvisierten Minen detoniert waren. Eines der Patrouillenboote war versenkt worden, während das andere in flaches Wasser geschleppt werden mußte.

In derselben Nacht kam es im Hafen von Jaffa zur Durchführung eines weiteren Einsatzes. Für diese Aufgabe wurden der Geheimdienstoffizier Yoske Harel und Zalman Cohen (genannt »Zoma«) ausgewählt. Letzterer war ein ehemaliger *Palmach*-Offizier und zu dieser Zeit als Fahrer in Jaffa tätig, bekannt für seine überragenden Fähigkeiten im Schwimmen. Ihr Transportfahrzeug war das Rettungsboot von Tel Aviv [heute Tel Aviv-Jaffa]. Keiner hatte ihnen etwas von der Operation der »Nacht der Züge« mitgeteilt. Sie wußten nur, daß es noch ein weiteres Unternehmen zur See in Haifa gab und daß sie das ihre bis Mitternacht abgeschlossen haben mußten.

Die beiden Männer ließen ihre Kleider in der Bretterbude der Rettungsschwimmer zurück, ruderten zum Wellenbrecher des Hafens von Jaffa und hielten dicht daneben an. Zoma aktivierte den Verzögerungszünder und verließ das Boot, den »Kishke« um seinen Hals gehängt. Er kletterte auf den Wellenbrecher und überquerte ihn in der Dunkelheit, während in der Ferne Schüsse und Detonationen zu hören waren. Dann ließ er sich in das Wasser des kleinen Hafens gleiten, schwamm zwischen die Fischerboote und erreichte innerhalb von fünf Minuten das Patrouillenboot. Es lag neben der Mole und wurde von der Wand eines Lagerhauses beleuchtet. Schwimmend näherte er sich langsam der Bordwand des Bootes und brachte die Sprengladung auf dem Deck an, verdeckt durch die Ankerkette.

Vierzig Minuten später zog er sich wieder in das Rettungsboot hinein und die beiden als Saboteure tätigen »Grünschnäbel« ruderten zur Station der Rettungswacht zurück. Dort zerrten sie das Boot wieder an Land.

Zoma kehrte nach Hause zurück und ging zu Bett. Später weckte ihn sein Vater und erzählte ihm von einer Explosion im Hafen. Er fuhr hin und sah das gesunkene Patrouillenboot. Nur der Mast war noch sichtbar. Der wachhabende Soldat, der es gewohnt war, ihn dort arbeiten zu sehen, meinte zu ihm, das Boot hätten die Russen in die Luft gesprengt, und fügte hinzu, nur eine Großmacht wäre imstande, eine derartige Operation auszuführen.

Das »Team« wird gebildet – 99,9 % kehren nicht zurück

Aufgrund des Erfolgs dieser Unternehmen wurde die Entscheidung getroffen, innerhalb der *Palmach* ein ständiges Team von Schiffssaboteuren zu bilden. Es sollte von Yochai Ben-Nun geführt werden.

Drei Monate später wurde beschlossen, vier Patrouillenboote zu versenken, die am Pier neben dem Gebäude der Hafenverwaltung von Haifa lagen. Diesmal war die Aufgabe schwieriger, da die Briten nunmehr davon überzeugt waren, daß eine ausgebildete Schiffssabotage-Einheit des *Palmach* ihre Boote beschädigt hatte. Infolgedessen hatten die Briten bestimmte Vorsichtsmaßregeln getroffen: Erstens lagen ihre Boote jetzt direkt neben der Pier, nahe an der Polizeistation. Zweitens hingen von den Bordwänden Lampenketten herunter und an Land waren Scheinwerfer aufgebaut worden, die jede Ecke des Hafens beleuchteten. Drittens war der gesamte Bereich vor der Pier für das Anlaufen der Patrouillenboote von einem Netz aus Stahlringen eingefriedet worden, das an Bojen bis herunter zum Grund des Hafens reichte. Außerdem wurden von Zerstörern, die im Hafen ankerten, sowie von Booten aus kleine Wasserbomben zur Abwehr von Kampfschwimmern geworfen.

Trotz dieser Hindernisse sollte das Unternehmen durchgeführt werden. Wieder lief die ALISA in den Hafen von Haifa ein. Yochai Ben-Nun überzog die Taucher mit einer Schicht aus Schmierfett und aktivierte die Verzögerungszünder. Shaul und Ossi Ravid, sich dem Team angeschlossen hatten, ließen sich ins Wasser gleiten, ausgerüstet mit je einem »Kishke« und langen Scheren, um einen Durchgang ins Netz zu schneiden. Bevor die beiden ins Wasser gingen, hatten sie ein Patrouillenboot bemerkt, das von Zeit zu Zeit seinen Scheinwerfer anschaltete. Als sie zu schwimmen anfingen, spürten sie die Erschütterung von der Detonation einer Wasserbombe und versuchten mühsam, ihre Köpfe nicht unter Wasser zu stecken. An der Bojenreihe angekommen, tauchte Shaul Ravid, um in das Netz eine Öffnung zu schneiden. Nach ein paar Sekunden kam er wieder an die Wasseroberfläche, unfähig zu sprechen. Das eisige Wasser hatte seinen Mund gelähmt und er konnte kaum atmen. Nachdem die beiden zwei weitere Versuche unternommen hatten, die ohne Erfolg blieben, und nunmehr feststellten, daß auf dem Pier Bewegung eintrat, begannen sie zu befürchten, daß die Briten etwas Verdächtiges bemerkt hatten. Daher entschlossen sie sich, so schnell wie möglich den Rückzug anzutreten. Shaul Ravid kehrte als erster zur ALISA zurück. Aufs äußerste erschöpft und vor Kälte zitternd, kletterte er an Deck und berichtete, daß er die scharf gemachte Sprengladung auf dem Rückweg abgeworfen hätte. Als Ossi Ravid zurückkehrte, ebenfalls halb erfroren und nicht in der Lage zu sprechen, bemerkte Yochai Ben-Nun, daß er die Sprengladung noch immer um seine Hüften geschlungen bei sich trug. Er schnitt rasch das Tragegeschirr durch und warf die Mine ins Wasser. In der Frühe des nächsten Morgens verließen die Männer, verkleidet als Hafenarbeiter, das Hafengebiet durch die Tore. Die beiden Minen detonierten unter Wasser, ohne Schaden zu verursachen.

Unternehmen »Igloo« – Verzögerungszünder und Schlüpfer

Am 17. Juni 1946 kam von der Führung der *Hagana* die Zustimmung für die Operation »Nacht der Brücken«: die Sprengung einer Reihe von Brücken, um den Briten zu beweisen, daß ein Dichtmachen des Landes gegen die Einwanderung der Juden keine leichte Aufgabe sein würde. Zusätzlich erhielt das Team den Auftrag, einen Eisenbahntunnel im Libanon zu sprengen, etwa neun Kilometer nördlich der Grenze zu Palästina. Die Männer waren sehr argwöhnisch, einen Auftrag in einem Gebiet ausführen zu müssen, das sie nicht kannten. Zudem wußten sie, daß sie sich innerhalb einer sehr kurzen Zeit von Schwimmern in eine an Land kämpfende Einheit zu verwandeln hatten. Zwei ausgiebige Reisen zur Aufklärung und Erkundung des Gebietes wurden durchgeführt. Danach entwarf das Team einen Operationsplan und wartete auf seine Billigung. Doch das Unternehmen wurde aufgegeben, da die Führer der *Hagana* entschieden hatten, keine Operationen außerhalb der Grenzen Israels, d.h. des damaligen Palästinas, durchzuführen. Die Enttäuschung war groß; die Männer hatten eine Menge Zeit investiert und wurden jetzt am Weitermachen gehindert. Sie sollten rasch feststellen, daß solche Unternehmen nicht dazu da waren, ihr Verlangen nach Abenteuern zu befriedigen.

Das Ergebnis der Operation »Nacht der Brücken« bestand in der Sprengung von elf strategisch wichtigen Brücken. Daraufhin inhaftierten die Briten im Rahmen der Operation »Broadside« (die auf jüdischer Seite den Namen »Schwarzer Sabbat« erhielt) viele führende Angehörige der *Hagana*. Obwohl dies zu einer Unterbrechung des andauernden bewaffneten Kampfes gegen die britische Herrschaft führte, hielt die illegale Einwanderung weiterhin an. Die Folge dieser Ereignisse war, daß die einzige Einheit, die den Kampf gegen die Briten weiterführte, das winzige Team war.

Die Einwanderung ging weiter und viele Schiffe erreichten die Küsten des Landes. Anfang August 1946 verkündeten die Briten den Beginn der Operation »Igloo«: die Deportation der Einwanderer in Internierungslager nach Zypern. Dies erforderte eine Erwiderung. Die Angehörigen der *Palyam*, die die Einwandererschiffe von Europa aus begleiteten, erhielten jetzt den Befehl, einen unbewaffneten Widerstand gegen jeden Versuch der britischen Seeleute zu organisieren, die Schiffe zu entern. Außerdem wurde auch beschlossen, an den Deportationsschiffen Sabotageakte von innen heraus zu verüben – und zwar mit größter Vorsicht, denn die PATRIA-Katastrophe war unvergessen geblieben. Versuche, die Einwanderer von ihren Schiffen zu entfernen, stießen auf grimmigen Widerstand. Doch in die Ladeluken geworfene Rauchbomben überzeugten die Überlebenden des »Holocaust«, die damit gezwungenermaßen auf das Deportationsschiff gebracht wurden: die EMPIRE HEYWOOD – ein 7200 BRT großes »Liberty«-Schiff, das eigens hierfür im Hafen von Haifa ankerte. Am 18. August wurde in Brotlaiben versteckter Sprengstoff auf das Schiff geschmuggelt, während die Zünder mit der Verzögerungsvorrichtung in den Schlüpfern einiger Mädchen unter den Passagieren verborgen und an Bord gebracht wurden. Der Saboteur, ein Angehöriger des *Palyam*, der mit den Einwanderern auf das Deportationsschiff gekommen war, fertigte aus Hängematten eine improvisierte Leiter an und stieg in den Schiffsrumpf hinunter. Dort brachte er die Sprengladung versteckt an und aktivierte den Verzögerungszünder. Nach kurzer Zeit ereignete sich eine

Detonation, die aber das Schiff nicht ernsthaft beschädigte, und die Deportation ging weiter.

Mittlerweile waren die Briten überzeugt, daß sie es mit einer berufsmäßig zur See operierenden Kommando-Einheit zu tun hatten. Erneut verstärkten sie ihre Truppen. Trupps der *Royal Marine Commandos* wurden auf den Schiffen stationiert und unter Führung von Cdr. Lionel Crabbe (Spitzname »Buster«), einem der erfahrensten Taucher der britischen Marine, wurde eine Tauchereinheit nach Palästina verlegt. Außerdem verlegten die Briten diese Deportationsschiffe aus dem Hafen heraus, wiesen ihnen Ankerplätze in der Bucht von Haifa zu, beleuchteten sie und ließen sie von Patrouillenbooten bewachen.

Die EMPIRE RIVAL: »Ein beispielhaftes Kommandounternehmen«

Yochai Ben-Nun und seine Kameraden, die Angehörigen des Teams, suchten nach einer Lücke in der britischen Verteidigung. Nach gründlicher Überwachung entschieden sie sich für einen Sabotageakt gegen die EMPIRE RIVAL. Ihr Plan bestand darin, zum Schiff zu rudern, Schwimmer auszusetzen und das Heck zu erreichen, das einen großen Schatten warf. Von da aus wollten sie in den Bereich des Kesselraums tauchen, um dort unten ihre Minen zu befestigen. Ihre Hoffnung bestand darin, daß sie durch ein Vollaufen dieser Abteilung das gesamte Schiff versenken würden, ehe die Einwanderer an Bord kamen.

Vier Tage nach dem Versuch, die EMPIRE HEYWOOD zu beschädigen, gingen die Saboteure an ihre Aufgabe. Diesmal wartete eine größere Prämie auf sie; denn in der Nähe des Schiffes ankerte ein Zerstörer – ein Nagel zu ihrem Sarg. Yochai Ben-Nun wählte als Schwimmer und Taucher Moshe Nahshon und Izzy Rahav sowie als Ruderer einen weiteren Seemann aus. Sie ruderten von Haifa aus in einem kleinen Boot zu einem verlassenen Strand, wo ein Saboteur mit richtigen Haftminen, die bei den Briten gestohlen worden waren, auf sie wartete. Aus den früheren Unternehmen hatten sie einige Lehren gezogen, daher trugen sie aus Draht gefertigte und mit Lumpen bedeckte »Hüte«, um unter Wasser ihre Schatten zu verzerren. Metallplatten, die an Trageriemen über der Brust befestigt waren, hielten die Minen mit Magneten fest. Jeder von ihnen besaß ein Messer und einen Drahtschneider, die am Gürtel hingen.

Fischerbooten ausweichend, ruderten sie leise vom Strand aus bis zu einem Punkt für das Aussetzen der Schwimmer. Als sie sich nach ihrer Einschätzung in der richtigen Entfernung zu ihrem Ziel befanden, gingen

Metallplatten, die an Trageriemen über der Brust auf dem Rücken der Taucher befestigt waren, hielten die Haftminen mit Magneten fest.

Izzy Rahav und Moshe Nahshon ins Wasser. Schon bald stellten sie fest, daß sie weiter vom Schiff entfernt waren, als sie gedacht hatten. Das Gewicht der Minen verlangsamte ihre Schwimmbewegungen. Erst nach anderthalb Stunden erreichte Rahav das Deportationsschiff. Nachdem er den Algenbewuchs unter Benutzung der Mine vom Schiffskörper abgekratzt hatte, gelang es ihm, die Mine an der stählernen Oberfläche zu befestigen und den Verzögerungszünder in Gang zu setzen. Danach schwamm er zurück, wobei es für ihn schwierig war, unter den vielen Fischerbooten, die in diesem Gebiet ankerten, sein Boot zu finden – er brauchte hierzu zwei Stunden. Fünf Minuten später traf auch Nahshon ein und fluchte, was das Zeug hielt. Seine Mine war von ihrer Metallplatte abgefallen und versunken. Auf diese Weise wurde der Zerstörer vor seinem Schicksal bewahrt.

Anschließend ruderten sie zur Küste zurück und marschierten zu einer Unterkunft in Haifa. Dort verbrachten sie die restlichen Nachtstunden in gespannter Erwartung, nur um ziemlich enttäuscht zu werden. Die am Deportationsschiff angebrachte Mine detonierte nicht und der Zerstörer verließ das Seegebiet.

Am folgenden Tag wurde den Männern ein anderes Boot gebracht. Wie arabische Fischer gekleidet, die ihrer Arbeit nachgingen, fuhren sie wieder zu demselben verlassenen Strandstreifen und nahmen zwei weitere Minen in Empfang. Erneut ruderten sie in Richtung auf das Schiff. Diesmal stoppten sie in nur 150 m Entfernung und Yochai Ben-Nun verankerte das Boot in direkter Linie zwischen dem Heck des Schiffes und einem Licht an Land, so daß es für die Taucher leichter sein würde, das Boot ausfindig zu machen, wenn sie zurückkehrten. Moshe Nahshon und Izzy Rahav banden die Minen am Körper fest, damit sie nicht wegrutschen konnten, und glitten ins Wasser. Schließlich erreichten die beiden das Heck und hielten sich ein paar Sekunden am Propeller des Schiffes fest, der ein wenig aus dem Wasser ragte. Plötzlich fühlte Izzy Rahav, wie etwas auf ihn herabtröpfelte. Er blickte auf und sah einen Matrosen, der sich über die Reling gebeugt ins Wasser erbrach. Die beiden erkennend, hob der Seemann den Kopf und schrie gellend: »That's it!« Das daraufhin ertönende Heulen der Sirene und der Klang von Schüssen

waren für sie noch kein Grund zum Rückzug. Die beiden schwammen zur Mitte des Schiffes und befestigten tauchend die erste Mine. Die zweite rutschte aus der Hand und versank. Das Schießen hielt an und Izzy Rahav erschrak, als er sah, wie neben ihm etwas ins Wasser fiel, das er für eine Wasserbombe hielt. Doch glücklicherweise war es nur ein leerer Eimer. Um ihre Angreifer zu verwirren, trennten sich die beiden Männer und schwammen so schnell, wie sie konnten, zum Boot zurück.

Das Schießen hörend, erkannte Yochai Ben-Nun, daß die beiden entdeckt worden waren. Scheinwerferstrahlen strichen über das Wasser und es dauerte nicht lange, da befand sich das Boot im Mittelpunkt eines Lichtflecks. Die Briten eröffneten das Feuer und die Männer warfen sich auf den Boden des Bootes. Geschosse trafen die hölzernen Bordwände. Daher sahen sich die beiden der zusätzlichen Aufgabe gegenüber, das durch die Einschußlöcher eindringende Wasser mit leeren Konservendosen auszuschöpfen. Nach einer kurzen Zeitspanne, die ihnen wie eine Ewigkeit vorkam, sahen sie Moshe Nahshon wie rasend auf das Boot zuschwimmen. Er wälzte sich hinein und als ihn Yochai Ben-Nun frug »Wo ist Izzy?«, antwortete er: »Weg!« Im Glauben, Izzy Rahav wäre getötet worden, entschloß sich Ben-Nun trotzdem, noch ein paar Minuten zu warten. Daran tat er gut; denn als Rahav eintraf, warf sich dieser buchstäblich im allerletzten Moment ins Boot, als der Anker bereits gekappt wurde. Jeden der Riemen zu zweit bedienend, standen die vier Männer aufrecht im Boot und ruderten mit äußerster Kraft auf den Strand zu. An der Bordwand des Schiffes sahen sie ein Patrouillenboot hervorkommen, das direkt auf sie zudrehte – das grüne und das rote Positionslicht ließen dies deutlich erkennen. So begann ein schicksalsschweres Wettrennen zwischen vier Paar erschöpften Händen an zwei Riemen und den starken Motoren des Patrouillenbootes. Der Scheinwerferstrahl bewegte sich auf sie zu und sie wußten, die Zeit wurde knapp. Die britischen Seeleute hatten nur einen Befehl: »Schießen, um zu töten!« In einem letzten verzweifelten Handeln rissen die Männer das Boot herum und stoppten in ihrer Spur. Das Patrouillenboot lief an ihnen vorbei und setzte seine Fahrt in Richtung Küste fort. Danach ruderten sie zu einem kleinen Wellenbrecher, hinter dem sie sich dicht angeschmiegt versteckten. Das Patrouillenboot versuchte, sie dort wiederzufinden, aber sein Kommandant hatte Angst, zu dicht an die Felsen zu geraten. Die Männer saßen schweigend und frierend im Boot, als sich der Scheinwerfer langsam über die Felsen bewegte, und wie durch ein Wunder entgingen sie der Entdeckung. Nach einer Weile erkletterten sie die Felsen, versteckten das Boot und kehrten nach Haifa in die Wohnung zurück. Zwei Stunden lang blickten sie über die Bucht und als nichts geschah, gingen sie schlafen.

Sie wachten gegen Mittag auf und hörten die Zeitungsverkäufer rufen, die *Hagana* hätte ein Deportationsschiff gesprengt und einigen Schaden verursacht – aber nicht ausreichend, um es zu versenken.

Die Antwort der britischen Behörden war ernst. Britische Truppen führten ausgedehnte, brutale Suchaktionen nach jenen durch, die sie als »die jüdischen Froschmänner« bezeichneten. Nach den Worten der BBC hätten diese »ein beispielloses Kommandounternehmen« durchgeführt.

Die Briten entschlossen sich nunmehr, ihre Deportationsschiffe in Zypern ankern zu lassen, um Palästina nur für wenige Stunden anzulaufen. Daraufhin suchten die Mitglieder des Teams nach neuen Lösungen für das Problem. Sie hegten auch weiterhin die Hoffnung, einen der Zerstörer, die die Einwandererschiffe auf hoher See aufbrachten, versenken zu können. Ihnen war klar, daß die Beschädigung eines solchen Kriegsschiffes ein harter und entscheidender Schlag für die Briten sein würde.

Ein verrückter »Hai« und Leinen im Winter

Den ganzen Winter 1946/47 hindurch beschäftigte sich das Team ausgiebig mit Versuchen, Methoden zu entwickeln, wie die Sprengladungen zu den Schiffen gebracht werden konnten. Eine Idee bestand darin, die an einer Leine befestigten Minen zwischen zwei Fischerbooten zu schleppen. Die Männer verbrauchten Hunderte Meter Leinen und sahen sich vielen Problemen gegenüber: Wie konnte die magnetische Seite der Mine an das Ziel gebracht und befestigt werden,

wie mußte das Schleppen koordiniert werden und so weiter. Schließlich erzielte das Team einen ausgezeichneten Leistungsstand. In einem geeigneten Bereich entdeckten die Männer einen vor Anker liegenden Zerstörer, aber bei seiner Beobachtung stellten sie fest, daß die Briten entsprechende Sicherheitsmaßmahmen ergriffen hatten. Patrouillenboote umgaben das Schiff im Radius von einer Meile und ließen sogar für Fischerboote eine Annäherung nicht zu. Das Team begann, Verdacht zu schöpfen, daß Informanten im Spiel waren; denn es war nicht das erstemal, daß die Briten gerade vor einem geplanten Unternehmen ihre Sicherheitsmaßnahmen verstärkt hatten.

Die winterlichen Aktivitäten mit den Leinen bedeuteten für das Team auch eine Verstärkung des Personalbestandes. Geschichten von verwegenen Unternehmungen, die vom Team ausgeführt worden waren, hatten sich weithin verbreitet. Daher entschloß sich Yochai Ben-Nun zur Durchführung von Aufnahmeprüfungen. Unter Verwendung eines besonderen Verfahrens wurden geistige Fähigkeiten und Wagemut geprüft. Die freiwilligen Kandidaten mußten in einen schmalen Felsentunnel tauchen und diesen unter Wasser durchschwimmen, ohne zu wissen, wie lang er war oder wohin er führte. Auch Aufnahmezeremonien wurden eingeführt. Yochai Ben-Nun saß mit Vertretern des Teams im Inneren eines Zeltes an einem Tisch und der Kandidat stand ihnen im Kerzenschein gegenüber. Diesem teilte er mit, daß 98 % der Angehörigen des Teams von einem Einsatz nicht lebend zurückkämen. Danach schickte er die Geeigneten los, um ein Foto beizubringen, und vereinnahmte es im Archiv - um für den sicheren Tod bereit zu sein.

Yochai Ben-Nun stellte auch eine Technische Gruppe auf. Einer der ersten, der zu ihr stieß, war David Frumer, Absolvent einer technischen Universität, der eine Menge Erfahrung in Sabotage gewonnen hatte, während er in der britischen Marine diente. Die technischen Probleme waren verhältnismäßig einfach, wie zum Beispiel den richtigen Schaber zu finden, um den Algenbewuchs von den Schiffskörpern zu kratzen, anstatt die Kante einer Mine zu benutzen. Doch die jungen Köpfe präsentierten sowohl einige brillante als auch bisweilen verrückte Ideen. Hierzu gehörten der Bau von Sprengladungen, betrieben durch gasgefüllte Ballons und Luftturbinen, ferngesteuerte Geräte und sogar eines Torpedos. Letzteren baute der 21jährige Uzi Sharoni. Dieser besaß ein erstaunliches Improvisationstalent. Der einzige Torpedo, den er bis dahin gesehen hatte, war eine Abbildung in einem Konversationslexikon gewesen. Das Thema »Fernsteuerung« war etwas, das er in ein paar Schulstunden und durch sein Hobby – das Bauen von Modellflugzeugen – gelernt hatte. Er wurde nach Jerusalem geschickt, um sich mit Alec Sohchover zu treffen, einem Fachmann auf vielerlei Gebieten. Yochai Ben-Nun brachte Uzi Sharoni die

Nach achtmonatiger harter Arbeit hatten die Konstrukteure das Gefühl, das es gelungen war, etwas zu erreichen. Der »Hai« lief 6 kn und wurde auf eine Entfernung von 800 m ferngelenkt. Außerdem wurde ein Transportfahrzeug gebaut, das zwei kleine Kräne aufwies, und die Erprobungen begannen, um den Torpedo von diesem Boot aus zu lenken. Zur Darstellung des Zerstörers diente eine Reihe von Bojen und es stellte sich heraus, daß es unter ruhigen Bedingungen möglich war, den Torpedo wirksam auf Kurs zu bringen und das Ziel erfolgreich zu treffen.

Mitte Juli 1947 brachten die Briten nach einem heftigen Gefecht den Frachter EXODUS mit seinen 4530 Einwanderern in ihre Gewalt, wobei es drei Tote und 30 Verwundete gab. Wie angekündigt, entschieden die Briten, die Einwanderer zurück nach Deutschland zu senden. Diese Entscheidung wurde mit Entsetzen aufgenommen und es wurde beschlossen, einen britischen Zerstörer in die Luft zu jagen. Hierzu war alles bereit und am Strand warteten die Akteure. Doch in letzter Minute traf ein persönlicher Befehl von David Ben-Gurion ein, des Vorsitzenden des Jüdischen Rates und des Sicherheitsausschusses, das Unternehmen aufzugeben. Er befürchtete, daß es ernste politische Auswirkungen geben könnte, wenn der Zerstörer versenkt wurde.

Ohne jegliche Erfahrung und mit großem Improvisationstalent entstand im Winter 1946/47 durch Uzi Sharoni ein ferngesteuerter Torpedo: der »Hai«. Im Bild bedient Izzy Rahav, einer der ersten Taucher des »Teams«, Führer der »Hai«-Einheit im Juli 1948 und ein späterer Chef der 13. Flottille, das Fernsteuerungssystem des »Hai«.

Skizze eines Tauchgerätes und Alec Sohchover fertigte danach ein solches mit geschlossenem Kreislauf an, damit keine Luftblasen mehr an die Wasseroberfläche aufsteigen konnten. Unter Benutzung des Mundstückes einer britischen Gasmaske wurde das Gerät erprobt, aber von Yochai Ben-Nun wieder verworfen und nie verwendet.

Alec Sohchover entwarf auch ein ferngesteuertes Floß, aber in der kabbeligen See war seine Leistungsfähigkeit nicht zufriedenstellend. Daher wurde entschieden, statt seiner einen batteriegetriebenen Torpedo zu bauen: den »Hai«. Hierbei wurde Uzi Sharoni von Uri Brechman unterstützt, der mit ihm zusammen auf der technischen Universität gewesen war, und innerhalb einer kurzen Zeit entstand der erste Prototyp. Der Torpedo war 3,80 m lang und ließ sich in seine Bestandteile zerlegen, um ein verdecktes Transportieren zu erleichtern. Der Gefechtskopf konnte etwa 80 kg Sprengstoff aufnehmen. Die Fernsteuerung des Torpedos erfolgte mit Hilfe eines elektrischen Kabels, das gelöst wurde, wenn er sich auf Kurs befand, und zweier Lichter auf seinem Rücken, die der Bedienende in eine gerade Linie mit dem Ziel bringen mußte. Während seiner Erprobung – weit von den wachsamen Augen der Briten entfernt – verursachte er eine Menge Probleme. Er sank oft auf Grund, lag wie eine Leiche auf der Seite oder verschwand auf See.

Sabotage im Winter 1947/48 – »Wenn Moshe das kann, dann kann ich das auch!«

Im Winter 1947 erging die Erlaubnis zur Durchführung eines weiteren Sabotageunternehmens, nachdem die Briten erneut ein Einwandererschiff aufgebracht und wieder einen seiner Passagiere getötet hatten. Ziel waren die Flöße, auf denen die Einwanderer zu den Deportationsschiffen transportiert wurden. Sie symbolisierten den Weg ins Exil nach Zypern; auf ihnen wurde die erniedrigende Entlausungsprozedur durchgeführt und auf ihnen fanden die dramatischen Szenen des Kampfes der Einwanderer statt, um gegen ein weiteres Exilleben Widerstand zu leisten. Zusätzliche Ziele bildeten die Patrouillenboote und ein Forschungsschiff der Regierung.

Die ins Hafenwasser geworfenen kleinen Wasserbomben waren eine Ursache der Besorgnis und das Team entschloß sich, die Auswirkungen zu untersuchen, die sie auf den menschlichen Körper hatten. Yochai Ben-Nun warf Sprengstoffladungen enthaltende Konservenbüchsen ins Wasser, während Izzy Rahav und Moshe Nahshon immer näher an die Detonationsstellen heranschwammen und schließlich bis zu einer Entfernung von 15 m gelangten, ohne Verletzungen davonzutragen. Sich besser fühlend, liefen sie wieder einmal mit ihrem Fischerboot den Hafen von Haifa an und machten an der Pier zwischen den Flößen und Patrouillenbooten fest. Einige Zeit nach ihrem Einlaufen erschien ein Freund, der für Yochai Ben-Nun eine Nachricht bei sich hatte. Diese riet zum Aufgeben des Unternehmens, da die Briten von ihm Wind bekommen hätten, woraufhin im Hafen eine Ausgangssperre verhängt worden war. Am Morgen liefen die Männer mit ihrem Boot ganz normal zum Fischfang aus und kehrten gegen Mitternacht wieder in den Hafen zurück – trotz der Ausgangssperre und der beträchtlichen Truppenverstärkungen in diesem Raum.

Diesmal benutzten sie miteinander verbundene Fahrzeugminen, die angesichts früherer Erfahrungen an Korkschwimmern befestigt waren, um sie am Versinken zu hindern und ihr Mitführen zu erleichtern. Den Körper der Männer bedeckte eine dicke Schicht Schmierfett und nach ein paar großen Schlucken Kognak aktivierten sie die Verzögerungszünder, um sicherzustellen, daß ihre Arbeit ordnungsgemäß erfolgen konnte, ehe sie ins Wasser glitten. Das Schmierfett sollte sie vor dem unmittelbaren Kontakt mit dem kalten Wasser schützen, während sie der Kognak wärmen sollte. Das Problem bestand darin, die richtige Ausgeglichenheit zu finden, so daß ihrer Körpertemperatur genug Energie zugeführt wurde, ohne sie betrunken zu machen. Schließlich sollten sie die Erfahrung machen, daß es keine medizinische Folgerichtigkeit für die Verwendung von Schmierfett gab und daß Alkohol sogar sehr nachteilig sein konnte.

Unter Schwierigkeiten erreichte Moshe Nahshon das Floß und versuchte, die Klammer am gekrümmten Boden zu befestigen. Seine Hände zitterten vor Kälte und die erste Mine versank. Mit der zweiten war er erfolgreicher. Es gelang ihm, sie seitlich zu befestigen, und er schwamm zurück. Izzy Rahav war von der außerordentlichen Kälte wie gelähmt, aber er sagte sich: »Wenn Moshe das kann, dann kann ich das auch!« Die Pier war beleuchtet. Er schwamm aufrecht zwischen den winzigen Fischerbooten, wobei diese langsame Art des Schwimmens seinen Körper am Warmmachen hinderte. Er erreichte das beleuchtete Floß von hinten und versuchte, die beiden an einer Leine befestigten Minen zu lösen, aber die Leine war naß, und er konnte sie nicht von ihr losmachen. Daher entschloß er sich, beide am Floß zu befestigen. Doch jetzt hielt der Magnet nicht, deshalb plazierte er sie auf einem Vorsprung aus Metall, der sich seitlich am Floß in der Nähe befand, und trat kraftlos und schwer atmend den Rückzug an. Yochai Ben-Nun und seine Männer erkannten ihn an seinem Stöhnen und an seinen Schreien, womit er sich selbst anspornte. Es gelang ihnen, Izzy Rahav aus dem Wasser zu ziehen, am ganzen Körper zitternd und ohne jede Kontrolle über sich. Sie rieben ihn ab, klatsch-

ten seinen Körper und setzten ihn sogar noch auf die Abdeckung des heißen Motors. Nichts half, und er zitterte weiterhin wie Espenlaub. Als er sich ein wenig entspannt hatte, gingen die Männer zum Hafeneingang. Sie besaßen gefälschte Dokumente für Fischer, aber die Namen und die Bilder glichen ihnen überhaupt nicht. Ein britischer Sergeant hielt sie an und frug, warum Izzy Rahav so zittere. Yochai Ben-Nun antwortete, er litte unter einem Malariaanfall. Im selben Augenblick ließ der Sergeant einen ziehen – vermutlich infolge einer Magenblähung. Aus der Fassung gebracht, sagte dieser barsch: »O.K.! Verschwindet hier!« Sie verließen den Hafen, so schnell sie konnten.

Kurze Zeit später war eine Detonation zu hören. Die beiden Flöße wurden schwer beschädigt, sanken aber nicht. Das Forschungsschiff ging unter.

Sabotage an der Brennstoffpier – Wo ist der anonyme Informant?

Einige Zeit später war zu hören, daß in den Hafen Zerstörer zur Brennstoffergänzung einlaufen sollten. Der Vorgang einer Treibstoffübernahme würde eine halbe Stunde in Anspruch nehmen und nach seiner Beendigung sollten sie rasch wieder auslaufen. Daher wurde beschlossen, am Heizöleinlaufstutzen eine Mine anzubringen und sie von einer nahe gelegenen Pier aus mit einem elektrischen Kabel fernzuzünden.

Die Brennstoffpier wurde von der Landseite her scharf bewacht. Daher fiel die Entscheidung, sie mit einem zivilen Schlepper anzufahren, der Heizölflöße im Hafen transportierte. Die auf ihm arbeitenden Juden waren über die Zusammenarbeit nur allzu glücklich. Innerhalb kurzer Zeit wurde eine 120 kg schwere Vorrichtung gebaut, die eine 40 kg Sprengstoff fassende Kammer trug. Sie mußte an den die Pier stützenden Pfeilern in einer Tiefe von 2,5 m befestigt werden. Für den Antransport wurde sie auf ein Fischerboot verladen, das nach Haifa fuhr. In unmittelbarer Nähe des Hafens wurde dann eine Maschinenstörung inszeniert. Yochai Ben-Nun hatte vorher vereinbart, daß der Schlepper mit den in den Plan Eingeweihten zur Bergung des Fischerbootes kommen sollte. Die Vorrichtung wurde übergeben und im Laderaum des Schleppers untergestellt, während dieser das Fischerboot in den Hafen schleppte. Am Abend wurde die Vorrichtung zu einem aufgegebenen Floß gebracht. So endete die erste Phase des Unternehmens.

Yochai Ben-Nun und seine Männer wurden zum Hafen zurückgerufen, als der Schlepper für Arbeiten an der Brennstoffpier angefordert wurde. Die Vorrichtung wurde aus ihrem Versteck auf dem Balkenfloß geholt und wieder im Laderaum des Schleppers untergestellt.

Dieser sollte in derselben Nacht eine Reihe von Leitungsanschlüssen zur Heizölübernahme herstellen. Während der Verrichtung dieser Arbeit mußten die Männer die Vorrichtung zusammenbauen und in Position bringen.

Im Laderaum des Schleppers war es eng, die Vorbereitungen nahmen eine lange Zeit in Anspruch und die Männer versäumten den ersten Leitungsanschluß. Beim zweiten stellten sie eine große Anzahl von Polizeibeamten in dem Bereich fest und so wurde beschlossen, ein Ablenkungsmanöver zu inszenieren. Zwei Seeleute des Schleppers nahmen die Polizisten in der Nähe beiseite und boten ihnen den Kauf zollfreier Waren zu einem günstigen Preis an. Gleichzeitig wurde die Vorrichtung ins Wasser gehievt. Der Lärm war ungeheuerlich – zumindest dachten dies Yochai Ben-Nun und Moshe Nahshon. Sie sprangen ins Wasser und drückten die Vorrichtung unter die Pier. Dank der Schwimmwesten befand sich diese gut in der Schwebe. Yoske Rom, der seit einiger Zeit dem Team angehörte, sprang ihnen nach. In seiner Hand hielt er die Trommel mit dem Stromkabel. Anschließend setzte er sich auf eine eiserne Ausbuchtung unter der Pier und ließ das elektrische Kabel abrollen, während Yochai Ben-Nun und Moshe Nahshon mit der Vorrichtung zum Ort des Einlaufstutzens schwammen – eine Entfernung von rund 150 m. Yoske Rom hatte Probleme, das Kabel mit der richtigen Geschwindigkeit ablaufen zu lassen. Es versank zweimal und verhedderte sich in Eisenstücken. Die beiden mußten tief tauchen, um es freizubekommen, und die scharfen Muschelschalen, die an ihren Beinen entlang schabten, fügten ihnen überall Schnitte zu. Unterwegs stießen sie auf eine Boje, die ihren Weg blockierte. Um sie zu umgehen, waren sie gezwungen, den Schutz der Pier zu verlassen. Nach großen Anstrengungen war die Vorrichtung an ihrem Platz verankert und die Männer kehrten zum Schlepper zurück. Ihre Gesichter waren vom Öl geschwärzt, das auf dem Wasser schwamm.

Der Schlepper nahm langsam Fahrt auf und das Fernzündungskabel rollte sich nach hinten ab. Plötzlich stieß der Bug des Schleppers auf eine Reihe kleiner Bojen; sie sollten den Schiffsverkehr während der Brennstoffübernahme abhalten. Der Schlepperführer ging mit der Fahrt rückwärts, das Kabel wurde auf diese Weise in die Propellerblätter gezogen und brach. Yochai Ben-Nun weigerte sich, das Unternehmen aufzugeben. Ein paar Tage später brachten die zu allem entschlossenen Männer ein anderes Stromkabel. Ihr Traum sollte endlich wahr werden: Sie würden einen britischen Zerstörer sabotieren.

Dann erblickten Yochai Ben-Nun und seine Männer, wie sich ein Zerstörer dem Hafen zur Brennstoffübernahme näherte. Sie eilten zum Hafengelände und versteckten sich unter der Pier, wo die Fernzündungsvorrichtung verborgen war. Der Zerstörer erreichte die Hafeneinfahrt, aber plötzlich lief ein Polizeiboot auf ihn zu. Anstatt in den Hafen einzulaufen, drehte der Zerstörer ab und hielt wieder auf See hinaus. Das Patrouillenboot lief zur Brennstoffpier. Von seinem Deck wurde eine Leiter herabgelassen und eine Reihe britischer Taucher unter Führung von Commander Crabbe stieg ins Wasser. Es dauerte nicht lange, dann befand sich die erstaunliche Vorrichtung an Deck. Bitterlich enttäuscht, verspürte Yochai Ben-Nun einen starken Drang, im allerletzten Augenblick den Auslöser zu betätigen, aber die Männer hielten sich zurück. Sie wollten nur den Zerstörer beschädigen, aber weder die Taucher noch andere Menschen verletzen.

Das Team war sich jetzt absolut sicher, daß wieder derselbe Informant beteiligt war, der sie in Gefahr gebracht hatte. Erst später sickerte durch, daß es sich um eine sehr hochstehende und prominente Persönlichkeit in Haifa handelte, eine Person, die zu den Kandidaten für die Position des Generalstabschefs der *Hagana* zählte. Diese Persönlichkeit befürchtete nun, daß die mehr als gewagten Unternehmungen des Teams zu ernsten Vergeltungsmaßnahmen der Briten gegen die ortsansässigen Juden führen würden. Daher traf der Informant mit dem Chef der britischen CID in der Stadt, Colonel Conquest, ein Übereinkommen, daß er ihn über jedes gefährliche Unternehmen in Kenntnis setzen würde. Im Gegenzug erhielt er dafür die Zusage, die Stadt in Frieden zu lassen.

Viele Jahre nach der Gründung des Staates Israel traf Yochai Ben-Nun – inzwischen ein in den Ruhestand versetzter Admiral – völlig durch Zufall Colonel Conquest. Damals hatte Conquest für Ben-Nuns Ergreifung eine Belohnung von 500 Pfund Sterling ausgesetzt. Jetzt erzählte er ihm, wie die Mine unschädlich gemacht worden war, und meinte dann, daß er in England mit dem Viktoriakreuz ausgezeichnet worden wäre, wenn er einen solchen Auftrag als Brite durchgeführt hätte.

Die Geschichte von der Mine unter der Pier wird auch in einem Buch über Commander Crabbe, RN, erwähnt. Mit starken Übertreibungen beschreibt der Verfasser, wie Crabbe mehr als 30 Minen im Hafen von Haifa unschädlich gemacht und ein britischer Offizier mit Hilfe von zwei Informationen herausgefunden hätte, wo die Mine versteckt war: zum einen durch einen Plan zur Sabotage eines Zerstörers und zum anderen durch eine Meldung über den Diebstahl von 800 m elektrischen Kabels aus einem Kaufhaus. Der Autor fährt mit der Beschreibung fort, wie dieser Offizier einen 800-m-Radius um die Brennstoffpier gezogen hätte und auf ein aufgegebenes Schiff im Hafengebiet gestoßen wäre, von dem aus die Fernzündung – seiner Ansicht nach – erfolgt wäre. Auf diese Weise, so behauptete er, hätten die Briten eine große Mine aufgefunden. Das Buch liest sich wie ein guter Kriminalroman. Hätte der Verfasser jedoch Yochai Ben-Nun

befragt, so hätte ihm dieser mit Freuden erzählen können, daß das Kabel in einem Geschäft gekauft worden
war und daß Crabbe genau wußte, wo sich das Versteck
der Sprengladung befand. Offensichtlich sind die an
sich phantasielosen Briten durchaus imstande, ihre
Erfindungskraft zu benutzen, wenn dies notwendig ist!

Yossale Dror sabotiert die OCEAN VIGOUR

Im März 1947 erhielten Yochai Ben-Nun und Yoske Rom
den Befehl, nach Zypern zu gehen, um die britischen
Deportationsschiffe zu sabotieren, die nicht weit vom
Internierungslager entfernt vor Anker lagen. Ihre Über-
fahrt erfolgte in einem Fischerboot, beladen mit einem
kleinen Schlauchboot mit Außenbordmotor, einem
Paar Riemen, Sprengstoff, Schläuchen zur Herstellung
der Ladungen sowie einem Taucheranzug aus Gummi.
Sie erreichten problemlos die Küste, gruben ein großes
Loch in den Sand und versteckten darin ihre gesamte
Ausrüstung. Yochai Ben-Nun zeichnete eine kleine
Kartenskizze. Danach begaben sich die beiden Sabo-
teure zum Lager. Yossale Dror war Angehöriger des

Einer der ersten »Froschmänner«: Yossale Dror von der
Palyam im Jahre 1947, als er das britische Deportationsschiff
OCEAN VIGOUR in zyprischen Gewässern angriff. Er war spä-
ter Fregattenkapitän in der 13. Flottille.

Palyam und ein erfahrener Saboteur an Land. Er besaß
seltene Eigenschaften: vollkommene Ehrlichkeit, eine
starke Willenskraft, großen Wagemut und war von un-
verbesserlicher Romantik erfüllt. Yochai Ben-Nun saß
mit ihm die ganze Nacht zusammen und erklärte ihm,
wie Sabotageunternehmen zur See durchgeführt werden mußten. Er gab ihm die verschlüsselte Kartenskizze, die er nach dem Vergraben angefertigt hatte,
um die Ausrüstung wiederzufinden. Am folgenden
Morgen schlüpften Yossale Dror und Yoske Rom durch
ein Loch im Drahtzaun aus dem Lager. Ihr erster
Markierungspunkt auf der Kartenskizze war das »Haus
auf dem Hügel«, von wo aus sie zu der »weiten Ebene«
und zu dem »Platz mit den drei Hügeln« weiterzuge-
hen hatten. Sie fanden den Sprengstoff und die Ausrüstung, aber das Schlauchboot war verschwunden.
Danach kehrten sie ins Lager zurück und Yossale Dror
entschloß sich, ein Fischerboot zu mieten. Erneut aus
dem Lager herausgeschlüpft und in einen schicken
Anzug gekleidet, traf er seine »Freundin«, eine im
Lager tätige Krankenschwester. Arm in Arm mieteten
sie ein Boot und absolvierten einen Segeltörn rund um
den Hafen.

Am nächsten Tag trafen die beiden Deportations-
schiffe ein, begleitet von einem Zerstörer. In der darauf
folgenden Nacht schlüpften Yossale Dror und seine
Freunde unter dem Licht des Vollmondes u n d den
Nasen der Briten durch das Loch im Drahtzaun. Ein zy-
prischer Kollaborateur fuhr sie zum Versteck der
Ausrüstung. Yoske Rom grub den Motor aus, den er im
Sand verborgen hatte. In der Zwischenzeit hatten
Yossale Dror und seine Freundin wieder das Boot ge-
mietet und waren zum Strand gerudert, wo die
Ausrüstung versteckt war. Zu ihrer Bestürzung stellten
die Männer fest, daß der Motor verrostet war. Sie verschwendeten zuviel Zeit, um den Motor wieder in Gang
zu bringen, und schließlich entschied Yossale Dror, hinüber zur OCEAN VIGOUR zu rudern, die nicht allzuweit
entfernt vor Anker lag und von allen Seiten beleuchtet
war. Die EMPIRE LIFE GUARD ankerte etwas weiter
nordwärts und noch etwas weiter befand sich der
Zerstörer, den Yossale Dror natürlich als erstes sabotieren wollte. Die späte Stunde bedeutete jedoch, daß sie
ihre Pläne ändern und sich zuerst die OCEAN VIGOUR
vornehmen mußten, da sie ihnen am nächsten war. Erst
danach konnten sie sich einer Beschädigung des anderen Schiffes und des Zerstörers zuwenden. Dies bedeutete aber auch, sie müßten das Boot am Strand aufgeben und zu Fuß zum Lager zurückgehen.

Es war fast zwei Uhr morgens. Yossale Dror ersuchte seine Freunde nach einer Strecke des Ruderns, mit
dem Boot als Orientierungshilfe in einer geraden Linie
zum Kiel des Schiffes zu warten. Sie sollten versuchen
zu entkommen, sobald eine Detonation zu hören war
oder wenn die Briten das Feuer eröffneten. Dann nahm
er noch einen kräftigen Schluck Rum und ließ sich

Das britische Handelsschiff OCEAN VI-GOUR im Jahre 1947, umgebaut, um illegale jüdische Einwanderer von Palästina nach Zypern in ein Internierungslager zu bringen. Im Auftrag des *Palmach* war es Aufgabe des »Teams«, die Deportationsschiffe anzugreifen. Im Bild die OCEAN VIGOUR vor ihrer schweren Beschädigung am 2. April 1947 durch die von Yossale Dror angebrachten Mine.

anschließend ins kalte Wasser gleiten. Er empfand es nicht nur als hart, mit den Wellen zu kämpfen, sondern stellte auch fest, daß sie sich in der Berechnung der Entfernung geirrt hatten. Erst nach einer Dreiviertelstunde erreichte er erschöpft das Schiff und konnte sich unter dem Heck verstecken. Nach einer kurzen Erholung schwamm er zitternd vor Kälte zur ausgewählten Sabotagestelle, etwa 15 m vom Heck entfernt. Er kratzte den Algenbewuchs weg, befestigte die Mine etwa einen Meter unterhalb der Wasseroberfläche und zerdrückte gelassen den Auslöser der Zeitzündung. Danach machte er sich bereit, zum Zerstörer weiterzuschwimmen, hörte aber plötzlich einen Schrei und vom Heck her erfolgte ein Feuerstoß, so daß die Geschosse neben ihm ins Wasser schlugen. Im hellen Mondlicht war er gezwungen, sich abwechselnd über und unter Wasser schwimmend zurückzuziehen, um dem Beschuß und den Wasserbomben um ihn herum zu entgehen. Mit Hilfe des frühmorgendlichen Dunstes gelang ihm das Entkommen. Er rief laut nach seinen Freunden und erkannte, daß sie seine Befehle befolgt hatten und zum Strand zurückgekehrt waren. Ihm war klar, daß er die Küste vor Tageslicht erreichen mußte, um sich bis zum Einbruch der Dunkelheit zu verstecken und dann ins Lager zurückzukehren.

Die Kälte war fürchterlich und seine Kräfte schwanden. Ungewohnt, Schwimmflossen zu tragen, fühlte er, wie sich seine Muskeln zusammenzogen – der Schmerz war unerträglich. Als die Morgendämmerung anbrach, war er sicher, daß er die Küste nicht lebend erreichen würde. Nur sein eiserner Überlebenswille ließ ihn solange weiterschwimmen, bis er den Strand erreichte. Ein paar zyprische Fischer brachten ihn zu einer kleinen Hütte. Dort schlief er für eine Zeitlang ein. Dann wachte er auf und erkannte mit Schrecken einen britischen Offizier, der ihm einen Revolver in seinen Magen preßte. Innerhalb kurzer Zeit fand er sich in einer überfüllten, stinkenden Zelle wieder.

Am selben Morgen – am 2. April 1947 – berichtete die zyprische Presse, daß ein junger Jude unter dem Verdacht festgenommen worden war, an der OCEAN VIGOUR eine Mine angebracht zu haben, die das Schiff schwer beschädigt hatte.

Die Briten sahen Yossale Dror als einen Schwerverbrecher an und behandelten ihn sehr grob. Nur einmal am Tag durfte er auf die Toilette gehen, und dies noch in Ketten und von vier bewaffneten Polizeibeamten begleitet. Er bekam nur sehr wenig zu essen: eine Scheibe Brot, ein paar schwarze Oliven und Wasser. Am Tag vor dem Passahfest, dem jüdischen Osterfest, ergriff er die Gelegenheit und bat um koscheres Essen. Die Briten ignorierten seinen Wunsch, und so begann er einen Hungerstreik.

Es war Yossale Dror klar, daß er sich in einer unangenehmen Sitation befand. Seine Vernehmungsbeamten stellten ihm Fragen, aus denen zu ersehen war, daß sie die Wahrheit kannten. Sie beschuldigten ihn der Sabotage, eines Verbrechens, auf dem die Todesstrafe stand. Er wußte, daß er fliehen mußte. An seinem ersten Tag im Gefängnis hatte er ein Stück Kette von der Wasserspülung in der Toilette mitgenommen und inzwischen vergebens versucht, das Vorhängeschloß an der Tür zu knacken. Nunmehr erkannte er, daß er seine Flucht sorgfältiger planen mußte. Während er bei einer Gegenüberstellung in der Reihe stand, nahm er die Gelegenheit wahr und bat einen der mit anwesenden Lagerinsassen, seinen Freunden mitzuteilen, sie sollten in dem koscheren Essen, das aus dem Lager ins Gefängnis gebracht wurde, eine Feile verstecken. Ferner verlangte er ein Zusammentreffen mit einem Rechtsanwalt aus dem Lager, aber er konnte mit diesem kaum frei sprechen, da ein britischer Offizier anwesend war, von dem bekannt war, daß er etwas Hebräisch sprach. Vorsichtig bat er den Lagerinsassen, ihm Essen, Bücher und »die anderen Dinge« (d.h. die

Feile) zu bringen. Später frug er, ob ihm gestattet werden könnte, sich neben der Polizeistation Bewegung zu verschaffen. Der Polizeichef, der sich zufällig in einer guten Stimmung befand, bewilligte diese Bitte – wie ein vollkommener »britischer Gentleman«.

Von da an nahm die Haltung der Polizei gegenüber Yossale Dror eine Wendung zum Besseren. Es gelang ihm, die Wachen mit Zigaretten und Schokolade zu bestechen, und im Gegenzug erhielt er einen Bleistift, mit dem er für seine Freunde auf Seite 30 eines Buches aus der Lagerbücherei eine Mitteilung schrieb. Darin verlangte er erneut eine Feile und skizzierte die Form des Schlüssels, den er brauchte. Anschließend bat er eine der Wachen, das Buch irgend jemand zu geben, der aus dem Lager käme, um es gegen ein anderes mit dem Titel »Seite Dreißig« auszutauschen. Er gab der ahnungslosen Wache Nachhilfeunterricht, beide Worte in Hebräisch zu sagen. Die Antwort auf seine Nachricht machte ihn wütend. Ihm wurde mitgeteilt, daß für seine Flucht keine Ermächtigung gegeben worden wäre. Seine Befreiung käme auf andere Weise zustande. Seinen Zorn brachte er in einem weiteren Brief zum Ausdruck: »Ich brauche keine Unterstützung von „höheren Orts". Ich habe mich selbst in die Klemme gebracht und werde auch selbst wieder herauskommen. Schickt mir, um was ich gebeten habe. Wenn Ihr das nicht macht, werde ich Euch das nie verzeihen.« Später erhielt er einen Schlüsselrohling und eine kleine Feile. In seiner nächsten Mitteilung schrieb er: »Sie nehmen mir Fingerabdrücke und fotografieren mich. Damit können sie feststellen, wer ich wirklich bin. Denkt daran – jeder Tag, der vergeht, ist ein weiterer Nagel zu meinem Sarg! Verschwendet keine Zeit und schickt mir eine Eisensäge.«

Yossale Dror machte drei weitere böse Nächte durch. Er versuchte, den roh geformten Schlüssel anzupassen, aber vergebens. In der Zwischenzeit kam es im Lager zu Demonstrationen und ein Einwanderer fand hierbei den Tod. Ein Hungerstreik wurde angekündigt und die Verbindung zwischen Lager und Gefängnis wurde abgebrochen.

Um seine Flucht zu planen, benutzte Yossale Dror seine täglichen Spaziergänge, begleitet von einer Wache. Die Wachen, die ihm Freundlichkeiten erwiesen hatten, erlaubten ihm auch, von einer öffentlichen Telefonzelle aus Anrufe zu machen. In ihr hing eine Karte von der Stadt und ihrer Umgebung und er prägte sich jede Einzelheit ein. Ein Paar Tage später erhielt er in einem Buchdeckel versteckt zwei kleine Eisensägen. So begann Yossale Dror die Gitterstäbe seiner Zellentür durchzusägen, hinterher jeden Spalt mit zerkauten Datteln füllend. Er merkte sich die Zeiten, wann die Wachablösungen stattfanden, und entschloß sich, seine Flucht morgens durchzuführen, um imstande zu sein, das Lager in den frühen Morgenstunden zu erreichen. Seinen Freunden schickte er die Nachricht, am

Zaun auf ihn zu warten, und bat sie, ihm ein Paar Socken zu schicken.

Die Gitterstäbe hatte er fast durchgesägt. Ihm war klar, daß er vor dem Beginn seines Gerichtsverfahrens fliehen mußte, das für den folgenden Morgen geplant war. Er packte seine Sachen zusammen, bereitete einen kleinen Proviantvorrat vor, falls er sich ein paar Tage lang in den Obstplantagen verstecken mußte, und zog sich vier Paar Socken über, damit seine Schritte nicht gehört werden konnten. Am Abend schrieb er ein paar Worte in schlechtem Englisch, die etwa so lauteten: »Ich haben nicht Schuld, aber ich gehe frei. Ich danke freundlicher Polizei zu mir und wie Essen, um anderen Gefangenen zu geben.«

Morgens um zwei Uhr hörte er mit Sägen auf und nach einer großen Anstrengung gelang es ihm, einen der Gitterstäbe zu entfernen, und er schlüpfte geräuschlos in den Korridor hinaus. Vom Motorengeräusch eines Autos übertönt, öffnete er das Vorhängeschloß an der Tür der Polizeistation. Innerhalb kurzer Zeit erreichte er die Obstplantagen, wo er ein wenig ausruhte. Dann rannte er durch dicken Nebel blindlings weiter, so schnell ihn seine Füße tragen konnten. Schließlich war er in der Lage, vor sich die Lichter des Lagers auszumachen. Zum Zaun kriechend, stieß er auf seine Freunde, die ihm hindurch auf die andere Seite halfen.

Yossale Dror war 21 Tage lang eingesperrt gewesen. Er entkam gerade noch rechtzeitig, ehe das Gerichtsverfahren begann, das ihm das Leben hätte kosten können. Nunmehr zurück im Lager sandte er Yochai Ben-Nun einen Bericht, in dem er unter anderem schrieb:

»Dies war mein erster Sabotageeinsatz; ich hatte keine Erfahrung in der Beurteilung von Entfernungen. Ich wußte nicht, wie ich mit Minen schwimmen mußte, noch kannte ich den Gebrauch von Schwimmflossen. Es ist nicht genug, der Sache verschrieben zu sein, und es genügt auch nicht, gut organisiert zu sein – jeder, der solche Aufträge durchzuführen hat, muß eine gute Grundausbildung erhalten.«

Danach verwies er auf den Motor, der nicht in Gang kam, auf die ungeeigneten Taucheranzüge und auf die Tatsache, daß in Frankreich neue Ausrüstung beschafft werden könnte. Schließlich setzte er hinzu:

»Was meine eigenen Gefühle anbetrifft – so bin ich stolz, daß wir unsere Fähigkeiten, unsere Hingabe, unsere Selbstaufopferung und unsere Gelassenheit beweisen konnten. Doch trotz allem begleitet mich ein Gefühl der Schuld gegenüber dem Zionismus – es mag banal und lächerlich klingen, mich auf diese Weise auszudrücken –, daß ich nicht imstande war, den

Auftrag voll auszuführen. Ich bin der „Sünde" des Irrtums schuldig. Meine innere Stimme sagte mir: „Verlaß' dich nicht zu sehr auf ihre Trägheit!" Und in Wirklichkeit hätten sie schlafen müssen, um nicht zu bemerken, was unter ihren Nasen, im hellen Mondlicht, bei ruhiger See und unter einem voll beleuchteten Schiff vor sich ging. Und noch etwas: Ich hätte direkt zum Zerstörer schwimmen sollen! Doch als wir aufbrachen, war ich mir völlig sicher, daß uns alles gelingen würde – und ich habe es verpfuscht; …trotz allem, als wir die drei „Huren" im Tageslicht arrogant und zuversichtlich auf See hinaussteuern sahen. – Wir waren von der Vision dessen gefesselt, was wir am nächsten Tag erblicken würden: die Spitzen ihrer jämmerlichen Masten, wenn sie untergingen.«

Zwei Monate später schlüpfte Yossale Dror aus dem Lager und kehrte auf einem Fischerboot nach Palästina zurück.

Eine Explosion im »Admiralspalast

Einige Zeit später fiel die Entscheidung, ein weiteres Deportationsschiff zu sabotieren. Sie verursachte einiges Aufsehen, da diesmal der Plan darin bestand, ein Schiff zu beschädigen, daß die Einwanderer aus den Lagern auf Zypern in die richtige Richtung bringen sollte – nach Palästina. Es bestand die Vermutung, daß dieses Unternehmen zum Aufhören der offiziellen Einwanderung führen könnte.

Die Durchführung der Aufgabe bekam der *Palyam*-Angehörige Bezalel Drori übertragen, der sich wie die meisten seiner Kameraden als Einwanderer tarnte. Er hatte fünf Kilo Sprengstoff bei sich, versteckt in einem Korsett, das seine schwanger aussehende Freundin trug. Mit seinem Freund Moshe Nahshon fertigte er aus einem Volleyball-Netz eine Strickleiter, so daß er in den Laderaum des Schiffes hinabsteigen konnte. Dies führte er aus, kurz bevor das Schiff in den Hafen von Haifa einlief. Damit keiner der Einwanderer verletzt wurde, hatte er mit seinen Kameraden verabredet, daß sie in dem Augenblick anfingen, die Nationalhymne zu singen, wenn sich die meisten Passagiere an Land befanden. Das sollte für ihn das Signal sein, die Mine zu zünden.

Die Maschinen des Schiffes standen still. Als er die Klänge der Nationalhymne hörte, drückte er den Auslöser des Zeitzünders und kletterte über die Strickleiter zurück an Deck, wo seine Freunde auf ihn warteten. Zusammen verließen sie das Schiff. Später

gab er den Sicherungsstift an Yochai Ben-Nun weiter – als Beweis dafür, daß die Mine angebracht und der Zeitzünder in Gang gesetzt war.

Am folgenden Morgen, dem 3. April 1947, lief die EMPIRE LIFE GUARD aus. Unterwegs nach Alexandria detonierte die Mine und verursachte so schwere Schäden, daß der Frachter ins Dock mußte.

Wie erwartet, hatte das Sabotageunternehmen eine scharfe Reaktion der Briten zur Folge und die offizielle Einwanderung kam eine Zeitlang zum Stillstand. In der Zwischenzeit plante Moshe Nahshon ein weiteres Unternehmen. In der Erkenntnis, daß den Briten die Existenz des »Team« durchaus bekannt war und daß sie im Lager immer noch nach Yossale Dror suchten, entschloß er sich, den Sprengstoff auf eine große Anzahl Leute zu verteilen, so daß gründliche Suchaktionen nichts zutage bringen würden. Von seinen Kameraden unterstützt, brachte er das Material im Inneren großer Tuben mit Rasiercreme unter. Jede Tube enthielt in der Mitte anderthalb Finger Gelatinedynamit, so daß nur Rasiercreme zum Vorschein käme, selbst wenn die Tube an beiden Enden geöffnet würde. Auch Beutel mit Sprengstoff wurden vorbereitet, die auf dem Rücken einer Person unter dem Hemd befestigt werden konnten. Eine große Menge Sprengstoff wurde auch in Handkoffern aus Blech mit falschen Böden untergebracht. Sie sollten Mädchen anvertraut werden, die diese gefährliche Aufgabe ohne Zögern übernahmen. Die Zeitzünder wurden in den Handgriffen von Tennisschlägern versteckt. Zu Moshe Nahshons Überraschung boten sich drei spanische Seeleute, die zur Besatzung eines Einwandererschiffes gehörten, freiwillig an, beim Transport des Sprengstoffes mitzuhelfen.

Diesmal war die EMPIRE COMFORT das Ziel. Sie sollte fahrplanmäßig ein paar Tage später nach Palästina auslaufen. Doch plötzlich gab es eine Änderung des Fahrplans und Moshe Nahson und seine Freunde stellten fest, daß ihnen nur zwei Stunden Zeit zur Vorbereitung blieben. Sie verteilten rasch die Rasiercremetuben und befestigten die Sprengstoffbeutel. Wenige Minuten vor dem Einschiffen kam die Krankenschwester des Lagers zu Moshe Nahshon und bot ihm an, einen Teil des Sprengstoffs in einer Ambulanz zu befördern, die Patienten an Bord bringen sollte. Nahshon gab ihr ein Paket mit fünf Kilo Sprengstoff mit.

750 Einwanderer verließen das Lager, um an Bord des Schiffes zu gehen. Moshe Nahshon befand sich unter den letzten, die das Lagertor passierten und später in einem durch Zäune abgesperrten Areal eintrafen, in dem ein großes Zelt stand, in zwei Sektionen geteilt: für Männer und Frauen. Das Areal war von britischen Soldaten umstellt und im Inneren des Zeltes befanden sich CID-Offiziere, die Fotos von Yossale Dror in der Hand hielten. Jedesmal, wenn einer der Männer mit einer der Tuben oder einem der Beutel die Kontrolle hin-

ter sich ließ, atmete Moshe Nahshon mit einem Seufzer der Erleichterung auf. Plötzlich sah er, wie die Briten die Handkoffer mit den falschen Böden öffneten. Ihm gefror das Blut; er wußte, der Sprengstoff würde entdeckt werden. Dann sah er einen weiblichen britischen Sergeant auf das Mädchen mit den Koffern zugehen. Offensichtlich kannten sich die beiden. Sie umarmten sich und die Uniformierte wünschte dem Mädchen viel Glück für ihre Reise nach Israel. Danach nahm sie die Koffer auf und geleitete die Jüdin zum Schiff. Im selben Augenblick kam ein kleiner Lastwagen an, der Patienten beförderte. Zwei Sergeanten kletterten hinauf, um ihn zu durchsuchen. Rasch ergriff die Krankenschwester die Initiative und half mit, die Pakete von der einen Seite des Lastwagens auf die andere zu bringen, sie zu öffnen und ihren Inhalt den Soldaten zu zeigen. Auf diese Weise gelang es ihr, das Paket mit dem Sprengstoff durchzuschmuggeln, ohne daß es entdeckt wurde.

Am 23. Juli wurde in einer komplizierten Aktion, an der über 35 Personen beteiligt waren, der gesamte Sprengstoff auf das Deportationsschiff gebracht. Schwierig war es jedoch, die gesamte Menge an einer Stelle zu konzentrieren, da die Einwanderer über das ganze Schiff verstreut in geschlossenen Abteilungen untergebracht waren. Am Abend begaben sich Moshe Nahshon und seine Kameraden in die innen gelegenen Abteilungen hinunter und sägten in eine von ihnen eine Öffnung. Durch sie hindurch gelangten die Männer zur Bordwand des Schiffes. Dort brachten sie versteckt unter einem großen Mehlsack eine Sprengladung an. Als die Morgendämmerung anbrach, lief das Schiff in die Bucht von Haifa ein. Moshe Nahshon setzte die Zeitzünder in Gang, die in drei Stunden die Detonation auslösen sollten. Die Passagiere ahnten, daß etwas im Gange war, und die Stille, die sich über das Deck senkte, beunruhigte Moshe Nahshon. Er forderte daher eine Gruppe von Jugendlichen zum Singen auf, um den Briten zu zeigen, daß alles in Ordnung wäre.

Plötzlich trat ein Ereignis ein, das Moshe Nahshon befürchten ließ, die Detonation könnte sich ereignen, ehe die Passagiere Zeit gehabt hätten, das Schiff zu verlassen: Anstatt in den Hafen einzulaufen, warf es in der Bucht Anker. Nahshon war mit seiner Weisheit am Ende. Sollte er die Zeitzünder von der Sprengladung entfernen oder sollte er zum britischen Kapitän gehen und ihn informieren, daß eine schreckliche Katastrophe stattfände, die für immer auf seinem Gewissen lasten würde, wenn er nicht sofort in den Hafen einliefe und den Passagieren gestattete, an Land zu gehen? Nach 45 Minuten näherte sich eine Barkasse mit dem Hafenarzt. Moshe Nahshon wußte nicht, daß dies vor jedem Einlaufen in einen Hafen übliche Praxis war. Der Hafenarzt gestattete dem Schiff einzulaufen. Innerhalb kurzer Zeit hatte es am Kai festgemacht. Nahshon war unter

den letzten, die an Land gingen, und als er das Hafengelände verließ, hörte er die Detonation. Niemand wurde verletzt und das Schiff erlitt geringe Beschädigungen.

Das nächste Ziel war erneut die wieder instandgesetzte EMPIRE RIVAL. Zusammen mit zwei anderen Schiffen hatte sie die EXODUS-Passagiere an Bord, die nach einem ernsten politischen Ringen zurück nach Deutschland deportiert wurden. Micha Peri, einem Angehörigen der *Palyam*, der die Einwanderer auf der EXODUS begleitet hatte, war der Befehl durchaus bekannt, wonach alle Deportationsschiffe sabotiert werden sollten, ohne vor jedem Unternehmen dafür die Erlaubnis einzuholen. Dessen eingedenk bereitete er einen Sabotageplan vor.

Unterwegs nach Deutschland ankerten die Schiffe außerhalb des französischen Hafens Port-de-Boque. Dort gelang es Micha Peri, in den Besitz einer kleinen Menge Sprengstoff und einiger Zeitzünder zu kommen, versteckt in Nahrungsmitteln. Während der Weiterfahrt verbarg er eine Konservenbüchse mit dem Sprengstoff dicht an der Bordwand des Schiffes. Noch vor dem Erreichen Hamburgs steckte er zwei Zeitzünder in die Büchse: den einen sichtbar und den anderen versteckt. Danach verließ er das Schiff.

An Land gab es einige Aufregung und es stellte sich heraus, daß die Briten den Verdacht hatten, irgendetwas wäre im Gange. Sie nahmen an Bord eine Durchsuchung vor und fanden die Konservenbüchse mit dem Sprengstoff. Die britischen Pioniere entfernten den sichtbaren Zeitzünder in der Annahme, sie hätten die Sprengladung entschärft. Zur Mittagszeit wurde im Gebäude des Admiralspalastes in Hamburg eine Pressekonferenz einberufen, um die Sprengladung allen zu zeigen. Kurz bevor die Pressekonferenz beginnen sollte, detonierte die Büchse, verursachte reichlich Schaden und große Verwirrung.

Die Deportation der Einwanderer nach Deutschland verursachte in der Weltöffentlichkeit großes Aufsehen. Die illegale Einwanderung, die offensichtlich zum Bestandteil des normalen Verlaufs der Ereignisse geworden war, verwandelte sich plötzlich zurück in eine offene Wunde – in ein Problem, dem die Welt nicht mehr den Rücken zukehren konnte. Die Teilnehmer des internationalen Kongresses, der einberufen worden war, um die politische Zukunft Palästinas zu erörtern und der die Beendigung des britischen Mandats über das Land unterstützte, vernahmen deutlich den Hilferuf von der EXODUS.

Am 29. November 1947 folgte einem diesbezüglichen Vorschlag des Kongresses die schicksalsschwere Resolution der Vereinten Nationen: die Teilung Palästinas und die Errichtung des Staates Israel.

3. Kapitel

Der Unabhängigkeitskrieg: Das »Selbstmord«-Kommando und die Sprengboote

Unmittelbar nach der UN-Deklaration über die Errichtung des jüdischen Staates begannen die arabischen Angriffe, die von der *Hagana* zurückgeschlagen wurden. Nach Einsatzmöglichkeiten suchend, nahmen die Angehörigen des Teams als Führer von Kommandos an einer Reihe von Landoperationen teil.

Das »Team« sucht nach Einsatzmöglichkeiten

Zu Beginn des Jahres 1948 wurde unter Führung von Yochai Ben-Nun eine Kompanie aufgestellt, um die Araber nach dem Abzug der Briten an der Übernahme des Hafens von Haifa zu hindern. Einige Angehörige des Teams wurden zu Zugführern ernannt. Zu dieser Einheit stieß auch eine Anzahl *Palyam*-Kämpfer, darunter auch der in der Türkei geborene Reuben Pinchas mit dem Spitznamen »Der Türke«. Die Männer tarnten sich als Arbeiter und waren mit Gewehren ausgerüstet, die griffbereit versteckt waren. Aus ihren Reihen entstand eine »Beschaffungseinheit«, um militärische Ausrüstung zusammenzutragen, die sich im Hafenbereich vor ihrer Verschiffung nach England ansammelte. Hierbei wurde die Einheit von jüdischen Schmugglern unterstützt; einige von ihnen waren von den neu gebildeten israelischen Streitkräften zur Zusammenarbeit überredet worden, nachdem sie vor ein Feldgericht gestellt und in eine Grube in Einzelhaft geworfen worden waren. Die Angehörigen des Beschaffungskommandos »organisierten« Waffen und sonstige Ausrüstung, indem sie gefälschte Dokumente vorlegten oder sie sich einfach durch Raub und Diebstahl holten. Eines der verwegensten Unternehmen dieser Art fand eines Nachts statt, als die Männer einen indischen Frachter enterten und eine große Ladung Gewehre und Maschinengewehre wegschafften. Dann traf das erste Nachschubschiff mit 4500 tschechischen Gewehren als Fracht ein, angekauft für das neue israelische Heer, und die Männer des Beschaffungskommandos brachen in das Parkgelände des britischen Militärs ein. Dort stahlen sie eine Reihe von Lastwagen, mit deren Hilfe sie die Waffen transportierten. Dies galt auch für eine gestohlene Frachtladung Zigaretten für ihre Kameraden an der Front.

Auch von den britischen Soldaten kaufte das Kommando Waffen. Doch viele dieser Soldaten stellten die Zusammenarbeit ein, nachdem sie eine ganze Menge Geld mit diesen Transaktionen verdient hatten. Um dieses Problem zu lösen, kam es zur Bildung einer »Unterhaltungsgruppe«. Ihre Männer nahmen die Soldaten in die Nachtklubs von Haifa mit und »halfen« ihnen dabei, ihr Geld mit ihnen zu teilen. Auch die jüdischen Prostituierten des Viertels machten mit und vielen von ihnen gelang es, Waffen und Informationen zu beschaffen, die ihnen ihre Freier gaben.

Ende Februar 1948 gingen Informationen ein, wonach die Araber ein Kraftfahrzeug als »Auto-Bombe« präparierten. Daraufhin wurde der Plan gefaßt, ein ähnliches Fahrzeug herzurichten, das von zwei Angehörigen einer Sondereinheit des *Palmach* gefahren werden sollte – verkleidet als Araber. Yochai Ben-Nun erhielt den Auftrag, das Fahrzeug mit der Sprengladung zu präparieren. Er und einige seiner Männer stahlen ein Auto, das einem jüdischen Bauunternehmer gehörte, einem Mann, der nicht immer zur Zusammenarbeit bereit und daher schlecht angeschrieben war.

Yankale Ritov, der bei den britischen Streitkräften als Kraftfahrer gedient hatte, unterwies die beiden Männer in einem Schnellverfahren, da sie vom Autofahren keine Ahnung hatten. Die Männer Ben-Nuns brachten im Kofferraum 150 kg Sprengstoff und einen Verzögerungszünder unter, hergestellt aus einem Kondom, in das sie Glasampullen mit Schwefelsäure einsetzten. Die Vorrichtung ließ ziemlich viel zu wünschen übrig, da sie den beiden Männern nur einen sehr geringen Sicherheitsvorsprung gewährte.

Nachdem die Zündvorrichtung mit einem Zündschalter verbunden worden war, wurde der Kofferraumdeckel mit dem Rücksitz verschweißt. Einer der Männer parkte den Wagen in der Garage, wo das arabische Fahrzeug präpariert wurde, und begab sich dann zu zwei Kameraden, die in einem anderen Wagen auf ihn warteten. Kurze Zeit später gab es eine Detonation. Auf der Rückfahrt stießen die beiden »erfahrenen« Fahrer mit einem britischen Jeep zusammen. Dessen Fahrer ließ die beiden konfusen »Araber« in der Annahme laufen, daß sie nichts mit der Detonation zu tun hätten.

Das »Duell« der als Sprengfalle hergerichteten Kraftfahrzeuge dauerte an und die Araber präparierten einen weiteren Wagen, der den Tod von sechs Juden verursachte. Dreizehn *Palmach*-Kämpfer und zwei Angehörige der Hafen-Kompanie – Ossi Ravid und Yankale Ritov, die beide sehr britisch aussahen – führten einen Gegenschlag auf das arabische Hauptquartier aus. Sie trugen die Uniformen britischer Fallschirmjäger und benutzten einen Jeep, ein Befehlsfahrzeug und einen Lastwagen, die als britische Fahrzeuge getarnt waren. Der Jeep fuhr an der Spitze, gefolgt von dem Lastwagen, auf dem sich 750 kg Sprengstoff befanden. Hinten auf dem Lastwagen war Ossi Ravid bereit, den Zeitzünder in Gang zu setzen, sobald der Wagen anhielt, um dann von Yankale Ritovs Befehlsfahrzeug aufgenommen zu werden. Unterwegs mußten sie eine von den Briten errichtete Barriere durchfahren, welche die jüdische von der arabischen Zone trennte. Nach einer kurzen Weiterfahrt hielt der Lastwagen, Ossi Ravid setzte den Zeitzünder in Gang und sprang hinaus. Zu seiner großen Überraschung fuhren der Lastwagen und der Jeep weiter. Er begriff, daß vergessen worden war, das Anhalten unterwegs zu berücksichtigen – in diesem Falle blockierte ein Esel die Straße. Auf Hebräisch schrie er Yankale Ritov zu, ihn aufzunehmen. Die Folge war, daß er rasch von Arabern umringt wurde. Glücklicherweise befand sich das Ziel in der Nähe, der Lastwagen stoppte neben dem Gebäude des Hauptquartiers und der Fahrer sprang heraus. Doch die Araber erkannten, was vor sich ging, und eröffneten das Feuer. Yankale Ritov versuchte, mit seinem Wagen Ossi Ravid und den Lastwagenfahrer zu erreichen, aber er befand sich direkt in der Schußlinie und mußte den Rückzug antreten. So sprangen die beiden auf den offenen Jeep auf, der bereits mit neun Mann besetzt war. Danach raste das Fahrzeug davon und durchbrach die arabische Sperre. Noch während sie davonrasten, hörten sie den Donner einer gewaltigen Detonation. Ohne anzuhalten, durchfuhren sie die britische Barriere. Der britische Kommandeur war der Meinung, daß die Araber britische Soldaten angegriffen hätten und schickte Verstärkung. In dem anschließenden Gefecht mit den Arabern fielen drei britische Soldaten. Das Gebäude des arabischen Hauptquartiers erlitt schwere Beschädi-

gungen und viele Araber wurden verwundet oder getötet, während die Israelis sicher und unverletzt zurückkehrten.

Dies war der Beginn einer einzigartigen Zusammenarbeit zwischen der *Palmach*-Sondereinheit zur Bekämpfung der Araber und den maritimen Kommando-Angehörigen – eine Zusammenarbeit, die über die Jahre hinweg zu vielen gemeinsamen Unternehmungen führen sollte.

Die Schaffung der Marine

Zu Beginn des Jahres 1948 befahl David Ben Gurion, einen Plan zur Schaffung einer Marine innerhalb der regulären Streitkräfte zu erstellen und die Untergrundtätigkeiten aufzugeben. Der Kommandeur des *Palmach* widersetzte sich einem solchen Schritt und machte geltend, daß es zwischen einer Marine, deren Aufgabe es wäre, Kriegsschiffe in See anzugreifen, und einer maritimen *Palyam*-Kommandoeinheit unter der Führung des *Palmach*, die nicht aufzulösen wäre, eine Trennung geben sollte. Seine Planung beruhte auf Untergrundmaßstäben und umfaßte eine Anzahl Fischerboote zur versteckten Aufnahme von Kommandos, bereit, um Ziele in feindlichen Häfen anzugreifen. Ben Gurion blieb unnachgiebig, wonach die *Palyam* in ihrer Gesamtheit in die neue Marine überführt werden sollte. Seinen Vorstellungen entsprach eine große Marine, von der er sagte: »Wir brauchen Zerstörer und Unterseeboote und eine Marine wie die britische mit schmucken Uniformen.«

Ben Gurion ernannte am 3. März Gershon Zack – aktiv in der Partei und Lehrer von Beruf – zum ersten Chef der Marine. Dies war eine politische Ernennung genauso wie die des Marineministers. Etwas später kam Korvettenkapitän Paul Schulman hinzu, 25 Jahre alt, Absolvent der US-Marineakademie. Er erhielt die Position eines Chefs des Stabes und war tatsächlich der ranghöchste Berufsoffizier. Er hatte Zack bei der Konsolidierung des neuen Konzeptes zu unterstützen, womit der Seeverkehr der künftigen Nation geschützt werden sollte. Der Ankauf größerer Schiffe war vorgesehen, aber die US-Regierung verhängte ein Embargo für die Ausfuhr von Waffen in dieses Gebiet. Schließlich konnten neben einem großen Schlepper mit Kohlefeuerung in Italien zwei aus Holz gebaute Fahrzeuge mit einer Geschwindigkeit von 8 kn erworben werden. Es blieb nichts anderes übrig, als sich unter den Wracks der »Schattenflotte« umzusehen: den Einwandererschiffen, die von den Briten aufgebracht worden waren und die jetzt im Hafen von Haifa vor Anker lagen.

Ein Landeunternehmen in Westgaliläa und der Kampf um Jerusalem

Der Ausrufung des Staates Israel am 15. Mai 1948 durch Ben Gurion folgte der Einfall der arabischen Armeen, und die Einheiten der frisch aufgestellten israelischen Streitkräfte kämpften ringsum an allen Fronten.

Am Tag der Ausrufung fiel die Entscheidung zum Beginn einer gemeinsamen Operation, um Westgaliläa zu erobern. Fünf Kampfverbände wurden zur Durchführung dieser Aufgabe bereitgestellt, von ihnen sollte einer über See kommen. Darüber hinaus war beschlossen worden, eine Brücke der libanesischen Küstenstraße zu sprengen, um das Heranbringen von Verstärkungen zu verhindern. Diesen Auftrag hatte die Hafenkompanie erhalten, die eigentlich aufgelöst werden sollte, nachdem sich der Hafen von Haifa in israelischer Hand befand. Die Unentwegten der *Palyam* waren von der Tatsache sehr betroffen, daß bei der Einsatzbesprechung vor der Operation keine vorbereitende Fahrt zur Aufklärung und Erkundung gebilligt wurde. Ihre in dieser Hinsicht gestellten Fragen wurden mit Arroganz beantwortet: »Nein! Wir haben jetzt reguläre Streitkräfte mit Aufklärungsflugzeugen, ausgerüstet, um Luftaufnahmen zu machen.« Trotz dieser Erklärung wurde kein Flugzeug losgeschickt und die ausgegebenen Landkarten hatten einen zu kleinen Maßstab.

An Deck des ersten offiziellen Marineschiffes – der HANNAH SENESH, ein ehemaliges Einwandererschiff von 250 ts – fuhr die Kompanie mit einem Heeresbataillon in den Norden der Stadt Nahariya. Von dort aus fuhr die Kompanie auf einem Schlepper weiter und landete bei Nacht an der libanesischen Küste. Die Vorhut benutzte ein kleines hölzernes Beiboot, das durch ein Tau mit dem Schlepper verbunden war. Danach gelangten die übrigen Männer mit einem Schlauchboot an Land, indem sie sich an dem Tau entlangzogen. Die Brücke befand sich oben auf einem hohen Kliff, das sich über ihnen auftürmte. Die Saboteure begannen ihren Aufstieg, als sie plötzlich aus automatischen Waffen beschossen wurden, ein paar Minuten später auch noch von Artillerie. Sich dicht an die Oberfläche der Felsen pressend, waren die Männer nicht imstande, sich zu bewegen, während die Angehörigen der Deckungsgruppe noch zu den ihnen zugewiesenen Plätzen unterwegs waren. Nach einer kurzen Zeitspanne unter schwerem Feuer erging der Befehl zum Rückzug. Dieser wurde auf eine wenig geordnete Weise durchgeführt. Einige der Männer schwammen zum Schlepper zurück, während ihn andere, darunter auch ein am Bein verwundeter, mit dem Schlauchboot erreichten. Das Beiboot, auf dem sich die Waffen befanden, war gesunken. Durch Beschuß aus Granatwerfern und leichten Waffen erlitt der Schlepper Beschädigungen. Als alles den Schlepper erreicht hatte, stellte sich heraus, daß ein Mann fehlte – aber es war unmöglich, noch einmal an Land zu gehen, um ihn zu suchen.

Das Landeunternehmen schlug fehl, weil die Gruppe für dieses Sonderunternehmen zu hastig zusammengestellt worden war und keine Zeit gehabt hatte, um zu üben. So kehrten die Männer wie geprügelte Hunde mit eingezogenem Schwanz zurück. Dies war nicht das erste militärische Unternehmen, das aus dem erwähnten Grunde scheiterte, und wie die Zeit erweisen sollte, war es auch nicht das letzte.

Viele der *Palyam*-Kämpfer – alle, die im Landkampf ausgebildet worden waren, darunter auch Yochai Ben-Nun – lehnten es ab, zur Marine zu gehen, und zogen es statt dessen vor, am Kampf um Jerusalem teilzunehmen. Bei einer dieser Schlachten fiel der Führer der Kompanie und Yochai Ben-Nun übernahm ihre Führung. Seine kleine Gruppe war von zwei irakischen Infanteriezügen eingeschlossen worden, von denen der eine seine Stellungen auf einem Hügel und der andere auf den Terrassen darunter hatte. Von den zehn Mann, die er bei sich hatte, waren acht verwundet und kurze Zeit später wurde auch er an der Stirn verwundet und das Blut lief ihm in die Augen. Er verband sich selbst und klappte dann zwischen den Felsen zusammen, während sie versuchten, sich zu befreien. Einige Soldaten legten ihn auf eine Trage, aber auf dem Wege nach draußen wurde er erneut verwundet – diesmal durch ein Geschoß in den Oberschenkel. Die Trage fiel zu Boden und ihre Träger rannten weg. Nur ein Sanitäter blieb bei ihm. Yochai Ben-Nun hörte die Araber näherkommen, während sie schrien: »Idbach el Yahud!« – »Tötet die Juden!« Vom Blutverlust geschwächt, glitt er in eine seltsame Gelassenheit hinein. Plötzlich blickte er auf und sah den Sanitäter zusammen mit den vier Trägern über sich stehen. Sie waren »überredet« worden, in die Feuerzone auf dem Kampffeld zurückzukehren. Unter schwerem Beschuß liegend, gelang es ihnen zu entkommen. Auf dem israelischen Gefechtsstand war inzwischen eine andere Meldung eingetroffen: »Yochai ist gefallen!« Seine Familie in Haifa begann, um ihn zu klagen. Zwölf Stunden vergingen, ehe die gute Nachricht eintraf: »Yochai ist nur leicht verwundet.«

Yochai Ben-Nun blieb nicht lange im Lazarett. Er sah ein, daß er in den Landkämpfen nichts mehr erreichen konnte und meldete sich freiwillig für einen Beschaffungsauftrag der Marine. An Deck eines ehrwürdigen Dampfers mit Kohlefeuerung fuhr er nach Jugoslawien. Doch sein Auftrag in Jugoslawien scheiterte, und so begab er sich nach Neapel. Dort erhielt er ein anderes Schiff: die ALBATROSS, eine ehemalige Jacht, die dem

Zaren Nikolaus II. gehört hatte. Nachdem er eine Ladung Maschinengewehre an Bord genommen hatte, lief Yochai Ben-Nun nach Haifa aus. Unterwegs brach ein Sturm los, Wasser drang in den Laderaum ein und Ben-Nun gelang es, das erheblich unter Wasser stehende, aber noch schwimmfähige Schiff an die Küste Kretas zu bringen – allerdings nur, um von der örtlichen Polizei gezwungen zu werden, diese Gestade wieder zu verlassen. Nach einem weiteren schweren Sturm hatte das Schiff Maschinenschaden. Irgendwie gelang es der Besatzung, die libanesische Küste zu erreichen, wo sie und ihr Schiff von einem Fischerboot gerettet wurden. Die Fischer nahmen sie in Schlepp und brachten sie zurück nach Haifa. Danach meldete sich Yochai Ben-Nun beim Stab von Gershon Zack für eine weitere Verwendung.

Am 30. Juni 1948 verließen die letzten britischen Soldaten das Land und das Marinekommando wurde in ein Kloster auf dem Berg Karmel bei Haifa verlegt. Zu derselben Zeit erreichte die ALTALENA, ein großes LCT, die israelische Küste. Das Landungsboot war in den USA von den »Etzel«-Leuten erworben worden, einer revisionistischen militanten Gruppe, die sich von der *Hagana* abgespalten hatte. An Bord befanden sich etwa 800 Einwanderer sowie auch Waffen und Munition. Die »Etzel«-Funktionäre weigerten sich, diese den neu geschaffenen Streitkräften zu übergeben – eine Handlungsweise, die der getroffenen Vereinbarung widersprach, alle vor der Staatsgründung existierenden Organisationen aufzulösen. Ben Gurion ordnete an, das Schiff zurückzuhalten, ehe es die Küste erreichte. Den Befehl hierzu erhielt ein Marineverband. Danach gab es einen Feuerwechsel, bei dem jedoch niemand verletzt wurde. Auch die inzwischen unter Uri Brechman mit 10 Mann bestehende »Hai«-Einheit wurde in das Seegebiet befohlen, aber ihr Einsatz war nicht erforderlich, nachdem die ALTALENA durch Artilleriebeschuß von Land her getroffen wurde. Dieser Angriff hatte 18 Tote und zehn Verwundete zur Folge. Das Schiff geriet in Brand und alle Kräfte in diesem Seegebiet, darunter auch die «Hai«-Einheit, leisteten Unterstützung, die Überlebenden an Land zu bringen.

Die Erprobungen und Übungen mit dem »Hai« gingen weiter und hatten schließlich einen ausgezeichneten Leistungsstand zur Folge. Mitte Juli 1948 traf Izzy Rahav von der Jerusalem-Front ein und erhielt die Führung der Einheit. Er entschloß sich, die »Hai«-Einheit in einen Kommandoverband der Marine umzuwandeln. Jeden Morgen gingen die Männer hinaus auf See und schwammen mit Haftminen eine Anzahl Kilometer, um sich fit zu halten. Ende Juli liefen sie mit einem Patrouillenboot und ein paar Schlauchbooten aus, um im Seegebiet vor Gaza nach einem gegnerischen Schiff Ausschau zu halten. Ihre Absicht bestand darin, genauso anzugreifen, wie sie dies in den Tagen

des »Teams« getan hatten. Ein Ziel wurde nicht entdeckt, da sie auch keine geheimdienstlichen Informationen besaßen, und bitter enttäuscht kehrten sie in den Hafen zurück.

Eskimos »Selbstmord«-Kommando

Während sich Izzy Rahavs kleine Einheit konsolidierte, entschied Gershon Zack, nach dem Vorbild des »Team« eine Sabotage-Einheit der Marine aufzustellen. Zu ihrem Kommandeur ernannte er Aharon Ben Yosef, der den Namen »Eskimo« trug. Ihm wurde in Jaffa, das kurz zuvor von den Israelis erobert worden war, ein unbewohntes Haus zugewiesen. Schon bald begegnete er Reuben Pinchas, dem »Türken«, und Zalman Abramov, einem Gruppenführer und einem Sabotage-Experten. Er fragte sie, ob sie zu seiner geheimen »Selbstmord«-Einheit stoßen wollten, deren Männer im Wasser mit dem Messer zwischen den Zähnen kämpften. Auf diese Weise erhielt die Einheit ihren beeindruckenden Spitznamen: das »Selbstmord«-Kommando.

Einer der neuen Freiwilligen war Dov Shafir, ein siebzehn Jahre alter Stadtjunge, der gerade in die regulären Streitkräfte eingetreten war. Er gehörte zu dem Verband, der die »Etzel«-Leute daran gehindert hatte, die ALTALENA vom Strand aus zu erreichen. Der Führer dieses Verbandes war Eskimo gewesen, und er hatte Dov Shafir mit einem Maschinengewehr auf dem Dach eines Hauses postiert. Auf einem der in der Nähe befindlichen Dächer stand ein »Etzel«-Mann und schrie durch einen Lautsprecher Befehle zu der Menschenmenge auf die Straße hinunter. Eskimo befahl dem jungen Rekruten, den »Etzel«-Mann durch einen Kopfschuß zu erledigen. Diese Aktion hatte die gewünschte Wirkung und das Gebiet beruhigte sich wieder. Einige Zeit später fragte Eskimo den jungen Mann, ob er zu seiner Einheit kommen wollte. Hungrig nach Abenteuern kam Dov Shafir sofort und erhielt einen Spitznamen, der ihm sein ganzes Leben bleiben sollte: »Berale« (Dov bedeutet auf Hebräisch »Bär«).

Ein anderer Rekrut war Herzl Lavon, der in Rumänien in einer großen, orthodoxen Familie aufwuchs, die zusammen mit allen Juden ihres Dorfes aus ihrem Heim vertrieben wurde. Sie kamen in eine gewaltige Festung und alle Männer von 19 Jahren an mußten Zwangsarbeit leisten. Herzl Lavon und seine jungen Freunde waren für das »Organisieren« von Nahrungsmitteln verantwortlich. Ihr erzwungenes Exil endete 1944. Ehe sie ihr Dorf verließen, war ihnen befohlen worden, ihre Geschäfte an einen nichtjüdischen Nachbarn zu übergeben, der versprochen hatte, ihnen jeden Monat Geld zu senden. Geld wurde keines ge-

Das »Hauptquartier« im Stützpunkt der 1948 nach Caesarea südlich von Haifa verlegten 13. Flottille.

schickt und nach vier Jahren waren die Läden leer. Die Männer der Lavon-Familie entführten die Kinder des Nichtjuden und teilten ihm mit, daß sie ihm die Ohren der Kinder schicken würden, falls er ihr Eigentum nicht zurückgäbe. Sie erhielten ihr Eigentum zurück.

Herzl Lavon entschloß sich, nach Israel auszuwandern. Er zog durch das eroberte Europa und kam mit 16 Jahren nach Israel. Zwei Jahre später schloß er sich der neuen Einheit an, die etwa zwanzig Mann zählte und die zu diesem Zeitpunkt nach Caesarea verlegt wurde und einige alte arabische Steinhäuser bezog. Diesen Stützpunkt umgab ein Zaun und die Wachen hatten den strikten Befehl, unerwünschten Personen den Zutritt zu verwehren.

Die Kunde von dieser neuen Einheit verbreitete sich rasch und zog weitere Freiwillige an, darunter auch zwei Angehörige des arabischen Sonderverbandes des *Palmach*. Außerdem meldeten sich Freiwillige aus Griechenland, den USA, England und Deutschland. Es entstand eine Atmosphäre von der Art einer »Fremdenlegion«, verstärkt durch die Tatsache, daß manche von ihnen kein Hebräisch beherrschten. Eskimo baute eine Sabotage-Ausbildung auf und übte die Männer im Schwimmen und Rudern. Einige Zeit später traf aus Italien Taucherausrüstung ein. Herzl Lavon, der Rumänisch sprach, versuchte, die in Italienisch geschriebenen Gebrauchsanweisungen zu übersetzen. Zur Ausrüstung gehörten auch eine Anzahl kleiner Dosen, Beutel mit Kalkgranulat und einen Filter enthaltend. Die Männer stellten fest, daß diese vermutlich dazu da

waren, die Körnchen gründlich zu filtern, und schütteten das sich ergebende Pulver in die Dosen. Sie fungierten während des Tauchens als Filter für die aus ihren Lungen ausgeatmete Luft. Eskimo tauchte zum erstenmal in seinem Leben, wobei er die Atemausrüstung trug. Die Sicht unter Wasser war atemberaubend, aber nur für einen kurzen Augenblick – er verlor das Bewußtsein und mußte aus dem Wasser gezogen werden. Dasselbe ereignete sich in den nächsten beiden Tagen wiederholt. Keiner begriff, was vor sich ging. Dann verlautete, daß die Atemluft mit Hilfe des Granulats und nicht des Pulvers gefiltert werden müßte. Sie hatten gefährliches Kalkpulver benutzt und das hatte ihnen die Kehlen und Lungen verbrannt, wodurch sie ohnmächtig geworden waren.

Der Fehler mit dem Pulver war nicht der einzige, den die Männer machten. Sie waren der Meinung, die blauen Wollanzüge, die mit der übrigen Ausrüstung eintrafen, wären dazu bestimmt, ihre Körper nach dem Tauchen aufzuwärmen. Tatsächlich sollten sie aber dazu dienen, unter den Gummianzügen während des Tauchens selbst getragen zu werden.

Den Angehörigen der Einheit war nicht genau bekannt, welche Aufgaben sie erfüllen sollten. Einige von ihnen waren der Auffassung, sie müßten auf allen Gebieten der Kommandoaktivitäten Aufgaben durchführen: Sabotage, Fliegen, Fahren und natürlich Kommandounternehmen zur See. In Wirklichkeit hätte ein Lehrgang, der sie für eine solche Bandbreite der Aktivitäten ausbilden würde, mehrere Jahre gedauert.

Fischfang gehörte in diesen Tagen der Beschäftigungslosigkeit zum täglichen Leben.

Auch das Marinekommando wußte nicht genau, wie die geheimen Möglichkeiten der Sabotage zur See einzusetzen waren. Dies sickerte auch zu den jungen Männern durch, die ohne Zweck und Ziel in Caesarea abwarteten oder sich selbst mit der Wiederherstellung des »Hais« beschäftigten – der jedoch bestenfalls geeignet war, vor Anker liegende Ziele zu treffen. Dieser Mangel an Beschäftigung hatte aber nicht nur viele Erinnerungen an vergangene, gegen die Briten ausgeführte Unternehmen sondern auch Unzufriedenheit zur Folge.

Eine israelische Basis für Kommandounternehmen in Europa – Die Versenkung der LINO

Kurz bevor die Briten Israel verließen, wurde Yossale Dror – angesichts seiner Erfahrungen in Zypern – nach Europa zu einem Sabotage-Einsatz gegen britische Schiffe entsandt. Als die Briten das Ende der Man-

44

datszeit verkündeten, befand er sich auf dem Wege nach Italien, war aber nicht mehr ermächtigt, britische Schiffe anzugreifen. Darüber war er bitter enttäuscht. Seine in Israel zurückgebliebenen Freunde kämpften gegen die Araber, während er Däumchen drehte. Er zog in Erwägung, wieder nach Hause zurückzukehren und am Kampf teilzunehmen.

Ende März 1948 trafen Meldungen ein, die LINO, ein Schiff von 400 BRT, hätte einen jugoslawischen Hafen verlassen. Seine Ladung bestand aus 8000 Gewehren, 8 Millionen Patronen, Handgranaten und Sprengstoff. Die gesamte Fracht war zur Bewaffnung der Araber bestimmt. Ben Gurion ordnete an, die Verschiffung dieser Waffen unter allen Umständen zu verhindern; denn der Umfang dieser Waffenladung war fast mit dem gesamten Waffenarsenal identisch, das Israel damals zur Verfügung stand.

Yossale Dror nahm in Rom an einer Besprechung in einem Hotel teil, bei der Pläne besprochen wurden, das Schiff entweder mit einem Luftangriff durch Bomben zu versenken oder auf See unter Verwendung von Booten mit einer getarnten, bewaffneten israelischen Gruppe an Bord zu kapern. Dror erhielt die Führung des Unternehmens in See und den Auftrag, die Bomben vorzubereiten. Seine Absicht war es, 50 kg TNT in einem eisernen Kasten zu verstauen und diesen mit einem Flugzeug abzuwerfen. Der Auslösemechanismus sollte aus Türriegeln gefertigt werden, die an den Ecken angeschärft waren, um als Schlagbolzen verwendet zu werden. An den Riegeln waren gespannte Sprungfedern mit Sicherheits-Sperrvorrichtungen durch zwei Haken befestigt; an ihnen hing ein Seil aus dem Flugzeug.

Während die Vorbereitungen für das Unternehmen anliefen, dockte das Schiff in einem süditalienischen Hafen zur Reparatur ein. Damit ergab sich grünes Licht für Ada Sireni, einer italienischen Jüdin aus der Oberschicht, die außerordentlich gute Beziehungen zu den Behörden besaß. Die letzteren argwöhnten, daß die Waffen für eine gegen die Regierung eingestellte Splittergruppe in Italien bestimmt waren und ordneten daher an, das Schiff sollte in den Hafen von Bari verlegt werden. Damit verzögerte sich sein Auslaufen um eine Reihe von Tagen. Dies führte zu der Entscheidung, das Schiff zu versenken, solange es sich noch im Hafen befand, und zwar selbst auf die Gefahr hin, daß durch diese Aktion die guten Beziehungen zu den italienischen Behörden geschädigt würden. Ernste Einwände ergaben sich auch aus der Natur des Unternehmens selbst. Einige waren der Auffassung, daß der Einsatz von gedungenen italienischen Froschmännern durchgeführt werden sollte. Yossale Dror und die anderen waren im Gegensatz hierzu der Meinung, daß diese Männer nicht entsprechend der moralischen Erwägungen handeln und möglicherweise unschuldige Personen verletzen würden. Drei Jahre zuvor war ein mit Waffen und Munition beladenes Schiff im selben Hafen in die Luft geflogen und hatte eine große Anzahl an Opfern gefordert. Yossale Drors Auffassung wurde akzeptiert. Er brachte eine kleine Gruppe nach Bari, während Amnon, der für die Beschaffung des Militärmaterials zuständig war und den Auftrag hatte, das Unternehmen zu überwachen, ein Schlauchboot und weitere Ausrüstung kaufte.

Yossale Dror erkundete die Gegend und entschloß sich, durch ein Loch im Zaun in das Hafengebiet einzudringen. Die Unterwassermine stellte er aus einem Fahrradschlauch her – eine Methode, die bevorzugt das »Team« verwendet hatte. Auch fertigte er Glasampullen an, indem er eine Kerzenflamme benutzte, um sie zu verschließen, und versiegelte die gesamte Vorrichtung mit Wachs. Dann kaufte er eine Zimmermannszwinge, um die Mine am Bug der LINO befestigen zu können.

Die Ermächtigung zur Ausführung des Unternehmens verzögerte sich. Gerüchte begannen, die Runde zu machen, wonach eine britische Korvette, die im Hafen ankerte, das Schiff nach Beirut begleiten sollte, und daß es bald auslaufen würde. Yossale Dror machte sich Sorgen, daß ihnen ihr Ziel durch die Finger schlüpfen könnte. Er schickte Amnon eine Notiz: »Um Gottes willen – wartet nicht! Der Vogel ist in Gefahr wegzufliegen! Alles steht in den Löchern bereit und schleppt sich mühsam dahin. Ich meine, wir sollten heute nacht handeln. Wenn nicht – werden wir mit leeren Händen dastehen! Drückt alle Knöpfe und wartet nicht. Weder unsere Kameraden, die gefallen sind und noch fallen werden, noch die Geschichte werden uns je vergeben, wenn wir diese Gelegenheit verpassen!«

Schließlich kam die Erlaubnis. Yossale Dror und sein Partner Benny begaben sich zum Hafen, versteckt in einem Lastwagen. Unter ihren Kleidern trugen sie dunkle Badeanzüge und Westen und waren mit Seilen, Zangen und Messern ausgerüstet. An einer dunklen, vorher festgelegten Stelle befand sich das bereits früher aufgeblasene Schlauchboot noch unbeladen im Wasser. Sie befanden sich in einem versteckt gelegenen Winkel, und der Wachmann, der in einer Entfernung von etwa 150 m die Lagerhäuser kontrollierte, bemerkte nichts Verdächtiges. Amnon und Miriam, die für Einwanderungsangelegenheiten in der Stadt zuständig waren, blieben an der Küste, um das Gebiet zu sichern. Mit schwarz angestrichenen Riemen ruderten Yossale Dror und Benny in Richtung ihres Zieles. Als sie etwa 200 m von ihm entfernt ein halb gesunkenes Schiff erreichten, verließen sie ihr Schlauchboot und schwammen an seiner Bordwand entlang, den Scheinwerfern der Korvette ausgesetzt. Als sie noch etwa 20 m von der LINO entfernt waren, sahen sie plötzlich das Glühen einer Zigarette. Es hatte den Anschein, als ob ein bemanntes Beiboot am Bug festgemacht war, an genau derselben Stelle, an der sie die Mine befestigen wollten. Sie sahen sich einer schwierigen Entscheidung gegenüber; wenn sie den Rückzug antraten, ohne ihre Aufgabe auszuführen, würden sie vielleicht nie mehr eine zweite Chance erhalten. Yossale Dror hatte jedoch zwei Grundsätze: soweit wie möglich – aber nicht um jeden Preis – an der zu erledigenden Aufgabe dranzubleiben und das Leben unschuldiger Menschen zu schonen. Angesichts dieser Prämisse entschloß er sich, das Unternehmen abzubrechen.

Yossale Dror rief nach ihrer Rückkehr Ada Sireni an und bat sie, ihren Einfluß geltend zu machen, um zu erreichen, daß die Korvette aus dem Hafen verschwinden würde. Daraufhin telefonierte sie mit dem Marinebefehlshaber und frug ihn, wie es möglich wäre, daß Italien einer ausländischen Macht gestatten würde, eines ihrer Kriegsschiffe in einem italienischen Hafen zu postieren, um ein Waffenschiff zu bewachen. Der Admiral teilte ihr dann mit, daß die Korvette den Hafen verlassen würde. Er setzte jedoch hinzu, daß die Briten entschieden hätten, das Schiff nach Malta zu schleppen, falls es sich herausstellte, daß die Waffen und die Munition für die Juden bestimmt sein sollten. Wären sie hingegen für die Araber bestimmt, sollte das Schiff zu seinem Bestimmungsort eskortiert werden. Ada Sirena unterrichtete Yossale Dror, daß das Unternehmen noch in derselben Nacht durchgeführt werden müßte.

Am 9. April 1948 brachen die beiden Männer erneut auf und schwammen zum Bug der LINO, nur um festzustellen, daß sich in zehn Meter Entfernung einige Polizeibeamte an einem Holzfeuer wärmten. Doch keiner entdeckte sie und sie befestigten die Mine, wobei sie eine durch dünnen, starken Draht verstärkte Zwinge benutzten. Yossale Dror zerdrückte die Glasampullen des Zeitzünders und danach kehrten die beiden gelassen zur Küste zurück. Das Schlauchboot und die

Ausrüstung versteckte die Gruppe auf dem Lastwagen und trat mit ihm anschließend die Fahrt durch Italien an. Bei ihrer Ankunft in Rom wurden sie mit guten Nachrichten begrüßt: Das Schiff war gesunken, ohne einen Menschen zu töten oder zu verletzen.

In Anbetracht des Erfolges, den das LINO-Unternehmen hatte, wurde eine Sabotage-Einheit geschaffen. Yossale Dror – ein energischer Mann, dem es aber sehr an Geduld fehlte – beanspruchte die Führung. Er mußte sich jedoch mit dem Posten eines stellvertretenden Kommandeurs und fachlichen Ausbilders unter Amnon zufriedengeben.

Zum selben Zeitpunkt entstand eine weitere kleine Gruppe in Frankreich. Zudem wurde in den Lagern der Einwanderer eine Anzahl junger Juden rekrutiert. In einem Außenbezirk von Neapel wurde ein kleiner Stützpunkt eingerichtet, in dem in gewissem Umfange eine konzentrierte Ausbildung verbunden mit Übungen eingerichtet wurde: Schwimmen, Tauchen ohne Apparate, Sabotage und körperliche Ertüchtigung. Viele dieser Freiwilligen schieden wieder aus. Jene aber, die dabeiblieben, bildeten den Kern dieses Ausbildungslagers für Sabotage zur See inmitten Europas.

Yossale Dror sah sich nach Taucherausrüstungen um. In der Tarnung eines südafrikanischen Sportsmannes ging er in eine Werkstatt, die einfache Tauchapparate anfertigte. Dort traf er Luigi, der an der Versenkung von vier Schiffen der britischen Marine während des 2. Weltkrieges beteiligt gewesen war. Sie wurden Freunde und von Luigi lernte Yossale Dror das Atmen über Filter und die Tauchverfahren. Nach einer Woche bot Luigi seine ständige Unterstützung gegen Bezahlung an, aber Dror entschloß sich, lieber keine Fremden in die Aktivitäten der Einheit einzubeziehen.

Er fing an, seine Männer nach den neuen Methoden auszubilden. Aus Mangel an Erfahrung begingen sie eine Reihe von Fehlern, als sie mit den Apparaten tauchten. Einige von ihnen fielen sogar unter Wasser in Ohnmacht. Nach dem ersten Zwischenfall dieser Art erhielt der Taucher eine Leine um den Leib gebunden, die ihn mit dem Begleitboot verband. Auf diese Weise konnte der

Die am 9. April 1948 im italienischen Hafen Bari versenkte LINO. Das 400 BRT große Schiff hatte zur Bewaffnung der Araber 8000 Gewehre, 8 Millionen Patronen, Handgranaten und Sprengstoff an Bord, als es Yossale Dror und sein Partner Benny mit einer von ihnen angebrachten Mine versenkten.

Taucher nicht verschwinden und sicher zurückgebracht werden, falls es erneut zu einem Ohnmachtsanfall kam.

Einige Zeit später traf David Frumer aus Israel ein und ihm gelang es erfolgreich, in einem der Einwandererlager ein Sabotagelager einzurichten. In einem Wald etwa 30 km außerhalb Roms wurde auch ein geheimes Waffenlager angelegt. In seiner Nähe entstand ferner eine Werkstatt für die Herstellung von Minen. In Italien fertigte David Frumer auch etwas an, das in Israel drei Jahre lang niemandem gelungen war: eine Haftmine mit einem unveränderlichen Zündmechanismus, der die Mine dann detonieren ließ, wenn sie unsachgemäß entfernt werden sollte.

Die Geschichte der LINO war noch nicht zu Ende. Die luft- und wasserdicht verpackten Gewehre waren nicht beschädigt worden. Sie wurden geborgen und auf die ARGIRO verladen, einem italienischen Schiff. Daher wurde beschlossen, das Schiff auf See zu kapern. Das Unternehmen »Pirat« hatten zwei *Palyam*-Angehörige durchzuführen, die mit einem Fischerboot ausliefen und dem Schiff nachjagten, zu dessen Besatzung zwei italienische Mechaniker – geheime Kollaborateure – gehörten. Als italienische Marineoffiziere getarnt, signalisierten die beiden Israelis dem Schiff, zu stoppen und sie an Bord zu nehmen. Dem Kapitän teilten sie mit, daß der libanesische Oberst darum gebeten hätte, dem von ihm erworbenen Schiff bei der Fahrt durch die Minenfelder während der Reise Unterstützung zu gewähren. Sie überzeugten den Kapitän und das Schiff fuhr zu einem Treffpunkt in der Nähe von Kreta, wo zwei alte kanadische Korvetten der »Flower«-Klasse – nunmehr die WEDGEWOOD und die HAGANA der israelischen Marine – auf sie warteten. Die Waffen wurden auf die getarnten Korvetten umgeladen, die ARGIRO wurde versenkt und die Verschiffung fand ab dem 29. August 1948 unter einem neuen Eigner statt. Die acht italienischen Besatzungsangehörigen kamen in Einzelhaft und jeder wunderte sich, was mit den beiden »italienischen Offizieren« geschehen war.

Die Männer gaben nicht auf und sahen sich in den Häfen nach weiteren Zielen um: ohne jeden Erfolg. Die einzige verläßliche Information, die einging, betraf den Ankauf von Jagdflugzeugen für die arabischen Staaten. Mitte August 1948 sickerten zwei Saboteure in das Areal des Flughafens von Venedig ein. Dort befestigten sie Sprengladungen an den Flugzeugen, die mit dem Symbol der ägyptischen Luftwaffe gekennzeichnet waren. Die Zünder versagten und die Sprengladungen wurden entdeckt. Der gesamte Vorgang führte zu einem ernsthaften politischen Skandal. David Frumer und einem weiteren Pionier gelang es Mitte September 1948, in ein norditalienisches Flugplatzgelände einzudringen. Dort sprengten sie vier ägyptische Transportmaschinen in die Luft.

Zur bitteren Enttäuschung für Yossale Dror und seine Männer waren sie nicht in der Lage, ein erfolgreiches Sabotageunternehmen zur See auszuführen. Dies war hauptsächlich fehlenden geheimdienstlichen Informationen zuzuschreiben. Sie fuhren fieberhaft von Ort zu Ort, während sich der Krieg um Israel auf seinem Höhepunkt befand. Ihre Schlußfolgerung war einfach: Rückkehr nach Israel.

Yochai Ben-Nun und Yossale Dror kehren zurück: Die Kommandoeinheit der Marine wird gebildet

Im August 1948 kehrte Yossale Dror nach Israel zurück, gefolgt von all seinen Männern. Einen Monat später kehrte auch Yochai Ben-Nun von seinen Beschaffungseinsätzen zurück. Er erhielt die Aufgabe, eine Einheit mit Sprengbooten zu bilden, die insgeheim in Italien beschafft worden waren. Daneben bekam Yossale Dror anstelle von »Eskimo« die Führung der Kampfschwimmer-Einheit.

Das Marinekommando hatte den Bereich der Kriegsführung zur See mit Kommando-Einheiten in drei Sektionen eingeteilt:
- die Einheit mit Sprengbooten,
- die Kampfschwimmer-Einheit und
- die Einheit mit dem »Hai«.

Letztere stand vor ihrer Auflösung. Yossale Dror traf die Kampfschwimmer-Einheit in einer schlechten Verfassung an. Die Männer waren beschäftigungslos, lebten in dreckigen Baracken und waren außerdem über die Tatsache verbittert, daß ihre Einheit nicht im Kampf eingesetzt worden war. Er entschloß sich, die meisten von ihnen abzulösen und statt ihrer eine Anzahl Angehörige der *Palyam* anzuwerben, die in Seemannschaft, Sabotage und Geheimdienstarbeit erfahren waren.

Unter ihnen befand sich auch der im Kibbuz geborene Hadar Kimche, 20 Jahre alt, der aktives Mitglied in einer Marinesportvereinigung gewesen war. Hadar Kimche lernte das Tauchen im ersten Ausbildungslehrgang, der auf dem Höhepunkt des Krieges um Israel begann. Er und seine Kameraden fanden es schwierig, Yossale Dror gegenüberzustehen – einem dominanten und charismatischen Kommandeur. Sie bewunderten ihn sehr und waren bereit, ihm durch dick und dünn zu folgen. Doch seine Anforderungen, die er an sie richtete, waren zuweilen übertrieben und manchmal befahl er ihnen etwas, wozu er selbst nicht imstande war, wie zum Beispiel Mutproben, die Schwimmen und An-Land-Gehen bei schwerem Wetter

Italienische Sprengboote aus den Tagen des 2. Weltkrieges, wie sie die 13. Flottille von 1948 bis 1970 verwendete. Die technischen Daten der in Italien aufgespürten und 1948 nach Israel verbrachten Boote lauteten: 6,15 m lang, 1,70 m breit, 32 kn, ca. 80 sm Reichweite mit einer 330-kg-Sprengladung im Bug.

umfaßten. Seine entschiedene Antwort auf ihre Forderungen lautete stets: »Krieg ist Krieg!«

Yossale Dror konzentrierte sich auf Schwimm- und Tauchübungen und seine Männer verbrachten viele Stunden mit Schwimmen in aufrechter Lage oder mit »Ballerina-Schwimmen«, wie er es nannte. Dieses Verfahren wurde angewendet, um ein Ziel geräuschlos zu erreichen. Die Schwimmer lernten auch, sich mit Büschen und Lumpen zu tarnen und sogar unter Lattenkisten und Schachteln zu schwimmen. Das »Ballerina«-Verfahren war vom »Team« zu der Zeit eingeführt worden, als es ihm an Tauchapparaten fehlte. Auch wenn nunmehr solche Apparate zur Verfügung standen, kam es den Männern nicht in den Sinn, daß Langstreckentauchen auch ohne Benutzung dieses Verfahrens möglich war.

Diese neuen Taucher litten unter den unmittelbaren Auswirkungen ihres Trainings und der unbekannten Gefahren. Die weiterhin auftretenden Ohnmachtsanfälle warfen sowohl ein ernstes medizinisches wie auch ein moralisches Problem auf. Die Ausbilder hatten Schwierigkeiten, die in Ohnmacht gefallenen und auf den Meeresboden gesunkenen Tauchschüler zu entdecken, sie rechtzeitig heraufzubringen und wiederzubeleben, ehe es zu spät war. Nach einiger Zeit wurde

festgestellt, daß die Tauchschüler falsch atmeten und Speichel in ihre Mundstücke gelangte. Der Speichel machte das Granulat naß und die mit Stickstoff angereicherte Atemluft wurde nicht mehr gereinigt. Dies führte zu den Ohnmachtsanfällen. Anfangs tauchten die Männer einzeln und erst nach einem Ohnmachtsvorfall, der fast mit dem Tode endete, erinnerten sie sich der europäischen Lehren und tauchten erneut nur noch paarweise, wobei sie miteinander durch eine Leine verbunden waren.

Der Erwerb der Sprengboote und das Eintreffen von Capriotti

Im März 1948 ging Ze'ev Haim mit dem Auftrag nach Italien, zwei Schiffe zu erwerben: ein schnelles Motorboot, das imstande sein würde, einen 60 Mann starken Angriffsverband zu verbergen, und einen Leichter, der Treibstoff entlang der israelischen Küste transportieren konnte. Im Gefolge des 2. Weltkrieges waren militärische Einkäufe in Italien eine schwierige Aufgabe, da die Alliierten dem Land Beschränkungen auferlegt hatten. Nach einer intensiven Suche fand er zwei kleine Motorboote und zwei Landungsboote. Zudem hatte er von den Sprengbooten der italienischen Marine gehört, die während des Krieges erfolgreich eingesetzt worden waren, und versuchte, sie zu finden. Am 26. März 1941 waren sechs Sprengboote (Kptlt. Faggioni) in die Sudabucht/Kreta eingedrungen, hatten den britischen Schweren Kreuzer YORK außer Gefecht gesetzt, der später Luftangriffen zum Opfer fiel, und den norwegischen Tanker PERICLES (8324 BRT) versenkt. Die sechs Bootssteuerer wurden von den Briten gefangengenommen.

Die Sprengboote bestanden aus Holz und hatten flache Böden. Ihre Länge betrug 6,15 m und die Breite wies 1,70 m auf. Sie besaßen eine Höchstgeschwindigkeit von etwa 32 kn und hatten eine Fahrtzeit von fünf Stunden ohne Brennstoffergänzung (ca. 80 sm). Im Bug eines jeden der Boote war eine 330-kg-Sprengstoffladung untergebracht. Ein einzelner Bootssteuerer zielte mit dem gesamten Boot auf sein Ziel und katapultierte sich 100–200 m vor dem Auftreffen nach Blockieren der Steuerung über Bord. Im Wasser mußte er dann ein Schwimmfloß auslösen, das sich in der Rücklehne des Bootssitzes befand. Beim Auftreffen zündete eine Kette kleiner Sprengladungen, die um den vorderen Teil des Bootskörpers verlief und zerriß das Boote in zwei Teile, die sofort versanken. Die Hauptsprengladung im vorderen Bootsteil wurde unter dem Ziel durch einen Wasserdruck- oder einen Zeitzünder ausgelöst, wobei ihre Detonation schwere Schäden verursachte.

Ze'ev Haims Idee war es, diese Boote als Rettungsboote zu tarnen und den Einwandererschiffen mitzugeben. Falls erforderlich, konnten sie rasch zu Wasser gelassen werden, so daß sie sich den britischen Schiffen davonstehlen konnten, falls die letzteren weiterhin die Einwanderung blockierten. Bei seinem Aufenthalt im Hafen von Livorno fand Ze'ev Haim ein beschädigtes Sprengboot. Er berichtete seinen Fund an Ben Gurion, der den Erwerb einer Anzahl dieser Boote anordnete.

Die Bauwerft, die sie hergestellt hatte, wurde gefunden und ihre Inhaber, die Bankrott gemacht hatten, waren nur zu gerne zu einer Zusammenarbeit bereit. In kürzester Zeit wurden sechs dieser Sprengboote erworben, restauriert und auf einem See erprobt. Auch ein ehemaliger Angehöriger der *Decima MAS* der italienischen Marine, Bootsmann Fiorenzo Capriotti, der an Unternehmen der italienischen Sprengboote teilgenommen hatte, wurde ausfindig gemacht. Er stimmte zu, als bezahlter Ausbilder nach Israel zu gehen. Dies führte jedoch zu einem moralischen Dilemma, da es sich bei ihm um einen erklärten Faschisten handelte. Ben Gurion stimmte nur unter der Bedingung zu, daß er das Land nach Beendigung der Feindseligkeiten wieder verließ. Capriotti kam nach Israel und hatte einen gefälschten Paß auf den Namen Katz bei sich.

Als Yochai Ben-Nun feststellte, daß der Einsatz dieser Boote in erster Linie technische Gesichtspunkte hatte, begann er, sich nach jungen, wagemutigen Männern umzusehen und fand sie unter einer Gruppe von Israelis, die als Fahrer im britischen Heer gedient hatten. Außerdem warb er auch eine Verwaltungs- und Technikergruppe an. Insgesamt umfaßte die Einheit zwanzig Mann.

Die Sprengboote trafen mit einem Handelsschiff ein, in der italienischen Ausfuhrgenehmigung als »Rennboote« beschrieben. In Lattenkisten verpackt, die das Wort »Taxis« als Aufschrift trugen, wurden sie nach Jaffa transportiert. Bald darauf wurden sie insgeheim zum See Tiberias (Genezareth) gebracht. Dort hatte die Einheit einen außerordentlich geheimen Stützpunkt eingerichtet. Die Geheimhaltung des gesamten Stützpunktes war für Yochai Ben-Nun von vordringlicher Wichtigkeit. Niemand war eingeweiht, nicht einmal Paul Schulman, der stellvertretende Marinebefehlshaber.

Um den Zweck der Boote zu tarnen, wurde eine offizielle Bezeichnung eingeführt: die »Rettungsboot-Einheit«. Viele Offiziere hatten keine Kenntnis, wo diese Einheit stationiert war. Capriotti, der bei der italienischen Marine durch die harte Ausbildung der *Decima MAS* gegangen war, wurde der Leiter des Ausbildungslehrgangs. Anfangs empfand er den Umgang in den einer Miliz ähnlichen Streitkräften Israels, in denen es kaum Rangunterschiede gab, als seltsam. Die jungen Rekruten unternahmen alle Anstrengungen, um ihn zur Weißglut zu bringen. Er brachte den Männern das richtige Fahrverhalten, die Tarnung und die italienische Methode bei, auf ein Ziel loszustürmen – als ob sie eine Staffel Jagdflugzeuge wären. Geübt wurde auch das nächtliche Anpirschen an ein stationäres Ziel.

Yochai Ben-Nun forderte die Zuweisung eines »Mutterschiffes«, das die Sprengboote ins Einsatzgebiet bringen sollte. Das Marinekommando machte geltend, daß dies nicht erforderlich wäre; die schnellen Sprengboote könnten im Hafen bleiben und von da aus gegen jedes Ziel in See entsandt werden. Ben-Nun führte Übungen durch, um zu versuchen, dieses Konzept umzusetzen, aber nach einer halbstündigen Fahrt mit hoher Geschwindigkeit traten beträchtliche Motorenstörungen auf. Erneut forderte Ben-Nun ein Mutterschiff. Schließlich erhielt er das Marineschiff MAOZ: 61 m lang, 9 m breit, zwei Wellen und imstande, 14 kn zu laufen. Das breite achtere Deck des Schiffes ließ ein gutes Arbeiten mit den eingeschifften Booten zu.

Im Zweiten Weltkrieg hatten die Italiener keine Bergung nach einem Angriffsunternehmen vorgesehen. Jeder mußte selbst zusehen, wie er zurechtkam – und dies bedeutete im Normalfall ein einsames Entkommen oder Gefangennahme. Die Hauptaufgabe bestand darin, dafür zu sorgen, den gegnerischen Zielschiffen den größtmöglichen Schaden zuzufügen. Die am Einsatz teilnehmenden Männer zu bergen, war dagegen zweitrangig. In der Marine gab es einige, die der Meinung waren, der italienischen Methode – in die Gefangenschaft zu gehen – zu vertrauen, wäre möglich. Doch Yochai Ben-Nun widersetzte sich dieser Auffassung energisch; denn jeder wußte, daß es eine Sache war in britische Hände zu fallen, jedoch eine ganz andere Geschichte, in die Hände der Araber zu geraten. Das Schicksal vieler Gefangener bestand darin, sofort abgeschlachtet zu werden. Außerdem bedeutete die ernste Personalknappheit, daß es sich kein Offizier erlauben konnte, bei einem Unternehmen seine gesamten Männer zu verlieren. Des weiteren würde auch das Vorhandensein eines Rettungssystems die Moral vor dem Aufbruch zu einem selbstmörderischen Einsatz heben. Die Lösung war der »Bagel« – eine Tauschlinge, die von einem fahrenden Boot aus für den Schwimmer über Bord hing. Er konnte seine Hand durch die Schlinge schieben, um an Bord gezogen zu werden.

Feuereinstellung: die Versenkung der AMIR EL FAROUK

Etwa sechs Wochen nach dem Beginn der Ausbildung befand sich eine große Landoperation im südlichen Israel in der Planung. Hierbei erhielt die Marine die Aufgabe zugewiesen, die ägyptischen Streitkräfte von See her einzuschließen, um ein Heranbringen von Nachschub zu verhindern. Außerdem sollten entlang der Küste gegnerische Streitkräfte bekämpft werden.

Am 14. Oktober 1948 endete ein zeitweiliger Waffenstillstand und entlang der Küste des Gazagebietes waren ägyptische Kriegsschiffe festzustellen.

Zur Vorbereitung des Unternehmens im Süden wurde die Sprengboot-Einheit in den Hafen von Jaffa verlegt. Die geheimen Boote wurden in einem Lagerhaus versteckt und in aller Eile wurden die Vorbereitungen getroffen. Ein paar Flaschen Whisky »überredeten« die Hafenarbeiter, das Anbringen der Kräne zu beschleunigen, um die Boote an Bord des Marineschiffes MAOZ zu hieven, und in kurzer Zeit war das »Mutterschiff« bereit, sechs Sprengboote an Bord zu nehmen. Die Männer übten das Ein- und Aussetzen der Boote, bis sie in der Lage waren, diese Vorgänge innerhalb von Minuten durchzuführen. Hierzu lief die MAOZ einige Male aus. Auf See lernten die Bootssteuerer, ihre Formation beizubehalten; denn die Gewässer des Mittelmeeres unterschieden sich vom ruhigen Wasser des Sees Tiberias völlig.

Im Verlaufe ihrer Vorbereitungen mußte auch nach einem Sprengstoff gesucht werden, der nicht infolge der auf See herrschenden Dünung oder durch Beschuß mit Handfeuerwaffen hochging. Hierzu brachten die Männer Zylinder mit verschiedenen Sprengstofftypen in ein Wüstengelände. Dort beschossen sie die Zylinder, bis sie die richtige Zusammensetzung des Sprengstoffs herausfanden – einen Sprengstoff, der nicht bei Beschuß detonierte.

Zur Einheit stieß auch Uzi Sharoni, der ein kleines Laboratorium einrichtete. Er befaßte sich mit dem Problem des Ausfindigmachens der Männer im Wasser. Es gelang ihm, an ein in den USA gekauftes Infrarot-Sichtgerät zu kommen. Hierzu fertigte er Infrarot-Reflektoren an, die an der Plastikinnenseite eines Helms befestigt wurden. Ein weiteres Problem, das die Männer beschäftigte, war der Auslösehebel zum Scharfmachen der Hauptsprengladung, der bedient wurde, wenn sich der Bootssteuerer ins Wasser warf. Der Hebel funktionierte nicht richtig, wodurch eine Situation entstand, bei der der Bootssteuerer in Gefahr geriet, mit dem Boot selbst in die Luft gesprengt zu werden. Der Zeitdruck verhinderte es, sich mit allen anstehenden Problemen zu befassen.

Kurz vor der Einstellung der Feindseligkeiten waren zwei ägyptische Kriegsschiffe mit Truppen an Bord unerwarteterweise aus Alexandria ausgelaufen. Ihr Ziel war der Gazastreifen, um den arabischen Anspruch auf dieses Gebiet zu erheben, ehe die Feuereinstellung eintrat.

Der Befehlshaber der Marine verlangte, diese Schiffe anzugreifen. Den israelischen Kriegsschiffen gelang es nicht, die gegnerischen Einheiten zu treffen. Die Moral war auf einem Tiefpunkt und das Marinekommando forderte, daß zumindest ein Angriff durchgeführt werden sollte, um ein noch stärkeres Absinken der Moral zu verhindern; zumal die Gefahr bestand, daß einige der besten Männer gehen wollten.

Gershon Zack befahl Yochai Ben-Nun, seine Einheit auf ein Angriffsunternehmen vorzubereiten. Zu diesem Zeitpunkt waren sechs Sprengboote einsatzfähig und die zwölf für einen Einsatz bereitstehenden Männer wetteiferten miteinander, wer dafür in Frage käme. Da die Zeit knapp war, gelang es, nur zwei Helme mit Infrarot-Reflektoren bereitzustellen. Die übrigen Bootssteuerer mußten improvisieren und die Reflektoren an Damen-Schwimmkappen befestigen. Einen Tag später beendeten die Männer aufs äußerste erschöpft ihre Vorbereitungen. Die Boote hatten jetzt ihre Sprengladungen und waren bereit.

Der Generalstabschef billigte das Unternehmen nicht und Gershon Zack wandte sich direkt an Ben Gurion, der ihn zum Befehlshaber der Marine ernannt hatte. Trotz der Einwände von Paula Ben Gurion, die ihn mit einem Gewehr bedrohte, weckte ihn Zack aus dem Schlaf. Ben Gurion frug ihn, ob er den Erfolg garantieren könnte. Gershon Zack erwiderte: »Wir können nicht völlig sicher sein, aber es besteht eine gute

Chance, daß die Operation gelingen wird.« Ins Marinekommando zurückgekehrt, befahl er den Männern, zum Unternehmen auszulaufen. Ein heikles Problem gab es noch. Yochai Ben-Nun entschloß sich, Capriotti zurückzulassen. Dies verletzte Capriotti sehr. Er fühlte sich in die Einheit integriert und empfand sich als so etwas wie den »Vater« des gesamten Unternehmens.

In den Morgenstunden des 22. Oktober 1948 wurden die Sprengboote auf die MAOZ verladen. Der Kampfverband unter dem Befehl von Paul Schulman lief trotz der Tatsache aus, daß ein Waffenstillstand dicht bevorstand und das Unternehmen nicht eindeutig gebilligt worden war. Zum Verband gehörten drei Einheiten der Flotte: die Korvetten WEDGEWOOD und HAGANAH sowie die NOGA, ein schneller Minensucher von 450 ts, in den USA erworben – das einzige mit Radar ausgerüstete Schiff.

Während sie sich auf dem Anmarsch befanden, erhielten sie von Aufklärungsflugzeugen die Meldung, daß sich im Gazagebiet zwei Schiffe befanden. Ein weiterer Funkspruch informierte sie darüber, daß die Feuereinstellung um drei Uhr am Nachmittag eintreten würde. Die NOGA lief voraus und ortete Radarziele in 10 sm Entfernung. Gegen Mittag waren die Umrisse zweier Schiffe auszumachen. Das eine war die AMIR EL FAROUK, das Flaggschiff der ägyptischen Flotte, eine 1926 in England gebaute Sloop. Die Bewaffnung des 1440 ts großen Schiffes bestand aus zwei 152-mm- und vier 20-mm-Geschützen. Das andere Schiff war ebenfalls in Großbritannien gebaut, ein Küstenminensucher von 215 ts und mit einem 76-mm- und zwei 20-mm-Geschützen bewaffnet.

Das Deck der MAOZ verwandelte sich in einen Bienenkorb voller Aktivität. Die über die Boote gezogenen Segeltuchplanen wurden entfernt und Yochai Ben-Nun hielt mit den Bootssteuerern eine Einsatzbesprechung ab. Er hatte die Männer an Deck zusammengerufen und jene ausgewählt, die am Unternehmen teilnehmen sollten. Jedem war klar, daß sie unter schwierigsten Bedingungen angreifen mußten: bei Tageslicht und einen voll alarmierten Gegner.

Die jungen Männer standen in ihren Schwimmanzügen an Deck. Auf dem Anmarsch hatten sie Briefe an ihre Familien geschrieben, falls ihnen etwas zustoßen sollte. Yochai Ben-Nun benutzte einige frische Karotten, um die Positionen der Schiffe und das Angriffsverfahren zu beschreiben. Die Kräne setzten die Boote über die Seite aus und die Bootssteuerer gingen an Bord ihrer Boote. In diesem Augenblick traf über Funk der dringende Befehl ein, daß der Waffenstillstand nicht gebrochen werden dürfte. Der Verband hätte jedoch die Erlaubnis zum Angriff, falls die Ägypter die israelischen Einheiten zuerst angreifen sollte. Es war nicht bestimmt worden, welche Art gewählt werden sollte: Angriff mit Artillerie oder mit den

Sprengbooten, die bereits wieder mit Segeltuchplanen bedeckt an Deck standen.

Paul Schulman, der ehemalige US-Offizier und Annapolis-Absolvent, entschloß sich daher, die ägyptischen Schiffe zur Feuereröffnung zu verleiten. Dann konnte er zurückschlagen. In Gefechtsformation anlaufend, ging er dicht an den Gegner heran. Doch die Ägypter schluckten den Köder nicht; ihre Geschütze schwiegen. Einige Zeit später kam der Befehl, das Seegebiet zu verlassen. Die Bootssteuerer saßen mit gemischten Gefühlen in ihrer Kammer: Enttäuschung darüber, daß der Einsatz nicht stattfand, und Erleichterung, daß sie noch am Leben waren. Schließlich legten sie sich nach Tagen voller Anspannung zum Schlafen nieder.

Wenige Stunden später ging von David Ben Gurion ein Funkspruch ein: »Mit voller Stärke den Feind angreifen!« Ein paar Stunden zuvor hatte er zwei Ersuchen erhalten, die Angriffe nach Beginn der Feuereinstellung fortzusetzen. Die eine Forderung – sie kam von Moshe Dayan, dem späteren Verteidigungsminister, und verlangte die Erlaubnis zur Fortsetzung des Angriffs auf ein arabisch-christliches Viertel von Jerusalem – wurde mit der Begründung abgelehnt, dies würde in der christlichen Welt Ärger verursachen und zu einer möglichen UN-Intervention führen. Die andere – von Gershon Zack kommend – fand die Billigung Ben Gurions. Die einzig mögliche Erklärung für diese Absichtsänderung war, daß die Ägypter an einem anderen Frontabschnitt den Waffenstillstand gebrochen haben mußten. Ein verschlafener, ungläubiger Yochai Ben-Nun wurde auf die Brücke gerufen und es entstand über die Art des Vorgehens eine Diskussion. Der Führer des Verbandes wollte dicht bei der MAOZ bleiben, um falls erforderlich Artillerieunterstützung zu gewähren. Yochai Ben-Nun war gegen diese Absicht, weil der gesamte Verband seiner Meinung nach vorzeitig geortet werden würde. Schließlich wurde in einem Meinungsaustausch zwischen der Brücke der MAOZ und der Brücke des Führungsschiffes von Paul Schulman der endgültige Einsatzplan festgelegt. Danach sollte die MAOZ allein den Vormarsch nach Süden antreten, nachdem sie auf Ersuchen Yochai Ben-Nuns vom Verbandsführer bis zu einem Punkt herangeführt worden war, von dem aus das Schiff auf die ägyptischen Einheiten stoßen mußte, beleuchtet vom Mond, der um 21.00 Uhr aufging.

Auf dem Anmarsch bis zum Entlassungspunkt, der etwa sieben Seemeilen nordwestlich von Gaza lag, rief Yochai Ben-Nun erneut seine Männer zusammen. Die Karotten fanden wieder Verwendung: die kleineren waren die Sprengboote und die größeren die ägyptischen Schiffe sowie die MAOZ. Noch einmal gingen sie den Angriffsplan durch. Die Männer waren sehr gespannt; denn sie wollten natürlich alle am Unternehmen teilnehmen. Doch Ben-Nun wählte nur fünf von ihnen aus: Zalman Abramov für den Angriff auf die AMIR EL FAROUK und Ya'akov Vardi, um den Minensucher anzugreifen, Yankale Ritov und Itzik Brokman waren für das Rettungsboot verantwortlich und Yochai Ben-Nun selbst führte das Reserveboot. Letzteres sollte einen endgültigen Schlag führen, falls dieser erforderlich wurde.

Vierzig Minuten später wurden die Sprengboote ausgesetzt. Ihre Motoren liefen bereits, während Yochai Ben-Nun letzte Anweisungen gab, was sie zu tun hätten, falls sie dem Feind in die Hände fielen: Sie hätten nur ihren Namen, ihren Dienstrang und ihre Nummer zu nennen. Er betonte hierbei, daß dem Feind das Angriffsverfahren nicht bekannt werden dürfte.

Wie es damals üblich war, nahmen die Männer noch einen großen Schluck Rum – überdreht und bereit – und um 21.00 Uhr fuhren die drei Sprengboote und das Rettungsboot los. Die Bootssteuerer waren mit Messern, Kneifzangen und Taschenlampen ausgerüstet. Yochai Ben-Nun hatte eine Pistole bei sich und im Rettungsboot befand sich eine Maschinenpistole.

Der Mond ging auf, die See war ruhig, es herrschte ein leichter Nordwind, der Himmel war klar und die Sicht war gut. Nach einer Stunde Fahrt mit etwa 12 kn in geschlossener Formation waren die Silhouetten der gegnerischen Kriegsschiffe auszumachen. Im Bewußtsein, daß der Waffenstillstand eingetreten war, hatten die Ägypter keine Verdunkelung vorgenommen, und so waren einige Lichter zu sehen. Die ägyptischen Schiffe befanden sich südwestlich der Boote, rund anderthalb Seemeilen von ihnen entfernt. In dieser Phase gingen die Boote in Kiellinie und verringerten die Geschwindigkeit. Capriotti hatte erklärt, daß diese Methode ein

weniger geräuschvolles Laufen der Motoren ermöglichte. Die gegnerischen Schiffe ankerten etwa 1200 m vor der Küste und waren ihr zugewandt. Die AMIR EL FAROUK befand sich etwas weiter nördlich und das Minensuchboot lag rund 400 m südlich von ihr. Yochai Ben-Nun entschloß sich zu einem Ausgangspunkt zwischen den beiden Schiffen. Er wollte die Boote auf ein kleines Gebiet konzentrieren, um das Aufnehmen zu erleichtern. Dies würde sie allerdings genauso der Gefahr aussetzen, wenn der Gegner das Feuer eröffnete. Um 22.00 Uhr erreichten sie den Ablaufpunkt zum Angriff. Yochai Ben-Nun stoppte und erinnerte jeden an die zugewiesenen Aufgaben. Während dieser kurzen Einweisung begannen die ägyptischen Schiffe, Fahrt aufzunehmen. Ben-Nun gab den Angriffsbefehl und die Boote schossen vorwärts.

Zalman Abramov fuhr als erster und nahm direkten Kurs auf die AMIR EL FAROUK. Er hatte sich in seinem Boot bereit gemacht, seinen Gürtel angelegt, die Schwimmfloßleine gelöst und schlang sich ihr Ende fest um die Hand. Seine Geschwindigkeit erhöhend, griff er das Schiff an, das langsame Fahrt lief. Kurz darauf zog er den Auslösehebel. Damit war die Zündung scharf, aber der Sitz mit dem Schwimmfloß wurde nicht katapultiert. Während das Boot mit hoher Geschwindigkeit auf sein Ziel zulief, gelang es ihm, sich von der Leine zu befreien, die ihn mit dem Floß verband, und er sprang ins Wasser. Hierbei ging sein Helm verloren. Plötzlich fand er das Schwimmfloß neben sich. Durch die dabei verursachte Explosion erschreckt, zog er sich hinauf und hatte das entsetzliche Gefühl, das Ziel überhaupt nicht getroffen zu haben, da er keine Detonation vernommen hatte. Ein paar Sekunden später hörte er das

Anlaufen eines Sprengbootes zum Angriff mit voller Fahrt bei einer Übung.

Das Sprengboot hat sein Ziel erreicht: Detonation der Sprengladung bei einer Übung.

Geräusch rauschenden Wassers und das Zischen entweichenden Dampfes. Er sah dicken weißen Qualm aufsteigen. Aufs Geratewohl abgefeuerte Schüsse fegten in die See. Eine Entdeckung befürchtend, tauchte er und hielt sich am Floß fest.

Das von Ya'akov Vardi gesteuerte zweite Boot lief ebenfalls mit hoher Geschwindigkeit auf die AMIR EL FAROUK zu, umkreiste das Schiff, ging auf Höchstgeschwindigkeit und zielte mit seinem Bug auf die Mitte des Zieles. Vardi zog den Auslösehebel, aber er verbog sich und der Sitz mit dem Schwimmfloß wurde nicht katapultiert. Das Boot schoß durch das Wasser auf sein Ziel zu und noch immer war Ya'akov Vardi mit dem Floß und dem Boot verbunden, während die Zündung scharf war. Zu diesem Zeitpunkt war die Entfernung zwischen dem Boot und dem Schiff so gering geworden, daß es zu spät war, um zu springen. Vardi legte Ruder und passierte die Bordwand um Haaresbreite. Vom Ziehen des Auslösehebels bis zur Detonation blieben ihm nur dreieinhalb Minuten Zeit. Rasch wieder wendend, löste er die Leine, die ihn mit dem Boot verband. Plötzlich erblickte er Zalman Abramov neben sich im Wasser und ging mit der Geschwindigkeit herunter, um ihn nicht zu verletzen. In der Annahme, daß dies das Rettungsboot wäre, versuchte Abramov an Bord zu klettern. Doch als

Ya'akov Vardi gellend schrie »Die Zündung ist scharf!«, ließ er sich, so schnell wie er konnte, wieder zurück ins Wasser fallen. Vardi steigerte erneut die Geschwindigkeit, zielte mit dem Bug auf die Mitte des Schiffes und sprang ins Wasser.

Jetzt befanden sich beide Bootssteuerer im Wasser. Sie sahen, wie vom Schiff Flammen emporstiegen. Nach ein paar Sekunden hob sich der Bug, erhielt Schlagseite und das Schiff versank. Sie konnten hören, wie Männer schreiend ins Wasser sprangen. Nach einer Weile herrschte wieder Schweigen.

Ya'akov Vardi versuchte, mit seiner Taschenlampe dem Rettungsboot ein Signal zu geben, aber sie blinkte nicht – und blieb die ganze Zeit über brennen. Während er von Licht umgeben schwamm, löste er die Glühbirne, so daß ihn die Ägypter nicht ausfindig machen konnten.

Von der Küste her begann der Gegner mit Scheinwerfern zu leuchten, die Wasseroberfläche absuchend. Dann eröffnete er das Feuer. Zalman Abramov befand sich plötzlich inmitten ägyptischer Seeleute, die von dem sinkenden Schiff in die See gesprungen waren und um Hilfe schrien. Er schwamm von ihnen weg, zog sich wieder auf das Floß und prüfte den Reflektor, der sich noch in betriebsfähigem Zustand befand.

Yochai Ben-Nun erkannte den entstandenen Irrtum: Beide Boote hatten die AMIR EL FAROUK angegriffen. Daher entschloß er sich, den Minensucher anzugreifen, der langsam auf ihn zukam. Dieser bot ein gutes Ziel und war in großer Gefahr, von ihm vernichtet zu werden. Als er mit seinem Boot auf den Ägypter zielte, schaltete dieser plötzlich seine Scheinwerfer an. Yochai Ben-Nun fand sich von einem Meer aus Licht umgeben und in seine Richtung fielen eine Anzahl Schüsse. Er fuhr fort, mit seinem Bug zwischen die Scheinwerfer zu zielen, die sich beiderseits der Brücke befanden. Den Sicherungsstift des Zünders entfernend, zog er den Auslösehebel, als er noch 100 m vom Minensucher entfernt war. Auch hier löste sich das Schwimmfloß nicht. Er wußte, daß er keine weitere Chance erhalten würde, wenn er nicht sofort angriff. Ins Wasser springend, schnitt er sich in die Hände, als er etwa 20 m weit mitgeschleppt wurde. Wie durch ein Wunder riß schließlich die Leine und das Boot fuhr weiter auf das Schiff zu. Yochai Ben-Nun tauchte für ein paar Sekunden unter und als er wieder seinen Kopf hob, sah er einen Rauchpilz und eine Wasserwand. Mit weißem Rauch überzogen, hob sich der Bug des Minensuchers. Da Ben-Nun seinen Infrarot-Reflektor verloren hatte, signalisierte er dem Rettungsboot mit seiner normalen Taschenlampe.

Der das Rettungsboot fahrende Itzik Brokman sah die beiden Sprengboote, als sie die AMIR EL FAROUK angriffen, und dachte, daß das zweite irrtümlicherweise im Begriff wäre, Zalman Abramov aufzunehmen. Zusammen mit Yankale Ritov wartete er ab und machte sich daran, inzwischen nach Yochai Ben-Nun zu suchen. Als er Ben-Nuns Signal sah, nahmen sie ihn etwa 30 m von dem Minensucher entfernt auf. Die Ägypter sahen das Boot und eröffneten das Feuer, während Itzik Brokman die Geschwindigkeit erhöhte und mit Zickzackkurs ablief. Als er etwa 500 m entfernt war, ging er mit der Geschwindigkeit wieder herunter und änderte den Kurs. Das Schießen hörte auf und er näherte sich dem Bug der AMIR EL FAROUK, der immer noch aus dem Wasser ragte. Als die drei Männer Zalman Abramovs Schreie hörten, holten sie ihn ebenfalls aus dem Wasser. Schließlich sah Itzik Brokman den Infrarot-Reflektor von Ya'akov Vardi. Letzterer schwamm zwischen Dutzenden von Ägyptern. Die meisten trugen keine Schwimmwesten und einige waren verwundet. Yankale Ritov wollte auf sie schießen, aber Yochai Ben-Nun wehrte ab. Nachdem sie auch ihn aufgenommen hatten, waren sie jetzt zu fünft in dem kleinen Rettungsboot, das nunmehr tief im Wasser lag und nur mit Schwierigkeiten vorwärtskam.

Um 22.45 Uhr verließen sie den Ort des Geschehens und nahmen Kurs auf die MAOZ, die völlig abgedunkelt mit einem Infrarot-Licht an der Mastspitze auf sie warten sollte. Nach Plan war vorgesehen, daß die MA-OZ ein Blitzlicht zu setzen hatte, das bereits aus weiter Ferne zu sehen wäre, falls die Gruppe nicht innerhalb von zwei Stunden zurückkehren sollte. Doch das Blitzlicht blieb unbenutzt. Genau denselben Kurs zurückfahrend, sahen sie ihr Schiff um 23.10 Uhr. Acht Minuten später befanden sie sich auf dem Rückmarsch nach Jaffa.

Das eigentliche Angriffsunternehmen dauerte nur 25 Minuten und führte zur Versenkung des Stolzes der ägyptischen Marine. Der Minensucher erlitt schwere Beschädigungen und wurde in einen ägyptischen Hafen eingeschleppt.

Eine Woche später war aus den Schlagzeilen der internationalen Presse zu entnehmen, daß Kampfschwimmer eine ägyptische Flottille versenkt hätten. Zudem wurden UN-Beobachter mit der Feststellung zitiert, damit wäre bewiesen, daß die Israelis Unterseeboote besäßen. Das Unternehmen wurde weltweit mit Beifall begrüßt: David hatte Goliath besiegt. Die Ägypter sprachen von einem Verlust von 500 Mann.

David Ben Gurion war der Auffassung, daß dieses Unternehmen die Ägypter endgültig dazu gebracht hätte, schnellstens ihre Unterschrift unter die endgültige Waffenstillstandsvereinbarung zu setzen. Sie hätten nicht vermutet, daß Israel im Besitz derartiger Geheimwaffen war.

In den Besprechungen nach dem Einsatz gelangten eine Anzahl technischer Probleme zur Diskussion. Die Mängel bei der Auslösevorrichtung und bei den Reflektoren überraschte niemand. Yochai Ben-Nun hatte das Empfinden, ein Einsatz der Boote unter schwierigen Bedingungen hätte faktisch Selbstmord bedeutet. Er sagte hierzu:

»Erst nach dem Unternehmen erkannten wir, daß diese Sprengboote nur für Nachteinsätze und nur bei guten Wetterbedingungen geeignet waren. Sehr zugute kamen uns eine ruhige See, eine mondhelle Nacht und – am wichtigsten von allen – eine vorteilhafte politische Lage: die Feuereinstellung war in Kraft und wir waren imstande, die Boote eine Seemeile vom Feind entfernt auszusetzen. Unser Angriffsverfahren war richtig und eine geeignete Ausbildung war vorausgegangen. Unsere Entfernung zum Ziel stimmte; sie war kurz genug, um sowohl den Angriff wie auch das Aufnehmen zu ermöglichen, aber auch lang genug, um zu manövrieren, während sich das Zielschiff in Fahrt befand.«

Yochai Ben-Nun wies auch auf das Verfahren zum Aufnehmen hin und stimmte mit der allgemeinen Auffassung überein, daß in Zukunft zur Bergung der Männer ein größeres und besseres Boot, ausgerüstet

David Ben-Gurion (links im Bild), der erste Premierminister Israels, lud die Teilnehmer an der Versenkung der AMIR EL FAROUK nach dem Ende des Unabhänigkeitskrieges zum Mittagessen ein (1949): Zalman Abramov, Ya'akov Vardi, Yoachai Ben-Nun, Yankale Ritov und Itzik Brokman.

mit Radar und zwei Motoren, eingesetzt werden sollte. Auch das Fehlen einer Fernmeldeausrüstung wurde erwähnt, denn dies führe zur Übermittlung der Befehle durch lautes Schreien – eine Methode, die sehr viel Mißverständnisse verursache.

Nach einiger Zeit fand für den nach Italien zurückkehrenden Capriotti eine Abschiedsparty statt. In seiner Abschiedrede sagte er: »Ich wollte Ihnen noch sagen, daß dieser Tag, der 22. Oktober [1948], der Tag der Versenkung der AMIR EL FAROUK, der Geburtstag der israelischen Marine ist.«

Zwei Tage später lud David Ben Gurion die fünf Teilnehmer am Unternehmen zum Mittagessen ein. Im Anschluß daran wurde noch ein Erinnerungsfoto aufgenommen. Die Stimmung war euphorisch; sie hatten einen mustergültigen Einsatz durchgeführt, der die Summen wert gewesen war, die in den Ankauf der Boote und in die Ausbildung der Männer investiert worden waren.

Operation »David«: Die »Schwarze Hand« und Hitlers Jacht

Während des Krieges ging eine Information ein, die IGRIS betreffend: ein 2560 t großes Schiff von etwa 115 m Länge und mit einer Geschwindigkeit von 20 kn, das in Beirut vor Anker lag. Es war 1934 als GRILLE gebaut worden, ein Aviso, der als Hitlers Staatsjacht diente und später als Hilfsschiff der deutschen Kriegsmarine Verwendung fand. Gemäß der erhaltenen Informationen war dieses Schiff für die ägyptische Marine bestimmt.

Nach dem ursprünglichen Plan sollten zwei Schiffe der Marine entsandt werden, um die Jacht durch Artilleriebeschuß zu versenken. Es bestand jedoch die Befürchtung, daß eine derart offene Handlungsweise diplomatische Probleme verursachen würde. Daher fiel die Entscheidung, unter Einsatz eines Tauchers ein verdecktes Unternehmen durchzuführen und dies örtlichen Händeln zuzuschreiben.

Anfang November 1948 erhielt Yossale Dror den Befehl, mit der Planung der ersten Sabotageaktion zu beginnen, die in einem arabischen Hafen stattfinden sollte. Zur gleichen Zeit wurde im Hafengebiet geheimdienstliche Aufklärung betrieben, die außerdem Aufklärungsflüge ergänzten. Die Männer der Sondereinheit schlugen vor, einen arabisch sprechenden Saboteur einzusetzen, der mit einem Patrouillenboot der Marine nach Beirut gebracht werden sollte, um nach dem Unternehmen entweder nach Israel zurückzukehren oder in Beirut zu bleiben, wie dies die Umstände ergaben.

Zur Durchführung des Unternehmens wurde Eliahu Rika ausgewählt, ein Angehöriger der Sondereinheit. Um tauchen zu lernen, kam er zuerst zur Kampfschwimmer-Einheit. Rika, ein »Wilder«, sollte manchmal seine Tauchausbilder mit einem Messer stechen; es war schwierig, ihn unter Kontrolle zu halten.

Yossale Dror selbst ging wie besessen an die Planung des Unternehmens heran. Er legte die schwimmend zurückzulegende Strecke und die Stelle fest, an der die Minen befestigt werden sollten. Zusammen mit der Sondereinheit koordinierte er Treffpunkt, Kennworte, alternative Einsatzmethoden und so weiter.

Am 29. November 1948, dem ersten Jahrestag der Teilung, lief unter dem Kommando von Shlomo Erel, einem späteren Befehlshaber der Marine, ein Patrouillenboot aus. Als sich das Boot dem Absetzpunkt näherte, legte Eliahu Rika seinen Schwimmanzug aus schwarzer Wolle und seinen Arbeitsgürtel an. Darüber trug er einen Straßenanzug. An der Küste waren ein paar Lichter zu sehen. Am Strand leuchtete ein vorher vereinbartes Erkennungssignal auf, ein Schlauchboot wurde zu Wasser gelassen und mit zwei Ruderern und einem Bootssteuerer bemannt, ausgerüstet mit Pistolen, Messern und einer Maschinenpistole. Dann sprang Eliahu Rika in das Boot und die Seeleute reichten ihm seinen Koffer mit der Ausrüstung sowie ein Bündel Geld für die Männer der Sondereinheit in Beirut hinüber. Die Seeleute im Boot ruderten Rika zur Küste und einer der Seeleute trug ihn auf dem Rücken an Land, damit sein Anzug nicht naß werden konnte. Dort traf er mit seinen Kameraden zusammen und gemeinsam nahmen sie ein Taxi, das sie in die nähere Umgebung des Hafens brachte. Nach einem orientierenden Rundblick kehrten sie zum Taxi zurück, das am Straßenrand wartete, nicht weit von einem hell erleuchteten Kaufhaus entfernt. Die Situation war alles andere als ideal. Eliahu Rika, der befürchtete, sie könnten entdeckt werden, beendete rasch seine Vorbereitungen. Er zog seinen Anzug aus und schlüpfte in einen langen Mantel, um seine Schwimmausrüstung zu verbergen. In die eine Tasche steckte er ein kleines

Tarnnetz für seinen Kopf und in die andere schob er eine Flasche Rum. Bei der Überprüfung der Ausrüstung stellte sich heraus, daß bei einer der Haftminen der Zeitzünder fehlte. Eliahu Rika durchsuchte den Koffer, wobei er die Vorrichtung zerbrochen vorfand. Beim Aussteigen aus dem Taxi rutschte er aus und die Rumflasche fiel ihm aus der Tasche. Mit einem lauten Krachen zerbrach sie auf dem Boden. Er erstarrte auf der Stelle, aber niemand nahm davon Notiz. Auf ihrem Weg zur Küste mußten die Männer zwei Straßen überqueren, die ins Stadtzentrum führten. Danach gingen sie noch etwa 40 m im Sand zu einer Steinmauer. Einer seiner Kameraden versteckte in ihrer Nähe ein kleines Päckchen, das seine Zivilkleider und eine Brieftasche mit Geld enthielt.

Um 22.50 Uhr trennte sich Eliahu Rika von den anderen und watete ins Wasser. Er zog seine Schwimmflossen an, befestigte die Minen an seinem Gürtel und fing an, in Richtung Ziel zu schwimmen. Die IGRIS war gut beleuchtet und er konnte sie problemlos erreichen. Untertauchend schwamm er von den Lichtern an der Küste weg. Ruhig schwimmend, schluckte er das Wasser, das ihm in den Mund gelangt war, anstatt es auszuspucken, um kein Geräusch zu verursachen. Als er das Schiff erreichte, änderte er seinen Schwimmstil und ging zum »Ballerina-Schwimmen« über. Plötzlich hörte er vom Schiff her Stimmen kommen und sah Schatten an Deck. Etwas vom Schiff abhaltend, trat er Wasser, während hinter ihm in etwa zehn Meter Entfernung ein Fischerboot passierte.

Um Mitternacht gelangte er zum Bug des Schiffes und glitt in Richtung Heck. Danach schwamm er an die 30 m wieder zurück, um die Stelle zu bestimmen, an der er die erste Mine zu befestigen hatte. Den Bewuchs vom Schiff abkratzend, befestigte er die Haftmine ohne Verzögerungszünder und zog den Sicherungsstift heraus. Anschließend schwamm er nochmals etwa 30 m in Richtung Bug und befestigte die zweite Haftmine. Sie verursachte ihm einige Probleme, da ihm die zur Zündung gehörende Ampulle aus ihrer Röhre rutschte, und er befürchtete, die Mine könnte ihm in der Hand detonieren. Nach mehreren Versuchen gelang es jedoch, die Ampulle in die Röhre zurückzuschieben und zu zerbrechen, damit die Säure ihre Wirkung beginnen konnte. Nachdem er auch hier den Sicherungsstift entfernt hatte, schwamm er zur Küste zurück. Seine Freunde ließen ihn einen großen Schluck Rum aus einer inzwischen gekauften Flasche trinken, mit der sie die zerbrochene ersetzt hatten, und nachdem er seine Zivilkleidung angezogen hatte, kehrte er heil und gesund zum wartenden Patrouillenboot zurück.

Yossale Dror wartete im Hafen von Haifa. Gemäß der Tradition übergab ihm Eliahu Rika die Sicherungsstifte als »Beweis« dafür, daß das Unternehmen ausgeführt worden war.

Danach folgten achtzehn Tage angespannten Wartens. Es bestand die Befürchtung, daß Eliahu Rikas Einsatz gescheitert war und daß ein weiteres Unternehmen durchgeführt werden müßte. Doch am 17. Dezember detonierte eine der Minen. Am folgenden Tag hieß es in den Überschriften der Presse in Beirut: »Während der Explosion schoß eine Flammenwand empor und Wasser strömte in das Schiff. Den deutschen Seeleuten und Maschineningenieuren gelang es, den Brand mit einer Wasserbarriere einzudämmen und auf diese Weise das Schiff vor dem Sinken zu bewahren. Fachleute sind sich sicher, daß es sich um eine Haftmine gehandelt hat, die mindestens 25 kg Sprengstoff enthalten hat.«

Diese Version der Ereignisse war nicht die einzige. Einige hielten eine Treibmine, die von der Strömung losgerissen worden war und von selbst zum Schiff gelangte, für die Ursache. Andere nahmen an, ein Unterseeboot hätte einen Torpedo abgefeuert.

Es war auch davon die Rede, daß die Israelis bei dem Unternehmen die Hand im Spiel gehabt hätten, da sich der Eigner geweigert hätte, das Schiff an sie zu verkaufen. Eine weitere Mutmaßung ging davon aus, daß die Organisation »Schwarze Hand«, wie schon bei früheren Anlässen, beteiligt gewesen sein soll. Der Eigner hätte von dieser Organisation Todesdrohungen erhalten, wenn er weiterhin Deutsche statt der Einheimischen beschäftigen würde. Anschläge auf sein Leben sowie ein Brief aus »anonymer« Quelle – vermutlich Israel –, den er einen Tag vor der Explosion erhalten hätte, bekräftigten diese Theorie. 41 Tage nach der ersten Detonation schrieb eine libanesische Zeitung von einer zweiten Explosion auf der IGRIS. Allerdings fand diese Information keine Bestätigung.

Die Reparatur des Schiffes dauerte drei Monate. Ende März 1949 lief es schließlich in die Vereinigten Staaten aus. Hiermit war klar, daß die ehemalige GRILLE nicht zur arabischen Flotte gehören würde, um gegen Israel zu kämpfen.

Das Ende des Krieges: Uns war jede Methode recht!

Am 1. November 1948 erfolgte die Ernennung von Paul Schulman zum Befehlshaber der Marine. Einige Zeit danach wurde die Operation »Horev« in Gang gesetzt: Die Vertreibung des ägyptischen Heeres aus dem nördlichen Negev, dem Gazastreifen und Rafah. Die Marine erhielt die Aufgabe, den Gazastreifen zu blockieren und die Eisenbahnlinie in dem Gebiet zu sabotieren. Daran nahmen Angehörige der Kampfschwimmer-Einheit teil, die darüber nur zu glücklich waren; denn neidisch auf ihre Kameraden von der Sprengboot-

Einheit warteten sie ungeduldig auf ihren Einsatz. Das Marinekommando war auf eine derartige Operation überhaupt nicht vorbereitet und Yossale Drors Männer trugen aus vielen verschiedenen Quellen Sabotageausrüstung zusammen. Die Landungsgruppe bildeten als Deckungskräfte Teile des in Aufstellung begriffenen Landungsbataillons – der Marineinfanterie. Hinzu stießen als Pioniere zehn Angehörige der Kampfschwimmer-Einheit.

Unter den Augen vieler Beobachter liefen am Morgen des 26. Dezember 1948 aus dem Hafen von Tel Aviv zwei Patrouillenboote aus. Um Mitternacht landete die Gruppe und die Pioniere machten sich durch morastige Sanddünen auf den Weg zu den Schienen der Eisenbahnlinie. Geräuschlos stahlen sie sich an den patrouillierenden ägyptischen Posten vorbei. Dort brachten sie ihre Minen an und kehrten unentdeckt zu den wartenden Patrouillenbooten zurück.

Dieser Sabotage-Einsatz erbrachte nur dürftige Ergebnisse. Die Zeitzünder waren auf 06.00 Uhr eingestellt worden, da zu diesem Zeitpunkt ein Zug die Strecke passieren sollte. Doch den Zug »kümmerte es nicht«, über einen verminten Streckenabschnitt zu fahren. Nur ein kleiner Teil flog in die Luft, der angerichtete Schaden war gering und die Eisenbahnlinie war in sehr kurzer Zeit wieder repariert.

Am 2. Januar 1949 wurde im selben Gebiet ein weiterer Versuch unternommen. Die Kampfschwimmer wurden dicht an den Eisenbahnschienen entdeckt und der Gegner eröffnete das Feuer. Dies verursachte Verwirrung und die Männer zogen sich in panischer Eile zurück. Danach brauchten sie zehn Minuten, um sich wieder zu ordnen. Dann sammelten sie die in dem Gebiet zurückgelassene Ausrüstung ein. Anschließend kehrte die gesamte Gruppe an den Strand zurück, ohne das Unternehmen ausgeführt zu haben. Dies bedeutete gleichzeitig das Ende der von der Kampfschwimmer-Einheit im Unabhängigkeitskrieg durchgeführten Unternehmen.

Der Sprengboot-Einheit erging es nur wenig besser. Zu Beginn der Operation »Horev« wurde eine Gruppe Sprengboote an Deck der MAOZ verladen. Danach fuhr dieses Schiff an der israelischen Küste entlang und hielt nach einer Gelegenheit Ausschau, wieder ins Gefecht zu kommen. Am 31. Dezember 1948 fingen zwei ägyptische Kriegsschiffe ein israelisches Handelsschiff, das unter britischer Flagge fuhr, etwa 115 sm vor Haifa ab. Ägyptische Marineoffiziere enterten das Schiff, prüften die Schiffspapiere und gestatteten die Weiterfahrt – nachdem sie festgestellt hatten, es wäre ein Brite. Diese Handlungsweise berührte die Achillesferse Israels: seinen Seetransport. Eine Einheit der »Großen Flotte« und die MAOZ wurden entsandt, um nach den ägyptischen Schiffen zu suchen.

Am folgenden Morgen wurden die Ägypter entdeckt und es entwickelte sich ein Seegefecht. Die

Sprengboot-Männer wurden in Alarmzustand versetzt und die Bootssteuerer versuchten, einen Weg zu finden, die Boote in das Gefechtsgeschehen einzubeziehen – entgegen der sehr stürmischen See, des Tageslichtes und der Tatsache, daß es unmöglich war, rechtzeitig einen geeigneten Vorbereitungszustand zu erreichen. Trotz dieser gesamten Überlegungen wurden die Boote ausgesetzt, um es der MAOZ zu ermöglichen – die infolge ihrer Geschwindigkeit nur langsam vorankam –, sich am Seegefecht zu beteiligen. Gleichzeitig sollte sichergestellt werden, daß die Sprengboote nicht durch Artilleriebeschuß beschädigt wurden, falls die MAOZ noch rechtzeitig eingreifen könnte. Zudem hofften die Bootssteuerer immer noch, den Erfolg mit der AMIR EL FAROUK zu wiederholen. Die stürmische See warf die MAOZ hin und her. Eine große Welle brach über eines der Sprengboote von achtern herein, so daß es voll Wasser lief und sank. Nur durch ein Wunder gelang es Avraham Shavit, aus dem Boot zu springen und freizukommen. Die restlichen Boote formierten sich in Kiellinie und knüppelten voran. Doch der Seegang war zu stark und sie mußten zu ihrer eigenen Sicherheit den Propellerstrom der MAOZ benutzen, der es nicht einmal möglich war, Sichtverbindung zu den gegnerischen Schiffen herzustellen. Bis zum Abend war das Seegefecht vorbei.

Gegen Ende des Krieges erhielt die Marine eine weitere Verstärkung: drei Fregatten der »River«-Klasse, zwei Landungsboote und eine Reihe von Patrouillenbooten – sämtlich in den USA gekauft.

Am 22. Februar 1949 erfolgte die endgültige Unterzeichnung des Waffenstillstandsabkommens mit den Ägyptern. Anfang März wurde im Süden die Hafenstadt Eilat ein Teil des Staates Israel. Damit erhielt das Land eine Öffnung zum Roten Meer hin und die Marine richtete dort einen kleinen Stützpunkt ein.

Am 23. März unterzeichnete auch der Libanon ein Waffenstillstandsabkommen mit Israel. Einen Monat später folgte die Unterzeichnung des Abkommens mit Jordanien, woraus sich die Teilung Jerusalems – Israels Ewiger Stadt – ergab. Das mit Syrien am 20. Juli 1949 unterzeichnete Waffenstillstandsabkommen markierte offiziell das Ende des Unabhängigkeitskrieges, der auf israelischer Seite 6000 Tote gefordert hatte – ein Prozent der damaligen jüdischen Bevölkerung.

Eine Übersicht bezüglich der Aktivitäten der Marine läßt erkennen, daß sie den Großteil ihrer Aufgaben gemeistert hatte – trotz der geringen Mittel, die ihr im Vergleich zum weit überlegenen Gegner zur Verfügung standen. Die durch Improvisation entstandene Flotte führte eine Anzahl Seegefechte und Angriffe gegen die Küsten des Gegners durch, wobei die eigene Küste unversehrt blieb. Auf den Handelsverkehr zur See gab es keine Auswirkungen und der neu geschaffene Staat erlitt keine Demütigung durch eine Seeblockade. Lediglich die Landeunternehmen und Vorstöße von See her – zur Unterstützung der Landstreitkräfte unternommen – erreichten ihre Ziele nicht.

Die Gegner versenkten nicht ein einziges Schiff der israelischen Marine, aber 30 Marineangehörige kamen ums Leben, zumeist in den Landkämpfen. Trotz ihrer Verluste besaß die ägyptische Marine auch weiterhin die größte Flotte in diesem Teil der Welt. Die erstere erzielte jedoch eine beeindruckende Leistung: Sie hinderte den Gegner daran, von seiner Überlegenheit Gebrauch zu machen, um bei einem arabischen Sieg zu einem entscheidenden Faktor zu werden.

Die Männer der Kampfschwimmer- und die der Sprengboot-Einheit benutzten sämtliche Methoden der Kriegsführung zur See mit Kommandoeinheiten und erzielten beeindruckende Ergebnisse. Das Scheitern des letzten Sprengboot-Unternehmens und der Untergang eines der Boote geriet rasch in Vergessenheit. Jeder erinnerte sich an die Versenkung der AMIR EL FAROUK; obwohl dieser Vorgang auch insoweit einigen Schaden verursachte, da die Schlagzeilen eines Sieges von zweischneidiger Natur sind. Die Wahrheit über den Einsatz war ein wenig anders; denn er wurde unter fast idealen Bedingungen durchgeführt und den Ägyptern blieb – im Gefühl der Sicherheit infolge der Feuereinstellung – keine Zeit, um sich zu verteidigen.

Der ägyptische Geheimdienst meldete, ein Boot oder Teile eines solchen an der Küste gefunden zu haben. Damit war klar, daß das große Geheimnis gelüftet war, und die Sprengboote verloren viel von ihren Einsatzmöglichkeiten, da sie nunmehr kein Element der Überraschung mehr darstellten. Es war offensichtlich geworden, daß sie unter stürmischen Wetterbedingungen nicht eingesetzt werden konnten. Auch waren sie nicht in der Lage, sich mit Schiffen zu messen, die Radar besaßen.

Trotz dieser Tatsachen wurden die Sprengboote als ein Allzweckwaffensystem angesehen. Die Marine kaufte daher sechs weitere Einheiten an und öffnete damit das Tor für eine lange Zeitspanne, in der in Israel sowohl Sprengboote gebaut als auch eingesetzt wurden. Viele Jahre lang spielten sie bei den Operationen und in den Kriegsplänen der Flotte eine wichtige Rolle und unterlagen äußerster Geheimhaltung, auch wenn der Gegner ihr Vorhandensein kannte.

4. Kapitel

Die »13. Flottille«: Die Einheit der hungrigen Löwen

Als der Krieg zu Ende war, zogen Yochai Ben-Nun und Yossale Dror die Schlußfolgerung, daß ihre beiden Einheiten vereinigt werden sollten. Beide hatten ähnliche Probleme, dasselbe hochqualifizierte Menschenpotential, denselben Teamgeist und dieselben Ziele. Stabsoffiziere des Marinekommandos erhoben gegen diesen Plan Einwände und machten geltend, daß die Kampfschwimmer- und die Sprengboot-Einheit getrennt bleiben müßten, genauso wie Schlachtschiffgeschwader und Patrouillenboot-Flottillen nichts miteinander zu tun hätten. Sie hatten ihre Schwierigkeiten, sich an das Verhalten von Kommandotruppen zu gewöhnen. Der größte Teil des Personals der letzteren fiel aus dem Rahmen und das Marinekommando hatte die Besorgnis, es könnte eine »Partisanen-Einheit« entstehen.

Da der AMIR EL FAROUK-Einsatz mehr Prestige als das LINO- oder das IGRIS-Unternehmen erlangt hatte, war auch der Sprengboot-Einheit ein höheres Budget zuerkannt worden. Dies führte unter den Tauchern zur Frustration, die mit der Anwerbung von Freiwilligen beschäftigt waren, darunter auch solchen mit fremder Staatsangehörigkeit. Sie wollte Yossale Dror einsetzen, um Sabotageaktionen im Ausland abzuschirmen. Auch Ben Gurion schwebte eine derartige Einheit vor – eine Einheit, die der Marine verantwortlich sein sollte. Eine dieser Freiwilligen war die Ballettänzerin und Hochschulabsolventin Paulette Coumar, eine französische Immigrantin. Sie konnte hervorragend schwimmen und zeichnete sich auch sonst in den theoretischen Fächern des Lehrgangs aus. Ihr Erfolg brachte die Männer in der Gruppe auf; sie stellten sicher, daß sie die Einheit verließ, indem sie ihr einen charmanten, ruhigen Tauchpartner gaben. Die beiden verliebten sich ineinander und Paulette Coumar mußte gehen, als sie heirateten. Sie war die einzige Taucherin, die je der 13. Flottille angehörte.

Im Januar 1949 ging die Information ein, daß drei Torpedoboote im Begriff stünden, Italien in Richtung Ägypten zu verlassen. Das Marinekommando beschloß daher, sie kampfunfähig zu machen. Yossale Dror erinnerte an die Probleme, die er in Italien infolge der ungenauen geheimdienstlichen Informationen gehabt hatte. Doch trotz seiner Bedenken entschloß er sich zum Weitermachen. Beim Eintreffen in Italien stellte er fest, daß zu viele Leute von dem Auftrag wußten – und darüber sprachen. Er und seine Freunde suchten das fragliche Werftgelände auf und versteckten den Sprengstoff unter einer kleinen Brücke. Am folgenden Tag fuhren sie hinaus, um ihren Auftrag auszuführen. Doch die italienische Polizei wartete bereits auf sie, und es gelang ihm gerade noch, seine Pistole im Sand zu verstecken, ehe er mit dem ihn begleitenden Mädchen festgenommen wurde.

Seine nicht festgenommenen Kameraden kehrten nach Hause zu ihrer Kampfschwimmer-Einheit zurück. Zur selben Zeit ereignete sich eine erste wirkliche Tragödie: Im Hafen ertrank ein Taucher bei der Ausbildung, weil er nicht mit seinem Partner durch eine Leine verbunden gewesen war. Anscheinend hatte er sich in sein Luftventil erbrochen und war daran erstickt. Diese Tragödie hatte ernste moralische Probleme zur Folge. Die Männer hatten vor dem Tauchen Angst und beträchtliche Anstrengungen mußten unternommen werden, um ihre Befürchtungen zu zerstreuen. Es kam zur Einführung einer neuen Regel: vor dem Tauchen nichts zu essen. Außerdem wurde auch beschlossen, jedem Taucherpaar ein Boot zuzuteilen. Dies war eine Methode gewesen, die Yossale Dror bereits in Europa eingeführt hatte, aber sie war nicht beibehalten worden. Dies war auch der erste – aber nicht der letzte – Anlaß, daß im Gefolge von eingetretenen Verlusten Sicherheitsvorschriften erlassen werden mußten.

Im Mai 1949 beendete Paul Schulman seine Amtszeit als Befehlshaber der Marine. Seine Offiziere waren die Improvisationen der »alten Tage« ohne jede Form geschriebener Befehle gewohnt gewesen, wie zum Beispiel »Das ist O.K.!« oder »Verlaß' dich auf mich!«.

Sie hielten die von Schulman eingeführten Regeln und Vorschriften schlichtweg für unnötig; denn alles, was sie wollten, war lediglich zu kämpfen.

General Shlomo Shamir, der bisherige Befehlshaber der Zentralfront, wurde zum neuen Marinebefehlshaber ernannt. Er war zuvor weder Marineangehöriger gewesen, noch war er irgendwann zur See gefahren. An seinem ersten Tag im Amt fiel er einem der Streiche der Kommandoangehörigen zum Opfer: Einer von ihnen stahl den Zigarettenanzünder aus seinem Dienstwagen.

Shamir – Typ des britisch ausgebildeten Offiziers – besuchte die 13. Flottille in Ceasarea. Die zwanzig Kampfschwimmer hatten versucht, den Stützpunkt tadellos in Ordnung zu bringen, und präsentierten ihm stolz ihre Spinde mit der Ausrüstung. Seine Reaktion war: »Das sieht alles recht hübsch aus.« Doch es schien ihn nicht besonders beeindruckt zu haben. Moshe Nahshon, der Yossale Dror ersetzt hatte, antwortete: »Ich habe Sie nicht hierher eingeladen, unsere gewartete Ausrüstung zu betrachten. – Ich wollte ihnen unsere Stärke zeigen. Denn hinter jedem Spind verbirgt sich ein Kommando – und zwei solcher Spinde können einen Hafen in Brand setzen!«

Yossale Dror wurde zu drei Jahren Gefängnis verurteilt. Natürlich bereitete er seine Flucht vor, wie er dies in der Vergangenheit getan hatte, mußte aber voller Zorn feststellen, daß seine Vorgesetzten von ihm verlangten, daß er bleiben solle. Es war ihm nicht bekannt, daß seine Freilassung – und vermutlich auch seine Verhaftung – mit der Tatsache in Verbindung stand, daß die Italiener das widerrechtliche Festhalten der AR-GIRO-Besatzung in Israel herausgefunden hatten. Erst nach sieben Monaten kam es zur Lösung des Problems und Yossale Dror wurde freigelassen.

Ende 1949 kehrte Dror nach Israel zurück und seine Taucher bereiteten ihm einen begeisterten Empfang. Die Moral des Kampfschwimmer-Kommandos war in einem schlechten Zustand, was u.a. darauf zurückzuführen war, daß der Krieg zu Ende und damit bei vielen die Luft draußen war. Hiervon abgesehen, hatten die Männer den Eindruck, daß der neue Marinebefehlshaber den weiteren Aufbau dieses Bereichs der zusammengelegten Einheit nicht vorantrieb. Tatsächlich hatten sie das Empfinden, daß die zur Verfügung gestellte Ausrüstung in keiner Weise ihren Anforderungen genügte und die zugewiesenen Geldmittel unzureichend waren. Außerdem hatte auch der tödliche Tauchunfall Bitterkeit hinterlassen.

Die Marineführung betrachtete die Kampfschwimmer als eine Art »Partisanen«, die nicht so recht zu einer richtigen Marine paßten. Im Bild: Amphibische Ausbildung in den 50er Jahren.

Yossale Drors Rückkehr markierte einen entscheidenden Wendepunkt. Er war der »geistige Vater«, dessen Hingabe und persönliches Beispiel seinen Männern ein leuchtendes Vorbild war.

Kurz zuvor waren die Sprengboot- und die Kampfschwimmer-Einheit zusammengelegt worden. Den Befehl über die neue Einheit führte Yochai Ben-Nun, während Yossale Dror als sein Stellvertreter fungierte. Die Ernennung des letzteren war unter ernsten Zweifeln erfolgt, da Dror mit institutionalisierten Organisationsformen keine Geduld hatte. Nach seiner Auffassung war die Zusammenlegung nur formeller Natur und das Marinekommando verzögere auch weiterhin den Aufbau des Sabotagezweigs der Einheit. Er hatte das Empfinden, daß die Marineführung die Kampfschwimmer als »Partisanen« betrachtete, die den guten Namen der »richtigen« Marine beschädigten. Ihm fehlte das Verständnis für die Tatsache, daß es notwendig war, die Hauptressourcen in eine Marine zu investieren, die sich auf große Schiffe stützte, um ihre Gesamtaufgabe zu erfüllen. Im übrigen hatten er und Yochai Ben-Nun die Absicht, eine Einheit zu schaffen, die der italienischen *Decima MAS* aus dem 2. Weltkrieg glich. Sie vergaßen hierbei, daß sich die italienische Marine auf eine große Flotte und nicht nur auf eine derartige Einheit gestützt hatte, die zudem schwere Verluste hatte hinnehmen müssen.[*]

Die einzigartige Atmosphäre in der Einheit erinnerte an die im *Palmach*. Dessen Männer hatten sich den offiziellen Heeresregeln und -vorschriften widersetzt. So »seltsame« Dinge wie Uniformen, Paraden, Diensränge und Sold waren im *Palmach* nicht vorhanden gewesen. Dort hatte jeder die gleichen Rechte und Pflichten gehabt. Die neuen Streitkräfte bestanden jedoch auf der Ernennung von fünf Offizieren für die Einheit. In demokratischen Wahlen entschieden die Angehörigen der Kommandoeinheit darüber, wer den Offiziersrang führen sollte. Korvettenkapitän Yochai Ben-Nun und Oberleutnant z.S. Yossale Dror erhielten ihre neuen Diensränge im Marinekommando; sie nahmen nicht an den Wahlen teil. Das demokratische System hielt sich nicht lange und bereits die nächsten Ernennungen zu Offizieren erfolgten durch das Marinekommando. Die Angehörigen der neuen Einheit versuchten, den Geist der Gleichheit aus den Tagen des *Palmach* beizubehalten, und beschlossen, daß jeder – ob Berufssoldat oder Wehrpflichtiger – dieselbe Bezahlung zu erhalten hatte. Sie sollte aus einer gemeinsamen Kasse erfolgen, in die jeder seinen Sold einbrachte, und wenn es ein Defizit gab, waren alle verpflichtet, auf den Bauernhöfen in der Nachbarschaft zu arbeiten oder mit den Fischerbooten zum Fischfang auszulaufen – wie dies früher im *Palmach* der Fall gewesen war. Dieses System funktionierte nur für eine kurze Zeit. Die neu eingestellten Berufssoldaten, die nicht mehr im *Palmach* gewesen waren, verweigerten die Beteiligung. Auf diese Weise entwickelten sich die Unterschiede im militärischen Status. Die »Anzugsregeln« blieben jedoch. Die Männer trugen das, was sie wollten – sehr zum Mißvergnügen der Militärpolizei, die versuchen mußte, so etwas wie Ordnung in die Streitkräfte zu bekommen. Die Kommandoangehörigen schenkten den Bemühungen der Militärpolizei keine Beachtung, was zu einigen handfesten Auseinandersetzungen zwischen ihnen führte.

Zu diesem Zeitpunkt erhielten auch sämtliche Einheiten der Marine Nummern zugeteilt. Die Auswahl der Nummer für die Kommandoeinheit der Marine stand mit der Rettung von drei *Palyam*-Angehörigen in einem Sturm am 13. Februar 1945 in Verbindung. Bei einer damals abgehaltenen Feier zu ihrer Rettung wurde beschlossen, daß die nach Übersee zu illegalen Einwanderungseinsätzen entsandten Angehörigen der *Palyam* an jedem 13. des Monats einen Toast darauf auszubringen hätten – gleichgültig, wo sie sich gerade befänden. Die Männer der neuen Kommandoeinheit hatten diesen Brauch mitgebracht und als sie später gefragt wurden, welche Nummer ihre Flottille erhalten sollte, wählten sie die 13. Hierbei handelte es sich um eine geheime Nummer, die offiziell zum erstenmal bekanntgegeben wurde, als dieses Buch erschien.

Als sich infolge von Entlassungen die Personalstärke der Flottille verringerte, mußten neue Männer angeworben werden. Yochai Ben-Nun und Yossale Dror wollten Männer aus den neuen Rekrutenlagern haben, aber das Marinekommando widersetzte sich diesem Plan. Daher wandten sie sich direkt an den Generalstabschef um Bewilligung. Mit der Zeit wurde die Handlungsweise, den Marinebefehlshaber »einfach zu übergehen«, zum Normalfall. Sie führte zu vielen Erfolgen, verursachte aber auch eine weitere Kluft zwischen der Flottille und dem Marinekommando.

Ben-Nun und Dror – unternehmenslustig ihre goldenen Rangabzeichen auf den Schultern tragend – gingen von Lager zu Lager und erzählten den Rekruten von ihrer wunderbaren geheimen Einheit. Zu ihrer Enttäuschung ließen sich nur 20 Neulinge anwerben – und die meisten von ihnen waren ungeeignet. Für sie beide war es offensichtlich, daß der »Geist der Freiwilligkeit« nicht verlorengegangen war, und sie erkannten, daß die Rekruten gegenüber Diensträngen einfach ein Mißtrauen entwickelt hatten. Daher änderten sie ihre Taktik und begannen mit kleinen Gruppen von Jugendlichen aus Bauernhöfen und Kibbuzim zu sprechen, noch ehe sie in die Streitkräfte eintraten, für die

---

[*] Siehe hierzu die Geschichte der italienischen *Decima MAS* in Paul Kemp »Bemannte Torpedos und Klein-U-Boote im Einsatz 1939 - 1945«, Motorbuch-Verlag, Stuttgart 1999.

sie vorgesehen waren. Die Folge war, daß sie sich keinem Raum voller niedergeschlagener Rekruten gegenübersahen, während ein Feldwebel »Achtung!« schrie. Neue Freiwillige begannen einzutreffen, die einen als Folge der neuen Werbemethode, während andere von fronterfahrenen Kämpfern persönlich empfohlen wurden.

Zum ersten Kampfschwimmer-Lehrgang gehörten etwa 30 Männer. Hadar Kimche, der Chefausbilder, brachte auch dem Befehlshaber der Marine das Tauchen bei. Am Anfang gab es nur zehn Tauchapparate italienischer Herkunft, und so entschloß sich Hadar Kimche zur Anfertigung einer israelischen Version des Tauchgerätes. Es gehörte zu seiner Aufgabe, sich Gedanken über Neuerungen zu machen, Vorhandenes zu verbessern und sogar Mittel vom Marinekommando anzufordern, um die Arbeit an der israelischen Version zu bezahlen. Die »Gummilunge«, der Schlauch und das Mundstück wurden in einer Gummifabrik hergestellt. Eine Werkstatt stellte die Blechdosen für die Filter her und die Sauerstoffflaschen wurden gekauft. 50 dieser Tauchgeräte waren schließlich angefertigt worden und die Taucher haßten sie. Der Gummi für die an der Brust befestigten »Lunge« war zu steif und die Taucher waren gezwungen, sehr schwer zu atmen. Sie verursachte Reizungen und führte zu Ohnmachtsanfällen. Berale (d.h. Dov Shafir), jetzt einer der älteren Ausbilder, tauchte weiterhin mit der italienischen Ausrüstung, während die Tauchschüler die israelische Version benutzten. Ihm war bewußt, daß er ihnen kein gutes Beispiel bot, aber keiner kümmerte sich darum.

Eines Tages entdeckte Hadar Kimche ein großes Schwimmbecken in einem alten britischen Ausbildungslager, das jetzt von der IDF benutzt wurde. Er entschloß sich, das Becken für die Tauchausbildung zu verwenden, und erhielt hierzu die Erlaubnis. Das Gelände wurde mit einem Jutezaun gegen Einblicke von außen geschützt und sogar der Standortkommandeur bekam nicht zu sehen, was im Inneren vor sich ging.

Trotzdem Yochai Ben-Nun und Yossale Dror anderer Auffassung waren, beschloß das Marinekommando, der Flottille einen neuen Stützpunkt zuzuweisen. Zu Beginn des Jahres 1950 wurde bei Atlit südlich von Haifa eine abgeschiedene Bucht ausfindig gemacht, die geeignet erschien. Aus Caesarea, Tiberias und dem Hafen von Jaffa wurde die gesamte Ausrüstung in die Bucht verlegt, ein paar Baracken entstanden und jeder Auszubildende erhielt eine mit Segeltuch überzogene Apfelsinenkiste als Spind.

Die verschiedenen Lehrgänge wurden nunmehr zu einem Ausbildungsgang vereinheitlicht. Das Anfangsstadium beruhte auf dem »Skipper«-Kurs der *Palyam*. Mit 70 jungen Männern begann die Ausbildung. Die meisten kamen von Bauernhöfen und aus den Kibbuzim und hatten sich freiwillig gemeldet, ohne eine Vorstellung von den Aufgaben der Flottille zu haben. Am Ende der Grundausbildungszeit wurden die Tauch- und die Bootsschüler zu einer Gruppe zusammengefaßt. Gemeinsam erfuhren sie eine Ausbildung in den Grundlagen ihrer künftigen Tätigkeit.

Eine regelmäßige Routine bestimmte den Tagesablauf. Nach dem Wecken und einem anstrengenden Lauf ging es direkt zum Morgenschwimmen – im Sommer wie auch an den kältesten Wintertagen. Hierbei begleiteten sie die Ausbilder nicht immer, die sich darauf verließen, daß sie bis zur Kante der Bucht schwimmen würden. Der Lehrgang umfaßte auch lange Ruderstrecken, die in großen Ruderbooten aus Holz oder in schweren schwarzen Schlauchbooten zurückgelegt wurden, wie sie die amerikanische Marineinfanterie während des Krieges verwendet hatte.

Der Faktor »Vertrauen« war von äußerster Wichtigkeit. Yochai Ben-Nun und seine Freunde waren die physischen und psychischen Schwierigkeiten durchaus bekannt, denen sich die Kampfschwimmer auf ihrem Weg zum Ziel gegenübersahen, wie sie auch die starke Versuchung kannten, zurückzukehren, ohne die Aufgabe zu erfüllen – deren wirklichen Grund niemand kannte. Ihnen war durchaus klar, daß nur der Katalysator »Vertrauen« den einzelnen Kampfschwimmer ermutigen würde, seinen Auftrag zu beenden.

Jeder Lehrgang verübte seine besonderen Streiche. Bei einer Gelegenheit stahlen die Auszubildenden die wöchentlichen Beurteilungen. Nicht alle waren glücklich über das, was sie zu lesen bekamen. »Das Arschloch bessert sich«, hieß es in einem Bericht. Ähnliche Aktivitäten, wie das »Ausborgen« von Gegenständen für ihren Klub, das Stehlen von Konservendosen in nahe gelegenen Fabriken, das Klauen von Hühnern aus ihren Ausläufen und das Einbrechen in Straßencafés, führten zu einem allgemeinen Absinken der Moral. Diese Taten wurden später als schwerwiegende Vergehen betrachtet und die Täter kamen vor ein Kriegsgericht.

Yochai Ben-Nun und Yossale Dror werden abgelöst: Versuch einer Meuterei

Der Traum von Yochai Ben-Nun und Yossale Dror begann, sich zu erfüllen. Der Lehrgang verlief weiterhin erfolgreich; sie wollten die Flottille vergrößern und sogar einen besonderen Hafen für sie bauen. Die beiden ersuchten Shamir, die Einheit nach bester *Palyam*-Tradition in Landoperationen einzubeziehen. Doch der Marinebefehlshaber weigerte sich, weil er der Meinung war, ihr Vorschlag wäre für Angehörige der jungen

Bewegung besser geeignet. Ben-Nun suchte den Generalstabschef auf und versuchte, ihn von der Schaffung einer 500 Mann starken Kommandoeinheit zu überzeugen, die direkt dem Verteidigungsministerium unterstellt wäre. Die Tatsache, daß die beiden über seinen Kopf hinweg handelten, und ihr Wunsch, sich von der Marine abzusondern, erregten den heftigen Zorn des Marinebefehlshabers. Er war von der alten britischen Schule und hatte völlig andere Vorstellungen von Disziplin. Shamir war die Unmöglichkeit des Einsatzes einer Einheit bekannt, deren führende Offiziere nicht bereit waren, Befehle entgegenzunehmen.

Ben-Nun und Dror waren sich der Kluft bewußt und luden den Generalstabschef und den Befehlshaber der Marine in ihren Stützpunkt ein, um ihnen die Einsatzstärke der Flottille zu zeigen und sie von ihrer Bedeutung zu überzeugen. Auch wollten sie den Beweis antreten, daß die Flottille kein Nest von Vipern wäre, das den Versuch unternahm, den Geist des nunmehr erloschenen *Palmach* wiederaufleben zu lassen.

Die Darlegung ihrer Absichten verlief unglücklich. Das Lager war schmutzig und verwahrlost, da sich Yossale Dror entschlossen hatte, die Flottille so zu zeigen, wie sie tatsächlich war – ohne jede Beschönigung. Die Augen des Generalstabschefs verdunkelten sich, als er das Wappen der Flottille sah – das genau wie das des *Palmach* aussah. »Der *Palmach* ist tot!«, schrie er. »Er existiert nicht mehr!«

Während des Essens brachte Yochai Ben-Nun noch einmal seine Ideen vor und seine Offiziere sprachen ihre Probleme an. Es war ihnen unmöglich, die Schwierigkeiten zu beschreiben, ohne so auszusehen, als ob sie mit dem Finger anklagend auf den Marinebefehlshaber und den Generalstabschef zeigen würden. Beide fühlten sich durch die Kritik der Offiziere sehr beleidigt. Später meinten einige scherzhaft, die dabei gewesen waren, daß die Art, wie die beiden dies empfunden hätten, aufgrund der Tatsache gesteigert worden wäre, daß man durch einen Haufen Exkremente gegangen wäre und jeder hätte sich wegen des Gestanks distanziert verhalten.

Am folgenden Tag erhielten Yochai Ben-Nun und Yossale Dror den Befehl, die Flottille zu verlassen. Der Generalstabschef und der Befehlshaber der Marine waren überzeugt, daß sie offenkundig den Versuch unternommen hatten, die *Palmach*-Identität aufrechtzuerhalten. Aus diesem Grunde hätten sie zu gehen.

Beide sprachen zu den Rekruten und legten ihnen die Situation auf eine möglichst gerechte Weise dar. Doch die jungen Freiwilligen waren der Überzeugung, daß ihre Vorgesetzten im Stich gelassen worden wären. Anschließend sprachen Ben-Nun und Dror mit ihren alten Kameraden. Ersterer drückte sich verhältnismäßig gelinde aus, während Yossale Dror – extrem wie immer – vorschlug, alle sollten mit ihnen zusammen die Einheit verlassen. ObltzS. Izzy Rahav wies darauf hin, daß sie trotz ihrer Enttäuschung die Flottille nicht zerstören sollten.

Am nächsten Tag verließen die beiden ihre Flottille. Die »Meuterei« war gescheitert. Dies war nicht das letzte Mal, daß die Männer einen derartigen Schritt in Betracht zogen, um ihre Absichten zu erreichen. Trotz dieses ernsten Rückschlags blieb der Großteil der erfahrenen Kämpfer und die Flottille erhielt einen neuen Chef: Izzy Rahav – der Mann, der in vergangenen Tagen während der kalten Winternächte Schwimmeinsätze im Hafen von Haifa durchgeführt hatte.

So fiel die letzte Bastion der *Palmach*-Tradition. Die Kommandoeinheit erhielt »offiziell« einen vollkommen militärischen Aufbau mit entsprechendem Aussehen – wenn später auch behauptet werden sollte, dies wäre nicht der Fall gewesen. Die Marineführung schickte Yochai Ben-Nun zum Studium der Schiffbautechnik in die USA, während Yossale Dror aus der Marine entlassen wurde und in sein Kibbuz zurückkehrte.

Die Löwen sind hungrig: Gefährlicher Zeitvertreib und Patrouillen hinter den feindlichen Linien

Zwei Monate später wurde der 25jährige Mocca Limon zum Befehlshaber der Marine ernannt. Auch er sah das Marinebudget als zu gering an und widersetzte sich den Wünschen der zentralen Führung, die weiterhin davon ausging, daß mit dem schicksalhaften Ende des Krieges keine Entscheidungen zur See mehr fallen würden. Wie sein Vorgänger machte Limon geltend, daß die Führungsspitze weder die mit der Verteidigung der Seegrenzen verbundenen Probleme noch die Unterschiede zwischen der Land- und der Seekriegsführung begriffen hätten.

Gleichzeitig setzte in den Reihen der Flottille die »Zeit der hungrigen Löwen« ein. Die Männer waren an keinerlei Unternehmungen beteiligt, die ihr Verlangen zufriedenstellten. Der sowohl bei Unternehmen zu Lande wie zur See erfahrene Izzy Rahav entschloß sich, die Absolventen des Bootskursus auf einen Lehrgang für Unteroffiziere der Infanterie zu schicken. Auf diese Weise könnten sie auch bei Unternehmen zu Lande eingesetzt werden.

Doch die Männer weigerten sich, zusammen mit Infanteristen ausgebildet zu werden. Sie betrachteten sich als eine geheime, einzigartige Truppe und glaubten nicht daran, daß der Unteroffizier-Lehrgang die Aktivitäten nach sich ziehen würde, von denen sie träumten. Auch nachdem sie den Befehl zum Besuch des Lehrgangs erhalten hatten, hielten sie sich von den anderen Teilnehmern fern, trieben jedoch beträchtlichen Unfug. Sie feuerten zwischen den Baracken ihre Gewehre ab, warfen mit Knallfröschen umher, zündeten unter den Wohnräumen in den Baracken Rauchkerzen an und warfen sogar mit Sprengstoff gefüllte Beutel darunter. Niemand im Stützpunkt kümmerte sich im geringsten darum. Es hatte den Anschein, als ob die Offiziere der Auffassung wären, die Angehörigen dieser geheimen Einheit besäßen das Recht, sich mit derart außergewöhnlichen Aktivitäten zu beschäftigen. Die Kommandoangehörigen waren auch nicht die einzigen, die solchen Unsinn trieben, aber sowohl infolge des Schleiers der Geheimhaltung, der sie umgab, als auch aufgrund ihrer hervorragenden Leistungen während der strengen Ausbildung gelang es ihnen, Bestrafungen zu vermeiden.

Der infanteristischen Ausbildung folgten spezielle Fachkurse im Bereich der Marine. Diese markierten einen bedeutsamen Wendepunkt, da den Rekruten schließlich gestattet wurde, das »Allerheiligste« zu betreten: das geheime Übungsgebiet. Bisher war dieser Bereich für sie eine verbotene Zone gewesen und sie hatten ihre Gesichter nach See zu abwenden müssen, wenn sie daran vorbeifuhren. Auf Fischerboote und sogar auf Marinefahrzeuge wurde mit Maschinengewehren das Feuer eröffnet, wenn sie in diese Zone einliefen.

Nach ihrer Rückkehr zur Flottille änderte sich das disziplinarische Verhalten der Männer erneut. Der gefährliche Zeitvertreib setzte wieder ein. Die Rekruten gingen unter Verwendung von Sprengstoff zum Fischen und verkauften ihre Fänge auf dem Markt. Sie trugen Blindgänger zusammen, entfernten aus den nicht detonierten Granaten das Schießpulver und benutzten es im Lager für ihre Knallfrösche. Außerdem veräußerten sie die Messinghülsen der Patronen und kauften von dem Gewinn Waren für ihren Klub. Der Versuch, auch die kupfernen Zünder zu verkaufen, scheiterte jedoch; den Schrotthändler hatten die gefährlichen Gegenstände in Schrecken versetzt. Daraufhin vergossen sie Dieselöl, zündeten es an, ließen die Zünder detonieren, sammelten anschließend das Kupfer ein und verkauften es.

Der Lehrgang dauerte anderthalb Jahre. In dieser Zeit waren über die Hälfte der Rekruten ausgesondert worden. Anschließend fand eine Abschlußparade statt, gefolgt von einem Strandfest. In dessen Verlauf fielen die Absolventen über den Quartiermeister her, der sich nach ihrer Auffassung nicht genügend um sie gekümmert hatte. Sie warfen ihm eine Decke über den Kopf, versetzten ihm Fußtritte und warfen ihn in die See. Später bürgerte sich die Behauptung ein, dies wäre der Ursprung des seit langem bestehenden Brauches gewesen, die Absolventen nach dem Ende eines jeden Ausbildungslehrganges ins Meer zu werfen.

Auf diese Weise qualifizierten sich die Männer zu »Ausbildern der Marine-Kommandotruppe« – sie erhielten diese Bezeichnung, um die Tatsache zu verschleiern, daß die Kommandoeinheit so wenig Kämpfer umfaßte.

Die Schlußfolgerung aus dem Absolvieren des infanteristischen Ausbildungslehrganges löste die Einsatzproblematik nicht. Die Männer nahmen die Gefechte zur Kenntnis, die an den Grenzen mit einsickernden Gegnern stattfanden, aber niemand zog sie zur Teilnahme heran. Diesen Mangel an Aktivität lösten in der Hauptsache Übungen hinter den gegnerischen Linien, die zwischen den griechischen Inseln und dem Golf von Akaba stattfanden. Ihnen schlossen sich an den menschenleeren Gestaden Saudi-Arabiens Übungen als Überlebenstraining an. Hier lernten die Männer in den glühenden Sandwüsten, wie sie unter lebensfeindlichen Bedingungen überleben konnten, wobei die Bandbreite vom Tarnen ihrer Schlauchboote über das Aufbereiten von Wasser in besonders mitgeführten Apparaten bis zur Ernährung aus anzutreffenden Tieren und Pflanzen reichte.

Diese Übungseinsätze waren nicht die einzigen Möglichkeiten, die Kenntnisse über den Gegner zu erweitern. 1952 begaben sich drei Offiziere der Flottille nach Paris, um anschließend in der Touristenklasse des Passagierschiffes PROVIDENCE, das ägyptische Häfen sowie Beirut und Haifa anlief, nach Israel zurückzukehren. Die Passagiere hatten ihre Pässe auf dem Schiff abzugeben und erhielten statt dessen Reisedokumente, in denen ihre Herkunftsländer nicht erwähnt waren. Auf diese Weise war ein Spionieren in Ägypten sehr einfach.

Infolge eines Mißverständnisses wurden Schiffskarten Erster Klasse gekauft und die drei Israelis fanden sich Schulter an Schulter mit wohlhabenden Ägyptern wieder. Nach ihrer Ankunft in Alexandria gingen sie auf die Plattform oberhalb der Brücke (Affen-Insel) hinauf, der beste Ort, von dem aus der Hafen fotografiert werden konnte. Anschließend fuhr das Schiff nach Port Said weiter. Dort fotografierten sie die gesamte ägyptische Flotte. Eines der von ihnen aufgenommenen Schiffe war die IBRAHIM EL AWAL. Zu diesem Zeitpunkt wußte Hadar Kimche noch nicht, daß er eines Tages der Kommandant dieses Schiffes sein sollte. Von Port Said aus fuhr ihr Schiff nach Beirut weiter, wo sie ebenfalls an Land gingen und die lebhafte Stadt besuchten. Als am Ende der Reise ein Bordfest stattfand, sollten sie in Abendkleidung daran teilnehmen. Um dem zu entgehen, gaben sie vor, ihre »nicht vorhandenen« Abendanzüge bedürften der Reinigung. Ihr Steward hörte dies und bot ihnen sofort an, ihre Anzüge reinigen zu lassen. Irgendwie gelang es dann den »Drei Musketieren«, sich aus dieser peinlichen Situation herauszuwinden. Mit 200 Fotos der ägyptischen Flotte und ihrer Häfen kehrten sie nach Israel zurück.

Izzy Rahav verschwindet und Etzion übernimmt die Führung

Im Oktober 1952 verschwand Izzy Rahav plötzlich. Ihn ersetzte Ya'akov Etzion als Chef der Flottille. Er hatte auf der MAOZ als Artillerieoffizier gedient und sich in der Folge der Flottille angeschlossen. Die Wahl fiel auf ihn, weil er zum einen älter als alle übrigen war; zum anderen besaß er eine kühle Natur und hatte aus den Tagen des *Palmach* Kampferfahrung.

Niemand wußte, wohin Izzy Rahav abkommandiert worden war. Ein solches Verschwinden kam häufiger vor. Doch es war offenkundig, daß er einen geheimen Einsatz durchzuführen hatte. Dies traf tatsächlich zu. Er reiste zur Vorbereitung einer Tarnung mit seiner Frau nach Übersee, um in eine Spionage- und Sabotage-Einheit in Ägypten eingeschleust zu werden.

Der Wechsel in der Führung der Flottille und die Einführung militärischer Vorschriften und Verhaltens-maßregeln durch Etzion machte die Männer wütend. Bis zu diesem Zeitpunkt gab es eine strikte Trennung zwischen militärischer und alltäglicher Disziplin. Selbst Yochai Ben-Nun hatte häufig Sandalen anstelle von Armeestiefeln getragen und war mit den ersteren trotzig im Marinekommando erschienen. Etzion führte mit dem Mutterschiff auch weiterhin Übungsvorstöße durch. Im Verlaufe eines dieser Unternehmen im Gaza-Streifen gerieten die Kommandoangehörigen unter ägyptischen Beschuß. Die abschließende Besprechung ergab, daß sie einen Navigationsfehler begangen hatten. Infolgedessen entsandte Etzion einige der Männer auf einen Lehrgang für Infanterieoffiziere. Sie sollten lernen, sich an Land zurechtzufinden und sich auch an die militärischen Formen zu gewöhnen. Das Ziel bestand darin, sich alles Wissen anzueignen, um an den Landunternehmungen teilnehmen zu können, wie sich dies alle so sehr wünschten.

»Caruso«, »Metuka« und der neue Lehrgang

1952 kam es zur Anwerbung weiterer Freiwilliger, aber diesmal direkt aus dem Lager für die Grundausbildung. Diese Entscheidung war erforderlich geworden, weil die Mehrheit der persönlich angeworbenen Freiwilligen nicht geblieben war. Diese Knappheit an Personal hatte eine dringliche Situation geschaffen, so daß die Neuen aufs Geratewohl ausgewählt werden mußten.

Zvi Givati gehörte zu den neuen Freiwilligen. In Polen geboren, war er im Alter von 14 Jahren nach Israel gekommen. Angelockt durch die Geheimhaltung, die diese Flottille umgab, hatte er sich einer Gruppe von Rekruten angeschlossen, die begierig in der Kantine des Lagers wartete. Sie waren allesamt froh darüber gewesen, angenommen worden zu sein, und fingen irgendwann an zu singen. Zvi Givati, ein Mann von großen Proportionen, sang mit lauter Stimme und erhielt auf der Stelle den Spitznamen »Caruso«, nach dem großen Opernsänger.

Mit 120 Freiwilligen begann der neue Lehrgang. Viele hielten nicht durch und verließen die Einheit wieder. Um die Verbliebenen zu ermutigen, wurde ihnen der Rang eines Maats (Korporal) versprochen, wenn sie den Lehrgang zu Ende führten; aber dieses Versprechen wurde nicht gehalten. Die Absolventen rebellierten und weigerten sich, an der Abschlußfeier zu singen. Ihre Weigerung überzeugte die Marineführung und sie erhielten diesen Rang. Der einzige, der nicht zum Maat befördert wurde, war Eliahu Schwartz, ein Amateur-künstler, der allein nach Israel gekommen war, nachdem er den »Holocaust« überlebt hatte und als Kind durch Europa gewandert war. Bei seiner Rekrutierung wurde ihm die Position eines Hilfsgeistlichen angeboten. Eine Stunde später hörte er über den Lautsprecher seinen Namen und wurde gefragt, ob er sich freiwillig für eine geheime Einheit melden möchte. Als seine Bitte, weiterhin malen zu dürfen, positiv beschieden wurde, entschied er sich für die Flottille und bekam ebenfalls einen Spitznamen: Einer der Männer meinte, er erinnere ihn an seine Kusine Metuka, und von da an war sein richtiger Name vergessen.

»Metuka« war klein und dünn – und er verabscheute den Lehrgang. Er haßte das Schwimmen und konnte die langen Fahrten sowie die schweren hölzernen Kanus nicht ausstehen, mit denen er paddeln mußte, als ob es keine Riemen gäbe. Die körperliche Ausbildung empfand er als hart; sie umfaßte seltsame Bestrafungen. Eines Tages stellten die Ausbilder fest, daß die Tarnung der Rekruten nicht gut genug war. Sie befahlen ihnen, ein Faß mit der Asche verbrannten Strohs zu füllen. Sie brauchten einen Monat dazu, um das Stroh zu sammeln, zu verbrennen und mit der Asche das Faß zu füllen.

Metuka schloß den Lehrgang ab. Er gab an, der einzige Grund hierfür wäre der ständige Druck gewesen. In den langen, kalten Nachtstunden wäre er dagesessen und hätte gedacht: »Was werden sie alle denken, wenn ich durchfalle!« Berale [Dov Shafir], der Lehrgangsleiter, hielt ihn noch für zu unreif und befahl ihm, den Lehrgang zu wiederholen – was er tatsächlich auch tat.

Nach der Grundausbildung absolvierte Caruso den Taucher-Lehrgang. Dies deckte sich mit seinen Ambitionen, da sein älterer Bruder zu ihm gesagt hatte, es gäbe keinen Weg, ihm nachzueifern, und so hatte er beschlossen, ihm das Gegenteil zu beweisen. Im Schwimmbecken hielt er sich beim Schwimmen gut. Daher fiel die Wahl auf ihn, den letzten der Taucher in ei-

Eines der schweren hölzernen Kanus mit der dazugehörigen gesamten Ausrüstung. Die langen als Teil der Ausbildung mit diesen Booten zurückzulegenden Strecken wurden gehaßt.

ner Linie bei ihrem ersten Tauchgang im Meer zu sein. Jeder, der nach dem Tauchgang auftauchen wollte, mußte ihm auf die Schulter klopfen, um dies anzuzei-

gen. Doch wie es das Unglück wollte, war er der einzige, der in Ohnmacht fiel. Alle klopften ihm auf die Schulter und keiner bemerkte, daß er bewußtlos war.

Dann stellte der Ausbilder fest, daß er nicht reagierte. Caruso erinnerte sich nur noch an ein helles Licht im Himmel und wie er selbst aufwärts flog – geradeso als wäre er tot. Plötzlich sah er die Gesichter seiner Vorgesetzten vor sich, die auf ihn niederblickten.

Im Gefolge dieses Zwischenfalls verließen viele den Lehrgang. Zurück blieben nur acht Mann, die ihn beendeten. Weitere acht Mann schlossen den Bootslehrgang ab. Damit erwies sich als offenkundig, daß die bisherige Art der Anwerbung des Personals für die Flottille nicht erfolgreich war. Der Großteil derjenigen, welche die Ausbildung abgeschlossen hatten, wollten keine Fortsetzung einer militärischen Laufbahn. Aus diesem Grunde faßte die Flottillenführung den Entschluß, einen Sonderlehrgang einzurichten. Seine Teilnehmer sollten sich aus Offizieren und Unteroffizieren zusammensetzen, die bisher bei der Infanterie gedient und den Wunsch hatten, sich der Flottille anzuschließen. So kamen Ze'ev Almog, Amnon Ben-Zion und andere zur Flottille. Sie absolvierten kein Auswahlverfahren. Der Sanitätsoffizier frug Amnon Ben-Zion, ob er gesund wäre. Daraufhin antwortete dieser bestätigend. Gleichzeitig warnte ihn der erstere, falls er gelogen hätte, führe dies zu seinem Hinauswurf. Das war alles!

Dov Shafir in England – Mutig der Kälte standhaltend

Zur selben Zeit schickte die Marineführung Berale auf einen SBS-Lehrgang nach England. Hier bei der *Special Boat Squadron*, einer geheimen Kommandoeinheit der britischen Marineinfanterie, kam er zum erstenmal mit Methoden der systematischen Planung in Berührung. Er nahm an langen, schweren Märschen und Läufen sowie auch an schwierigen Navigationsübungen mit Kajaks teil, die ihn an den Rand seiner Fähigkeiten brachten. Er bemerkte den Mangel an Sicherheitsbewußtsein. Bei einer dieser Übungen kippte ein Kajak um und zwei Taucher erfroren. Bei einer anderen Gelegenheit ereignete sich nicht weit von ihnen entfernt eine starke Explosion und es war nur einem Wunder zuzuschreiben, daß niemand verletzt wurde. Berale erkannte mit aller Deutlichkeit, daß sogar die »ordentlichen« Briten ihren geheimen Sondereinheiten das »Recht« einräumten, selbst ums Leben zu kommen.

Er kehrte nach Hause zurück, um das, was er gelernt hatte, in die Praxis umzusetzen. Hierzu gehörte der Ankauf leichter Kajaks und auf der Werft der Flottille entstand eine identische Version. Er erinnerte sich deutlich an die Unterwasserdetonation und beschloß zu untersuchen, was einem Taucher zustoßen konnte, wenn im Wasser eine Sprengladung hochging. Zu diesem Zweck warf er kleine Sprengladungen ins Wasser und prüfte, wie nahe ein Taucher an den Umkreis ihrer Zerstörungskraft herangehen konnte.

Berale vergaß auch nicht, daß zwei britische Taucher erfroren waren. Er wollte wissen, was einem Schwimmer ohne Taucheranzug passieren konnte, d.h. einem Anzug, der wie ein flexibles Gummikondom den Körper umschloß und die Haare wegriß, wenn er ausgezogen wurde. Er hielt den Körper vollständig trocken, war aber nicht vollständig isoliert und die Kälte des Wassers konnte den Körper erreichen. Das Problem des Stuhlgangs war ebenfalls eine ernsthafte Erwägung und die Taucher waren oft gezwungen, sich in ihre Anzüge zu entleeren.

Er schickte die Auszubildenden mitten im Winter ins Wasser, wobei alle Taucheranzüge trugen. Diese Übung wurde erst abgebrochen, als einer der Männer im Begriff stand zu erfrieren. Zu diesem Zeitpunkt herrschte noch die Auffassung vor, daß Alkohol den Körper wärmte. Nicht bekannt war die Tatsache, daß das Sodbrennen, unter dem die Männer beim Tauchen und danach litten, vom Rum und vom Kognak herrührten, die speziell für sie gekauft wurden. Die Taucher litten auch unter heftigen Kopfschmerzen, deren Ursache nicht bekannt war. Sie benutzten ein geschlossenes Tauchsystem in Unkenntnis der Tatsache, daß die Verwendung von Preßluftflaschen eine wesentlich einfachere Methode darstellte. Die meiste Zeit unter Wasser schwammen die Männer ohne Unterbrechung stundenlang, wobei sie sich an der Oberfläche unter Hauben, Lattenkisten und Pflanzen tarnten. Sie schlichen sich in den Hafen, verbargen sich unter Pieranlagen und schwammen in stinkendem, öligem Wasser. Fischer und Seeleute urinierten oft auf sie herunter. Sie lernten, den von ihnen mitgeführten Sauerstoff für Notfälle aufzuheben, um nach einem Angriff zu entkommen und um die letzten 100 m bis zum Ziel getaucht zurückzulegen.

Izzy Rahavs Rückkehr: Die Frustration hält weiterhin an

Dem Versuch des Einschleusens von Izzy Rahav in das nachrichtendienstliche Netz des Gegners war kein Erfolg beschieden. Er verspürte ein Ausführen der Unternehmung auf amateurhafte Weise, berichtete diese Tatsache und kehrte nach Hause zurück. Sein Handeln erwies sich später als richtig. Angehörige des Agentennetzes in Ägypten wurden festgenommen und einige von ihnen hingerichtet. Nach seiner Rückkehr erging an ihn die Aufforderung, wieder zur Flottille zu stoßen, da unter den Männern, die Etzions disziplinarische Methoden haßten, erhebliche Unruhe herrschte.

Dov Shafir (»Berale«) – ein späterer Chef der 13. Flottille – weilt in Großbritannien zur Ausbildung bei der »Special Boat Squadron« (SBS), einer Kommandoeinheit der Royal Marines.

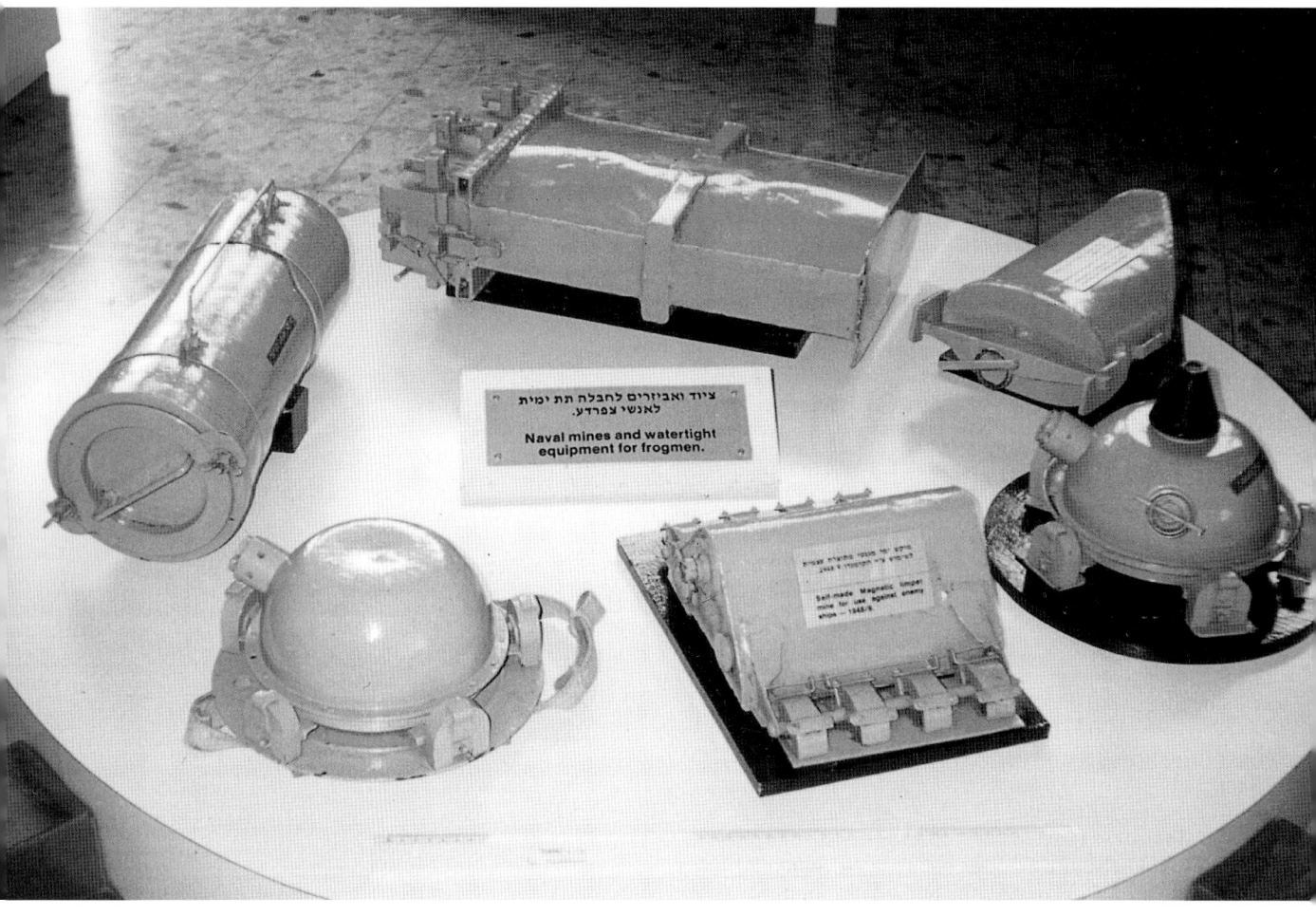

Verschiedene Typen von Haftminen aus der Zeit des »Teams« und den frühen Tagen der 13. Flottille.

Zu Beginn des Jahres 1954 übernahm Izzy Rahav ein zweites Mal die Führung der Flottille. Er hatte ein anderes Verhältnis zur Disziplin und die Selbstachtung der Männer hob sich. Seine Rückkehr erfolgte zu einem Zeitpunkt, als die israelischen Streitkräfte in einen harten Kampf gegen das Einsickern von Kräften des Gegners aus Ägypten und Jordanien verstrickt waren. Infanterie- und Fallschirmjäger-Einheiten führten Vergeltungsaktionen durch. Einge dieser Unternehmen gelangten über Flüsse oder Seen zur Ausführung, aber niemand dachte daran, hierzu die kleine Flottille einzusetzen. Das Marinekommando sah in ihr ausschließlich ein Instrument für Operationen zur See.

Ende 1954 begann der ägyptische Nachrichtendienst, seine palästinensischen *Fedayin*-Einheiten (d.h. die »Opferbereiten«) einzusetzen, um terroristische Unternehmen durchzuführen. Diese Gruppen sickerten in das Herz Israels ein und verursachten Tod und Zerstörung. Die israelische Regierung machte die Länder verantwortlich, aus denen die Terroristen stammten, und infolgedessen kam es zu Angriffen auf Militärlager, Polizeistationen und gegen verschiedene andere Einrichtungen.

Anfang März 1955 behauptete der ägyptische Präsident, Gamal Abd an-Násir (Nasser), daß Israel den Krieg wollte, und begann, vom Ostblock große Mengen an Kriegsmaterial zu kaufen. Die Aktivitäten der Terroristen nahmen zu und die israelischen Streitkräfte griffen zur Vergeltung erneut ägyptische Militärlager an. Bei keiner dieser Operationen kam die Flottille zum Einsatz. Sie führte entlang der Küste lediglich Aufklärungsunternehmen zur See durch. Bei einer Gelegenheit erbeuteten die Männer der Flottille ein kleines Schnellboot an der südlichen Grenze, aber erst nachdem es den Infiltranten gelungen war, an Land zu gehen und zu entkommen. Dies hinderte die Israelis jedoch nicht daran, das leere MTB zu entern, am Mast des hölzernen Bootes einen Besen zu befestigen – das traditionelle Zeichen eines Seesieges – und das Boot in den Hafen einzuschleppen.

Zur selben Zeit entschloß sich Berale, nunmehr Leiter der Ausbildung, die langen Schwimmstrecken einzuführen, die er in England kennengelernt hatte. Dies stellte ihn jedoch noch nicht zufrieden, und so entschied er, für sich festzustellen, welche Entfernung auf einem Marsch zurückgelegt werden konnte, ehe ein Zusammenbruch erfolgte. Er und ein Freund marschierten ununterbrochen 18 Stunden lang entlang der Küste und legten hierbei 140 km zurück. Daraus zog die Flottillenführung die Schlußfolgerung, daß in Zukunft die Durchführung einer ähnlichen Übung eines der Kriterien für die Aufnahme in die Flottille sein sollte. Hierbei plante sie eine Route entlang der israelischen Küste von der Nord- bis zur Südgrenze. Eine Strecke von etwa 220 km, wobei der Marsch unterwegs an zwei Nächten unterbrochen werden sollte.

So ergab sich ohne jede tiefschürfende Prüfung das Hauptkriterium für die Aufnahme. Keiner dachte darüber nach, ob das Verfahren richtig war oder ob die Fähigkeit, einen solchen Marsch durchzustehen, für einen Kommandoangehörigen der Marine erforderlich war. Auf diese Weise wurden viele Jahre lang nur jene Männer ausgewählt, die aus sich selbst heraus die physische und psychische Kraft schöpfen konnten, um sich einem derart erschöpfenden Marsch zu unterziehen. Es gab einige Beispiele dafür, jenen eine zweite Chance zu gewähren, die den Marsch nicht beendeten. Doch diese Männer hatten ihre Fähigkeit gezeigt und ihren Wunsch bewiesen, hart gegen sich selbst zu sein, auch wenn ihre Beine ein Weitermarschieren verweigerten.

Die Straße von Tiran und der Suezkanal sind für Israel gesperrt

Im Juli 1954 wurde Shmuel Tankos, der ehemalige Leiter der Ausbildung des *Palyam*, zum neuen Befehlshaber der Marine ernannt. Wie seine Vorgänger war er der Auffassung, daß der richtige Weg, erfolgreiche Einsätze der Marine durchzuführen, in der Vernichtung der gegnerischen Flotte bestand. Nach diesem Konzept handelte er und für die 13. Flottille war vorgesehen, in der ersten Nacht eines Krieges in den Häfen des Gegners seine Schiffe anzugreifen. Dies bedeutete eine vollständige Zusammenarbeit zwischen den Teilstreitkräften. Bereits Anfang 1953 war der Luftwaffe im Kriegsfalle der Anspruch der Überraschung und des

Erstschlags zuerkannt worden. Die Zukunftsvision des neuen Marinebefehlshabers umfaßte die Entwicklung eines Flugkörpers zur Schiffsbekämpfung, mit dem Zerstörer und Schnellboote (MTB's) ausgerüstet werden sollten.

Zu dieser Zeit bat auch Yossale Dror darum, in die Marine zurückzukehren und eine Unterseebootsflottille aufzubauen. Deren Aufgabe sah er im Einsatz bei geheimen Operationen und hierzu sollte sie mit Kommandoeinheiten der Marine zusammenarbeiten. Von außerhalb und innerhalb der Marine schlug ihm heftiger Widerstand entgegen, und so war er nur nach großen Anstrengungen imstande, Tankos zu überzeugen.

Damals betrieben die arabischen Staaten eine Politik des wirtschaftlichen Boykotts gegenüber Israel. Hierzu gehörte die Schließung des Suezkanals für den israelischen Seeverkehr. Im September 1955 verkündete Ägypten auch die Sperrung der Straße von Tiran. Im November schlug General Moshe Dayan, der Generalstabschef der Streitkräfte, die Besetzung Gazas und der Straße von Tiran vor, da er die Auffassung vertrat, daß Ägypten bereit zum Kriege war. Seine Absicht war es, einen Wechsel des ägyptischen Regimes herbeizuführen und eine Eskalation seiner militärischen Stärke zu verhindern. Daher faßte die israelische Führung den Entschluß, den Versuch zu unternehmen, ein Handelsschiff durch die Straße von Tiran zu bringen, um eine militärische Operation zu rechtfertigen. Fallschirmtruppen sollten Sharm-el-Sheich besetzen, während die Infanterie entlang der Küste vorzustoßen hatte, unterstützt durch drei LCVP's. Ben Gurion legte den Plan der Regierung mit dem Ziel vor, ihn im Dezember zur Ausführung zu bringen.

Seit 1954 waren die Streitkräfte bereit, in diesem Gebiet eine Operation durchzuführen. Entlang der saudiarabischen und ägyptischen Küste hatten eine Reihe von Aufklärungsunternehmen der Marine stattgefunden, an denen auch die 13. Flottille beteiligt war. Einer dieser Vorstöße hatte sich Ende Mai 1954 unter der Führung von Major Yankale Ritov ereignet. Zum Einsatz gelangte ein Motorboot, bewaffnet mit zwei schweren Maschinengewehren. Es war mit Funk ausgerüstet und zu einer Marschgeschwindigkeit von acht Knoten imstande. Im übrigen bestand das Kommando aus acht Kämpfern: Seeleute und Angehörige des Nachrichtendienstes, darunter auch einige Offiziere, die bereits zum »Team« gehört hatten. Das Boot erreichte das Zielgebiet an der saudiarabischen Küste. Dort trat eine Motorpanne ein und das Motorboot lief auf Grund. Nach achtzehn zermürbenden Stunden, in derem Verlauf sich saudiarabische Bauern und Polizisten genähert hatten, landeten leichte Flugzeuge auf dem Strand und nahmen die Männer auf. Das Boot wurde von der Luftwaffe zerstört.

Nach ihrer Rückkehr entwickelte sich hinsichtlich des Grundes für die Motorpanne eine Auseinandersetzung. Die Angehörigen des Kommandos behaupteten, daß unzulängliche Reparaturen vor ihrer Fahrt die Motorstörung verursacht hätten. Die Werftarbeiter wiederum bestanden auf einer korrekten Reparatur des Motors und beschuldigten die Seeleute des menschlichen Fehlverhaltens. Was auch immer der Grund gewesen war, so bestand jedoch kein Zweifel, daß der fehlgeschlagene Einsatz und die Notwendigkeit der Zerstörung des Bootes militärische Aktivitäten der Israelis in diesem Gebiet aufgedeckt hatten. Dies trug nicht zur Steigerung des Ansehens der Marine und der 13. Flottille bei.

Am 9. Juni 1955 erfolgte eine weitere Fahrt, um den Landweg von Eilat nach Sharm-el-Sheich zu erkunden. Diesmal setzte ein Fischerboot Spähtrupps der Infanterie an Land. Sie erkundeten an mehreren Tagen den genauen Verlauf des Landwegs. »Dakota«-Maschinen warfen Proviant und Wasser ab, während leichte Flugzeuge sie sicher und gesund wieder aufnahmen und zurückbrachten – ein Verfahren, das sich aus dem vorherigen Noteinsatz als Lehre ergeben hatte. Die 13. Flottille war an diesem Unternehmen nicht beteiligt.

Während diese Ereignisse abliefen, besuchten diejenigen, die von Carusos Lehrgang übriggeblieben waren, einen Lehrgang für Unteroffiziere der Infanterie, an den sich für einige von ihnen ein Lehrgang für Infanterieoffiziere anschloß. Zum Abschluß folgte noch ein Lehrgang für Marineoffiziere, um die Zusammenarbeit mit den Angehörigen der Marine zu verbessern, die sie für Leute hielten, denen es an jeglicher Disziplin mangelte und die nur daran interessiert waren, Araber zu töten. Der Schleier der Geheimhaltung, der sie umgab, brachte die anderen nicht von der Meinung ab: Je mehr jemand vom Geheimnis umhüllt ist, desto bedeutender und stärker ist er und um so mehr tötet er. Die Offiziere der Marine hatten – vermutlich zu Recht – das Gefühl, daß sie intelligenter als die meisten Angehörigen der Flottille waren, die ihrerseits wiederum nichts als hochmütige Geringschätzung für sie empfanden und sie für »einfältig und spießig« hieltem.

Der Lehrgang für Marineoffiziere war der längste, den es in den israelischen Streitkräften überhaupt gab. Die ausbildungsmäßigen Anforderungen waren besonders hoch und der Großteil der Kommandoangehörigen fiel durch die Aufnahmeprüfungen. Izzy Rahav war der Auffassung, sie würden sich während des Lehrgangs bewähren, und war daher der Meinung, sie sollten daran teilnehmen. So studierte Caruso mit vier Jahren allgemeiner Bildung Physik, astronomische Navigation und andere Fächer. Er und die meisten seiner Freunde empfanden es als schwierig, den Lehrstoff zu begreifen. Sie mußten sich daher von gescheiterten Lehrgangsteilnehmern, die aus der übrigen Marine ka-

men, helfen lassen und schrieben die meisten Prüfungsarbeiten von ihnen ab, während sie noch immer ihre üblichen Streiche verübten, wie z.B. unter dem Mantel völlig nackt zum Wachdienst zu gehen.

Ein französischer Admiral: »Das war nicht fair!«

Von den israelischen Stränden und den Unternehmungen hinter den gegnerischen Linien einmal abgesehen, war das Hauptübungsgebiet der 13. Flottille die griechische Inselwelt. Schon 1952 hatten sich Angehörige der Flottille auf der NOGA dorthin begeben. Dieses Schiff hatte die MAOZ als Mutterschiff abgelöst, die außer Dienst gestellt worden war. Der Aufenthalt in diesem Seegebiet war völlig legal, denn der griechischen Regierung war dies durchaus bekannt. Schiffe der israelischen Marine beteiligten sich sogar an den Hilfsmaßnahmen nach einem schweren Erdbeben, das die Inselwelt heimgesucht hatte. Die tatsächliche Ausbildungstätigkeit der Flottille auf den Inseln wurde jedoch als illegaler Eingriff in das Hoheitsrecht eines befreundeten Landes angesehen. Während der achten Ausbildungsperiode griffen einige der Männer aus einer Schafherde ein Schaf heraus und töteten es. Die Griechen waren darüber sehr verärgert und verboten von da an alle weiteren Übungen in diesem Gebiet.

Der durch diesen Unfug angerichtete Schaden erwies sich nicht als besonders ernst, da zur selben Zeit eine fruchtbare Zusammenarbeit mit der französischen Marine begann. Die ersten Kontakte liefen unter außerordentlicher Geheimhaltung ab. 1955 ging Izzy Rahav mit einer Gruppe Offiziere zu einem ersten Besuch nach Frankreich. Aus Gründen der Tarnung hatten sie sich Bärte wachsen lassen, aber dies hatte die gegenteilige Wirkung, und sie fielen dadurch noch mehr auf. Die Gruppe besuchte französische Einheiten und machte sich mit den großen Häfen, den Methoden der Kriegführung und der neuartigen und komplizierteren Ausrüstung der Franzosen bekannt.

Eine große Überraschung stellte für sie das Sauerstoff-Atemgerät dar, eine besonders für Kampfschwimmer hergestellte Tauchausrüstung. Sie gestattete dem Taucher einen dreistündigen Aufenthalt unter Wasser – verglichen mit den 45 Minuten, welche die alte Ausrüstung zuließ. Soweit es die Taucher betraf, war dies eine vollständige Revolution. Das Gerät besaß ein Ventil und zwei Schläuche: einen für den Luftausstoß und den anderen für das Atmen. Dies bedeutete, daß der Taucher nicht mehr in die Gefahr gerieten, Kohlenmonoxyd einzuatmen, so daß es zu Kopfschmerzen und schließlich zu Ohnmachtsanfällen kam.

Zum erstenmal erblickten die Männer auch Schlauchboote mit Außenbordmotoren. Sie sahen zu, wie die Schlauchboote am Fallschirm abgeworfen wurden und ein Bereich neuer Einsatzmöglichkeiten breitete sich vor ihnen aus. Außerdem erhielten sie Einblick in die Verwendung des »Dolphin« – des SPC-Gerätes –, das der Fortbewegung eines einzelnen Kampfschwimmers unter Wasser diente. Mit dem Fortgang der französisch-israelischen Zusammenarbeit kam es in Frankreich zur Durchführung großer Übungen, wobei die Männer nicht nur mit Unterseebooten übten, sondern auch Übungen in den Häfen durchführten. Bei einer dieser Gelegenheiten wurden die Israelis im Rahmen einer Verteidigungsübung aufgefordert, den Hafen von Toulon »anzugreifen«.

Es war ihnen klar, daß sie nicht imstande sein würden, unter Wasser durch die starke Verteidigung zu gelangen, die zahlreiche Wachboote, Fischnetze, an Leinen geschleppte Fischhaken und ähnliches umfaßte. Sie entschlossen sich, ein kleines Fischerboot zu stehlen, um auf diese Weise in den Hafen zu kommen. Der französische Verbindungsoffizier war aber nicht bereit, mit ihnen zusammenzuarbeiten; er versprach jedoch, ihr Geheimnis nicht zu offenbaren, solange sie keinen Diebstahl begingen. Daher mieteten sie ein kleines Boot und versteckten sich unter den Fischernetzen, während zwei der Männer, die aus Marokko stammten und Französisch sprachen, die Riemen nahmen und ruderten. Ein Patrouillenboot näherte sich ihnen und sie erhielten die Aufforderung, sich zu identifizieren. Die

beiden »Marokkaner« antworteten in ausgezeichnetem Französisch und das Patrouillenboot fuhr weiter. Es gelang ihnen, problemlos in den Hafen zu kommen und ihn wieder zu verlassen. Am nächsten Morgen bekamen die Franzosen den Schock ihres Lebens: Ihre gesamten Schiffe waren vermint worden! In der sich anschließenden Übungsbesprechung schilderten sie ihr Vorgehen und der Hafenkommandant, ein Admiral, hielt dies für nicht fair. Er kannte das Sprichwort noch nicht: »Krieg soll man durch List führen!«

Die Zeit in Frankreich hinterließ bei den Männern einen großen Eindruck und dies schloß auch die Einstellung zu ihrer Aufgabe ein. Die Franzosen konnten stundenlang ununterbrochen herumsitzen und mitten in der Übung aufhören, weil »es ihnen an diesem Tag nicht nach Üben war«. Einige von ihnen hatten in den Feldflaschen Wein statt Wasser dabei. Zudem waren die Angehörigen der 13. Flottille der Meinung, daß sie hinsichtlich des Tauchens hauptsächlich an der sportlichen Seite interessiert waren und Übungen durchführten, die für sie nicht immer geeignet erschienen, wie zum Beispiel Bergsteigen in den Alpen. Und natürlich konnten die Flottillenangehörigen unmöglich ein ernstes Unternehmen durchführen, ohne einen Funken Übermut beizumischen. Bei einer Gelegenheit fanden sie sich vollständig angezogen an einem Nacktbadestrand und entkamen nur knapp, ohne verprügelt zu werden. Später erschienen sie durch ein Mißverständnis nackt an einem normalen Badestrand – erneut entkamen sie gerade noch rechtzeitig.

5. Kapitel

Die Löwen sind noch hungriger – trotz des Krieges

Die kriegführenden Nationen standen 1956 fest: Großbritannien, Frankreich und Israel gegen Ägypten. Letzteres hatte den Suezkanal nationalisiert, unterstützte die Aufständischen in Algerien und ließ seine Absicht verlauten, den Staat Israel zu vernichten. Im Oktober trat Jordanien dem gemeinsamen Militärkommando mit Ägypten und Syrien bei und in Israel kündigte sich eine allgemeine Mobilmachung an. So war der Krieg unvermeidlich geworden.

Briten und Franzosen übten die Seeherrschaft aus und die israelische Marine hatte sich ausschließlich auf defensive Operationen zu beschränken. Diese Entscheidungen lösten natürlich eine große Enttäuschung aus, da der Befehlshaber der israelischen Marine die Absicht gehabt hatte, mit seinen beiden Zerstörern und den Torpedobooten die Ägypter anzugreifen. Die 13. Flottille umfaßte 18 Aktive: zehn in der Boots- und acht in der Tauch-Abteilung. Die Reservisten wurden einberufen und alle, darunter auch die Lehrgangsteilnehmer, warteten begierig auf den Einsatz.

Die Operation »Kadesh«

Am 29. Oktober 1956 sprang gegen 17.00 Uhr ein israelisches Fallschirmjäger-Bataillon am Mitla-Paß im Herzen der Sinai-Halbinsel ab. Dies markierte den Beginn der Operation »Kadesh« und damit des Sinai-Krieges. Erst im Verlaufe des 31. Oktober griffen britische und französische Streitkräfte die Kanalzone an.

Zu den Fallschirmjägern gehörte auch eine Reihe von Auszubildenden der 13. Flottille, die sich auf einem Lehrgang für Unteroffiziere der Fallschirmtruppe befanden. Ihre Zugehörigkeit zu diesem Lehrgang war nicht glatt verlaufen. Sie waren bei mehreren Vergeltungseinsätzen nicht dabei gewesen, wobei ihnen mitgeteilt wurde, sie wären zu wertvoll und fänden daher ausschließlich bei Unternehmen zur See Verwendung.

Rafael Eitan genannt »Raful«, der Bataillonskommandeur (ein späterer Generalstabschef), entschied auch diesmal, die Flottillenangehörigen zurückzulassen. Diese verständigten sofort Izzy Rahav telefonisch und drohten mit dem Ausscheiden aus der Flottille. Ihre Drohungen wirkten, sie sprangen mit den anderen ab und kamen sogar ins Gefecht. Ein gegnerischer Armeelastwagen fuhr an den Männern vorbei, die neben der Straße lagen, und nur Shaul Ziv, einer aus der Flottille, riß sich zusammen und feuerte eine »Bazooka«-Granate ab. Diese detonierte und brachte den Lastwagen zum Stehen. Dies war das erstemal, daß sich die jungen Kämpfer dem schrecklichen Anblick von Toten und Verwundeten gegenübersahen. Sie wurden Zeuge, wie Gefangene getötet wurden, da die Offiziere des Bataillons nicht gewillt waren, Lebende zurückzulassen, sich aber auch nicht mit ihnen abgeben konnten, wenn sie die Gefangenen mitnahmen. Diese schrecklichen Bilder, die sie zu sehen bekamen, setzten sich für immer in ihrer Erinnerung fest. Sie setzten ihren Marsch vom Mitla-Paß nach Süden Richtung Sharm-el Sheich fort und ein weiterer Absprung erfolgte bei dem Dorf A-Tor, der den Männern den »roten Hintergrund unter den Schwingen« einbrachte, während ihre Freunde auf dem Boden ihren »Kampfabsprung« bejubelten.

Während einer der Verfolgungsjagden auf ägyptische Kommandos in den Hügeln fand sich Shaul Ziv plötzlich allein unter Beschuß. Er schoß zurück und es gelang ihm, einen ägyptischen Offizier zu töten. Dessen »Kalaschnikow« – der Traum eines jeden Soldaten der damaligen Zeit – nahm er an sich.

Die Marine mußte sich in diesem Krieg mit zweitklassigen Zielen begnügen. Die Männer der Boots-Abteilung »erbeuteten« an der Nordküste des Sinai eine Anzahl verlassener Gebäude und ein Floß. Nach dem Krieg Ausschau haltend, mußten sie mit den morgendlichen Übungen zufrieden sein, wobei ihnen ägyptische Fischer zusahen.

Der wichtigste Einsatz war das Unternehmen »Storch«: der Angriff auf eine in Sharm-el-Sheich an-

Transport eines Kajaks unter einer »Dakota«-Transportmaschine. Die Kampfschwimmer sollten während des Sinai-Krieges am 1. November 1956 samt ihren Kajaks mit dem Fallschirm abgesetzt werden, um eine ägyptische Fregatte in Sharm-el-Sheich anzugreifen. Der Pilot der »Dakota« brach den Einsatz wegen Navigationsschwierigkeiten ab.

kernde Fregatte. Vier Kampfschwimmer sollten mitsamt ihren Kajaks, die über kleine Motoren verfügten, etwa zwei Stunden nach Einbruch der Dunkelheit mit Fallschirmen abgesetzt werden. Beabsichtigt war, mit den Kajaks in Richtung Küste zu paddeln, anschließend die Annäherung schwimmend fortzusetzen, am Ziel zu tauchen und die Minen anzubringen. Danach sollten sie zu einem von Eilat geschickten Motorboot zurückkehren, das sie aufzunehmen hatte.

Die »Dakota«, die das Kommando absetzen sollte, startete am 1. November 1956 um 20.00 Uhr. Drei Stunden später traf sie am Absetzpunkt ein. Die Piloten kurvten in der Luft umher und teilten nach einer Weile Izzy Rahav mit, der sich bei ihnen im Cockpit befand, daß sie keine Ahnung hätten, wo sich der genaue

Absetzort befände. Rahav konnte die Bucht von Sharm-el-Sheich sehr deutlich erkennen und wies sie darauf hin. Hinten ging das rote Licht an: »Vorbereiten zum Sprung!« Die vier Männer standen an der Ausstiegsluke. Doch statt das grüne Licht anzuschalten, blies der Pilot den Einsatz ab. Er behauptete, er wäre sich nicht sicher, ob er sich über Saudi-Arabien oder dem Sinai befände, und hätte vom Luftwaffenkommando den Befehl erhalten, nach Norden zurückzufliegen. Enttäuscht kehrten die Kampfschwimmer zu ihrem Stützpunkt zurück. Eine unerwartete Überraschung linderte jedoch ihre Unzufriedenheit. Die Nachricht traf ein, daß die ägyptische Fregatte IBRAHIM EL AWAL, ein ex-britischer Geleitzerstörer der »Hunt I«-Klasse, am Morgen des 31. Oktober Haifa mit Artillerie beschossen hatte.

Schäden waren keine eingetreten und nach einem Gefecht, bei dem außer Flugzeugen der israelischen Luftwaffe auch die modernen Zerstörer EILAT (ex-ZEALOUS) und JAFFA (ex-ZODIAC) der britischen Z-Klasse – letzterer unter dem Kommando von Yochai Ben-Nun, der in die Marine zurückgekehrt war – beteiligt gewesen waren, hatte sich die IBRAHIM EL AWAL mit ihrer Besatzung ergeben. Binnen kürzester Zeit stellte die israelische Marine dieses Schiff, umbenannt in HAIFA, wieder in Dienst.

Der Marine war auch die Aufgabe übertragen worden, die Einheiten der Infanterie zu unterstützen, die sich von Eilat entlang der Küste auf dem Weg nach Sharm-el-Sheich befanden. Hierfür standen drei LCVP's, ein Motorboot und ein Fischerboot zur Verfügung. Letzteres hatte Funk sowie ein paar Maschinengewehre an Bord und war das Führerboot des kleinen Verbandes. Nach viertägiger Fahrt passierte dieser die Geschütze, die von den Ägyptern in Stellung gebracht worden waren, um die Straße von Tiran zu blockieren. Die LCVP's setzten einige Panzer an Land, die an der Eroberung des Gebietes beteiligt waren, und liefen in die Bucht von Sharm-el-Sheich ein. Später landeten auch Truppen auf der ägyptischen Insel Tiran sowie auf der saudiarabischen Insel Snapir. Die gefangengenommenen Ägypter wurden über See nach Eilat gebracht.

Die Erfahrungen des Krieges – Viel Glück stand zur Seite

Innerhalb von sechs Tagen befand sich der gesamte Sinai in der Hand der Israelis und die ägyptische Armee war unter Zurücklassung von Tausenden von Gefangenen geflohen. Der Zustand der Euphorie, der über das Land hinwegfegte, dauerte nicht lange an. Die beiden Supermächte reagierten hinsichtlich der gemeinsamen Operation Israels mit den beiden Westmächten aufgebracht und forderten ihren sofortigen Rückzug. Die israelische Regierung stimmte zu, entschloß sich jedoch zu einem Vorgehen der »verbrannten Erde«. In diesem Sinne wurde ein Zerstörungskommando gebildet, das alle Einrichtungen zu sprengen, die Infrastruktur zu vernichten und Sprengladungen an wichtigen Örtlichkeiten anzubringen hatte, die im Bedarfsfalle ausgelöst werden konnten.

Die 13. Flottille entsandte Taucher, um die Ölleitungen von Ras-el-Sudr zu sprengen, das direkt am Golf von Suez lag. In ein paar Zelten untergebracht, fuhren sie hinaus, um die Minen anzubringen, mußten aber infolge der starken Strömung wieder an die Küste

zurückkehren. Danach brachten sie ihre Ausrüstung und die Minen wieder in ihren Zelten unter. Am folgenden Tag ruhte sich Metuka [Eliahu Schwartz] gerade in seinem Zelt aus, als einige der Männer nach ihm riefen. In dem Augenblick, als er sein Zelt verließ, gab es eine Explosion. Er wurde zur Seite geschleudert, alle Kleider wurden ihm vom Leibe gerissen und nur ein Wunder bewahrte ihn davor, getötet zu werden. Was war geschehen? Von ihrem Tauchgang herrührend, war Seewasser langsam in die Salzampulle eines der Zünder eingedrungen. Das Wasser verursachte das langsame Auflösen des Salzes in der Ampulle und brachte die Mine zur Detonation – trotz der Tatsache, daß der Sicherungsstift nicht entfernt worden war und eigentlich nichts hätte passieren dürfen. Obwohl die Männer dem Tod nur sehr knapp entgangen waren, zogen sie aus dem Zwischenfall keine besonderen Lehren. Ein weiterer Unglücksfall mit ähnlicher Ursache ereignete sich bei der Sprengung eines ägyptischen Waffenlagers. Ohne geeignete Vorsichtsmaßnahmen getroffen zu haben, wurden zwei Männer leicht verletzt.

Später brachten sie große Sprengladungen unter der Pier von Sharm-el-Sheich wie auch unter der Bühne eines Kinos des ägyptischen Heeres in El Arisch an. Diese Sprengladungen waren für Fernzündung vorgesehen und ihre Detonation sollte zum geeigneten Zeitpunkt von einem Flugzeug ausgelöst werden. Dieser Fall trat jedoch nie ein und 1967 nach dem Sechs-Tage-Krieg wurden sie entfernt.

Bei einer Besprechung, die der Zusammenfassung der Kriegserfahrungen dienen sollte, brach sich der Zorn Bahn. Die erfahrenen Kämpfer waren enttäuscht, weil sie zur Untätigkeit verurteilt worden waren. Tatsächlich waren die am Absprung der Fallschirmjäger beteiligten Lehrgangsteilnehmer die einzigen gewesen, die an den Kämpfen teilgenommen hatten. Sie kehrten mit dem Kampfabzeichen der Fallschirmjäger – den Schwingen auf rotem Untergrund – zurück und waren imstande, den Neid der erfahreneren Männer zu empfinden. Das improvisierte Unternehmen, das sie durchgeführt hatten, ließ kaum das Ziehen irgendwelcher Schlußfolgerungen zu, da die Flottille bei fast keiner der vor dem Kriege geplanten Operationen Verwendung gefunden hatte. Der Befehlshaber der Marine behauptete, daß der Flottillenchef nach Abenteuern Ausschau gehalten und somit die Zukunft seiner kleinen Einheit in Gefahr gebracht hätte. Er war über die Tatsache verärgert, daß alle Kampfschwimmer, die den SDV-Lehrgang besucht hatten – das SDV war eines der geheimsten Unterwasserfahrzeuge, mit dessen Verwendung die Flottille einige Zeit vorher begonnen hatte –, am Unternehmen mit dem geplanten Absprung auf Sharm-el-Sheich teilgenommen hatten. Seine

1955: Ein erstes SDV israelischen Typs aus rostfreiem Stahl. Mit dem damals sehr geheimen Unterwasserfahrzeug konnte die 13. Flottille Kampfschwimmer transportieren und am Einsatzort ungesehen absetzen.

Bemerkung hierzu lautete: »Man legt nicht alle Eier in einen Korb!«

Yochai Ben-Nun kehrt zurück

Einige Zeit nach dem Ende des Sinai-Krieges bat Izzy Rahav darum, abgelöst zu werden, und Yochai Ben-Nun ersuchte um die Übernahme der Flottillenführung. Nach seiner Auffassung war die Palmach-»Phobie« zu Ende. Seine Rückkehr im September 1957 markierte das Ende der »mageren« Jahre. Er hatte sowohl zum Befehlshaber der Marine als auch zum Generalstabschef gute Beziehungen und nutzte ihren Vorteil zum letzteren, ohne über den Kopf des ersteren hinweg zu handeln.

Das sich anschließende Jahr war ein sehr erfrischendes. Mit der von Großbritannien erworbenen TANIN (hebräisch für »Alligator«) der britischen S-Klasse, Israels erstem Unterseeboot, veränderte sich das Bild der Seekriegsführung. Der Erneuerungsprozeß ging auch an der 13. Flottille nicht spurlos vorüber. Moderne Tauchgeräte sowie elektronisch-optische Ausrüstung wurde angeschafft. Die »Mutterboote« erhielten als weitere Verbesserungen die Ausrüstung mit Radar sowie zwei elektrischen Maschinengewehren, deren Rohre aus Öffnungen im Bug ragten. Trotzdem fehlte noch einiges. Die Personalstärke der Flottille hatte etwas zugenommen und der Geist der »hungrigen Löwen« hatte sich verbessert, auch wenn sie sich noch immer als ein Stiefkind der Marine fühlten.

In dieser Zeit erfolgte auch die Bildung der »Sayeret Matkal«, der Aufklärungseinheit des Generalstabes, um Einsätze mit nachrichtendienstlicher Zielsetzung durchzuführen. Im Laufe der Jahre wurde diese Einheit bei vielen Unternehmungen sowohl Partner als auch Konkurrent der 13. Flottille. Sie hatte eine ähnliche Gliederung und war ebenfalls dem Grundsatz vollständiger Geheimhaltung verhaftet, der nicht nur tatsächlich Geheimes schützte, sondern der es auch ermöglichte, schwere Fehler zu vertuschen. Dies hatte ein Verhindern von Kritik zur Folge, die von öffentlicher oder militärischer Seite gekommen wäre und zur Verbesserung der Angelegenheiten beigetragen hätte.

So wurde ein weiterer Mythos geschaffen: eine Heereseinheit, deren Männer zu allem fähig waren. Auch für sie waren Diebstahl und der Mangel an Disziplin charakteristisch – ein offensichtlich unerläßlicher Bestandteil des Lebens der Männer in derartigen Einheiten.

Unternehmen »Yuval« vor Beirut

Noch unter der Flottillenführung von Izzy Rahav fiel die Entscheidung, in arabischen Häfen Übungen durchzuführen. In den Abendstunden des 25. Juni 1955 drang eine Gruppe von Tauchern in den Hafen von Beirut ein und sammelte nachrichtendienstliches Material. Der Erfolg dieses Unternehmens führte zum Absolvieren weiterer nachrichtendienstlicher Streifzüge, die den Männern das Gefühl eines Kampfeinsatzes vermittelten. Yochai Ben-Nun setzte diese Aktivitäten fort und zu Anfang des Jahres 1958 erfolgte das Durchführen von drei Kajak-Streifzügen, die sich gegen die kleinen Häfen von Sur (Tyrus) und Saida (Sidon) im Libanon wie auch gegen den syrischen Hafen Latakia richteten, wobei ein neues und geheimes Infrarot-Nachtsichtgerät zum Einsatz kam. Doch Yochai Ben-Nun war mit der Erkundung der kleinen Häfen nicht zufrieden und hatte die Absicht, sich wieder gegen den Hafen von Beirut zu wenden, um den Männern das Gefühl zu vermitteln, sie hätten ein ernsthaftes Unternehmen auszuführen.

Mitte 1958 gab der Generalstabschef, General Haim Laskov, für ein solches Unternehmen grünes Licht, wenn auch klar war, daß sein Fehlschlagen dazu führen würde, einen internationalen Zwischenfall auszulösen. Zum damaligen Zeitpunkt waren im Hafen von Beirut drei Patrouillenboote stationiert, hauptsächlich um den Schmuggel zu verhindern. Daneben waren noch ein Landungsboot und eine Reihe von Polizei- und Zollbooten vorhanden. Das Hafengelände bewachten 25 Polizeibeamte und eine Zivilwache, die am Ende des Wellenbrechers stationiert war.

Die zähen Kämpfer, vollgestopft mit jahrelangem Üben und sich danach sehnend, ihre Fähigkeiten zu beweisen, kämpften um das Recht, am Unternehmen teilzunehmen. Die Vorbereitungszeit war ausreichend lang und es bestand keine Notwendigkeit zur Improvisation. Zum erstenmal wurde ein Plan erstellt, der die möglichen Zwischenfälle und ihre Reaktionen auflistete, um die Maßnahmen festzulegen, die bei jedem Ereignis, das eintreten könnte, ergriffen werden müßten. Diesen Plan prägten sich die Männer ebenso ein wie eine Legende zur Tarnung. Danach sollten sie sich als Fischer ausgeben, die hinausgeschickt worden waren, um ein Fischerboot zu bergen, das abgetrieben war, weil sich seine Propeller in einem Fischernetz verfangen hätten.

Yochai Ben-Nun leitete das Unternehmen von einem MTB aus. Ami Maor – aufgewachsen auf einem Bauernhof und noch zu der Zeit von Ben-Nuns eigener Anwerbereise verpflichtet – führte ein »Mutterboot« mit zwei Tauchern an Bord. Den Befehl über ein weiteres »Mutterboot«, das ebenfalls zwei Taucher an Bord hatte, führte David Frumer. Zur Besatzung der beiden Boote gehörten noch je ein Rudergänger und ein MG-Schütze. Die Aufgabe des Kommandos bestand in der Aufklärung und Erkundung des Hafens, der dort vorhandenen Schiffe und ihrer allgemeinen Einsatzbereitschaft.

Das Unternehmen »Yuval« lief am Mittwoch, dem 9. Juli 1958, an. Die Nacht war warm und mondlos. In Beirut, dem »Paris des Nahen Ostens«, landete zu diesem Zeitpunkt nach einem versuchten Staatsstreich US-Marineinfanterie, um den libanesischen Präsidenten auf eigenes Ersuchen, zu unterstützen. Bei der Annäherung sahen die Männer die Lichter von Fischerbooten nahe dem Hafen und warteten etwa eine Stunde, ehe das MTB die beiden Boote aussetzte. Im Zickzackkurs suchten sie sich dann langsam an den Lampenreihen der Fischerboote vorbei ihren Weg bis zum Absetzpunkt der Taucher in der Nähe des Wellenbrechers.

Die beiden Taucherpaare, Offiziere der 13. Flottille, mußten auf den Wellenbrecher klettern, ihn überqueren und auf seiner anderen Seite in den Hafen eindringen – eine wesentlich kompliziertere Methode als durch die Hafeneinfahrt zu schwimmen, aber notwendig, da an der Einfahrt ein mit Radar ausgerüsteter amerikanischer Zerstörer ankerte und die Taucher daran hinderte, den einfacheren Weg zu wählen.

Ami Amir, ein ehemaliger *Palmach*-Infanterieoffizier, und Amnon Ben-Zion waren zuerst im Wasser. Sie hätten sich zusammen mit dem zweiten Paar vorwärtsbewegen müssen, um die Gefahr der Entdeckung zu verringern. Doch dieses Paar – Ze'ev Ariel und Ze'ev Almog – hatte Verspätung, und so schwammen Ami Amir und Amnon Ben-Zion direkt zum Wellenbrecher.

Ariel war im Alter von vier Jahren mit seiner Familie aus Polen nach Israel gekommen. Als er zu den Streitkräften eingezogen wurde, kam er zur Artillerie. Nach einer hervorragenden Leistung bei einem Vorstoß fand sein Name lobende Erwähnung und er wurde zum Gefreiten befördert. Er war der Meinung, daß er mehr konnte als die Artillerie von ihm verlangte, und so gelang es ihm, nach großen Anstrengungen seine Versetzung zur 13. Flottille zu erreichen. Ze'ev Almog war wie Ben-Zion Unteroffizier bei der Infanterie gewesen, ehe er zur Flottille stieß.

Das erste Taucherpaar überquerte ohne Schwierigkeiten den Wellenbrecher. Das zweite Paar mußte auf einen großen Felsen klettern. Ariel zog sich als erster hinauf und blickte sich um. Die Umgebung war frei. Er sprang hinab, kroch weiter und versteckte sich auf der anderen Seite des Wellenbrechers hinter einem Felsen. Plötzlich sah er, wie sich ein Wachposten näherte. Er lenkte Almogs Aufmerksamkeit auf den Posten. Daraufhin überquerte Almog die offene Oberfläche des Wellenbrechers und sprang aus etwa drei Metern Höhe herunter, indem er seinen Fall an eisernen Vorsprüngen abbremste. Auf felsigem Untergrund landend, sprang er direkt ins Wasser und hielt sich an einem Felszacken zum Tauchen bereit fest. Doch der Wachposten erblickte Almog, und so blieb Ariel nichts anderes übrig, als zu springen. Er fiel auf die Felsen, stand auf und schüttelte sich kurz. Oben auf dem Wellenbrecher stand der Wachposten mit der gezogenen Pistole in der Hand. Einige Sekunden lang zog Ariel in Erwägung, ihn zu überwältigen. Doch er erkannte bald, daß er dies nicht schaffen würde. Keiner von ihnen war bewaffnet – um ernsthafte Komplikationen zu vermeiden.

In gebrochenem Englisch schrie Ariel hinauf, er wäre ein amerikanischer Seemann von dem Zerstörer. Der Wachposten würde große Schwierigkeiten bekommen, wenn ihm etwas zustieße. Mit der Pistole winkend, befahl ihm der Wachposten, nach oben zu kommen. Ariel bewegte sich langsam auf das Wasser zu und gab sich so, als ob er nicht die Absicht hätte zu fliehen. Dann sprang er ins Wasser, tauchte vom Felsen frei und verbarg sich dahinter. Innerhalb von Sekunden wurden Schüsse ins Wasser abgegeben und ein Bootsmotor war zu hören. Nunmehr befanden sich zwei Wachposten auf dem Wellenbrecher, aber den beiden Tauchern gelang es zu entkommen. Fünf Minuten später tauchten die beiden inmitten des Hafens wieder auf, der zum Leben erwacht war. Ihren Plan ändernd, entschlossen sie sich, den Hafen durch die Einfahrt und nicht über den Wellbrecher zu verlassen. Auf ihrem Weg nach draußen erkundeten sie den Hafen, wie es ihnen befohlen worden war. Danach verließen sie den Hafen und signalisierten um 23.50 Uhr mit der Infrarot-Leuchte dem Bergungsboot.

Während die Wachen hin und her hetzten, tauchten Ami Amir und Amnon Ben-Zion im Hafen und führten ihren Auftrag durch. Sie stießen auf ein Landungsboot und stellten fest, daß sein Bootskörper einen reichlichen Algenbewuchs aufwies – ein Zeichen dafür, daß es lange nicht in Fahrt gewesen war. Außerdem zählten sie die Patrouillenboote an ihren Liegeplätzen. Dann schwammen sie getaucht zum Wellenbrecher zurück, kletterten an dem Punkt hinauf, an dem sie ihn beim Eindringen überquert hatten. Die beiden wollten gerade ins Wasser springen, als sie ein Motorboot sahen, das etwa 50 m von ihnen entfernt war und seinen Scheinwerfer auf sie richtete. Auf dem Wellenbrecher näherte sich ihnen ein Wachposten und Amir versteckte sich rasch unterhalb. Ben-Zion stand auf einem rostigen Rohr, das unter seinem Gewicht wegbrach, woraufhin er ins Wasser fiel, rasch noch eine seiner Schwimmflossen ergreifend, die er fallengelassen hatte. Noch immer im Hafen schwamm er getaucht auf ein Floß zu, an dem die beiden sich treffen wollten, falls es Schwierigkeiten gab. Da sie einander nicht entdecken konnten, entschieden sie sich jeder für sich allein, den Hafen durch die Einfahrt zu verlassen.

Amnon Ben-Zion hörte den Bootsmotor und den Lärm der Schüsse. Er hielt sich dicht am Meeresboden und sah von Zeit zu Zeit einen Scheinwerferstrahl über die Wasseroberfläche huschen. Er schwamm jetzt langsamer, litt unter einer beklemmenden Erschöpfung und war nicht imstande, seine Atmung zu kontrollieren. Sauerstoffblasen stiegen zur Wasseroberfläche empor und er befürchtete, daß sie ihn verraten könnten. Er vergrub sein Infrarot-Nachtsichtgerät im Sand. Ihm war klar, daß es die draußen auf See wartenden Boote gefährden konnte, falls es den Libanesen in die Hände fiel. Das Gefühl der Beklemmung verstärkte sich. Er war gezwungen, sich treiben zu lassen, um den alternativen Aufnahmepunkt zu erreichen. An die Oberfläche gekommen, sah er den Scheinwerfer des Patrouillenbootes und trotz der Befürchtung, entdeckt zu werden, schoß er sofort eine rote Leuchtkugel in den Himmel.

David Frumer sah die Leuchtkugel und schoß mit seinem Boot vorwärts in Richtung auf den Hafen, während Ami Maors Boot auf das Infrarotlicht von Almogs Leuchte zuraste. Frumer kam zu einem kleinen Bootsanlegesteg, in dessen Nähe mehrere Yachten und Fischerboote ankerten. In der Annahme, Ami Amir hätte die Leuchtkugel geschossen, schrie er seinen Namen. Eine Stimme antwortete ihm in gebrochenem Englisch: »He, du! Ein Mensch hier!« Erkennend, daß es sich nicht um Ami Amir handelte, schrie er zurück: »OK!« Dann fügte er eine unfeine Aufforderung hinzu und setzte seine Suche fort. Inzwischen teilte Ami Maor mit, daß er Ariel und Almog aufgenommen hätte, und kündigte an, daß er das Hafengebiet verließe. Unterwegs in Richtung offene See entdeckte er Ami Amir, gefolgt von Amnon Ben-Zion, und nahm auch die beiden noch ins Boot.

Nicht weit von ihnen entfernt, passierte ein libanesisches Patrouillenboot und schaltete seinen Scheinwerfer an. David Frumer entschloß sich, die Aufmerksamkeit der Libanesen auf sich zu lenken, damit Maors inzwischen übervolles Boot, das nur langsam vorankam, sicher entkommen konnte. Er drehte nach Westen ab und spielte den Köder. Das Feuer eröffnend, folgte ihm das libanesische Boot. Ran Adar, ein junger Kämpfer, der das »Mutterboot« steuerte, handelte jetzt ruhig und gelassen. Er ging mit der Geschwindigkeit plötzlich herunter und brachte es in einen guten Schußwinkel. Dann eröffnete David Frumer das Feuer und der Scheinwerfer der Libanesen ging aus.

Yochai Ben-Nun, der sich auf der Brücke des MTB befand, empfing eine Funkmeldung, die ihn über das Vorgefallene unterrichtete, und preschte auf den Hafen zu. Da er aufgrund der Befürchtung, unschuldige Zuschauer zu verletzen, nicht in Richtung Küste feuern wollte, gab er mit dem 20-mm-Geschütz einen langen Feuerstoß über das libanesische Boot hinweg in eine andere Richtung ab. Seine Unterlegenheit erkennend, zog sich das letztere auf der Stelle in den Hafen zurück.

Bei der nachfolgenden Besprechung des Einsatzes mit dem Generalstabschef fand das Unternehmen viel

Lob. Die Männer hatten kaltblütig reagiert, hatten sich gelassen zurückgezogen und niemand war verwundet worden. Auch sie selbst hatten niemand verletzt und keinerlei Ausrüstung zurückgelassen, ausgenommen Amnon Ben-Zions vergrabenes Nachtsicht-Gerät. Der Generalstabschef frug Ariel: »Warum reichten Sie dem Wachposten nicht Ihre Hand, damit er Ihnen heraufhelfen konnte – um ihn dann herunterzuziehen und zu erledigen?« Ariel erwiderte: »Hierzu hätte ich einen über drei Meter langen Arm haben müssen!«

Dann verlautete, daß die Syrer als Folge des Unternehmens zwei ihrer Divisionen auf die Golanhöhen verlegt hatten. Sie waren überzeugt davon, Israel bereitete sich auf einen Krieg vor.

Einige Tage später lud die 13. Flottille den Generalstabschef zu einem Fest ein, um das erfolgreich verlaufene Unternehmen zu feiern. Die Männer waren in Hochstimmung. Nach so vielen Jahren waren sie endlich im Feuer gestanden. Vergessen war die Tatsache, daß Ze'ev Almog und Amnon Ben-Zion nach dem Offizierlehrgang, den sie kurz zuvor besucht hatten, nicht in körperlicher Höchstform gewesen waren. Almog, der sich ziemlich unbeholfen bewegt hatte, war auf dem Wellenbrecher entdeckt worden und Ben-Zion hatte Schwierigkeiten beim Tauchen bekommen und Hilfe angefordert. Deshalb war das geheime Unternehmen in Gefahr geraten.

Später bekamen David Frumer, Ze'ev Ariel und Ran Adar eine ehrenvolle Erwähnung durch den Generalstabschef. Diese Auszeichnungen wurden jedoch als streng vertraulich klassifiziert, so daß viele Jahre lang niemand etwas davon wußte.

Trotz des kriegsähnlichen Charakters der Unternehmung gab es auch jene, die der Meinung waren, der Einsatz wäre ein Fehlschlag gewesen. Nach ihrer Auffassung hätte es keine Berechtigung gegeben, einen Einsatz zu feiern, der nur durch ein Wunder nicht mit der Gefangennahme der Männer geendet hätte. Selbst Ran Adar, der der Auszeichnung zugestimmt und sie akzeptiert hatte, war sehr viel später der Auffassung gewesen, die Auszeichnungen wären verliehen worden, um ein Scheitern zu überdecken.

Die »SDV-Gang« und die angemalten »edlen Teile«

Einige Zeit später schickte die Flottille Ze'ev Ariel ins Rekrutenlager, um ihren Personalbestand aufzustocken. Der Hinweis an der Tür seines Büros lautete: »Kommandoeinheit der Marine«. Unter den angeworbenen 30 Freiwilligen gab es viele, die aus zerrütteten häuslichen Verhältnissen stammten, und einige waren ziemlich eigenartig. Einen von ihnen bezeichneten seine Kameraden als »einen echten Psychopathen mit Papieren, um es zu beweisen«.

Ariel war der Schrecken der Rekruten. Er erfand ständig neue Methoden, um sich ihrer gründlich anzunehmen. Der Großteil davon war mit dem seltenen gewährten Urlaub verbunden. Vor dem Urlaubsappell mußten sie sorgfältig die Ruderboote reinigen. Stundenlang arbeiteten sie an ihnen, bis ein Ausbilder kam, bewaffnet mit einer langen Nadel oder einer mit Wasser gefüllten Spritze, mit der er stets Sandkörner zwischen den hölzernen Bootsplanken finden konnte. Die Folge war, daß der Urlaub gestrichen wurde. Natürlich gab es einige, die durch unerlaubtes Weggehen schlauer zu sein versuchten. Wurden sie erwischt, flogen sie vom Lehrgang. Eine andere Art der Bestrafung bestand in langen Dauerläufen auf den Berg Karmel. Viele der Freiwilligen waren hierzu nicht imstande, da sie zuweilen – um zum Schaden Spott hinzuzufügen – unter ihren Hosen lange Unterhosen tragen mußten, die auf der Haut brannten und extreme Reizungen verursachten.

Die Grundausbildung schlossen 24 Rekruten ab, die ihre Ausbildung mit dem Vorbereitungslehrgang fortsetzten, zu dem Schwimmen und Tauchen bei Tag und bei Nacht gehörte. Dies führte sie zur Hochform ihrer körperlichen Verfassung, aber die Schinderei ging weiter. Die Ausbilder prüften die Tauchausrüstung mit der Zunge, um festzustellen, ob die Lehrgangsteilnehmer sie vom Salzwasser gereinigt hatten. Itzhak Shamir, ein Jugendlicher mit hitzigem Temperament, entschloß sich, Rache zu nehmen. Er urinierte auf das Druckventil. Der Ausbilder leckte daran und schmeckte Salz – und Shamir blieb im Stützpunkt. Was für eine süße Rache!

Nur zehn Mann führten den Lehrgang zu Ende, darunter Oblt. Hanoch, Fallschirmjäger und Sabotageoffizier, der zwischendurch zur Flottille gekommen war. Einer der aus dem Lehrgang Ausgeschiedenen war in die See gesprungen und auf einen Unterwasserfelsen geprallt. Eine Querschnittslähmung ab der Hüfte war die Folge. Ursache seiner Verletzung war der Leichtsinn, der auch zu anderen Verletzungen führte. So beschloß zum Beispiel ein Taucher, zwischen zwei Flößen im Hafen auszuruhen, und wurde zu Tode gequetscht. Andere lehnten sich an einen Schiffspropeller, der sich zu drehen begann und sie tötete. Ein weiterer Taucher verlor sein Bein, nachdem er bei einer Bergungsübung in See von einem Bootspropeller verletzt worden war.

Der größte Teil der Absolventen des Lehrgangs kam zur SDV-Abteilung, die unter der Führung von Caruso [Zvi Givati] stand. Die ersten SDV's waren in Italien erworben und in Israel zusammengebaut worden. Die italienische *Decima MAS* hatte mit ihnen große Erfolge erzielt, darunter die am 19. Dezember 1941 in Alexandria schwer beschädigten Schlachtschiffe QUEEN ELIZABETH und VALIANT (33 000 ts), die sich im Hafen auf Grund

Das israelische SDV mit der hebräischen Bezeichnung »Hazir« (Schwein) wies einen bootsähnlichen Fiberglas-Körper auf, in dem die Kampfschwimmer saßen. Neben der Zentrale zum Steuern des Unterwasserfahrzeuges hatte das Gerät noch einen Minenraum.

setzten. Das Unternehmen führten lediglich sechs Kampfschwimmer mit drei Geräten durch, die ein Unterseeboot herangebracht hatte. Die Kommandanten der britischen Schiffe waren überrascht, als sich die Taucher ergaben und sie herausfanden, daß ihre Schiffe vermint worden waren.

Das italienische SDV, der als »Maiale« (Schwein) bezeichnete bemannte Torpedo, beruhte auf dem damaligen 53,3-cm-Standardtorpedo von 6,7 m Länge ohne Gefechtskopf (mit 8,5 m) und hatte auf seiner Oberseite Platz für zwei rittlings sitzende Taucher. Das Gerät hatte eine Geschwindigkeit von etwa drei Knoten sowie eine einsatzmäßige Reichweite von rund zehn Seemeilen. Das Tauchen und den Schwebezustand bewirkten zwei Trimmtanks, die durch eine elektrische Trimmpumpe mit Wasser gefüllt, bzw. entleert wurden. Den Piloten standen zur Navigation ein Tiefenmesser, ein Magnetkompaß, eine Wasserwaage und einige Kontrollgeräte zur Verfügung, die mit Leuchtfarbe versehen waren. Das Gerät besaß vorn einen Gefechtskopf mit einer 300-kg-Sprengladung, der abgetrennt werden konnte. Zudem konnten Haftminen mitgeführt werden. Die

beiden Kampfschwimmer trugen einen Taucheranzug und atmeten über ein Sauerstoff-Tauchgerät. Der mitgeführte Sauerstoff reichte für etwa drei Stunden Tauchzeit. Die Geräte transportierte entweder ein Mutterschiff oder ein Unterseeboot in druckfesten Behältern an Oberdeck ins Zielgebiet. Die Italiener hatten während des Krieges auch »Maiale«-Geräte auf einem ihrer Handelsschiffe untergebracht, das in einem Hafen des neutralen Spanien ankerte. Über eine vorhandene Schleuse mit Luke verließen die SDV's unter Wasser das Schiff und griffen erfolgreich britische Schiffe in Gibraltar an.

Das israelische SDV mit der hebräischen Bezeichnung »Hazir« (Schwein) wies eine Anzahl Verbesserungen auf. Die beiden Kampfschwimmer »ritten« nicht mehr auf dem Gerät, sondern saßen statt dessen in einem geschlossenen Raum, der als Zentrale diente. Als das SDV später in Israel gebaut wurde, hatte das Gerät eine einsatzmäßige Seeausdauer von rund 45 sm und 12 Stunden Tauchzeit. Außerdem besaßen diese Geräte einen Minenraum, in dem während der Ausbildungsübungen ein weiterer Taucher saß. Diese

Zwei Geräte der SDV-Abteilung der 13. Flottille bei der Ausbildung. Die Seeausdauer betrug ca. 45 sm und 12 Stunden Tauchzeit.

Übungen fanden hauptsächlich im Hafen von Haifa statt, der voller Hindernisse war. Eine Fortbewegung in der Dunkelheit unter Wasser war ein gefährliches Unterfangen und einige der jungen Taucher verloren hierbei die Orientierung. Andere begannen unter psychosomatischen Störungen zu leiden und mußten zur Boots-Abteilung versetzt werden. Bei einer dieser Übungen ereignete sich auch ein Unglücksfall, als ein SDV vom Propeller eines Schleppers beschädigt wurde. Die beiden Taucher konnten glücklicherweise gerettet werden.

Caruso kam zur Überzeugung, daß es möglich wäre, die ganze Nacht mit dem SDV zum Anmarsch zu benutzen und vor dem ersten Morgengrauen anzugreifen, wenn die Wachen müde waren und gerade soviel Licht herrschte, damit die Taucher sehen konnten, was vor sich ging. Die SDV-Abteilung begann, lange Fahrten zu üben, so daß sie jederzeit gegnerische Häfen erreichen konnten, um bei Tageslicht den Rückmarsch anzutreten. Dies führte zu vielen Maschinenstörungen. Nach einiger Zeit stellte die SDV-Abteilung ihren Betrieb ein und aus den Tauchern wurden Mechaniker für die allgemeine Wartung und Reparatur ihrer Geräte. Nach Abschluß aller Reparaturen begann die Abteilung, mit einem Unterseeboot zu üben, das einen außen gelegenen Behälter besaß. Eines Tages frug der U-Bootkommandant die Männer, ob sie unterwegs einen Trick angewendet hätten, da das SDV verschwunden wäre. Es stellte sich heraus, daß das Unterseeboot den Behälter während der Fahrt verloren hatte.

Hauptbootsmann Shamir erhielt den Befehl über die »SDV-Gang«, eine eng miteinander verbundene Gruppe und – ihrer Meinung nach – die verrückteste in der Flottille. Ein SDV zu fahren, erforderte große Geschicklichkeit, Widerstandsfähigkeit, Ausdauer und Vorstellungskraft. Die Männer entwickelten ihre eigenen einmaligen Bräuche. Einer davon war die Aufnahmezeremonie. Jeder SDV-Pilot, der seine »Solo«-Fahrt absolviert hatte, wurde eingefangen, gefesselt und mit der Hand geschlagen. Ihm wurde ein stinkender Sack übergestülpt. Sein rechter Hoden wurde grün und sein linker rot angemalt – die Farben der Positionslichter eines Schiffes an Steuerbord und Backbord –, wohingegen die Wurzel des Penis einen schwarzen und die »Eichel« einen hellorangenen Anstrich erhielt – die Farbe der Seenotrettung. Außerdem bekam sein gesamter Körper einen Anstrich in verschiedenen Gefechtsfarben und wurde mit Schmierfett eingerieben. Anschließend warfen ihn seine Kameraden ins Wasser und wenn er wieder herauskam, mußte er sich nackt auf ein Rohr stellen und wurde in der Pose eines griechischen Gottes fotografiert.

Ein SDV-Pilot hat seine »Solo«-Fahrt absolviert: Die Zeremonie der SDV-Abteilung, der »verrücktesten« innerhalb der 13. Flottille.

Yochai Ben-Nun wird Chef der Marine – Die Löwen sind immer noch hungrig

Im März 1960 beendete Yochai Ben-Nun seine Dienstzeit als Flottillenchef und kurze Zeit später wurde er zum Befehlshaber der Marine ernannt. Viele hielten den Zeitpunkt für zu früh, da er noch nicht einmal eine Stellung im Stab innegehabt hatte. Offensichtlich trugen sein Charisma und die Tatsache, daß er ein mustergültiges Kommando geführt hatte, zu seiner Ernennung bei. Etwa sechs Monate zuvor hatte er einen Plan für eine sehr große Flottille entworfen, da dies nach seiner Auffassung eine geeignete Lösung sein würde, um den Mangel an Ausgeglichenheit zwischen der israelischen Marine und den arabischen Marinen zu beseitigen. Bei seiner Amtsübernahme machte er geltend, daß ein solches Vorhaben nicht ausführbar wäre. Nach den Worten seines Stellvertreters gab er weiterhin der 13. Flottille den Vorzug und handelte, als ob es die Hauptaufgabe von Marineschiffen wäre, Kämpfer zu transportieren. Beträchtliche Anstrengungen konzentrierten sich auf den Bau des »Löwen«, eines bemannten Torpedos, und auf die Zusammenarbeit der Flottillenangehörigen mit Unterseebooten.

Die Führung der Flottille übernahm zeitweilig David Frumer, der auch Sabotagefachmann in einer geheimen nachrichtendienstlichen Einheit gewesen war. Berale [Dov Shafir], der als Flottillenchef vorgesehen war, mußte noch warten, um seine Zeit als Kommandant eines Torpedobootes zu beenden. Für David Frumer war die Flottille nicht der richtige Platz. Obwohl er sehr viel Mut besaß, war er verhältnismäßig alt und tauchte nicht gut. Die Männer schätzten seine seemännischen Fähigkeiten nicht hoch ein und betrachteten seine Ernennung als nachteilig. Er fuhr mit der Ausbildung der Männer fort, schoß Ratten in der Kantine und spielte »Russisches Roulette«, d.h. er hielt mit seinem Jeep auf den Schienen einer Eisenbahnlinie an und wartete, bis ein herannahender Zug nur noch wenige Sekunden entfernt war, ehe er wegfuhr.

Im Dezember 1960 erhielt der 27jährige Berale seine Ernennung zum Flottillenchef. Arrogant und voller Energie gelang es ihm, sich erfolgreich mit den jungen Kämpfern zu befassen. Bei seiner Ernennung forderte er Yochai Ben-Nun auf, seinen früheren Plan für die Vergrößerung der Flottille durchzuführen. Ben-Nuns Antwort lautete: »Wenn man hier an der Spitze sitzt, sehen die Dinge anders aus!«

Berales Ernennung bedeutete auch eine Veränderung in der Funktionsweise der Flottille. Er setzte die Methoden folgerichtig in die Tat um, die er auf der kurz zuvor besuchten französischen Militärakademie gelernt hatte. Er führte die Trennung der Ausbildung von den Einsatzeinheiten ein. Amnon Ben-Zion, der als erster Leiter der Ausbildung in der Flottille fungierte, entwarf statt der bisherigen mündlichen Absprachen ein systematisches Ausbildungsprogramm, das hauptsächlich auf den Vorschriften für die Ausbildung der italienischen *Decima MAS* sowie auf den seit langem gewonnenen Kommando-Erfahrungen beruhte.

Nach einiger Zeit wurden die Unternehmen zur nachrichtendienstlichen Aufklärung und Erkundung der libanesischen Häfen fortgeführt. Die Kampfschwimmer skizzierten die Umrisse und verglichen diese Zeichnungen nach ihrer Rückkehr mit Postkarten, um die genaue Position der Anlagen festzustellen. Vom Wrack eines aufgegebenen Schiffes aus beobachteten sie die libanesische Küste. Bei einem dieser Anlässe wurden die Taucher wie durch ein Wunder von einem MTB gerettet, als ein schwerer Sturm losbrach.

Mit fortschreitender Zeit wurden die arabischen Küsten durch Radarstationen abgedeckt und gesichert. Für die Israelis wurde es unmöglich, mit großen Schiffen dicht an die gegnerische Küste heranzugehen. Die kleinen Boote mußten daher in größeren Entfernungen ausgesetzt werden und sowohl für die Unterseeboot- als auch für die SDV-Fahrer war die Verantwortung gestiegen. Die SDV's hatten Außenbordmotoren erhalten, die ihre Geschwindigkeit über Wasser steigerten und dazu beitrugen, sie rascher ans Ziel zu bringen – nachdem sie in See ausgesetzt worden waren. Der Einsatz von Unterseebooten gestattete den Kampfschwimmern, ihre Ziele unentdeckt in viel größerer Entfernung zu erreichen. Das Arbeiten im Inneren war nicht einfach. Die Verhältnisse waren beengt, es war kein Platz zum Schlafen vorhanden, und die Benutzung der Toiletten geschah durch Druckluft. Das Aussteigen vollzog sich durch eine enge Schleusenkammer, die den Taucher ziemlich mitnahm.

Nachdem den Männern die Geheimnisse der Tarnung durch Beduinen-Kundschafter beigebracht worden waren, nahmen sie auch an einer großen Anzahl von Übungen für Küstenunternehmen teil. Eine dieser Übungen führte sie auf einen Golfplatz. Das Klubrestaurant befand sich nicht weit von ihrem Versteck entfernt und der Duft der gut gewürzten Steaks stach den hungrigen Männern in die Nase. Am Abend entdeckten sie, wo der Schlüssel versteckt war, gingen hinein, aßen so viel sie konnten und vergaßen auch nicht, einige Flaschen mit alkoholischen Getränken für die U-Bootbesatzung mitzunehmen. Bei einer anderen Gelegenheit brachen sie in einen Kindergarten ein und aßen einen Geburtstagskuchen auf. Als Entschuldigung hinterließen sie eine Notiz, in der sie mitteilten, sie wären eine Gruppe hungriger Soldaten. Doch geplagt von ihrem Gewissen nahmen sie nach ihrer Rückkehr zum Stützpunkt eine große Granatkartusche, füllten sie mit Kandiszucker und brachen in

Unter Yochai Ben-Nun als Befehlshaber der Marine erhielt die 13. Flottille 1960 ihr Abzeichen, geschaffen von Eliahu Schwartz (»Metuka«): Das Symbol einer Fledermaus, in deren Mitte sich ein Schwert, ein Anker und eine Mine befinden.

der nächsten Nacht noch einmal in den Kindergarten ein, um sie dort zurückzulassen.

Der Mythos des »Positiven Individualisten«

Unmittelbar nach der Aufstellung der 13. Flottille fehlte ihren Angehörigen noch ein eigenes Abzeichen. Die Kämpfer von 1948 hatten ihren »Kleider-Code«, ihr Benehmen und ihre demonstrative Geheimhaltung gehabt, die zu ihrem Statussymbol wurden – mit ihnen gaben sie ihre Einzigartigkeit zu verstehen. Dies reichte nicht aus und das Abzeichen, das die Männer vor längerer Zeit entworfen hatten, glich jenem des *Palmach*.

Die Männer der 50er Jahre verkrochen sich in den um sie geschaffenen Mythos. Doch es gab Gelegenheiten, da sie Fremde irrtümlich für ganz »gewöhnliche« Seeleute hielten und ihnen nicht den Respekt erwiesen, den sie – ihrer Meinung nach – verdienten. Ein passendes Abzeichen, das ins Auge fiel, hätte natürlich ihr Problem gelöst, aber das Marinekommando weigerte sich, die Erlaubnis zu erteilen, und zwar aus der Befürchtung heraus dies könnte sie bloßstellen. Ihre »Geheimhaltung« charakterisierte auch ihre Anwerbungsmethoden. Jahrelang wußten die Kandidaten nur eines: Sie waren für eine Einheit von außerordentlicher Geheimhaltung vorgesehen.

Seit 1954 nahmen Flottillenangehörige am Fallschirmjäger-Lehrgang teil und das Fallschirmspringer-Abzeichen, das sie hinterher erhielten, unterschied sie von den »gewöhnlichen« Marineangehörigen. Verschiedene Gegenstände, die nur sie bekamen, stellten weitere Statussymbole dar. So erhielt jeder eine Armbanduhr und später, als es eindrucksvolle Taucheruhren gab, traten diese an ihre Stelle und die bisherigen Uhren gingen an »gewöhnliche« Kommandanten von Booten bzw. Schiffen. Außerdem trugen

die Männer besondere Jacken und bekamen zusätzliche Rationen, zu denen Schokolade und Rum gehörten. Auch ihre Disziplinarregeln unterschieden sich: die unordentliche Art ihrer Bekleidung und ihre Tradition, sich Dinge »auszuleihen«. Doch selbst dies stellte sie nicht zufrieden. Wie die Flugzeugführer wollten sie Schwingen und forderten sogar laufbahnrechtliche Gleichstellung: am Abschluß ihres Lehrgangs den Offiziersrang statt den eines Oberbootsmanns. Sie machten geltend, daß sie wie die Flugzeugführer ebenfalls Freiwillige wären und ihre Dienstverrichtung wäre nicht weniger gefährlich und schwierig. In dieser Frage wandten sie sich an General Moshe Dayan, den Generalstabschef. Dieser erwiderte: »Soweit es den Dienstrang betrifft, ist es mir völlig egal, was auf Ihren Grabsteinen steht – Oberbootsmann oder Leutnant zur See.« Dann fügte er die Frage an: »Warum sollten Sie eine Besserstellung als die Fallschirmjäger verdienen? Das sind ebenfalls Freiwillige und von ihnen sind mehr umgekommen.« Das Thema Abzeichen stand wieder zur Debatte, als Yochai Ben-Nun Flottillenchef war, aber der Marinebefehlshaber widersetzte sich diesem Gedanken. Ben-Nun versprach, alles in seiner Macht Stehende zu tun, um für die Billigung des Abzeichens zu sorgen. Später, als er Marinebefehlshaber war, löste er dieses Versprechen ein. Metuka [Eliahu Schwartz] entwarf das Symbol einer Fledermaus, umgeben von einem Anker, einem Schwert und einer Seemine. Die Kommandoangehörigen wurden auch entsprechend ihrer Dienstverrichtung eingestuft, auch wenn sie nach dem Abschluß ihres Lehrgangs noch nicht den Dienstrang eines Leutnants zur See erhielten.

Vor Berales Übernahme der Flottillenführung gab es fast keine psychologischen Tests, denen sich die vorgesehenen Kandidaten zu unterziehen hatten. Berale holte einen Psychologen in die Flottille, der sich darum kümmerte. Von ihm stammte der passende Slogan: »Wie eine in die Lüfte strebende Fledermaus, wie eine die Stille durchschneidende Klinge, wie eine krachend detonierende Handgranate!« Metuka entwarf ein schwarzes Plakat, das neben dem Abzeichen auch diese Worte enthielt. Eine hierzu verfaßte Schrift erklärte in kurzen Worten das Wesentliche des Lehrgangs. Die hohe Geheimhaltungsstufe der Einheit zum Ausdruck bringend, lauteten die letzten Sätze: »Auch wenn von den Waffentaten der Kommandotruppe der Marine berichtet wird – der Großteil unserer Geschichte wird stets in einer Welt unter Wasser verborgen bleiben und nur ein winziger Teil unserer Leistungen und Taten wird je der Allgemeinheit bekannt werden. Doch das bloße Wissen, daß die Männer dieser Einheit die treibende Kraft sind, gestattet dem Zuschauer, seine gesamte Vorstellungskraft einzusetzen, um zu verstehen, was in den Annalen ihrer Taten bereits verzeichnet steht und noch verzeichnet werden wird.«

Das Plakat und das Flugblatt führten zu einer Auseinandersetzung zwischen jenen, die ein Maximum an Geheimhaltung beizubehalten wünschten, und jenen, die klar erkannten, daß ihnen eine Übertreibung dieser Geheimhaltung nur schaden konnte.

Der Psychologe widmete einen Großteil seiner Zeit den Untersuchungen zur Frage, welche Eigenschaften ein Angehöriger der Kommandotruppe der Marine besitzen mußte, sowie dem Auswerten des Auswahlverfahrens bei den auszubildenden Rekruten. Er führte in den Lehrgang einen persönlichen Fragebogen ein und die Ergebnisse waren überraschend. Der Rekrut, der sich für den Besten in den Augen der Ausbilder hielt, wurde von den Teilnehmern als der Schlechteste von allen bezeichnet – da nur sie wußten, daß er die schriftlichen Arbeiten fälschte. Auch beim langen Marsch war der Psychologe dabei. Der Marsch begann mit 100 Rekruten und am Ende waren lediglich noch sechs übrig, von denen die meisten aus Bauernhöfen stammten. Sie waren lange Fußmärsche gewohnt und kamen auch mit dem richtigen Schuhwerk. Obwohl hochmotiviert, blieben die anderen infolge schrecklicher Blasen am Wegrand zurück. Der Psychologe erkannte auch, daß der »dunkle Raum« – womit die Fähigkeit getestet wurde, ohne jede Stimulierung allein zu bleiben – die meisten Rekruten überhaupt nicht beeinträchtigte; sie genossen einfach die Ruhe. Natürlich erkannte er deutlich, daß es einen Zeitpunkt geben mußte, an dem sie zusammenbrechen würden. Doch es war nicht logisch, sie tagelang in diesem Raum zu belassen. Zu beidem händigte er ihnen Fragebögen aus, um das »Idealbild« des Kämpfers zu entwerfen. Er schlug vor, gemäß seiner Definition junge Männer mit den idealen Eigenschaften anzuwerben – trotz der Tatsache, daß diese möglicherweise nicht einmal daran gedacht hatten, sich zu melden –, um auf diese Weise eine größere Anzahl von Freiwilligen zu erhalten. Auch zwischen den Tauchern und den Bootsfahrern stellte der Psychologe beträchtliche Unterschiede fest. So operierten die Taucher selbständig, ohne Kontakt zu ande-

ren und fast ohne Gefühle und Stimulierungen. Daher schlug er vor, die Rekruten entsprechend ihrer persönlichen Geeignetheit auf Lehrgangsebene in verschiedene Gruppen aufzuteilen.

Zu einem späteren Zeitpunkt kam als Psychologe Reuben Gal zur Flottille, ein ehemaliger Infanterieoffizier. Er kam zur Überzeugung, die Kriterien zu verbessern, um ein Auswahlverfahren zu schaffen, bei dem nicht 90 % der Kandidaten in der ersten Phase auf der Strecke blieben. Anstelle des Marsches bereitete er kurze Serien von Tests vor, mit deren Hilfe viele Eigenschaften geprüft werden konnten und nicht nur die körperliche Ausdauer. Gal ging davon aus, daß ein Kämpfer ein einzigartiger Persönlichkeitstyp zu sein hatte, ein Mensch, den die Gefahr anzog – im Gegensatz zum normalen Menschen, der vor solchen Situationen zurückschrecken würde. Er hielt nach einem Abenteurer Ausschau, den körperliche Anforderungen herausfordern konnten – sogar mitten im Winter in eiskaltes Wasser zu springen. Er suchte nach einem Mann, der ohne Überwachung durch seine Vorgesetzten am gefaßten Plan festhalten würde, obwohl er wußte, daß ihm dies das Leben kosten konnte.

Gal und die Offiziere der Flottille wollten den Typ des geistig gesunden Abenteurers, der eben kein »Roboter« war, sondern wußte, wie er sich innerhalb eines organisierten militärischen Gefüges zu verhalten hatte und der lebenswichtige Entscheidungen treffen konnte.

Um solche Männer zu finden, verteilte er an viele Angehörige der Kommandoeinheit Fragebögen. Aus ihnen erfuhr er, daß eine große Anzahl der Männer die Neigung hatte, aus dem Rahmen zu fallen und nicht imstande zu sein, sich einzufügen. Bei vielen von ihnen fand er Unregelmäßigkeiten, wie zum Beispiel familiäre Probleme, Schwierigkeiten, sich nach der Entlassung auf das Zivilleben umzustellen, und Probleme, tiefere zwischenmenschliche Beziehungen herzustellen. Aus seinen Untersuchungen ergab sich, daß ihr Bild von sich selbst nicht dem »Macho«-Image entsprach, das ihnen die Gesellschaft verliehen hatte, und daß sie unter ihrer harten Fassade zu einem weicheren Ausdruck neigten. Des weiteren stellte er leichte Tendenzen zum Selbstmord fest, die jedoch weit von einer Geisteskrankheit entfernt waren, sowie auch leicht homosexuelle Neigungen, die ebenfalls weit davon entfernt waren, in die Praxis umgesetzt zu werden. Er stieß auf Männer mit ausgezeichneten technischen Fertigkeiten und auf solche mit der Fähigkeit zu einem absolut abstrakten Denken. Aus diesen Feststellungen zog er den Schluß, daß er vor allem den Typ des Freiwilligen mit diesen beiden Eigenschaften finden mußte: den Typ eines Mannes, der imstande war, in seiner Vorstellungskraft die Karte eines Hafens nachzuzeichnen, während er in kaltem Wasser tauchte. Als Schlußfolgerung seiner Forschungsarbeit begriff er, daß die

Angehörigen der Flottille mit den kompliziertesten Vorstellungen von sich selbst einzigartig waren; er definierte sie als positive Psychopaten. Anstatt jedoch diese Definition zu gebrauchen, präsentierte er das Konzept des »Positiven Individualisten«. Damit schuf er den Rahmen einer Klassifizierung für jene, die mit sich selbst zufrieden waren und die auch in gefährlichen Situationen ihre Tätigkeit vorbildhaft ausführten, die aber zur Zusammenarbeit in der Gruppe und zur Anerkennung der Disziplin imstande waren. Darüber hinaus suchte er nach Männern mit persönlicher Verantwortung und Selbstkontrolle, die fähig waren, zum Nutzen des Ganzen ihr persönliches Streben nach Spannung und Gefahr hintanzustellen.

Er mußte die exakte Ausgewogenheit finden – um den positiven Individualisten und nicht den impulsiv Handelnden oder negativen Psychopaten ausfindig zu machen. Anders als sein Vorgänger gelangte er zur Überzeugung, für alle Kämpfer ein einheitliches Standardprofil zu ermitteln. Hierbei traf er auf heftigen Widerstand. Die erfahrenen Angehörigen der Flottille waren konservativ und wollten keine Veränderung des Systems. Schließlich gelang es ihm doch, die neuen Verfahren einzuführen.

Operation »Schwalbe« oder Operation »Feigling«

1955 fand ein Vorstoß mit starken Kräften gegen syrische Stellungen statt, die ständig israelische Fischer auf dem See Tiberias belästigt hatten. Unter Benutzung von Tauen, die von einem Ufer zum anderen gespannt waren, überquerte ein Infanteriebataillon den Jordan, während eine Kompanie Fallschirmjäger mit Schlauchbooten landete. Die Israelis sprengten die syrischen Stellungen und nahmen die Verwundeten sowie einige der Toten in hölzernen Booten mit, die am syrischen Ufer gefunden wurden. Dies war das erste Landgefecht seit dem Unabhängigkeitskrieg, das ein Überqueren eines Wasserhindernisses einschloß. Angehörige der 13. Flottille führten vor der Operation lediglich die Aufklärung und Erkundung entlang des gegnerischen Ufers durch. Der Befehlshaber der Marine war der Auffassung, daß die kleine Anzahl von Kämpfern nicht zu derartigen Operationen eingesetzt werden sollte. Er wollte sie für klassische Kommandounternehmen der Marine erhalten – die nicht stattfanden.

Die Zwischenfälle mit israelischen Fischern hielten weiterhin an und die Marine verlegte drei bewaffnete LCVP's in die Seeregion. Die Marineangehörigen wurden als Polizei getarnt, da das Waffenstillstandsabkommen die Anwesenheit der Streitkräfte in dieser Region verbot.

Im Februar und März 1962 ereignete sich eine Reihe schwerer Zwischenfälle, und so fiel die Entscheidung, einen weiteren Vorstoß durchzuführen. Yochai Ben-Nun, der nach Einsatzmöglichkeiten für seine Männer suchte, schlug die Zerstörung der syrischen Fischerboote entlang des Seeufers vor. Sein Vorschlag wurde abgelehnt und der Generalstabschef befahl die Planung der Operation »Schwalbe«: der Angriff eines Infanteriebataillons auf die gegnerischen Hauptposten am Ufer. Nach dem Ausüben beträchtlichen Drucks gelang es Ben-Nun, der Flottille ein Ziel zu sichern: einer der gegnerischen Posten.

Während die Planung der Operation erfolgte, begleiteten Flottillenangehörige ein LCVP auf seiner regelmäßigen Patrouillenfahrt. Der nachrichtendienstliche Offizier der Flottille, zuständig für die Feindlage, fertigte ein Modell des Operationgebietes, um den Einsatzraum darzustellen. Yochai Ben-Nun und Berale waren darüber beunruhigt, daß die eigenen Aktionen sich zu sehr auf das Überraschungselement stützten. Ihnen war klar, wenn die Landtruppen vor dem Angriff entdeckt wurden – und die Chance, daß dies geschah, war groß –, dann ergab sich eine erhöhte syrische Wachsamkeit und das Kommando der Marine würde noch im Wasser ebenfalls entdeckt werden.

Diplomatische Bemühungen, das Gebiet zu befrieden, erbrachten kein Ergebnis. Die Syrer beschossen die Patrouillenboote erneut und die israelische Regierung billigte die Operation. Bis zur »Stunde X« blieben nur noch elf Stunden Zeit und hastige Vorbereitungen setzten ein, darunter auch das Bereitstellen größerer Truppenverbände, falls es zu einer Eskalation käme. Das Kommando der Flottille stand bereit, den LCVP-Stützpunkt in einem Kibbutz am See Tiberias zu verlassen. Unter Führung von ObltzS. Manor umfaßte es 14 aktive Kampfschwimmer. Die kurze Bereitstellungszeit von »X + 4« führte zum verspäteten Einsteigen in die Boote, während sich die Infanterie-Einheiten bereits unterwegs zu ihren Zielen befanden. Es war daher zweifelhaft, ob die Kampfschwimmer imstande sein würden, die Tauchposition zum festgelegten Zeitpunkt zu erreichen, ehe der Mond über den Bergen aufging.

Um 22.40 Uhr fand noch eine letzte Einsatzbesprechung statt. Nachdrücklich wurde darauf hingewiesen, daß der Einsatz sofort abgebrochen werden sollte, wenn der Gegner das Feuer eröffnen würde, bevor sich die Männer im Wasser befanden bzw. während sie sich noch schwimmend ihrem Ziel näherten. Zur selben Zeit traf die Meldung ein, daß eine Landabteilung aus dem Hinterhalt angegriffen worden sei. Trotz dieser Tatsache setzte das Kommando die Unternehmung fort und legte über zwölf Kilometer mit den zwei LCVP's in Richtung auf das Ziel zurück. An Bord der beiden Boote befand sich auch ein Zug Fallschirmjäger, der – falls erforderlich – zur Unterstützung eingreifen sollte.

Die Nacht war klar und hinter den Booten stand der Vollmond. Als das Kommando noch etwa 2500 m vom Ufer entfernt war, stiegen die Männer um 23.30 Uhr unter Führung des Türken [Reuben Pinchas] in die Mutterboote um. In langsamer Fahrt näherten sie sich der Tauchposition. In etwa 300 m Entfernung vom Seeufer stoppten sie. Von hier aus bestand eine gute Sicht zur Landungsstelle.

Zu diesem Zeitpunkt waren beide Abteilungen der Infanterie in einen Hinterhalt geraten. Der vorgeschobene Gefechtsstand befahl den Kampfschwimmern anzuhalten. Erst um Mitternacht kam der Befehl, ins Wasser zu gehen. Zügig schwammen sie in Richtung Ufer. Jeder war mit einer Schwimmweste, einer Waffe und entsprechenden Sprengmitteln ausgerüstet. Noch während sie schwammen, eröffnete der Gegner das Feuer auf die Mutterboote und der Türke ersuchte um die Erlaubnis, den Beschuß zu erwidern. Die Erlaubnis wurde nicht erteilt, da der vorgeschobene Gefechtsstand den Beschuß als zufälliges Streufeuer ansah und die Position des Kommandos nicht verraten wollte.

Zwei Minuten später gerieten sowohl die Schwimmer als auch das Führungsboot unter Beschuß. Der Türke forderte erneut die Erlaubnis zur Feuereröffnung, da das Überraschungsmoment nicht mehr gegeben war und sich die Schwimmer – jetzt nur noch rund 150 m vom Ufer entfernt – in großer Lebensgefahr befanden. Die Erlaubnis zur Feuereröffnung wurde erteilt und gleichzeitig erging der Befehl, die Schwimmer aufzunehmen. Die Syrer schossen Leuchtkugeln und die Männer fühlten sich wie auf dem Präsentierteller. Der Türke erwiderte den Beschuß und die Boote preschten auf die Männer im Wasser zu, die in rasender Eile zurückschwammen. Nach ihrem Aufnehmen stiegen die Schwimmer auf das führende LCVP um, während die Männer in den Mutterbooten voller Zorn etwa 150 m vom Ufer entfernt ihre gesamte Munition verschossen. Auch die LCVP's beteiligten sich und rund zwei Meter vom Heck des führenden Bootes entfernt schlug eine Granate ein. Um zwei Uhr morgens kehrte der kleine Verband in den Hafen zurück.

In Unkenntnis des Dilemmas, dem sich ihre Offiziere gegenübersahen, führte ihr Rückzug unter den Angehörigen der Flottille zu erheblichen Auseinandersetzungen. Die Mehrheit war der Meinung, das Kommando hätte weitermachen sollen. Berale war überzeugt davon, richtig gehandelt zu haben. Nach seiner Auffassung waren seine Männer imstande, alles zu tun, was von ihnen gefordert werden würde, und aus diesem Grunde hatte er auf ihre Teilnahme gedrängt. Dies war der Anlaß ihres Mitmachens gewesen – trotz der Tatsache, daß ihre Chancen, unbemerkt das gegnerische Ufer zu erreichen, gleich Null waren. Er wußte, daß sie scharf darauf waren, an einem Gefecht teilzunehmen. Als jedoch der Gegner das Feuer eröffnete, entschied er sich für den Abbruch, denn ein nutzloses

Sterben hätte keinen Sinn gehabt. Einem vorbereiteten Gegner, der sich gut verteidigte, gegenüberstehend, erlitten die Infanterieverbände schwere Verluste: acht Gefallene und 43 Verwundete. Die Syrer hatten 35 Tote zu beklagen.

Auch in der Besprechung nach der Operation beim Generalstabschef wurde der Abbruch des Unternehmens durch das Kommando der 13. Flottille besprochen. Die Stabsoffiziere machten geltend, daß es in einer derartigen Situation – Operationsfähigkeit nur unter der Bedingung größtmöglicher Überraschung – unmöglich sein würde, der Flottille zu gestatten, ernsthafte Vorstöße auszuführen. Yochai Ben-Nun gab zu bedenken, daß die Lage während der Operation eine außergewöhnliche gewesen wäre. Der Flottille stünden viele Einsatzverfahren zur Verfügung, wie zum Beispiel Fallschirmabsprung, Landung mit einem Hubschrauber, Verwenden von Kajaks bzw. Schlauchbooten oder Annäherung an die Ziele unter Wasser. Die letzte Entscheidung traf der stellvertretende Generalstabschef, der mit Ben-Nun übereinstimmte.

Die Angehörigen der Flottille gingen nicht näher auf die Gründe ein, die das Scheitern ihres Einsatzes verursacht hatten. Schon bald danach erhielt die Operation den Namen »Feigling« – ihren Rückzug bezeichnend.

Die »Erdgeschoß-Ritter« und der marokkanische Springer

Unter jenen, die 1965 den Lehrgang abschlossen, befand sich auch Yair Michaeli. Sein Vater, Yehuda Michaeli, war der Klempner gewesen, der die Klampen für das »Team« gefertigt hatte. Während des Vorbereitungslehrgangs, den er nur als das »Aussieben der Spreu« ansah, entdeckte er die einzigartigen Bestrafungsmethoden der Flottille. Eines Tages vergaßen Lehrgangsteilnehmer, Proviant für eine Fahrt vorzubereiten. Zur Strafe wurden sie um zwei Uhr morgens geweckt und erhielten den Befehl, nackt in das Bassin zu springen, in dem die Boote geschrubbt wurden, und zu rufen: »Das machen wir mit Männern, die keinen Proviant vorbereiten!« Durch solche Maßnahmen wurden die Männer nicht erniedrigt, da ihre Ausbilder stets mit dabei waren, um ihnen ein persönliches Beispiel zu geben.

Ami Ayalon gehörte zu den Absolventen desselben Lehrgangs. Er und einige seiner Freunde waren von ziemlich kleiner Gestalt. Daher nannten sie sich die »Erdgeschoß-Ritter« – klein, aber großspurig. Nach seiner Meinung bestand das Geheimnis des Überlebens im Wissen, wie Schlechtes in Gutes verwandelt wird, d.h. da sie kleiner waren, mußten sie einen schwereren

Lehrgang absolvieren und waren deshalb auch die besseren Kämpfer.

Ein anderer Lehrgangsteilnehmer war Jonatan Shefa, geboren in Marokko. Während des Lehrgangs bekam er einen der seltenen Nachturlaube, versäumte aber den langsameren Sechsuhrzug, der ihn zum Stützpunkt zurückbringen sollte. Statt dessen erwischte er den Siebenuhrexpreß, der jedoch nicht in der Nähe des Stützpunkts hielt. Da ihm nichts anderes übrigblieb, sprang er vom fahrenden Zug ab. Hierbei verletzte er sich am Kopf. Nach wenigen Minuten kam ein Polizeibeamter und frug ihn, ob er die Absicht hätte, Selbstmord zu begehen. Er kam für ein paar Tage ins Krankenhaus und bei seiner Rückkehr zum Stützpunkt stellte sich heraus, daß seine Vorgesetzten mit seiner verrückten Tat zufrieden waren. Da das Gesetz das Abspringen von Zügen verbot, erhielt er einen Monat später eine Vorladung, wonach er vor dem zuständigen Zivilgericht zu erscheinen hatte. Das Gericht verurteilte ihn zu einer Geldstrafe von fünf israelischen Pfund. Da er kein Geld besaß, rief der Richter den Gerichtsbüttel. Dieser mußte ihn als Ersatz die Toiletten und Korridore im Gerichtsgebäude säubern lassen. Am Nachmittag kam der Richter vorbei und sah ihn noch immer bei der Arbeit. Offensichtlich hatte der Richter angenommen, die Arbeit wäre bis Mittag erledigt gewesen. So aber standen Shefa nach den Vorschriften acht israelische Pfund zu und nach Abzug seiner Geldstrafe erhielt er den Rest ausbezahlt. – Somit hatte er mit seinem Sprung drei Pfund verdient.

Nach Abschluß des zweijährigen Lehrgangs waren die Absolventen jetzt qualifizierte Kämpfer, Nahkampfspezialisten zur See und draufgängerische Kampfschwimmer. Bei der Abschlußzeremonie wurden sie traditionsgemäß allesamt an einem Kran aufgehängt und ihre Ausbilder spritzten sie mit Feuerwehrschläuchen ab.

Yair Michaeli stieß zur Boots-Abteilung, während Ami Ayalon und Jonatan Shefa zur Taucher-Abteilung kamen, die zu dieser Zeit Hauptbootsmann Aitan Lifschitz führte.

Ein Bergungsunternehmen auf dem See Tiberias – Wer hat sich mehr erschrocken?

Mitte 1965 ersuchte Berale um Ablösung von seinem Kommando, da er wieder die Militärakademie besuchen wollte. Seinen Platz als Flottillenchef nahm Aharon Ben Yosef ein, genannt »Eskimo«, der bisher dem Flottillenstab als nachrichtendienstlicher Offizier angehörte. Er tauchte sehr selten und sein Mangel an fachlicher Autorität führte zu ernsten Problemen hin-

Die Abschlußzeremonie des zweijährigen Ausbildungslehrgangs zum qualifizierten Kämpfer der Kommandotruppe der Marine mit der Verleihung der »Fledermaus-Schwingen«: Ihre Ausbilder spritzen sie an einem Kran aufgehängt mit Feuerwehrschläuchen ab.

sichtlich der Moral. Sein Stellvertreter, der Türke [Reuben Pinchas], der einen intuitiven Verstand besaß, obwohl er keine reguläre Schulbildung hatte, nahm die Einsatzleitung in die Hand und die Männer vertrauten ihm blind.

Am 1. Januar 1966 beendete Yochai Ben-Nun seine Dienstzeit als Befehlshaber der Marine und sein bisheriger Stellvertreter, Shlomo Erel, löste ihn zur Enttäuschung Ben-Nuns ab, der in einer irgendwie kindischen Art »vergaß«, ihm bei der Zeremonie der Kommandoübergabe zu gratulieren. Die Rivalität zwischen den beiden Offizieren war Teil der Auseinandersetzung zwischen zwei Konzepten und zwei Betrachtungsweisen gewesen: jene Ben-Nuns, der sich auf Kommandounternehmen konzentrierte, »ungestümer« war und weniger Disziplin hatte, und jene Erels, der für eine ausgewogene Marine stand.

In den Jahren von Yochai Ben-Nuns Amtsführung hatte nur eine kleine Anzahl Operationen stattgefunden. Wie sein Vorgänger war er gezwungen gewesen, das Konzept des Generalstabs hinzunehmen, das der Marine nur eine defensive Rolle zuwies. Als weniger wichtig eingestuft, führte dies daher zum Ankauf »neuer« Ausrüstung, die der Zweite Weltkrieg übriggelassen hatte. Hauptsächlich dank der Arbeit seines Stellvertreters und einiger anderer Stabsoffiziere wurden Pläne für schnelle, kleine und verhältnismäßig billige Boote ausgearbeitet, die auf den Schnellbooten der deutschen JAGUAR-Klasse beruhten. Diese sollten mit in Israel gefertigten Seezielflugkörpern und radargelenkten Geschützen ausgerüstet werden – die Antwort auf den Erwerb sowjetischer Flugkörperboote durch die arabischen Marinen. Die oberste Führung der Streitkräfte nahm diesen Plan überhaupt nicht begeistert auf, denn sie vertrat die Auffassung, die Luftwaffe könnte jedes auf See auftretende Problem lösen. Dieser Mangel an maritimem Bewußtsein auf seiten der von Heer und Luftwaffe geprägten obersten Stabsebene – Landratten – war rätselhaft. Sie weigerte sich, die Tatsache anzuerkennen, daß ein Landkrieg zwar innerhalb weniger Tage enden, aber der Gegner eine Seeblockade von sehr viel längerer Dauer aufzwingen könnte. In seiner bildhaften Sprache verglich Yochai Ben-Nun Israel mit einem Taucher, der in den Tiefen der See arbeitete. Sein Spezialanzug schützte ihn gegen gefährliche Fische, aber er war mit der lebenserhaltenden Atmosphäre durch einen weichen, beweglichen Gummischlauch verbunden – den die scharfen Zähne eines Hais mit einem einzigen Biß durchtrennen konnten. Der Schlauch war der Seeverkehr und die Luftzufuhr waren die Versorgungsgüter, die für die Existenz des Landes von lebenserhaltender Notwendigkeit waren und ständig ergänzt werden mußten.

Die Zustimmung zum Bau der schnellen Flugkörperboote (FMB) zu erhalten, war keine leichte Aufgabe. Im Generalstab gab es viele Offiziere, die das

Gefühl hatten, die zu treffende Entscheidung sei eines der größten Risiken, die die israelischen Streitkräfte auf dem Gebiet des Baus bzw. Erwerbs neuer Waffensysteme auf sich nahmen. Die Marine war sich der Tatsache bewußt, daß ihr der Todesstoß versetzt werden würde, wenn sich die neuen FMB's nicht als gelungenes Waffensystem erwiesen.

Mitte 1966 lief ein LCVP bei einem Nachteinsatz auf einer Sandbank auf der syrischen Seite des Sees Tiberias auf Grund. Am folgenden Morgen setzten Luftangriffe ein. Zwei MIG-Jäger griffen das gestrandete Landungsboot an, wobei eine der Maschinen durch Maschinengewehrfeuer abgeschossen wurde. Es dauerte zwölf anstrengende Tage, um das Boot zu bergen. Hierzu wurde vieles aufgeboten, darunter auch die Männer der 13. Flottille. Einige der Kampfschwimmer wurden nachts auf dem LCVP stationiert, um syrische Truppen an seiner Besetzung zu hindern. Die Pioniere der Flottille bereiteten einen Plan vor, um das Boot zu sprengen, während die Taucher unter Wasser den Seegrund erkundeten und die Richtung des Abschleppens festlegten.

Nach mehreren fehlgeschlagenen Abschleppversuchen wurde in der Nacht zum 23. August ein weiterer Versuch durchgeführt, diesmal unter Einsatz eines nahebei verankerten Kranflosses. Die Taucher brachten am Boot ein langes Tau an, aber der Kran hatte technische Probleme und die Arbeit konnte in den Nachtstunden nicht beendet werden. Daher befestigten die Taucher das Tauende an einer Boje und im ersten Tageslicht war das Gebiet frei von jedem Schiffsverkehr. In der nächsten Nacht folgte unter den wachsamen Augen der UN-Beobachter ein weiterer Versuch und diesmal bewegte sich das LCVP um ein paar Meter. Nach stundenlanger Arbeit erhob sich ein Sturm, das Boot begann zu schaukeln und kam endlich frei.

Gleichzeitig wurden auch Versuche unternommen, den abgeschossenen MIG-Jäger zu bergen. In der Nacht zum 17. August gingen um 21.00 Uhr drei Taucherpaare ins Wasser. Durch eine lange Leine miteinander verbunden, suchten sie unter Wasser ein großes Gebiet ab. Sie fanden die Räder und eine Tragfläche des Flugzeugs, die sie mit einem Tau an einem Boot befestigten, das sie wegschleppten. Trotz der Tatsache, daß die Syrer auf den umliegenden Hügeln starke Scheinwerfer postiert hatten, erhielten die Taucher am nächsten Tag die Erlaubnis zur Fortsetzung der Suche. Kurze Zeit nach Beginn des Tauchens richteten sich die Strahlen der Scheinwerfer auf den Ort des Geschehens und der Gegner eröffnete das Feuer. Unmittelbar darauf ließ der das Unternehmen leitende Türke kleine Sprengladungen ins Wasser werfen, um den Tauchern zu signalisieren, an die Oberfläche zu kommen. Einige Zeit später hörte der Beschuß auf und die Männer setzten die Suche fort, wobei sie den Schwanz des Flugzeugs fanden. Sie befestigten ein Tau daran und gaben es in das Schlauchboot, in dem der Türke saß. Erneut eröffneten die Syrer das Feuer und brachten die Männer in den Booten in Gefahr. Einige von ihnen sprangen ins Wasser, während sich andere in Deckung hinlegten. Als der Türke den Befehl erhielt, sofort das Gebiet zu verlassen, wurde irrtümlich statt des Ankers das Tau gekappt, an dem der Flugzeugschwanz hing.

Nicht weit vom Türken entfernt ankerte das Boot von ObltzS. Ze'ev Almog, des Operationsoffiziers der Flottille. Neben einem Bootssteuerer hatte er Aitan Lifschitz bei sich, der ihm meldete, was vor sich ging. Plötzlich tauchte Ami Ayalon vom Tauchgang auf. Almog beugte sich über das Boot hinaus, packte Ayalon im Genick und zog ihn mit einem Ruck an Bord. Inzwischen war auch Gadi Shefi aufgetaucht, aber Almog sah ihn nicht und gab dem Bootssteuerer den Befehl zum Losfahren. Lifschitz erblickte Shefi im Wasser, rief gellend »Zurück!« und zog ihn ins Boot.

Anschließend erfolgte die Rückkehr zum Stützpunkt und in der bis zur Besprechung des Einsatzes verbleibenden Zeit diskutierten die Männer Almogs Reaktion, als er den Befehl zum Losfahren erteilt hatte, ohne Gadi Shefi aufzunehmen. Sie beschlossen, den Zwischenfall zu ignorieren, da offensichtlich nicht die Absicht bestanden hatte, Shefi aufzugeben. Ihre Einstellung änderte sich jedoch, als im Verlaufe der Besprechung Almog den Türken beschuldigte, er hätte sich erschrocken und das Tau gekappt. Die Männer wurden bei seinen Worten außerordentlich zornig, da sie wußten, wie mutig der Türke war, und daß er das Tau irrtümlich gekappt hatte, weil er unter Anspannung handeln mußte. Daraufhin beschuldigten sie Almog, aus Furcht heraus versucht zu haben, einen Taucher aufzugeben. Weiterhin behaupteten sie, Almog wäre ein erfolgloser Taucher, ungeeignet für die Marine und im Einsatz. Außerdem litte er an einem Mangel an Orientierung und Selbstvertrauen. Die meisten seiner Kritiker waren keine religiös geprägten Kibbutzangehörigen, die nur eine geringe Schulbildung hatten, während Almog aus der Stadt kam und Absolvent einer höheren Schule mit religiösem Charakter war. Sie hatten weder Vertrauen zu ihm noch mochten sie ihn. Er begann zu schreien, behauptete, sie vergössen sein Blut, und verließ den Raum. Schließlich gelang es Eskimo, die Gemüter wieder zu beruhigen, und Almog verließ die Flottille, um ein Torpedoboot als Kommandant zu übernehmen.

Die »Auflösung« des Streites lieferte die syrische Presse. Sie brachte in großen Schlagzeilen den Erfolg ihrer eigenen Kampfschwimmer, das gesamte Flugzeug geborgen zu haben. Auf diese Behauptung hin reagierte Israel mit der Ausstellung der erbeuteten Tragfläche. Die Angehörigen der Flottille, die über Probleme von Furcht und verletztem Stolz stritten, wußten genau, wie die Syrer das Tau herausgeholt hatten, das sie selbst an dem Flugzeugteil befestigt hatten.

6. Kapitel

Der Sechs-Tage-Krieg:
Platzte die Seifenblase?

In den Jahren nach der Operation »Kadesh« bewegte sich das Zentrum des arabisch-israelischen Konfliktes in den wirtschaftlichen und politischen Bereich. Doch die Gefahr eines Krieges war noch immer offensichtlich. Israel rüstete weiterhin auf, die IDF erwarben moderne Waffensysteme und Ausrüstung und die Marine errichtete in dem neuen Hafen Ashdod einen Stützpunkt.

Zu Beginn des Jahres 1967 wuchsen die Spannungen an den Grenzen und im Mai begann Ägyptens Präsident Nasser, seine Armeen entlang der Grenze zu verstärken. Nachdem die UN-Truppen die Sinai-Halbinsel verlassen hatten, verkündete er am 23. Mai die Schließung der Straße von Tiran für den israelischen Seeverkehr. Israel betrachtete dies als eine Kriegserklärung und ordnete für die Streitkräfte einen Zustand erhöhter Bereitschaft an. Die israelische Regierung versuchte noch immer, einen Krieg mit politischen Mitteln abzuwenden, aber die Lage war ernst. Die Israelis empfanden ihr Land als schutzlos und eine Anzahl hoher Offiziere forderte den Premierminister auf, einen militärischen Präventivschlag durchzuführen.

Die Marine selbst befand sich im Umbruch; die Zeit der veralteten Schiffe ging zu Ende und der Beginn einer neuen Ära mit schnellen FK-Booten stand bevor. Die ersten der neuen Einheiten sollten das Land 1968 erreichen. Auch das Eintreffen der Unterseeboote der T-Klasse wurde gegen Ende des Jahres erwartet. Diese Situation brachte auch ernste Hindernisse für die Seetransportfähigkeiten der 13. Flottille mit sich.

Die einsatzbereiten Schiffe und Boote der Marine bestanden zum damaligen Zeitpunkt aus:
– einem Zerstörer,
– einem Unterseeboot,
– fünf modernen MTB's und
– fünf LCT's (3 x 36 m und 2 x 60 m), gebaut in Israel.
Die 13. Flottille umfaßte eine Stärke von etwa 20 Mann im aktiven Dienst sowie die Reservisten. An Ausrüstung standen ihr eine Reihe von Sprengbooten sowie vier SDV's zur Verfügung.

Der Zerstörer EILAT, bei dem eine Modernisierung erfolgte, wie auch die außer Dienst gestellte Fregatte HAIFA wurden so schnell wie möglich wieder in einsatzbereitem Zustand versetzt. Dies galt auch für das Unterseeboot RAHAV, das ebenfalls außer Dienst gestellt worden war und jetzt nur noch als Überwassereinheit Verwendung finden konnte. Das dritte LCT von 60 m befand sich noch in der Ausrüstung und war nur bedingt einsatzbereit.

Der ägyptischen und der syrischen Marine standen insgesamt zur Verfügung:
– sieben Zerstörer,
– zwei Fregatten,
– elf Unterseeboote,
– 24 schnelle MGB's (bei denen eine FK-Bewaffnung angenommen wurde, die aber nicht bestätigt war),
– zehn MTB's sowie Minenleger, Minensuchboote, LCT's und weitere Fahrzeuge.
Für den Befehlshaber der Marine war es offenkundig, daß die ägyptische Flotte israelische Handelsschiffe angreifen und die Küste verminen würde. Die erheblich kleinere syrische Flotte bedrohte von See her die Nordküste mit FK-Beschuß, auch wenn die Reichweite der Flugkörper in diesem Gebiet keinen sicheren Erfolg versprach.

Das Generalkommando befahl der Marine, lediglich einen Verteidigungsplan zu entwerfen, wohingegen der Marinebefehlshaber Anweisung für einen Angriffsplan auf gegnerische Häfen gab, um so gut wie möglich vorbereitet zu sein. Da für Seegefechte und Hafenbeschießungen nicht genügend Schiffe zur Verfügung standen, mußte er auf den Einsatz der 13. Flottille zurückgreifen.

Ebenfalls im Frühjahr 1967 gelangte auch Eskimo zur Überzeugung, daß er die 13. Flottille nicht länger führen konnte, hauptsächlich infolge seines Mangels an Verständigung mit den jungen Kämpfern. Berale [Dov Shafir], der damals erneut eine französische Militärakademie besuchte, wurde aufgefordert, ihn abzulösen. Er meinte, seine Vorgesetzten müßten doch genug von ihm haben, da er die Flottille bereits zuvor fünf Jahre lang geführt hätte. Schließlich stimmte er zu, wollte aber lediglich für ein Jahr zurückkommen. Bei seiner Rückkehr fand er die Offiziere mit einer Grundplanung beschäftigt, die folgende Möglichkeiten vorsah: Zerstörung von Schiffen in allen gegnerischen Häfen, die Eroberung von Port Said in einer gemeinsamen Operation mit den Fallschirmjägern, die Besetzung der Straße von Tiran, Unterstützung bei der Landung eines Fallschirmjäger-Bataillons in El Arisch, Vorstöße von See her mit der Vernichtung von Küstenbatterien, Radarstationen, Fernmeldeeinrichtungen, Pumpstationen, Ölanlagen und Brücken.

Infolge des Zeitdrucks war Berale gezwungen, der Planung zuzustimmen, so wie sie stand. Doch trotz allem hatte er das Gefühl, daß sein Traum im Begriff stand, sich zu erfüllen. Am Vorabend des Krieges sollte die Flottille vollzählig in den Kampf gehen, um die gesamte gegnerische Flotte zu versenken.

In dieser Phase erhielt die Marine die Aufgabe, Defensivoperationen auszuführen, während sie gleichzeitig einen entsprechenden Bereitschaftszustand für solche offensiver Art beibehielt. Innerhalb dieses Rahmens befahl der Befehlshaber der Marine dem Unterseeboot TANIN, zu einer Warteposition auszulaufen, um von da aus in der Lage zu sein, syrische oder ägyptische Häfen unter Einsatz von Torpedos oder Kampfschwimmern anzugreifen.

Am 22. Mai informierte der Marinebefehlshaber seine Offiziere über die geplanten Operationen. An erster Stelle stand – vom Generalkommando als Hauptaufgabe der Marine definiert – die Landung von etwa 30 Panzern und 30 Halbkettenfahrzeugen bei El Arisch. Erel sah vor, daß der in die Operation einbezogene Zerstörer JAFFA auch den Angriff mit Sprengbooten auf Port Said unterstützen sollte, falls dieser zur Durchführung käme. Des weiteren hatte er geplant, daß alle Einheiten auch für zusätzliche Operationen bereit zu sein hätten. Diese sollten aber nur dann zur Ausführung gelangen, wenn die Landung widerrufen wurde. Darüber hinaus war noch der Befehl zur Unterstützung der Heeresverbände vorgesehen, die das Gebiet der Straße von Tiran zu besetzen hatten.

Am 24. Mai wurde die Kriegsplanung dem Premierminister vorgelegt. Erel erläuterte den Landungsplan, den Plan zum Angriff auf den Hafen von Sharm-el-Sheich und die Aufgabe, die die Marine in derselben Region bei einem Täuschungsplan zu spielen hatte. Er legte auch die Pläne für Angriffe auf verschiedene Häfen vor, die jedoch keine Billigung fanden.

Am Tag darauf fand eine abschließende Einsatzbesprechung im Marinekommando statt, bei der Erel befahl, einige bewaffnete Fischerboote vorzubereiten, um Kampfschwimmer der 13. Flottille zu syrischen Häfen zu transportieren. Das Marinekommando wäre

sich durchaus der beschränkten Fähigkeit von Fischerbooten bewußt, die nur eine Höchstgeschwindigkeit von 6 kn hätten, sehr schwach bewaffnet wären und lediglich eine geringe Fernmeldeausrüstung besäßen. Doch dies wäre die einzige Möglichkeit, um gleichzeitig die Landungsoperation und die Angriffe auf die Häfen durchzuführen, falls diese gebilligt werden sollten. Es wurde festgelegt, daß die Fischerboote, so lange der Krieg nicht erklärt war, nicht näher als 20 sm bei Nacht und 35 sm bei Tage an die syrische Küste herangehen sollten.

Am 25. Mai lief das Fischerboot GALIM, geführt von FKpt.d.R. Yossale Dror, aus dem Hafen von Haifa aus. Die Schlauchboote waren verborgen untergebracht und die Männer lagen gegen Sicht getarnt an Deck. Zur Besatzung gehörte auch ObltzS. Zvi Givati, genannt »Caruso«, der als persönlicher Vertreter des Marinebefehlshabers mitfuhr, um Dror »im Auge zu behalten«, der für seinen Mangel an Disziplin bekannt war.

Der Krieg beginnt: Eine rein defensive Marine

Am 1. Juni 1967 entschied die israelische Regierung, nicht auf einen arabischen Angriff zu warten, sondern einen Präventivschlag zu führen. Am selben Tag lief die TANIN, die einen Tag zuvor zurückgerufen worden war, nach Alexandria aus. Seinen Stabsoffizieren teilte der Marinebefehlshaber mit, daß der Krieg nunmehr unvermeidlich geworden wäre. Die Marine hätte ihren Teil zu den allgemeinen Anstrengungen beizutragen und in den gegnerischen Stützpunken Verwirrung zu schaffen.

Am folgenden Tag ergingen die Befehle für die Landoperationen im südlichen Sinai und die 13. Flottille wurde in Bereitschaft versetzt, um Sharm-el-Sheich sowie kleinere Häfen im Gebiet des Roten Meeres anzugreifen. Zu diesem Zweck wurde unter Führung von KKpt. Shaul Ziv eine kleine Abteilung gebildet, die ursprünglich mit der Durchführung eines Luftlandeunternehmens auf Ardakka betraut worden war. Sie bestand aus dem schnellen bewaffneten Boot BERTRAM (8 m), drei Schlauchbooten, zwei Sprengbooten und zehn Kampfschwimmern. In Sharm-el-Sheich hatten die Ägypter zwei Zerstörer, sechs MTB's, vier LCT's und zwei schnelle Motorboote. Sie patrouillierten in der Straße von Tiran und waren darauf vorbereitet, auf ihrem Weg nach Eilat Truppen zu landen.

Am 4. Juni erließ das Generalkommando der israelischen Streitkräfte den allgemeinen Operationsbefehl. Die Operationen der Marine beschränkten sich auf die Küstenverteidigung und eine Landung. Trotzdem wurden Kampfschwimmergruppen der 13. Flottille auf dem

Zerstörer JAFFA, dem Marineschiff NOGA und auf dem kleinen Forschungsboot SHIKMONA eingeschifft. Admiral Erel teilte seinen Offizieren mit, daß die Durchführung der Landungsoperation noch in der Schwebe hinge. Das Generalkommando hätte jedoch im Prinzip nichts gegen das Angreifen von Häfen einzuwenden. Es wolle lediglich wissen, welche Erfolgsaussichten und politischen Aspekte sich aus einem solchen Einsatz ergäben, und fordere die Zustimmung des Premierministers, da diese Unternehmen nicht Teil der bereits von ihm gebilligten Planung der IDF gewesen wären. Im Anschluß daran stimmte der Premierminister Erels Ersuchen zu, forderte jedoch, daß der Verteidigungsminister und der Generalstabchef vom operativen Standpunkt aus ebenfalls zustimmen müßten. Moshe Dayan, der am 2. Juni in der Zeit des Abwartens neu ernannte Verteidigungsminister, glaubte nicht an die Fähigkeit der Marine, die gegnerische Flotte zu vernichten. Vor dem Überraschungsschlag der Luftwaffe verbot er jegliche Operationen in Ägypten und soweit es Unternehmen in Syrien betraf, hielt er es keinesfalls für sicher, daß es in dieser Region zum Krieg käme. Außerdem war er von einem Angriff auf Sharm-el-Sheich nicht sehr begeistert, da er eine politische Ausweitung befürchtete. Zudem beunruhigten ihn mögliche Auswirkungen auf die Täuschungspläne der IDF in diesem Raum.

Nach Erels Überzeugung diente der Krieg nur dazu, die ständige Auseinandersetzung um Sinn und Zweck der Marine zu verstärken. Er verspürte, daß unterschwellig ein Mangel an Verständnis vorhanden war. Zudem empfand das Generalkommando äußerste Besorgnis hinsichtlich Beschießungen der israelischen Küste. Als Folge davon fand er sich in einer seltsamen Lage – keiner der von ihm vorgeschlagenen Angriffsoperationen seiner Streitkräfte war zugestimmt worden.

Am Morgen des 5. Juni 1967 gegen 07.45 Uhr erfolgte der überraschende Schlag der israelischen Luftwaffe. Innerhalb von drei Stunden war der größte Teil der arabischen Luftstreitkräfte vernichtet und die israelischen Bodentruppen drangen im Sinai und in der Westbank vor, nachdem auch der König von Jordanien in den Krieg eingetreten war.

Um 08.15 Uhr kam der Widerruf der Landungsoperation, da Moshe Dayan aus Besorgnis vor einer sowjetischen Intervention dagegen war und die israelischen Truppen auf der Sinai-Halbinsel rasch vorrückten. Admiral Erel verbrachte den gesamten Morgen im Generalkommando in Tel Aviv und versuchte, die Zustimmung zu Angriffsunternehmen zu erhalten. Am Nachmittag erging die Erlaubnis, ägyptische Häfen anzugreifen, und um 14.30 Uhr wurde auch der Angriff auf syrische Häfen freigegeben, nachdem das Land in den Krieg eingetreten war. Die Instruktion General

Itzhak Rabins, des Generalstabschefs, lautete: »Bleibt auf der sicheren Seite!«

Yochai Ben-Nun und Yossale Dror scheitern in Mint-el-Baideh und Tartus

Mint-el-Baideh, der nördlichste Hafen Syriens, war der wichtigste Ankerplatz des Landes und lag etwa zehn Kilometer von Latakia entfernt. Radarstationen, Geschütze ohne Radarlenkung und Patrouillen schützten die Küste.

Am Abend des 4. Juni 1967 nahm die GALIM Kurs nach Norden. Vor ihrem Auslaufen waren noch Sehrohr-Fotos der TANIN vom Zielort sowie Landkarten mit einer eingezeichneten Route für ein etwaiges Entkommen eingetroffen. Die Kampfschwimmergruppe an Bord bestand aus Reservisten und keiner war mit dem Ziel vertraut. In den folgenden 24 Stunden gingen drei verschlüsselte Funksprüche ein. Der erste bestätigte die Durchführung des Einsatzes und der zweite erteilte lediglich die Erlaubnis, Kurs auf den Zielort zu nehmen. Um 16.45 Uhr am 5.Juni traf endlich der Einsatzbefehl ein. Gleichzeitig erfolgte auch die Einsatzfreigabe für die Kampfschwimmergruppe der NOGA gegen den Hafen von Banias sowie für die der SHIKMONA gegen den Hafen von Tarsus.

Nach dem Eingang der Einsatzfreigabe änderte Yossale Dror den Kurs, um so schnell wie möglich, die Aussetzposition der Boote – 12 sm von der Küste entfernt – zu erreichen. Die Schlauchboote wurden aufgeblasen, aber eines von ihnen wies einen Riß auf. Dies bedeutete das Aufblasen und Vorbereiten des als Reserve dienenden Bootes, wobei sich der Start der Gruppe verzögerte. Außerdem stellte sich heraus, daß nur drei Taucherpaare Haftminen hatten. Hiermit war das vierte Paar überflüssig geworden.

Um 22.00 Uhr waren die Schlauchboote auf dem Weg zum Ziel. Bald darauf wurde festgestellt, daß eines der Boote nur die halbe Geschwindigkeit der für den Einsatz festgelegten halten konnte. Ein Teil der Männer stieg in das andere Boot um und die Fahrt erhöhte sich. Kurz nach Mitternacht befanden sich die Boote etwa 1000 m vor der Küste und drehten nach Süden in Richtung Hafen ab. Beim Einschlagen des neuen Kurses machten die Männer einige MTB's aus, die in den Hafen einliefen. Aus Sorge vor Entdeckung verbargen sie sich zwischen Felsen, die ein kurzes Stück von der Küste entfernt aus dem Wasser ragten. Hanoch befand sich in der Zwickmühle. Es war inzwischen 01.30 Uhr geworden und es standen nur noch zwei Stunden Dunkelheit zur Verfügung. Die Taucher brauchten zwei Stunden und dies bedeutete, daß ein Aufnehmen bei Tageslicht und direkt unter den Augen der Syrer erfolgen müßte. Er hatte daher eine schwierige Entscheidung zu treffen: Sollte er das Unternehmen mit dem ernsten Risiko des Todes oder der Gefangennahme durchführen oder sich zurückziehen, um den Versuch zur Durchführung des Unternehmens in der nächsten Nacht zu wiederholen. Er versuchte, mit Yossale Dror Verbindung aufzunehmen, um dessen Rat einzuholen. Doch als dies nicht gelang, kam er zum Schluß, daß es ratsamer wäre, die Durchführung des Unternehmens zu verschieben. Die Männer stimmten seiner Entscheidung zu. Um 03.30 Uhr in der Dämmerung des frühen Morgens nahm die GALIM die Kampfschwimmer etwa 6 sm von der Küste entfernt wieder auf.

Caruso war enttäuscht. Er machte geltend, Hanoch hätte nicht begriffen, daß die Tage der Ausbildung vorüber wären und daß sie sich im Kriegszustand befänden. Verluste wären im Kriege nicht zu vermeiden. Yossale Dror stimmte jedoch Hanoch zu, beruhigte die Gemüter und entschied, das Unternehmen sollte in der nächsten Nacht wiederholt werden.

Tartus, der südlichste Hafen Syriens, befand sich noch im Bau. In ihm lagen sechs MTB's und zwei FMB's der »Komar«-Klasse vor Anker. Der Schutz des Hafens war nicht besonders gut. Nördlich von ihm gab es eine Radarstation, die hauptsächlich nachts in Betrieb war. Führer des Unternehmens auf der SHIKMONA war Konteradmiral d.R. Yochai Ben-Nun, der den Marinebefehlshaber zur Übernahme dieser Aufgabe faktisch gezwungen hatte. Die SDV's – die Angriffsgruppe – befehligte ObltzS. Paulin, ein hochgewachsener, außerordentlich starker Kämpfer, der als Jugendlicher von Litauen nach Israel gekommen war. Daraus hatte sich die Situation ergeben, daß ein junger Offizier direkt dem Konteradmiral unterstand, der die Flottille gegründet hatte und bereits damals eine Legende war.

Die Tage vor dem Unternehmen wurden benutzt, um die SHIKMONA in ein getarntes Kriegsschiff zu verwandeln. Da noch nicht klar war, welches Ziel tatsächlich in Frage käme, wurde das Boot für alle Eventualitäten ausgerüstet: zwei SDV's für den Hafen Tartus sowie zwei Schlauchboote und zwei Taucherpaare für den Hafen Banias. Hinzu kamen Kampfschwimmer als Aktive und Reservisten mit Schlauchbooten für Stör- und Sabotageunternehmen entlang der syrischen Küste.

Am 4. Juni um 21.30 Uhr lief die SHIKMONA zu einer entfernten Warteposition aus. Die Kämpfer hatten die Nachricht vom Ausbruch des Krieges mit Begeisterung aufgenommen und waren allesamt kampfbereit. Ihr Warten dauerte bis in den Nachmittag des 5. Juni hinein, wobei sie die Zeit zur Durchführung verschiedener Übungen nutzten. Nach Eingang der Einsatzfreigabe stellte sich heraus, daß Yochai Ben-Nun ein

Navigationsfehler unterlaufen war, und erst nach Bestimmung ihrer genauen Position konnten sie Kurs in Richtung Absetzpunkt auf Höhe des Hafens Tartus nehmen. Es herrschte eine kabbelige See und die Männer, die nicht an das bockende Boot gewöhnt waren, wurden seekrank. Der Navigationsfehler und ihr langsames Vorankommen mit 8 kn Fahrt hatten zur Folge, daß sie den Absetzpunkt – 8 sm vom Hafen entfernt – nicht mehr rechtzeitig erreichen konnten. Yochai Ben-Nun zog das Risiko in Erwägung, dichter – 4 sm – an die Küste heranzugehen, entschied sich aber nach Beratung mit anderen dagegen, weil für die Kampfschwimmer nicht mehr genügend Zeit blieb, anzugreifen und noch in der Dunkelheit aufgenommen zu werden. Da es nunmehr unmöglich war, das Überraschungsmoment der ersten Kriegsnacht auszunutzen, entschloß sich Ben-Nun, das Unternehmen auf die folgende Nacht zu verschieben und auf die Warteposition zurückzukehren.

Der Hafen Banias wird nicht gefunden

Am Bootsliegeplatz von Banias lagen sechs MTB's vor Anker. Das Unternehmen sollte die NOGA mit KKpt. Ze'ev Ariel als Kommandant durchführen. KKpt. Amnon Ben-Zion, ursprünglich für den Latakia-Einsatz vorgesehen, hatte den Befehl über die Kampfschwimmer. Als der Widerruf der Landungsoperation erfolgte, ergab sich, daß die NOGA nicht imstande war, rechtzeitig vor Latakia einzutreffen, und erhielt daher den Hafen Banias als Ziel zugewiesen. Den Befehl übermittelte ein Funkspruch, der folgenden Wortlaut hatte: »Auslaufen zu einer Warteposition 60 sm westlich der Küste und Vorbereitungen treffen, um den Hafen Banias anzugreifen. Vor der Freigabe des Einsatzes ist jede Sichtung zu vermeiden. Zu beachten ist, daß sich Syrien noch nicht im Kriegszustand mit uns befindet. Keine Verbindung zu neutralen Schiffen aufnehmen. Ausführung des Unternehmens wird durch besonderen Befehl mitgeteilt.«

Das Ziel gehörte nicht zu jenen, die Teil der Vorausplanung gewesen waren, und so waren weder detaillierte Anweisungen noch nachrichtendienstliche Informationen mit Karten und Fotos zur Hand. Amnon Ben-Zion mußte seiner Planung deshalb eine Seekarte großen Maßstabs zugrunde legen und zur Unterstützung das Segelhandbuch heranziehen. Er war froh, einen Offizier bei sich zu haben, der im Zielgebiet ein Aufklärungsunternehmen durchgeführt hatte und ihm eine Beschreibung liefern konnte. Ben-Zion entschloß sich daher, mit drei Taucherpaaren in drei Schlauchbooten anzugreifen. Ein weiteres Schlauchboot sollte Treibstoff als Reserve mitführen, um bis nach Zypern zu gelangen, falls ein Zusammentreffen mit der NOGA nach dem Unternehmen fehlschlagen sollte.

Frühere Befehle untersagten ein Aussetzen der Boote in einer Entfernung von weniger als 15 sm zur Küste, so lange in diesem Seegebiet kein Zerstörer zur Verfügung stand, der mit dem neuen geheimen Radarwarngerät ausgerüstet war. Ariel wich von diesen Befehlen nicht ab und traf um 23.00 Uhr am Absetzpunkt ein. Auf dem Radarschirm zeigte er Amnon Ben-Zion die Position der NOGA und die Bucht von Banias. Ein anderer Offizier wies ihn auf den Leuchtturm von Latakia und auf einen weiteren Leuchtturm südlich von Banias hin. Ariel riet ihm, auf eine Gruppe von Lichtern an der Küste zuzusteuern. Ben-Zion nahm nach dem damals benutzten Navigationssystem einen Kurs, der ihn zu einem Punkt ein paar Grad oberhalb des Ziels führte. Etwa eine Seemeile südlich des erleuchteten Gebietes und einer kleinen Bucht befanden sie sich nahe der Küste. Fast drei Stunden lang hin und her fahrend, suchten sie die Küste ab, konnten aber den Ankerplatz nicht finden. Amnon Ben-Zion war der Meinung, die Absetzposition für die Boote müsse falsch gewesen sein, so daß sie in die falsche Richtung gefahren wären. Da es inzwischen 02.50 Uhr geworden war, entschloß er sich zum Abdrehen. Zur Enttäuschung, das Ziel nicht gefunden zu haben, kam nun noch, daß die NOGA auf ihre Anrufe über Funk nicht antwortete, weshalb sich Ben-Zion entschloß, Zypern anzusteuern.

Während Amnon Ben-Zion nach seinen Zielen suchte, steuerte die NOGA den Aufnahmepunkt an. Um 01.00 Uhr waren auf dem Radarschirm in etwa 5 sm Entfernung drei Objekte zu erkennen. Ariel hielt sie für die Schlauchboote, mit denen er als Aufnahmesignal ein rotes und ein weißes Blinklicht vereinbart hatte. Die drei Objekte hatten etwa 15 kn Fahrt und hielten sich dicht zusammen. Außerdem konnte er auf ihnen weiße Blinklichter erkennen. Als er sich ihnen näherte, erkannte er plötzlich, daß es sich um syrische MTB's handelte. Der am nächsten stehende Syrer war nur etwa 50 m von der NOGA entfernt. Dieser Zwischenfall dauerte nur ein paar Sekunden, so daß keiner Seite Zeit blieb, das Feuer zu eröffnen. Eine Minute lang zog Ariel eine Verfolgung in Erwägung, entschloß sich aber, seine Aufgabe durchzuführen und die Männer aufzunehmen. Die Geschwindigkeit der Gegner war viel höher als seine eigene und außerdem hatten die drei gegnerischen Boote eine größere Feuerkraft. Offensichtlich hatten die syrischen Kommandanten das israelische Schiff nicht bemerkt, da sie nicht umkehrten. Ariel setzte einen Funkspruch an das Marinekommando ab und forderte, falls erforderlich, MTB-Unterstützung sowie Bergungshubschrauber für die Schlauchboote an. Um 04.00 Uhr konnte jedoch die Verbindung hergestellt werden und eine Stunde später wurden die Boote aufgenommen.

In seinem Bericht meldete Ariel, daß der Banias-Einsatz nicht durchgeführt werden konnte, beharrte aber darauf, daß die Boote an der richtigen Stelle ausgesetzt worden waren und daß Amnon Ben-Zion nicht in der Lage gewesen war, das Ziel auszumachen.

Ein Sprengboot sinkt im Golf von Akaba

Vor Ausbruch des Krieges war Kapitän z.S. Avraham Botzer (Spitzname »Gepard«) zum Kommandeur des Befehlsbereiches Süd ernannt und nach Eilat versetzt worden. Am Nachmittag des 5. Juni 1967 ging folgender Funkspruch des Marinekommandos ein: »In See steht ein ägyptischer Verband, der möglicherweise aus 2 Zerstörern und 6 MTB's besteht. Gefahr einer Beschießung von Eilat ist gegeben. Eigene MTB's in Bereitschaft für Hinterhalt nahe der saudiarabischen Küste. Luftunterstützung vor Einbruch der Dunkelheit ist angefordert.« Dem »Gepard« standen drei eigene MTB's und eine kleine Gruppe der 13. Flottille zur Verfügung. Außerdem hatte er noch ein paar zivile Motorboote und einen Schlepper mit guten Fernmelde- und Radaranlagen verpflichtet. Mit den schnellen Motorbooten wollte der »Gepard« die ägyptischen MTB's weglocken, die den Zerstörern vorausliefen, um es seinen in einer kleinen Bucht verborgenen MTB's und Sprengbooten zu ermöglichen, die Zerstörer anzugreifen. Als die Dunkelheit hereinbrach, marschierte der improvisierte israelische Verband nach Süden. Der rauhe Seegang schüttelte die kleinen Boote mitleidlos durch. Die Funkanlagen fielen aus und die schnellen Motorboote hatten Schwierigkeiten, die Position für den Hinterhalt zu erreichen. Eines der beiden Sprengboote lief voll Wasser.

Danny Avinon, einer der Männer an Deck der BERTRAM sah das sinkende Boot. Lediglich sein Bug ragte noch aus dem Wasser. Da das Boot nicht in diesem Zustand zurückgelassen werden konnte, sprang er ins Wasser, schwamm durch die stürmische See zu ihm hin und schlug mit einer Axt ein Loch in seinen Bug, damit es sich vollends mit Wasser füllen und untergehen konnte. Itzik Brokman rief ihm zu, vorsichtig zu sein und nicht die Sprengladungskette um den vorderen Bootsteil zu berühren. Nach wenigen Sekunden kehrte er zur BERTRAM zurück, das Boot sank und die Sprengladung detonierte, ausgelöst durch den hydrostatischen Zünder.

Die seltsame »Armada« wartete in ihrem Hinterhalt bis 02.00 Uhr morgens, der geplanten Angriffszeit. Flugzeuge klärten auf, konnten aber keine gegneri-

Transport eines Sprengbootes mit einem »Sikorsky 58«-Hubschrauber.

schen Schiffe feststellen. Am Morgen kehrte der kleine Verband in den Hafen zurück. Inzwischen war es klar, daß die Boote infolge der stürmischen See keine Chance gehabt hätten, die Zerstörer anzugreifen, selbst wenn diese gesichtet worden wären. Später sickerte durch, daß der ägyptische Verband infolge des schlechten Wetters und der dadurch fehlenden Luftunterstützung abgedreht hatte.

Am Morgen des 6. Juni 1967 ging die Information ein, die Ägypter wären dabei, ihre Seestreitkräfte aus Sharm-el-Sheich aus Besorgnis vor einem massiven israelischen Angriff zurückzuziehen – eine Besorgnis, die sich als Begleiterscheinung zu einer der ausgedehnten israelischen Täuschungsoperationen ergab. Gegen Mittag erhielt die Marine die Aufforderung, ein Bataillon zu unterstützen, das von Eilat aus nach Süden verlegen sollte. Aufgabe der Marine war es, vier leichte Panzer sowie gepanzerte Befehlsfahrzeuge zu landen, die vier LCVP's zu transportieren hatten. Die MTB's sollten sie sichern und ein ebenfalls verpflichtetes Zivilschiff hatte Wasser und Ausrüstung an Bord. Wenige Stunden später wurde bekannt, daß das ägyptische Heer den Befehl erhalten hatte, sich aus dem Sinai zurückzuziehen. Um die Besetzung von Sharm-el-Sheich schneller durchzuführen, sollten daher am 7. Juni um 10.30 Uhr entweder Fallschirmjäger abspringen oder durch Hubschrauber abgesetzt werden.

Der Marineverband verließ am Abend des 6. Juni Eilat. Die See war ruhig und auf ihrem Weg nach Süden lief die BERTRAM kleine Buchten an, fand aber keine gegnerischen Truppen. Unterwegs ging ein Funkspruch mit der Information ein, daß die gesamte ägyptische Luftwaffe vernichtet und die Luftlandung daher bis Mittag verschoben worden wäre. Der »Gepard« entschloß sich deshalb, zum selben Zeitpunkt wie das Erfolgen der Luftlandung in die Bucht von Sharm-el-Sheich einzulaufen, um die Besetzung zu unterstützen. Dort traf der israelische Verband zu früh ein; aber die Boote liefen unbelästigt in die Bucht ein, machten an der Pier fest und die Männer heißten vor dem verlassenen UN-Hauptquartier die israelische Flagge. Mit dem Bekanntwerden der Besetzung wurde die Luftlandung abgesagt. Dies verärgerte die Fallschirmjäger gegenüber der Marine. Sie gaben ihr die Schuld daran, daß sie nun nicht den »roten Untergrund« für ihr Fallschirmspringerabzeichen erhalten würden. Bei der Marine kam niemandem der Gedanke, daß es nicht ihre Aufgabe wäre, »Häfen zu besetzen« – wie auch niemand in Erwägung zog, was geschehen wäre, wenn die Boote auf einen Gegner am Strand gestoßen und eines von ihnen versenkt worden wäre. Nach dem Kriege wurde in Sharm-el-Sheich ein kleiner Marinestützpunkt mit drei LCVP's und zwei bewaffneten Fischkuttern eingerichtet, den ich als Kommandeur übernahm. Der Gefechtsstand des Befehlsbereiches Süd wurde in den Hafenort Abu Zenima am Golf von Suez verlegt, während ein weiterer kleiner Marinestützpunkt in Ras-el-Sudr entstand – in der Nähe des Südausgangs des Suezkanals.

Operation »Port Said« – Keine Ziele gefunden!

Der Hafen Port Said am Nordausgang des Suezkanals umfaßte einen abgesonderten Marinestützpunkt, verteidigt durch radargelenkte Geschütze und Patrouillenboote. Zu Beginn des Krieges befanden sich dort zwei FMB's, drei MTB's und drei U-Jäger. Am Tage des Kriegsausbruchs wurde festgestellt, daß die MTB's den Hafen mit unbekanntem Ziel verlassen hatten.

Am 5. Juni 1967 um 02.40 Uhr setzte der Befehlshaber der Marine einen Funkspruch an Kapitän z.S. Bini Telem ab, der die Landungsoperation von Bord der JAFFA (auch YAFFO) aus führte, auf der vier Sprengboote eingeschifft waren. Der Funkspruch teilte mit, daß die Billigung der Landungsoperation nicht vor 14.00 Uhr erfolgen würde und sich daher die Möglichkeit ergäbe, ein alternatives SDV-Unternehmen gegen Port Said durchzuführen. Der Schlußsatz lautete: »Wie üblich verläuft nichts nach Plan, Änderungen erwartet.«

Die Sprengboote wurden nunmehr von Bord gegeben und durch die TZIPOR (»Vogel« – ein in Israel gebautes Führungs- und Transportboot), zwei SDV's und drei Schlauchboote ersetzt. KKpt. Ze'ev Almog, der wieder zur Flottille zurückgekehrt war, hatte die Führung des Unternehmens. ObltzS. Itzhak Shamir befehligte die SDV's. Diese Einteilung kam für ihn überraschend, da er nach den ursprünglichen Kriegsplänen für das Unternehmen nach Tartus vorgesehen worden war. Zu diesem Zeitpunkt besaß die Flottille nur vier in Israel gebaute SDV's aus Fiberglas. Die beiden anderen Geräte befanden sich bei der für Tartus eingeteilten Gruppe.

Am Mittag wurde die Landungsoperation schließlich widerrufen und die JAFFA lief in Richtung Port Said aus. Ein weiterer vom Marinekommando eingegangener Funkspruch machte zur Bedingung, daß die SDV's nicht später als 21.00 Uhr und nicht dichter als 12 sm vor der Küste ausgesetzt werden dürften. Der Führer des Kommandos bekam den Befehl, beim Anmarsch auf das Ziel jede Feindberührung sowie das Angreifen neutraler Schiffe zu vermeiden.

Einige Zeit später ging noch die Information über die erzielten Erfolge der Luftwaffe in Verbindung mit der Mitteilung ein, daß sich die ägyptischen Schiffe im Hafen befänden. Fünf Uhr nachmittags sandte Admiral Erel, der Marinebefehlshaber, einen persönlichen Funkspruch an Bini Telem: »Heute nacht werden wir Unternehmen gegen die syrischen Häfen durchführen. Erfolge zu Lande und in der Luft sind phänomenal. Wir dürfen keine Verluste erleiden, die der Feind aus Prestigegründen ausnutzen könnte. Gefährde nicht die JAFFA durch Konfrontation mit FMB's. Hafenunternehmen haben Vorrang. Viel Glück!« Dieser Funkspruch ging hinaus, nachdem der Generalstabschef zu Erel gesagt hatte: »Schick' sie nicht hinaus! Ich will keinen vor Port Said versenkten Zerstörer und 200 im Wasser schwimmende Männer.« Die neuen sowjetischen »Styx«-Flugkörper stellten eine ernsthafte Bedrohung dar – trotz der Versicherung des Chef des Marinenachrichtendienstes, sie wären noch eingelagert.

In der abschließenden Einsatzbesprechung wurde befohlen, die SDV's hätten Zeit zwischen 01.30 Uhr und 02.30 Uhr, um im Hafen zu operieren. Die schließliche Aufnahme sollte um 02.45 Uhr etwa anderthalb Seemeilen vom kleinen Wellenbrecher entfernt durch die TZIPOR erfolgen. Vor dem Aufnehmen wären die SDV's zu vernichten, um ein schnelles Entkommen zum Treffen mit dem MTB nicht zu behindern, das nicht später als 03.00 Uhr stattfinden sollte. Über Funk ging um 20.15 Uhr die Freigabe des Einsatzes ein. Gleichzeitig wurde mitgeteilt, daß keine Gewißheit bestünde, ob sich im Hafen Ziele befänden; die Kampfschwimmer sollten ihr Vorgehen ausschließlich auf den Marinebereich konzentrieren. Diese Mitteilung war aufgrund einer Information ergangen, wonach die FMB's ausgelaufen wären und den Auftrag hätten, dem Kampf-

verband auszuweichen und die israelische Küste zu beschießen. Nach Einschätzung des Chefs des Marinenachrichtendienstes wären nur ein paar MTB's im Hafen zurückgeblieben und die verschwundenen FMB's würden auf keinen Fall angreifen.

Kurze Zeit später wurden einige Handelsschiffe geortet, die auf dem Weg nach Port Said waren, und Bini Telem entschied sich, den Anmarsch unter Tarnung fortzusetzen, um sich dem acht Seemeilen entfernten Aussetzpunkt zu nähern. Er ließ die Positionslichter anschalten und die Umrisse des Zerstörers hinter einer großen Segeltuchplane verdecken. Die Radarortung arbeitete ausgezeichnet und es war sogar möglich, den Funkverkehr des Gegners abzuhören. Bini Telem verlegte den Aussetzpunkt noch dichter an die Küste heran und stieß hierbei auf die Zustimmung der SDV-Männer, denen nur eine sehr begrenzte Zeit zur Verfügung stand, unter dem Detonieren kleiner Wasserbomben die Suche nach Zielen durchzuführen. ObltzS. Dov Bar, der Führer eines der SDV's, billigte ihnen eine Chance von 50 % zu, hinein- und lebend wieder herauszukommen. Er schrieb einen Abschiedsbrief, in dem er als Grund für seine Teilnahme am Unternehmen die Bildung nannte, die er erhalten hätte. Außerdem wären er und seine Kameraden von dem Wunsch beseelt, niemanden zu enttäuschen.

Um 20.45 Uhr wurden die Männer mit ihren SDV's von der JAFFA ausgesetzt. Ihnen schloß sich Almog mit der TZIPOR an. Die Kampfschwimmer trugen unter ihren Taucheranzügen Dacorn-Uniformen – falls sie versuchen mußten, entlang der Küste zu entkommen. Danach setzte sich die JAFFA ca. 20 sm von der Küste ab und am Aufnahmepunkt, etwa 12 sm vom Zielhafen entfernt, warteten zwei MTB's.

Zunächst hatte die TZIPOR die beiden SDV's im Schlepp, aber um 21.15 Uhr wurde die Schleppverbindung gelöst. Sich dem Hafen nähernd, umfuhren sie auf Reede ankernde Schiffe und identifizierten die Markierungsbojen am Kanaleingang. Um 22.45 Uhr erreichten die SDV's den kleinen Wellenbrecher und trennten sich. Das von Shamir geführte SDV fuhr getaucht nach Westen in Richtung der Einfahrt, stieß aber bereits nach kurzer Zeit auf eine Sandbank am Fuße des westlichen Wellenbrechers. Daraufhin signalisierte Shamir seinem Steuermann zu stoppen und setzte sich auf den Bug, um ein Auftauchen des SDV's zu vermeiden. Sich umsehend, erkannte er über sich eine Geschützstellung und einen Scheinwerfer. Sich auf die Mitte des Bassins zu bewegend, beobachtete er unausgesetzt den Fischereihafen, sah aber keine Kriegsschiffe. Auf die Hauptpier zufahrend, identifizierte er Objekte, die er von dem für den Einsatz angefertigten Modell her kannte, so zum Beispiel einen zerbrochenen Grabstein und eine große Reklamefläche mit der

Werbung für eine Whiskymarke. Plötzlich erblickte er ein Patrouillenboot und tauchte sofort unter. Binnen Sekunden kamen Wasserbomben und detonierten. Er hatte das Gefühl, als ob er mit dem Kopf gegen eine dicke Glaswand gerannt wäre. Das Patrouillenboot verlangsamte seine Fahrt nicht und nach zwei Minuten Tauchfahrt, ging er mit dem SDV in der Mitte des Bassins wieder nach oben, um erneut Ausschau zu halten. Am vorderen Teil der südlichen Pier sah er ein Handelsschiff. Die übrigen Pieranlagen waren leer von Schiffen, aber voller Wachposten. Auch das nächste Hafenbassin war genauso leer. Er gab jedoch nicht auf und fuhr fort, immer wieder aufzutauchen – aber vergebens suchte er nach einem Ziel. Schließlich tauchte er an der Hafeneinfahrt noch einmal auf, und als er immer noch kein Ziel fand, blieb ihm nichts anderes übrig, als den Ort zu verlassen. Außerhalb des Hafens tauchte er auf und hörte den Lärm von Geschützfeuer, der vom Ende des Wellenbrechers her ertönte. Daraufhin ging er für weitere zehn Minuten auf Tauchfahrt, bis er den Aufnahmepunkt der TZIPOR erreichte.

Das zweite SDV brachte die gleiche risikoreiche und enttäuschende Fahrt hinter sich. Auf seinem Weg in den Hafen sah Dov Bar ein kleines Patrouillenboot. Er suchte in der Hoffnung weiter, noch lohnendere Ziele zu finden. Den größten Teil des Weges fuhr er mit dem Kopf über Wasser, aber zu seiner Enttäuschung machte er kein Ziel aus. Danach zog er in Erwägung, das Patrouillenboot anzugreifen. Doch inzwischen hatte es seinen Liegeplatz verlassen, und so entschied er sich, den Rückmarsch anzutreten.

Um 01.15 Uhr kam das erste und um 01.45 Uhr auch das zweite SDV an die Wasseroberfläche. Mit den Ferngläsern die See absuchend, sahen die Kampfschwimmer keine Spur von der TZIPOR und ihre Funkrufe blieben ohne Antwort. Ihnen unbekannt, waren ihre Rufe gehört worden und Almog war direkt in Richtung Aufnahmepunkt gefahren, hatte aber das Boot etwa zwei Seemeilen von der Hafeneinfahrt entfernt gestoppt, als vom Wellenbrecher aus aufs Geratewohl Geschützfeuer eröffnet wurde. Er hatte die Befürchtung, die SDV's wären unter Feuer genommen worden, und wollte die Lage klären. Die vier Kampfschwimmer fühlten sich in übler Verfassung. Sie waren ohne Schwierigkeiten in den Hafen gelangt und hatten eigentlich ihren Auftrag ausgeführt, aber das Pech gehabt, keine Kriegsschiffe anzutreffen. Für diesen Augenblick – der nun als Fehlschlag endete – hatten sie vier Jahre lang geübt. Und zu allem Übel kam noch hinzu, daß nun keiner da war, um sie aufzunehmen. Mit einer Geschwindigkeit von etwa 4,5 kn fahrend, verließen sie daher getrennt das Gebiet. Rund zwei Seemeilen vom Hafeneingang entfernt ortete die TZIPOR das SDV von Dov Bar und fuhr langsam und ruhig darauf zu, um die Männer aufzunehmen. Um 02.20 Uhr

befanden sich Bar und sein Partner an Bord der TZIPOR und das SDV war versenkt worden. Nach einiger Zeit sah Shamir ein Schiff, das ihn mit rascher Fahrt passierte, aber er war sich nicht sicher, wer es war, und tauchte. Nachdem er etwas später wieder an die Wasseroberfläche gekommen war, erkannte er die TZIPOR und nahm Verbindung auf. Nach dem Zusammentreffen erhob Shamir jedoch Einwände gegen das Versenken des kostspieligen SDV's und legte dar, daß sie weder unter Beschuß geraten noch verfolgt worden wären. Er wäre sicher, sie könnten das Gebiet mit dem SDV verlassen; denn immerhin hätten er und seine Kameraden die ganze Zeit über lange Fahrten geübt. Almog versuchte, Verbindung mit der JAFFA zu bekommen, um festzustellen, ob sich der Zerstörer nahe genug befand, um sie früher als geplant aufzunehmen und ein Versenken des SDV's zu vermeiden. Doch dies gelang nicht, und so entschloß er sich, am ursprünglichen Plan festzuhalten, und befahl trotz zorniger Bemerkungen die Versenkung des Geräts. Um 02.40 Uhr befanden sich alle Kampfschwimmer auf der TZIPOR und auf dem Wege zum Treffpunkt mit den MTB's.

Während des Unternehmens im Hafen hörte die JAFFA den Funkverkehr der Ägypter ab und verfolgte ihre Radarortungen. Um 22.45 Uhr faßte das israelische Warnradar Impulse auf, wonach die Ägypter Luftabwehr-Flugkörper gestartet hatten und der Argwohn wuchs, daß sie die JAFFA erfaßt hätten. Um 01.07 Uhr hörte die Funkaufklärung der JAFFA einen Funkspruch der Radarstation Port Said ab, die ein Objekt in 4,5 sm Entfernung vom Hafen mit Kurs 170° geortet hatte. Diesem Funkspruch folgte eine weitere Meldung über ein Ziel in unbekannter Entfernung. Unmittelbar darauf befahl das ägyptische Marinekommando die Vernichtung des Zieles. Kapitän z.S. Bini Telem hatte das Gefühl, die Meldungen konzentrierten sich auf die SDV's, die entdeckt worden waren, oder auf die JAFFA selbst. Die Information über Richtung und Kurs deckte sich mit der der JAFFA, aber die gemeldete Entfernung war viel zu gering.

Zur selben Zeit wurde auf der JAFFA der Funkruf von Dov Bar an die TZIPOR abgehört, aber es gab keine Antwort. Zehn Minuten später wurde ein ägyptisches FMB-Suchradar aufgefaßt, das offensichtlich die JAFFA geortet hatte. Bini Telem vermutete, daß der Zerstörer entdeckt worden war und daß das FMB im Begriff stand, die JAFFA anzugreifen. Um 01.30 Uhr war von Port Said her Geschützfeuer zu hören. Zu diesem Zeitpunkt bestand keine Funkverbindung mit der TZIPOR, auch auf dem Radarschirm war sie nicht auszumachen. Bini Telem entschloß sich, zwei Radar-Täuschkörper in Richtung Norden abzuschießen, um den Gegner irrezuführen. Dies waren die ersten einsatzfähigen Flugkörper ihrer Art, welche die Marine abfeuerte. Von den israelischen MTB's wurden sie als Leuchtgranaten angesprochen, deren Fallschirme sich nicht geöffnet hatten. Telem, der einen FK-Treffer befürchtete, befahl FKpt. Katt, dem Kommandanten der JAFFA, so schnell wie möglich, nach Norden abzulaufen. Um 01.55 Uhr orteten die MTB's die ägyptischen FMB's, die sich in einer Entfernung von etwa 4000 m befanden und 20 kn Fahrt liefen. Der Führer der MTB's meldete die Ortung an die JAFFA und versuchte, dem Gegner auf dem erwarteten Kurs den Weg abzuschneiden. Seine Absicht bestand darin, die FMB's nach Norden zu ziehen, um zu verhindern, daß sie mit der TZIPOR zusammentrafen.

Um 02.24 Uhr erteilte Bini Telem den MTB's den Angriffsbefehl und die Verfolgung setzte ein. Infolge der von den Lichtern der Stadt ausgehenden Blendwirkung hatten die Kanoniere Schwierigkeiten, ein Ziel aufzufassen. Die gegnerischen Boote hatten ihre Positionslichter gesetzt und erwiderten das Feuer nicht.

Während des Gefechtes ging von der JAFFA ein Funkspruch mit der Bestätigung ein, daß sich die ägyptischen FMB's in See befanden. Die Funker der JAFFA hörten den Funkverkehr zwischen ihnen und dem ägyptischen Marinekommando ab, das den Booten befahl, das Feuer zu erwidern, sich zur Küste zurückzuziehen und in den Hafen einzulaufen.

Aus Sicherheitsgründen erhielt die JAFFA keine Meldungen von den MTB's hinsichtlich ihrer Positionen. Bini Telem schätzte, daß sich das Gefecht etwa acht Seemeilen vom Hafen entfernt abspielte. Er entschloß sich deshalb, das Gefecht ca. 15 Minuten nach der Feuereröffnung abzubrechen, um einerseits zu verhindern, daß es sich in das SDV-Aufnahmegebiet erstreckte, und um andererseits zu vermeiden, daß die MTB's in den Beschuß der Geschütze an der Küste gerieten. Das Gefecht endete mit einem Feuerwechsel auf 1000 m Entfernung, da sich die Boote viel dichter an der Küste befanden, als Bini Telem gedacht hatte.

Um 03.00 Uhr befahl KptzS. Telem den MTB's, die Warteposition zu verlassen, da der letztmögliche Aufnahmezeitpunkt verstrichen war. Er befahl der JAFFA, auf einen nördlichen Kurs zu gehen, da er in der Morgendämmerung einen Angriff durch ägyptische Flugzeuge befürchtete. Almog, der den letztmöglichen Zeitpunkt zur Aufnahme mit 05.00 Uhr annahm, wartete einige Zeit und ging dann aus eigener Kraft auf Nordwestkurs Richtung Israel.

Als das Marinekommando feststellte, daß die JAFFA den Einsatzraum verlassen hatte, erhielt Telem vom Marinebefehlshaber den Befehl, auf dem eigenen Kurs zurückzulaufen. Um 05.25 Uhr identifizierte der Zerstörer das Radar der TZIPOR und lief auf das Boot zu. Almog hielt das sich nähernde Schiff für einen Ägypter und bereitete die TZIPOR zur Sprengung vor, den für den Fall des Aufbringens ergangenen Befehl befolgend. Er ließ die TZIPOR stoppen, so daß der »Feind« keine Kielwasserspur erkennen konnte.

Um 06.00 Uhr sichtete die JAFFA das fliehende Boot. Schließlich kam eine Verbindung zustande, Almog war beruhigt, die TZIPOR wurde an Bord genommen und der Verband kehrte in den Hafen zurück.

Am folgenden Tag verbreiteten die Ägypter als offizielle Verlautbarung, daß im Verlaufe eines Gefechtes vier israelische MTB's und ein ägyptisches FMB versenkt worden wären. In Wahrheit hatten die israelischen Einheiten nicht einmal Beschädigungen erlitten und erstaunlicherweise auch keines der ägyptischen Boote.

Zu dieser Zeit befanden sich sowjetische Militärberater in Port Said. Einer von ihnen war ObltzS. Valery Zelinchnok, ein Torpedo- und Minenfachmann. Er war Jude und eingeschworener Kommunist, wobei ihn die Tatsache überhaupt nicht kümmerte, daß er die Ägypter unterstützte. Soweit es ihn betraf, war Israel nur ein anderer Staat. Während des israelischen Angriffs wurde er verwundet und später zurück in die Sowjetunion geschickt. Niemand in Israel wußte von dem Zwischenfall und Valery Zelinchnok konnte sich nicht vorstellen, den Israelis noch einmal zu begegnen.

Die TANIN vor Alexandria: Nur einen Schwimmbagger gefunden

Die TANIN hatte den Befehl erhalten, in Alexandria Schiffe anzugreifen. Die Weisungen besagten, daß es ihrem Kommandanten gestattet war, einen Torpedoangriff durchzuführen, selbst wenn dies die Kampfschwimmer am Einsatz hindern würde. ObltzS. Aitan Lifschitz, der die Taucher führte, war wütend darüber, daß das neue Infrarotgerät zum Aufspüren für die Bergung dem Sharm-el-Sheich-Unternehmen zugeteilt worden war, während er die ältere Ausrüstung erhalten hatte, die beträchtliche Probleme verursachte. Nach seiner Auffassung waren die Prioritäten falsch gesetzt, da das Alexandria-Unternehmen nur die Marine betraf und die Schiffe in diesem Hafen die israelischen Küsten bedrohten. Zudem hielt er das Sharm-el-Sheich-Unternehmen, das von der Zustimmung des Generalkommandos und von der Zuweisung von Hubschraubern abhängig war, von der Ausrüstung her für überzogen, da die Schiffe in diesem Hafen für niemanden eine Gefahr darstellten. Nach Aitan Lifschitz' Einschätzung würde dieses Unternehmen keine Zustimmung finden. In Alexandria jedoch müßten die Taucher aus ihrem Unterseeboot und wieder zurück durch einen Engpaß gelangen und unzureichende Geräte zum Auffinden bei der Bergung benutzen. Izzy Rahav, der stellvertretende Befehlshaber der Marine, und Berale, sein derzeitiger Flottillenchef, versuchten, ihm Mut zuzusprechen, indem sie daran erinnerten, daß der Erfolg des Einsatzes für ihn und seine Kameraden das Erhalten des »roten Untergrundes« für ihre Fallschirmspringer-abzeichen zur Folge hätte. Lifschitz entgegnete, ein solche Erinnerung wäre genauso, als ob ein sterbender Patient Aspirin bekäme.

Die TANIN lief am 25. Mai 1967 zu einer Warteposition 80 sm von Alexandria entfernt aus. Während des Anmarsches brachten Aitan Lifschitz und KKpt. Ivan Dror – ein ehemaliger Angehöriger der 13. Flottille und der derzeitige Kommandant der TANIN – die Planung auf den neuesten Stand. Drei Taucherpaare wurden bestimmt: Aitan Lifschitz und Ze'evik, Danny und Gad sowie Ilan und Gilad. Ein weiteres Paar sollte sich an der Wasseroberfläche aufhalten, um das Gerät für das Auffinden zur Bergung zu bedienen. Der letztmögliche Zeitpunkt für die Aufnahme – 03.00 Uhr – ließ dem Unterseeboot genügend Spielraum, um das Gebiet vor Tagesanbruch zu verlassen, ehe die Sprengladungen im Hafen detonieren würden.

Am Mittag des 5. Juni ging der folgende Funkspruch ein: »Erlaubnis erteilt, feindliche Schiffe innerhalb und außerhalb des Hafens anzugreifen. Angesichts feindlicher Position Torpedoangriff empfohlen. Viel Glück. 180 feindliche Flugzeuge vernichtet.«

Das Unterseeboot setzte seine Fahrt in Richtung Alexandria fort. Doch Ivan Dror mühte sich mit zwei Problemen ab: ägyptische Langstreckenpatrouillen und der Inhalt eines weiteren empfangenen Funkspruchs, wonach der Hafeneingang vermint sein könnte. Er befahl seinem Fernmeldeoffizier, darüber gegen jedermann Stillschweigen zu bewahren, um eine unnötige Anspannung zu vermeiden.

Um 16.10 Uhr wurde acht Seemeilen vor Alexandria ein ägyptischer Zerstörer der sowjetischen »Skory«-Klasse geortet. Ivan Dror versuchte, einen Torpedoangriff anzusetzen, aber das Schiff änderte seinen Kurs und lief ab. Um 19.00 Uhr legte sich das Unterseeboot etwa eine Seemeile vor dem Hafen auf Grund. Kurze Zeit vorher erblickten Ivan Dror und Aitan Lifschitz durch das Sehrohr die Schornsteine eines Zerstörers der »Skory«-Klasse im Marinebereich des Hafens.

Für Aitan Lifschitz war klar, daß ihre Erfolgsaussichten gering waren. Der Zerstörer konnte jederzeit den Hafen verlassen. Lifschitz wußte, daß der Krieg bereits im Gange war und daß sich der Gegner in voller Alarmbereitschaft befand. Das größte Problem war ihr eigener Zeitplan. Der Grundplan beruhte auf neun Stunden Dunkelheit und jetzt standen nur sieben Stunden zur Verfügung. Die Chancen der Taucher, rechtzeitig zum Unterseeboot zurückzukehren und mit Hilfe der älteren Ortungsgeräte erfolgreich Verbindung aufzunehmen, war sogar noch geringer, da eines dieser Geräte schon während des Anmarsches ausgefallen war, so daß Lifschitz selbst seine Reparatur durchführen mußte. Er öffnete die Erste-Hilfe-Büchse, warf ihren Inhalt hinaus und ersetzte ihn durch Zigaretten und

Streichhölzer – so hatte er an Land wenigstens etwas zu rauchen, sollte er das Unterseeboot nicht mehr wiederfinden! Seine Besorgnisse für sich behaltend, verschwendete er keinen Gedanken an Gefangennahme. Er wollte die anderen nicht mit Problemen belasten, die nicht zu lösen waren; zumal er wußte, daß seine jungen Männer daran glaubten, das Unternehmen wäre von klassischer Art mit voller Aussicht auf Erfolg. Trotz seiner Zweifel war er sich der Tatsache bewußt, daß sie weitermachen mußten. Der Anblick des Zerstörers der »Skory«-Klasse hatte Lifschitz nur im Gefühl bestärkt, daß seine Vernichtung es wert wäre, das Leben von sechs Männern aufs Spiel zu setzen.

Ehe die Kampfschwimmer das Boot verließen, vereinbarten sie, gemeinsam zum Hafen zu schwimmen, da es unmöglich wäre, die Ziele zwischen den Paaren vom Unterseeboot aus aufzuteilen. Außerdem sollte das Boot zwei Tage später zu einem zweiten Aufnahmepunkt zurückkehren, falls das Aufnehmen fehlschlug. Dann krochen sie durch den engen Kommandoturm, der nicht groß genug war, um zwei Männern samt ihrer Ausrüstung – ca. 40 kg pro Taucher – Platz zu bieten. Hierbei nahmen einige der Instrumente Schaden. Die an einer Boje befestigte Leine, die zur Wasseroberfläche emporsteigen sollte, um ihren Ausgangspunkt zu markieren, verhedderte sich mit der Boje und stieg nicht nach oben. Infolgedessen konnten sich die drei Paare nicht finden und schwammen einzeln los.

Aitan Lifschitz und sein Partner schwammen zum Leuchtturm am Hafen. Unterwegs hörten sie das Geräusch von drei starken Explosionen, hatten aber keine Vorstellung davon, woher sie kamen. Der Seegang war hoch und sie konnten kaum den Wellenbrecher erkennen. Innerhalb kurzer Zeit befanden sie sich gegenüber dem vorgesehenen Punkt für das Eindringen. Ein dort stehender Scheinwerfer sandte ständig seine Strahlen aus. Die hohen Wellen warfen die beiden Taucher auf einige scharfkantige Felsen und nach einigen Versuchen gelang es ihnen, hinaufzuklettern und Umschau zu halten. Ihre Enttäuschung war groß – der Zerstörer hatte den Hafen verlassen. Andererseits bewachten den gegenüberliegenden Bereich mehrere mit Scheinwerfern ausgerüstete Boote, die Wasserbomben warfen. Die beiden machten drei große Ziele aus und Aitan Lifschitz hoffte, daß eines von ihnen – lang und flach – ein militärisches Transportschiff war. Sie schwammen daher in diese Richtung. Lifschitz versuchte, einen Blick darauf zu werfen, mußte jedoch tauchen, als in ihrer Nähe ein Patrouillenboot Wasserbomben warf. Es war fast Mitternacht, als die beiden Taucher die Ziele erreichten: einen Schwimmbagger und ein großes Floß. Ihre Befehle sahen nur das Angreifen militärischer Ziele vor, so daß sie auf ein großes Schwimmdock zuschwammen, das auch die ägyptische Marine benutzte. Es gelang ihnen nicht, die Haftminen am Boden anzubringen, und sie stellten fest, daß es aus Beton gefertigt war. Mittlerweile blieb ihnen keine Zeit mehr, nach anderen Zielen Ausschau zu halten, und enttäuscht wandten sie sich ab, um den Hafen zu verlassen.

Den Wellenbrecher überquerend, stellten sie zu ihrer Bestürzung fest, daß ihre Ortungsausrüstung ausgefallen war. Unter Berechnung von Richtung und Zeit schwammen sie daher zu einem Punkt, an dem nach ihrer Einschätzung das Unterseeboot auf sie warten sollte. Kurz nach ihnen trafen auch Ilan und Gilad ein. Ihr Ortungsgerät war ebenfalls ausgefallen. Auch sie hatten keine Ziele gefunden, aber im Gegensatz zu Lifschitz den kleinen Schwimmbagger vermint. Auf dem Rückweg wollten die beiden nicht durch die Haftminen behindert werden – eine Handlungsweise, die sie ansonsten auch als unlogisch angesehen hätten. Nachdem Krieg herrschte und es ihnen immerhin gelungen war, in den weit entfernten Hafen hineinzukommen, warum sollten sie dann nicht die Ägypter wissen lassen, daß sie in ihren Hauptstützpunkt eingedrungen waren?

Die vier Kampfschwimmer warteten bis 03.15 Uhr, rufend und weiße Blinkzeichen in alle Richtungen abgebend. Als der letztmögliche Aufnahmezeitpunkt verstrichen und das Unterseeboot nirgendwo zu sehen war, schwammen sie bei Tageslicht nach Osten, um festzustellen, ob das Boot an anderer Stelle wartete. Erst danach verließen sie das Gebiet in Richtung Küste, um auf den zweiten Zeitpunkt der Aufnahme zu warten und die Zeit bis dahin zu überstehen.

Auch Danny und Gad war es gelungen, in den Hafen zu kommen. Etwa 50 Minuten lang krochen sie in flachem Wasser über sandigen Grund, wobei die Haftminen und ihre Schwimmflossen aus dem Wasser ragten. Am Trockendock angelangt, versuchten sie, einige Ziele auszumachen, und schwammen getaucht in die Richtung, in der sie welche zu finden glaubten. Dicht neben ihnen detonierte eine Wasserbombensalve. Wieder an einem Beobachtungspunkt aufgetaucht, stellten sie fest, daß der Marinehafen leer war. Zum Trockendock zurückgekehrt, brachten sie die Minen an der Oberfläche des Betons an und verließen den Hafen. Ihre Ortungsgeräte arbeiteten, aber die beiden Taucher konnten das Unterseeboot nicht finden. Daher wandten sie sich der Küste zu, um einen Unterschlupf zu suchen.

Die beiden Taucher, die das Wiederauffinden des Unterseebootes an der Aufnahmeposition unterstützen sollten, warteten an der Wasseroberfläche auf die drei Taucherpaare. Einer der beiden Taucher hatte das Infrarotgerät und die Blinkleuchte verloren. Nach Mitternacht stellte sich heraus, daß auch das andere Infrarotgerät nicht mehr funktionierte. Die Taucher meldeten den Ausfall über Unterwassertelefon nach unten. Ivan Dror befahl ihnen, das Rotlicht einer normalen Taschenlampe zu benutzen. Als der letztmögliche Aufnahmezeitpunkt näherrückte, kletterte einer von ihnen auf den großen Schlauch, den sie dabei hatten, und gab rote und weiße Blinkzeichen in alle Richtungen ab.

Ivan Dror stand unter Druck, denn das Unterseeboot war erheblich gefährdet. Um 03.15 Uhr rief er die beiden Taucher zurück. Er mußte mit dem Boot von der Küste ablaufen, um den Schnorchelmast auszufahren und die Batterien aufzuladen. Ihm war bewußt, wenn er einen Fehler beging, würde er seine 60 Mann zählende Besatzung in Gefahr bringen – angesichts der Preisgabe von sechs Kampfschwimmern stünde ein solches Verhalten in keinem Verhältnis. Trotzdem wartete er noch einige Zeit; erst um 03.40 Uhr – 40 Minuten nach dem letztmöglichen Aufnahmezeitpunkt – löste er das Boot vom Grund, stieg nach oben, nahm noch einen schnellen Rundblick durchs Sehrohr und verließ diese Position, nachdem nichts zu sehen war.

Einige Seemeilen vom Hafeneingang entfernt, wurde um 05.00 Uhr eine »Sloop« geortet, ein U-Jäger mit niedriger Wasserlinie. Ivan Dror tauchte sofort tiefer und versuchte, zum Angriff heranzukommen. Um 06.40 Uhr befand sich das U-Boot endlich in Angriffsposition und er schoß auf eine Entfernung von 3000 m einen Viererfächer. Alle vier Torpedos verfehlten das ägyptische Schiff, das die TANIN ebenfalls geortet hatte und zum Angriff überging. Dror tauchte mit seinem Boot auf 30 m Wassertiefe. In einer ersten Serie warf der Gegner drei Wasserbomben, die zu kurz lagen. Eine zweite Serie aus fünf Wasserbomben lag dichter. Ihre Detonationen schüttelten das Boot ziemlich durch. Es hatte den Anschein, als ob die Wasserbomben nach Augenmaß und nicht nach einem klaren Sonarkontakt geworfen worden waren. Zum Glück für das Unterseeboot und seine Männer bewegte sich die »Sloop« weiter weg und die folgenden Wasserbombenserien lagen in größerer Entfernung.

Zu allem Unglück fiel noch das Passivsonar der TANIN aus und ließ Ivan Dror und seine Besatzung fast blind unter Wasser zurück. Sie konnten nichts hören, nichts sehen oder auf Sehrohrtiefe gehen und ihre Batterien waren ziemlich leer. Die Klimaanlage hatte ihren Geist aufgegeben und den Männern rann der Schweiß herunter. Trotz allem gelang es Dror, mit seinem Boot aus dem Gebiet zu entkommen. Nach 50 sm tauchte er auf und meldete seine Lage dem Marinekommando. Fünf Stunden später ging von dort ein Funkspruch ein: »Feind an allen Fronten geschlagen und sämtliche Luftstreitkräfte vernichtet.« Des weiteren wollte die Führung von Ivan Dror wissen, wann und ob er zurückkehren könnte, um die Taucher aufzunehmen. Die Entscheidung für eine Rückkehr war schwierig zu treffen. Das Passivsonar war ausgefallen und die einzige Möglichkeit, das Geräusch sich nähernder Schiffe zu hören, war das Verwenden des Unterwassertelefons.

Allerdings war diese Anlage erst auf kurze Entfernung wirksam. Es bestand keine Möglichkeit, mit den Tauchern am Aufnahmepunkt Verbindung aufzunehmen. Lediglich eine intensive Beobachtung durch das Sehrohr war möglich, die sie alle dem Risiko der Entdeckung aussetzte. Ivan Dror befürchtete, daß die Taucher gefangengenommen worden waren und den Ägyptern die Position des Aufnehmens verraten hätten, so daß die TANIN geradewegs in eine Falle geraten könnte. Ihm war deutlich bewußt, daß die Anwesenheit des Bootes bekannt war, und er war sich sicher, daß die Ägypter in besonderer Weise auf der Hut waren. Trotz aller damit verbundenen Gefahren entschloß er sich zur Rückkehr. Das Marinekommando von seinen Überlegungen in Kenntnis setzend, ersuchte er, ein Aufnehmen durch Schlauchboote oder die TZIPOR in Betracht zu ziehen, deren Transport durch Zerstörer erfolgen könnte. Er befürchtete, daß der Befehl zur Rückkehr ohne jedes Verständnis der Probleme erteilt werden würde, deren sich ein Unterseeboot ohne einsatzfähiges Sonar gegenübersah.

Um 03.35 Uhr [am 7. Juni] erhielt Ivan Dror einen Funkspruch, der seinen Entschluß zur Rückkehr billigte. Das Marinekommando würde die Entsendung von Zerstörern in Betracht ziehen. Daraufhin frug er an, ob die Luftwaffe in der Nähe eine Störoperation durchführen könnte, um die Aufmerksamkeit vom Aufnahmepunkt abzulenken.

Beim Anmarsch sichtete Dror in weiter Ferne Fischerboote, die ihn zwangen, in Tiefen weit unterhalb der Sehrohrtiefe zu tauchen, um sich nicht in Fischernetze zu verheddern. Um 19.00 Uhr stand er mit seinem Unterseeboot acht Seemeilen vor der Küste und ging auf Sehrohrtiefe. Anschließend empfing das Boot einen Funkspruch, den das Marinekommando seit fünf Stunden zu übermitteln versuchte: »An TANIN. Rückkehr zum Stützpunkt. Die Jungs sind in Gefangenschaft.« Nach Kriegsende wurde KKpt. Avraham (Ivan) Dror mit der Tapferkeitsmedaille ausgezeichnet.

Sechs Kriegsgefangene: »Warum sollten wir auf unsere Freunde pissen?«

Die ersten beiden Taucher, die an Land gingen, versenkten ihre Ausrüstung und behielten nur das, was sie zur Flucht brauchten. Sie fanden ein Boot und wollten damit fliehen, aber das Fahrzeug besaß weder Riemen noch Segel. Als die Morgendämmerung anbrach, sahen sie, daß sie sich auf einer Halbinsel befanden und von Armeelagern umgeben waren. Plötzlich hörten sie Sirenen und, in die See flüchtend, schwammen sie zu einer alten Festung in der Nähe und versteckten sich in ei-

ner schmalen Spalte zwischen den Felsen. Die vier übrigen Taucher gingen bei vollem Tageslicht an Land und fanden die beiden anderen durch reinen Zufall. Sie drängten sich nun alle sechs in der engen Spalte zusammen und zogen ihre Taucheranzüge aus. Jetzt trugen sie ihre Uniformen. Sie hatten zwar ihre Fallschirmspringer- und »Fledermaus«-Abzeichen von ihren Uniformhemden entfernt – aber die Löcher blieben! Nach zwölfstündigem Schwimmen und Tauchen waren die Männer müde und hungrig und die meisten hatten bereits ihre Notrationen – Tuben mit Schokoladekonzentrat – verspeist. Aitan Lifschitz hatte einen Hubschrauber-Peiler bei sich, den er statt einer Feldflasche mitgenommen hatte, wenn er auch fast sicher war, daß ihm der Peiler keinen Nutzen brachte, da über eine derart große Entfernung kein Hubschrauber entsandt werden würde. Er hatte das Gerät lediglich aus psychologischen Gründen mitgenommen. Die Männer aßen Austern, die sie auf den Felsen fanden, und die wenige Schokolade – ihre einzige Nahrung –, die noch übrig war. Danach fühlten sie sich ein wenig besser. Aitan Lifschitz rauchte seine drei Zigaretten. Auf den Einbruch der Dunkelheit wartend, hofften sie, ein Segel- oder Motorboot stehlen zu können – genau wie in den Kinofilmen.

Am Nachmittag gegen drei Uhr erschien ein kleiner Junge über der Spalte und warf Steine auf sie herab. Ihre mißliche Lage in Betracht ziehend, entschied sich Lifschitz, alles zu tun, damit sie von offiziellen Behörden gefangengenommen wurden. Aus ihrem Versteck auftauchend, sahen sie sich unmittelbar einer großen Anzahl von Fischern gegenüber. Ein mutiger Fischer näherte sich Aitan Lifschitz und versuchte, ihn am Nacken zu fassen. Lifschitz sprach ihn arabisch an: »Sei vorsichtig!« – und stieß ihn hart zurück. Dies erfüllte seinen Zweck und sie rannten die Stufen zur Festung hinauf, während die Fischer sie von unten beobachteten. Im Nu waren sie von rund hundert Männern umgeben, die Eisenstangen und Steine in den Händen hielten. Lifschitz befahl seinen Männern, sich Rücken an Rücken im Kreis zu formieren, aber kein Anzeichen von Schwäche zu zeigen und nicht die Pistolen zu ziehen, um die Dinge nicht zu komplizieren. Einer der Fischer frug sie in englisch, wer sie wären. Aitan Lifschitz erwiderte, sie wären britische Offiziere, die mit einem Boot etwas untersucht hätten und an den Strand getrieben worden wären. Er verlangte das Herbeiholen von Marineoffizieren. Nach einiger Zeit war eine Sirene zu hören und ein Polizeifahrzeug erschien. Die Menge mit den Gewehrkolben auseinandertreibend, verfrachteten die Polizisten ihre Gefangenen im Jeep, während die Menge versuchte, den Wagen umzustürzen. In dem Augenblick, als die Polizisten abfuhren, begannen die Fischer, die vier Gefangenen im Jeep zu schlagen. Gad und Ilan, die beide zurückgeblieben waren, nutzten den Vorteil der Verwirrung aus und rannten auf die

بعض افراد الضفادع البشرية
الاسرائيليين الذين تم القبض
عليهم فى الاسكندرية منذ
يومين . وكان قد تم القبض
على اربعة عند فاعتقالهم
ثم ادلوا باوصاف زميلهم
تم تم اسرها فيل مرور
ست ساعات . وكان افراد
الضفادع الاسرائيلين
يستعدون بعد وصولهم الى
الشاطى للقيام بعمل
تخريبى , وقيل ان يلتقطوا
انفاسهم من الرحلة التى
قطعوها تحت الماء . تم
الامساك بهم .

auf sie zu schießen versuchte. Zum Glück ging die Pistole nicht los.

So fanden sich die sechs Kommandoangehörigen der Marine als Kriegsgefangene wieder. Während der ersten paar Tage wurden sie getrennt eingesperrt und erlitten harte Verhöre und Torturen. Sie waren alle in einem Ausbildungskurs auf eine solche Eventualität vorbereitet worden, aber die Wirklichkeit war noch weit schlimmer.

Wie Angehörige anderer Einheiten auch waren die Männer der 13. Flottille, deren Chancen, dem Gegner in die Hand zu fallen und verhört zu werden, größer als die anderer waren, einem »Ausbildungsmodell« unterzogen worden, das viele demütigende und brutale Elemente umfaßte, die unter Umständen ihre Gesundheit gefährden konnten.

Ihnen war nicht gesagt worden, wann diese Übung stattfindet; sie wußten lediglich, daß dies gegen Ende ihres Ausbildungslehrgangs der Fall sein würde. Zuerst erhielten die Lehrgangsteilnehmer einen Vortrag über Gefangenschaft und über Verhörmethoden. Von diesem Zeitpunkt ab waren sie alle hysterisch, da Gerüchte umgingen, wonach das »Modell« fürchterlich wäre, auch wenn diese Übung keinen Einfluß auf den Erfolg des Lehrgangs hatte, es sei denn, jemand bräche tatsächlich zusammen.

Die Übung begann auf verschiedene Weise. Bei einer Gelegenheit mußten die Auszubildenden in der Hitze des Tages einen 20-km-Lauf absolvieren. Als sie aufs äußerste erschöpft waren, wurde ihnen gesagt, sie befänden sich auf einer Überlebensübung, hätten nur eine Tube Milchkonzentrat dabei und müßten in dem Gebiet Nahrung organisieren. Nach 24 Stunden mußten sie zu ihrem Ausbilder zurückkehren, der auf der Kuppe eines Hügels in einem Zelt saß. Vollständig ihrer Kräfte beraubt, kamen sie auf der Kuppe an und wurden dann paarweise zu einer Intelligenzübung entsandt: Sammeln der Autonummern aller Fahrzeuge, die die Straße neben einem Friedhof befuhren, ohne gesehen zu werden. Zwei Tage lang führten sie diese anstrengende Aufgabe durch und trafen nach einem langen Marsch an einer Hütte auf einer Obstplantage ein, in der ihnen erlaubt wurde zu schlafen. Dort brachen sie völlig entkräftet zusammen.

Felsen des Wellenbrechers zu. Durch einen Abwasserkanal gehend, versteckten sie sich bis Mitternacht in einem kleinen Tunnel. Jede Welle, die hereinbrach, ließ sie durch und durch erschauern. Sich gegenseitig umarmend, um sich warm zu halten, planten sie, ein Boot zu stehlen, mit dem sie das Unterseeboot erreichen oder zurück nach Israel segeln konnten.

Von ihrem Versteck aus sahen sie zehn Polizisten, die nach ihnen suchten. Hungrig und erschöpft krochen sie nach Mitternacht an der Außenkante des Wellenbrechers entlang. Die hohen Wellen und die glatten Steine brachten Ilan zu Fall und es bedurfte seiner ganzen Anstrengung, um wieder hinaufzuklettern. In der Ferne konnten sie Züge sehen und überlegten, mit einem von ihnen die Stadt zu verlassen. Als sie später in die Stadt kamen, sahen sie, daß es nur ein Vorortzug war. Es blieb ihnen nichts anderes übrig, als in Richtung Israel zu marschieren. Voller Optimismus erreichten sie ein paar Felder am Rande der Stadt. Doch das Glück war ihnen nicht hold und eine Polizeistreife nahm sie fest. Zwei in Dacron gekleidete Männer, die bei Tagesanbruch unterwegs waren, erschienen ihnen verdächtig. Einer der Polizisten frug sie, wohin sie gingen, und Gad antwortete in einem fremden arabischen Dialekt: »Wir gehen nach Hause.« Im Handumdrehen umgab sie eine große Menschenmenge, die nach ihnen zu schlagen begann. Ihre Armbanduhren wurden ihnen abgenommen, gefolgt von Gads Pistole – von einem Araber, der

104

Angehörige der 13. Flottille während des Lehrganges zur Vorbereitung auf eine Kriegsgefangenschaft. Den gefesselten »Gefangenen« wurden Säcke über die Köpfe gestülpt. Sie wurden bei den »Verhören« geschlagen und schwer mißhandelt.

Nach zwanzig Minuten flog die Tür auf, Militärpolizei drängte mit gellenden Rufen herein und Fußtritte trafen sie. Die Lehrgangsteilnehmer waren wie betäubt und reagierten überrascht. Sie wurden hochgezerrt und stinkende Säcke wurden ihnen über die Köpfe gezogen. Anschließend warfen die Militärpolizisten sie auf einen Lastwagen und sagten ihnen, sie kämen jetzt in ein übungsmäßiges Kriegsgefangenenlager. Sie wurden zu einer geheimdienstlichen Einrichtung verbracht, die dem »Allgemeinen Sicherheitsdienst« gehörte, wo die Wachen sie »Huren« nannten und ihre Hemden mit Nummern versehen wurden. Ihnen wurde befohlen, ständig auf der Stelle zu laufen und auf ihre Freunde zu urinieren. Danach erhielten sie Schläge. Manchmal mußten sie ihren eigenen Urin auflecken. Sie wurden aufgefordert, für ihre Decke zu unterschreiben. So konnten ihre Vorgesetzten erkennen, ob sie sich an ihre Lektion erinnerten: ihre Unterschriften könnten verwendet werden, als ob sie Geständnisse unterschrieben hätten. Die über den Kopf gestülpten Säcke mußten sie vier Tage lang tragen, wobei sie zu den »geheimdienstlichen Aktivitäten« verhört

wurden, die sie mit ihren Kameraden zusammen ausgeführt hatten. In den vorausgegangenen Vorträgen war ihnen gesagt worden, am wichtigsten wäre es, in den ersten 48 Stunden zu schweigen oder nur unwesentliche Dinge zu erwähnen – um ihre Verfahrensweisen oder den zweiten Zeitpunkt zur Aufnahme nicht preiszugeben. Doch niemand von ihnen wußte, wieviel Zeit inzwischen verstrichen war. Sie erhielten schwere Schläge, wurden lebend begraben und erlitten einen ausgesprochenen Schock. Viele Lehrgangsteilnehmer versuchten, ihren »Vernehmungsoffizieren« nur einige allgemeine Informationen zu geben, aber ihre Aussagen wurden mit dem verglichen, was ihre Kameraden ausgesagt hatten, und sie erhielten erneut schwere Schläge.

Die Ausbilder gaben den »Gefangenen« verschiedene Aufgaben auf, darunter auch das Entkommen aus Einzelhaft. Einem von ihnen, dessen Hände auf dem Rücken gefesselt waren, gelang es, sie vor seinen Körper zu bringen und abzuwarten, bis ein Militärpoizist eintrat. Dann sprang er ihn an, würgte ihn mit gefesselten Händen und brachte ihn als Geisel nach draußen.

Unmittelbar darauf fielen Militärpolizisten über ihn her und schlugen ihn fast besinnungslos. Die grausamsten Übungen waren jene, als ihnen gesagt wurde: »Wenn du nicht redest, wird dein Kamerad solange veprügelt, bis du redest!«

Nach einiger Zeit wurden die Übungen abgeändert und Reservisten der Flottille übernahmen die Aufgabe der Militärpolizei. Diejenigen von ihnen, die beide Methoden kannten, waren nicht imstande zu entscheiden, welches die härtere war: die Beleidigungen und Demütigungen durch die Militärpolizisten oder die fürchterlichen Prügel von den Reservisten. – Nun waren die Männer gezwungen, der Wirklichkeit entgegenzutreten.

Anfangs blieb Aitan Lifschitz noch bei seiner Legende als britischer Offizier, trotz der Tatsache, daß seine Vernehmungsoffiziere offensichtlich wußten, daß er log. Ihm war deutlich bewußt, daß die Ägypter nicht herausfinden durften, daß noch ein weiterer Zeitpunkt der Aufnahme durch das Unterseeboot geplant war. Er entschloß sich, lieber zu sterben, als diese Information preiszugeben. Die Ägypter schlugen ihn schwer und nach ein paar Stunden gab er seinen Namen und seinen Rang an. Er hörte die Schreie seiner Kameraden aus den anderen Räumen und wußte, daß sie wie er verprügelt wurden. Eisenstäbe wurden in ihre Nasenlöcher gestoßen, Nadeln unter die Fingernägel gebohrt und – eine alte arabische Foltermethode – ihre Fußsohlen wurden mit Eisenstäben geschlagen. Lifschitz wurde mit dem Kopf nach unten aufgehängt und unaufhörlich geschlagen. Er fiel in Ohnmacht und kam wieder zu sich, nur um sich erneut weiteren Fragen und Schlägen gegenüberzusehen, und er befürchtete, sie würden tatsächlich ihre Drohungen wahr machen und ihn exekutieren.

Totale Hysterie – Keine weitere Angriffserlaubnis

Im Marinekommando wartete jedermann auf Meldungen von den Unternehmen. Als deren Ergebnisse eintrafen, hatte Berale das Gefühl, daß er im Begriff stünde, verrückt zu werden. Er versuchte, die Gründe für die Fehlschläge zu begreifen. Nach seiner Auffassung lag die Ursache für alle Entschlüsse zum Rückzug in der Atmosphäre, die aus den Vergeltungsunternehmen zwischen den Kriegen resultierte, als stets genügend Zeit vorhanden war, um ein sicheres Unternehmen durchzuführen, verbunden mit der Alternative zu einem späteren Zeitpunkt zurückzukommen. Die Männer – ihrer Fähigkeiten absolut sicher – hatten seiner Meinung nach einfach nicht »geschaltet«, daß sie sich im Kriegszustand befanden.

Am Morgen begab sich Berale auf einen der Zerstörer, die dabei waren, in Richtung Alexandria auszulaufen, um die Kampfschwimmer zu bergen. Admiral Erel, der Befehlshaber der Marine, hatte eine schwierige Entscheidung zu treffen und beriet sich mit seinem Stab. Nach allgemeiner Übereinstimmung sollte ein Verband zur Bergung entsandt werden. Izzy Rahav, der Stellvertreter Erels, befürchtete, daß dieser den Gedanken an Bergung aufgeben könnte, und machte geltend, daß die Männer in der Annahme aufgebrochen wären, wieder aufgenommen zu werden. Er setzte hinzu, daß die Zerstörer gleichzeitig imstande sein würden, einen ägyptischen Zerstörer der »Skory«-Klasse anzugreifen. Bini Telem war mit der Begründung gegen eine Bergung die Besatzungen der beiden Zerstörer sollten nicht unnötigerweise in Gefahr gebracht werden. Kurz vor dem Auslaufen rief er Erel an und drohte mit Rücktritt. Nachdem sich die Zerstörer bereits zwei Stunden in See befanden, wurden sie schließlich auf Anordnung des Generalstabschefs zurückgerufen, der jedes Risiko untersagte, um sechs Männer zu retten.

Das Fehlschlagen aller Unternehmungen war ein schwerer Schlag und Erel ersuchte um die Erlaubnis, die Zerstörer einzusetzen, um gegnerische Häfen zu beschießen, mit Sprengbooten anzugreifen und erneut Kampfschwimmer in die Häfen zu entsenden – dies alles sollte in der nächsten Nacht zur Ausführung kommen.

General Itzhak Rabin, der Generalstabschef, verweigerte – auf Weisung von Moshe Dayan, dem Verteidigungsminister – alle derartigen Ersuchen und befahl, sich auf Verteidigungsmaßnahmen zu konzentrieren. Es bestünde die Besorgnis, die israelische Küste könnte beschossen werden. Erel wußte um diese Besorgnis und erst lange Zeit nach dem Kriege gelang es ihm, den Generalstabschef zu überzeugen, daß nicht eine einzige Kugel auf die Küste abgefeuert worden war. Es stellte sich heraus, daß Granaten des jordanischen »Long Tom«-Geschützes von großer Reichweite und abgeworfene Zusatztanks von Flugzeugen diese Besorgnis verstärkt hatten.

Der Generalstabschef legte dar, daß es keinerlei Anlaß gab, in unnötige Angriffe verwickelt zu werden, denn die Erfolge der Luftwaffe und der Bodentruppen waren groß genug. Von der Marine erwartete er lediglich die Verteidigung der Küsten und nicht, in Schwierigkeiten gebracht zu werden.

Die niederdrückende Atmospäre im Marinekommando veranlaßte Izzy Rahav, den Generalstabschef aufzusuchen und den Versuch zu unternehmen, ihn zu überzeugen, den Kämpfern die Gelegenheit zum Angriff zu geben – wenn auch nur um der Moral und der Wiedergewinnung ihrer Ehre willen. Sein Ersuchen wurde abgewiesen. Der Befehlshaber der Marine drückte seine Gefühle in einer Aktennotiz aus: »Überall Hysterie der vorgesetzten Stellen, eine Tendenz, um zu packen. Hauptschlußfolgerung: Wir müssen einen Verband aufbauen, dem die ganz Welt vertraut, und wir dürfen uns nicht auf eine zweite Chance verlassen. Was wir planen – müssen wir ausführen.«

Die Angehörigen der 13. Flottille blieben beschäftigungslos und forderten, für Landoperationen eingesetzt zu werden. Berale ersuchte erneut um Erels Einwilligung – um der Moral willen. Der sehr deprimierte Erel erbat den Rat des Marinepsychologen. Daraufhin wandte sich Berale an Izzy Rahav, der ihm antwortete: »Geh'!« Innerhalb kurzer Zeit stritten sich fast alle Angehörigen der Flottille – von Yochai Ben-Nun bis hinunter zu den Teilnehmern des Ausbildungslehrgangs – um Plätze in den Hubschraubern, die zu den Golan-Höhen flogen. Sie wurden verschiedenen Fallschirmjäger-Einheiten zugeteilt und nahmen an Erkundungs- und Aufklärungsunternehmen sowie an Verfolgungen teil. Doch keiner von ihnen war an tatsächlichen Kampfhandlungen beteiligt. Einer wurde verwundet – getroffen in der Hand von einem Geschoß aus seiner eigenen Waffe, während er einige Gefangene bewachte.

Wie bei der Operation »Kadesh« im Herbst 1956 waren die einzigen, die an Kämpfen beteiligt waren, die Teilnehmer am Unteroffizier-Lehrgang, der 1966 begonnen hatte. Sie griffen im Juni 1967 ägyptische Stellungen bei Um Katef auf der Sinai-Halbinsel an.

Das Ende des Krieges: Die Enttäuschungen wandten sich gegen die LIBERTY

Am 8. Juni 1967 meldeten Flugzeuge der israelischen Luftwaffe die Bewegungen von Schiffen in Richtung der Küste des Sinai. Eines hatte sogar mit seiner Flak das Feuer eröffnet. Von diesen Schiffen wurde eines als Handelsschiff und ein weiteres als ein Versorgungsschiff der US-Marine identifiziert. Gegen Mittag meldeten israelische Flugzeuge die Sichtung eines elektronischen Aufklärungsschiffes der Amerikaner in diesem Seegebiet. Gleichzeitig ging eine weitere Meldung ein, die hysterisch die Beschießung der israelischen Küste berichtete. Daher wurde ein MTB-Geschwader in dieses Gebiet entsandt, das ein Schiff mit etwa 30 kn Fahrt sichtete. Das Marinekommando war der Meinung, es handele sich um ein ägyptisches Schiff. Sofort entsandte Flugzeuge identifizierten es als einen Zerstörer und griffen an. Anschließend meldeten sie Beschädigungen sowie das Vorhandensein von Geschützen auf dem Vorschiff. Als sie auch das Sichten von Zahlen und lateinischen Buchstaben an der Bordwand meldeten, erhob sich die Besorgnis, daß es eine fehlerhafte Identifizierung gewesen sein könnte. Um 14.30 Uhr hatten sich

die MTB's bis auf eine Entfernung von 5 sm dem beschädigten Schiff genähert, das von Rauch eingehüllt war. Sie identifizierten es als das ägyptische Versorgungsschiff EL QUSEIR.

Zu diesem Zeitpunkt befand sich Izzy Rahav allein im Lageraum des Marinekommandos. Ohne erregt zu sein, erteilte er den MTB's die Erlaubnis zum Torpedoangriff. Erst nach dem Angriff stellte sich heraus, daß es sich um das elektronische Aufkärungsschiff LIBERTY der US-Marine handelte. Dieses Schiff war wenige Stunden vorher etwa 60 sm von der Küste entfernt identifiziert und aus der Lagekarte entfernt worden, als es außer Reichweite gelangt war. Der Zwischenfall ereignete sich, als es erneut gesichtet wurde. Spätere Untersuchungen ergaben eine Reihe von Fehlern an Land und in See sowie auch die Tatsache, daß ein leidenschaftliches Verlangen nach Kampf die MTB-Besatzungen zum Angriff getrieben hatte. Dasselbe Verlangen, vermischt mit Enttäuschungen, hatte offensichtlich auch Izzy Rahav veranlaßt, die Lage falsch zu beurteilen, da – trotz allem – das Versenken das Hauptziel war! Die LIBERTY gehörte zur NSA und hatte seine Anwesenheit in diesem Seegebiet den israelischen Behörden nicht gemeldet.

Nur sechs Tage waren vergangen. Am 10. Juni 1967 standen die israelischen Streitkräfte auf dem Berg Hermom, in Sharm-el-Sheich, am Suezkanal und an der Klagemauer in Jerusalem – Israels »Ewige Stadt«, seit 1948 geteilt, war wieder vereint. Der Sieg war vollständig.

Am 26. Juni veröffentlichte die britische »Sunday Times« einen Aufsatz, der offensichtlich auf den Erwartungen der israelischen Marine beruhte. Der Journalist schrieb über die israelischen Kampfschwimmer, die die ägyptische Flotte »vernichtet« hatten, und vertrat die Auffassung, dieses Unternehmen wäre eines der wagemutigsten des Krieges gewesen. Er behauptete, Yochai Ben-Nun hätte den Verband geführt, der – in den frühen Morgenstunden des 5. Juni – die ägyptischen Häfen angegriffen hätte. Der Verband hätte auch Port Taufik am Südausgang des Suezkanals erreicht. Er schrieb hierzu: »Die kombinierten Kampfschwimmer- und Fallschirmjäger-Einheiten, ausgebildet in der Seekriegführung, waren so leistungsfähig, daß sie mit der stärksten Flotte im Nahen Osten mit derselben Kraft und Geschwindigkeit fertig wurden, mit der ihre Kameraden von der Luftwaffe die MIG's am Boden vernichteten.« Gemäß seines Berichtes fielen die meisten ägyptischen Unterseeboote den Haftminen zum Opfer. Sie hätten auf diese Weise die israelischen Landstreitkräfte vom Problem der Flugkörperangriffe von See her befreit. Dieser Journalist war nicht der einzige, der übertriebene Darstellungen veröffentlichte. Eine israelische Zeitung schrieb, daß der Zerstörer JAFFA ein ägyptisches Flugkörperboot versenkt hätte. Der britische Journalist war ein Tagträumer, während der israelische in einem übertriebenen levantinischen Stil »sündigte«. Die Marine war der Meinung: »Wenn doch nur…!«

Spätere Besprechungen der Einsätze – Warum erreichte die Marine ihre Ziele nicht?

In der Marine gingen die Beschuldigungen hin und her. Die hauptsächliche Frage war, ob sie ihre Ziele erreicht hätte. Nach Auffassung des Generalkommandos lautete die Antwort: Ja. Trotz allem hatte kein gegnerisches Schiff die israelischen Küsten in Gefahr gebracht und zumindest ein ägyptisches Unterseeboot war – in Position gegenüber der Küste als Teil eines umfassenden Angriffskampfverbandes – durch Wasserbomben beschädigt worden. Die ägyptische Operation war nicht zur Ausführung gelangt, da deren Pläne zur Verteidigung abgeändert werden mußten.

Die Verantwortlichen der Marine machten geltend, daß die Vernichtung der gegnerischen Flotte die Hauptaufgabe gewesen wäre. Nach dieser Definition hätte die Marine versagt. Diese unterschiedlichen Auffassungen schufen eine Situation, wodurch die Pläne der Marine erst in letzter Minute genehmigt wurden – so plante die Marine einen Angriff auf Sharm-el-Sheich, während der Generalstabschef eine Täuschungsoperation im selben Gebiet vorbereitete, oder sie plante Unternehmen in syrischen Häfen, während das Konzept des Generalkommandos zum selben Zeitpunkt vorsah, die Syrer so lange nicht anzugreifen, wie sie sich ruhig verhielten.

Die Hauptursache für den gesamten Groll war das Versagen der 13. Flottille. Niemand hielt »Das Alexandria-Unternehmen« zu diesem Zeitpunkt für die wichtigste strategische Operation des Krieges zur See. Vielleicht änderten die Ägypter ihre Angriffspläne als Folge davon in Verteidigungspläne um. Jahre später schrieb Aitan Lifschitz über dieses Unternehmen:

»Es gab in Alexandria zwei Kommandounternehmen zur See: das der Italiener und unseres. Die Italiener trafen zwei britische Schlachtschiffe, erreichten damit aber nichts. Die Schiffe sanken lediglich auf Grund und konnten über der Wasseroberfläche wie sonst betrachtet werden. Die morgendlichen Appelle verliefen wie üblich und italienische Aufklärungsflugzeuge fotografierten die Schiffe mit »normalem Betrieb«. [Anmerkung d. Verfassers: Hier irrte Lifschitz. Die Italiener kannten die tatsächlichen Fakten.] Wir dagegen trafen fast nichts und das

Unternehmen endete damit, daß die Ägypter wußten, uns war es gelungen, in ihren Haupthafen einzudringen. Dadurch wurden sie derart unter Druck gesetzt, daß ihre gesamten Handlungen in diesem Krieg – und vermutlich auch in den kommenden Auseinandersetzungen – wesentlich beeinträchtigt wurden.«

Die jungen Kommandoangehörigen hatten erwartet, die ersten zu sein, die den Krieg eröffneten. Dies war das Konzept in den 50er Jahren gewesen, das auch das Generalkommando unterstützt hatte – den Glauben hegend, die kleine Kommandotruppe könnte Wunder wirken. Während der 60er Jahre erhielt jedoch die Luftwaffe das Recht zugesprochen, den Präventivschlag zu führen. Die Tatsache, daß die Marineführung noch immer der Meinung war, die Angehörigen der 13. Flottille wären die ersten, die angreifen und einige Schiffe versenken würden – nicht entscheidend für die Hauptkriegsziele –, war ein Kinderglaube, der eher auf der Selbstgefälligkeit der Marine als auf einer verantwortlichen Gesamtansicht beruhte.

Es hat den Anschein, als ob die Marineführung selbst das Generalkommando veranlaßt hatte, Angriffe auf die Küste befürchten zu müssen. Ihre Einschätzung hinsichtlich der Fähigkeiten der ägyptischen Marine war übertrieben gewesen. Damit sollte die Führung der Streitkräfte von der Notwendigkeit überzeugt werden, die neuen Flugkörperboote zu bauen.

Der Kommandant der JAFFA hatte kritisiert, daß der Zerstörer als Transportschiff verwendet worden war. Er fügte hinzu, daß nur Narren ihre Waffen – mit anderen Worten die Geschütze – nicht einsetzen würden. Er verurteilte die erteilten Befehle, die Bini Telem auferlegten, kein Risiko einzugehen, um dem Gegner keinen leichten Sieg zu schenken. Nach seiner Auffassung rührten diese Befehle einerseits aus dem Mangel an verläßlichen nachrichtendienstlichen Informationen und andererseits aus übertriebenen Meldungen dieser Art her. Er meinte hierzu: »Soweit mir bekannt ist, hat es keine Aktion zur See gegeben, die lediglich auf der Kriegführung mit Kommandotruppen beruhte. Die Ablehnung derartiger Unternehmen als zweitrangig war offensichtlich und verständlich – für die IDF zählen nur Ergebnisse.« Im Gegensatz hierzu machte ein anderer Offizier geltend, daß die Marine ihre Aufgaben erfüllt hätte. Das Gefühl, nicht genug getan zu haben, würde aus der Tatsache herrühren, daß einige der Offiziere sich für Menschen hielten, die ausschließlich für die Marine kämpften.

Eine heftige Auseinandersetzung fand auch über die Auswahl der Ziele statt. Da gab es jene, die der Meinung waren, es wäre richtig gewesen, sie alle zugleich anzugreifen. Andere wiederum brachten vor, daß alle Kräfte auf Alexandria hätten konzentriert wer-

Die neuen israelischen Flugkörper-Schnellboote der »Sa'ar 1/2«-Klasse 1967 im Hafen von Cherbourg. Die zur Vermeidung politischer Probleme nach dem deutschen »Lürssen FPB/TNC 45«-Entwurf bei der Werft Constructions Méchaniques de Normandie in Cherbourg gebauten ersten sechs Einheiten belegte Frankreich infolge des Sechs-Tage-Krieges mit einem Waffenembargo. Sie wurden mit einem Handstreich nach Israel »entführt«.

den müssen, da syrische Schiffe für die israelische Küste keine Gefahr darstellten.

Am Vorabend des Krieges wäre die Marine gezwungen gewesen, auf die Benutzung von Fischerbooten zurückzugreifen, wo doch eine aussichtsreiche Gelegenheit bestanden hatte, FMB's zu finden, während die NOGA – zugegebenermaßen ein altes Schiff, aber bewaffnet und einsatzbereit – zum kleineren Hafen geschickt worden war. Nach Alexandria wäre ein Unterseeboot entsandt worden, während ein Zerstörer, drei MTB's und zwei SDV's einen zweitrangigen Hafen zum Ziel hatten. Der Grund hierfür hätte nicht nur darin bestanden, daß der Großteil der Seestreitkräfte einer Landungsoperation zugewiesen wurde, sondern auch in der Vorstellung, daß nur ein Unterseeboot imstande sein würde, dicht an einen gut geschützten Hafen heranzukommen.

Diskussionen erhoben sich auch über die Leistungen der an Ort und Stelle für die Schiffe und Boote Verantwortlichen. Bini Telems Entschluß, das Einsatzgebiet zu verlassen, ohne die Kampfschwimmer aufzunehmen, verursachte ernsthafte Auseinandersetzungen. Einige Stabsoffiziere waren der Meinung, in Wirklichkeit wäre er vom Gefechtsfeld davongelaufen. Telem war nicht imstande, sich hierzu zu äußern, da er infolge des Waffenembargos, das der französische Präsident über Israel verhängt hatte, nach Cherbourg zur Werft entsandt worden war. Frankreich wollte die Überführung der neuen FMB's – für die Bini Telem verantwortlich war – nach Israel verhindern. In einem Brief legte Telem seine Gründe im einzelnen dar und führte aus, sein Entschluß rührte hauptsächlich von der Tatsache her, daß der Generalstabschef befohlen hätte, »auf der sicheren Seite zu bleiben« und nichts zu riskieren. Er erklärte auch seine Rücktrittsdrohung und behauptete, dies wäre ein Schritt der Verzweiflung gewesen, um eine gefährliche Operation zu verhindern. Er war der Meinung, daß

Gefühle – zwei Zerstörer würden um des Lebens von sechs Männern willen riskiert – bei diesem Entschluß keine Rolle gespielt hätten. Er erinnerte nochmals an Admiral Erels Funkspruch, »auf der sicheren Seite zu bleiben«.

Bini Telem ersuchte den Befehlshaber der Marine, die Angelegenheit mit dem Generalstabchef zu erörtern, und vertrat die Auffassung: »Wenn er sagt, ich habe falsch gehandelt, werde ich sofort gehen.« Der Generalstabchef entschied schließlich, Telem hätte unter den gegebenen Umständen richtig gehandelt.

KKpt. Ariel von der JAFFA erläuterte seinerseits die Gründe, warum er nicht das Feuer auf die passierenden ägyptischen Boote eröffnet hätte. Hierzu legte er dar, daß er die Taucher nicht gefährden wollte. Der gegen ihn erhobene Vorwurf lautete: »Lagebeurteilungen enden, wenn der Gegner in Schußweite ist.«

Der Befehlshaber der Marine führte an, Ariel hätte versagt und sich einfach »abgewendet«, wie dies auch die Kommandanten der ägyptischen Boote getan hätten. Nach seiner Meinung wäre Ariel durchaus imstande gewesen, zumindest ein MTB zu versenken. Ariel verlangte die Einsetzung eines Untersuchungsausschusses und wurde sofort abgelöst. Es hat den Anschein, als ob Ariel für alle Fehlschläge als Sündenbock herhalten mußte, da niemand Erel, Yochai Ben-Nun, Yossale Dror oder Izzy Rahav ablösen konnte.

Erel faßte den Kriegsablauf zusammen, indem er sagte, es hätte zuviel Begeisterung und den Wunsch gegeben, so viele Unternehmen wie möglich und so schnell wie möglich durchzuführen. Nach seiner Auffassung hatte die Marine sowohl hinsichtlich der Planung als auch der Improvisation ein wenig zu viel des Guten getan. Was die syrische Operation anbetraf, so meinte er: »Über diese Unternehmen war mir das Herz schwer. Wir schickten ältere Offiziere dorthin – vielleicht waren sie zu alt. Sie trafen Entscheidungen, die ein jüngerer Offizier nicht getroffen hätte. Sie begingen den Fehler zu glauben, die Unternehmen könnten wiederholt werden, und da sie diese nicht ausführten, sorgten sie dafür, daß wir in den Augen des Generalkommandos als weniger zuverlässig erschienen.«

Izzy Rahav erhob gegen die Ablösung Ariels Einwendungen und forderte die Untersuchung von Erels Verhalten. Der Generalstabchef, Itzhak Rabin, schlug vor, ein paar Wochen zu warten, bis sich die Gemüter beruhigt hätten. Daraufhin entschloß sich Rahav, aus dem aktiven Dienst auszuscheiden. Das war für die Marine ein schwerer Schlag, da in seinem Kielwasser viele andere Offiziere ebenfalls den Dienst quittierten. Sie wollten nicht mehr in einer Marine dienen, die ihnen nicht aggressiv genug erschien. Einige Zeit später wollte Izzy Rahav wieder in die Marine zurückkehren, aber Admiral Erel hatte ihm weder den LIBERTY-Zwischenfall noch seinen Weggang in den schwierigen Tagen nach dem Kriegsende vergeben. Er weigerte sich, ihn wieder aufzunehmen.

Im Laufe meiner Recherchen zu diesem Buch mußte ich erkennen, daß die Auseinandersetzungen zu diesen Operationen ziemlich absonderlich waren – da niemand, auch nicht Admiral Erel, irgendeine schriftliche, vom Generalkommando erteilte Ermächtigung finden konnte. Es hat den Anschein, als ob das Marinekommando die Verwirrung des Kriegszustandes ausnutzte und die Angriffsunternehmen ohne Ermächtigung durchführte.

Ein »roter Untergrund« für eine geplatzte Seifenblase

Zu Beginn des Krieges standen die Chancen der 13. Flottille, zu Erfolgen zu kommen, gar nicht so schlecht – trotz der Tatsache, daß das Überraschungsmoment nicht mehr bestand. Dieser Umstand ist nicht nur mit dem Zeitpunkt der Unternehmen verknüpft, sondern auch mit deren Örtlichkeit, ihren Zielen, der Angriffszeit, der Art der Ausrüstung und der Zielstrebigkeit. In der Tat hatten die Syrer keine Kenntnis von den Operationen, die gegen sie durchgeführt werden sollten, und in Ägypten hatten die eingedrungenen Kampfschwimmer keine besonderen Probleme. Die Angehörigen der Flottille hielten allenthalben nach schuldhaft Beteiligten Ausschau. Die meisten von ihnen hatten keine Kenntnis von den Bemühungen bei der Führung, um die Zustimmung zu Angriffsunternehmen zu erhalten. Daher begriffen sie auch nicht, warum Angehörige der Kommandos von dem einen Einsatz gegen einen anderen ausgetauscht wurden und warum ein Entsenden zu Zielorten erfolgte, für die kein nachrichtendienstliches Material vorlag und die ihnen nichts sagten. Die Männer beschwerten sich auch über das Risiko, das mit dem Benutzen von Fischerbooten eingegangen wurde.

Hanoch erhielt Vorwürfe, über die Feststellung »überrascht« gewesen zu sein, daß die Schlauchboote viel langsamer als erwartet waren. Nach der Meinung der Männer hätte er den Einsatz um jeden Preis durchführen müssen, da er wußte, daß es zu diesem Zeitpunkt im Hafen Ziele gab und die Wachsamkeit dort gering war. Hanoch machte geltend, daß er seine Männer nicht unnötig in Gefahr bringen wollte, und er wäre natürlich nicht imstande gewesen, eine Situation vorauszusehen, in der ihm ein weiterer Versuch verweigert werden würde. Yossale Dror unterstützte ihn; doch der Befehlshaber der Marine und sein Stellvertreter betonten nachdrücklich, daß seine Entscheidung falsch gewesen wäre. Er hätte genug Zeit gehabt, in den Hafen einzudringen und seinen Auftrag auszuführen, auch wenn der Rückzug bei Tageslicht hätte angetreten

Premierminister Eschkol besucht die 13. Flottille. Rechts eine Gruppe von Kampfschwimmern mit Einsatzausrüstung.

werden müssen – eine Verfahrensweise, für die sie jahrelang ausgebildet worden wären.

Auch das Banias-Unternehmen verursachte viel Aufsehen und bis heute weiß niemand genau, wo die Boote ausgesetzt worden waren. Sicher ist nur, daß sich die Beteiligten die Auseinandersetzungen hätten ersparen können, wenn die Offiziere die zeitliche Aufeinanderfolge der Lichtblitze des Leuchtturms geprüft hätten – Angaben, die in jeder Seekarte zu finden waren.

Auch Yochai Ben-Nun kam nicht schuldlos davon. Als Ergebnis eines Navigationsfehlers war er zu spät am Aussetzpunkt eingetroffen und hatte das Unternehmen verschoben. Ben-Nun wies darauf hin, daß ihm der vom Marinekommando festgesetzte Zeitpunkt keinen zeitlichen Spielraum gelassen hatte, um den Auftrag

auszuführen. Hierzu sagte er: »Es wäre schade gewesen, ihnen [den Syrern] vier unserer Jungs darzureichen, wenn wir eine Chance hatten, am nächsten Tag erfolgreich zu sein.« ObltzS. Paulin führte aus, daß der Auftrag durchgeführt worden wäre, wenn ein junger Offizier den Befehl gehabt hätte. Berale war auf Yochai Ben-Nun und Yossale Dror wütend, fand es aber problematisch, sie zu beschuldigen, da sie in der Vergangenheit seine Kommandeure gewesen waren. Sein gesamtes Können hatte er von ihnen gelernt. Auch dem Generalkommando wies Berale eine gewisse Schuld zu, da es die Freigabe der Unternehmen für die erste Nacht verzögert und später jeden weiteren Versuch abgelehnt hatte.

Wütende Auseinandersetzungen gab es um Almogs Entscheidung, die SDV's zu versenken. Trotz der

Tatsache, daß entsprechende Befehle des Marinekommandos bestanden, so führte Berale aus, hätte sie Almog nochmals überdenken müssen. Außerdem wies er auf das Fehlen zuverlässiger Fernmeldeeinrichtungen hin, eine Tatsache, die auf alle getroffenen Entscheidungen großen Einfluß gehabt und der Ausführung der Operationen Schaden zugefügt hätte. Berale war der Ansicht, Bini Telem hätte den MTB's den Abbruch der Fühlung mit dem ägyptischen Verband befehlen müssen, da er nicht imstande war, die Verbindung zur TZIPOR herzustellen, und somit die Lage in diesem Seegebiet anders einschätzte, als sie sich in Wirklichkeit darstellte. Dasselbe passierte dem Kommandanten der NOGA, der keine Verbindung mit Amnon Ben-Zion hatte und daher die syrischen MTB's zunächst irrtümlich als die eigenen Schlauchboote identifizierte.

Auch Hanoch wollte den Rat Yossale Drors anfordern – konnte aber keine Verbindung zu ihm herstellen. Berale war der Auffassung, daß einige der Unternehmen anders verlaufen wären, hätten bessere Fernmeldeverbindungen bestanden. Zusammenfassend bemerkte er, daß er und seine Männer sehr mutig gewesen wären, als sie die Pläne erstellten, aber in der Ausführung hätten sie sich als zu vorsichtig gezeigt. Viele der Verantwortlichen beschuldigte er, nicht genügend Flexibilität, Initiative und Zielstrebigkeit bewiesen zu haben. Er erklärte, daß dies der hauptsächliche Punkt der Kritik im Ausschuß der Marine bei der nachträglichen Besprechung der Unternehmungen gewesen wäre. Er hätte im Ausschuß – unter anderen Darlegungen – auch den von Dov Bar an seine Familie geschriebenen Brief gezeigt, um zu beweisen, daß die Angehörigen der Flottille stets und über alle Maßen dem Ruf der Pflicht gefolgt waren.

Die israelischen Streitkräfte errangen einen entscheidenden Sieg – trotz der Tatsache, daß die Marine nicht ein einziges Schiff versenkt hatte. Die schwierigste aller Fragen lautete: Brauchten die israelischen Streitkräfte einen Angriffsverband der Marine und war daher das Bestehen der 13. Flottille gerechtfertigt?

Trotz der Fehlschläge wurde die Entscheidung getroffen, die Angehörigen der Flottille auszuzeichnen, die an den Unternehmen teilgenommen hatten, und ihnen den »roten Untergrund« unter ihre »Fledermaus-Schwingen« zu verleihen – eine Ehre, die denen zu verdanken war, die in gegnerische Häfen eingedrungen waren. Diese Entscheidung führte auch zu einem erbitterten Streit; denn es gab jene, die der Meinung waren, daß in diesem Krieg die Seifenblase grundloser Arroganz endlich geplatzt wäre und es bestünde somit überhaupt kein Grund, diese Männer auszuzeichnen. Selbst wenn eine solche Auszeichnung gerechtfertigt gewesen wäre, dann nur für jene Männer, deren tatsächliches Eindringen geehrt werden sollte. Diese Auseinandersetzungen – und viele dachten ähnlich – beeinflußten das Dasein der 13. Flottille in den kommenden Jahren.

7. Kapitel

Der Abnutzungskrieg: Das Blut der Kämpfer wird vergossen

Der Sechs-Tage-Krieg endete mit einem donnernden Sieg für Israel. Die an der Küste verlaufende Grenze wurde um das fast Vierfache erweitert. Dies bürdete der kleinen israelischen Marine eine schwere Last auf. Trotz der Erwartung einer friedlicheren Periode hatten die Ägypter andere Vorstellungen. Am 3. Juli 1967 sprengten ägyptische Kommandoeinheiten eine Eisenbahnlinie auf israelischem Territorium. Daraufhin wurde beschlossen, auch ägyptische Eisenbahnlinien zu sprengen. Da ein Wasserhindernis überquert werden mußte – der Suezkanal – wurde die 13. Flottille ausgewählt, den Einsatz auszuführen. Damit öffnete sich für die Flottille ein neues Kapitel

Die Unternehmen »Barzelit« und »Barak«

Zwei Korvettenkapitäne – Shaul Ziv und Gadi Shefi – sollten das Unternehmen »Barzelit« (Eisenbahn) durchführen. Beide waren während des Krieges nicht im aktiven Dienst gewesen und hatten daher keine Gelegenheit gehabt, jemand zu enttäuschen. Sie waren sehr aufgeregt und Gadi Shefi erbrach sich tatsächlich, nachdem der »Türke« [Reuben Pinchas] ihm gesagt hatte, er würde erfolgreich sein müssen oder im Felde sterben.

Zwei Trupps mit Minen brachen auf. Die Männer schwammen durch den 200 m breiten Kanal und schleppten auf dem Rücken ein unsichtbares Gewicht mit: das Schicksal der Flottille. Ihnen allen war klar, daß ein Fehlschlag das Ende ihrer Einheit bedeuten würde. Glücklicherweise verlief das Unternehmen erfolgreich. Gadi Shefi hoffte, daß sich daraus der Beginn einer Expansionsperiode ergab, die von der »Seifenblase sinnloser Arroganz« zu Einsätzen mit Prestige führen würde.

Das Unternehmen beantwortete die nach dem Krieg gestellte Frage: Ist die Existenz der 13. Flottille gerechtfertigt? Die Notwendigkeit, bei jeder Konfrontation mit den Ägyptern das Hindernis des Kanals oder des Golfes von Suez zu überqueren, ließ die Rechtfertigung der Flottille unbestritten erkennen.

Etwa zur selben Zeit entstand eine Auseinandersetzung hinsichtlich des Rechtes, den Suezkanal zu benutzen, und Moshe Dayan, der Verteidigungsminister, erblickte ägyptische Boote, die ihn entlangfuhren. Daher befahl er israelischen Booten, dasselbe zu tun, um Israels Rechte in dieser Hinsicht zu demonstrieren.

Am 14. Juli 1967 wurden Schlauchboote in den Kanal hinabgelassen. Der Türke, der das Unternehmen »Barak« (Blitz) befehligte, zog die Tatsache in Betracht, daß die Ägypter das Feuer eröffnen würden und Männer verletzt werden könnten.

Ein Mann, der an diesem Unternehmen teilnahm, war Israel Assaf, ein noch den Grundlehrgang besuchender Rekrut. Nicht willens, nur ein »kleines Rädchen im großen Getriebe« zu sein, hatte er sich freiwillig zur Flottille gemeldet. Er bestand erfolgreich die Prüfungen im Meer. Hierzu gehörte auch das Einsammeln von zwölf Tellern ohne Taucherbrille in einem Tauchgang. Er nahm am langen Marsch teil, lief aber barfuß, da ihm seine Stiefel Blasen verursachten. Die Fahrer der die Gruppe begleitenden Fahrzeuge verspotteten ihn: »Was plagst du dich? Du hast keine Chance! Steig' auf den Wagen!«

Später erfuhr er eine infanteristische Ausbildung, bei der er die damaligen Disziplinarmaßnahmen kennenlernte: Stehen auf einem Stück Holz und Krähen wie ein Hahn, mitten in der Nacht mit dem gesamten »Haus« – dem Zelt und der vollen Ausrüstung – auf einen Hügel steigen, aus großen Felsbrocken eine Uhr bauen und jede Stunde »die Zeiger stellen« und ähnliche Aufgaben. Nach der Grundausbildung begann der Lehrgang im Stützpunkt der Flottille. Hier wurde den Auszubildenden beigebracht, wie wichtig Zuverlässigkeit ist. Rennend schleppten sie 20 kg schwere Sandsäcke auf dem Rücken. Am Ende der Laufstrecke angekommen, legten sie die Säcke in Reih' und Glied ab und wurden auf eine »Erholungsrunde« geschickt. In der Zwischenzeit wogen ihre Ausbilder die Säcke. Wurde fehlendes Gewicht festgestellt, mußten die Missetäter noch einmal mit den Säcken auf dem Rücken die Strecke durchlaufen.

Israel Assaf verspürte, daß die Unternehmung von größter Bedeutung war, und er verschwendete nicht einmal einen flüchtigen Gedanken an die Möglichkeit, daß er hierbei getötet werden könnte. Er gehörte zu einem erfahrenen Kämpfer, der das Boot führte. Sie trugen kurze Uniformhosen und -hemden und waren mit einer »Kalaschnikow« und einer »Uzi« bewaffnet. An einem Flaggenstock befestigt, wehte stolz die Flagge der israelischen Marine. Als sie die Kanalmitte erreichten, gerieten sie unter Beschuß. Die Unterstützungskräfte erwiderten das Feuer und die Männer fanden am israelischen Ufer Deckung. Nach etwa 30 Minuten, als sich die Lage wieder beruhigt hatte, fuhren sie erneut los. Sofort setzte der Beschuß wieder ein und zwischen beiden Ufern des Kanals entwickelte sich ein Feuerduell. Es gelang ihnen, an Land zu entkommen, aber ihr Boot war beschädigt und trieb hinüber auf die ägyptische Seite. Schließlich traf die Granate eines israelischen Panzers das Boot wie auch einige ägyptische Soldaten, die versucht hatten, es aus dem Wasser zu bergen.

Ein zweites Boot fuhr weiter nach Süden und geriet ebenfalls von gedeckten Stellungen aus unter Beschuß, die den Kanal ausgezeichnet beherrschten. Auch dieses Boot wurde getroffen und der Bootsführer erlitt eine Verwundung am Arm. Doch er hielt weiterhin das Steuerruder fest und kehrte mit dem Boot ans Ufer zurück.

Ein drittes Boot lief zur Kanaleinfahrt. Seine Besatzung sah ägyptische Soldaten, die ihr zuwinkten. Doch als eine Kugel dicht an den Männern vorbeipfiff, wurde ihnen bewußt, daß sie zur Zielscheibe eines Scharfschützen geworden waren. Dieser Schuß stellte die Ouvertüre zu einem Konzert aus Maschinengewehrfeuer dar. Das Feuer erwidernd, entkamen sie ans Ufer und verbargen sich zwischen einigen Felsen. Als der Beschuß aufhörte, stieß ein weiteres Boot zu ihnen, das über Land herangebracht wurde. Um 11.15 Uhr setzten sie ihre Fahrt fort. Von weitem konnten sie Cafés erkennen, vor denen friedlich die Gäste saßen. Plötzlich brachen Tische und Stühle zusammen und eine schwere Artilleriesalve schlug direkt zwischen ihnen ein. Eine Nebelgranate werfend, jagten die Männer zum Ufer und suchten unter einigen Felsen Deckung. Der Beschuß hörte nicht auf und ihr Versteck wurde zur Falle. Sie krochen über scharfkantige Felsen auf einen sichereren Platz zu, verfolgt von Granatwerferfeuer. In ein kleines Bassin springend, tauchten sie unter und hielten sich an großen Felsen fest. Als eine kurze Feuerpause eintrat, sprangen sie auf und jagten in die

Deckung einer Pier. Ihr Schlauchboot, das an den Felsen festgemacht war, erhielt Treffer und ging in Flammen auf. Auf ägyptischer Seite hingegen beschädigte israelischer Beschuß eine große Anzahl von Einrichtungen sowie ein Schiff.

In denselben Kanalabschnitt wurde ein weiteres Boot entsandt, bemannt mit einem Offizier und einem Soldaten des Landungsverbandes, da der Flottille für diese Operation nicht genügend Männer zur Verfügung standen. Das Boot erhielt einen Treffer und die beiden Insassen verbargen sich im Wasser hinter einem Navigationszeichen. Sie hofften darauf, zurück ans Ufer schwimmen zu können, sobald der Beschuß aufhörte. Allein gelassen, blieben sie in dem Abschnitt zurück, und da sie zu keiner Einheit gehörten, kam niemand, um sie zu bergen. Schließlich wurden sie von der Besatzung eines ägyptischen Bootes gefangengenommen.

Zwei Boote fuhren in den Großen Bittersee ein. Ihre Besatzungen waren enttäuscht, als sich nichts ereignete, und sie waren neidisch auf ihre Kameraden, die unter Beschuß operierten.

Der Versuch, im Kanalbereich »vollendete Tatsachen« zu schaffen, schlug fehl und Ende Juli 1967 kam es zur Unterzeichnung eines gegenseitigen Abkommens über das Nichtbefahren. Die Kampfschwimmer der 13. Flottille verminten die Kanalausfahrten, um die Ägypter daran zu hindern, ihre Handelsschiffe zu bergen, die in den Bitterseen von der Außenwelt abgeschnitten und zum Verhandlungsobjekt geworden waren.

Danny Avinon und die Frösche im Jordan

Wenige Tage später feierten neun Teilnehmer des Grundlehrgangs den Abschluß ihrer Ausbildung. Angehörige der Flottille kamen zu Landeinheiten, die den Kanalbereich besetzt hielten. Hier waren sie an Hinterhalten und Patrouillen beteiligt. Bei Unternehmen mit der »Sayeret Matkal«, deren Angehörige auf der anderen Seite des Kanals Geheimdienstaufträge durchführten, steuerten sie die Boote – eine Aufgabe, die sie als zweitklassig ansahen und mit der sie nicht glücklich waren. Einige von ihnen, darunter auch ObltzS. Dov Bar, zählten noch immer zu den »hungrigen Löwen«. Er hatte den Kurs geleitet, der im Golf von Suez Ausbildung betrieben hatte, und war mit den Kursteilnehmern mehrere Male an abgelegenen ägyptischen Stränden gewesen – zum Wasserskifahren! Außerdem hatte er auch an Land – ohne Erlaubnis – mit den Auszubildenden Spähtruppunternehmen dicht an den ägyptischen Stellungen unternommen.

Der in Tel Aviv geborene Dov Bar war im Alter von 15 Jahren auf einer Tour, die von der Marinevereinigung organisiert worden war, mit einem Boot nach Zypern gesegelt. Ein Jahr später entschloß er sich, zusammen mit ein paar Freunden nochmals dorthin zu segeln, und zwar mit einem Boot, das für das Sportsegeln nicht zugelassen war, da es keine Sicherheitsausrüstung besaß. Die Jugendlichen bestachen die Zöllner, sie gehen zu lassen, und fuhren ohne jede Einreiseerlaubnis nach Zypern – so daß niemand wissen würde, daß sie dorthin gefahren waren, falls ihre Eltern nach ihnen suchten. An ihrem letzten Tag auf dieser Insel kauften sie einige Elektroartikel und versteckten sie in Milchkrügen. In Israel wieder angekommen, glitten sie in eine kleine Bucht und verbargen dort die Elektrogeräte. Anschließend segelten sie in den Hafen von Haifa und freuten sich darauf, ihre Eltern und die Zollbeamten zu treffen.

Seine seemännischen Kenntnisse und seine ausgezeichnete körperliche Verfassung brachten ihn schließlich zur 13. Flottille. Nach dem erfolgreichen Abschluß des Ausbildungslehrgangs kam er zur SDV-Abteilung, die einige Zeit später zur Ausbildung nach Eilat verlegte.

Das Gebiet am Toten Meer und am Jordan, wo rund 3000 palästinensische Untergrundkämpfer ihre Stützpunkte hatten, war eine Ursache weiterer Unternehmen. Sie überquerten den Jordan, um ihre Aktivitäten zu entfalten, und verwandelten den 150 km langen Fluß in eine Frontlinie. Mit den Jahren hatten die Kommandeure der Infanterie zu ihrem eigenen Schaden die Probleme erfahren, die das Überqueren von Wasserhindernissen verursachte, und sie überquerten den Fluß zu Überfällen nicht mehr ohne Unterstützung. Die Kampfschwimmer der Flottille schwammen mit einem Tau an das jenseitige Flußufer und befestigten es an einem Baum. An ihm brachten sie dann ein Schlauchboot an, das diagonal zur Strömung ausgerichtet war. Die Infanteristen saßen im Boot und hingen mit Schnappringen am Tau. Die Überquerung des Flusses war sehr gefährlich und einige Soldaten ertranken fast. Es dauerte nicht lange, bis die Männer der Flottille zum Schluß kamen, daß sie die Überfälle selbst durchführen konnten.

An einem dieser Unternehmen nahm Danny Avinon teil. Seine Kameraden und er stahlen sich ans Flußufer hinunter und untersuchten die Überquerungsstelle. Alles war zu ruhig. Die Frösche gaben kein Quacken von sich und Danny Avinon war sicher, daß in der Nähe ein jordanischer Hinterhalt war. Er meldete seine Feststellungen dem Generalmajor, der den Abschnitt kommandierte. Daraufhin entsandte der Generalmajor ein Fahrzeug, ausgestattet mit einem Infrarot-Scheinwerfer, und sagte zu Avinon: »Machen Sie sich auf etwas gefaßt, wenn dort nichts ist!« Doch auf der ande-

ren Seite gab es einen Hinterhalt. Der Generalmajor frug Danny Avinon, woher er dies gewußt hätte. Dieser erwiderte, daß sich die Frösche nur vor Menschen fürchteten und darum wäre es so ruhig gewesen. Ferner schlug er vor, flußabwärts zu gehen und gegen den Wind zum Hinterhalt zu schleichen und ihn zu vernichten. Der General lehnte ab, annullierte die Überquerung und rief am nächsten Tag Danny Avinon zu sich in sein Dienstzimmer. Dort gab er ihm eine Flasche Whisky, auf der stand: »Dem Seemann im Felde!« So entstand die Legende von dem Kämpfer, der die Araber erschnüffelte.

Eine Katastrophe für die Marine: Die Versenkung der EILAT

Mitte August 1967 faßte der Befehlshaber der Marine die Lehren kurz zusammen, die sich aus dem Sechs-Tage-Krieg ergaben, und bestimmte die zukünftige Grundlage des Handelns. Danach sollte die 13. Flottille einen größeren Nachdruck auf SDV's und Unterseeboote, auf schnelle Boote und auf Vorstöße sowie auf den Landtransport legen, so daß die größeren Schiffe für andere Unternehmungen eingesetzt werden konnten.

Übereinstimmend mit dieser Entscheidung begann die Ausbildung auf der LEVIATHAN, die bei Kriegsende aus Großbritannien in Israel eingetroffen war. Das 1944 gebaute Unterseeboot der britischen T-Klasse mit über 1500 ts Verdrängung unter Wasser war gut geeignet, Kampfschwimmer und SDV's weitaus bequemer als die früheren Unterseeboote zu transportieren.

Bei einer Stabsoffiziertagung Anfang Oktober wurden die Probleme der Marine diskutiert, die sich während des Krieges ergeben hatten. Als ein Fazit dieser Tagung brachte der Befehlshaber der Marine folgendes zum Ausdruck:

»Der von uns geführte Krieg war keine Privatangelegenheit; denn uns stand ein Feind gegenüber, den wir gezwungen waren zu vernichten. ... Doch wir müssen dies als unseren Privatkrieg betrachten: Uns gibt es, um zu gewinnen, ... und wir müssen eine Tradition des Sieges schaffen, um so zukünfige Generationen zu erziehen, um der militärischen Hierarchie zu vermitteln, uns zu vertrauen, und um dem Feind unsere Macht fühlen zu lassen. ... Es gab Fehlschläge, und ich habe nicht die Absicht, irgend jemand den Eindruck zu vermitteln, Befehle müßten nicht ausgeführt werden. Jeder Vorfall muß jedoch für sich betrachtet und Risiken müssen in Kauf genommen werden, um

das grundlegende Ziel zu erreichen: die feindlichen Streitkräfte zu vernichten. Die Marine muß sich entfalten und ihre Stärke entwickeln, so daß sie jede Schlacht und jede Konfrontation mit dem Feind gewinnen kann.«

Im August entschieden die arabischen Staaten, keinen Friedensvertrag zu unterzeichnen und keine Verhandlungen mehr mit Israel zu führen. Sogar ohne diese Entscheidung war es offenkundig, daß die arabischen Staaten gegenüber Israel bereit zur Eskalation waren.

Ein paar Wochen zuvor hatte die israelische Marine einen widerhallenden Sieg errungen. In der Nacht zum 11. Juli gerieten der Zerstörer EILAT und zwei MTB's etwa 20 sm nördlich der Sinai-Küste mit zwei ägyptischen MTB's aneinander, die in diesem Seegebiet patrouillierten. Nach einem kurzen Gefecht hatten die Israelis die beiden ägyptischen Boote vernichtet. Zu diesem Zeitpunkt wußte niemand, daß dieses Gefecht entgegen dem Befehl des Marinebefehlshabers stattgefunden hatte, sich abzusetzen.

Das Blatt wendete sich am 21. Oktober 1967, als »Styx«-Flugkörper eines ägyptischen FMB aus dem Hafen von Port Said heraus den vor der Küste auf einer regelmäßigen Patrouillenfahrt befindlichen Zerstörer EILAT versenkten. In einer schwierigen Rettungsoperation aus der Luft und zur See bargen die Israelis 152 Besatzungsangehörige, darunter 91 Verwundete. An Verlusten gab es unter der Besatzung 47 Tote einschließlich 16 Vermißte.

Für die Marine war dies ein schwerer Schlag. Ihre Führung hatte nicht geglaubt, daß die Ägypter es wagen würden, einen derartigen Schlag auszuführen, der eine Eskalation – sogar einen weiteren Krieg – herbeiführen könnte. Sie hatte unrecht gehabt und ihr Irrtum erwies sich als kostspielig. Es schien so, als ob ihre Besorgnisse hinsichtlich der Seezielflugkörper in Vergessenheit geraten waren.

Eine Anzahl ernster Fragen stellte sich. Sie betrafen die Tatsache, daß der Zerstörer offen und demonstrativ unter den Augen der Ägypter auf Patrouillenfahrt war – und dies nicht in voller Gefechtsbereitschaft. Das Marinekommando hatte das Patrouillieren der Schiffe den normalen Landpatrouillen gleichgesetzt, darauf ausgerichtet, die Souveränität Israels zu demonstrieren. Doch niemand hatte die Frage geprüft, ob das angewendete Verfahren die ideale Antwort gewesen war. Beschuldigungen wurden keine erhoben und die Tragödie wurde zu Grabe getragen.

Die Ägypter feierten ihren Erfolg, während die israelische Marine geltend machte, die Sowjets hätten dabei ihre Hand im Spiele gehabt. Im übrigen hätten die Ägypter wie »Diebe in der Nacht« gehandelt; sie hätten aus dem Hafen heraus und unter Verletzung der »Waffenstillstands«-Bedingungen geschossen.

Hatte es überhaupt einen Waffenstillstand gegeben? Schließlich waren nur wenige Wochen zuvor zwei ägyptische MTB's versenkt worden. Was die Behauptung von den »Dieben in der Nacht« angeht, so war sie lächerlich. Der Zweck der Kriegführung besteht darin, ohne Gefährdung eigener Kräfte ein Höchstmaß an Überraschung herbeizuführen. Zudem: Genau wie die Araber behaupteten, hinter jedem israelischen Erfolg stünden die Amerikaner, so behaupteten wir, die Sowjets stünden hinter den ihren. Auch vergaßen wir dabei, daß wir 1948 die AMIR EL FAROUK versenkt hatten – während der Feuerpause. Als Vergeltungsmaßnahme erfolgte ein massiver Angriff mit Artillerie und aus der Luft, bei dem Öleinrichtungen und petrochemische Anlagen schwere Beschädigungen erlitten.

Der EILAT-Zwischenfall bestätigte die zukünftige Konzeption der Marine – den Bau der FMB's und die Entwicklung des Seezielflugkörpers »Gabriel«. Letzterer wurde erfolgreich auf der JAFFA erprobt, die aus dem aktiven Dienst genommen worden war. Auf diese Weise wurden beide Zerstörer zu »Versuchskaninchen« für die beiden neuartigen Flugkörpersysteme: für das sowjetische und für das israelische.

Die Kriegsgefangenen kehren heim

In dieser Zeit befanden sich die sechs Angehörigen der Flottille in einem Gefängnis in Kairo. ObltzS. Aitan Lifschitz wurde von Obristen des ägyptischen Geheimdienstes verhört. Diese Verhöre begleiteten einerseits Foltern und andererseits vergnügliche Gespräche bei einer Tasse Tee. Im Verlaufe dieser Unterhaltungen erzählten ihm die Vernehmungsoffiziere, wo sich der Stützpunkt der 13. Flottille befand, und zeigten ihm Seitenrisse von den Schiffen der israelischen Marine. Der Kommandeur der ägyptischen SDV-Einheit, ein Offizier mit einer Narbe im Gesicht, dem zwei Finger fehlten, kam herbei, um ihn zu besuchen. Lachend erzählte er Aitan Lifschitz, daß er gerade dessen Vernehmungsoffiziere verärgert hätte, da er über die streng geheimen SDV's der Israelis – gekauft von den Italienern – Bescheid wüßte.

Nach zehn Tagen erschienen Vertreter des Roten Kreuzes. Die Gefangenen, die sehr geschwächt waren, kamen in eine Zelle und nach einiger Zeit gesellten sich noch zwei Piloten und zwei Kriegsgefangene der Marine hinzu. Die allgemeine Haltung gegenüber den Gefangenen änderte sich. Von zu Hause begannen sie Pakete zu erhalten. Einer der Gefangenen stahl einer Wache einen Bleistift und sie schrieben ihre ersten Briefe. In der Zelle wurde es sehr eng. Zwischen den Pritschen gab es nur rund 10 cm Platz und in der Mitte des Raumes standen zwei große Tische. Auf ihnen stapelten sich die Pakete mit Nahrungsmitteln, darunter in Zeitungspapier eingeschlagenes Obst. Dies löste das Problem des Hungers nach Information, da die Gefangenen keine Vorstellung davon hatten, wie der Krieg verlaufen war. Doch sie waren auch besorgt darüber, daß ihre Gespräche abgehört würden. Darum erhielt das Obst den Namen »Der Baum der Erkenntnis«.

Innerhalb kurzer Zeit war eine gewisse Routine organisiert, die ihnen ein Zusammenleben ermöglichte, ohne dem anderen auf die Nerven zu gehen. Mit dem aus Israel geschickten Geld kauften sie in der Kantine des Gefängnisses Nahrungsmittel und andere Notwendigkeiten. Sie fingen an, Kurse über wissenschaftliche Themen und Fremdsprachen abzuhalten, und diejenigen, die keine Zulassungsbescheinigungen zur Universität hatten, eigneten sich das erforderliche Wissen mit Hilfe des aus Israel geschickten Prüfungsmaterials an.

Der Kommandant des Gefängnisses tauchte gern bei ihnen auf und erlaubte ihnen, sich im Hof des Gefängnisses aufzuhalten. Sie spielten mit den Wachen Handball und schufen eine Atmosphäre der Freundschaft, die viele vertrauliche Gespräche mit sich brachte – nicht als Feinde, sondern als menschliche Wesen. Auch ihr Erfindungsgeist gedieh und sie erfanden einen Warmwasserbereiter, eine automatische Vorrichtung zum Schließen ihrer Zellentür und eine Falle für große Fliegen.

Ihr verhältnismäßig bequemes Leben hielt sie nicht davon ab, ihre Flucht zu planen, die sie ausführen wollten, wenn ihre Gefangenschaft zur Gefahr für ihr Leben werden sollte. Sie waren in der Frage unentschlossen, ob einer von ihnen oder ob sie alle zusammen fliehen sollten. Nach ihren Feststellungen wurden die Wachen jede Stunde kontrolliert und wenn ein Wachposten einschlief, wurde er ausgepeitscht. Sie riefen sich den Weg zum Suezkanal ins Gedächtnis und entwarfen detaillierte Pläne, wie sie ihn oder einen ägyptischen Flugplatz erreichen konnten, um auf dem Platz ein Flugzeug zu stehlen, das die Piloten ihrer Gruppe fliegen sollten. Außerdem stahlen sie ägyptische Uniformen und ließen sich Schnurrbärte wachsen, um wie Ägypter auszusehen. Aus einer Blechbüchse bauten sie sogar einen Magnetkompaß. Von einer der Wachen stahlen sie einen Schlüssel, fertigten einen Abdruck in Seife an und machten ihn nach. Dann prüften sie, ob die Wache bemerkte, daß einer von ihnen mit dem Nachschlüssel, den er zur Befreiung seiner Kameraden benutzen sollte, außerhalb ihrer Baracke geblieben war. Unter Benutzung eines Nagels führten sie in der elektrischen Leitung ihrer Zelle einen Kurzschluß herbei, um festzustellen, ob der Strom im gesamten Netz des Gefängnisses erlosch. Dieser Versuch schlug fehl. Es gab getrennte Stromkreise und nur ihre Zelle fiel in Dunkelheit. Trotz ihrer vielen Vorbereitungen flohen

sie nicht, da alle Anzeichen dafür sprachen, daß sie bald freikommen sollten, und es wäre unvernünftig gewesen, sich unnötigerweise einem Risiko auszusetzen. Jeden Tag fand ein Anwesenheitsappell mit Namensaufruf statt, in dessen Verlauf die Wachen riefen: »Lang lebe die Vereinigte Arabische Republik!« Auf ein Hornsignal hin standen das gesamte Gefängnispersonal und ihre Gefangenen still. Nach Jahren des Nichtbeachtens dieser einfachen Anordnung waren die Ägypter verblüfft, als sie sahen, wie die Israelis sie befolgten.

In den Monaten ihrer Gefangenschaft spielte auch der Humor eine Rolle. Eine der Wachen, ein ungebildeter und besonders schmutziger Ägypter, entwickelte eine Vorliebe für eine erstaunliche wissenschaftliche Erfindung, die er entdeckt hatte: die Zahnbürste. Er ersetzte seine übliche Methode, sich den Mund mit Wasser auszuspülen, durch tägliches Benutzen der Zahnbürsten der Gefangenen. Eines Tages rieben sie eine der Bürsten mit schmierigem Sonnenschutzöl ein – und am nächsten Tag kehrte er wieder zu seiner alten Methode zurück!

Einige Monate nach ihrer Gefangennahme wurden die Israelis nach Kairo zu Vertretern des ägyptischen Propagandaministeriums gebracht, die mit ihnen über den jüdisch-arabischen Konflikt disputierten. Die Gefangenen legten getreu ihre Position dar, während die Ägypter versuchten zu erklären, daß sie eine kultivierte und humane Nation wären, die in jeder Weise Israel überragte.

Am Vorabend des jüdischen Neujahrsfestes, fünf Monate nach ihrer Gefangennahme, schlug eine aus israelischen Gefangenen bestehende Fußballmannschaft die Mannschaft des Wachpersonals, verstärkt durch zwei Israelis, mit 15 : 9 – ein historisches Spiel, das erste seiner Art seit dem Krieg von 1948.

Während ihrer Gefangenschaft wurde den Israelis klar, daß sich ihr Freikommen durch die Tatsache verzögerte, daß Israel im Austausch gegen alle ägyptischen Gefangenen in Israel auch die Freilassung von sechs Angehörigen eines Sabotagerings forderte, die sich seit 1954 in den Händen der Ägypter befanden. Nach einer ernsten Diskussion sandten die Gefangenen eine Botschaft nach Israel, in der sie darlegten, daß sie die Entscheidung der Regierung unterstützten und bereit wären, solange wie erforderlich in Gefangenschaft zu bleiben. In einer Mitteilung erwiderte der israelische Verteidigungsminister, daß er auf ihren Entschluß stolz wäre. Diese Antwort rührte sie, aber als Symbol ihrer Verzweiflung über ihre verzögerte Freilassung schoren sie sich die Köpfe kahl – das war der Weg, der schließlich zu ihrer Rückkehr nach Hause führte.

Am 25. Januar 1968 ging die Verbindung zur DAKAR verloren, einem veralteten Unterseeboot der T-Klasse – mit ihr blieben 69 Mann auf See.

Die DAKAR verschwindet

Jahre später untersuchte ich die Tragödie und schrieb über sie ein Buch: »DAKAR«. Es behandelte die Umstände, die ihr Verschwinden umgaben. Die Folge war, daß ich 1996 an ausgedehnten Suchaktionen nach dem Unterseeboot vor der ägyptischen Küste teilnahm. Außerdem forderte ich den Premierminister auf, in dieser Angelegenheit einen Untersuchungsausschuß der Regierung einzusetzen – da ich erkannt hatte, daß zu viele Fragen ohne Antwort geblieben waren.

An dem Tag, an dem die Bekanntgabe des Verlustes der DAKAR offiziell erfolgte, fand eine Tagung des Generalstabschefs, General Haim Bar-Lev, mit den Stabsoffizieren der Marine statt. Die Tagung nahm einen stürmischen Verlauf, in dessen Verlauf Bar-Lev die Offiziere beschuldigte, mit »ihren Gedanken in höheren Regionen zu schweben« und hinsichtlich des übrigen Teils der Streitkräfte außer Tritt zu sein. Erneut erhob sich der Streit über den Zweck der Marine. Ständig wiederholte der Generalstabschef, daß sich die Marine mit der defensiven Aufgabe zufrieden geben sollte. Hierfür rächten sich die Marineoffiziere mit dem Argument, daß die Marine keiner »Bunkermentalität« anheimfallen dürfte, sondern in See gehen müßte, um den Gegner sogar mit ihren veralteten Schiffen zu finden. Der Befehlshaber der Marine betonte, daß es sich nicht um die der Marine zugewiesenen Aufgaben handelte, die diskutiert werden sollten, sondern um die Art und Weise, wie sie durchzuführen wären. Er setzte hinzu, daß es eine räumliche Trennung zwischen der Marine und dem übrigen Teil der Streitkräfte gäbe. Daher stünde er im Begriff, das Marinekommando von Haifa nach Tel Aviv zu verlegen – dorthin, wo sich auch das Generalkommando befand. Jedoch hätte dessenungeachtet das Generalkommando, so führte er weiter aus, die Tatsache einzusehen, daß die Marine eine kämpfende Teilstreitkraft wäre.

Bar-Lev erwähnte die »Sherman«-Panzer und die »Dakota«-Flugzeuge von Heer und Luftwaffe, um an ihrem Beispiel zu zeigen, daß die Ausrüstung der Marine nicht so veraltet wäre. Offensichtlich erkannte Bar-Lev – wie andere auch – die Bedeutung der Korrosion nicht, der die Marineausrüstung in der salzigen See ausgesetzt war. Gleiches galt für das fehlende Gleichgewicht zwischen Flugkörper und Artillerie. Er behauptete, die Ziele Israels könnten ohne die Vernichtung der gegnerischen Flotte erreicht werden. Doch es wäre unmöglich, weder Damaskus noch Kairo ohne die Vernichtung der Panzerdivisionen und der Luftstreitkräfte des Gegners zu erreichen. Seiner Auffassung nach würde sich die Einstellung der Marineoffiziere niemals ändern, solange sie nicht imstande wären, ihre Rolle und ihre Position zu begreifen. Dann fügte er hinzu, niemand würde Befehle nur zur

persönlichen Genugtuung geben. Die IDF würden kein Flugzeug aufs Spiel setzen, um einen Zerstörer der »Skory«-Klasse zu versenken; aber sie würden ein ganzes Geschwader ins Gefecht schicken, wenn Tel Aviv beschossen werden sollte. Er war der Auffassung, daß die Marine nicht ausreichend auf den Krieg oder auf die darauf folgenden Monate vorbereitet gewesen wäre, da sie viele Jahre lang keine Kampfeinsätze durchgeführt hätte.

Zum Schluß legte Bar-Lev dar: »Die Stabsoffiziere werden sich schwierigen Aufgaben gegenübersehen und jeder von ihnen muß auf seinem Gebiet alles geben. Davonlaufen ist keine Lösung. Zufrieden stelle ich fest, daß Bereitschaft und Ehrgeiz vorhanden sind. Das Generalkommando ist bereit zu helfen, aber Gott hilft nur jenen, die sich selbst helfen.«

Anderthalb Monate später kam es zu einem Gespräch mit dem Verteidigungsminister, der ebenfalls geltend machte, die Marine sollte ihre Fähigkeiten ausschließlich für Verteidigungszwecke aufbewahren. Er verwies auf das Problem der sinkenden Moral und war der Meinung:

> »Es ist verständlich, daß die Moral auf einem Tiefstand ist, wenn ein Zerstörer in Verlust gerät. Offensichtlich hat den DAKAR-Vorfall weder technisches noch menschliches Versagen verursacht und dies trägt ebenfalls nicht dazu bei, die Moral zu heben. Das Unternehmen der [13.] Flottille in Alexandria rief den Eindruck hervor, „schlampig“ zu sein, mit der Folge, daß die Männer in Gefangenschaft gerieten. Auch dies hebt die Moral nicht. Die Grundlage der Moral ist eher darin zu sehen, realistisch als phantastisch zu sein – um uns selbst der Realität anzupassen und unsere Einsätze erfolgreich durchzuführen.«

Almog wird Flottillenchef: Erfolge und Mißerfolge für die tatendurstigen Kämpfer

Im Mai 1968 übernahm Fregattenkapitän Ze'ev Almog die Führung der 13. Flottille. Er war für sein rhetorisches Talent wohlbekannt, das seine Kameraden verärgerte. Ihrer Meinung nach benutzte er seine Fähigkeit nur dazu, um seine Schwächen zu verbergen, und sie behaupteten, von Marinedingen verstünde er nicht viel, eine Tatsache, die ihn unter Druck setzte. Der Marinebefehlshaber war der Überzeugung, seine Zähigkeit und Energie würden ihn befähigen, als Flottillenchef erfolgreich zu sein.

Almog rief seine Offiziere zusammen und verkündete ihnen, die Tage des *Palmach* wären vorüber und zwischen Kampfeinsatz und der alltäglichen Disziplin gäbe es keinerlei Unterscheidung mehr. Er war in dieser Hinsicht der richtige Mann, aber einige der Männer verspürten das Gefühl, er hätte eine Ära preußischer Disziplin in die Flottille gebracht. Dessenungeachtet stellte seine Kommandoübernahme einen Wendepunkt dar, insbesondere soweit es die jungen Kämpfer betraf, da diese von der Vergangenheit nicht beeinflußt waren und ihren Wert beweisen wollten. Darüber hinaus übernahm er zu einem Zeitpunkt wieder die Führung, als die Flottille endlich gebraucht wurde. Kurze Zeit später verließ Reuben Pinchas, der »Türke«, die Flottille. Er und Almog unterschieden sich wie Feuer und Wasser und es bestand für sie beide keine Möglichkeit, miteinander auszukommen. Der Weggang der letzten *Palmach*-Kämpfer symbolisierte mehr als alles andere den Beginn einer neuen Ära. Zur selben Zeit kehrte Shaul Ziv nach einer kurzen Zeitspanne als Zivilist in die Marine zurück. Er wurde Almogs Stellvertreter, obwohl die Beziehung zwischen beiden komplexer Natur war. Almog hatte nicht vergessen, daß Shaul Ziv zu jenen gehört hatte, die anläßlich des Zwischenfalls im See Tiberias gegen ihn argumentiert hatten. Ziv hatte keine besonders hohe Meinung von Almog. Nach seiner Auffassung gestattete er seinen Nachgeordneten nicht, ihre Meinung zum Ausdruck zu bringen, und wenn diese dann noch von seiner eigenen abwich, würde er die Abweichler unter dem Vorwand der Illoyalität aus der Flottille entfernen. Shaul Ziv interpretierte den Gedanken der Loyalität auf eine andere Art. In einem langen Gespräch verständigten sich die beiden Männer hinsichtlich der Arbeitsteilung.

Mit der Aufgabe der Flottille, als Transporteinheit für die »Sayeret Matkal« bei deren nachrichtendienstlichen Einsätzen zu fungieren, war Almog nicht zufrieden. Er betrachtete seine Männer als die einzigen, die imstande waren, sich heimlich in eine bestimmte Örtlichkeit zu schleichen, die dicht an einem Wasserhindernis lag, und dort wie eine Eliteeinheit der Infanterie zu operieren. Seine Auffassung stand in völligem Gegensatz zu jener der Führer von solchen Eliteeinheiten. Diese waren nicht bereit, eine Konkurrenz zu ihrem Prestigeunternehmen zu akzeptieren.

Am 1. September 1968 übernahm Admiral Avraham Botzer, der »Gepard«, den Befehl über die Marine von Admiral Shlomo Erel. Hiermit erhielt der »Gepard« die Führung über eine Marine, die mit der Indienststellung von sieben Flugkörperbooten für eine neue Ära bereit war.

Dieses Ereignis fiel in eine stürmischen Zeit. Im Juni 1968 entführten zum erstenmal Luftpiraten ein Linienflugzeug der »El-Al«. Nach Verhandlungen gab der Verteidigungsminister im Austausch gegen die Geiseln zwölf Terroristen – Mörder – frei. Dies geschah trotz der Tatsache, daß die israelischen Streitkräfte einschließlich der Angehörigen der 13. Flottille auf ein Befreiungsunternehmen im weit entfernten Algier voll vorbereitet waren. In Israel selbst fanden weitere terroristische Unternehmungen statt, darunter die Zündung der Sprengladung in einem Kraftfahrzeug und weiterer Sprengladungen, die schwere Verluste verursachten.

Am 8. September eröffneten die Ägypter entlang der gesamten Kanalzone mit ihrer Artillerie das Feuer, auf diese Weise eine Phase präventiver Verteidigung einleitend, die zu schweren Verlusten für Israel führte – in der Annahme, daß das Land nicht imstande sein würde, sich zu behaupten.

Anderthalb Monate später erfolgte an einem Tag, der später den Namen »Der schwarze Sabbat« erhielt, auf israelische Soldaten bei einem Fußballspiel ein Feuerüberfall, der 15 Tote und 34 Verwundete forderte. Dieser Vorfall führte zu langen Artillerieduellen an der Kanalfront. Ende Oktober 1968 wurde ein Fallschirmjägerkommando mit Hubschraubern im Nildelta abgesetzt, 350 km weit im Inneren Ägyptens. Die Fallschirmjäger sprengten eine Brücke, einen Damm und eine Funkstation. Mehrere Monate relativer Ruhe zogen ein, als entlang des Kanals eine Reihe von Befestigungen entstand – bekannt als die »Bar-Lev-Linie«.

Der Krieg gegen die Terroristen kam nicht zur Ruhe. Weitere Kraftfahrzeuge mit Sprengladungen detonierten in Israel und weitere Flugzeugentführungen fanden statt. Die IDF übte Vergeltung durch die Sprengung von Brücken entlang der Straße von Akaba nach Rabat-Amon. Fallschirmjäger überfielen den Flughafen von Beirut und zerstörten 14 Flugzeuge, die verschiedenen arabischen Fluglinien gehörten – um den arabischen Staaten deutlich zu machen, daß auch ihre zivilen Fluglinien in Gefahr waren.

Am 28. Februar 1969, zwei Tage nach der Vereidigung von Golda Meir als israelische Premierministerin, verkündete Nasser die Annullierung des Waffenstillstandsabkommens, das den Sechs-Tage-Krieg beendet hatte. Israel antwortete, indem es offiziell die Arena des Krieges auf ägyptisches Territorium verlegte.

Zehn Tage später starteten die Ägypter entlang des Kanals einen massierten Angriff. Israels Antwort fiel verheerend aus. Ölanlagen und Schiffe in Suez wurden getroffen. Auch der Oberbefehlshaber der ägyptischen Streitkräfte und einige seiner höheren Stabsoffiziere fielen der israelischen Gegenwehr zum Opfer. Israelische Kommandoeinheiten fuhren mit ihren Hubschrauberoperationen entlang des Nils fort. Die Ägypter setzten ähnliche Einheiten ein und führten weiterhin Beschießungen und Luftangriffe durch.

Den in der Kanalregion ausgebrochenen Kriegszustand machten sich der Marinebefehlshaber und Almog zunutze, indem sie den Generalstabschef überzeugten, die 13. Flottille zu Küstenunternehmen einzusetzen. Hierbei führten ihre Kommandos Überfälle und Minenunternehmen durch. Im Verlaufe eines dieser Einsätze ereignete sich auf der Küstenstraße entlang des Golfs von Suez fast ein schwerwiegendes Unheil, als die Sprengladung einer komplizierten Mine nur wenige Meter von den Männern des Kommandos entfernt detonierte.

Den Angehörigen der Flottille war nicht immer soviel Glück beschieden. In den ersten Jahren des Bestehens der Flottille existierten keine Sicherheitsvorkehrungen. Das Leitprinzip hatte gelautet, unter Bedingungen auszubilden, die so nahe wie möglich an die Realität herankamen. Tauchübungen im Hafen bildeten von dieser Regel keine Ausnahme. Die Männer tauchten unter fahrenden Schiffen und nach einer Reihe von Beinahe-Unfällen wurde diese Praxis verboten. Die Männer beachteten jedoch diese Befehle nicht, während ihre Kameraden gleichzeitig entlang des Kanals im Gefecht standen. Bei einer dieser Übungen geriet ein SDV in die Propeller eines Handelsschiffes, das in den Hafen von Haifa einlief, wobei drei Mann getötet wurden. Erneut erbrachten die Kämpfer das höchste Opfer für ihren Wagemut und für ihre Gewohnheit, von den Sicherheitsvorschriften abzuweichen.

Im März 1969 fiel die Entscheidung, eine ägyptische Ölverladestation zu sprengen – einen großen Metallturm, der unweit der ägyptischen Küste aus dem Wasser ragte. Dies war das erste Unternehmen, das die SDV-Abteilung seit ihrer Aufstellung durchführen sollte, und die Erwartung hatte die Männer in eine nervöse Spannung versetzt. Ein paar Wochen zuvor hatten sie das Gebiet erkundet und waren auf starke Strömungen gestoßen, die sie ernstlich vom Kurs abkommen ließen. In ihrem niedrigen Fahrzeug, wobei ihre Köpfe kaum über die Wasseroberfläche blickten, hatte sich das Navigieren als schwierig erwiesen. Doch auf diese Weise hatten sie sich mit den Bedingungen in diesem Gebiet vertraut gemacht und so gelang es ihnen, ihr Ziel ohne große Schwierigkeiten zu erreichen. ObltzS. Paulin, der Führer des Kommandos, befestigte die Mine selbst, entfernte den Sicherungsstift und empfand dies als einen der größten Augenblicke seines Lebens. Nach den Jahren der Ausbildung und nach den Enttäuschungen im Kriege vor der syrischen Küste hatte er tatsächlich eine scharfe Mine angebracht! Doch das Unternehmen erbrachte lediglich einen teilweisen Erfolg und der Turm brach nur auf einer Seite zusammen.

In dieser Zeitspanne wurde auch die Zusammenarbeit mit der »Sayeret Matkal« verstärkt. Gerade als die Flottille zu einer auch an Land operierenden Einheit wurde, entwickelte sich die »Sayeret Matkal«, tätig auf dem Gebiet des geheimen Nachrichtendienstes, ebenfalls zu einer Einheit, die an Überfällen und Vorstößen teilnahm.

In der Nacht zum 10. Mai 1969 operierten die beiden Einheiten im Gebiet von El Qantara. Die Männer der »Sayeret« überquerten mit Unterstützung der 13. Flottille den Kanal, legten an der Straße einen Hinterhalt und vernichteten ein ägyptisches Fahrzeug. Zwei Tage später rächten sich die Ägypter, indem sie im selben Gebiet einem »Sayeret«-Kommando einen Hinterhalt bereiteten. Einer der Offiziere des Kommandos kam dabei ums Leben und stürzte tot in den Kanal. Ein weiterer »Sayeret«-Offizier, Benjamin Netanyahu (Spitzname »Bibi«), der spätere israelische Premierminister, fiel ebenfalls in den Kanal, ertrank fast und wurde von Israel Assaf gerettet.

Ein weiteres gemeinsames Unternehmen, diesmal zur Beschaffung nachrichtendienstlicher Informationen, fand mit ObltzS. Danny Avinon statt, dem »Araber-Schnüffler«. Er und ein weiterer Angehöriger des Kommandos schwammen an Land und signalisierten dem Schlauchboot, daß es mit der geheimen Ausrüstung landen könnte. Als sich das Boot näherte, waren auf dem am Kanalufer entlang führenden Kiespfad plötzlich Schritte zu hören. Danny Avinon hatte eine mit einem Schalldämpfer versehene »Uzi« in der Hand. Zum erstenmal gebrauchte er diese Waffe und hatte noch keine Zeit gefunden, sie auszuprobieren. Er sah zwei sich nähernde ägyptische Soldaten, die ihre Gewehre über den Rücken gehängt trugen. Sich entschließend, sie gefangenzunehmen, sprang er auf, um sie zu verwirren, und sprach sie in arabisch an. Doch anstatt »Guten Abend!« sagte er »Guten Morgen!« zu ihnen. Sie versuchten, ihre Waffen in Anschlag zu bringen, und Avinon schoß sie nieder. Hierbei stellte sich heraus, daß er für die »Uzi« die falsche Munition dabei hatte; denn trotz des Schalldämpfers war das Geräusch der Schüsse laut und drang noch bis zum Schlauchboot. Gleichzeitig sahen die Bootsinsassen zwei Männer fallen. Die Männer im Boot waren nun der Meinung, Danny Avinon und sein Kamerad wären erschossen worden, meldeten dies an den Gefechtsstand und legten vom Kanalufer ab, damit die geheimdienstliche Ausrüstung nicht gefunden werden konnte. Die beiden Zurückgelassenen mußten schwimmend den Rückweg antreten und wurden glücklicherweise kurze Zeit später vom Schlauchboot aufgenommen, das zurückgekommen war, um nachzusehen, was ihnen zugestoßen war.

Bei einem weiteren nachrichtendienstlichen Unternehmen waren Israel Assaf und Udi von der Flottille einem »Sayeret«-Kommando zugeteilt worden. Das Kommando sollte entlang des am Kanalufer verlaufenden Sandpfades nördlich von El Qantara geheime Geräte anbringen. Hierbei handelte es sich um ein streng geheimes Unternehmen, und damit ihre Aktivitäten am Ort der Kanalüberquerung nicht entdeckt werden sollten, trafen die Männer des Kommandos mit einem normalen Patrouillenfahrzeug ein. Sie sprangen ab, während das Fahrzeug weiterfuhr. Hinter der Sandrampe sammelten sie sich und richteten einen geheimen Beobachtungsposten ein, genannt »Kadaver« – infolge der Hitze, der beengten Verhältnisse und der vielen Stunden, die sie in ihm zubringen mußten, ohne imstande zu sein, ihn aus Furcht vor Entdeckung durch die Ägypter verlassen zu können, stanken sie genauso. Israel Assaf kommentierte später:

>*Die Operation war wichtig und während aller Phasen waren Stabsoffiziere anwesend. Nach ihrem Abschluß gratulierte Moshe Dayan, der Verteidigungsminister, anläßlich eines Festessens ihnen allen.*
>*Wenn auch die Operation selbst der Vorstellungskraft und Einbildung überlassen blieb, gab es ein paar unangenehme Zwischenfälle, so zum Beispiel, als ich zwei Leuchten am ägyptischen Ufer fand, die von einem „Sayeret"-Angehörigen zurückgelassen worden waren. Hierbei stellte sich heraus, daß der Mann, der sie vergessen hatte, ihren Verlust nicht gemeldet hatte. Ich teilte dies dem Kommandoführer der „Sayeret" mit, dem buchstäblich die Haare zu Berge standen. Von einer ägyptischen Patrouille gefunden, hätte dies genügt. Natürlich war das ein kleiner Fehler, verglichen mit der gesamten riesigen Operation, hätte sich aber zu einem großen entwickeln können. Das gesamte Preisschießen hätte den Bach hinabgehen können, wenn die Ägypter die Leuchten gefunden hätten. Ich war überzeugt davon, tatsächlich die gesamte Operation gerettet zu haben. Der Vorfall machte mich wütend – Zuverlässigkeit und Melden aller Vorkommnisse waren bei den Aktivitäten unserer Einheit ein zentraler Punkt –, während wir bei der „Sayeret" eine zu große Mißachtung von Einzelheiten und ein Vernachlässigen des Meldens von Vorkommnissen feststellten.*«

Die erfolgreiche Durchführung dieser Geheimdienstoperation rettete vielen Menschen das Leben, da vor einem Beschuß rechtzeitig gewarnt werden konnte. Nach Aussagen von Gefangenen wurde später bekannt, daß die Ägypter ebenfalls Geheimdienstmethoden verwendet hatten – und imstande waren, uns abzuhören.

Adabija: Erfolg ohne Ruhm

Als Teil des gesamten Angriffsplanes sollte ein besonderes Unternehmen gegen einen Stützpunkt des ägyptischen Heeres mit dem Ziel durchgeführt werden, sei-

ne Einrichtungen zu zerstören und seine Besatzung zu vernichten. Raful, d.h. Brigadegeneral Rafael Eitan, dem die Gesamtverantwortung für Sonderoperationen oblag, wies dem Unternehmen 150 Fallschirmjäger zu, die von der 13. Flottille herangeführt werden sollten. Shaul Ziv, der bei der Einsatzbesprechung anwesend war, legte jedoch dar, daß zwanzig seiner Männer imstande sein würden, das Unternehmen allein auszuführen.

Wieder kam der Augenblick der Wahrheit: Würde der Generalstabschef ein derartiges Unternehmen der Flottille übertragen, deren Männer bis jetzt noch nicht in Zugstärke im Gefecht eingesetzt waren? Druck von seiten des Befehlshabers der Marine brachte dies zuwege, zumal die Fallschirmjäger bei anderen Unternehmungen gebraucht wurden. Die Flottille erhielt den Auftrag. Vom Südausgang des Suezkanals aus nur wenige Kilometer südlich gelegen, bestand das Ziel aus einer Radarstation und einem Lager, umgeben von Korallenriffen. Im Lager gab es etwa 30 Soldaten und Verstärkungen konnten es in kurzer Zeit erreichen. Nahebei ankerte ein Patrouillenboot und das ganze Gebiet beherrschten radargelenkte Geschützbatterien.

Im Stützpunkt der Flottille wurde ein genaues Modell der Örtlichkeit angefertigt. Außerdem wurde von den zu zerstörenden Einrichtungen einschließlich des Radar- und des Generatorraumes eine Liste erstellt. Die Männer erhielten die einzelnen Annäherungsrouten genau zugewiesen, um Verluste durch eigenes Feuer zu vermeiden. Außerdem wurde auf der Zugangsstraße etwa 300 m vom Lager entfernt ein Hinterhalt geplant.

Am 19. Juni 1969 traf der Fahrzeugkonvoi mit den Kämpfern und der Ausrüstung im Stützpunkt Ras-el-Sudr am Golf von Suez schräg gegenüber von Adabija ein. Die Pioniere vermaßen einen hohen Leitungsmast, der wie ein Radarturm aussah, und bereiteten die Sprengladungen vor.

In der abschließenden Einsatzbesprechung sagte der Generalstabschef, er wünsche keine Verletzten, ausgenommen unwesentliche Abschürfungen vom Korallenriff. Raful, der das Unternehmen leitete, entschloß sich, das Kommando zu begleiten. Allerdings untersagte ihm der Generalstabschef, mit den Männern an Land zu gehen.

Am 21. Juni 1969 saßen 25 spannungsgeladene Männer in den Schlauchbooten. Das in fünf Gruppen eingeteilte Kommando führte KKpt. Shaul Ziv, der zugleich eine Gruppe befehligte. Weitere Gruppenführer waren Ilan Egozi – vor kurzem aus ägyptischer Gefangenschaft zurückgekehrt –, Dov Bar, Amnon Sofer und Yoav. Die Angehörigen der Flottille wußten, daß dieses Unternehmen eine weitere Prüfung ihrer Fähigkeiten darstellte; denn es war das erstemal, daß sie selbständig unter wirklichen Kampfbedingungen

19-20. 6. 1969

דרך עפר על סוללה גבוהה

גוזי

המכ"ם

גנרטורים (?)

Eine Luftaufnahme des von Korallenriffen umgebenen Lagers mit einer Radarstation bei Adabija, vor der Westküste im nördlichen Teil des Golfs von Suez gelegen. Ein 25 Mann starkes Kommando der 13. Flottille unter KKpt. Shaul Ziv führte am 21. Juni 1969 ein beispielhaftes Angriffsunternehmen durch.

operierten. Außerdem war das Adabija-Unternehmen das erste seit dem Sechs-Tage-Krieg, bei dem ein ägyptisches Ziel im direkten Sturmangriff angegangen wurde.

Der kleine Verband lief um 21.00 Uhr aus, begleitet von zwei Motorbooten. Shaul Ziv führte die Boote sicher an die drei Seemeilen entfernte ägyptische Küste. Unterwegs ließ er mehrmals stoppen, um Meldungen von der auf israelischer Seite stationierten Radarbeobachtung zu erhalten, ob das ägyptische Radar in Betrieb war. Diese Unterbrechungen verursachten eine Verzögerung der Ankunftszeit am Absetzpunkt der Kampfschwimmer und Almog, der an Land zurückgeblieben war, befahl dem Kommando, auf die Beobachtungsphase zu verzichten. Danach glitten die Männer ins Wasser, wobei sich herausstellte, daß seine Tiefe nur gering war, so daß sie es durchwaten konnten. Unter der Last der Sprengladungen empfanden es die

Kommandoangehörigen als schwierig, auf dem Korallenriff zu laufen, da sie immer wieder ausglitten. Unterwegs erkannte Shaul Ziv, daß sie sich ein wenig ostwärts der geplanten Stelle befanden. Er versuchte, mit der vorgeschobenen Befehlsstelle im Boot Verbindung aufzunehmen, erhielt aber keine Antwort. Noch etwa 100 m vom Ziel entfernt, sah er zwei Wachposten, die sich rauchend unterhielten. Er überlegte, ob er einen Umweg machen sollte, um einer Entdeckung zu entgehen, stellte aber fest, daß hierzu keine Zeit mehr blieb, und das Kommando setzte daher seinen Weg direkt in Richtung Lager fort. Im Schlamm und im Teer, der von den Ölanlagen stammte, krochen die Männer voran. Inzwischen war es 01.20 Uhr geworden und zur Durchführung des Angriffs standen nur noch 50 Minuten zur Verfügung. Im Vorwärtskriechen hörte Shaul Ziv über Funk Almogs Stimme. Er versuchte zu antworten, aber niemand hörte ihn. Wenige

Minuten später hörte er den Generalstabschef über Funk, wie er Raful – der sich in einem der Boote befand – mitteilte, das Kommando müsse den Rückmarsch antreten, falls der Angriff nicht innerhalb von fünf Minuten beginnen könnte. Shaul Ziv schaltete das Funkgerät aus, so daß der Rückrufbefehl, falls er gegeben werden sollte, ihn nicht erreichen konnte. Nach seiner Einschätzung befand sich das Kommando trotz der Verzögerung in zufriedenstellender Verfassung.

Immer noch kriechend, befanden sich die Männer nunmehr ungefähr 25 m von den Wachposten entfernt. Shaul Ziv erteilte den stummen Befehl, sich zu entfalten und die Angriffsformation einzunehmen. Wenige Sekunden später warfen die Wachposten ihre Zigaretten weg und gaben Alarm. Shaul Ziv schnellte nach vorn, gefolgt von seinen Männern. Sie eröffneten das Feuer auf die Wachen, die im Inneren ihres Postens verschwanden. Beim Angriff auf das erste Gebäude töteten Ziv und seine Männer einen Soldaten. Um die linke Seite des Gebäudes rennend, erschoß er einen weiteren Soldaten, prüfte das Innere und nahm selbst eine Position ein, aus der er führen konnte. LtzS. Ilan Egozi, der die zweite Gruppe führte, griff einen weiteren Posten an und tötete drei Soldaten, darunter die beiden Wachposten, die vorher entkommen waren. Die Gruppe stürmte anschließend zu den Wohnquartieren weiter und tötete erneut drei Soldaten, die noch in ihren Kojen lagen. Das Lager war vollkommen überrascht worden und es fielen kaum Schüsse zur Gegenwehr. Ilan Egozi stürmte auf den nächsten Posten los. Vier Männer erkennend, die sich innen gegen die Wand drängten, betätigte er den Abzug seiner »Kalaschnikow«. Doch Staub und Teer waren in die Waffe gelangt und es löste sich kein Schuß. Im Hinausrennen warf er eine Handgranate in das Bauwerk. Nach der Detonation jagten seine Männer ins Innere, hatten aber ebenfalls Probleme mit ihren »Uzis«. Wieder hinausrennend, warfen sie ebenfalls Handgranaten und töteten die vier Soldaten.

ObltzS. Dov Bar griff mit seiner Gruppe die Radarstation an. Sie schossen auf die Soldaten, die aus dem Gebäude kamen, das nach nachrichtendienstlichen Erkenntnissen als leer gegolten hatte. Die ihm zugeteilten Männer zum Gebäude führend, tötete er zwei weitere Soldaten. Als sie in die Radarstation eindrangen, entdeckten sie zu ihrer Überraschung, daß die Geheimdienstmeldungen falsch gewesen waren – anstatt auf eine Radarausrüstung zu stoßen, fanden sie einen Scheinwerfer. Nachdem sie sicher waren, daß die Örtlichkeit leer war, kletterten sie hinauf zur Südseite des Turms, warfen Handgranaten und töteten eine Anzahl Soldaten, die sich in der Ecke des Gebäudes versteckt hatten.

Als der Angriff begann, jagte die von LtzS. Yoav geführte Gruppe zu dem ihr zugewiesenem Gebäude. Nach ein paar Metern traf ein Geschoß die Antenne ih-res Funkgeräts und Yoav wurde von einem Granatsplitter verletzt. Er übergab die Führung an Gil Lavie, seinen Stellvertreter, und meldete Shaul Ziv, daß er auf den Abtransport wartete. Lavie führte die Gruppe zu ihrem Ziel. Beim Sturm wurde einer der Männer durch Splitter einer Handgranate leicht verletzt. Sie war gegen den Posten geworfen worden, hatte ein Rohr getroffen und war zurückgeprallt. Gil Lavie und seine Leute stürmten in die Räume und erschossen weitere Soldaten, die meist noch in den Kojen lagen. Es war Absicht, den Ägyptern zu zeigen, daß sie gegen den Tod nicht immun waren und genauso getötet werden konnten, wie sie israelische Soldaten erschossen. Gil Lavie erreichte den Antennenbereich und brachte zusammen mit Israel Assaf die Sprengladungen an.

Von seiner Führungsposition aus verfolgte Shaul Ziv den Fortschritt der Gruppen. Fast erschoß er einen in seine Richtung rennenden Soldat, hielt aber in letzter Minute ein, als er erkannte, daß es sich um einen seiner Leute handelte. Er paar Minuten später töteten er und seine Männer drei ägyptische Soldaten, die aus einem nahe gelegenen Gebäude kamen. Er versuchte, auf einen weiteren Soldaten zu schießen, aber aus seiner Waffe löste sich kein Schuß mehr. Ihn anspringend, versuchte er, ihn mit einem Handkantenschlag zu erledigen. Dies mißlang und dem Ägypter gelang die Flucht. Einer von Zivs Männern, der hinter ihm stand, tötete ihn mit einem kurzen Feuerstoß.

Nach dem Säubern des Komplexes wurden die Gebäude zur Sprengung vorbereitet. Shaul Ziv befahl mit lauter Stimme, die Sprengladungen zu zünden, und alles rannte in Deckung. Zu ihrer Überraschung sahen die Männer einen ägyptischen Soldaten, der mit ihnen in Deckung lief. Er schwenkte sein Gewehr über dem Kopf und war äußerst verwirrt. Sie überwältigten ihn und nahmen ihn gefangen.

Nach dem Detonieren der Sprengladungen stürzten die Gebäude mit gewaltigem Lärm zusammen. Die Antenne fiel und der Generatorraum sowie andere Bauwerke waren zerstört. Seine Deckung verlassend, nahm Shaul Ziv seine Kamera und fotografierte gelassen das verwüstete Lager.

In der Zwischenzeit blieb die für den Hinterhalt eingeteilte Gruppe unter LtzS. Amnon Sofer nicht untätig. Die Männer schnitten das vom Lager wegführende Telefonkabel durch, brachten Sprengladungen an und streuten Nägel auf die Straße. Mit seinen Leuten überwachte Amnon Sofer auch die zwischen Strand und Straße liegenden vierzig Meter.

Dem Lärm des Feuergefechtes lauschend, hörten sie plötzlich arabische Laute vom Strand her kommen. Amnon Sofer sah eine Anzahl Gestalten, ließ seine Männer Front machen und das Feuer eröffnen. Innerhalb von Sekunden lagen drei tote Ägypter nahe am Wasser. Kurze Zeit später hörten sie die Deto-

Das Kommando geht an Land und greift an. Aufnahmen von einer Ausbildungsübung.

nationen der Sprengung und zündeten ebenfalls die Sprengladungen. Es war genau 02.00 Uhr, der für das Ende der Operation vorgesehene Zeitpunkt.

Der Lärm der Detonationen verursachte Verwirrung. Shaul Ziv war der Meinung, die Sprengladungen wären gegen anrückende ägyptische Verstärkungen gezündet worden. Er eilte mit seinen Leuten die etwa 500 m lange Strecke zum Strand hinab. Ihr ägyptischer Gefangener begann, sich zu wehren und laut zu rufen, daß er nicht ins Wasser wolle. Die Zeit war knapp und die Männer befürchteten ägyptische Verstärkungen, Artilleriebeschuß und die Konfrontation mit ägyptischen Booten. Sie konnten ihren Gefangenen nicht zurücklassen, da sein Verhalten für sie ein Risiko darstellte. Einer der Kommandoangehörigen tötete ihn. Danach gingen sie ins Wasser und wurden unter dem Beschuß von Granatwerfern und Geschützen von den Booten aufgenommen. Um 04.30 Uhr kehrte das Kommando an die israelische besetzte Sinaiküste zurück. Die erste Besprechung nach dem Einsatz verlief aufregend. Es stellte sich heraus, daß es auf ägyptischer

Seite 32 Tote und 12 Verwundete gegeben hatte. Almog betonte die Zuverlässigkeit der Flottille, während Raful darauf hinwies, daß dies der erste Angriff auf eine ägyptische Stellung seit dem Kriege gewesen wäre. Ägyptische Soldaten hätten »israelische Truppen aus zwei Meter Entfernung erblickt«. Er behauptete, den Kämpfern fehle noch die infanteristische Erfahrung. Dies wäre an der unnötig langen Schießerei in die Luft zu erkennen gewesen. Er fügte hinzu, das Überhandnehmen der Versager bei den Waffen sollte nicht als gegeben hingenommen werden. Diese Angelegenheit bedürfte dringend der Untersuchung.

Der Befehlshaber der Marine erwähnte die Tatsache, daß trotz der gegenteiligen nachrichtendienstlichen Berichte keine Radarstation vorhanden gewesen wäre. Dies hätte die Verzögerung bei der Ankunftszeit verursacht. Nunmehr war jedem klar, daß das Konzept des Sturmangriffs von See her, das bereits weit zurückliegend im Krieg von 1948 formuliert worden war, durchführbar war und daß den Kommandos der Marine bei solchen Unternehmen gegenüber der Infanterie der

Vorzug gegeben werden sollte. Niemand zweifelte daran, daß es einfacher war, Kommandotruppen der Marine für Landoperationen auszubilden als Infanteristen im Schwimmen und Tauchen.

Die Männer der 13. Flottille hatten ein beispielhaftes Unternehmen durchgeführt. Das Ergebnis lautete 0 : 32, in sich selbst der größte Maßstab für den Erfolg. Doch trotz dieser Beurteilung wurden keine Empfehlungen für Auszeichnungen ausgesprochen. Viele behaupteten, daß der Erfolg der Tatsache zu verdanken war, daß sich in dem ägyptischen Lager nur »einfache« reguläre und keine Kommandotruppen befunden hatten, die keinen ernstlichen Widerstand geleistet hätten. Außerdem wurde auch darauf hingewiesen, daß die Ägypter überrascht und eine große Anzahl von ihnen noch in ihren Kojen liegend getötet worden wären.

Allerdings sickerte durch, daß das Überraschungselement, das zum Ausbleiben israelischer Verluste geführt hatte, nicht der entscheidende Faktor gewesen war, ob Auszeichnungen hätten verliehen werden sollen oder nicht. Der Gedanke, das Unternehmen »um jeden Preis und ohne jedes Opfer« durchzuführen, war ein wichtiges Ziel, aber kein Maßstab für Anerkennung.

Die Besprechungen nach dem Einsatz wie auch der Bericht an die Kriegshistorische Abteilung der IDF brachten noch eine andere Angelegenheit zur Sprache: die Tötung des Gefangenen. Die Angehörigen der Flottille selbst quälte die Sache nicht, aber in der öffentlichen Zusammenfassung wurden moralische Bedenken laut. Sie betrafen eine Zwangslage, deren Folgen von den Angehörigen des Kommandos nicht bedacht worden waren, als diese entschieden, daß der Soldat für ihr erfolgreiches Entkommen ein Risiko bedeuten würde. Diese dünne, unsichtbare Linie zwischen der Notwendigkeit zu töten und der moralischen Verpflichtung hatten die Kämpfer nicht in Betracht gezogen. Die Kriegshistorische Abteilung der IDF tat einen klugen Schachzug, um das strittige Problem der Tötung eines wehrlosen Soldaten zu diskutieren.

Viele Jahre später, nachdem Shaul Ziv aus den israelischen Streitkräften ausgeschieden war, sagte er hierzu:

»Es war unser Job, ägyptische Soldaten zu töten. Dies ist grausam und unmoralisch, aber wir waren dorthin geschickt worden, um sie daran zu hindern, uns zu töten. Was wir taten, war nicht so, daß die Geschichtsbücher sagen könnten, wir wären in der Schlacht gewesen. Die wirkliche Bedeutung des Ganzen bestand darin, mit dem Gegner aufzuräumen und so viele von ihnen so schnell und so fachmännisch zu töten, wie wir nur konnten, ohne sie zu schänden oder als Gefangene zu erschießen. Ich habe die ägyptischen Soldaten nicht als etwas Persönliches angesehen. Ohne es zu bemerken, hatten meine Augen eine andere Brennweite und die Einzelheiten verschwammen vor ihrem Blick. Noch immer bin ich nicht in der Lage, mich an das Gesicht des Soldaten zu erinnern, den ich im Nahkampf tötete. Vielleicht ist dies eine Art Flucht, um den Job zu erledigen und ihm nicht ins Auge zu sehen.«

Die Einheit 707 und die Frösche in den Abflußrohren

In der Nacht nach dem Adabija-Unternehmen wurde eine Kampfgruppe der Infanterie entsandt, um einen Bewässerungskanal zu sprengen, der Wasser zu landwirtschaftlichen Gütern in Jordanien leitete. Absicht war es, das Wasser in sein natürliches Bett zurückzuleiten, einer der vielen Versuche, die Jordanier zu überzeugen, die Zusammenarbeit mit den Terroristen einzustellen. Das Unternehmen sollten 70 Infanteristen durchführen, die 500 kg Sprengstoff zu transportieren hatten. Hinzu kamen noch sieben Angehörige der »Einheit 707«, einer 1962 aufgestellten Einheit mit Tauchern für defensive Aufgaben, die unabhängig neben der 13. Flottille bestand. Diese Männer hatten die Aufgabe, die Kampfgruppe der Infanterie über den Kanal zu bringen und den Sprengstoff in zwei große Abflußrohre zu plazieren, die unter dem Kanal durchliefen – der beste Ort für eine Sprengung.

Ursprünglich hatte die Einheit aus gerade einer Handvoll Taucher und ein paar Dutzend Reservisten bestanden, die von der 13. Flottille versetzt worden waren. Diese Männer hatten ihre Versetzung zu einer defensiven Einheit als einen Ausdruck der Mißachtung ihrer Fähigkeiten betrachtet. Der in Algerien geborene KKpt. Shaul Sela, ein ehemaliger Offizier der 13. Flottille, führte die Einheit. Trotz seiner Enttäuschung über die Versetzung stürzte er sich rasch in seine Aufgabe und führte einige gefährliche Unterwassereinsätze durch, darunter auch Tauchgänge zur gesunkenen EILAT, um Leichen und Ausrüstung zu bergen und die Reste des Zerstörers zu sprengen.

Allmählich änderte sich der Status der Einheit und sie fand eine offensivere Verwendung, als die 13. Flottille nicht mehr in der Lage war, alle für sie vorgesehenen Unternehmen durchzuführen. Allerdings gab es diejenigen, die nicht zu den Befürwortern gehörten, da sie die Konkurrenz fürchteten. Doch die einst enttäuschten Angehörigen der Einheit 707 mußte niemand zweimal fragen, ob sie Aufgaben der 13. Flottille übernehmen wollten. Die meisten von ihnen – von der Flottille Ausgeschiedene – waren bereit, alles zu tun, um ihre Fähigkeiten zu beweisen, und innerhalb kurzer Zeit gehörten auch offensive Unternehmen dazu, wobei sie hauptsächlich für den Transport von Kampfgruppen über Gewässer sorgten.

Nachdem die Kampfgruppe das jenseitige Ufer des Jordans erreicht hatte, klärten die Kampfschwimmer auf und erkundeten die Bedingungen in dem Gebiet, in dem die Sprengung stattfinden sollte. Dies betraf auch die Patrouillenzeiten. Die Männer waren jedoch nicht imstande, genaue Informationen über die Bewässerungskanäle zu erlangen. Sie wußten, die Jordanier hatten ein großes Gebiet vermint, und befürchteten daher, in eine Falle zu geraten. Letztlich schwammen sie über den Hauptkanal und nach eingehender Beobachtung setzten sie die Kampfgruppe mit den an einem Tau befestigten Schlauchbooten über.

Zwei Taucher krochen in die Abflußrohre, wobei die Kampfschwimmer an einer Leine hingen, so daß sie erforderlichenfalls herausgezogen werden konnten. Sie hörten im Inneren Frösche quaken und daraus schlossen sie auf das Vorhandensein von Luft. Durch diese Feststellung ermutigt, krochen sie weiter. Dreiviertel der Rohre waren mit Schlamm gefüllt und sie mußten hart arbeiten, um die 15 m voller Schlamm zurückzulegen. Sie hatten das Gefühl, mit einer statischen Kraft zu kämpfen – so ganz anders als ihr Ringen in strömendem Wasser. Nach etwa einer halben Stunde kamen sie am anderen Ende an und suchten sich einen geeigneten Punkt, um Ausschau zu halten. Erleichtert stellten sie fest, daß die Umgebung frei war. Nachdem sie zurückgekrochen waren, zogen die Männer die Säcke mit dem Sprengstoff durch die Rohre.

Um 02.20 Uhr wurden die Sprengladungen gezündet. Die Kanalböschung stürzte ein, das Wasser flutete in den Fluß zurück und der Wasserstand im Kanal sank auf Null. In den folgenden Wochen versuchten die Jordanier, den Schaden zu reparieren, aber der Beschuß der Israelis hinderte sie daran.

Später nahmen Angehörige der 13. Flottille und der Einheit 707 gemeinsam an mehreren Unternehmungen teil. In den Besprechungen nach den Einsätzen wurden die beiden Einheiten wiederholt für ihre Zusammenarbeit gelobt. In der Zeitspanne, als die Konkurrenz zwischen den beiden Einheiten bei der Durchführung ähnlicher Einsätze eine ernste Rivalität erzeugt hatte, wäre dies eine heikle Angelegenheit gewesen.

Der Vorstoß auf Green Island: Um jeden Preis?

Das Unternehmen bei Adabija war ein Meilenstein, aber die Ägypter stellten ihre Kampfhandlungen nicht ein. Ende Juni 1969 stießen Fallschirmjäger-Einheiten bei zwei Vorstößen ins Herz Ägyptens vor und verursachten unter den Ägyptern schwere Verluste. Am 9. Juni überfiel ein ägyptisches Kommando einen israelischen Stützpunkt, wobei es auf israelischer Seite acht Tote und neun Verwundete gab und ein Israeli in Gefangenschaft geriet. Dies führte gemeinsam mit der Luftwaffe zu massiven Vergeltungsangriffen in der Kanalzone und erneut erlitten die ägyptischen Truppen bei Nahkämpfen Verluste.

Als eines der Ziele war eine ägyptische Stellung auf Green Island am Südeingang des Suezkanals ausgewählt worden. Nach Geheimdienstmeldungen gab es auf der rund einen Quadratkilometer großen Insel eine Küstenbatterie aus vier 85-mm-Geschützen in betonierten Unterständen sowie zwei 37-mm-Fla-Geschütze. Zusätzlich waren noch Stände mit 14 schweren und leichten Maschinengewehren vorhanden. Die Besatzung bestand aus ungefähr 70 Soldaten. Im Norden der Insel lag ein fünf Meter hoher Radarturm für die Luftabwehr, den eine Brücke mit einer befestigten Anlage verband, zu der ein Innenhof und ein kleiner Anlegeplatz gehörten. Das Bauwerk bestand aus drei Ebenen. Die untere Ebene fiel lotrecht zum Wasser ab, die zweite war eine Böschung im Winkel von 45°, an die sich ein dreifaches Stacheldrahthindernis anschloß, und die senkrechte obere Ebene, auf der sich die Unterstände befanden, wies eine Höhe von 2,5 m auf.

Die Vorbereitungen für das Unternehmen begannen bereits vor der Adabija-Operation. Mit SDV's ausgerüstete Patrouillen wurden zur Aufklärung entsandt. Sie fanden heraus, daß es in den an die Insel angrenzenden Gewässern keine Strömungen gab. Offensichtlich würde es jedoch nur möglich sein, die Insel vollkommen getarnt unter Wasser zu erreichen.

Zwei Einheiten konkurrierten um die Chance, diesen Einsatz auszuführen: die 13. Flottille und die »Sayeret Matkal«. Nach dem Studium aller verfügbaren Unterlagen war klar geworden, daß hierzu rund 40 Mann notwendig sein würden, d.h. beide Einheiten mußten den Auftrag gemeinsam durchführen – denn keiner der beiden Einheiten standen ausreichend Aktive zur Verfügung, um allein zu operieren.

Die Vorausabteilung sollte aus 20 Kampfschwimmern der Flottille bestehen. Sie hatte die Umgebung des Ziels zu sichern und die zweite Abteilung zu decken. Letztere setzte sich aus den Angehörigen der »Sayeret Matkal« und einer kleinen Unterstützungsgruppe aus Männern der Flottille zusammen, die in Schlauchbooten angreifen sollten. Geplant war ebenfalls eine Feuerunterstützung durch die Kampfschwimmer, die mit einem SDV zu einem großen Seezeichen fahren sollten. Um nicht entdeckt zu werden, hatte die erste Welle der Angreifer das Ziel unter Wasser zu erreichen, um dann innerhalb von Sekunden in den Kampf an Land überzugehen – ein Verfahren, das bei einer Reihe von Übungen erst erprobt werden mußte. Die Teilnahme der »Sayeret Matkal« beunruhigte jene Angehörigen der Flottille, die in der Vergangenheit mit Angehörigen dieser Einheit zusammengearbeitet hatten. Sie hielten sie für die Durchführung von Kampfeinsätzen nicht geeignet.

Kombinierte Operationen sind der Traum eines jeden Kommandeurs. Daher bedrängte Oberstlt. Digly, der »Sayeret«-Kommandeur, den Generalstabschef, seine Männer am Unternehmen teilnehmen zu lassen. Sie wären »hungrige Löwen«, die während des Krieges nicht viel Gelegenheit zu Kampfhandlungen erhalten hätten. Ihre Geheimdiensteinsätze wären für sie nicht ausreichend genug. Digly gelang es, sein Ziel zu erreichen, auch wenn die Teilnahme seiner Männer im Gegensatz zu den Wünschen anderer Kommandeure stand, deren Einheiten auf solche Unternehmen spezialisiert waren.

Während der Vorbereitungen wurde der Versuch unternommen, die erste Welle der Kampfschwimmer auf SDV's zu transportieren, die an den Seiten angeschweißte Halteringe aufwiesen. Der Versuch schlug fehl. Die SDV's waren nicht imstande, in einer geordneten Formation zu fahren. Außerdem schlugen die sich an den Ringen festhaltenden Kampfschwimmer gegen die Felsen. Daher sollten die 20 Kampfschwimmer durch Leinen miteinander verbunden zu ihrem Ziel schwimmen – ein Verfahren, das in der Vergangenheit noch nicht erprobt worden war.

Die Entscheidung des Generalkommandos, die kleine Insel anzugreifen, rührte aus der Überzeugung her, daß die Zerstörung ihrer Anlagen nicht nur der ägyptischen Moral einen schweren Schlag versetzen sondern auch bedeuten würde, daß Israel voll in der Lage wäre, jedes ausgewählte Ziel zu vernichten. Außerdem mußte auch ein Erfolg herbeigeführt werden, um die israelische Moral zu heben, die infolge der schweren Verluste an der Kanalfront gesunken war. Hinsichtlich der Gesamtführung des Unternehmens fiel die Wahl auf Almog. Raful, der für die Operation verantwortlich zeichnete, wollte auch diesmal wieder mit den Kämpfern auf der Insel landen. Erneut erhielt er jedoch die Weisung, nahe der Inselpier im Boot zu bleiben.

Das Verhältnis zwischen den Kommandeuren der beiden Eliteeinheiten war sehr schlecht. Digly war der Meinung, die Flottille sollte sich auf die Aufgaben des Transports über See beschränken, wohingegen Almog behauptete, ersterer erzeuge nur Probleme. Schließlich

Das von der Feindnachrichtenabteilung im Stabe der 13. Flottille angefertigte Modell von Green Island mit der Anlegestelle, den Geschützstellungen, den Bauwerken, dem Innenhof und dem durch eine Brücke verbundenen Radarturm.

mußte Digly nachgeben und Almogs Autorität akzeptieren, aber es gelang ihm, gegen eine Entscheidung Einspruch zu erheben: Heeresfotografen mitzunehmen, um den Angriff zu dokumentieren.

Während der zehntägigen Vorbereitungszeit wurden an alten Festungsanlagen Übungen abgehalten. Raful setzte sich mit den Männern der Flottille zusammen und gab einiges aus seiner großen Erfahrung an sie weiter. Er ordnete an, ausschließlich normale Munition zu verwenden, so daß der Gegner nicht erkennen konnte, aus welcher Richtung geschossen wurde. Almog hingegen, der bis dahin noch nie an irgendeinem Gefecht teilgenommen hatte, bestand auf der Verwendung von Leuchtspurmunition, damit seine Männer imstande wären zu erkennen, was sie trafen.

Für das Angriffsunternehmen wurde die Nacht vom 19./20. Juli 1969 bestimmt. Der Einsatzbefehl definierte sein Ziel wie folgt: »Die Vernichtung der feindlichen Streitkräfte auf der Insel und die Sprengung der Gebäude und Ausrüstung.« Für den folgenden Morgen war im gesamten Bereich der Kanalzone ein Luftangriff vorgesehen, nachdem die Radarstation und die Luftabwehrgeschütze auf der Insel zerstört waren, auch

wenn dies für die Bombardierungen kein Kriterium war.

Die wenigen Tage der Vorbereitung waren mit Aufklärungen, Anfertigen von Luftaufnahmen und dem Abhalten von Übungen ausgefüllt. Objekt einer letzten Übung war ein altes Polizeigebäude. Ein jordanischer Grantwerferangriff unterbrach sie jäh, wobei ein »Sayeret«-Offizier verwundet wurde, der als Führer der zweiten Angriffswelle vorgesehen war.

Schließlich wurde der Angriffsverband in Ras-el-Sudr zusammengezogen. Eine letzte Aufklärung ergab eine Anzahl Soldaten, die an den Nordstrand der Insel heruntergekommen waren. Dies ließ den Gedanken aufkommen, daß sich dort eine Lücke im Drahthindernis befinden könnte.

ObltzS. Dov Bar erhielt den Auftrag, die Vorausabteilung als erste Angriffswelle zu führen, die aus vier Gruppen zu je fünf Mann bestand. Die erste Gruppe unter Ilan Egozi hatte die Aufgabe, durch die Drahthindernisse auf dem Nordhang zu brechen und die Lücke im Hindernis festzustellen. Dov Bar führte die zweite Gruppe. Sie sollte unter Benutzung von Tauen das Dach des Bauwerks erklimmen, den nördlichen

Abschnitt besetzen und das Eintreffen der Boote decken. Die dritte Gruppe unter LtzS. Gadi Kroll hatte über die Brücke zu laufen und den Radarturm zu sprengen. Hierbei handelte es sich um ein gefährliches Unterfangen und der Radarposten sollte daher mit Handgranaten außer Gefecht gesetzt werden. Die von ObltzS. Amnon Sofer geführte vierte Gruppe sollte in das Innere des Bauwerks eindringen – niemand wußte, wie es innen aussah – und die dort befindlichen Ägypter ausschalten.

In Anwesenheit des Generalstabschefs fand um 14.00 Uhr am 19. Juli 1969 eine letzte Einsatzbesprechung statt. An einem genauen Modell der Insel erläuterten die verantwortlichen Offiziere ihr Angriffsverfahren. Die Anwesenheit von mehr Stabsoffizieren als üblich, die sich offensichtlich über die Gefährlichkeit des Unternehmens Sorgen machten, beunruhigte sie. Es wurde entschieden, daß die zweite Angriffswelle erst nach Erhalt eines entsprechenden Signals ins Gefecht gehen sollte. Raful betonte gegenüber Dov Bar nachdrücklich, wie wichtig das Weitermachen wäre, falls die zweite Welle nicht rechtzeitig eintreffen sollte. Der Generalstabschef sprach die Verluste an und wies darauf hin, daß die Operation als gescheitert anzusehen wäre, sollten sie über zehn betragen. Um dies zu verhindern, setzte er hinzu, müßte in dem Augenblick der Rückzug angetreten werden, wenn der Gegner ernsthaften Widerstand zu leisten beginne. Das Unternehmen wäre zwar wichtig, sollte aber nicht um jeden Preis durchgeführt werden. Diese Weisung beunruhigte die Männer, da sie der Meinung waren, das Unternehmen würde nur dann ein Erfolg werden, wenn die Durchführung mit letzter Konsequenz erfolgen sollte. Einige Stabsoffiziere waren der Auffassung, daß die Verluste hoch sein könnten, da es angesichts der geringen Größe der Insel keinen Rückzugsweg geben würde.

Die Männer der beiden Einheiten nahmen getrennt ihre Mahlzeiten ein. Von ihnen kannte sich nur eine Handvoll, da ihre Ausbildung getrennt erfolgen mußte. Dies bedeutete eine Erschwernis, doch die Kampfschwimmer bedurften einer längeren Ausbildungszeit.

Die Nachrichten meldeten die erste Landung von US-Astronauten auf dem Mond und die Männer warteten gelassen auf die Abenddämmerung, als sie zu dem Punkt losfuhren, an dem sie ins Wasser gehen sollten. Auf den Lastwagen, die sie an ihr Ziel transportierten, herrschte völliges Schweigen, so tief waren sie in ihre Gedanken versunken. Es war der Wille der Männer gewesen, das Unternehmen durchzuführen, und Almog hatte ihnen die Einstellung vermittelt, daß sie nicht zurückkehren sollten, ohne die Operation abgeschlossen zu haben – ganz gleich, was geschah. Die Männer der »Sayeret Matkal« verspürten denselben Wunsch. Sie wollten beweisen, daß sie die Besten für diese Art Einsätze wären.

Shaul Ziv führte die erste Welle des Bootsverbandes mit der Vorausabteilung und fuhr um 20.00 Uhr los. Die See war ruhig und es wehte ein 5-kn-Wind. Hinter Ziv mit seinen Booten folgte als zweite Welle die Abteilung der »Sayeret Matkal« sowie das von ObltzS. Avinon befehligte Boot mit der vorgeschobenen Befehlsstelle. Die »Sayeret«-Abteilung bestand aus Gruppen mit aktiven Kämpfern sowie aus einer Anzahl Reservisten, für die das Unternehmen die Feuertaufe war.

Die Kampfschwimmer trugen nur die obere Hälfte ihrer Taucheranzüge mit Dacron-Uniformen darüber. Unter den Schwimmflossen hatten sie Sportschuhe an. Zusätzlich trugen sie Kampfwesten mit Taschen, um ihr Gerät zu befestigen: Lampen, Erste-Hilfe-Ausrüstung, Taue usw. Darüber befanden sich die Schwimmwesten, um sie beim Tauchen im Schwebezustand zu halten und in Notfällen zu tragen, und über allem die Sauerstoff-Atemgeräte, festgeschnallt über der Brust. Jeder Taucher war mit einer »Uzi« oder einer »Kalaschnikow«, mit Handgranaten und einer großen Anzahl von Reservemagazinen bewaffnet. Im Verlaufe der Übungen hatte sich ergeben, daß keine Notwendigkeit zum gesonderten Transport der Waffen bestand.

Um 22.20 Uhr gelangte der Angriffsverband zum Abgangsort und die Boote mit der ersten Welle fuhren langsam zum Absetzpunkt der Kampfschwimmer weiter, ca. 900 m von der Insel entfernt, die von hier aus in einer halben Stunde im Tauchgang erreicht werden konnte. Im Falle von Schwierigkeiten war jedoch eine weitere Stunde eingeplant. Um 23.00 Uhr nahmen die Männer die restliche Strecke zur Insel zunächst noch aufgetaucht schwimmend in Angriff, geführt von zwei Schwimmern in Rückenlage, die jeder ein Tau hielten, das die schwer beladenen Kampfschwimmer miteinander verband. Nach einstündigem Schwimmen wurde klar, daß sie eine starke Strömung behinderte und somit eine Verzögerung verursachte. Dov Bar entschied, früher als geplant in die Tauchphase überzugehen, da er das Gefühl hatte, unter Wasser schneller voranzukommen. Auf ein verabredetes Signal hin tauchten alle, die Schlingen an den Tauen festhaltend. Anfänglich herrschte Verwirrung, da sich einige der Taucher auf der festgelegten Tiefe von 4 m nicht im Schwebezustand befanden und zu tief sanken. Das Einnehmen der Formation unter Wasser nahm etwa zehn kostbare Minuten in Anspruch und erst, nachdem Dov Bar von allen ein Zeichen erhalten hatte, daß sie bereit waren, schwamm er weiter. Er führte sie mit Hilfe eines Kompasses, wobei die beiden Taue an ihm befestigt waren. Die beiden Taucher hinter ihm unternahmen alles in ihren Kräften Stehende, um ihm ein freies Schwimmen zu ermöglichen. Das Wasser war sehr klar. Doch nur die drei Offiziere hinter ihm hatten Tiefenmesser, so daß die letzten Taucher Schwierigkeiten hatten, ihre Tiefe zu schätzen, und daher zu tief sanken.

Nach ungefähr 30 Minuten tauchte Dov Bar auf, um sich zu orientieren, und stellte fest, daß die Tauchergruppe nach Süden abgetrieben und nicht dichter an die Insel herangekommen war. Er war völlig allein und stand unter einem ungeheuren physischen und psychischen Druck. Doch den Rückzug anzutreten, ohne den Einsatz durchzuführen, wäre eine zu große Schande gewesen, und er konnte sich nicht vorstellen, wie er den Entschluß zur Umkehr vor seinen Kameraden, seinen Vorgesetzten und sich selbst rechtfertigen sollte. Die Zeit verstrich und ihm war klar, daß er seine Befehle befolgen und sich an den festgelegten Zeitplan würde halten müssen.

Daher entschloß er sich, mit seinen Männern an der Wasseroberfläche weiterzuschwimmen, und nur das letzte Stück, schon sehr dicht am Ziel, wollte er wieder getaucht zurücklegen. Dies war eine riskante Entscheidung; denn der Mond schien direkt auf sie herab. Inzwischen war es 00.30 Uhr geworden und Raful versuchte, mehrmals mit ihm Verbindung aufzunehmen, um sich zu vergewissern, ob das Durchbrechen des Drahthindernisses bereits abgeschlossen war. Noch immer unterwegs und im Begriff, den Sichtkontakt mit der Insel zu verlieren, hörte Dov Bar über Funk diese Anfragen. Befürchtend, der Rückruf könnte erfolgen, gab er keine Antwort.

Er schwamm zu seinen Kameraden und erklärte ihnen seinen Entschluß, dabei vorher vereinbarte Laute und Handzeichen benutzend, die von einem zum anderen weitergegeben wurden. Doch nicht alle Männer begriffen, was vor sich ging, und erneut verstrichen kostbare Minuten. Dov Bar, der sich entschlossen hatte, unter allen Umständen ans Ziel zu gelangen, wurde ärgerlich. Er fluchte und rief, sie sollten nicht aufgeben. Dieser Ausbruch des Zorns löste seine Spannung. Seine

Offizierskameraden, die den Ernst der Lage begriffen, versuchten ihn zu überzeugen, wieder zu tauchen. Sie befürchteten, entdeckt zu werden. Dov Bar schenkte ihnen keine Aufmerksamkeit, da er annahm, sie hätten unter sich entschieden, daß keine Chance bestünde, den Einsatz auszuführen.

Mit seinen Männern schwamm er unter diesen schwierigen Bedingungen aufgetaucht weiter. Nunmehr konnten sie ihr tatsächliches Weiterkommen erkennen. Parallel zur Insel schwimmend, erreichten sie nach einer halben Stunde einen Punkt, der etwa 150 m vom Radarturm, der vorgesehenen Landungsstelle, entfernt war. Dov Bar signalisierte ihnen zu tauchen und erneut ergaben sich ernste Probleme. Amnon Sofer mußte rund 100 m von der Insel entfernt auftauchen, da sein Mundstück – und damit die Sauerstoffzufuhr – abgerissen wurde, nachdem ihn die Schwimmflossen des Tauchers vor ihm getroffen hatten. Hierdurch blieb er zurück. Auch Dov Bar tauchte mehrmals auf, bis er schließlich feststellte, daß er nur noch 15 m vom Radarturm entfernt war. Er sah zwei Wachen auf dem Dach und dem Betonbelag. Dies erweckte den Eindruck, als ob sich die Ägypter in voller Alarmbereitschaft befanden. Seine Männer waren noch unter Wasser und einige berührten bereits den mit Korallen bedeckten Grund.

Nunmehr war die Zeit für den Beginn des Angriffs gekommen. Dov Bar glitt wieder unter Wasser und gab durch sein Mundstück das vereinbarte Zeichen zum Auftauchen. Von Mann zu Mann rasch weitergegeben, erschienen die Kampfschwimmer über Wasser, in den Schatten von Brücke und Turm Deckung suchend. Hierbei entledigten sich die Männer ihrer Taucherausrüstung, die sie an ihr Tau banden, um sie später wiederfinden zu können. Ihre Schwimmflossen verstauten sie in besonderen Taschen ihrer Kampfwesten und preßten danach die Luft aus ihren Schwimmwesten, die um ihren Nacken geschlungen blieben, falls sie den Rückzug antreten mußten. Sich im flachen Wasser ein wenig aufrichtend, machten sie ihre Waffen schußfertig. Dov Bar blickte auf die Uhr. Es war nunmehr 01.38 Uhr, acht Minuten später als der für den Angriffsbeginn festgelegte späteste Zeitpunkt. Die Kampfschwimmer waren erschöpft, aber die unmittelbare Nähe des bedrohlichen Zieles und das Bewußtsein des kommenden Kampfes schärften ihre Sinne.

Die Kampfschwimmer bringen die Nordseite in ihre Gewalt

Dov Bar kletterte an der Anlegestelle auf die lotrecht abfallende Betonfläche und gab seinen Männern Feuerschutz, als sie an Land gingen. Der Gruppe unter Ilan Egozi winkte er zu, das Durchbrechen des Drahthindernisses in Angriff zu nehmen. Sechs Männer krochen entlang der Felsen und versuchten, im Schatten und im flachen Wasser zwischen den Trägern der Brücke zu bleiben, die etwas Deckung boten. Ohnehin waren die Männer fast sofort von einer auf dem Wasser schwimmenden schwarzen Ölschicht überzogen worden. Einer von ihnen stieß an eine leere Blechbüchse und verursachte ein Geräusch, das alle erstarren ließ. Dann erreichten sie das Hindernis und brachten die Sprengladung an, die es sprengen sollte. Zwei von ihnen arbeiteten am Hindernis – der eine schnitt und der andere hielt die Drähte fest, damit sie keinen Lärm machten. Zu diesem Zeitpunkt befand sich die gesamte Abteilung unter der Brücke und zwei der Männer waren mit ihren RAG's neben den Trägern postiert, bereit, auf die Artilleriestellungen zu feuern. Plötzlich erschien ein Licht und ein Wachposten näherte sich mit einer Lampe der Brücke. Ilan Egozi an der Spitze der Gruppe dachte, sie wären entdeckt worden, und eröffnete das Feuer. Innerhalb von Sekunden schoß der Gegner zurück und warf eine Handgranate, die ihre Splitter in alle Richtungen streute. Ilan Egozi wurde an beiden Beinen leicht verletzt und gab den Befehl zum Angriff. Einige der Männer erstarrten sekundenlang an Ort und Stelle und Dov Bar brachte sie durch Schreie und Tritte rasch wieder zu sich. Die Ägypter schossen Leuchtkugeln und tauchten die gesamte Anlage in helles Licht. Gleichzeitig eröffnete die israelische Artillerie das Feuer auf entferntere Ziele, um die Aufmerksamkeit der Ägypter und ihrer 130-mm-Geschütze von der Insel abzulenken.

Mittlerweile hatte LtzS. Gil Lavie den Befehl über Amnon Sofers Gruppe übernommen, die mit Dov Bars Gruppe durch eine Lücke drang, die sie im Hindernis gefunden hatten. Gadi Kroll, ein fähiger und zäher Offizier, stürmte voraus, ohne auf seine Männer zu warten, und erledigte zwei Wachposten, die vor Schreck erstarrt waren. Israel Assaf drängte vorwärts und sah ägyptische Soldaten, die vom Dach ins Wasser sprangen. Er schoß auf sie, als sie sich mitten in der Luft befanden. Danach schoß er mit dem RAG auf einige

Ami Ayalon, der nach dem Unternehmen gegen Green Island die Tapferkeitsmedaille erhielt. Ayalon wurde später Chef der 13. Flottille und danach Befehlshaber der Marine.

Soldaten, die weiter weg waren, und tötete einen Mann, der sich nur einen halben Meter von ihm entfernt in einer Nische versteckt hatte. Eine seiner Handgranaten, die er auf die Radarstation geworfen hatte, rollte zu ihm zurück. Er kickte sie ins Wasser, ehe sie detonierte.

Die Männer, die eingeteilt waren, aufs Dach zu gelangen, halfen einander, indem sie auf Jacobs Rücken stiegen. Er bekam später den Spitznamen »Jakobsleiter«. Ami Ayalon – dünn, drahtig und in körperlicher Höchstform – hob seinen Kopf über die Dachkante. Fast sofort wurde auf ihn geschossen und seine Stirn bekam eine Schramme. Eine Nebelgranate werfend, um ihm Deckung zu geben, schrie er seinem Freund Zali zu: »Los!« Die Nebelgranate ging nicht los, und so warf er in Richtung des Beschusses eine Handgranate, die ebenfalls nicht detonierte. Zalis Handgranate ging jedoch hoch – und die beiden griffen weiterhin die erste Stellung an. Der Ägypter, der auf sie geschossen hatte, fiel und die Stellung ging in Flammen auf, aber Zali verlor mehrere Finger. Nachdem er rasch verbunden worden war, setzte er den Angriff fort. Hinter ihm bewegten sich Dov Bar und einige andere auf eine weitere Stellung zu.

Während der Kämpfe auf dem Dach drang Gil Lavies Gruppe in das befestigte Bauwerk ein. Sie stellten fest, daß es sich um eine große, leere Halle und nicht um eine Anzahl Räume handelte, die gesichert werden müßten. Oben hörten sie Dov Bar eine allgemeine Aufforderung rufen, auf das Dach zu klettern, und gehorchten schnell. Didi Ya'ari, der dieser Gruppe angehörte, stieß zu Ami Ayalon und Zali. Zusammen gingen sie gegen eine der Artilleriestellungen vor, wobei sie mehrere Handgranaten warfen – die erneut nicht detonierten. Von einer anderen Stellung her kam eine Handgranate geflogen und Ami Ayalon wurde am Bein verwundet. Didi Ya'ari erhielt ein Geschoß in den Hintern und Dagai Israel schleppte ihn zur Seite, wo ihn eine detonierende Handgranate im Gesicht und am Körper verwundete. Halb bewußtlos, wußte er nicht, was vor sich ging. Die Detonation hatte ihn blind und taub werden lassen, sein Gesicht brannte und er war sich sicher, daß sie ihn verbrannt hatte.

Die Kämpfe auf dem Dach gingen weiter. Ägyptische Soldaten versuchten, aus dem Bollwerk schwimmend zu entkommen. Doch die an der Brücke auf das Erscheinen der zweiten Angriffswelle wartenden Männer erschossen sie.

Im weiteren Verlauf des Angriffs eröffnete die auf einer großen Bake aus Beton in Stellung gegangene Unterstützungsgruppe einen Maschinengewehr- und »Bazooka«-Beschuß auf den Südteil der Insel. Dies rief eine wirksame Erwiderung der Ägypter hervor und zwang die drei Kampfschwimmer, hinter dem großen Seezeichen eine Zeitlang in Deckung zu gehen.

Das Eintreffen der zweiten Angriffswelle verzögert sich – Die Kämpfe nähern sich einem kritischen Punkt

Die Männer der Flottille sicherten die Nordseite des Daches und Dov Bar forderte über Funk das Eintreffen der zweiten Welle an, erhielt aber keine Antwort. Er schoß eine grüne Leuchtkugel als zweite Aufforderung, während eine rote der Unterstützungsgruppe befahl, ihren Beschuß aufrechtzuerhalten.

Die Boote der zweiten Welle warteten in 1500 m Entfernung von der Insel. Als das Schießen einsetzte, lösten die Bootsführer ihre Boote von der Boje, an der sie festgemacht hatten, und fuhren langsam zum Abgangsort, der etwa 600 m vor der Insel lag. Unterwegs sahen sie die grüne Leuchtkugel und gingen in

Angriffsformation. Almogs Boot hatte infolge einer Motorenstörung eine Verzögerung und die anderen Boote fuhren vorbei. Der Anmarsch zur Insel, so wurde angenommen, würde nur eine kurze Zeitspanne dauern, aber dies traf nicht zu. Es stellte sich heraus, daß die Entfernung größer als angenommen war. Nun war für die Männer auf dem Dach jede Sekunde kritisch, denn ihre Munition ging zur Neige.

Dov Bar und seine Männer gingen im Winkel auf dem Dach in Deckung. Dort warteten sie ungefähr zehn Minuten lang auf das Eintreffen der zweiten Angriffswelle. Sie erhielten Beschuß und waren nicht imstande, tatenlos in ihrer Deckung zu bleiben. Dov Bar entschloß sich, gegen die Stellungen vorzugehen, die der »Sayeret Matkal« zugewiesen waren. Dies war nicht einfach – beim Überqueren des Daches würden sie lebende Zielscheiben abgeben. Dov Bar schickte zwei Männer los: Haim und Shachar. Plötzlich gab es eine gewaltige Detonation – und die beiden waren auf der Stelle tot. Offensichtlich hatte sich in der Stellung, die gerade gesichert worden war, noch ein ägyptischer Soldat befunden, der plötzlich auftauchte und eine Handgranate warf. Er wurde sofort erledigt. Dov Bar schickte zwei weitere Männer los. Sie brachten die beiden toten Israelis zur Aufnahmestelle unter der Pier.

Auch Israel Assaf ging vor. Er versuchte, eine Stellung mit seinem RAG zu treffen, aber sein Versuch war erfolglos. Während er einen weiteren Schuß lud, detonierte in seiner Nähe eine Handgranate. Sie verwundete ihn und ließ ihn bewußtlos werden. Als er wieder zu sich kam, fand er sich auf dem Boden wieder, ohne jede Ausrüstung und mit großen Schmerzen. Er konnte nichts sehen und konnte nicht begreifen, warum er nicht mehr kämpfen konnte.

Dann landete die zweite Angriffswelle auf der Insel. Sie hatte einen Arzt und einen Sanitäter der Fallschirmjäger dabei. Die Männer der »Sayeret Matkal« schwärmten sofort aus, um die ihnen zugewiesenen Aufgaben durchzuführen.

Gegen 02.00 Uhr, ungefähr 20 Minuten nach dem Beginn des Angriffs, berichtete Raful von den Booten aus, daß er den Eindruck hätte, die Kämpfe schienen abzuflauen und bald zu enden. Unmittelbar danach meldete Paulin, der Führer der Unterstützungsgruppe, daß die Artillerie und die Maschinengewehre des Gegners das Feuer auf ihn eingestellt hätten.

Auf dem Dach stieß auch Danny Avinon zur Abteilung. Mit ihm kamen Lehrgangsteilnehmer, die Munition und Sprengstoff brachten. Bei ihm war auch ObltzS. Amnon Sofer, der nach dem Auftauchen allein zur Insel geschwommen war. Die Lage auf dem Dach war ernst. Die gerade angekommenen Männer übernahmen den Feuerschutz und beobachteten das Gelände vor ihnen. Die Luft war voller Staub. Sie konnten Schreie hören und es roch nach verbranntem Fleisch. Danny Avinon befahl einigen von ihnen, den gesamten Sprengstoff zusammenzutragen, und schickte ein paar andere los, um die Taucherausrüstungen zum Aufnahmepunkt zu bringen.

Dov Bar befahl einige Männer nach vorn, um die Verwundeten zu bergen. Als sie sich entlang des Daches bewegten, stießen sie auf Gadi Kroll, der hinter einer Betonmauer lag und auf die Männer der »Sayeret« wartete. Einige von ihnen waren zu sehen, als sie das Gebäude unten sicherten.

Zu diesem Zeitpunkt hatte die Flottille an Verlusten drei Tote und sechs Verwundete. Unter Führung von Oblt. Ehud Ram trafen sechs Mann der »Sayeret« an der vorderen Dachstellung ein. Ram war anstelle des Offiziers, der bei dem jordanischen Feuerüberfall verwundet worden war, erst am Tage zuvor mit dieser Aufgabe betraut worden. Die Männer schlichen sich hintereinander heran und lauschten den Informationen, die Gadi Kroll zur Lage gab. Ehud Ram stellte weitere Fragen und während er sich einweisen ließ, traf ihn ein Schuß in die Stirn und tötete ihn auf der Stelle. In diesem Augenblick rief Ami Ayalon den »Sayeret«-Kämpfern zu, zu ihm in den Geschützbunker zu kommen, in dem er kniete. Plötzlich detonierte eine Handgranate und er verlor in seiner rechten Seite jegliches Gefühl. Ein glühendes Teilchen bohrte sich in seinen Hals und er spürte ein Ersticken. Als er sein eigenes Keuchen in der Kehle hörte, erinnerte er sich an das Todesröcheln der Ägypter, und das beunruhigte ihn sehr. Er kam jedoch wieder zu sich und ging, auf einen seiner Kameraden gestützt, zum Aufnahmepunkt zurück.

Jetzt traf auch Almogs Boot an der Insel ein. Uzi Livnat wartete in der Nähe der Lücke im Drahthindernis auf ihn, die durch weiße Streifen gekennzeichnet war. Sie kletterten hinauf aufs Dach. Dort erklärte ihm Dov Bar die Lage und nach wenigen Minuten gelangte er zur Schlußfolgerung, daß sich der ägyptische Widerstand abgeschwächt hatte. Um 02.15 Uhr meldete er, daß zwei Drittel der Insel erobert worden waren und daß es Tote und Verwundete gab. Digly, der noch vor ihm auf der Insel eingetroffen war, stand in seiner Nähe und forderte die Ägypter in arabisch zur Übergabe auf.

Während sich dies ereignete, waren zwei »Sayeret«-Gruppen in den Innenhof gelangt. Die Männer waren über Leitern abgestiegen und hatten die seitlichen Räume gesäubert. Hierbei töteten sie einige Ägypter, die den Versuch unternahmen, aufs Dach zu gelangen. Im Verlaufe dieser Kämpfe gab es bei den »Sayeret«-Angehörigen eine Reihe von Verwundeten.

Infolge des Mangels an Leuten und der Wichtigkeit, die vielen Verwundeten zu versorgen, erhielt Shaul Ziv von Almog den Befehl, den größten Teil des Sprengstoffs in der nördlichen Halle zu konzentrieren. Während die Zünder vorbereitet wurden, schoß Shaul Ziv auf einige Gestalten, die er die Halle einkreisen sah. Dann gab es hinter der Mauer eine Detonation und ein

schwerer Balken fiel ihm auf den Fuß. Umher fliegende Splitter einer Handgranate verwundeten einen weiteren seiner Leute am Bein, der neben ihm stand. Niemand wußte genau, woher der Beschuß kam oder wer eigentlich schoß.

Räumung – Fast wären eigene Tote auf der Insel geblieben

Wenig später hatte der Generalstabschef Rafuls Aufmerksamkeit auf die Tatsache gelenkt, daß nur noch wenig Zeit blieb. Um 02.25 Uhr fiel die Entscheidung, die Insel zu räumen, und Digly gab den Befehl mit dem Lautsprecher weiter. Es gab kaum noch ägyptischen Widerstand, aber das Dach – von Leuchtkugeln erhellt – stellte immer noch ein großes Risiko dar.

Im Zuge der Räumung begaben sich Amnon Sofer und Uri, der nach Ehud Rams Tod dessen Stelle eingenommen hatte, zu einer weiteren Geschützstellung und warfen Handgranaten hinein, ehe sie gingen. Die Stellung ging in Flammen auf und die Munition im Inneren detonierte. Almog befahl den beiden die Rückkehr. Gadi Kroll stand im Winkel des Daches, um planmäßig die Räumung zu decken, und schoß auf ägyptische Soldaten, als diese ins Wasser sprangen.

Vom Hof wurde ein toter »Sayeret«-Kämpfer mit einem Tau nach oben gezogen. Die übrigen Männer folgten und stiegen dann vom Dach zum Aufnahmepunkt hinunter.

Den zweimal verwundeten Didi Ya'ari brachte Gadi Kroll weg. Dagai Israel und Uzi Livnat, die beide nur leicht verwundet waren, transportierten den Leichnam von Ehud Ram mit großen Schwierigkeiten fort. Auch Israel Assaf wurde weggebracht. Zu seiner Überraschung spürte er in sich mit Gelassenheit das Gefühl, wenn es ihm bestimmt war zu sterben, dann sollte er diese Tatsache akzeptieren. Beim Erreichen der Pier kam er auf die Füße und kletterte ins Boot, in dem Raful über Funk sprach. Raful wußte nichts von seiner Verwundung und frug ihn nach einem besonderen Kodewort. Israel Assaf entschied, daß er keine Generale brauchte. Keuchend Atem holend, gab er keine Antwort, stand auf und stieg in ein anderes Boot. Dort lag Yoav und Assaf begriff nicht, was mit ihm los war. Ihn untersuchend, erkannte er, daß dieser sehr schwer verwundet war. Der Arzt untersuchte dann mit einer kleinen Stablampe Yoavs Augen, überließ ihn jedoch sich selbst und begann, Israel Assaf zu untersuchen. Letzterer war sehr wütend, nicht begreifend, warum er statt der anderen behandelt wurde, da er sich doch ruhig verhielt und nicht klagte. Bis zu diesem Zeitpunkt hatte er noch nie dem Tod ins Angesicht geschaut. Er konnte sich überhaupt nicht vorstellen, daß einer seiner Freunde im Kampf gestorben sein könnte. Augenblicke später wurde ihm klar, daß Yoav tot war.

So, wie die Männer nacheinander eintrafen, wies ihnen Danny Avinon die Boote zu. Jedem Boot teilte er die genaue Anzahl zu, um festzustellen, wie viele sich noch auf der Insel aufhielten.

Um 02.25 Uhr legten die ersten Boote ab. In ihnen befanden sich die meisten der Toten und Verwundeten, begleitet vom Arzt. Nach ihrer Abfahrt ergab sich, daß Danny Vaza, ein »Sayeret«-Kämpfer verschwunden war. Digly suchte auf dem Dach nach ihm. Als er ihn nicht fand, vermutete er, er wäre in den Innenhof gefallen. Schließlich fand er seine Leiche auf dem Weg, war aber nicht imstande, sie von der Insel zu bringen. Ein Schlauchboot wurde zu seiner Unterstützung geschickt. Als es sich der abfallenden Böschung genähert hatte, zerschnitten die Männer das Drahthindernis. Hierbei fanden sie noch den Leichnam von Danny Levi, eines Angehörigen der Flottille. Dann wurden die beiden Toten in das Schlauchboot gehoben.

Gegen 02.45 Uhr hatten fast alle Angehörigen des Kommandos die Insel verlassen. Zurückgeblieben waren nur die Führungsgruppe, zu der Almog, Digly, Dov Bar und zwei Kämpfer gehörten, sowie Ilan Egozi und Gil Lavie, um die Sprengungen auszulösen. Die Gruppe sammelte die verstreut umherliegende Ausrüstung ein, während Egozi und Lavie die Zünder der Sprengladungen aktivierten. Anschließend gingen alle an Bord und um 02.55 Uhr war die Insel vollständig geräumt.

Während der Räumung hatten die Ägypter begonnen, die Insel mit Artillerie zu beschießen, und eines der Boote war beschädigt worden. Es hatte außer Digly noch sieben andere Angehörige des Kommandos an Bord. Ihm folgte ein weiteres Boot mit vier Insassen und zwei Toten. Digly versuchte, das Magazin seiner Waffe zu entnehmen, aber dies gelang ihm nicht. Ein verirrtes Geschoß hatte das Magazin verklemmt und so schoß er es ins Wasser leer. Dies verursachte beträchtliche Aufregung, da die Männer in den anderen Schlauchbooten glaubten, ein gegnerisches Boot griffe sie an. Nachdem etwa 200 m zurückgelegt worden waren, stellte es sich heraus, daß das Boot zu schwer beladen war. Daher stiegen Digly und ein weiterer Mann in ein anderes Boot um. Nach kurzer Fahrt war den Insassen klar, daß sie mit dem noch vorhandenen Treibstoff angesichts der Beladung nicht in der Lage waren, Ras-el-Sudr zu erreichen. Daher landeten sie am nächstliegenden Strand, luden die beiden Toten aus und fuhren weiter.

Etwa zehn Minuten, nachdem die Boote abgelegt hatten, erhellten Leuchtgeschosse den Himmel und in der Nähe begannen Granaten einzuschlagen. Der Arzt, der bei der Versorgung der Verwundeten zwischen den Booten pendelte, entschied, daß einige der Verwundeten an Land gebracht werden müßten, da sie sich in einer sehr schlechten Verfassung befanden. Schwerer Artilleriebeschuß verhinderte den Versuch, am nächstliegenden Strand zu landen – dort, wo sich der vorgeschobene Gefechtsstand befand. Daher setzten die Boote ihre Fahrt nach Süden fort und auch der vorgeschobene Gefechtsstand wurde nach Ras-el-Sudr verlegt. Entlang der Küste begleitete die Boote eine Panzereinheit, um ein An-Land-Bringen der Verwundeten zu unterstützen, falls dies notwendig werden sollte. Für alle Verwundeten wurde der Rückmarsch zu einem Alptraum und einige von ihnen mußten direkt aus den Booten von Hubschraubern übernommen werden.

Almogs Boot war das letzte, das von der Insel ablegte. Das Funkgerät war ausgefallen und dies verhinderte jede Information darüber, was sich auf dem Rückmarsch ereignete. Ungefähr 15 Minuten später war eine große Detonation zu hören und der Nordteil der befestigten Anlage stürzte zusammen.

In der Zwischenzeit war in dem beschädigten Boot die Lage für die Insassen noch schwieriger geworden, nachdem der Außenbordmotor im Wasser untergegangen war. Amnon Sofer versuchte, über Funk Hilfe herbeizurufen, aber infolge Überlastung der Funkfrequenzen hörte ihn niemand. Er versuchte, mit ein paar Leuchtkugeln Unterstützung herbeizuholen, wollte aber nicht zu viele abschießen – aus der Besorgnis heraus, die Ägypter könnten das Boot sichten, das sich nur etwa 400 m von der Insel entfernt befand. Er befahl seinen Männern, die Schwimmwesten aufzublasen und das Boot zu verlassen. Nachdem sie ihre Waffen und das Funkgerät ins Wasser geworfen hatten, sprangen sie hinterher und schwammen in Richtung Küste. Es war erst fünf Uhr morgens, als ObltzS. Yoav aufspürte, ein Offizier der 13. Flottille, der in dem nunmehr verlassenen Gelände des vorgeschobenen Gefechtsstandes von der Spitze eines hohen Turmes aus den Funkverkehr beobachtete.

Mittlerweile waren auch Moshe Dayan, der Verteidigungsminister, und General Bar Lev, der Generalstabschef, in Ras-el-Sudr eingetroffen. Eines nach dem anderen liefen die Boote mit den Toten und Verwundeten an Bord in den kleinen Hafen ein. Darüber hinaus lagen Funkmeldungen von weiteren Verwundeten und in der See schwimmenden Männern vor. Alles deutete auf eine Katastrophe hin.

Auch eine Operation zur Bergung der Männer im Wasser war jetzt unter dem Einsatz von Hubschraubern im Gange. Einer von ihnen überflog sie, ohne sie zu erkennen. Er näherte sich ägyptischem Territorium und wurde augenblicklich von leichter Flak und von 130-mm-Geschützen beschossen. Die Piloten flogen zum Zentrum der Bucht und sahen danach die schwimmenden Männer, die jetzt Leuchtkugeln schossen und mit den Händen um sich her ins Wasser platschten. Rasch und in niedriger Höhe kamen die Hubschrauber heran.

Jeder von ihnen nahm drei der Männer auf. Innerhalb einer halben Stunde hatten die Hubschrauber alle Schwimmer gerettet, wobei der letzte von ihnen die zweifelhafte Ehre hatte, am Seil hängend über die Wasseroberfläche geschleppt zu werden.

Der Tag der »Apollo« oder ein eklatanter Fehlschlag

Das Unternehmen forderte an Toten: über dreißig ägyptische Soldaten, drei Angehörige der 13. Flottille und drei der »Sayeret Matkal«. Darüber hinaus gab es elf eigene Verwundete, darunter zehn der 13. Flottille, fast die Hälfte der Einsatzstärke – ein hoher Preis, den das Unternehmen kostete. Von der ersten Angriffswelle waren nur vier Mann unverletzt geblieben, d.h. die Flottille war als Kampfeinheit fast vollständig ausgeschaltet. Natürlich war mit Verlusten gerechnet worden, aber niemand hatte sich vorgestellt, daß sie so hoch sein würden. Es war klar, daß dieser Umstand auf öffentliche Kritik stoßen würde. Daher wurde entschieden, eine offizielle Stellungnahme abzugeben, die heroischen Aspekte des Unternehmens betonend. Am Tag darauf verbreiteten die Ägypter in den Medien Fotos von einer Sauerstofflasche und von Schwimmflossen, die sie in dem Bereich gefunden hatten. Sie äußerten Stolz darüber, daß sie eine Eliteeinheit zurückgeschlagen hatten.

Der ägyptische General Mohammed Fawzi behauptete in seinem Buch über das Green-Island-Unternehmen, daß das israelische Kommando in eine Falle geraten und fast vollständig ausgelöscht worden wäre. Hingegen machte ein ägyptischer Wissenschaftler geltend, daß diese Operation, welche Ergebnisse sie auch immer hatte, mit Sicherheit nichts an der Tatsache geändert hätte: ein Wendepunkt und der Beginn einer Phase zu sein, die als »das Stadium der Abnutzungs-Vergeltung« bekannt wurde – in dessen Verlauf die militärische Initiative an Israel überging.

In Israel wurde das Unternehmen als ein historischer Meilenstein betrachtet: hinsichtlich seines Wagemuts, seiner Planung, seiner Vorbereitung, seiner Anforderungen und seiner Durchführung. Viele der Kämpfer spürten, sie hätten einen Höhepunkt erreicht, der sich nie mehr wiederholen ließe. Die israelische Presse veröffentlichte folgende Schlagzeilen: »Die Kanonen von Navarone entstammen einem Roman, während die Kanonen von Green Island eine Tatsache darstellen, über die berichtet werden wird, wenn der Zeitpunkt gekommen ist.« Oder: »Dies war der Tag der »Apollo«!« Oder: »Die Gefallenen haben bewiesen, daß selbst unüberwindliche Festungen erobert werden können, wenn Männer wie diese, die Aufgabe überneh-

men.« Oder: »Zugegeben, der zu zahlende Preis war hoch. Doch es gibt keinen Zweifel, daß der Tag kommen wird, an dem wir imstande sind, genau zu beschreiben, was während des Sturmangriffs passiert ist, und an dem wir jedem von einem der größten Abenteuer der israelischen Streitkräfte seit ihrer Schaffung erzählen können.«

Nach diesem Unternehmen begann die israelische Luftwaffe mit einer Serie schwerer Bombenangriffe, die auf ägyptischer Seite zahlreiche Flugzeuge zerstörte bzw. schwer beschädigte, Hunderte von Soldaten tötete oder andere veranlaßte, von den Frontlinien zu desertieren.

Als sich die Vorgänge etwas beruhigt hatten, begannen die Nachbesprechungen. Viele, die sich noch im Lazarett befanden, waren nicht anwesend. Niemand zweifelte daran, daß das Kommando heldenmütig gekämpft hatte, aber viele frugen sich, ob der Einsatz den Erfolg wirklich wert gewesen war. Einigkeit herrschte darüber, daß die Operation einen Bestandteil des fortwährenden Kampfes gegen die Ägypter bedeutet hatte und daß sie auch eine wesentliche Prüfung der Fähigkeiten der Flottille gewesen war, an einer derart komplexen Kampfhandlung teilzunehmen.

Raful machte geltend, daß die erste Angriffswelle als Folge mangelnder Erfahrung oder aus Erschöpfung und Anspannung an der Durchbruchsstelle durch das Hindernis überrascht wurde. Er wiederholte seine frühere Darlegung, wonach die Waffen mangelhaft waren und gutes Tauchen nicht ausreichte – wenn die Gewehre nicht schossen. Er behauptete auch, Dov Bars Entscheidung, die Führung auf dem gesamten Dach zu übernehmen, wäre zu spät gekommen; denn dies hätte den Ägyptern Zeit zur Entfaltung verschafft.

In dieser Nachbesprechung des Einsatzes wurden auch beträchtliche Zweifel an Almogs Leistung laut. Dieses Unternehmen war tatsächlich der erste unter Beschuß von ihm geführte Kampfeinsatz gewesen. Er gab selbst zu, daß nicht jede mögliche Situation im voraus analysiert worden war. Auch wäre es bei einem derartigen Unternehmen nicht möglich, eine umfassende Führung auszuüben. Raful akzeptierte diese Aussage nicht und bemerkte, daß ein Führer imstande sein müßte, das Kampfgeschehen zu erkennen und die Gesamtführung in der Hand zu behalten.

Erneut stellte sich heraus, daß die zur Verfügung gestellten nachrichtendienstlichen Informationen mangelhaft gewesen waren. Auf der Insel befand sich nur die Attrappe einer Radarstation, statt der Geschütze waren lediglich veraltete, rostige Maschinengewehre vorhanden gewesen und auch die Informationen über die Strömungen hatten sich als falsch erwiesen. Die Ägypter waren offensichtlich auf einen Angriff vorbereitet gewesen oder wie sonst ließe sich ihre augenblickliche Reaktion erklären? Es fehlte bei vielen an Verständnis, warum sich das Eintreffen der zweiten

Angriffswelle verzögert hatte. Einige machten hierfür die Motorenstörung bei Almogs Boot verantwortlich. Andere wiederum waren der Meinung, die Boote der zweiten Welle hätten die Insel sofort nach der Feuereröffnung mit Höchstfahrt ansteuern müssen; denn hierdurch wäre den Ägyptern die Anwesenheit des Gegners bekannt gewesen und es hätte keinen Grund mehr zur Verheimlichung gegeben. Auch die Räumung war Gegenstand der Diskussion, denn fast wären Tote auf der Insel zurückgeblieben. Dies wäre ein weiteres Anzeichen dafür, daß auf einen Mangel an Führung schließen ließe.

Der Digly-Almog-Konflikt wurde ebenfalls ans Licht gebracht. Nach Ansicht vieler war zuviel an Zeit mit Machtkämpfen zugebracht worden – und dem Unternehmen ernsthaften Schaden zufügend. Eine Reihe von Offizieren war der Meinung, daß die Fallschirmjäger die Insel wirksamer unter Kontrolle gebracht hätten und daß die beiden Einheiten für eine Landkriegsführung nicht geeignet wären. Wie beim Adabija-Unternehmen waren die Probleme des Versagens bei Waffen und des Ausfalls von Funkgeräten erneut aufgetreten. Obwohl die Munition für eine Wassertiefe von 6 m geprüft worden war, hatte sich ein beträchtlicher Teil infolge eingedrungenen Wassers beim Tieftauchen in der See als unbrauchbar herausgestellt. Dies war einer der Gründe für die hohen Verluste, da jede versagende Handgranate den Ägyptern weiterhin die Gelegenheit verschaffte, sich zu entfalten.

Die Anzahl der Verluste war ein sehr quälendes Problem. Doch im nachhinein war kaum zu ermitteln, unter welchen Umständen der einzelne gefallen war, wenn sich auch klar ergab, daß zu einem Teil eigener Beschuß ursächlich war. Die Frage der Leuchtspurmunition kam ebenfalls wieder zur Sprache. Einige behaupteten, Raful hätte recht gehabt, und ihre Verwendung hätte es den Ägyptern ermöglicht, die eigene Position genauer zu bestimmen.

Das Problem, wonach sich die Angehörigen der beiden Einheiten nicht ausreichend gekannt hatten, war ebenfalls Gegenstand der Prüfung. Nach Ansicht der Männer der Flottille war es unbegreiflich, wie die »Sayeret Matkal« einige ihrer unerfahrensten Leute zu einer derart komplexen Unternehmung entsenden konnte. Digly hielt es für seine Pflicht zu versichern, daß seine Männer als gut genug ausgebildet erachtet wurden, um ihnen die sehr effektive Durchführung ihrer geheimdienstlichen Einsätze zuzubilligen. Der einzige Weg, dies festzustellen, bestünde im Durchführen von Unternehmen wie diesem. Seine Auffassung unterschied sich nicht von der Almogs oder jedes anderen Kommandeurs, dessen Ziel es war, seine Männer in ein Gefecht zu führen, das ihnen auch öffentliche Anerkennung einbringen würde. Diese Diskussion entwickelte sich bald zu einer anderen Auseinandersetzung, in der jeder von ihnen behauptete, daß der an-

dere versuche, allen Ruhm für sich in Anspruch zu nehmen. Niemand bezweifelte den großen Heldenmut der Männer und so ergingen folgende Auszeichnungen:
– die Medaille für Tapferkeit an Ami Ayalon,
– die Medaille für Heldenmut an Gil Lavie und
– die Medaille für hervorragende Pflichterfüllung an Ilan Egozi, Dov Bar, Gadi Kroll und Rot Zalman.
Selbst heute begreifen einige dieser Männer noch nicht die Gründe für diese Auszeichnungen oder die hinter ihrer Verleihung stehenden Vorstellungen.

Das Green-Island-Unternehmen wurde in der Öffentlichkeit als eine heroische Tat angesehen und nur ein paar Leute kannten alle Einzelheiten, die im Laufe der Jahre ans Licht kamen. Die sich hieraus ergebenden Auseinandersetzungen befaßten sich hauptsächlich mit der Frage, ob das Unternehmen überhaupt erforderlich gewesen war. Höhere Stabsoffiziere und ehemalige Offiziere der 13. Flottille machten geltend, daß zum damaligen Zeitpunkt danach Ausschau gehalten wurde, Unternehmen durchzuführen, nur um zu beweisen, daß die IDF etwas unternahm, um den ägyptischen Erfolgen zu begegnen. Hinzu kam noch ein ernster Wettstreit zwischen den Fallschirmjägern, der »Sayeret Matkal« und der 13. Flottille über die Frage, wer solche Unternehmungen ausführen sollte. Auf diese Weise wurde die Flottille in einen nutzlosen Einsatz hineingezogen, den der Befehlshaber der Marine nicht ablehnen konnte, da für diese Einheit ansonsten keine weiteren Einsätze vorgelegen hätten. Die Kritiker verstanden die Notwendigkeit nicht, soviel Blut auf einer Insel zu vergießen, die von der Luftwaffe sehr leicht hätte bombardiert werden können. Sie waren der Ansicht, das Unternehmen wäre dem Wunsch entsprungen zu beweisen, daß Israel auch direkte Angriffe durchführen könnte. Außerdem hätte es sich aus der Tatsache ergeben, daß Raful, Digly und Almog auf der Suche nach Sonderoperationen gewesen wären, um sowohl sich selbst als auch ihre beiden Einheiten zu glorifizieren.

Einen erheblichen Teil der Männer beschäftigte die Frage des Kämpfens um jeden Preis. Sie behaupteten, Almog wäre es gelungen, sie zu überzeugen, daß sie einfach aufhören würden zu existieren, wenn sie das Unternehmen nicht ausführten. Deshalb hätten sie den Einsatz auf eine derart extreme Weise durchhalten müssen. Sie äußerten die Auffassung, der auf ihnen lastende Druck hätte eine Situation geschaffen, wodurch es ihnen nicht gestattet war, einen Fehler zuzugeben. Diese Forderung wiesen sie als übertrieben zurück, denn irren wäre menschlich. Zudem machten die Männer geltend, daß das gesamte Vertrauen, das sie in der Flottille erfahren hätten, bedeuten würde, sie könnten ihre Fehler gegenüber Außenstehenden nicht eingestehen. Einige der Männer hatten auch das Gefühl, daß sowohl hinsichtlich der Anzahl der Ägypter, die getötet worden waren, als auch im Hinblick auf die Bedeutung der Insel für die Ägypter übertrieben worden wäre.

Die offiziellen Dokumente enthalten viele Worte des Lobes sowie eine vorsichtige Erwiderung auf kritische Äußerungen. Einige Jahre später erstellte die Marine eine als »Streng geheim!« eingestufte Denkschrift. In ihr äußerte sich der damalige Fregattenkapitän Ami Ayalon wie folgt:

»Ich nahm sowohl als Kämpfer wie auch als Flottillenchef an vielen Unternehmen teil. Sogar heute noch habe ich das Gefühl, daß dieses Unternehmen in unserer operativen Fähigkeit einen Wendepunkt bedeutete. Im nachhinein waren die Vorbereitungen und die Einsatzanweisungen die besten, an denen ich je beteiligt war. Es war uns – den Kämpfern – klar, daß es keinen anderen Weg gab, weder Rückzug noch Absetzen, als die Eroberung der Insel anzustreben – und dies war auch für die Ägypter offenkundig. Wir hatten daher begriffen, daß wir ein Unternehmen durchführten, dessen Ziel von unserem Standpunkt aus um jeden Preis erreicht werden mußte. Im Verlaufe des Unternehmens fanden wir uns vielfach in Situationen des „Handelns oder Sterbens", aber wir machten weiter. Zugegeben, wir begingen im Verlaufe des Kampfes Fehler, verursacht durch den Mangel an Erfahrung. Heute würden wir vieles anders machen, hauptsächlich deshalb, weil wir unsere Lektion auf Green Island gelernt haben. Nach meiner Auffassung und der vieler Offiziere war das Unternehmen ein Meilenstein, der für die Flottille eine neue Bandbreite von Operationen eröffnete: den Sturmangriff von See her. Insofern stellte das Unternehmen in einem hohen Maße unser Reifezeugnis als Kampfeinheit dar.«

In dieser Denkschrift finden sich zu diesem Unternehmen auch die abschließenden Worte von Raful [General Rafael Eitan]:

»Das Unternehmen wurde in einer beispielhaften Art und Weise durchgeführt. Wir bezahlten einen hohen Preis, aber keine Operation sollte nur nach der Höhe der Verluste beurteilt werden. Die Ägypter ließen sich ein derart wagemutiges Handeln nicht träumen. … Ich vermute, es war der Tropfen, der das Faß zum Überlaufen brachte. … Trotz der schweren Verluste legten wir ein Können und eine Leistungsfähigkeit an den Tag, die uns viele Jahre lang ein leuchtendes Beispiel geben werden. …Der Angriff war einer der komplexesten, an denen ich je beteiligt war. … Wer weiß? Vielleicht ist es nicht möglich,

sowohl ein erstklassiger Taucher als auch ein ausgezeichneter Landkämpfer zu sein. Ich weiß, daß es in der Flottille Männer gibt, die dem Unternehmen kritisch gegenüberstehen, besonders was die Höhe der Verluste angeht. Doch ich weiß auch, daß diese kritischen Äußerungen aus der Tatsache entstehen, daß in der Flottille ein vorbildliches Menschenmaterial vorhanden ist. … Ich glaube, daß auf der Insel fast alle Ägypter getötet wurden, auch als Folge des schweren ägyptischen Artilleriebeschusses. … Aber ich muß schon sagen, die Ergebnisse der Operation und die Art und Weise, wie sie der Gegner ansieht, sind etwas, daß wir vielleicht erst in hundert Jahren verstehen werden. Ich räume ein, nach dem Sechs-Tage-Krieg gab es gegenüber der Flottille Vorbehalte. … Heute, anderthalb Jahre später, weiß ich, daß die 13. Flottille eine ehrenhafte Stellung errungen und ein derart hohes Niveau der Einsatzführung erreicht hat, daß sie jede weitere Operation bedenkenlos ausführen kann, mit der sie betraut wird.«

Und Admiral Avraham Botzer, der Befehlshaber der Marine, urteilte über das Unternehmen:

»Vom strategischen Gesichtspunkt aus beruhte die Auswahl des Zieles auch auf moralischen Überlegungen – wobei man sagt, dies träfe eher auf die Wahl eines Unternehmens zu Lande als aus der Luft zu. … Das Unternehmen entsprach nicht den Kriterien der vergangenen Kommandoeinsätze gegen Ägypten. Es war nicht die Art Handlungsweise, von der gesagt wird: „Alles, was Du tust, kann ich besser!"«

Die Angehörigen der 13. Flottille studierten die Lehren, die von den italienischen Kommandoeinheiten der Marine gezogen wurden. Eine der wichtigsten stammte aus ihrem Unternehmen vom 25./26. Juli 1941 gegen Malta, als eine erhebliche Anzahl ihrer Männer ums Leben kam bzw. in Gefangenschaft geriet und neun Sprengboote sowie zwei SDV's (»Maiale«) verlorengingen. Einer der Gründe für diesen Fehlschlag war der Mangel an nachrichtendienstlichen Informationen. Ihnen fehlte jede Kenntnis des britischen Radars, das zu ihrer Entdeckung führte. Doch ihr größter Fehler war das Kombinieren einer erheblichen Anzahl Sprengboote und bemannter Torpedos in einer komplizierten technischen Operation, ein Vorgang, der zeitlich perfekt bis auf die Sekunde aufeinander abgestimmt sein mußte. Insoweit komplizierten die Italiener das Geschehen und ließen den wichtigsten aller Grundsätze außer acht: »Einfachheit des Handlungsablaufes!« Der italienische Autor Marc'Antonio Bragadin schrieb in seinem Werk »Che ha fatto la marina? (1940 - 1945)«,

Mailand 1951 [frei übersetzt: »Wo war die Marine?«; US-Ausgabe: »The Italian Navy in World War II«, Annapolis 1957]:

> »Es gibt keinen Zweifel darüber, daß dies die grausamste und blutigste aller Operationen war, die von den Kommandotruppen der Marine ausgeführt wurde. Sie fand unter derart unnormalen Umständen statt, daß sie mit Sicherheit „der glänzendste aller Fehlschläge" war. So glänzend, daß jede Marine auf der Welt darauf hätte stolz sein können.«

Das Green-Island-Unternehmen verlief ähnlich; eine Kombination von Einheiten, deren Zusammenwirken hätte perfekt sein müssen, das Fehlen nachrichtendienstlicher Informationen und der Versuch, bisher nicht erprobte Verfahren durchzuführen. Die verantwortlichen Offiziere, die das »unüberwindliche« Ziel ausgewählt hatten, vergaßen ein weiteres bedeutsames und interessantes Prinzip der Kriegführung, das sie – in ihren Einheiten als »indirekte Annäherung« bezeichnet – ignoriert hatten. Wenn sie nämlich ein wenig die Kriegsgeschichte studiert hätten, wären ihnen die Worte der Militärexperten wieder eingefallen. Basil Henry Liddel-Hart: »Das größere strategische Ziel besteht darin, die „Achillesferse" der anderen Regierung in ihrer Fähigkeit, Krieg zu führen, zu finden und zu verletzen. Und die Strategie muß darauf abzielen, die Schwachpunkte in der Panzerung des Gegners zu durchdringen. Die eigene Stärke dort einsetzen, wo der Gegner stark ist, bedeutet, sich selbst zu schwächen, ohne in Bezug zu den beabsichtigten Ergebnissen zu stehen. Um einen nachhaltigen Schlag zu führen, muß dies an den schwächsten Punkten erfolgen.« Und im Widerspruch hierzu griffen die Verantwortlichen den stärksten Punkt an und – sogar noch schlimmer – machten sich auf, ein Ziel anzugreifen, von dem sich der Gegner nicht zurückziehen konnte. Sun Tse schrieb: »Wenn du eine Armee umzingelst, lasse ihr einen Ausweg. Zwinge deinen Gegner nicht in die Ecke und unterstütze ihn stets, seine Ehre zu wahren.« Hätten die Verantwortlichen die folgenden Worte von Bellisarius gelesen, wäre es nicht erforderlich gewesen, nach Entschuldigungen zu suchen: »Der vollkommene und erfreulichste Sieg besteht darin, deinen Gegner zu zwingen, von seinem Vorhaben abzulassen, während du selbst keinen Schaden erleidest.« Die Behauptungen der Stabsoffiziere, sie hätten aus der Operation ihre Lehren gezogen, sind von prächtiger Art. Sie haben die Worte von Polibius nicht gelesen: »Es gibt zwei Methoden, die Menschen zu bessern: entweder durch das eigene Unglück oder durch das Unglück der anderen. Die erste Methode ist sicherer, die zweite weniger schmerzlich. … Wir müssen stets versuchen, die zweite zu nutzen.« Oder sie hätten Bismarck zuhören können,

als dieser erklärte: »Die Dummen sagen stets, sie lernen aus ihren eigenen Erfahrungen. Ich ziehe es vor, aus den Erfahrungen der anderen zu lernen.« Dann hätten sie sich nach einem geeigneteren Ziel umgesehen und das Blut ihrer Kameraden geschont.

Die Zeit wird erweisen, ob die Lehren aus dem Sterben jener, die auf Green Island fielen, dazu beitragen, schwere Verluste bei ähnlichen Operationen zu vermeiden. Waren sie vermeidbar? Wahrscheinlich nicht – selbst wenn die Verantwortlichen die Aussagen der Experten vorher gelesen hätten. Offenkundig brauchte die 13. Flottille – wie andere Einheiten auch – das Blut ihrer Märtyrer und den Ruhm des Geschehens, damit ihre Existenzberechtigung anerkannt wurde – und in der Tat zog dieses Recht von diesem Augenblick an niemand mehr in Zweifel. Wer weiß, vielleicht könnte über die hehren Grundsätze der Kriegsführung dies gesagt werden: »Der Ruhm und die Existenz einer Kommandoeinheit mißt sich an der Anzahl ihrer Gefallenen und nicht an der Niederlage des Gegners – und auch nicht daran, lebend zurückzukehren!« Könnte dies stimmen?

Könnte das Unternehmen als ein »glänzender Fehlschlag« bezeichnet werden? Vielleicht wird uns nur die Geschichte eine Antwort auf die Frage geben, ob ein Unternehmen dann ein erfolgreiches ist, wenn die Hälfte der eingesetzten Kräfte entweder tot oder verwundet zurückkehrt.

Unternehmen »Eskorte«: Das Unheil kommt dreifach

Das Green-Island-Unternehmen mag einen Wendepunkt bezeichnet haben – aber in seinem Kielwasser wurden keine ähnlichen Operationen mehr gebilligt. An der ägyptischen Front blieb es nicht ruhig, Dutzende von israelischen Soldaten verloren ihr Leben und die Kampfhandlungen in der Kanalzone beeinträchtigten die Stimmung in Israel ernsthaft.

Erneut entstand die Notwendigkeit, ein Unternehmen durchzuführen, das eine strategische Auswirkung haben würde. Diesmal sollte ein Angriffsunternehmen unter Einsatz eines kleinen Verbandes gepanzerter Fahrzeuge stattfinden, den drei Landungsboote (36 m) an den Zielort zu transportieren hatten. Voraussetzung war allerdings die Vernichtung von zwei MTB's der P-183-Klasse, die eine Gefahr für die Landung bedeuteten. Den Auftrag zu diesem Einsatz erhielt die SDV-Abteilung unter Führung von ObltzS. Rafi Milo.

In der Nacht vom 4. September 1969 sammelten sich die Männer und die Transportboote für das Unternehmen »Eskorte« in Ras-el-Sudr. Die Aufklärung des Einsatzraumes stellte eine Anzahl Tanker wie auch die in diesem Gebiet patrouillierenden MTB's fest. Die letzteren sollten an ihren Liegeplätzen mit Minen versehen werden.

In der folgenden Nacht liefen zwei SDV's im Schlepp von Motorbooten aus. Auf jedem SDV saßen eingeengt vier Mann. Dann näherten sich die SDV's den Tankern und umkreisten sie. Es gab Anzeichen eines Gefechtes. Sie hörten das Geräusch von MTB-Motoren und erkannten, daß sich ihnen ein MTB näherte. Die SDV's tauchten sofort. Von Zeit zu Zeit erschienen sie an der Oberfläche, um einen Rundblick zu nehmen. Nach mehrstündigem Suchen, ohne etwas zu entdecken, entschlossen sich die Männer zur Umkehr. Ihrer Ansicht nach bestand in dieser Nacht nur noch eine geringe Erfolgsaussicht, da sich die MTB's ständig in Bewegung befanden. Diese konnten irgendwo festmachen und es wäre sehr schwierig, sie in der Dunkelheit auszumachen.

Am folgenden Abend liefen sie erneut aus. Das erste SDV führte Fatty, der »Dicke«, ein erfahrener Reservist, der zuversichtlich auf einen hell erleuchteten Tanker zusteuerte, da er überzeugt war, daß neben ihm ein MTB festgemacht hatte. In der Nähe tauchend und noch einen schnellen Blick erhaschend, war er nicht in der Lage auszumachen, was neben dem Tanker in seinem Schatten verborgen lag. Er fuhr an seiner Bordwand entlang, fand nichts und musterte die Küstenlinie. Plötzlich sah er einen schwarzen Umriß. Nach etwa 15 Minuten verwandelte sich der Umriß in zwei MTB's. Als er noch ungefähr 200 m von ihnen entfernt war, gab er seinem Steuermann ein Zeichen, das Fahrzeug auf Grund zu legen. Anschließend signalisierte er Ami Ayalon – der aus einem Genesungsheim »entkommen« war, um an diesem Unternehmen teilzunehmen –, er solle weitermachen. Der zweite Taucher steckte sich den Finger ins Ohr – ein Zeichen, daß er nicht verstanden hatte, was vor sich ging. Fatty hob ihn aus seiner sitzenden Stellung und bedeutete ihm loszuschwimmen. Doch auch Ami Ayalon war überrascht gewesen, als ihm Fatty nach der längeren Unterwasserfahrt gewinkt hatte loszuschwimmen, obwohl er nicht einmal seine Nase vor seinem Gesicht sehen konnte!

Ayalon prüfte die Strömung und stellte fest, daß sie schwach war. Für einen raschen Blick auftauchend, sah er die Umrisse der MTB's und hörte das Geräusch ihrer Generatoren. Danach tauchten er und sein Partner auf etwa 6 m Wassertiefe und schwammen auf sie zu. Ohne jede Schwierigkeit kamen die beiden Kampfschwimmer unter den MTB's an und verankerten sich dicht nebeneinander. Das Wasser war sehr trüb. Ami Ayalon versuchte, die Mine am hölzernen Bootskörper zu befestigen, aber die Befestigungsvorrichtung funktionierte nicht. Er bedachte den Sabotageoffizier mit einer Anzahl stiller Flüche, schwamm zu einem Metallscharnier und brachte die Mine mit einem Magnet an.

Er entschloß sich, die Sperre gegen ihr Entfernen nicht zu aktivieren, da die Mine auf dem abgerundeten Scharnier schlecht saß und die Gefahr des Herabfallens bestand. Eine aktivierte Sperre hätte in diesem Fall die Mine zur Detonation bringen und die Taucher ebenfalls mit in die Luft fliegen lassen können. Die zweite Mine brachten die beiden ein paar Meter weiter in Richtung Bug an. Diesmal funktionierte die Vorrichtung. Die kleine Explosion bohrte die Schraube ins Holz. Sie ließ sich leicht drehen und sicherte die Mine an ihrem Platz. Auch hier wurde die Sperre gegen ihr Entfernen nicht aktiviert; diesmal war der Abstand zwischen der Mine und dem Bootskörper zu groß. Die Taucher wiederholten die Vorgänge am zweiten MTB. Doch hier wurde an einer der Minen die Sperre gegen ihr Entfernen aktiviert. Dies war der gefährlichste Teil ihrer Aufgabe, da der kleinste Fehler die Mine vorzeitig zur Detonation bringen konnte. Als sie zurückkehrten, verhedderten sie sich in dem Tau, das ihren Rückweg sicherte. Das Tau kappend, erreichten sie ihr SDV sicher und unbeschadet. Ami Ayalon bedeutete, daß sich die Minen an ihrem Platz befanden, und die Männer umarmten und küßten einander unter Wasser. Fatty löste das SDV vom Grund und trat den Rückmarsch an. Fünf Minuten später tauchten sie zu einem kurzen Rundblick auf. Alles war sehr ruhig und sie gingen in Unterwasserfahrt auf Ostkurs. Als sie weit genug von den MTB's entfernt waren, tauchten sie erneut auf und meldeten den Erfolg ihres Einsatzes.

Das zweite SDV, geführt von Rafi Milo, war in gleicher Weise erfolgreich. Die vier Kampfschwimmer sahen die MTB's und waren so glücklich, daß sie unter Wasser zu singen begannen. Zwei Taucher schwammen zu den MTB's, entdeckten die bereits von ihren Kameraden angebrachten Minen und befestigten nochmals vier, diesmal alle Sperren gegen ein Entfernen aktivierend. Anschließend kehrten sie ohne Schwierigkeiten zu ihrem SDV zurück, tauchten später singend vor Freude auf und meldeten ihren Erfolg.

Um 02.15 Uhr war in Richtung der ägyptischen Küste ein Lichtblitz zu sehen und eine Detonation konnte gehört werden. Fatty sagte zu seinen Kameraden: »Notiert die Zeit. Ein MTB detoniert.« Nach einiger Zeit hörten sie den vorgeschobenen Gefechtsstand, wie er über Funk Rafi Milo rief. Es kam keine Antwort und Fatty war der Meinung, die Männer wären eingeschlafen.

Fatty und seine Kameraden kehrten gegen 03.00 Uhr zu ihrem Ausgangspunkt zurück. Es war eine gefühlsbetonte Rückkehr. Die Männer erhielten eine Flasche Whisky und Fotos wurden gemacht. Eine Viertelstunde später begannen sich alle, Sorgen zu machen: Das Führungs-SDV war nicht zurückgekehrt. Rasch wurde eine Suchmannschaft mit einem Motorboot, einem Schlauchboot und einem Hubschrauber zusammengestellt.

Rückkehr vom Unternehmen »Eskorte« am 5. September 1969. Ziel des Unternehmens war die Vernichtung von zwei ägyptischen MTB's im nördlichen Teil des Golfes von Suez als Voraussetzung für eine begrenzte Landungsoperation. Unter Einsatz von SDV's erzielte ein Kommando unter ObltzS. Rafi Milo einen vollen Erfolg. Durch die Detonation des Selbstzerstörungsmechanismus explodierte das Führungs-SDV. Von dem vierköpfigen Kommandotrupp kamen drei Mann ums Leben, darunter ObltzS. Milo.

Gegen 03.10 Uhr explodierte eines der MTB's. Das andere, das zur Hilfeleistung herankam, flog ebenfalls in die Luft und sank auf Grund. Nunmehr war klar, daß die zuerst gehörte Detonation kein MTB gewesen war. Erst um 06.00 Uhr entdeckte das Suchkommando Oberbootsmann Itzhak Arieh, den Steuermann von Milos SDV, und das Ausmaß der Katastrophe wurde jetzt klar. Arieh erzählte ihnen, daß er irgendwann von Shlomo abgelöst worden war und auf der Seite des SDV gesessen hatte, während hinter ihm Oded und Rafi Milo ausruhten. Plötzlich hatte es eine Explosion gegeben und er fand sich auf dem Meeresgrund liegend wieder. Sich für tot haltend, sah er helle rote Lichter, die ihn zu sich zu ziehen schienen. Unter großen Anstrengungen stieg er an die Wasserfläche empor und fand dort Shlomo und Oded vor. Rafi Milo, ihr Skipper, war verschwunden.

Arieh erkannte, daß der Selbstzerstörungsmechanismus des SDV detoniert war. Blut lief ihm über das Gesicht und an seinem Körper herunter. Er besaß nur noch seine Schwimmweste, eine Taschenlampe mit zerbrochenem Glas und eine kleine Leuchtpistole mit einer einzigen Leuchtpatrone, die er sofort abschoß. Shlomo gab ihm seine Leuchtpistole mit den Leuchtpatronen und bat ihn, seine Wunden zu verbinden. Doch er konnte das wasserdichte Verbandspäckchen nicht aufreißen. Arieh schoß zwei weitere Leuchtkugeln, aber niemand meldete sich. Oded war das Bein abgerissen worden und ihm war klar, daß er am Blutverlust sterben würde. Er bat Arieh, sich um seinen Sohn zu kümmern. Shlomo klagte über starke Rückenschmerzen, aber sein Taucheranzug verhinderte ein Nach-

schauen, was ihm zugestoßen war. Arieh entschied sich, zur Küste zu schwimmen, seine beiden Kameraden mit sich schleppend. Doch er erkannte fast sofort, daß dies nicht möglich sein würde. Die beiden Männer baten ihn, sie zurückzulassen und einen Rettungshubschrauber herzubringen – im Bewußtsein, das war ihre letzte Hoffnung. Er ließ sie im Wasser treibend zurück und schwamm in Richtung Küste. Er schoß weitere Leuchtkugeln und blinkte mit seiner Taschenlampe, aber alles war vergebens. Mit den letzten Unzen verborgener Kraft betete er, daß Gott ihm helfen möge, nach Hause zu seiner Frau und den Kindern zu kommen. Trotz seiner durch den Blutverlust verursachten Schwäche schwamm er weiter. Schließlich entdeckte er einen Hubschrauber und platschte in der Hoffnung mit den Händen ins Wasser, gesehen zu werden. Aber niemand sah ihn. Er begann jetzt, an die Haie zu denken, und auch daran, daß ihn die Ägypter finden könnten. Plötzlich glaubte er die Küste zu sehen, hielt sie aber für eine Halluzination. Doch dann begann er, Umrisse zu erkennen, und das verlieh ihm etwas mehr Kraft, um weiterzuschwimmen. Schließlich sah er ein Aufklärungsflugzeug, kurze Zeit später von einem Hubschrauber gefolgt, der ihn an einem Seil aus dem Wasser zog. Im Hubschrauber traf er seine Kameraden und bestand trotz seiner Wunden darauf, mit ihnen weiterzufliegen, um die Zurückgelassenen zu finden. Er war überzeugt, daß die Hubschrauberbesatzung ohne seine Hilfe nicht imstande wäre, seine im Wasser treibenden Kameraden ausfindig zu machen. Nach einiger Zeit fand der Hubschrauber die drei Vermißten – sie waren alle tot.

Diese schreckliche Tragödie war, soweit es die Kampfschwimmer betraf, nicht nur unnötig sondern auch ungerecht. Das Unternehmen war erfolgreich verlaufen. Alle hätten zufrieden sein können, um an Land wie Helden willkommen geheißen zu werden – und nun waren drei ihrer besten Freunde getötet worden. Nicht imstande, sich zu beherrschen, flüchtete sich Ami Ayalon in einen Winkel und schrie. Er konnte das Geschehene nicht begreifen. Drei seiner Freunde waren bei der SDV-Katastrophe im Hafen umgekommen, drei weitere auf Green Island und nun diese drei. Er fing an, sich zu fragen, welche unsichtbare Kraft ihn verfolgte.

Unternehmen »Raviv«: Das erfolgreichste Unternehmen von allen

Die Versenkung der MTB's ermöglichte das sichere Durchführen der geplanten Landungsoperation. Viele waren argwöhnisch gewesen, da die Landungsboote der Marine noch nie bei einer Operation erprobt worden waren. Daher war es dem Befehlshaber der Marine klar, der auf die Durchführung des Einsatzes gedrängt hatte, daß das Unternehmen »Raviv« ein Erfolg werden mußte. Die Operation hatte der Generalstabschef schweren Herzens gebilligt und seinen Offizieren mitgeteilt, daß sie den Einsatz nicht wert wäre, wenn auch nur ein Mann einen Kratzer abbekäme.

Zum Panzerkorps gehörten drei ex-sowjetische Panzer und sechs gepanzerte Amphibienfahrzeuge, versehen mit einem Anstrich in den militärischen Farben Ägyptens. Sie sollten bei Tageslicht über eine Strecke von 80 km operieren, die mit Wachposten und kleinen Stützpunkten besetzt war. Ägyptische Panzerkräfte lagen in der Region nördlich davon und es bestand die Befürchtung, daß ägyptische Flugzeuge eingreifen oder in Adabija stationierte Patrouillenboote angreifen könnten.

Die Kommandanten der Landungsboote waren unerfahren und das Einschiffen des Angriffsverbandes war keine leichte Aufgabe. Eines der Panzerlandungsboote hatte sich hierbei in den Sand gewühlt. Um 22.00 Uhr war der Landungsverband ausgelaufen. Ihm folgte einige Zeit später das Landekopfkommando, zu dem sechs Schlauchboote und Kampfschwimmer gehörten, die unter der Führung von Shaul Sela standen, dem Kommandeur der Einheit 707.

Als sich dieses Kommando der Küste näherte, gingen die Taucher ins Wasser. Zu ihrer Überraschung gelangten sie an den Strand, ohne schwimmen zu müssen. Das Gelände um sich herum beobachtend, forderten sie die Boote mit der Fallschirmjägereinheit an Bord zur Landung auf, die den Landekopf sichern sollte. Mittler-

weile hatte sich Sela für den genauen Ort der Landung entschieden. Plötzlich tauchten auf der Küstenstraße die Scheinwerfer eines Fahrzeugs auf und Sela entschloß sich, aus der Befürchtung heraus, die Landung zu verraten, nicht anzugreifen.

Unmittelbar nach dem Passieren des Fahrzeugs wurden die Signalleuchten angeschaltet und die drei Landungsboote trafen ein. Dann ergab sich eine Reihe von Funktionsstörungen, die fast das gesamte Unternehmen zum Scheitern brachten. So klemmte zuerst die Landeklappe des führenden LCT. Als sie schließlich herabgelassen worden war, ließ sie sich nicht mehr hochklappen und Notmaßnahmen mußten ergriffen werden. Endlich setzte sich an Land der gepanzerte Angriffsverband doch in Bewegung. Die LCT's verließen den Ort der Landung und traten über See die Fahrt zum Aufnahmepunkt an, begleitet vom Landekopfkommando, das zunächst zurückgeblieben war, um die Landestelle zu verminen.

Der Angriffsverband fuhr ohne Behinderungen die Küstenstraße entlang und wurde um die Mittagsstunde am südlichen Ende der geplanten Marschstrecke problemlos wieder an Bord der LCT's genommen. Um 13.30 Uhr erging über Funk die Abschlußmeldung: »Alles zurück!«

Im Verlaufe der Unternehmung griff der kleine Verband 19 Stützpunkte und Postenstellungen an der Küste und zwei Luftabwehr-Radarstationen an. Dies war die Antwort auf ein Unternehmen der Ägypter, die ebenfalls mit einem Verband gepanzerter Fahrzeuge über Straßen im israelischen Gebiet rollten und letztlich, ohne auf einen Gegner zu stoßen, wieder aufgenommen wurden. Dem israelischen Unternehmen fielen rund 150 Ägypter zum Opfer, darunter auch ein sowjetischer General. Die ägyptischen Heeresoffiziere meldeten weder eine Versenkung noch den Angriff selbst an Nasser. Dieser hörte erst am nächsten Tag vom Vorstoß der Israelis und beschuldigte daraufhin den Oberbefehlshaber der ägyptischen Streitkräfte, den Befehlshaber der Marine und den Kommandeur des Abschnitts Rotes Meer des Hochverrats. Für den gesamten Bereich des Abschnitts befahl er eine militärische Umgruppierung sowie einen Angriff mit etwa 60 Flugzeugen auf Stützpunkte der IDF im Sinai, wobei elf Maschinen abgeschossen wurden. Völlig geschockt, gaben die Ägypter die israelische Operation erst drei Wochen später offiziell bekannt. In ihren Nachrichten behaupteten sie, Israel hätte bei einer Operation zur »Eroberung Ägyptens« sechs amphibische Panzer gelandet.

Das Unternehmen hatte umfassende militärische und politische Auswirkungen auf Ägypten und beeinflußte in hohem Maße die Entscheidung des Landes, eine massive zusätzliche Unterstützung von der Sowjetunion zu fordern. Kurze Zeit später erlitt Nasser eine Herzattacke, von der viele behaupteten, sie wäre durch das israelische Landungsunternehmen ausgelöst worden. Wer weiß?

Zweifellos war dies eines der erfolgreichsten kombinierten Unternehmen im klassischen Sinne gewesen, das die IDF während des Abnutzungskrieges durchführte. Es umfaßte sämtliche Elemente eines koordinierten Handelns. Vor dem Unternehmen selbst wurde zunächst eine auf die Region begrenzte Luft- und Seeherrschaft hergestellt. Das Evakuieren und Aufnehmen des Angriffsverbandes geschah auf perfekte Weise. Die Führung wechselte von der See an Land und wieder zurück. Die für die Landoperation ausgewählten Kräfte waren überaus geeignet und vor allem gab es keine Verluste. Generalmajor Ezer Weitzman – der spätere Verteidigungsminister und noch spätere Präsident Israels – äußerte sich als damaliger Chef der Operationsabteilung im Generalkommando wie folgt: »Diese Operation war außerordentlich gelungen. Die Ägypter erlitten schwere Verluste und große Behinderungen. Wenn es eine Generalstabsübung gewesen wäre, hätten wir alle Beteiligten hinausgeworfen. Wir sollten darauf achten, in Zukunft nicht derart drakonische Maßnahmen zu ergreifen.«

Die ägyptischen Kampfschwimmer gewinnen 4 : 0

Am 8. November 1969 beschoß ein ägyptischer Kampfverband Ziele an der Nordküste des Sinai und verursachte geringe Schäden. Es hatte den Anschein, als ob die Ägypter ihre militärische Tüchtigkeit zu demonstrieren suchten, nachdem Nasser am 6. November eine kriegerische Rede gehalten hatte. Der neu ernannte Befehlshaber der ägyptischen Marine wollte eine Vergeltung für die Unternehmen »Eskorte« und »Raviv« und ergriff die Offensive. Am darauffolgenden Samstag griff die ägyptische Marine erneut an und setzte erstmalig seit deren Aufstellung ihre eigene Kommandoeinheit ein.

Wie ihr israelisches Gegenstück, so hüllte sich auch diese Einheit in einen Mantel der Geheimhaltung. Doch trotz dieses Verhaltens veröffentlichten einige ägyptische Zeitungen Aufsätze, die die Aktivitäten dieser Truppe im Jemen-Krieg beschrieben. Eine dieser Zeitungen berichtete von einem Gefecht, an dem Kampfschwimmer teilgenommen hatten: »Die Aufgabe, den Berggipfel zu erobern, wurde Oberleutnant Mamduch und 18 seiner Männer zugewiesen. Unterwegs fanden sie einige halb verhungerte Hunde. Sie schnitten ihnen die Kehlen durch und aßen ihre Herzen! Der Feind war nicht imstande, einem derartigen Angriff zu widerstehen und rannte um sein Leben.«

In der Nacht des 15. November griffen die Männer dieser Einheit zwei in Eilat vor Anker liegende Schiffe an. Dem Handelsschiff DALIA riß die Detonation ein Loch in die Bordwand, aber das Schiff schwamm weiter. DIE HEY DAROMA, ein kleines Passagierschiff, war im Begriff zu sinken, wurde aber an Land geschleppt und in kurzer Zeit repariert. Die ägyptische Operation überraschte die Marine völlig, da sie zuvor keinen nachrichtendienstlichen Hinweis auf ihr Bevorstehen erhalten hatte.

Auf israelischer Seite wurde angenommen, daß die Ägypter mit einem Hubschrauber in das saudiarabische Grenzgebiet geflogen worden waren, so daß sie von den Jordaniern nicht entdeckt werden konnten, die versucht hatten, von ihrem Gebiet ausgehende Sabotageoperationen zu verhindern. Das Vorgehen der Jordanier folgte einem Abkommen zwischen Israel und König Hussein II., das nach Geheimgesprächen unterzeichnet worden war. Diese hatten unter den wachsamen Augen der Männer der 13. Flottille im Marinestützpunkt Eilat stattgefunden.

Von der saudiarabischen Grenze aus gelangten die mit Schlauchbooten herangebrachten ägyptischen Taucher infolge eines Navigationsfehlers in den zivilen Teil des Hafens anstatt in den militärischen. Einige Tage nach dem Zwischenfall veröffentlichten die Ägypter eine offizielle Version dessen, was geschehen war. Danach hätten die im Kriegshafen festgemachten LST's versenkt werden sollen, insbesondere die 2000 ts große BAT-SHEVA, die kurz nach dem Unternehmen »Raviv« in einem afrikanischen Land angekauft worden war. Die Ägypter behaupteten, das Kommando wäre per Hubschrauber in den Hügeln nahe Eilat abgesetzt worden. Danach wären die Männer an die Küste marschiert und mit Schlauchbooten zum Hafen gerudert. Einer von ihnen wäre später infolge eines Erstickungsanfalles unter Wasser ertrunken. Daher hätten nur vier Haftminen von zwei Taucherpaaren angebracht werden können, die anschließend mit der Leiche ihres Kameraden über Akaba zurückgekehrt wären.

Für die Ägypter bedeutete diese Operation einen großen Erfolg – trotz der Nachbarschaft des Zieles zur arabischen Küste, der offenen Beschaffenheit des Ankerplatzes Eilat und dank der verhältnismäßig nachlässig gehandhabten Sicherheit in der Nacht des Unternehmens. Eine erste nachrichtendienstliche Beurteilung legte dar, sowjetische Berater könnten an der Planung der Operation beteiligt gewesen sein. Doch es wurde auch darauf hingewiesen, daß die Ägypter für ihren Erfolg Anerkennung verdienten, selbst wenn dies der Fall gewesen war.

Im Marinekommando bestand die Befürchtung zusätzlicher Angriffe. Die Verteidigungsmaßnahmen wurden erhöht. Eine Unterwasserbeleuchtung wurde eingerichtet und zusätzlich dienten kleine Patrouillenboote der weiteren Sicherung, um von ihnen aus Wasserbomben zu werfen. Die Marine installierte neben Geräten zur Messung der Wassertiefe auch Ortungsanlagen, um Taucher unter Wasser festzustellen. Ausgestreute Gerüchte verbreiteten in Akaba die Fehlinformation, daß die Strahlung der Ortungsgeräte Impotenz verursachten.

In der Nacht des 5. Februar 1970 führten die Ägypter ein weiteres Unternehmen durch. Sie griffen den Versorger BAT-SHEVA und auch die 2500 ts große BAT-GALIM an, ein bewaffnetes Handelsschiff, das sich gerade in Reparatur befand. Kommandant des letzteren Schiffes, das bei dem Angriff versenkt wurde, war KKpt. Ze'ev Ariel, der nach dem Sechs-Tage-Krieg seines Kommandos enthoben worden war und inzwischen wieder ein Bordkommando erhalten hatte. Ariel tauchte am nächsten Tag in seine Kammer hinunter und holte seine Papiere sowie seine »Kalaschnikow« herauf. Die BAT-SHEVA wurde rasch in die Werft geschleppt und in großer Eile ausgebessert.

Einen Tag später behaupteten die Ägypter, sie hätten die Operation auf dieselbe Weise wie das Unternehmen zuvor ausgeführt, fügten aber hinzu, daß sich der israelische Hafen von Akaba aus unter ständiger Beobachtung befände. Laut nachrichtendienstlicher Berichte von dort stellte sich heraus, daß die Ägypter aus Amman gekommen waren und von jordanischen Offizieren Unterstützung erhalten hatten. Niemand zweifelte daran, daß die ägyptische Marine versuchen würde, auch andere Einsatzverfahren wie zum Beispiel SDV's anzuwenden.

Als Vergeltung für dieses Unternehmen versenkten Flugzeuge der israelischen Luftwaffe einen in Ardakka ankernden ägyptischen Minenleger. Daraufhin verlegten die Ägypter ihre Schiffe in den südlicher gelegenen Hafen Baranis. Auf der anderen Seite setzten auch die Terroristen ihre Anschläge fort. Sie griffen die Passagiere einer El-Al-Maschine in München an und sprengten ein Flugzeug der Swissair in die Luft, wobei sämtliche Passagiere umkamen. Auch die Kanalzone kam nicht zur Ruhe. Die Sowjetunion stimmte einer Forderung Nassers zu und entsandte Flugzeuge mit sowjetischen Piloten – nur, um in Luftkämpfen abgeschossen zu werden.

Im gleichen Zeitraum hatte Israel eine Ölbohranlage erworben, um im Golf von Suez nach Öl zu bohren. Die Ägypter machten geltend, daß dieses Handeln den israelischen Besitzanspruch auf den Sinai verstärken würde, und kündigten an, dies zu verhindern. Inzwischen war die Bohrinsel »Kanting 1« unter kanadischer Flagge auf dem Weg zum Golf von Suez. Am 2. März 1970 lief sie nach einem unerwarteten Störfall den Hafen Abidjan an der Elfenbeinküste an. Fünf Tage später trafen mit einem Zivilflug ägyptische Kampfschwimmer ein. Sie befestigten an der Bohrinsel vier Minen. Beim Auftauchen erkannte sie ein Fischer und

schlug Alarm, worauf sie das Gebiet rasch verließen. Am nächsten Morgen detonierten die Minen. Die Beschädigungen waren nicht schwerwiegend und konnten in kurzer Zeit ausgebessert werden.

Erneut mußte der israelische Geheimdienst der Fähigkeit der Ägypter Anerkennung zollen, Nachrichten zu sammeln. Gleiches galt auch für das rasche Organisieren und Durchführen des Unternehmens – trotz der Tatsache, daß kein ernsthafter Schaden eingetreten war und das Kommando auf seinem Weg »Visitenkarten« zurückgelassen hatte. Hierzu zählten verschiedene Teile der Tauchausrüstungen, welche die Taucher in ihrer Bestürzung weggeworfen hatten, als sie sich entdeckt sahen und an Land gingen. Nunmehr war klar, daß die Ägypter jede Bewegung der Bohrinsel sorgfältig beobachtet hatten. Dessenungeachtet waren sie nicht in der Lage gewesen, die Bohrinsel daran zu hindern, den Golf von Suez zu erreichen.

Der israelische Geheimdienst hatte Informationen erhalten, wonach die Ägypter ein weiteres Unternehmen in Eilat planten, das am Unabhängigkeitstag Israels ausgeführt werden sollte. Daher wurde beschlossen, eine Falle aufzustellen, welche die ägyptischen Kampfschwimmer entweder bewegungsunfähig machen oder töten würde. Außerdem wurden im gesamten Bereich die Patrouillen sofort verstärkt.

In dieser Zeit gelangten in Syrien und Ägypten viele Operationen zur Ausführung. An ihnen waren Flugzeuge, Panzer und Artillerie wie auch andere Landstreitkräfte und Patrouillen beteiligt. Die ägyptischen Angriffe dauerten an und Anfang Mai 1970 schossen Kommandoangehörige der ägyptischen Marine 15 Flugkörper auf einen IDF-Stützpunkt im Süden der Sinai-Halbinsel ab – glücklicherweise verursachten sie keinen Schaden. Auf einem Wrack, das ungefähr 800 m vor der Küste lag, wurden vier FK-Starter gefunden. Außerdem wurde am Strand ein vollständig neues Schlauchboot ohne Motoren entdeckt. Anscheinend hatte das Kommando ein Fischerboot benutzt, das zwei Schlauchboote im Schlepp gehabt hatte: eines, um die Männer zu transportieren, und ein weiteres – jenes, das gefunden wurde –, welches die FK-Starter an Bord hatte. Flugkörper versenkten am 13. Mai um 23.00 Uhr, zwei Tage vor dem Unabhängigkeitstag, im Mittelmeer ein israelisches Fischerboot. Zwei Angehörige seiner Besatzung überlebten den Angriff und konnten an Land schwimmen. Der Erfolg der Ägypter, ein derart kleines Fahrzeug zu versenken, wenn auch die »Styx«-Flugkörper das Boot nicht direkt trafen, versetzte der israelischen Marine einen schweren Schlag, da sie noch nicht die notwendige Ausrüstung besaß, um sich mit diesen Flugkörpern zu befassen.

Während sich diese Ereignisse abspielten, versuchten die Männer der 13. Flottille in Eilat, den Ägyptern eine Falle zu stellen. Im Laufe des Tages machte stets die große BAT-SHEVA an der Militärpier fest, um von Akaba aus beobachtet zu werden. Wenn dann die Nacht hereinbrach, wurde das Schiff insgeheim entfernt und durch ein kleines Landungsboot unter meinem Kommando ersetzt. Nördlich davon lag die versenkte BAT-GALIM, die als LST gedient hatte, auf Grund und daneben stand ein großer Bohrturm, von dem aus den ganzen Tag über gearbeitet wurde, um das gesunkene Schiff zu bergen. Jede Nacht stiegen Taucher hinunter und warteten unter dem LST auf ihren Leitern, bewaffnet mit Harpunengewehren. Dieser Aufenthalt unter Wasser war hart für sie. Sie durften sich nicht bewegen und konnten nur jede halbe Stunde ihren Platz wechseln. Am siebenten Tag, als der Unabhängigkeitstag nach dem hebräischen Kalender verstrichen und nichts geschehen war, wurde entschieden, den Einsatz abzubrechen, und das Kommando der 13. Flottille verließ Eilat.

Ob die Ägypter von dem Hinterhalt gewußt hatten oder nicht, sie griffen jedenfalls am zivilen Datum des Unabhängigkeitstages an: in den frühen Morgenstunden des 15. Mai. Um 05.45 Uhr ging die Information ein, daß im Laufe der Nacht offensichtlich ein Sabotageunternehmen ausgeführt worden war. Um 06.00 Uhr gingen Taucher hinunter, um die Boote und die BAT-GALIM zu untersuchen, aber sie fanden nichts. Kurze Zeit später sollten drei Ziviltaucher zum gesunkenen Schiffes hinuntergehen, um als Teil der Bergungsaktion drei aufblasbare Ballons im Wrack anzubringen. Ein Offizier der Einheit 707 stand an der Pier und warnte sie, nicht ins Wasser zu gehen, ehe nicht die Stichhaltigkeit der Information hinsichtlich einer Sabotage absolut geklärt war. Die Taucher, ehemalige Angehörige der 13. Flottille, lachten ihren Kameraden von der defensiven Einheit aus, schenkten seinen Warnungen kein Gehör und sprangen ins Wasser. Wenige Minuten später gab es eine Detonation. Auf dem Grund des Hafens waren Minen gelegt worden. Einer der Taucher wurde getötet und die beiden anderen erlitten Verletzungen.

Am folgenden Tag griffen Maschinen der israelischen Luftwaffe den entfernten Hafen Baranis an, versenkten einen Zerstörer sowie ein FMB und beschädigten ein LST schwer. Im September schließlich wurde die BAR-GALIM weggezogen, geflutet und in größerer Tiefe versenkt. Unmittelbar danach wurde rund um den Hafen ein Molendamm gebaut.

Heute ist der damalige Befehlshaber der Marine davon überzeugt, daß es ein Fehler gewesen war, den Hinterhalt so früh aufzugeben. Auch die beteiligten Offiziere machen geltend, den Ägyptern wäre bekannt gewesen, daß die Männer der 13. Flottille Eilat verlassen hatten. Sie wären dabei gesehen worden, wie sie ihre speziellen Kommandostiefel trugen – ihr damaliges Statussymbol –, und die gesamte Stadt hätte von ihrer Anwesenheit gewußt. Genauso wie nachrichtendienst-

liche Informationen aus Akaba kamen, gelangten sie höchstwahrscheinlich auch in die andere Richtung! Der Marinebefehlshaber war anderer Meinung.

Mit der verstreichenden Zeit ergab sich eine neue Beurteilung der ägyptischen Aktivitäten. Es sickerte durch, daß die Ägypter offizielle Ankündigungen als einen Weg benutzten, um Desinformationen zu verbreiten. Anfang Oktober 1970 traf eine Reihe von Kampfschwimmern mit planmäßigen Zivilflügen und in Zivilkleidung in Jordanien ein und fuhr mit Kraftfahrzeugen nach Akaba weiter, begleitet von einem offiziellen Mitglied der Botschaft. Sie bezogen einen Beobachtungsposten, der sich nicht weit von der Grenze entfernt befand, und machten sich von dort nach Eilat – schwimmend und tauchend – auf den Weg. Die meisten der Unternehmungen standen unter der Führung von KKpt. Richa. Es gab auch Meldungen von einer weiteren Operation unter dem Namen »Shaduan« in der Nacht des 27. April 1971, aber die eingedrungenen Kampfschwimmer hatten keine Ziele gefunden.

Die ständige Gegebenheit dieser Einsätze von Akaba aus ließ offensichtlich die Zusammenarbeit mit jordanischen Offiziellen auf hoher Ebene erkennen, die anscheinend keine israelische Vergeltung in einem Gebiet befürchteten, in dem genauso gut auch Eilat betroffen sein könnte. Ihre Annahme stützte offenkundig die Tatsache, daß israelische Vergeltungsmaßnahmen weit entfernte ägyptische Häfen zum Ziel hatten.

Zusätzliche Informationen über diese Operationen ergaben sich im Juni 1971, als ein Angehöriger der ägyptischen Kommandoeinheit gefangengenommen wurde. Über seine Einheit sagte er bei seinen Verhören durch die Vernehmungsoffiziere unter anderem aus: Die zahlenmäßige Stärke der Einheit betrüge rund 100 Mann. Zu ihr gehörten etwa 30 schlecht gewartete SDV's und rund 50 Schlauchboote. Zwischen den Offizieren und den Mannschaften bestünde ein sehr schlechtes Verhältnis und hinsichtlich der Verpflegung und der Lebensbedingungen gäbe es beträchtliche Unterschiede. Um ihr Essen abwechslungsreicher zu gestalten und um ihren Sold ein wenig aufzubessern, fuhren die Unteroffiziere und die Mannschaften regelmäßig jede Woche zum Fischen hinaus. Ihren Fang müßten sie beim Kommandeur der Einheit vorzeigen, der die besten Fische für die Offiziere zurückbehielt. Während der Übungen hätte es viele Tauchunfälle gegeben. So wäre ein Taucher beim Unterwasserfischen ertrunken, während ein anderer bei Arbeiten an einer Wasserbombe getötet worden wäre. Einen der Kampfschwimmer hätte es erwischt, als er zu rasch auftauchte und dabei mit dem Kopf gegen den Boden eines Unterseebootes prallte. An den Operationen nähmen nur wenige der Männer teil, wodurch sich ein beträchtliches Maß an Enttäuschung ergäbe.

Auch über die Einsätze wußte der Gefangene einiges mitzuteilen. Den ersten Einsatz hatten die Kampfschwimmer von Akaba aus in einem Schlauchboot durchgeführt. Sie waren etwa 200 m vom zivilen Teil des Hafens entfernt ins Wasser gegangen und getaucht, während KKpt. Richa und der Bootssteuerer auf sie warteten. Als die Taucher nach dem Abschluß der Operation zum Schlauchboot zurückkehrten, brachten sie die Leiche eines ihrer Kameraden mit, der an einer Gasvergiftung gestorben war. Den zweiten Einsatz hatte ein neues Kommando durchgeführt, das den gesamten Weg von Akaba zum militärischen Teil des Hafens – etwa drei Seemeilen – schwimmend zurücklegte. Einen der Feldwebel, einen Bootsmann, hatten nach der Hälfte der Strecke die Kräfte verlassen und er war zur Küste zurückgekehrt. Er behauptete, unterwegs die Tauchermaske verloren zu haben.

An dem Abidjan-Unternehmen waren Richa und fünf seiner Leute beteiligt gewesen. Richa hatte auch die Führung beim letzten Einsatz in Eilat gehabt. An ihm hatten sechs Kampfschwimmer teilgenommen. Vier von ihnen waren bereits bei früheren Unternehmen mit von der Partie gewesen. Erneut hatten sie die gesamte Strecke schwimmend zurückgelegt. Als sie sich der Pier näherten, wurde eine Wasserbombe geworfen und zwang sie zum Auftauchen. Nach ihrer Einschätzung hatten sie keine Chance, dichter heranzukommen, ohne entdeckt zu werden, und so legten sie die Minen in der Nähe der BAT-GALIM auf dem Grund des Hafens ab. Nach diesem Unternehmen zeichnete der Befehlshaber der ägyptischen Marine alle Teilnehmer aus, abgesehen von dem Kampfschwimmer, der den Einsatz abgebrochen hatte und umgekehrt war. Die Feldwebel wurden befördert und erhielten finanzielle Zuwendungen. Drei Jahre später wurden am Ende des Yom-Kippur-Krieges rund 500 Ägypter von den Truppen der IDF in der Adabija-Region gefangengenommen. Darunter befanden sich auch Stabsoffiziere der Kommandoeinheit, die an den Eilat-Unternehmen teilgenommen hatten. Sie bestätigten den Bericht des gefangenen Bootsmanns.

Auf diese Weise gingen die Aktivitäten der ägyptischen Kommandos der Marine in dieser Region zu Ende. Ehemalige und gegenwärtige Angehörige der 13. Flottille erwähnen sie noch immer wegen ihrer Erfolge lobend. Diese ägyptischen Kampfschwimmer waren zähe Burschen, die mehrere Male zum gleichen Ziel zurückkehrten und die auch die Leiche eines ihrer Kameraden nicht im Stich ließen. Doch es gelang ihnen nicht, den Landungsverband außer Gefecht zu setzen, und die israelische Marine erwarb drei weitere alte Landungsboote der Amerikaner aus den Tagen des Zweiten Weltkrieges. Es war klar, daß die Ägypter in ihren Anstrengungen fortfahren würden, sobald ihr Geheimdienst das Vorhandensein dieser Landungsboote im südlichen Hafen feststellen sollte.

Neben den Operationen der 13. Flottille fuhren die Angehörigen der Einheit 707 fort, jeden erhältlichen Einsatz zu übernehmen. Sie drängten sich auf diese Weise langsam, aber sicher in die Aktivitäten der 13. Flottille hinein, die nur aus 25 aktiven Angehörigen bestand.

Shaul Sela hatte die Einheit 707 als derzeitiger Kommandeur aus ihrer Bedeutungslosigkeit geführt. Hierbei war er sogar gezwungen gewesen, Ausrüstung zu »organisieren«, um sie einsatzbereit zu erhalten. Ihm war bekannt, daß sich Almog seit dem Green-Island-Unternehmen geweigert hatte, seine Männer bei Kommandounternehmen als Bootssteuerer einzusetzen. Sela hatte daher seinen Männern gesagt: »Es gibt keine verachtenswerten Aufgaben, sondern nur verachtenswerte Leute!« Mit Zufriedenheit akzeptierte er diese Einsätze genauso wie diejenigen technischer Art, so zum Beispiel Unterwasserreparaturen oder Bergungsarbeiten. Als sich die Natur der Einheit und ihrer Einsätze veränderte, entschloß sich Sela auch, mehr Freiwillige direkt anzuwerben statt die beim Lehrgang der Flottille Ausgeschiedenen zu übernehmen.

In diese Zeit fiel auch die Entscheidung, offensivere Unternehmen entlang des Kanalstreifens durchzuführen. Hierzu gehörte das Ausschalten ägyptischer Stellungen, die sich versteckt zwischen den hohen Binsen befanden. Den Auftrag zur Durchführung der Operation »Sergeant« erhielt die »Shaked«-Einheit, eine defensive Einheit, die in Offensivunternehmen einbezogen worden war, und auch die Einheit 707 war beteiligt. Sela hatte die Teilnahme seiner Männer gefordert, aber es war für ihn überhaupt nicht notwendig gewesen, hart darauf zu drängen. Das Marinekommando hatte die Nase voll, sich über das »System Almog« mit seiner Kompliziertheit und den endlosen Auseinandersetzungen zu ärgern. Im Gegensatz hierzu arbeitete Sela rasch und effizient, und war zufrieden mit jeder Aufgabe, die er erhielt.

Etwa 30 km südlich von Port Said sollten dreißig Mann der »Shaked«-Einheit in zwei Abteilungen an zwei Punkten den Kanal überqueren, unterstützt durch zwölf Mann der Einheit 707 und einer Anzahl Soldaten der Pioniertruppe. Das Unternehmen war für Anfang März 1970 vorgesehen und der Verband bezog am Kanal gegenüber den Zielen Stellung, die er anzugreifen hatte. Um den Gegner nicht auf den geplanten Einsatz aufmerksam zu machen, sprangen die Männer jeweils von den in Fahrt befindlichen Fahrzeugen.

Die Männer der Einheit 707 überquerten den Kanal als erste und zogen ein dünnes Nylonseil hinter sich her. Am gegenüberliegenden Ufer angekommen, suchten sie die Landestelle ab, ob sie frei von Minen war. Anschließend spannten sie ein mit dem Seil nachgezogenes Tau und mit seiner Hilfe überquerten auch die Männer der Patrouilleneinheit, unterstützt durch an ihm befestigte Schnapphaken, den Kanal. Wenige Minuten nach dem Erreichen des ägyptischen Ufers wurden sie entdeckt. Aus einer versteckten, befestigten Stellung eröffneten die Ägypter ein starkes Feuer, das Verluste forderte: einen Toten und fünf Verwundete, darunter der Führer des nördlichen Sektors der »Shaked«-Abteilung und sein Stellvertreter. Die vier, die Übergangsstelle sichernden Männer der Einheit 707 versuchten, sie zu bergen. Da es nicht gelang, über Funk Verbindung zu bekommen, gab es von der israelischen Seite weder Feuerschutz noch kam Unterstützung, um den Toten und die Verwundeten zu holen. Daher nahmen die Männer der Einheit 707 die ägyptischen Stellungen unter Beschuß und schleppten die Verwundeten zum Kanalufer. Sie schossen eine rote Leuchtkugel, aber niemand im vorgeschobenen Gefechtsstand kannte ihre Bedeutung. Erst nachdem einer der Kampfschwimmer zurück auf die israelische Seite geschwommen war und die Lage gemeldet hatte, kamen zwei Boote und nahmen die Verwundeten auf.

Der »Shaked«-Führer des südlichen Sektors hob mehrere Stellungen aus, die sich jedoch als nicht besetzt herausstellten. In den nördlichen Sektor übergewechselt, griff er mit seinen Leuten die festgestellte ägyptische Stellung an, die inzwischen durch starken Beschuß niedergehalten wurde. Sie töteten vier Ägypter, aber auch der »Shaked«-Führer wurde verwundet. Um 03.20 Uhr räumte diese Abteilung das ägyptische Ufer. Die Räumung sicherten die Männer der Einheit 707, die als letzte zurückkehrten.

Durch die starke Strömung abgetrieben, waren die Kampfschwimmer der zweiten Abteilung nicht imstande, die genaue Landungsstelle ausfindigzumachen. Ein von der israelischen Seite zum anderen Ufer geschlepptes Seil verursachte ein Mißverständnis und mußte zurückgezogen werden. Nachdem sie ihren Irrtum erkannt hatten, schwammen sie erneut in einem scharfen Winkel in Richtung der Strömung und erreichten schließlich die genaue Stelle. Das Tau befestigend, signalisierten sie, daß das Gebiet frei war. Die »Shaked«-Abteilung stieß gegen zwei ägyptische Stellungen vor, zerstörte sie und kehrte sicher auf die israelische Seite zurück. Während der gesamten Unternehmung gab es bei den Israelis zwei Tote und sechs Verwundete.

Den Ablauf der Operation verfolgend, entschied Raful, daß die Männer der Einheit 707 eine infanteristische Ausbildung brauchten. Daher wurde die kleine, nur 17 aktive Soldaten umfassende Einheit zu einer Spezialausbildung abgeordnet. Nach ihrem Abschluß erhielt sie die offizielle Anerkennung als Sturmeinheit und ihre Bezeichnung änderte sich. Aus der »defensi-ven Taucheinheit« entstand die »Marine-Sabotage-einheit«. Shaul Sela kam zur Erkenntnis, daß die Einheit nunmehr auch ein Abzeichen brauchte: Ein Octopus, der seine Fangarme um eine Seemine schlang. Endlich fühlten sich die Angehörigen der Einheit 707 im Status der 13. Flottille gleichgestellt.

Unternehmen »Victoria« für die Einheit 707 und »Lappalien« für die 13. Flottille

Im Mai 1970 geriet eine israelische Patrouille in einen großen Hinterhalt der Ägypter. Zahlreiche Tote und Verwundete waren die Folge. Zur Vergeltung bombardierte die israelische Luftwaffe ägyptische Stellungen. Außerdem sollte ein weiterer Vorstoß gegen ihre Linien erfolgen, aber diesmal in einem größeren Maßstab.

Arik Sharon, der Kommandeur des südlichen Befehlsbereiches, wartete seit langem auf die Gelegenheit, einen schweren Schlag zu führen. Ein drei Kilometer langer Streifen sollte bei Kilometer 13 des Kanals angegriffen werden. Die Durchführung des Unternehmens »Victoria« war Aufgabe einer »Shaked«-Kampfgruppe in Stärke von 130 Mann. Zwanzig Angehörige der Einheit 707 hatten einen Brückenkopf von 250 m Länge und 50 m Tiefe zu schaffen, um dem Hauptverband das Überqueren des Kanals zu ermöglichen.

Nur vier Tage vor der geplanten Ausführung erhielten die Einsatzkräfte Kenntnis von dem Unternehmen. Einige kombinierte Übungen sowie eine Planübung bereiteten die Operation vor, auch wenn es kaum möglich war, das schwierige Gelände abgesehen von den ägyptischen Stellungen darzustellen; denn es waren drei schwere Hindernisse zu überwinden: der Suezkanal, ein Süßwasserkanal und eine Eisenbahnlinie.

Am Nachmittag des 11. Juni 1970 wurde der gesamte kombinierte Einsatzverband insgeheim hinter einer Sandrampe am Kanalufer zusammengezogen. Um 19.00 Uhr wurde der Einsatzraum als eine Fortsetzung der seit zehn Tagen erfolgenden schweren Luftangriffe bombardiert. Anderthalb Stunden später endete die Bombardierung und Panzer eröffneten das Feuer auf Ziele im Bereich der Kanalüberquerung.

Die Erregung stieg auf den Höhepunkt. Zum erstenmal hatten die Männer der Einheit 707 den Auftrag erhalten, ein gegnerisches Ziel anzugreifen und zum Nahkampf überzugehen. Ihnen war klar, daß dies die Prüfung für ihr Leistungsvermögen war. Um 21.00 Uhr erreichten die Kampfschwimmer das ägyptische Ufer und schleppten ein Nylontau und ein Telefonkabel hinter sich her – eine aus dem Unternehmen »Sergeant« gezogene Erfahrung. Anschließend befestigten sie das

Nylontau an einem Pfahl, den sie in den morastigen Untergrund trieben. Ägyptisches Granatwerferfeuer lag auf der Überquerungsstelle, dem ein Mann der Pioniertruppe zum Opfer fiel. In der Zwischenzeit hatte Sela im Zentrum des Brückenkopfes einen Gefechtsstand eingerichtet und seine Männer schwärmten in drei Gruppen aus. ObltzS. Dubi griff mit seiner Gruppe die Stellungen im nördlichen Teil an. Sie gingen entlang einer schmalen Straße mit Schützengräben auf jeder Seite vor, geschützt durch Sandsackbarrieren, die infolge des Bombardements der Luftwaffe zusammengefallen waren. Enge Tunnel waren unter der Straße hindurch gegraben worden und verbanden die Schützengräben. In der Dunkelheit ertasteten sich die Männer entlang der Gräben ihren Weg. Sie arbeiteten sich unter gegenseitigem Feuerschutz vorwärts und warfen Handgranaten, von denen einige nicht detonierten. Dann trafen sie am anderen Ende des ihnen zugewiesenen Streifens ein, ohne daß ihnen ein ägyptischer Soldat in die Quere gekommen war, und warteten auf die »Shaked«-Männer. Eine zweite Gruppe unter ObltzS. Ram wandte sich unter gegnerischem Beschuß nach Süden und überquerte dabei schwieriges Gelände voller Morast. Als sie zwischen den Schützengräben vorstießen, löste einer der Männer unbeabsichtigt eine ägyptische Leuchtmine aus, ohne gegnerischen Beschuß hervorzurufen. Dann warteten sie.

Eine dritte Gruppe, geführt von ObltzS. Uri, mußte im mittleren Teil vorgehen und den Süßwasserkanal überqueren. Als Folge der Luftangriffe bestanden die Ufer nur noch aus morastigen Inseln. Die kleine Brücke, die sie zu überqueren hatten, war zerstört worden. Uri versuchte daher, das Gelände mit Hilfe einiger kleiner, morastiger Erhebungen zu durchqueren, die im mittleren Teil vorhanden waren. Hierbei glitt er aus, versank in dem dicken Morast und mußte mit einem Seil herausgezogen werden. Danach entschloß er sich, auf die »Shaked«-Männer zu warten, die mit Matten gegen Minen ausgerüstet waren und die zum Überqueren des Morastes benutzt werden konnten.

Inzwischen überquerte die »Shaked«-Kampfgruppe den Suezkanal, machte sich einen Weg durch die Binsen frei und erklomm die Böschung zum Seitenpfad. Eine Abteilung stieß zu Uri und legte die Matten über den Morast. Unter zusätzlicher Benutzung einiger Tragen überbrückte der Verband schließlich das Gelände in Richtung Eisenbahnlinie. Gleichzeitig wandte sich eine weitere Abteilung unter dem »Shaked«-Kommandeur nach Norden und überquerte eine unbeschädigt gebliebene Brücke.

Die Ägypter waren in Bereitschaft und der frontale Angriff gegen ihre Stellungen führte zu Verlusten. Nach dem Abschluß der Kämpfe, die etwa eine Stunde andauerten, brachten die Kampfschwimmer die Verwundeten über die Mattenbrücke. Danach suchten sie das Gelände nach vermißt gemeldeten Männern ab, wobei sie jedoch nichts fanden. Kurze Zeit später erwies sich die Vermißtenmeldung als Mißverständnis und die Kampfgruppe kehrte sicher zurück. Als letzte Gruppe verließen die Kampfschwimmer der Einheit 707 das Kampfgebiet.

In den Besprechungen nach dem Einsatz wurde mitgeteilt, daß 22 tote Ägypter identifiziert worden waren. Auf israelischer Seite hatte es vier Tote und 13 Verwundete gegeben. Im Yom-Kippur-Krieg erbeutete ägyptische Dokumente nannten als Verluste der Operation acht tote und acht verwundete ägyptische Soldaten. Die Ägypter waren der Überzeugung, daß die Absicht der IDF-Operation darin bestanden hatte, ein größeres Gebiet zu besetzen, und bewerteten das Unternehmen als Fehlschlag. Der »Shaked«-Kommandeur machte geltend, er hätte weiter in Richtung Kairo vorrücken können, wenn dies befohlen worden wäre.

Shaul Sela war mit der Leistung seiner Männer zufrieden. Er legte dar, daß sie seiner Ansicht nach einen großen Teil des Unternehmens hätten selbst durchführen können. Mehrere wichtige technische Lehren, so fügte er hinzu, waren allerdings zu ziehen. Da die Handgranaten nicht in ausreichendem Maße wasserdicht gewesen waren, hatten sich die meisten als Blindgänger erwiesen. Dieses Problem war bereits auf Green Island aufgetaucht, aber die 13. Flottille hatte diese Erkenntnis nicht an die Einheit 707 weitergegeben. Offensichtlich verursachte die Rivalität zwischen den beiden Einheiten auch beträchtliche innerdienstliche Probleme. Letztere entstanden hauptsächlich aus der Weigerung der 13. Flottille, mit der Einheit 707 zusammenzuarbeiten – mit den »Kraken«, wie sie abträglich genannt wurden. Die Angehörigen der 13. Flottille behaupteten, die Nummer dieser Einheit wäre der Beweis: ihre Leute begännen bei Sieben und hörten bei Sieben auch auf und dazwischen wäre nichts. Diese Rivalität, die sich zu Haß entwickelte, entstand hauptsächlich aus dem Neid der 13. Flottille gegenüber der Tatsache, daß die von ihr Ausgeschiedenen die Unternehmen nicht weniger erfolgreich durchführten als sie selbst. Diesen Haß begleiteten ernste Auswirkungen, wie zum Beispiel mangelnde Zusammenarbeit, Ablassen der Luft aus den Reifen des Sanitätsfahrzeuges, Hinauswerfen von Tauchern der Einheit 707 aus der Messe der 13. Flottille und sogar »Satisfaktion«, d.h. wenn einer der Kampfschwimmer der 13. Flottille bei einem Unternehmen ertrank, bedeutete dies für die anderen, professioneller zu sein.

Natürlich war der Erfolg der Einheit 707 bei diesem Unternehmen nicht das Hauptthema. Der Generalstabschef, der von Anfang an dagegen gewesen war, war jetzt überzeugt, daß die Schwere der Verluste ein zu hoher Preis war, der dafür entrichtet werden mußte, und entschied, derartige Unternehmen fänden nicht mehr statt.

In derselben Nacht brach ein kleiner Verband der 13. Flottille auf, um einen ägyptischen Posten zu vernichten und die Küstenstraße am Golf von Suez zu verminen. Binnen fünf Tagen war ein großer Konvoi zusammengestellt, auf dessen Fahrzeugen sich auch die neuen schnellen Motorboote unter der Bezeichnung »Snunit« (Schwalbe) befanden. Diese Boote mit ihrer »Zigarrenform« hatte ein jüdischer Mafiosi aus Miami erworben und den Streitkräften zur Verfügung gestellt.

Der Verband stand unter dem Befehl von Shaul Ziv, der beim Green-Island-Unternehmen verwundet worden war. Er hatte sich umfangreichen chirurgischen Eingriffen unterziehen müssen und zeitweilig hatte sogar die Besorgnis bestanden, einer seiner Füße müsse amputiert werden, da der Wundbrand eingesetzt hatte. Zu der schmerzhaften Behandlung gehörte ein tägliches Säubern der eitrigen Wunde unter Benutzung von Pinzetten und Zahnbürste. Shaul Ziv genas schließlich und kehrte in den aktiven Dienst zurück.

Um 20.00 Uhr lief der Bootsverband zur ägyptischen Küste aus. An der Spitze fuhr ein »Snunit«-Boot, gefolgt von sieben Schlauchbooten. Vor der Küste gingen die Kampfschwimmer ins Wasser, schwammen an Land und bewegten sich auf ihr Ziel zu, nachdem sie sich vergewissert hatten, daß das Gebiet nicht vermint war. Shaul Ziv ging mit drei Mann voraus. Ihnen folgte die Gruppe unter ObltzS. Hanina, darunter ein »Bazooka«-Schütze. Ihre Aufgabe bestand darin, das Gebäude des Stützpunktes zu säubern und zu sprengen. Eine weitere Gruppe, befehligt von ObltzS. Cobi, hatte die Aufgabe, die Stellungen des Postens zu säubern und Sprengfallen zu legen. Schließlich sollte die von Gil Lavie und Amiram geführte Gruppe die Straße verminen. Der Stoßtrupp erreichte geräuschlos seinen Ausgangspunkt, der etwa 200 m von seinem Ziel entfernt war. Durch das Nachtglas beobachtend, konnte Ziv weder einen Soldat noch eine besondere Aktivität erkennen. Vorwärts kriechend, hielten die Männer etwa 40 m vor dem Ziel inne. Die Ägypter wurden vollständig überrascht, als Shaul Ziv aufsprang, das Feuer eröffnete und vorwärts stürmte. Hanina, der sich mit seinen Männer auf der Nordseite vorgearbeitet hatte, befahl, mit der »Bazooka« das Gebäude unter Beschuß zu nehmen. Das Geschoß traf sein Ziel und verursachte schwere Schäden. Unter dem Krachen und dem Rauch der Detonation erreichten die Männer die Tür des Gebäudes. ObltzS. Eli Marek versuchte vergeblich, sie mit einem Fußtritt aufzustoßen, und warf daher eine Phosphorgranate durch ein Fenster, die aber nicht detonierte. Hanina reichte ihm eine weitere und während Marek den Sicherungsstift löste, ging sie in seiner Hand los. Die obere Hälfte seines Körpers stand im Nu in Flammen und schreiend jagte er in Richtung See davon. Shaul Ziv sah einen in Flammen gehüllten Mann rennen. Sein erster Gedanke war, daß es sich um einen flie-

henden Ägypter handelte, und fast hätte er auf ihn geschossen. Glücklicherweise sah er Hanina, wie dieser hinter ihm her spurtete, Marek zu Boden warf und die Flammen erstickte. Entgegen den Erwartungen stießen die Männer auf keine ägyptischen Soldaten. Sie sprengten das Gebäude und verminten die Küstenstraße, wobei sie die Minen sorgfältig tarnten. Anschließend wurden sie von Hubschraubern evakuiert und Mareks Verbrennungen behandelte ein Arzt. Später trafen Informationen ein, wonach ein Ägypter getötet und zwei weitere verwundet worden wären.

Der Abnutzungskrieg geht zu Ende: So viele verdanken so wenigen so viel

Am 8. August 1970 wurde an der Kanalfront nach 1000 Tagen des Krieges ein neues Waffenstillstandsabkommen unterzeichnet. Einen Tag später verlegte Nasser im Gegensatz zu diesem Abkommen Batterien mit Luftabwehr-FK's an den Kanal, auf diese Weise die erste Phase eines Vorgehens eröffnend, das zum nächsten Krieg führen sollte. Am 28. September starb Nasser und Anwar Sadat folgte ihm als Präsident Ägyptens nach. Er war bestrebt, die diplomatische Handlungsweise fortzusetzen und den israelischen Truppenabzug zu bewerkstelligen.

Im Verlaufe des Abnutzungskrieges und der folgenden Monate betrugen die Verluste der israelischen Streitkräfte über 700 Tote und rund 1500 Verwundete. Die ägyptischen Verluste beliefen sich auf etwa 1000 Mann, alle Städte am Kanal hatten schwere Schäden erlitten und annähernd eine Million Ägypter war heimatlos geworden. Die syrischen Verluste lagen bei etwa 500 Mann. Ungefähr 500 Mann aus den Eliteeinheiten der IDF hatten am Krieg teilgenommen, darunter rund 50 Offiziere und Mannschaften von der 13. Flottille und der Einheit 707. Die Kämpfer der 13. Flottille entrichteten den höchsten Preis: Von den neun Absolventen des Lehrgangs aus dem Jahr 1967 fielen drei und zwei erlitten Verwundungen.

Die Kommandounternehmen verursachten keine ernsthaften Schäden. Zusammen mit den Artilleriebeschießungen und den Bombardierungen hatten sie jedoch eine kumulative Wirkung, trotz der Tatsache, daß sie keinen unmittelbaren Einfluß auf die ägyptischen Offensivoperationen ausübten. Aktivitäten der IDF im Herzen Ägyptens beeinträchtigten den Stolz der Ägypter und schufen in den ägyptischen Streitkräften ein Gefühl der Hilflosigkeit. Dieses Gefühl verstärkten in der Folge die Amtsenthebungen hoher ägyptischer Offiziere, Kriegsgerichtsverfahren und scharfe Urteile einschließlich Hinrichtungen.

Es gibt natürlich jene, die behaupten, daß die von den Eliteeinheiten durchgeführten Unternehmungen nur sehr geringe Auswirkungen auf die ägyptischen Aktivitäten gehabt hätten, wenn überhaupt. Im Grunde hätten sie hauptsächlich dem Zweck gedient, das Ego der Offiziere und der Mannschaften gleichermaßen zu befriedigen.

Der Generalstabschef faßte die Kommandounternehmen so zusammen: »Es besteht kein Zweifel darüber, daß in diesem Kriege Sonderverbände ohne Rücksicht auf ihre Aktivitäten in einem anderen Krieg eingesetzt wurden. ... Hinsichtlich der Bandbreite ihrer Aktivitäten, ihrer Resultate oder ihrer Natur gab es nichts, daß ihnen vergleichbar gewesen wäre. Die Intensität und die Art ihrer Unternehmen waren in keinem anderen Krieg zu beobachten.«

In Übereinstimmung mit der durch ihre Urheber erklärten Zielsetzung der Verteidigungspolitik wurden während des Abnutzungskrieges geeignete Bedingungen für die Anwendung aller Arten Kommandoeinsätze zu Lande und zur See geschaffen. Es hat den Anschein, als ob die Kämpfer maßlos übertrieben haben, die sich so nachdrücklich äußerten und geltend machten, daß die 13. Flottille bis zu diesem Kriege nur aus reichlich »heißer Luft« bestanden hätte. Diese Kritiker hatten vergessen, daß geeignete Bedingungen geschaffen werden müssen, um zu handeln. Sie hatten auch vergessen, daß eine Einheit in einem derartigen Krieg ohne die Erfahrung ihrer Vorgänger – auf Kosten ihrer Gesundheit und ihres Lebens – ihr volles Potential nicht nutzen konnte.

Die Männer, die während des Krieges an den Kommandounternehmen der 13. Flottille teilgenommen hatten, waren Ende der 50er und Anfang der 60er Jahre in die Marine eingetreten. Viele kamen aus der Landwirtschaft und wußten von dieser Einheit nur sehr wenig, wenn überhaupt etwas. Die sie umgebende Geheimhaltung war teilweise mit dem tiefgehenden Bewußtsein ihrer Gründer von der Wichtigkeit äußerster Geheimhaltung verbunden, die in die Zeit des Kampfes gegen die Briten zurückreichte und die eingeimpft worden war. Außerdem fühlten sich die meisten von ihnen unter dem Deckmantel der Geheimnistuerei wohl, der den Mangel an operativen Aktivitäten, die Unglücksfälle und die Fehlschläge verbarg. Der Schleier der Geheimhaltung war auch eine Brutstätte für jede Art übertriebener Geschichten von Abenteuer und Heroismus. Sie schädigten das Ansehen der Flottille, da viele geeignete junge Burschen davor zurückschreckten, sich freiwillig zu einer Einheit zu melden, die nur aus Supermännern und Genies zu bestehen schien.

Dessenungeachtet waren es die im Kriege kämpfenden Offiziere und Mannschaften, die sowohl die 13. Flottille als auch die Einheit 707 in die Einsatzpläne der IDF einfügten.

Bereits beim Unternehmen »Barzelit« hatte Berale die Möglichkeiten einer Unternehmung am Kanalstreifen beurteilt, denn hierbei brauchte die Flottille keine Seetransportmittel und konnte statt dessen Lastwagen verwenden. In die Fußstapfen Berales tretend, machte sich Almog diese Situation zunutze und drängte auf die Durchführung ähnlicher Unternehmen. Trotz dieser Bestrebungen war er weiterhin unbeliebt, besonders bei den jungen Burschen. Es war durchaus bekannt, daß es einiges in der Flottille gab, das dringend der Verbesserung bedurfte, hauptsächlich auf dem Gebiet der Disziplin. Doch innerhalb kurzer Zeit sahen sie sich seinen kompromißlosen Forderungen nach Loyalität gegenüber, die keinen Raum ließen, um wirkliche Lehren zu ziehen. Außerdem gab es das Gefühl, daß seine Forderungen nach Disziplin und seine fehlende Flexibilität übertrieben waren. Einige verglichen ihn sogar mit Commander Queeg aus Wouks Roman »Die CAINE war ihr Schicksal«. Sogar dies alles einbezogen, gab es jedoch keinen Zweifel daran, daß der wahre Wert der Kommandoeinheiten der Marine endlich erkannt worden war. Lange Zeit danach faßte der Befehlshaber der Marine die Kommandounternehmen dieser Einheiten im Kriege wie folgt zusammen:

»Die allgemeine Aktivität der Kommandoeinheiten der Marine trug meiner Ansicht nach zum Erfolg der Marine in einem weit größeren Maße bei als das tatsächliche Operieren in See. Nach meinem Gefühl war die gesamte Marine an den anfänglichen Aktivitäten und Erfolgen beteiligt – auf diese Weise ihr Ansehen steigernd. Einiges aus dem im Kriege gezeigten Verhalten – wie der Wagemut und die Zähigkeit – war der Marine ein Beispiel. Der Abnutzungskrieg bürdete der Marine eine schwere Last auf, ließ sie aber auch zäher werden und schweißte ihre Männer zusammen. Ich glaube, daß das aggressive Verhalten der Marine im Yom-Kippur-Krieg seinen Ursprung im aggressiven Verhalten während der Zermürbungsperiode hatte. Der Abnutzungskrieg trug auch zur Tatsache bei, daß sowohl die israelischen Streitkräfte als auch die Öffentlichkeit imstande waren zu erkennen, daß der Marine die Priorität verliehen werden sollte, die ihr zukommt.«

8. Kapitel

Eine neue Front im Libanon

Im Mai 1969 wurde offensichtlich, daß terroristische Gruppen den Libanon benutzen wollten, um von hier aus über das Meer nach Israel einzusickern. Die tatsächliche Ausführung dieses Plans verzögerte sich infolge der zunehmenden Spannungen zwischen der libanesischen Regierung und den terroristischen Gruppen. Letztere waren als Folge der Politik König Husseins aus Jordanien vertrieben worden, da der jordanische König befürchtete, daß sie sein Land überrennen könnten. Für ihre Zwecke standen den Terroristen Schlauchboote und Raketen-Motorboote zur Verfügung. Im Dezember stellte sich heraus, daß die Durchführung eines Anschlags auf die Raffinerien in der Nähe von Haifa fehlgeschlagen war. Später ließ sich vernehmen, daß eine Gruppe für Einsätze zur See den Libanon Richtung Aden verlassen hatte, um in dem dortigen Seegebiet israelische Schiffe anzugreifen.

Am 1. Januar 1971 wurden fünf Terroristen in einem Schlauchboot an der Nordküste Israels festgenommen. Sie berichteten den israelischen Vernehmungsoffizieren von einem maritimen Stützpunkt südlich von Sidon, dem libanesischen Saïda. Dieser lag ein paar Meter vom Strand entfernt und bestand aus zwei Gebäuden, die sich zwischen Fischerbooten befanden. In jedem der Gebäude waren zehn Terroristen untergebracht und in einem weiter nördlich gelegenen Haus lebte Abu Yussuf, der regionale Kommandeur, mit seiner Familie. Ein Ausbildungslager für den Landeinsatz lag weiter südlich.

Dies war eine Lage, für die sich – wie am Suezkanal und am Jordan – eine Marinelösung geradezu anbot. Das Generalkommando entschied, das Unternehmen »Bardas 20« durchzuführen: die Vernichtung der beiden Stützpunkte mit dem Versuch, Abu Yussuf gefangenzunehmen. Den Landstützpunkt erhielt eine Fallschirmjägerabteilung zugewiesen, die mit Hubschraubern herangeführt werden sollte, während der Seestützpunkt eine Aufgabe von Fallschirmjägern und einer Sonderabteilung der 13. Flottille sein sollte. Die Ausführung der Operation unterlag einigen Beschränkungen, da das Überraschungsmoment gewahrt bleiben mußte und der Angriff abgestimmt zu erfolgen hatte. Außerdem durfte das Haus von Abu Yussuf erst gesprengt werden, wenn es von sämtlichen Zivilisten geräumt war. Zudem erging die deutliche Weisung, eigene Verluste auf jeden Fall zu vermeiden – der Abnutzungskrieg war noch nicht vergessen worden.

Eiligst setzten die Vorbereitungen ein, aber das Unternehmen mußte verschoben werden, da der Generalsekretär der Vereinten Nationen dem Gebiet einen Besuch abstattete.

Dieses Unternehmen war das erste seiner Art, das an der libanesischen Küste ausgeführt werden sollte, und zugleich auch das erste in Verbindung mit den schnellen Flugkörperbooten des »Sa'ar«-Typs. Am 31. Dezember 1969 waren fünf dieser Einheiten in Israel eingetroffen, nachdem es ihnen gelungen war, dem französischen Waffenembargo zu entgehen, indem sie in einem handstreichartigen Unternehmen aus Cherbourg herausgeschmuggelt worden waren. Die 45 m langen und 260 ts maximal verdrängenden FMB's mit einer Geschwindigkeit von rund 40 kn waren eingerichtet, um die gesamte Kampfausrüstung der 13. Flottille an Bord zu nehmen. Auch die 1969 in den USA angekauften kleinen Patrouillenboote der »Dabur«-Klasse kamen bei diesem Unternehmen zum Einsatz.

Nach einer weiteren Verschiebung infolge schlechten Wetters lief der Angriffsverband am Morgen des 14. Januar 1971 aus und fächerte sich im Einsatzraum auf. Etwa eine halbe Stunde vor Mitternacht landete das Kommando am Strand, gedeckt durch die Männer der Einheit 707.

Ein Kommandoangehöriger der 13. Flottille geht an Land. Eine Aufnahme aus den 70er Jahren, bei der sich ein Kampfschwimmer anläßlich einer Übung in Positur stellte. Man beachte das Sturmgewehr Kalaschnikow AKM, den Taucherdolch sowie die Kampfweste mit Taschen für Munition und Ausrüstung.

Hanina erschießt keine Frauen

In strömendem Regen bewegten sich die Fallschirmjäger auf das Ziel zu, stießen auf einen Hinterhalt, überwältigten ihn und griffen die beiden Gebäude an. Nachdem sechs Terroristen getötet und die Gebäude gesprengt worden waren, kehrten die Fallschirmjäger mit sechs Verwundeten zu den Booten zurück.

Die aus 13 Kampfschwimmern bestehende Sonderabteilung der 13. Flottille stand unter der Führung von ObltzS. Hanina. Ihre Hauptaufgabe war die Gefangennahme oder Tötung von Abu Yussuf und die Sprengung seines Hauses, sofern dies möglich war. Seine Abteilung war in drei Gruppen aufgeteilt: einer Sabotagegruppe unter LtzS. Gil Lavie, einer Deckungsgruppe unter LtzS. Yossi und Haninas Gruppe, zu der ein Vernehmungsoffizier gehörte.

Nach der Landung am Strand wurden die Waffen freigemacht und die Männer gingen langsam durch eine Bananenplantage vor. Vom südlichen Stützpunkt her tönten ständig Schüsse herüber. Das Überraschungsmoment war dahin und Hanina beschloß daher, rascher vorzugehen. Durch sein Nachtglas machte er Abu Yussufs Haus aus, vor dem sein Auto und ein Lastwagen standen, aus dem eine größere Anzahl Personen kletterten. Nach einer Weile fuhren die beiden Fahrzeuge davon. Hanina erstattete dem vorgeschobenen Gefechtsstand Meldung und kroch weiter, bis er nur noch wenige Meter von der Terrasse entfernt war, auf der sich einige Bewaffnete aufhielten. Er hörte im Funk, wie der Führer der Fallschirmjäger meldete, daß er bereit zum Angriff wäre. Jetzt war es an ihm, seine Lage zu melden. Aus der Befürchtung heraus, überhört zu werden, gab er den Befehl zur Feuereröffnung und rannte zu einem kleinen Graben. Ein Terrorist wurde verwundet und schleppte sich ins Innere. Die anderen Bewaffneten verschwanden.

Als sich Hanina entschloß, das Haus zu stürmen, rannten schreiend drei Frauen heraus. Der Vernehmungsoffizier befahl ihnen zu verschwinden, da das Haus gesprengt würde. Nach ein paar Sekunden tauchte noch eine Frau auf. Sie näherte sich dem Graben und warf den Israelis eine Maschinenpistole zu. Gelassen teilte sie ihnen mit, daß sich noch mehr Frauen im Haus befänden, und ging zu ihnen zurück.

Während dieser »weiblichen« Aktion fielen ziellos abgegebene Schüsse, die vom Balkon des zweigeschossigen Hauses und aus einem weiteren Gebäude kamen, das als örtliches Kasino diente. Die Israelis erwiderten mit »Bazooka«-Beschuß. Eine Gruppe Terroristen versuchte, sich hinter ihnen davonzuschleichen, und Hanina entsandte Gil Lavies Gruppe, um sie aufzuhalten. Gelassen die Situation abwägend, erkannte er, daß es unmöglich wäre, das Haus zu sprengen, da das ausdrückliche Verbot bestand, Unbeteiligte zu verletzen.

Nach seinem Dafürhalten hatte sich Abu Yussuf davongemacht, und so entschloß er sich zum Rückzug.

Rasch bewegten sich die Israelis zum Strand, gedeckt durch starken Beschuß in Richtung der Gebäude, der nur harmlos erwidert wurde. Nicht weit von ihnen entfernt schlug ein »Bazooka«-Geschoß ein, ohne Schaden anzurichten. Aus Sorge, gesehen zu werden, erwiderten sie das Feuer nicht. Eine Stunde später nahm das FMB die Abteilung auf.

Die Unternehmung war erfolgreich verlaufen. Die Terroristen erlitten schwere Verluste und Gebäude, Munitionslager sowie ein Floß für den Raketenabschuß wurden gesprengt.

Die Besprechung nach dem Einsatz verlief stürmisch, soweit es das Vorgehen der 13. Flottille betraf. Der Generalstabschef warf Hanina vor, den Rückzug aus Furcht angetreten zu haben, und wollte ihn seines Postens entheben. Almog unterstützte den Generalstabschef. Die Männer waren außer sich und machten geltend, daß ihm befohlen worden war, keine Unbeteiligten zu verletzen. Einige drohten, die Flottille ebenfalls zu verlassen, sollte Hanina abgelöst werden. Der Generalstabschef beauftragte Raful, die Angelegenheit zu untersuchen, und als Ergebnis dieser Untersuchung entschuldigte er sich im Namen des Generalstabschefs bei Hanina.

Am 5, Februar 1971 wurden in einer libanesischen Zeitung ein Interview mit Abu Yussuf veröffentlicht:

»Das Gefecht, in dessem Verlauf wir ein paar Worte Arabisch hörten, dauerte über eine Stunde. Unser Feuer war heftig und brachte den Feind zum Schweigen. Ich organisierte drei Hinterhalte, die eine Zangenwirkung hatten. Sie zwangen die Israelis zu Boden und verursachten schwere Verluste. Ich und einige der Brüder feuerten aufrecht stehend. Als die Seestreitkräfte zum Schweigen gebracht worden waren, eröffneten die Landtruppen das Feuer mit Granatwerfern, um ihre Rettungsmaßnahmen zu decken. Ich erhielt einen Schuß in den Arm, aber dies hinderte mich nicht am Weitermachen. ... Wir gingen in nördliche Richtung vor und feuerten auf die Seestreitkräfte. ... Die Schiffe schossen mit schwerer Artillerie und ermöglichten dem Feind, sich durchzuschlagen. ... Meine Wunde blutete ständig; sie rührte vom Geschoß eines Schweren Maschinengewehrs her. Um 01.45 Uhr mußte ich die Sanitätsstation für Erste Hilfe aufsuchen, nachdem ich mir um den Ausgang des Gefechtes keine Sorgen mehr zu machen brauchte. Das Gebiet war von den Resten des Feindes gesäubert und das Gefecht war zu unseren und nicht zu ihren Gunsten verlaufen.«

Bini Telem und Shaul Ziv gelangen an die Spitze

Die Terroristen nisteten sich im Libanon ein und verwandelten das Land in ein Zentrum des internationalen Terrorismus. Von dort her kamen die Terroristen, die Mitte 1971 einen israelischen Tanker in der Meerenge von Bab el Mandeb angriffen, der nur durch reines Glück nicht unterging. Am 8. Mai 1972 entführten Terroristen ein Flugzeug und zwangen es zur Landung in Israel. Ein Trupp der »Sayeret Matkal« rettete die Passagiere. Im selben Monat verließen drei japanische Terroristen den Libanon, flogen nach Israel und ermordeten 26 Zivilisten auf dem internationalen Flughafen Ben-Gurion in Tel Aviv. Auch die Operationen zur See gingen weiter. Am 23. Juni 1972 vernichtete ein Patrouillenboot der »Dabur«-Klasse ein Schlauchboot, das in die israelischen Hoheitsgewässer eingedrungen war und ein rückstoßfreies Geschütz mitführte.

Am 1. September 1972 übernahm Bini Telem von Adm. Avraham Botzer die Führung der Marine. Botzer beendete seine Amtszeit mit einem guten Gefühl. Er hatte eine Marine übernommen, deren Angehörige sich damals schämten, ihre Uniform zu tragen. Nach dem Abnutzungskrieg und angesichts der neuen FMB's hatte sich die Lage nunmehr völlig verändert. Im Verlaufe seiner Zeit als Befehlshaber hatten sich auch die Differenzen zwischen der Marine und den beiden anderen Teilstreitkräften aus verschiedenen Gründen heraus gelegt. Einer dieser Gründe war die von ihm angeordnete Abschaffung der traditionellen Uniformen und Zeremonien, die nicht zu den Streitkräften Israels paßten. Ein anderer Grund war die Verlegung des Marinekommandos von Haifa nach Tel Aviv.

Admiral Telem übernahm die Marine in einer stürmischen Zeit. Anwar as Sadat, der ägyptische Präsident, hatte Israel verschiedene Friedensvorschläge gemacht, die zurückgewiesen worden waren. So hatte er – wie sein Vorgänger – im Juli 1972 »Das Jahr der Entscheidung« proklamiert, um Ägypten auf einen Krieg vorzubereiten, der die Ehre des Landes wiederherstellen sollte.

Am 5. September 1972 ermordeten Angehörige der terroristischen Organisation »Schwarzer September« elf israelische Sportler während der Olympischen Spiele in München. Dieses Massaker schockierte die gesamte Welt. Als unmittelbare Vergeltung bombardierte die israelische Luftwaffe Stützpunkte der Terroristen in Syrien und im Libanon. Diesen Luftangriffen fielen etwa 200 Terroristen zum Opfer. Außerdem nahmen etwa 1300 Soldaten an einer großangelegten Operation gegen Stützpunkte der Terroristen im südlichen Libanon teil. Hierbei wurden drei israelische und rund 60 libanesische Soldaten getötet sowie zwölf Stützpunkte der Terroristen zerstört.

Die Terroristen verschickten »Briefbomben«, besetzten die israelische Botschaft in Bangkok und versuchten, ein jüdisches Einwanderungslager in Österreich anzugreifen. Bei Vergeltungsaktionen wurde ein Großteil derer getötet, die am Münchener Massaker beteiligt waren. Außerdem wurden terroristische Stützpunkte in Syrien und im Libanon zerstört.

Im Oktober 1972 erfüllte sich endlich der Traum von Shaul Ziv: seine Ernennung zum Chef der 13. Flottille. Er war ein wagemutiger Offizier, der das Gefühl hatte, nur deshalb zur Marine zu gehören, weil die 13. Flottille eben eine Marineeinheit war. Seiner Überzeugung nach sollte die Marine mit Kommandoaktivitäten nicht verknüpft sein; ihre höheren Offiziere hätten kein Verständnis für diesen Bereich der Kriegführung. Ohne den Wunsch zu haben, in seiner Karriere weiterzukommen oder ein Kommando auf einem Schiff zu bekommen, zog er es vor, sich nur auf die Kommandokriegführung zu konzentrieren.

Seine erste Aufgabe als Flottillenchef war ein Unternehmen ohne jeden Ruhm. Die Führung verlangte von seinen Männern, in einem schlammigen Bereich des Suezkanals zu tauchen und einen Tunnel zu graben, um mit Hilfe seiner Benutzung geheimdienstliche Operationen auszuführen. Das Unternehmen war langwierig und ermüdend. Zudem waren die Männer gezwungen, alle Sicherheitsvorschriften außer acht zu lassen. Sie rebellierten gegen diese wenig heroische Aufgabe und für Shaul Ziv war es schwierig, sie unter Kontrolle zu halten. Die Tatsache, daß er nicht imstande war, sie in sein Dilemma einzubeziehen, machte dies alles umso schwieriger. Als er sich an das Marinekommando wandte, bekam er gesagt, manchmal müßten Opfer gebracht werden. Ziv wußte, daß er nicht aufgeben konnte, da die Einheit 707 die Aufgabe sofort übernehmen würde. Sein Verdacht bestätigte sich, als ein Mann bei einer Musterübung ertrank und die Operation abgeblasen wurde.

Die 13. Flottille an der syrischen Grenze

Die Terroristen hatten ihre Stützpunkte nunmehr in den palästinensischen Flüchtlingslagern, in Gebäuden und in Häfen an der syrischen und libanesischen Küste. Sie bildeten weiterhin Kampfschwimmer und ausländische Selbstmordkommandos aus. Zu ihrer Ausrüstung gehörten Motorboote und Schlauchboote, und sie versuchten außerdem, SDV's zu erwerben sowie ferngelenkte Sprengboote und Seeminen herzustellen. Die israelischen Seepatrouillen schränkten ihre Aktivitäten ein und im September 1972 versenkte ein FMB ein weiteres Boot der Terroristen.

Im Februar 1973 fiel die Entscheidung, die maritimen Stützpunkte der Terroristen anzugreifen. Diese Präventivoperation unterschied sich von ihren Vorgängern; sie stellte keine Vergeltungsaktion dar. Zum erstenmal operierten die israelischen Streitkräfte gegen terroristische Stützpunkte in den rückwärtigen Gebieten nahe der syrischen Grenze – etwa 180 km von der israelischen Grenze entfernt.

Das Angriffsunternehmen gegen den Stützpunkt der Terroristen im palästinensischen Flüchtlingslager von El-Barad trug die Bezeichnung »Bardas 54« und ein ähnliches Unternehmen gegen das etwa zehn Kilometer davon entfernte Lager von El-Badui den Decknamen »Bardas 55«. Die genannten Stützpunkte unterstanden dem Kommando von Ibrahim El-Moujia, der 1968 für den »Autobomben«-Anschlag in Jerusalem verantwortlich gewesen war. Dieser Anschlag forderte auf israelischer Seite 12 Tote und 58 Verletzte.

Shaul Ziv befürchtete, daß Bini Telem der 13. Flottille nicht gestatten würde, daran teilzunehmen; denn zum einen war Telem ein »Schiffsmann«, der nach Zivs Auffassung keine Vorliebe für die Flottille besaß, und zum anderen hatten seine Männer seit der Operation »Bardas 20« nicht mehr an offensiven Unternehmen dieser Art teilgenommen. Mit seiner Befürchtung hatte er jedoch unrecht. Die Beteiligung der 13. Flottille wie auch der Einheit 707 war vorgesehen. Zusammen mit einer Fallschirmjäger-Abteilung warteten sie ungeduldig auf die Freigabe des Einsatzes. Er sollte die größte und komplizierteste Operation werden, die von der IDF bisher über See durchgeführt worden war.

Der Angriff auf den Stützpunkt El-Badui – Deckname »Ahuva« – war Aufgabe der Fallschirmjäger und umfaßte drei Unterziele: eine Werkstatt, ein Ausbildungslager und ein Gefängnis der Terroristen. Der Stützpunkt El-Barad war ebenfalls in drei Unterziele aufgeteilt: Der Seestützpunkt (»Geula 1«) und das Hauptquartier der Terroristen (»Geula 2«) waren das Ziel der Fallschirmjäger, während das Büro der terroristischen »Volksfront« (»Geula 3«) dem Kommando der 13. Flottille unter Führung von KKpt. Gadi Shefi, Zivs Stellvertreter, zugewiesen worden war. Das Ziel lag etwa 400 m östlich der Mündung des Flusses El-Barad und war ungefähr 12 m vom Strand entfernt. In diesem Flüchtlingslager gab es rund 12 000 Palästinenser. Viele von ihnen waren bewaffnet und dies galt insbesondere für die etwa 200 Terroristen aus verschiedenen Untergrundorganisationen. Die kombinierten Streitkräfte liefen am 20. Februar 1973 aus, nachdem infolge eines Sturms eine Übung nur teilweise durchgeführt werden konnte. Am Tage des Anmarsches über See hatte sich die stürmische See wieder beruhigt. Die Schlauchboote landeten in der Nähe einer Öllöschbrücke; die Flammen des abgefackelten Gases beleuchteten den gesamten Bereich. Dies bedeutete für die Männer eine Gefahr, unterstützte sie jedoch auch, in-

dem sie die genaue Position der Landestelle für die Schlauchboote markierten.

Die »Ahuva«-Abteilung griff zuerst an, da ihr Ziel als das schwierigste angesehen wurde. Bei den Fallschirmjägern befanden sich auch sechs Mann der Einheit 707, die in ihren Taucheranzügen auf dem langen Anmarsch durch die Olivenhaine ins Schwitzen kamen. Die Abteilung näherte sich heimlich dem Gebäude der Terroristen, das inmitten anderer Häuser lag. Die Kämpfe waren schwer. In ihrem Verlauf wurde eine größere Anzahl Terroristen getötet, während drei Fallschirmjäger und ein Mann der Einheit 707 verwundet wurden. Nachdem das Gebäude gesprengt worden war, zog sich die Abteilung wieder zum Aufnahmepunkt am Strand zurück.

Die El-Barad-Operation begann etwa eine Dreiviertelstunde später. Nach einem schwierigen Anmarsch gelang es den Fallschirmjägern, das Ziel »Geula 1« überraschend anzugreifen. 14 Terroristen wurden getötet bzw. gerieten in Gefangenschaft.

Die auf »Geula 2« angesetzten Fallschirmjäger bewegten sich rasch durch die Obstplantagen. Sie hörten das Schießen von den anderen Zielen her und brachen zu ihrem Angriffsziel durch. Mit der ersten Salve wurden drei Terroristen getötet und ein Jeep geriet in Brand. In das Gebäude stürmend, töteten sie drei weitere. Männer der 13. Flottille stießen zu ihnen, um ein Haus zu säubern. Einer von ihnen warf eine Handgranate in Richtung eines Fensters, aber sie rollte zurück. ObltzS. Ilan Egozi fing sie und wollte sie zurückwerfen, als sie in seiner Hand detonierte. Egozi, der in Ägypten als Kriegsgefangener gewesen war, verlor eine Hand und ein Auge. Außerdem verwundete die Detonation dieser Granate noch zwei Fallschirmjäger. Ilan Egozi lag in einer großen Blutlache auf dem Boden und bat seine Kameraden, den Kampf erst zu beenden. Dann verlor er das Bewußtsein. Das Kommando sprengte die Gebäude und zog sich dann zurück. Ilan Egozi wurde von einem Hubschrauber aufgenommen, dessen Pilot mutig in der Nähe des Flüchtlingslagers landete. Später wurde Ilan Egozi mit der Medaille für Heldenmut ausgezeichnet, nachdem er bereits nach dem Green-Island-Unternehmen die Medaille für hervorragende Pflichterfüllung erhalten hatte.

Das »Geula 3«-Kommando, das aus 15 Kampfschwimmern der 13. Flottille bestand, landete am Strand im Zentrum des Lagers, nachdem die Männer annähernd 800 m im eiskalten Wasser schwimmend zurücklegen mußten. Gadi Shefi hatte sie zum Bürogebäude der »Volksfront« zu führen. Dort sollten sie so viele Terroristen wie möglich töten, die Dokumente einsammeln, das Gebäude sprengen und den Versuch unternehmen, ausländische Terroristen gefangenzunehmen.

Das Kommando setzte sich aus der Führungs-, der Deckungs- und drei Angriffsgruppen zusammen. Sie bewegten sich am Strand entlang durch dichtes Buschwerk, während in größerer Entfernung Hunde bellten. In der Nähe entdeckten sie zwei Fischerboote, entschlossen sich aber, sie nicht zu zerstören. Eli Marek führte seine Gruppe eine schmale Straße entlang, während ständiges Schießen zu hören war. Dann kamen sie an ein Tor, das eine Kette sicherte. Ein Feuerstoß aus einer mit einem Schalldämpfer versehenen »Uzi« tötete einen bewaffneten Wachposten. Die auf der anderen Seite der schmalen Allee wartende Deckungsgruppe tötete einen weiteren Terroristen. Dann sprengten die Männer das Tor auf und Eli Marek stürmte in den Hof. Eine Leuchtgranate wurde in einen der Räume geworfen. In ihrem Schein konnten sie einen Tisch erkennen, um den etwa dreißig Stühle standen – offensichtlich ein Besprechungsraum. Die in das Gebäude stürmenden Männer fanden aber weder einen Terroristen noch Dokumente vor. Die Deckungsgruppe erschoß zwei weitere Terroristen, von denen der eine versuchte wegzulaufen, während sich der andere in einem weiter entfernten Haus verstecken wollte.

Uri Teitz, ein junger Kämpfer, sah einen Terroristen, der wegzulaufen versuchte, und richtete sich auf, um ihn zu erschießen. Der Abzug seiner »Kalaschnikow« klemmte jedoch und bis er die Störung beseitigt hatte, war der Mann verschwunden. Eli Marek, aus dem Gebäude kommend, erblickte in etwa 30 m Entfernung einen Mann auf dem Dach. Ein kurzer Feuerstoß tötete ihn. Dann flog das Haus in die Luft, während sich die Männer zum Aufnahmepunkt zurückzuziehen begannen und in das Lager feuerten. Einige Fallschirmjäger hielten sie für Terroristen und schossen auf sie. Glücklicherweise wurde niemand verletzt.

Die Kommandos hatten sich nur zwei Stunden in dem Gebiet aufgehalten. In dieser Zeit zerstörten sie fünf Stützpunkte und die Verluste der Terroristen betrugen ca. 40 Tote sowie über 60 Verwundete. Ein türkischer Ausbilder für Kommandokriegführung geriet in Gefangenschaft. Die Durchführung der gesamten Operation vollzog sich auf israelischer Seite ohne eigene Verluste, ausgenommen eine Handvoll Verwundeter. Das kombinierte Unternehmen erreichte planmäßig sein Ziel – trotz der Tatsache, daß keine ausländischen Terroristen gefangengenommen oder Dokumente erbeutet wurden.

Die Terroristen gaben verschiedene Erklärungen ab. Sie waren von der Genauigkeit der Informationen verblüfft, mit deren Hilfe es möglich gewesen war, ihr geheimes Hauptquartier ausfindig zu machen, behaupteten aber, daß irrtümlich eine harmlose Schneiderwerkstatt zerstört worden wäre.

In der israelischen Presse machte das Unternehmen keine Schlagzeilen. Statt dessen nahm seinen Platz eine andere Meldung ein. Ein libysches Passagierflugzeug war irrtümlich für ein »Selbstmord«-Flugzeug gehalten und abgeschossen worden. Diesem Irrtum fielen 104 Passagiere und die Besatzung der Maschine zum Opfer.

Unternehmen im Zentrum von Beirut

Anfang 1973 gingen Informationen über das Vorhandensein einer Munitionsfabrik der PLO in einem am Meer gelegenen Wohnviertel des Stadtteils El Quzai im südlichen Teil Beiruts ein, das in der Nachbarschaft des Flughafens und der Hauptfernverkehrsstraße lag. Das Ziel umfaßte zwei Gebäude, von denen eines das Hauptquartier der PLO war.

Das Unternehmen mit der Bezeichnung »Aviv Neurim« (Frühling der Jugend) und dem Ziel, diese Gebäude zu zerstören, sollte von der »Sayeret Matkal« unter Oberstleutnant Ehud Barak durchgeführt werden, da diese Einheit am Unternehmen »Bardas« nicht teilgenommen hatte. Der 13. Flottille wurde lediglich die Transportaufgabe übertragen und Shaul Ziv war wütend. Er brachte vor, seine Einheit wäre für einen derartigen Auftrag geeigneter gewesen. Der Generalstabschef stimmte seiner Auffassung nicht zu. Bei der abschließenden Einsatzbesprechung bestand Shaul Ziv in Anwesenheit des Verteidigungsministers auf der Vorlage eines Alternativplans. Danach könnten 22 seiner Männer direkt zum Zielort schwimmen. Er legte dar, daß dies etwas wäre, was die Männer der »Sayeret« nicht könnten und dies würde bedeuten, sie müßten in einer entfernten Bucht an Land gesetzt werden, um von dort aus zu Fuß vorzugehen. Sein Vorschlag, der sehr kontrovers diskutiert wurde, fand schließlich die Billigung. Daraufhin begannen er und seine Männer mit der Ausbildung an einem aus Jute und Taschenlampen hergestellten Simulationsmodell des Zieles mit dem Decknamen »Varda«. Am Tag vor der vorgeschlagenen Ausführung verweigerte das Kabinett dem Unternehmen seine Zustimmung.

Anfang April 1973 sollte das Unternehmen in einer umfassenderen Form durchgeführt werden. Sechs Einzelziele wurden festgelegt:

- »Tzila«: eine Werkstatt für Seeminen im Nordosten Beiruts,
- »Aviva«: Terroristenführer, die in zwei Hochhäusern in Beirut-Mitte lebten
- »Gila«: ein Gebäude mit sieben Stockwerken in der Stadtmitte, von Terroristen mit Beschlag belegt und als ihr Hauptquartier benutzt,
- »Yehudit«: eine den Terroristen gehörende Garage im Norden von Sidon (Saïda) und
- »Varda«: das ursprüngliche Ziel der 13. Flottille.

Die Teilunternehmen »Tzila« und »Varda« lagen in der alleinigen Verantwortung der 13. Flottille, während die Männer der Einheit 707 den Fallschirmjägern und der »Sayeret Matkal« zugeteilt wurden, in deren Zuständigkeit die anderen Teilunternehmen fielen.

Am Mittag des 9. April 1973 lief der gesamte Verband aus. Er bestand aus zehn FMB's und drei »Dabur«-PB's. Ein paar Stunden zuvor hatten die Terroristen jedermann an ihre Existenz erinnert, als sie auf Zypern ein israelisches Passagierflugzeug angriffen und den Versuch unternahmen, die Residenz des israelischen Botschafters auf der Insel zu sprengen.

Dem »Aviva«-Verband war die Aufgabe zugefallen, drei Führer der Terroristen zu töten: Muhammad Najir, einer der Führer der Organisation »Schwarzer September«, verantwortlich für das Massaker in München, sowie Kamal Aduan, ein höherer Operationsoffizier, und Kamal Nasser, verantwortlich für die PLO-Propaganda.

Ehud Barak hatte das Kommando. Ihm war KKpt. Dov Bar unterstellt, der die Einheit 707 von FKpt. Shaul Sela als Kommandeur übernommen hatte. Sela hatte die Einheit acht Jahre lang geführt. Er hatte mit der Einheit noch begonnen, als sie lediglich eine Defensivaufgabe zu erfüllen hatte und nicht einmal 20 Mann stark war, und nun hatte er sie als Angriffseinheit übergeben, die Dutzende von Männern zählte. Dov Bar, einer der strengsten Kritiker der Einheit 707, fand sich nun selbst als Verantwortlicher für die Männer wieder, die er aus der 13. Flottille ausgemustert hatte und die nunmehr eine beträchtliche Einsatzerfahrung aufzuweisen hatten.

Die Angehörigen der »Sayeret Matkal« beunruhigte die Einbeziehung der Einheit 707. Sie spürten, dies könnte in Zukunft dazu führen, daß ihnen die »Seeleute« – nach ihren eigenen Worten – die Unternehmen »wegstehlen« würden. Sie zogen daher im Generalkommando in der Hoffnung an den Fäden, diese Entscheidung rückgängig zu machen – aber vergeblich.

Das »Aviva«-Kommando verließ vor der Küste die FMB's und stieg in die Schlauchboote um. Die Landestelle befand sich unterhalb eines erleuchteten Hotels und war daher leicht zu finden. Die Kampfschwimmer identifizierten das vereinbarte Signal, das die auf sie wartenden Agenten des *Mossad* abgaben. Danach stiegen die Taucher der Einheit 707 an Land und deckten das Eintreffen der Boote mit dem 12 Mann starken Kommando. Sie quetschten sich in drei gemietete Autos und fuhren über die Küstenstraße in das geschäftige Beirut. Dov Bar, in einen Anzug gekleidet, saß neben seiner »Freundin« alias Amiram Levin, einem »Sayeret«-Offizier, der als Blondine verkleidet war.

Am Ziel angekommen, parkten sie ihre Wagen in einer Lücke zwischen den Häusern, in denen die

Terroristenführer wohnten. Barak, der eine schwarze Perücke und ein Kleid trug, ging Arm in Arm mit Muki Batzar, seinem Stellvertreter, der einen Anzug trug. Alle führten sie verdeckt Pistolen und »Uzis« mit, ausgestattet mit Schalldämpfern. Dov und Amiram sollten die Wachen ausschalten, die außerhalb der Gebäude in Kraftfahrzeugen saßen, und den Wächter am Eingang mit Gas zum Schweigen bringen, wenn er ihnen in die Quere kam. Nunmehr mußten sie sich mit zwei Polizisten befassen, die an der Straßenecke entdeckt worden waren. Der Zielort war dem Kommando bekannt und die Männer wußten, in welchen Autos die Wachen saßen und wo diese geparkt waren. Sie blickten suchend über die Straße und zwischen die Pfeiler der Gebäude, sahen aber niemand. Plötzlich bewegte sich etwas in einem Wagen, der in etwa 15 m Entfernung geparkt war. Ein Wächter im Anzug stieg aus dem Wagen, zog ein Gewehr hervor und blickte um sich. Amiram Levin schoß ihn mit seiner »Uzi« ins Bein, aber die Waffe begann nach zwei Schüssen zu klemmen, während Dov Bar nach vorn stürmte und die Straßenmitte erreichte. Ehud Barak eröffnete, am Eingang des Gebäudes stehend, das Feuer und rief Dov Bar zurück. Der Terrorist fiel in den Wagen zurück und die Hupe begann zu blöken.

Gleichzeitig sprengte die »Sayeret«-Gruppe die Eingangstüren zu den Apartments der Terroristenführer und die drei wurden getötet. Eine Italienerin, die im benachbarten Apartment wohnte, kam hierbei zufällig ums Leben. Noch während diese Ereignisse stattfanden, traf ein Polizeifahrzeug auf dem Schauplatz ein. Dov Bar und Amiram Levin tauchten aus ihrer Deckung auf und schossen auf den Wagen. Der Fahrer verlor die Kontrolle über sein Fahrzeug, das mit dem geparkten Wagen zusammenstieß. Anschließend entdeckten Bar und Levin einen Terroristen, der vom Wagen wegrannte, dessen Hupe immer noch tönte. Ihn verfolgend, erschossen sie ihn auf der Straße. Nunmehr erschien ein weiterer Polizeiwagen. Wieder tauchten die beiden Israelis aus ihrer Deckung auf und töteten seine Insassen.

Dann endete die Operation. Die Männer verließen die beiden Gebäude und nahmen Säcke voller Dokumente mit. Noch während sie in ihre drei Fahrzeuge stiegen, schossen sie auf einen weiteren Polizeiwagen. Anschließend verstreuten sie hinter sich Nägel über die Fahrbahn und fuhren über die Promenade zum Aufnahmepunkt. Innerhalb kurzer Zeit landeten die Boote an den Felsen und die Männer verschwanden zusammen mit den *Mossad*-Agenten geräuschlos zwischen den Wellen.

Oberstleutnant Amnon Shahak führte das »Gila«-Kommando, zu dem 13 Mann einer Fallschirmjäger-Einheit und ein Offizier der Einheit 707 gehörten. Kurz nach Mitternacht landeten die Männer gegenüber den

Hotels am Strand von Beirut. Nach dem Zusammentreffen mit den *Mossad*-Agenten fuhren sie in gemieteten Autos davon. Danach ließen sie ihre Fahrzeuge auf einem Parkplatz stehen und schlenderten paarweise, als Zivilisten verkleidet, in das Apartmentgebäude. Zwei aus der Spitzengruppe näherten sich den Wachen und fragten sie auf Englisch nach Feuer. Während die Wachen ihre Streichhölzer hervorsuchten, wurden sie mit Schalldämpferwaffen niedergeschossen. Einer der Männer stieß noch einen lauten Schrei aus und aus einem Auto in der Nähe wurde das Feuer eröffnet. Ein Israeli wurde getötet und zwei weitere erlitten Verletzungen. Einer der Verwundeten schoß auf die Terroristen. Der einzige unverletzt gebliebene Mann zog seine »Uzi« hervor und tötete einen der Terroristen. Die Lage war ernst. Drei Kommandoangehörige waren außer Gefecht, noch ehe die Operation richtig begonnen hatte. Die rasch eintreffenden Pioniere brachten die Verwundeten in Deckung.

»Gila«: Das Teilunternehmen verläuft kompliziert

Von der Treppe des Gebäudes, in dem sich das Hauptquartier befand, waren Schreie zu hören: »Yahud! Yahud! – Juden! Juden!« Die Fallschirmjäger warfen Handgranaten. Danach setzte schweres Feuer ein und die Terroristen warfen aus jedem Stockwerk Handgranaten auf die Straße hinunter. Ein weiterer Terrorist wurde auf der Straße erschossen und der Gewehrgranatenschütze schoß eine Anzahl Granaten in die Fenster.

ObltzS. Avishai von der Einheit 707, bestrebt, sich unauffällig zu verhalten, sicherte zu diesem Zeitpunkt die Fahrzeuge, da ihr Entdecken verhängnisvolle Folgen hätte. Plötzlich wurde er zum Gebäude gerufen. Seine »Kalaschnikow« aus dem Wagen nehmend und unter seinem Rock verbergend, stürmte er die Straße entlang, aus ihren Häusern heraus von verdutzten Zivilisten beobachtet. Niemand schoß auf ihn – möglicherweise wurde er für einen Terroristen gehalten. Amnon Shahak befahl ihm, einen der Verwundeten wegzubringen. Avishai versuchte, ihn auf seinen Rücken zu nehmen, und ersuchte um einen Mann, der ihn auf der Straße decken sollte. Unterwegs zu den Fahrzeugen würde er ein leichtes Opfer sein. Shahak, der nicht genügend Männer hatte, konnte seiner Bitte nicht nachkommen. Er mußte sich um das Kraftfahrzeug kümmern, das den Sprengstoff beförderte, der für die Tiefgarage unter dem Gebäude bestimmt war. Erst nachdem der Arzt über Funk gemeldet hatte, daß Avishai nicht angekommen war, kehrte er zurück und half ihm, den Verwundeten über die Schulter zu nehmen.

Dann rannte Avishai mit um den Hals gehängter »Kalaschnikow« die Straße entlang, während auf ihn geschossen wurde. Ein Kugel traf den Arm des Verwundeten. Am Eingang zu einem Gebäude anhaltend, setzte Avishai seinen Kameraden ab, um zurückschießen zu können. Nachdem das Schießen aufgehört hatte, versuchte er, sich den Verwundeten wieder aufzuladen. Während er noch hiermit beschäftigt war, tauchte aus dem Haus ein Araber auf und griff nach ihm. Avishai rang heftig mit ihm und versuchte, ihn zu erwürgen. Hierbei trat er ihm gegen den Kopf und in die Hoden. Der Araber schrie gellend nach einem Freund im Haus und versuchte, Avishai am Riemen seiner »Kalaschnikow« nach innen zu zerren.

Die Lage war verzweifelt. Avishai wußte, der Araber würde bald Hilfe erhalten, und entschloß sich, ihm seine Waffe zu überlassen und sich die Maschinenpistole des Verwundeten zu schnappen. Das Magazin wegwerfend, damit die »Kalaschnikow« nicht benutzt werden konnte, gab er den Riemen frei und die Waffe blieb in der Hand des Arabers. Avishai stürzte zu dem Verwundeten, der dem Kampf hilflos zusah. Die »Uzi« ergreifend, wandte sich Avishai zurück in das Hausinnere, um den Araber zu töten – doch der war verschwunden. Nunmehr versuchte er wieder erfolglos, sich den Verwundeten aufzuladen. Schließlich blieb ihm nichts anderes übrig, als ihn sich an seinen Armen ziehend auf den Rücken zu zerren. Vor Schmerz schrie der Verwundete laut auf, daß sein Arm gebrochen wäre. Avishai packte ihn an seinem gesunden Arm und schleppte ihn zu den Fahrzeugen. Er konnte es kaum glauben, daß er den Kampf überlebt hatte und es ihm gelungen war, die 200 m zum Arzt zu überwinden, der bei den Wagen wartete. Sie betteten den Verwundeten auf den Rücksitz und der Arzt legte eine Infusion an, während Avishai die beiden sicherte.

In der Zwischenzeit beobachtete einer der Angreifer den Aufzug im Gebäude und bemerkte, daß mit ihm anscheinend Terroristen herabfuhren. Er wartete, bis der Aufzug hielt, und als sich seine Türen öffneten, gab er einige Feuerstöße in sein Inneres ab. Gasgranaten verhinderten ein Benutzen der Treppe und Sprengstoff wurde an den Pfeilern des Gebäudes angebracht. Dann zog sich das Kommando zu den Fahrzeugen zurück, wobei der zweite Verwundete in einen der Wagen und der Tote im Kofferraum untergebracht wurden. Anschließend preschten sie in Richtung Strand davon. Unterwegs hörten sie das Krachen der Detonation, als die Sprengung des Gebäudes erfolgte. Avishai verständigte über Funk die Boote, die an den Uferfelsen anlegten, wobei die Steuerleute beim Anbordbringen der Verwundeten halfen.

Später traf das FMB ein und das Kommando wurde mit seinem Gerät an Bord genommen. Einer der Verwundeten, ein schwerer Mann, war infolge des Blutverlustes bewußtlos. Als er übergeben werden sollte, glitt er von der Trage und nur mit erheblicher Anstrengung konnte er an Deck des Schnellbootes gehoben werden. Doch kurze Zeit später erlag er seinen Verletzungen.

Gadi Kroll schwimmt mit dem Hausschlüssel an Land

Das »Varda«-Kommando unter Führung von Shaul Ziv schwamm zur Küste. Eine starke Strömung drängte die Männer vom Kurs ab. Über Funk hörte Shaul Ziv, daß die anderen Kommandos gelandet waren, und erkannte, daß er hinter dem Zeitplan zurücklag. Daher entschloß er sich, ohne vorheriges Überprüfen der Landestelle sofort an Land zu gehen. Das Überwinden der Uferfelsen bei diesem schweren Seegang war eine rauhe Angelegenheit. Zu diesem Zeitpunkt hörte Shaul Ziv bereits das aus Beirut kommende Krachen von Detonationen.

Die »Varda 1«-Gruppe, geführt von ObltzS. Gadi Kroll, umfaßte 15 Mann. Sie ging entlang einer Straße vor, die luxuriöse Privathäuser säumten. Plötzlich tauchte aus einem der Häuser ein Mann auf und die Kämpfer rannten hinter eine Mauer in Deckung. Nach ein paar Minuten trafen sie bei ihrem Ziel ein. Kroll ließ die Sicherung in Position gehen und Israel Assaf erklomm über eine Leiter das Dach, öffnete die Tür einer kleinen Hütte und schoß auf drei Terroristen sein gesamtes Magazin leer. Ein Schrei war zu hören, der in Israel Assaf die Befürchtung weckte, daß sich im Inneren ein Kind aufhalten könnte. Er leuchtete mit seiner Taschenlampe in den Raum und entdeckte zu seiner Erleichterung nur tote Terroristen.

Kroll näherte sich der Eingangstür zum Gebäude. Um den Hals gehängt, trug er einen Schlüssel, den er ins Schloß der Haustür steckte. Als er ihn umdrehte, brach er zu seinem Entsetzen ab. Traurig lächelte er, wohl wissend, wie schwierig es für die Geheimagenten gewesen war, an diesen Schlüssel für ihn zu kommen. Doch zum Nachdenken blieb keine Zeit. Einer der Männer warf eine Handgranate und nachdem sie detoniert war, stürmten die Männer hinein. Nach einer schnellen Durchsuchung stellten sie zu ihrer großen Enttäuschung fest, daß das Haus leer war. Kroll sah etwas, das er für einen Stapel Dokumente hielt. Es war aber nur trockenes Pittabrot. Die Gruppe sprengte das Gebäude und kehrte sicher zum Aufnahmepunkt zurück.

Zur »Varda 2«-Gruppe gehörten unter dem Kommando von ObltzS. Eli Marek 14 Mann. Geräuschlos entlang einer Straße vorgehend, die parallel zu jener verlief, entlang der Krolls Gruppe vorstieß, kamen die Angreifer zu der gesuchten Werkstatt, neben der zwei Kraftfahrzeuge parkten. Später eingegangene Geheim-

dienstangaben hatten sie darüber informiert, daß das Gebäude verlassen sein könnte. Vor seiner Sprengung mußte es jedoch von der unbeteiligten Familie geräumt werden, die im zweiten Stock wohnte und die das Erdgeschoß an die Terroristen vermietet hatte. In diesem Stockwerk brannte ein Licht und Mareks Stellvertreter ging die Treppe hinauf, um an die Tür zu klopfen – eine Methode, die ziemliches Bauchweh verursachte, da niemand wußte, was zu erwarten war. Inzwischen betraten Marek und seine Männer durch die Eingangstüre die untere Wohnung, sprengten eine weitere Tür auf und stürmten schießend hinein – alles war verlassen.

Auf das Hämmern der Männer an die Eingangstür zum zweiten Stock kam jedoch keine Antwort. Die Tür aufbrechend, betraten sie die Wohnung und fanden einen Mann mit den Händen am Kopf, eine Frau und vier Kinder vor. Sie fesselten den Mann und brachten die Familie achtsam auf die Straße hinunter.

Die Spannung war hoch. Die Gruppe befand sich mitten in einem Wohnviertel. Gegenüber dem Haus war ein Mercedes geparkt und daneben standen schreiende Leute. Die Israelis gaben lange Feuerstöße auf sie ab, woraufhin sie im nahen Haus verschwanden. Nicht weit entfernt wurden zwei Terroristen entdeckt. Ein kurzer Feuerstoß und eine Phosphorgranate töteten sie.

Eli Marek war der Meinung, den Mercedes hätten Terroristen benutzt, und befahl daher, die Scheiben einzuschlagen, um ihn nach Dokumenten zu durchsuchen. Doch anscheinend bestanden die Scheiben aus Panzerglas, denn sie ließen sich nicht einschlagen. Einer der Angreifer, nervös und wütend durch die Tatsache, daß sie nichts vorgefunden hatten, stand in der Allee und gab Streufeuer entlang der Beiruter Fernverkehrsstraße ab. Marek befahl ihm sofort, sein Schießen einzustellen. Das Gebäude und das Kraftfahrzeug wurden gesprengt.

Shaul Ziv verfolgte die Operationen vom vorgeschobenen Gefechtsstand aus. Er identifizierte einen Wagen der Terroristen und seine Männer schossen auf ihn. Plötzlich lief er auf Mareks Gruppe zu. Er sah einen bewaffneten Terroristen aus dem Fenster springen, stürmte auf ihn los und tötete ihn mit einem einzigen Schuß.

Das Teilunternehmen »Tzila« verlief ohne jede ernste Panne. Das unter Führung von Gadi Shefi stehende Kommando ging direkt inmitten der Beiruter Müllhalde an Land. Nachdem die Männer die Werkstatt ausfindig gemacht hatten, ließ Shefi zwischen den Müllbergen eine Deckungsgruppe in Stellung gehen. Die Eingangstür aufsprengend, stürmten sie hinein. Die Werkstatt stand voller Maschinen und es dauerte eine Weile, ehe alles zur Sprengung vorbereitet war. In dem Gebiet waren einige Personen zu beobachten. Die Deckungsgruppe mußte einen alten Araber fesseln, der ihnen über den

Angehörige eines Kommandos vor einem Angriffsunternehmen im Libanon (Infrarot-Aufnahme). Man beachte die unterschiedliche Bewaffnung mit Uzi-MPis und Kalaschnikow-Sturmgewehren, darunter auch schallgedämpfte Waffen. Der Mann links im Bild hat ein Nachtsicht-DF umgehängt.

Weg lief. Die Angreifer durchsuchten das gesamte Gebäude, nahmen die aufgefundenen Dokumente mit und sprengten es anschließend.

Das für das Teilunternehmen »Yehudit« in Sidon (Saïda) vorgesehene Kommando erreichte den Absetzpunkt für die Kampfschwimmer um Mitternacht. Ein Fußballplatz und ein Hotel waren zu erkennen. Das Ziel, eine von den Terroristen benutzte Garage, stand neben einer Tankstelle. Die Kampfschwimmer der Einheit 707 schwammen zur Küste, gingen an Land und gaben dann das vereinbarte Signal. Der Seegang war rauh und die Boote wurden an den Strand geworfen, aber den Fallschirmjägern gelang es, erfolgreich an Land zu gehen. Die Männer der Einheit 707 bildeten et-

wa 50 m von der Straße entfernt die Hinterhaltgruppe. Als die Hauptgruppe das Feuer eröffnete, rannten sie zur Straße und verstreuten Nägel über die Fahrbahn. Sie warfen Nebelgranaten und der nördliche Sicherungstrupp beschoß ein Kraftfahrzeug, daß die Nägel jedoch nicht am Weiterfahren hinderten. In einem nahe gelegenen Haus gingen Lichter an und umherlaufende Leute waren zu sehen. Der MG-Schütze gab ein paar Feuerstöße ab, um die Bewohner zu warnen, sich nicht einzumischen. Trotz aller Schreie und Schüsse näherte sich in diesem Augenblick eine Gestalt, die sich nicht anhalten ließ. Erst nach einem kurzen Feuerstoß stellten die Männer fest, daß es sich um einen umherwandernden Esel handelte. In der Garage fanden die Fallschirmjäger keine Terroristen vor und sprengten das Gebäude in die Luft.

Besprechungen nach dem Einsatz – Lob für alle

Als alle an den Unternehmen Beteiligten zurückgekehrt waren, begann eine umfassende Besprechung des Einsatzes. Manche Erfahrungen ergaben sich einfach aus der Tatsache, daß eine derart ungewöhnliche Operation zum erstenmal durchgeführt worden war. Der Befehlshaber des Heeres, in dessen Zuständigkeit sich der Ablauf der gesamten Operation befunden hatte, fällte das Urteil: »Nach meiner Auffassung haben wir als professionelle Amateure gehandelt und als Amateure haben wir die uns gestellte Aufgabe professionell ausgeführt. Wir haben im Herzen von Beirut gegen Terroristen, Polizei und Militär gekämpft. Die Bewunderung in Israel wie auch im Ausland für die Durchführung der Operation ist hierfür kennzeichnend. Doch ich bleibe mit den Füßen fest auf dem Boden.«

Die Leistungen der Marine zusammenfassend, führte er weiter aus: »Ein wichtiger Teilbereich lag in den Händen der 13. Flottille, die uns erfolgreich im geheimen herangebracht hatte. Meine Anerkennung gilt auch der Einheit 707, die ihre Aufgabe hervorragend erfüllt hat. Ich bedaure nicht, die Einbeziehung von Dov Bar befohlen zu haben. Jeder einzelne verdient Lob.«

Der Kommandeur der Fallschirmjägereinheit meinte ergänzend: »Was unsere Zusammenarbeit mit der Marine anbetrifft – sie war phantastisch. Mir ist keine Kritik eingefallen.«

KKpt. Dov Bar hielt eine interne Nachbesprechung des Einsatzes ab. Seine Männer brachten viele Einzelheiten vor, die sie als Mängel erkannt hatten. Avishais Kampf war einer der Diskussionspunkte. Dov Bar war der Meinung, auch wenn der Verwundete in Sicherheit gebracht wurde, könnte er Avishais Entschluß nicht gutheißen, die Waffe aufzugeben. Avishai mußte später die Einheit verlassen. Er schloß mit der Feststellung, die Einheit könnte den Kopf hoch tragen. Alle eingesetzten Kräfte wären rechtzeitig zu ihren Zielen gebracht worden. Es hätte keine Irrtümer in der Identifizierung gegeben. Alle hätten sich in der stürmischen See gut gehalten und es wäre nicht ein einziger Verlust eingetreten.

Die Einbeziehung der Einheit 707 in beide Operationen verschaffte ihren Angehörigen den Ruhm, auf den sie gewartet hatten. Außerdem gelang es mit dem Beirut-Unternehmen, die Terroristen zu demoralisieren. Sie suchten in ihren eigenen Reihen nach Verrätern und ihre Aktivitäten waren für längere Zeit lahmgelegt.

In den Medien brachte das Unternehmen einige einzigartige Kommentare hervor. Der »Daily Mirror« schrieb: »Der israelische Geheimdienst ist der effektivste der Welt.« In der französischen Presse hieß es, das Unternehmen wäre »phantastisch, entschlossen, außergewöhnlich wagemutig und einzig in seiner Art« gewesen. Sogar die Araber konnten das Geschehene nicht ignorieren. Ein libanesischer Politiker frug erbittert, was denn die Israelis daran gehindert hätte, in den Straßen von Beirut den Verkehr zu regeln.

In den seither vergangenen Jahren benutzten die beteiligten Offiziere der »Sayeret Matkal« diesen Erfolg für ihren persönlichen Aufstieg: Ehud Barak wurde Generalstabschef und später Außenminister[*], Amnon Shahak wurde später ebenfalls Generalstabschef und Amiram Levin wurde Chef des Nordkommandos. Sind Sonderunternehmen das Geheimrezept für den Weg an die Spitze? Nur die Geschichte wird auf diese Frage eine Antwort geben.

---

[*] Ehud Barak wurde im Frühjahr 1999 Premierminister und löste in dieser Funktion Benjamin Netanyahu ab. (Anm. d. Übers.)

9. Kapitel

Der Yom-Kippur-Krieg: Überraschung

Am Vorabend des Yom-Kippur-Krieges – Freitag, dem 5. Oktober 1973 – teilte der israelische Geheimdienst mit, daß Truppenkonzentrationen in Syrien und Ägypten stattfänden und als militärische Manöver bezeichnet würden. Am folgenden Tag begann völlig überraschend der Angriff. Diesmal war die Marine vorbereitet; rein zufällig war am Tage vor dem Kriegsausbruch ein allgemeines Manöver der Marine zu Ende gegangen.

Am Nachmittag des 6. Oktober lief aus Haifa eine aus fünf FMB's bestehende Kampfgruppe unter der Führung von KptzS. Michael Barkai (genannt »Yomi«) zu einem offensiven Vorstoß Richtung Syrien aus. Sechs FMB's unter dem Befehl von KKpt. Gidon Raz sicherten gegen Ägypten. Im Marinekommando in Tel Aviv herrschte große Spannung. Die mit der Versenkung der El-LAT geschlagene Wunde war noch nicht verheilt.

Gegen 22.30 Uhr ortete Yomis Kampfgruppe etwa 30 sm westlich von Latakia mit Radar ein kleines Ziel. Das Motortorpedoboot *K 123* wurde von der HANIT (»Sa'ar 3«-Klasse) mit Artillerie beschossen. Yomi wartete die Vernichtung des liegengebliebenen MTB nicht ab – seine Versenkung erfolgte später –, sondern setzte mit seinem Verband die Fahrt fort, um weitere Ziele aufzuspüren.

Mit herankommenden syrischen FMB's entwickelte sich rasch ein Gefecht. Israelische Radartäuschkörper lenkten eine erste Salve aus acht syrischen »Styx«-Flugkörpern ab, deren Reichweite größer als die der israelischen FK's war. Mit Erreichen der korrekten Schußweite ließ Yomi den ersten im Ernstfall eingesetzten »Gabriel«-FK von der MIZNAK (»Sa'ar 2«-Klasse) auf einen syrischen Minenleger abschießen. Neben dem Feuerleitgerät drängten sich einige Offiziere. Dies brachte den Kommandanten der MIZNAK durcheinander, der Schuß ging zu weit und der Flugkörper landete in der See. Nicht weit von der MIZNAK entfernt lief die RESHEF, ein brandneues FMB der »Sa'ar 4«-Klasse, auf der Israel Shipyard in Haifa gebaut, im April 1973 in Dienst gestellt und für die Verwendung im Roten Meer vorgesehen. Ihr Kommandant, KKpt. Mica Ram traf den Minenleger mit zwei Flugkörpern. Im weiteren Verlauf des Gefechtes versenkte die israelische Kampfgruppe drei syrische FMB's. Das Gefecht dauerte drei Stunden und endete ohne eigene Verluste mit 5 : 0 für Israel.

Die südliche Kampfgruppe führte ein kurzes Seegefecht mit sechs ägyptischen Booten und kehrte nach der Beschießung von Zielen an der Sinaiküste zurück. Beide Seiten hatten Flugkörper eingesetzt, aber keines der Boote erlitt Beschädigungen. Lediglich ein ägyptisches FMB erhielt bei einem Luftangriff Treffer.

Am späten Nachmittag des 8. Oktober verließ erneut eine von Yomi geführte Kampfgruppe aus sechs FMB's Haifa: diesmal zu einem Vorstoß in Richtung Port Said und Damietta. Um 23.10 Uhr ortete die Kampfgruppe vier ägyptische FMB's der »Osa«-Klasse. Daraus entwickelte sich ein fortlaufendes Seegefecht, bei dem alle ägyptischen Flugkörper ihr Ziel verfehlten. Yomi verfolgte den Gegner und versenkte drei seiner FMB's auf der Höhe von Damietta – Baltim vor der ägyptischen Küste. Das vierte Boot entkam unbeschädigt und kehrte zu seinem Stützpunkt zurück, um davon berichten zu können.

Im weiteren Verlauf des Krieges versenkten die israelischen FMB's noch ein gegnerisches FK-Boot sowie zwei Fischerboote, die militärischen Zwecken dienten.

Diese Seegefechte stellten in der Marinegeschichte einen Meilenstein dar: Zum erstenmal waren Seeziel-Flugkörper zum Einsatz gekommen. Angriff als Methode der Gefechtsführung bedeutete den Höhepunkt einer Tradition, die 1948 begonnen hatte, als die Kommandanten der jungen Marine mit napoleonischen Kanonen Krieg führen mußten. In den Auseinandersetzungen der Vergangenheit war diese Art der Kriegführung gesteigert worden, manchmal mit mehr und manchmal mit weniger Erfolg. Stets war es das Ziel der Marine – und ist es noch –, den Schauplatz des Krieges auf gegnerisches Territorium zu verlagern.

Ein Verband israelischer FK-Schnellboote während des Yom-Kippur-Krieges im Oktober 1973 in See.

Die Männer der 13. Flottille sind frustriert

Die 13. Flottille war für die Durchführung des Unternehmens »Brosh« (Zypresse) – die Sprengung einer Brücke an der syrischen Südküste – vorgesehen gewesen, das jedoch verschoben werden mußte. Zudem hatte die SDV-Abteilung den Auftrag erhalten, eine Pontonbrücke zu sprengen, die von den Ägyptern im südlichen Abschnitt des Suezkanals errichtet worden war. Auch dieser Einsatz wurde annulliert, da die Luftwaffe versprochen hatte, alle Brücken zu zerstören.

Entlang des Kanals schlossen die Ägypter im Zuge ihres Vormarsches israelische Stellungen ein, darunter einen befestigten Stützpunkt, der mit der Küste durch eine schmale Mole verbunden war. Seine Besatzung kämpfte heldenhaft gegen die überlegenen Kräfte, die sie einschloß. Die über einer benachbarten Stellung wehende ägyptische Flagge erkennend, war den Männern klar, daß der Gegner bis in eine Tiefe von 10 km hinter

die eigenen Linien durchgestoßen war. Versuche von Land her, die Besatzung zu befreien, schlugen fehl. Daher wurde ihr mitgeteilt, sie würde mit Schlauchbooten evakuiert werden.

Der Auftrag hierzu erging an die Einheit 707 unter KKpt. Dov Bar. Das fragliche Gebiet lag im Feuerbereich von 130-mm-Geschützen, und so bestand die Befürchtung, daß der Einsatz mit Sicherheit zu Verlusten führen werde.

Dov Bar entwarf hierzu folgenden Plan: Ami Ayalon sollte mit seinen »Dabur«-Booten die Schlauchboote bis zu dem Punkt führen, an dem für die Patrouillenboote die 130-mm-Geschütze ein Risiko darzustellen begannen. Von dort an hatten die Schlauchboote allein zur Mole zu fahren. Inzwischen sollte die Besatzung des Stützpunktes eine Gasse durch die sie umgebende Minensperre räumen, um die vielen Verwundeten über die Mole evakuieren zu können.

Der kleine Verband lief in der Nacht zum Donnerstag (11. Oktober) aus. Bald war offenkundig, daß die den Schlauchbooten mitgegebenen Radarempfänger, die es den »Dabur«-Booten ermöglichen sollten, sie ans Ziel zu leiten, von der ägyptischen Ortung erfaßt worden waren, und die Boote gerieten unter schweren Artilleriebeschuß. Dov Bar erkannte, daß keine Chance bestand, den Stützpunkt zu erreichen. Enttäuscht zogen sich die Boote wieder nach Süden zurück.

Angesichts dieses Fehlschlags kapitulierte die Besatzung des israelischen Stützpunktes und stellte sich unter den Schutz des Roten Kreuzes. In Dreierreihe marschierte sie hoch erhobenen Hauptes an den Ägyptern vorbei, angeführt von einem Soldaten, der die Thora trug, die fünf jüdischen Gesetzbücher Moses'.

Die im Stützpunkt verbliebenen Angehörigen der 13. Flottille hatten von den Leistungen der eigenen FMB's und vom Erfolg ihrer Kameraden in Al Hurghada (siehe 1. Kapitel) gehört. Nunmehr hielt das Gefühl bei ihnen Einzug, daß sie wieder einmal nicht zum Zuge kämen. Das Unternehmen »Brosh« sollte stattfinden, dann wieder nicht, dann aber doch – und dieses Hin und Her machte die Männer verrückt.

Die Moral hob sich wieder, als ein Kommando entsandt wurde, um die ägyptische Küstenstraße in der Nähe von Damietta zu verminen und einen Stützpunkt der Küstenwache zu beschießen. Die Durchführung des Unternehmens war einzigartig und in der Vergangenheit noch nie erprobt worden. Das Kommando sollte in »Snunit«-Motorbooten die über 200 sm betragende Distanz zum Einsatzort (nur Hinweg) ohne die Unterstützung durch große Schiffe zurücklegen. Das schwierigste Problem bei diesem Unternehmen war jedoch die Auswahl der Männer. Aus über 100 zur Verfügung stehenden Kämpfern mußten 24 ausgesucht werden.

Am Freitag (12. Oktober) um 12.30 Uhr setzten sich die Boote in Marsch, nachdem die Granatwerfer und die Munition gegen Wasserschäden gesichert waren. Die Steuerleute der »Snunit«-Boote versuchten, eine gleichmäßige Fahrt beizubehalten, um den Kurs nach Zeit und Distanz zu koppeln. Bedauerlicherweise verhinderte dies ein Sturm. Am Nachmittag hatte eines der »Snunit«-Boote eine Motorenstörung und mußte in Schlepp genommen werden. Danach fiel das Radar aus. Nunmehr war es kaum mehr möglich, die genaue Position festzustellen, und über Funk mußten Marineeinheiten zur Unterstützung angefordert werden. Ein Patrouillenboot der »Dabur«-Klasse geleitete die erschöpften Männer zu einer kleinen Bucht, bekannt unter der Bezeichnung »Dafna«, an der Bardawil-Sandbank nicht weit von Port Said entfernt. Ein paar Stunden später brachte ein Hubschrauber die Kämpfer zum Stützpunkt der Flottille zurück.

Inzwischen war das Unternehmen »Brosh« erneut angelaufen. Der Widerrufsbefehl erreichte das auf einem FMB eingeschiffte Kommando auf der Höhe von Beirut. Bini Telem hatte wieder entschieden, kein Angriffsunternehmen an Land durchzuführen, wenn

der Erfolg auch durch Beschuß mit der Artillerie der FMB's unter sehr viel geringerem Risiko erreicht werden konnte. Enttäuscht verfolgten Shaul Ziv und seine Männer auch weiterhin das Beschießen strategischer Positionen durch die Geschütze der FMB's – einige dieser Ziele waren für sie bestimmt gewesen,

Unternehmen »Lady«: Zwei Kampfschwimmer kehren nicht zurück

Drei Tage nach der Versenkung des FMB in Al Hurghada entschloß sich der Befehlshaber der Marine, Port Said anzugreifen. Die ägyptische Flotte verblieb im Hafen und stellte eine leichte Beute für Kampfschwimmer dar. Sie bestand aus elf Schiffen, gesichert durch Radar, Küstenbatterien, Unterwassernetze und Wasserbomben.

Das Unternehmen wies eine kompliziertere Planung als gewöhnlich auf. Die FMB's standen nicht zur Verfügung und es war nicht möglich, Lastwagen zu bekommen, um die SDV's im Straßentransport heranzubringen. Daher sollten sie mit einem LCT zum Absetzpunkt am westlichen Ende der Bardawil-Sandbank transportiert werden.

Am Dienstag, dem 16. Oktober, war die Vorbereitungsphase des Unternehmens um 18.00 Uhr beendet. Die vier Kampfschwimmer wußten, daß die Ägypter auf sie warteten; aber trotz dieser Tatsache, waren sie sicher, nicht zu scheitern, wie dies während des Sechs-Tage-Krieges im selben Hafen der Fall gewesen war.

Das Aussetzen der SDV's durch das LCT war keine leichte Aufgabe. Der Kranführer konnte diesen Vorgang nicht beobachten und die SDV's stießen ständig gegen die Bordwand des Landungsbootes. Die Mannschaft des ersten SDV's bildeten ObltzS. Oded Amir und Oberbootsmann Eli Kimchi, während die des zweiten sich aus ObltzS. Boaz Shkedi und Oberbootsmann Shaike Berman zusammensetzte; letzterer ein junger Kämpfer, der bis zur letzten Minute nicht glauben konnte, daß die Wahl für den Einsatz auf ihn gefallen war.

Die See war kabbelig und ein SDV wurde mit einem der Schlauchboote abgetrieben, die sie dichter an die Küste schleppen sollten. Nach einem Ringen mit dem Seegang konnte es endlich losgehen und die Schleppzüge setzten sich in Bewegung, begleitet von »Bertram«-Patrouillenbooten. Wenige Seemeilen vor der Hafeneinfahrt warfen die SDV's los und um 23.45 Uhr – mit zweieinhalbstündiger Verspätung – meldeten sie den Übergang zur Tauchfahrt.

Die SDV-Besatzungen hörten das Detonieren von Wasserbomben, die etwa alle vier Minuten geworfen

Ein ägyptisches FK-Schnellboot der sowjetischen »Osa«-Klasse (210 ts, 36 kn), bewaffnet mit vier »Styx«-Seezielflugkörpern (SS-N-2A) sowie zwei 30-mm-Zwillingsgeschützen.

wurden. Shkedi stellte fest, daß er sich etwa 100 m vom Kopf des kleinen Wellenbrechers entfernt befand. Auf das Netz an der Einfahrt zusteuernd, tauchte er mit seinem SDV auf, um nach der etwa 30 m breiten Sperrlücke Ausschau zu halten, durch die die Schiffe den Hafen verließen. Er tauchte hindurch und stieß nach fünf Minuten Fahrt auf die Felsbrocken des Wellenbrechers. Seinen Irrtum erkennend, kehrte er zum Netz zurück und versuchte, mit seinem SDV einen genaueren Kurs zu steuern. Etwa 15 Minuten später befand er sich in der Mitte des Hafens und tauchte zum Grund. Shaike Berman blieb auf dem SDV, während Boaz Shkedi auftauchte, um sich umzusehen. Nachdem er sich orientiert hatte, kehrte er zum SDV zurück. Ein paar Minuten später tauchte er erneut auf und erblickte zwei LCT's mit Männern an Bord. Wieder tauchte er und das SDV ging auf eine Tiefe von ungefähr vier Metern.

Anschließend stiegen die beiden Männer zur Oberfläche empor, mit dem SDV durch eine Leine verbunden. Sie erkannten die Umrisse eines LCT und be-

fürchteten, von Deck aus gesehen zu werden. Rasch wieder zum SDV tauchend, holten sie von dort vier Minen und tauchten aufs neue auf. Der Lärm der Maschinen der LCT's und das Detonieren der Wasserbomben waren schrecklich. Die Schrauben beider Landungsboote arbeiteten und die Kampfschwimmer mühten sich ab, nicht in ihre Richtung abgetrieben zu werden.

Trotz ihrer Schwierigkeiten in der Dunkelheit befestigten sie die Minen am ersten Boot und brachten anschließend zwei weitere Minen am Bug des zweiten an – dieser Meinung waren sie jedenfalls. Später stellte es sich heraus, daß sie diese beiden Minen ebenfalls am ersten Landungsboot angebracht hatten. Der Irrtum bewahrte das Nachbarboot vor Schaden. Der Rückweg zum SDV war schwierig. Sie verhedderten sich in der Leine und erst, nachdem sie sich vielfach gewunden und gedreht hatten, gelang es ihnen, ihr SDV zu erreichen und den Ort des Geschehens zu verlassen. Um 03.15 Uhr hörten sie das Geräusch des stählernen

Netzes am Hafeneingang. Boaz Shkedi, der nur noch wenig Sauerstoff zur Verfügung hatte – und fast keine Nerven mehr –, tauchte auf den Grund und übergab das Kommando an Shaike Berman.

Gegen 04.40 Uhr trafen sie am Aufnahmepunkt ein, der sich etwa eine Seemeile ostwärts der Hafeneinfahrt befand. Dort warteten sie etwa 20 Minuten, konnten aber nichts ausmachen. Daher fuhren sie weiter, um einen besseren Überblick zu bekommen. Schließlich brach um 05.30 Uhr – ungefähr eine halbe Stunde nach der festgelegten Aufnahmezeit – die Morgendämmerung an und in einer Entfernung von etwa vier Seemeilen von der Hafeneinfahrt trafen sie mit den Bergungsbooten zusammen. – Diesmal forderte niemand, das SDV zu versenken.

Oded Amir und Eli Kimchi kehrten nicht zurück. In den Morgenstunden fuhren »Snunit«-Boote mit hoher Geschwindigkeit die Route ab, die die SDV's genommen hatten, bis sie den Wellenbrecher erreichten. Dort erhielten sie aus 20-mm-Geschützen Beschuß. Nachdem auch noch 130-mm-Granaten einschlugen und sie nur knapp verfehlten, waren sie gezwungen, sich zurückzuziehen. Gegen Mittag wurden einige Schlauchboote zu einem zweiten Aufnahmepunkt entsandt, aber auch dort fanden sie die beiden nicht.

Shaul Ziv forderte einen Hubschrauber an, obwohl die Besorgnis vor landgestützten Luftabwehr-FK's bestand. Doch auch der Hubschrauber konnte von den beiden nichts entdecken. Später stellte sich heraus, daß Oded Amir und Eli Kimchi ein MTB, ein Boot mit Raketenwerfern sowie ein ex-sowjetisches FMB der »Osa«-Klasse versenkt hatten. Im Gefolge dieses Unternehmens behauptete ein ägyptischer Militärsprecher, daß die ägyptische Marine alle feindlichen Anstrengungen abgewehrt hätte – im Gegenteil, sie hätte die Initiative ergriffen und elf israelische FMB's versenkt, sechs davon im Südabschnitt. [Dort hatten die Israelis überhaupt keine FMB's stationiert. Anm.d.Verfassers]

Nach der Unterzeichnung des Friedensvertrages mit Ägypten besuchten die Familien der beiden Männer einen Gedenkgottesdienst in Port Said. Trotz dieser Tatsache gaben die Ägypter keine Informationen über die Lage der beiden Gräber bekannt, obwohl die ägyptische Presse während des Krieges das Foto von einer aus dem Wasser geholten Leiche eines Tauchers veröffentlicht hatte.

Kptlt. Goshen sprengt die Unterwasserkabel vor Beirut

Einen Tag nach dem Unternehmen »Lady« erhielten die Kampfschwimmer der Einheit 707 unter dem Befehl von Kapitänleutnant Yehuda Goshen einen streng geheimen Auftrag in den Gewässern vor Beirut. Der Befehlshaber der Marine benutzte ein Minimum von Worten, als er seinen Offizieren später berichtete: »Dies war ein Einsatz mit internationalen Auswirkungen. Wir werden Goshen auf die Liste jener zu setzen haben, die wir nach der Beendigung des Krieges lobend erwähnen wollen. Er ist standhaft, hat großes Zutrauen und ist ein Fachmann allerersten Ranges.«

Kptlt. Yehuda Goshen schilderte seinen Einsatz mit den folgenden Worten:

»Im Versuch, noch etwas vom Krieg „mitzubekommen", entsandte Dov Bar den Großteil der Aktiven aus seiner Einheit hinunter nach Süden. Mich ließ er mit vier aktiven Tauchern und einer großen Anzahl Reservisten in Haifa zurück. Zunächst waren wir damit beschäftigt, einige Piloten zu bergen – auch in feindlichen Gewässern –, aber vom wirklichen Krieg sahen wir nichts. Ein Telefongespräch änderte die Lage. Im Marinekommando zeigte mir der Chef der Operationsabteilung eine Seekarte, auf der die Positionen von zwei Unterwasser-Fernmeldekabeln in den Gewässern vor Beirut eingezeichnet waren, die zerstört werden sollten. Wer hatte Kenntnisse darüber, wie diese Fernmeldekabel aussahen? Wir machten einen Fernmeldeingenieur ausfindig, der auf diesem Gebiet spezialisiert war, und ich traf mich mit ihm am Endpunkt des Unterwasser-Fernmeldekabels in Tel Aviv. Als ich das Stück Kabel sah, daß er als Muster mitgebracht hatte, erkannte ich, wie schwierig es sein würde, die Unterwasserkabel unter dem Sand zu finden, unter dem sie vermutlich begraben waren. Ich entschloß mich daher zu einer simulierten Übung. Die wenigen Leute am Strand konnten nicht begreifen, wie junge Männer glücklich tauchen konnten, während sich das Land im Krieg befand. Diese Übung erbrachte den Beweis, daß es unmöglich sein würde, die Kabel im Sand zu finden. Sie müßten dicht unter der Küste gesucht werden, dort, wo der Untergrund felsig war. Die für den Einsatz in Frage kommenden Männer auszuwählen, war eine schwierige Aufgabe. Es gab Dutzende von hungrigen „Seelöwen" und nur acht Plätze. Das Kommando sollte außer mir und Rafi, meinem Stellvertreter, aus einer Gruppe von zwei Tauchern, einem Bootssteuerer und einem Offizier für jedes Kabel bestehen. Nach 24 Stunden hektischer Vorbereitungen erläuterte uns der Befehlshaber der Marine die Wichtigkeit des Einsatzes. Er entschied, daß beide Kabel gleichzeitig gesprengt werden müßten, da es nicht logisch wäre, nur eines zu beschädigen.

Die Schlauchboote wurden an Bord von zwei „Dabur"-Booten verladen, die uns in das Einsatzgebiet bringen und dort warten sollten, um uns wieder aufzunehmen. Es existierte kein Plan, um uns dichter an der Küste zu bergen – wir waren auf uns selbst gestellt. Die ganze Nacht über hielten wir uns im Einsatzgebiet auf. Rafi, der etwa einen Kilometer weiter südlich nach seinem Kabel suchte, hatte auf Anhieb Erfolg. Ein leerer Benzinkanister wurde unter Wasser am Kabel befestigt, um seine Position zu markieren. Das nördlichere Kabel, das dichter am Hafen lag, wurde nicht gefunden, und wir mußten das Gebiet gegen Morgen verlassen. Die nächste Nacht verlief genauso erfolglos und wieder mußten wir das Gebiet vor dem ersten Morgenlicht verlassen. Wir kamen zum Schluß, daß die auf der Seekarte eingezeichnete Position falsch war und das Kabel an anderer Stelle liegen müßte. Ich entschloß mich daher, einen Taucher zu einem Punkt zu entsenden, der sich dichter am Wellenbrecher befand. Für diese Aufgabe wählte ich „Adam" aus – einen erstaunlichen „Seelöwen". „Wenn es das Kabel gibt, werde ich es finden", erklärte er zuversichtlich. Wir fuhren erneut ins Einsatzgebiet. Unsere Erschöpfung und die Nähe zur Küste machten uns „apathisch". Adam ging an einer dünnen Leine hinunter, die an seinem Körper befestigt war. Plötzlich hörte die Leine auf, sich abzuspulen, und ich spürte viermal einen heftigen Ruck. Nach ein paar Minuten erschien sein Kopf über Wasser. „Ich habe den Hundesohn gefunden", verkündete er glücklich.
Danach dauerte es nur noch ein paar Minuten, um die Sprengladungen zu legen, und ihr Detonieren war weithin zu hören. Nach der Rückkehr in den Hafen wurde ich ans Telefon gerufen und zu meiner Überraschung hörte ich die Stimme des Befehlshabers der Marine, der mir zum Erfolg gratulierte.
Dieses Gespräch war der erfolgreiche Abschluß des wichtigsten Einsatzes, den ich in all den Jahren meiner Dienstzeit ausgeführt habe.«

Das Unternehmen verlief erfolgreich, aber die beiden Unterwasserkabel waren in sehr kurzer Zeit wieder ausgebessert.
Am Tage des Kriegsausbruchs versuchte ein ägyptisches Unterseeboot, den israelischen Tanker SAMSON zu torpedieren, der die Straße von Bab el Mandeb passierte, etwa 1000 km von Sharm-el-Sheich entfernt. Die Torpedos verfehlten ihr Ziel. Israel war jedoch besorgt und wollte keine weiteren Schiffe durch die Meerenge schicken. Zu diesem Zeitpunkt gab es im Gebiet des Roten Meeres auch noch keine israelischen FMB's.

Daher entschloß sich das Generalkommando der IDF zu einem althergebrachten Verfahren: ein Handelsschiff zu tarnen, um es dann in ein Kriegsschiff zu verwandeln. Hierzu rüstete die Marine einen großen Schlepper aus: sechs »Gabriel«-FK-Starter, ein Feuerleitradar, Maschinengewehre und Wasserbomben. Brennstoffbehälter wurden an Oberdeck untergebracht. Außerdem wurde das Schiff zur Selbstversenkung vorbereitet, falls es die Ägypter entern sollten. Damit stellte das Schiff praktisch eine »fahrende Bombe« dar. Dieses »Flugkörperboot« stand unter dem Befehl von KKpt. Zvi Givati – der Leser erinnere sich: »Caruso« – und war zum Auslaufen bereit.

Das »Trojanische Pferd«: Golda Meirs Aufpasser

Seine ursprüngliche Besatzung – Reservisten der IDF – verstärkte einiges Fachpersonal von FMB's sowie ein Kommando der 13. Flottille unter ObltzS. Yossi Civshani. Alle erhielten sie zivile Seefahrtbücher und wurden »Zivilisten«. Civshani berichtete später über seinen Einsatz:

»Zu Kriegsbeginn äußerte sich die 13. Flottille abfällig über den gesamten IDF-Plan; er war zunächst nicht der Lage angemessen. Ich wurde aufgefordert, Freiwillige auszusuchen, um sie zusammen mit zwei SDV's, Haftminen und sonstiger Ausrüstung auf einem Schlepper zu verladen. Mein Auftrag lautete nur ganz allgemein: Vorbereiten, um ein Unterseeboot, ein Patrouillenboot und einen Zerstörer anzugreifen, die allesamt zu einem früheren Zeitpunkt nach Aden entsandt worden waren.«

Die Fahrt nach Süden verlief anstrengend. Es herrschte ein grober Seegang. Zudem traten auf dem Schlepper einige Störungen auf und sogar ein kleiner Brand brach aus, der aber von den Männern rasch gelöscht werden konnte.
Sie gelangten dicht vor Massaua in Äthiopien [heute Eritrea] und sahen in der Entfernung die Masten eines Kriegsschiffes. Die Besatzung bezog Gefechtsstationen und das Feuerleitradar faßte das Schiff auf. Nach einiger Zeit wurde es als ein amerikanisches Kriegsschiff identifiziert, das den Schlepper in geringer Entfernung passierte. Yossi Civshani führte weiter aus:

»Wir dachten, wir wären das größte Geheimnis der Welt und niemand wüßte etwas von uns. Heute bin ich mir sicher, daß wir bereits aus großer Entfernung geortet wurden. Ich hatte überhaupt keine Angst, denn mir war klar, daß die Ägypter nicht über die notwendige Stärke verfügten, um uns zu überwältigen. Die in diesen idyllischen Gewässern verbrachte Zeit, verbunden mit all den zollfreien Waren, war himmlisch. Ich war zufrieden; ich hatte ein verrücktes Schlachtfeld hinter mir gelassen, auf dem wir die gesamte Zeit zugebracht hatten, um Einsätzen nachzujagen.«

Später wurde ein ägyptischer Zerstörer ausgemacht und das Radar hatte ihn aufgefaßt. Caruso war bereit, das Feuer zu eröffnen, und hörte mit Vergnügen zu, wie die Ägypter in Panik meldeten, die Amerikaner wären im Begriff, sie zu versenken. Als Antwort erfaßten die Amerikaner mit ihrem Feuerleitradar den Schlepper. Diese Tatsache teilte Caruso der Befehlszentrale in Israel mit und erhielt die Weisung, sich abzusetzen. Die Lage war ernst. Der Zerstörer befand sich für das Abfeuern von Flugkörpern in der richtigen Schußweite und Caruso entschied, sollte die Entfernung unter 14 500 m sinken, würde er das Feuer eröffnen. Vom Marinekommando ging ein Funkspruch ein, der zur Feuereröffnung ermächtigte, falls sich der Zerstörer auf eine Entfernung unter 11 000 m nähern sollte. Die Anspannung war groß, aber es kam nicht dazu. Der Zerstörer lief Port Sudan an und der Schlepper hielt sich weiterhin zwischen den Inseln auf, ehe ihn der Befehl zur Rückkehr erreichte. Yossi Civshani:

»Wir sahen den »Skory«-Zerstörer durch das Fernglas. Er war in einem sehr schlechten Zustand und machten Witze darüber, daß wir mit Hammer und Meißel ein Loch in ihn schlagen und ihn versenken könnten.«

Auf dem Rückmarsch glaubten sie ein ägyptisches Unterseeboot zu sehen. Es kam der Befehl: »Alle Mann auf Gefechtsstation!«. Die Besatzung bereitete sich auf den Einsatz von Wasserbomben vor, aber die Sichtung erwies sich als Fehlalarm.

Caruso erstattete dem Befehlshaber der Marine Bericht, wütend darüber, daß ihm der Angriff nicht gestattet worden war. Admiral Telem erklärte ihm, daß die Besorgnis bestanden hätte, ein solcher Angriff könnte die Waffenlieferungen der Amerikaner unterbrechen. Außerdem hätte Golda Meir, die Premierministerin, einen Oberst entsandt, um ihn persönlich zu überwachen. Er wäre es auch gewesen, der den Befehl, nicht zu schießen, erteilt hätte. Adm. Telem teilte ihm auch mit, daß der von ihm gegebene Feuerbefehl, wenn sich der Zerstörer weiterhin nähere, im Gegensatz zur Weisung des Generalstabschefs ergangen war. Von diesem lag hierzu keine Ermächtigung vor, da die Feuereinstellung in Sicht war. Der Generalstabschef wollte keine neue Front eröffnen und hatte die

Befürchtung, der Zerstörer könnte den Schlepper mit Artilleriefeuer beschädigen.

Der Schlepper wurde abgerüstet und die Ausrüstung erhielt ein größeres Schiff, das den Marsch nach Süden antrat, um die FMB's mit Brennstoff zu versorgen, die Haifa in Richtung Sharm-el-Sheich verlassen hatten und Afrika umrundeten. Die Bewaffnung des Schiffes bekam eine gute Tarnung, so daß es nach außen hin vollkommen unschuldig wirkte. Unterwegs nach Süden sichtete das israelische Schiff eine ägyptische Fregatte und verhöhnte sie mit seinem Feuerleitradar. Von den Ägyptern kam keine Erwiderung. Auch über Funk meldeten sie sich nicht und die Israelis hatten keine Veranlassung, sie zu versenken.

Diese beiden Unternehmen stellten ein streng gehütetes Geheimnis dar und nur wenige Personen wußten Bescheid. Bini Telem sprach von letzterem, als er auf einer seiner täglichen Lagebesprechungen zu seinen Offizieren sagte: »Ich schlage vor, von diesem Abend an beten wir. Liebe Freunde, wir haben mit Sicherheit Grund genug, um zu beten und an den Nägeln zu kauen; denn wir werden keine Verbindung mit ihnen haben und nicht wissen, was dort vor sich geht.«

Der Befehlshaber der ägyptischen Marine vermerkte im Seekrieg einen »Sieg« für sich, da er die Straße von Bab el Mandeb blockiert hatte. Er wußte nur noch nichts von der Überraschung, die ihm bevorstand.

Ein selbstmörderisches Unternehmen bei Kriegsende

Während die Marine unter Beweis stellte, daß eine einwandfreie Vorbereitung und Offensivgeist zu Erfolgen führte, stießen die Bodentruppen der IDF auf einige Probleme. Es dauerte längere Zeit, ehe eine Kampfgruppe der Fallschirmjäger auf die andere Seite des Kanals gebracht werden konnte, um auf diese Weise die Kämpfe auf das gegnerische Territorium zu verlagern. Ihr folgten ein paar Dutzend Panzer auf amphibischen Fahrzeugen und Flößen. Am Mittwoch, den 17. Oktober, errichteten die Pioniere unter schwerem Beschuß die erste Pontonbrücke. Da die Besorgnis bestand, sie könnte von Kampfschwimmern angegriffen oder durch Sprengladungen, die mit der Strömung herantrieben, zerstört werden, wurde ein Kommando der Einheit 707 in den Bereich der Brücke verlegt – »Vorhof des Todes« genannt. Die Angehörigen dieses Kommandos patrouillierten mit Schlauchbooten, warfen Wasserbomben zur Abwehr von Kampfschwimmern und entfernten die Leichen ägyptischer Soldaten, die von der Strömung gegen die Brücke gepreßt wurden. Innerhalb kurzer Zeit ergriffen die israelischen Bodentruppen die

Initiative und unter Beschuß rollte der Verkehr über die Brücke.

Nach der Überquerung des Kanals tauchten Gerüchte auf, daß ein Waffenstillstand nahe bevorstünde. Trotzdem wurde ein Kommando der 13. Flottille in den Brückenkopf entsandt, um die Bodentruppen zu unterstützen. Kommandoangehörige wurden der Fallschirmjäger-Kampfgruppe zugeteilt, um ein ägyptisches Ziel auf der anderen Seite der Süßwasserkanäle im Sturm anzugreifen. Der Elan war groß. Endlich konnten die Männer an einer militärischen Operation teilnehmen. Sie marschierten mit den Fallschirmjägern in langer Reihe, aber in letzter Minute wurde der Angriff abgeblasen, und sie mußten zum Brückenkopf zurückkehren.

Noch während das Unternehmen »Lady« in vollem Gange war, entschied das Generalkommando, die ägyptischen Stellungen auf der Sandbank ostwärts von Port Said von See her anzugreifen. Diese Operation sollte Teil des Angriffs einer Division sein, um vor der Feuereinstellung soviel an Boden wie nur möglich zu gewinnen. Das Unternehmen »Din Udvarim« hatte zur Folge, daß an der Nordküste der Sinai-Halbinsel rund 150 Mann zusammengezogen wurden. Zu ihnen gehörten von der 13. Flottille Aktive und viele Reservisten sowie Lehrgangsteilnehmer. Die führenden Offiziere betrachteten das Unternehmen voller Argwohn. Sie waren über die genauen Ziele nicht informiert worden und die Prüfung der Karten und der Luftaufnahmen ließ erkennen, daß die Erfolgsaussichten gering waren. Es herrschte das Gefühl vor, sie sollten den Wölfen zum Fraß vorgeworfen werden. Einige von ihnen drohten mit dem Rücktritt.

Die Durchführung des Unternehmens verzögerte sich und die Männer kehrten wieder zum Stützpunkt zurück. Am Samstag, dem 20. Oktober, erhielten sie erneut den Befehl, an den Ausgangspunkt abzurücken. Die Offiziere wurden im Divisionsgefechtsstand zu einer letzten Einsatzbesprechung zusammengerufen. Diese hatte keinerlei Ähnlichkeit mit den Einsatzbesprechungen bei der Flottille, in denen jede kleine Einzelheit diskutiert wurde. Hier wurde der Einsatz nur im allgemeinen umrissen.

Shaul Ziv und seine Offiziere kehrten kreidebleich zurück. Sie waren überzeugt davon, daß dieser Angriff auf ein befestigtes Ziel zu schweren Verlusten führen würde. Hier zerrann der Wunsch, ein Unternehmen um jeden Preis durchzuführen, der frühere Entscheidungen beeinflußt hatte, in der Dunkelheit des Krieges. Nunmehr konnten die Männer nur noch darauf hoffen, daß der Waffenstillstand in Kraft treten würde, ehe sie gezwungen waren, das Unternehmen auszuführen. Die Kämpfer saßen im Sand und lauschten im Radio den Diskussionen über die Feuereinstellung. Nach dem Eintritt des vorläufigen Waffenstillstandes um 18.30 Uhr am Abend zuvor wurde das Unternehmen schließlich am Dienstag, den 23. Oktober, endgültig abgeblasen.

Noch am Tage des Waffenstillstandes war ein Kommando der Einheit 707 einer Kampfgruppe der Fallschirmjäger zugeteilt worden, um die Stadt Suez zu besetzen. Einer der Schützenpanzerwagen mit Halbkettenantrieb erhielt hierbei einen Volltreffer und seine Insassen fielen, darunter auch ein Angehöriger der Einheit 707 – der einzige Gefallene dieser Einheit während des gesamten Krieges.

Die ersten Tage des Waffenstillstandes waren spannungsgeladen. Die israelischen Truppen standen zu diesem Zeitpunkt etwa 100 km vor Kairo und die einzelnen Armeen waren bestrebt, ihre Bodengewinne zu festigen. Niemand wußte, ob der Waffenstillstand halten würde. Gleichzeitig wurde ein starker Kampfverband, unterstützt durch Motorboote, an das Ufer des Großen Bittersees entsandt, um einen Stützpunkt einzurichten. Hiermit sollte die Kontrolle über diesen Abschnitt sichergestellt und Teilen der im Sinai eingeschlossenen ägyptischen Dritten Armee der Rettungsweg über den See abgeschnitten werden. Sperren wurden eingerichtet und an einer wurde ein ägyptisches Boot getroffen, wobei acht Soldaten getötet und drei weitere verwundet wurden. Trotz der Sperren gelang es den Ägyptern, die Blockade mit amphibischen Fahrzeugen zu durchbrechen.

Am Dienstag, den 23. Oktober, rief Bini Telem die Offiziere seines Stabes zusammen. Er teilte ihnen mit, nach Einschätzung des Generalstabschefs wäre es möglich, daß die Kämpfe jederzeit wieder einsetzen könnten.

Am 24. Oktober liefen zwei Patrouillenboote der »Dabur«-Klasse in den Hafen von Adabija am Südausgang des Suezkanals ein. Truppen der IDF kontrollierten das Gebiet und Hunderte von ägyptischen Kriegsgefangenen waren in einem Lager in der Nähe versammelt, darunter der Kommandeur der Kommandoeinheit der ägyptischen Marine mit seinen Männern. Offiziere der 13. Flottille versuchten, von ihnen genaue Informationen über das Schicksal der beiden in Port Said vermißten Kampfschwimmer zu bekommen – doch das war ein vergebliches Unterfangen.

Um 17.00 Uhr wurde der endgültige Waffenstillstand verkündet. In seinem Gefolge verlegte Almog die Befehlsstelle mit seinem Stab nach Adabija. Die Eile, um sich den Siegesfeierlichkeiten anzuschließen, führte zu einem Mangel an Aufmerksamkeit. Ein israelischer Tanker, der unterwegs zur Ölverladestation von Abu Rudais war, erhielt einen Minentreffer und sank in der Enge von Gubal. Daraufhin wurde der Golf von Suez für den Schiffsverkehr geschlossen und die Marine benutzte eine alternative Route, die bereits vor dem Kriege vermessen worden war: einen Weg durch die Korallenriffe.

Der Yom-Kippur-Krieg im Oktober 1973 forderte über 2600 Tote und Tausende von Verwundeten. Die öffentliche Meinung in Israel akzeptierte die Umstände nicht, die es dem Gegner ermöglichten, einen Überraschungsangriff durchzuführen, und ein Untersuchungsausschuß wurde eingesetzt. Zwei Tage nach der Feuereinstellung begannen in Genf die Gespräche über eine Truppenentflechtung, aber erst am 17. Januar 1974, nachdem noch weitere Soldaten der IDF gefallen waren, kam es zur Unterzeichnung eines Abkommens. Israel räumte das Westufer des Suezkanals, Teile des Ostufers und die syrische Stadt Kuneitra. Im Rahmen des Abkommens räumte auch die Marine ihre Stützpunkte in Adabija und am Großen Bittersee.

Auf diese Weise setzte der Prozeß ein, der schließlich zu einem Friedensvertrag mit Ägypten führte. Es hat den Anschein, als ob der Weg in Richtung Frieden beginnen konnte, nachdem jede Seite überzeugt war, gewonnen zu haben.

Selbstzerfleischung: Shaul Ziv hat sich von den Kämpfern abgesondert

Zwei Monate nach dem Waffenstillstand versammelte Shaul Ziv die Reservisten in Sharm-el-Sheich zu einer »Diskussion der Kämpfer«. Er gab bekannt, daß er noch immer den Befehl hätte, in dieser Region Kräfte in Alarmbereitschaft zu halten. Ihm war die Enttäuschung bei den Männern, die nicht an Einsätzen teilgenommen hatten, durchaus bekannt, und so forderte er sie auf, zu sprechen.

Die Männer, kritisch wie immer, brachten technische und dienstliche Probleme vor. Sie beschwerten sich hauptsächlich über die wenigen Urlaubstage, die sie seit Kriegsende erhalten hätten. Ihre Geschäfte und ihre landwirtschaftlichen Anwesen würden unter ihrer Abwesenheit leiden, während sie hier untätig herumsitzen müßten. Sie machten geltend, die Offiziere der Flottille hätten sich zu den Einsätzen nach vorn gedrängt und andere gehindert, daran teilzunehmen. Bei den Verminungseinsätzen an der ägyptischen Küste hätte jeder Spaten einem Offizier gehört. Einige von ihnen beklagten sich darüber, daß ihre beträchtlichen Erfahrungen nicht genutzt worden waren. Die Tatsache, daß KptzS. Almog beim Einsatz in Al Hurghada dabei gewesen war, wurde scharf kritisiert; wenn es auch jene gab, die der Meinung waren, die Kritiker sollten sich beruhigen. Auf diese Kritik bezog sich Almog in der nachfolgenden Besprechung der durchgeführten Einsätze, bei der er nicht anwesend war. Er protestierte gegen das schlechte Verhältnis, das während des Krieges zum Marinekommando bestan-

den hätte, und übersandte ein Tonband, in dem er seine Aktivitäten im Kriege beschrieb. Nach seiner Behauptung wäre er deshalb in Al Hurghada dabei gewesen, weil die Moral der Männer nach seinem Verständnis sehr niedrig gewesen wäre. Über diese Behauptung waren die Kämpfer besonders wütend. Ihrer Ansicht nach hätte er das Recht gehabt, dabei gewesen zu sein, weil er Ruhm ernten wollte, aber er sollte nicht wider besseres Wissen ihre angeblich erschütterte Moral als Entschuldigung benutzen.

Bei dieser Besprechung erhoben die Männer auch gegen Gadi Shefi Vorwürfe, der den Sprengbooteinsatz befehligt hatte. Ihrer Meinung nach hätte er die Leitung des Einsatzes Eli Marek übertragen müssen, einem Fachmann für Unternehmungen mit solchen Booten. Sie beklagten sich über die Tatsache, daß er das Einsatzverfahren für die Sprengboote geändert sowie Yair Michaeli und Didi Ya'ari eingeteilt hätte, die für das Unternehmen nicht bereit gewesen wären.

Auch über die »Jagd nach kriegerischen Taten« beschwerten sich die Männer und betonten das Beispiel der »Sayeret Matkal«, deren Angehörigen nichts anderes übriggeblieben wäre. Ihre Offiziere hätten sie vorwärtsgetrieben und ohne jede Rechtfertigung wären erfahrene Kämpfer gefallen. Auch die Improvisationen, die während des Krieges zur Anwendung gelangten, wurden angeprangert, wobei die Frage gestellt wurde, warum keine organisierten Pläne vorher erstellt worden waren. Ein erfahrener Kämpfer bezeichnete die »Snunit«-Einsätze in Al Hurghada als gleichbedeutend mit Selbstmord. Er betonte nachdrücklich, Shaul Ziv würde eine sehr überzeugende Erklärung abgeben müssen, falls er je einen weiteren derartigen Einsatz in Angriff nehmen sollte. Nach seiner Auffassung wäre der Umbau von Rennbooten in Kampfboote unlogisch.

Beschwerden gab es auch über die persönliche Ausrüstung, die bei Fahrten unter schlechten Wetterbedingungen mitzunehmen war. Dies galt auch für die Tatsache, daß die Männer sich mit Segeltuchplanen zudecken mußten, weil sie keine wetterfesten Anoraks besaßen.

Hauptbootsmann d.R. Gadi Patish, der als Kriegsgefangener in Ägypten gewesen war, meinte, daß mit den Jahren das Vertrauen der Reservisten verlorengegangen und die Schaffung einer Hierarchie in der Flottille getrennt nach Offizieren und Kämpfern skandalös wäre. Er brachte auch das ernsteste der Probleme zur Sprache – die Tatsache nämlich, daß sich Shaul Ziv von Männern abgesondert hätte.

Shaul Ziv erklärte, daß er keine unmittelbaren Lösungen hätte, versprach aber, mit den Gruppen der Kämpfer zu sprechen und sogar Diskussionen zwischen ihnen und dem Befehlshaber der Marine in die Wege zu leiten. Soweit es ihn beträfe, bemerkte Ziv ferner, wäre es wichtig gewesen, Almog in die Al-Hurghada-Operation einzubeziehen, da dieser ihre Risiken korrekt eingeschätzt hätte. Obwohl die Einsatzmethoden nicht vollkommen wären, führte Ziv weiter aus, betrachte er es als eine ernste Anschuldigung, einige dieser Verfahren als selbstmörderisch zu bezeichnen. Er räumte ein, es wären behelfsmäßige und gefährliche Lösungen dabei gewesen, fügte aber hinzu, er hätte die Männer nicht in den Kampf geschickt, wenn er nicht von der entscheidenden Bedeutung des Unternehmens überzeugt gewesen wäre.

Ein paar der gegen ihn erhobenen Beschuldigungen hatten Shaul Ziv verletzt. Er verspürte den Vorwurf, umhergehetzt zu sein, um nach Einsätzen für die Männer Ausschau zu halten. Traurig verwies er auf die Beschwerden hinsichtlich der Hierarchie bei Offizieren und Mannschaften: »Das, was gesagt worden ist, drückt die Empfindungen der Männer aus. Wenn dies so ist, bleibt nichts anderes übrig, als so schnell wie möglich diesen Zustand zu korrigieren.«

Weiteren Ärger verursachte Shaul Zivs Entscheidung, das Fledermaus-Abzeichen einem Arzt der Fallschirmjäger zu verleihen, der zwar den Kommando-Lehrgang hatte verlassen müssen, aber an mehr Unternehmungen teilgenommen hatte als jeder andere. Für die Männer war dies vermutlich der Tropfen, der das Faß zum Überlaufen brachte. Die Mitglieder dieses exklusiven Klubs waren nicht in der Lage, einen Vorgang wie diesen hinzunehmen – jemand, der ausgeschieden war, sollte das hochgeschätzte Abzeichen erhalten! Shaul Ziv, ein Praktiker und kein Mann der vielen Worte, hatte keine Vorstellung, wie er diesen Vorwürfen zu begegnen hatte. Einige der Männer übersandten ihre Beschwerden schriftlich dem Befehlshaber der Marine. Erfahrene Angehörige der Einheit beschrieben deren Handeln als »Meuterei«.

Wieder einmal entstand eine destruktive Nachkriegsatmosphäre. Die Männer kämpften gegen ihre Offiziere, gegen ihre eigenen Lästermäuler und ihren Mangel an Aktivität und begingen – wie üblich – stupide Fehler. Die erfahrenen Kämpfer hatten Schwierigkeiten zu begreifen, warum die jüngeren Leute – mehr als die übrigen – in einen Prozeß der Selbstzerfleischung hineingezogen wurden, als ob sich ein schwerwiegender Fehler ereignet hätte. Sie ließen sich nicht auf Argumente ein, sondern zogen es vor, die Anzahl der israelischen Schiffe, versenkt durch 14 gegnerische FMB's, bemannt und gewartet durch Hunderte von Soldaten, mit der Anzahl der von einer Handvoll Kämpfer versenkten feindlichen Einheiten zu vergleichen. Dieser Vergleich weckte ihre Geister. Sie begriffen jedoch nicht, daß die Anzahl der Versenkungen wahrscheinlich eher ein Maßstab persönlichen Erfolgs als ein solcher des Erfolgs zur See in Krieg oder Frieden war. Außerdem vergaßen sie, daß sich ihre Angriffstaktik aus den Kriegen von 1948 und 1967 – d.h. der Einsatz von Kampfschwimmern und Sprengbooten – kaum verändert hatte. Die einzige wirkliche Veränderung war der

»Lao«-Angriff in Al Hurghada – aus einer gegenwärtigen Situation heraus unternommen und nicht aufgrund einer regelrechten Prozedur von Besprechungen nach einem militärischen Einsatz.

Der Grund für dieses Entwicklungsdefizit war dem Verfahren nach dem Sechs-Tage-Krieg, Besprechungen der kaum gegebenen Einsätze abzuhalten, und der Tatsache zuzuschreiben, daß hiermit nur eine richtiggehende Erforschung des Krieges verschleiert wurde. Noch ein weiterer wichtiger Kernpunkt wurde vergessen. Die Männer waren stets stolz gewesen, darauf hinzuweisen, daß nie ein Angriff geplant wurde, ohne eine Rettungsmöglichkeit einzubeziehen. Auch in Al Hurghada war dies so gewesen – und niemand frug nach dem Grund.

Jeder war von Shaul Zivs Fähigkeiten als mutiger Kämpfer überzeugt. Er überließ jedoch die Tagesgeschäfte seinem Stellvertreter und befaßte sich hauptsächlich mit dem Problem, das Gesicht der Einheit zu verändern. Er war überzeugt davon, daß die Fähigkeiten der Sondereinheiten im Kriege nicht voll genutzt worden waren. Auch war er Zeuge der ernsten Rivalität zwischen den verschiedenen Einheiten gewesen, die oft an die Unterdrückung wichtiger Informationen grenzte und in erbitterte Kämpfe um Einsätze ausartete. Eingedenk dieser Tatsachen hatte er das Empfinden, daß ein neues Gremium geschaffen werden sollte, um es jedem Kämpfer und jeder Einheit zu ermöglichen, ihre Aufgaben zu erfüllen, und zwar ohne Duplizität der Ausbildungsmethoden und Übungen. Daher schlug er die Einrichtung einer Abteilung für Sonderverbände vor, zu der ihr unterstellte Gruppen gehören sollten, die eine Spezialausbildung für die verschiedensten Aufgaben erfuhren: Bekämpfung von Terroristen, Tauchen, Gebirgskampf, Fallschirmspringen, Fliegen usw. Entsprechend der verschiedenartigen Einsätze sollten diese Gruppen zu Kommandos zusammengestellt werden. Shaul Ziv sprach mit einer Reihe von Stabsoffizieren darüber. Viele fanden die Idee gut, hielten sie aber für nicht durchführbar. Er begriff, daß ein derart revolutionäres Konzept eine lange Zeit brauchen würde, um umgesetzt zu werden. Daher konzentrierte er sich auf eine näher liegende Idee: die Zusammenführung der 13. Flottille und der Einheit 707. Nach seiner Auffassung sollte dann die Flottille unter einem einheitlichen Kommando aus zwei Unterabteilungen bestehen: einer Nord- und einer Süd-Abteilung. Hinter seinen Überlegungen stand auch sein persönlicher Ehrgeiz nach Beförderung; denn eine derart große Sondereinheit würde einen höheren Stabsoffiziersrang bedeuten.

Adm. Bini Telem war für die Zusammenlegung der Einheiten, war aber auch davon überzeugt, daß Shaul Ziv nicht der richtige Mann zur Übernahme des Kommandos wäre. Bini Telem hatte bei manchen

Gelegenheiten während des Krieges Shaul Ziv gebraucht, der jedoch auf der »Jagd nach kriegerischen
Taten« war. Telem war sich bewußt, daß dieser
heißblütige Charakter ihn veranlaßt hatte, sich in die
Kämpfe einzuschalten. Er wußte auch von der Kluft
zwischen Shaul Ziv und seinen Männern. Nach seiner
Überzeugung würde Ziv nicht imstande sein, die
schwierige Aufgabe einer Zusammenführung der beiden Einheiten zu bewältigen. Bini Telem bewunderte
ihn sehr, hatte aber das Gefühl, einen Fehler begangen
zu haben, als er Shaul Ziv nur eine Ausbildung als
Kämpfer zuteil werden ließ, ohne ihn die Laufbahn eines Marineoffiziers mit ihren verschiedenen Bord- und
Landkommandos zu seiner Weiterentwicklung durchlaufen zu lassen.

Shaul Ziv fühlte sich verletzt und sprach mit höheren Stabsoffizieren, um sie von der Richtigkeit seiner
Ideen zu überzeugen. Ihm wurden verschiedene Landkommandos angeboten, aber er weigerte sich und
schied aus, um zu studieren. Als er zurückkehrte, fand
er die Türen verschlossen. Er hatte Yochai Ben-Nuns
Fehler aus den 50er Jahren wiederholt: statt stufenwei-
se vorzugehen, wollte er alles auf einmal erreichen –
und das so schnell wie möglich.

Nach dem Ende des Krieges standen Auszeichnungen zur Debatte, erneut von Auseinandersetzungen begleitet. Einige der Kämpfer machten geltend, sie hätten nur das getan, was erforderlich gewesen wäre. Aus der Flottille kamen entsprechende
Empfehlungen und Gadi Shefi wurde von Bini Telem
vorgeschlagen. Natürlich gab es einige Flottillenangehörige, die sich verletzt fühlten, weil sie nicht vorgeschlagen worden waren.

Verzicht auf den roten Untergrund

Hinsichtlich des roten Untergrundes – im Sechs-Tage-
Krieg an jene verliehen, die in gegnerische Häfen eingedrungen waren – gab es eine fast vollständige Übereinstimmung. Die Männer lehnten ihn ab; nach ihrem
Empfinden sollten die beiden Kriege nicht miteinander
verglichen werden.

Am ersten Unabhängigkeitstag nach dem Kriege
wurden Kptlt. Oded Amir mit der Medaille für
Tapferkeit und Oberbootsmann Eli Kimchi mit der
Medaille für Heldenmut ausgezeichnet. Weitere
Medaillen und Auszeichnungen erhielten jene, die an
den Unternehmen von Al Hurghada und Port Said beteiligt waren. Zwei Angehörige der Einheit 707 bekamen eine lobende Erwähnung des Generalstabschefs,
weil sie einen brennenden Lastwagen mit Munition im
»Vorhof des Todes« bargen und unter Beschuß tauchten, um einen Teil der Pontonbrücke zu reparieren. Die
Männer beider Einheiten erhielten ihre Auszeichnungen in einer geheimen Zeremonie unter Ausschluß
der Öffentlichkeit. Die übrigen Angehörigen der IDF erhielten ihre Auszeichnungen in einer öffentlichen
Feierstunde, an der die Ausgezeichneten aus der FMB-
Flottille, dem »Dabur«-Geschwader und aus dem
Wartungsperonal teilnahmen.

Admiral Bini Telem drückte den FMB-Besatzungen
seine Anerkennung aus, indem er ihren Kommandeur,
Konteradmiral Michael Barkai, mit der Medaille für hervorragende Pflichterfüllung auszeichnete.

10. Kapitel

Erneut Einsätze im Libanon: Lieber 2 : 0 als 10 : 1

Im März 1974 erhielt Kapitän zur See Zvi Givati (»Caruso«) das Kommando über die neue 13. Flotille, die mit der Einheit 707 zusammengeführt worden war. Bini Telem wußte, daß diese Ernennung viele Flottillenangehörige verärgern würde, da Caruso seit vielen Jahren mit der Flottille nichts mehr zu tun gehabt hatte. Caruso befand sich in einer Zwangslage; denn der Abstand zwischen ihm und der Flottille war mit den Jahren so groß geworden, daß er aufgehört hatte, das Fledermaus-Abzeichen zu tragen. Ihm war bewußt, daß seine Ernennung Offiziere der Flottille an ihrer Beförderung gehindert hatte. Für sie war Zvi Givati zur *persona non grata* geworden. Nach seinen Erfahrungen sah er vieles aus einer anderen Perspektive, denn er war in der Zwischenzeit Kommandeur eines FMB-Geschwaders gewesen und hatte eine andere Marine kennengelernt: professionell und modern. In der 13. Flottille hatte sich nach seiner Meinung sehr wenig verändert; er verspürte noch immer die Atmosphäre der Zügellosigkeit und Improvisation aus der Vergangenheit. Er stellte fest, daß sich der Schwerpunkt auf Landangriffe verlagert hatte, während die Unternehmen zur Versenkung von Schiffen vernachlässigt worden waren. Zudem wurden noch immer von Kampfschwimmern Minen an Zielobjekten befestigt – ein Verfahren, daß seiner Meinung nach mehr in die 50er Jahre paßte. Carusos Hauptproblem bestand aber darin, wie die Männer aus den beiden Einheiten, die sich gegenseitig so sehr haßten, in einem einheitlichen Geist zusammengeführt werden konnten.

KptzS. Givati entschloß sich, die Männer der Einheit 707 mit Hilfe eines Kurzlehrgangs zu integrieren. Außerdem bat er KKpt. Ami Ayalon, der nicht in die Streitereien verwickelt war, seiner Stellung in der FMB-Flottille den Rücken zu kehren und zu seiner Unterstützung zurück in die 13. Flottille zu kommen. Mit dem Lehrgang qualifizierten sich die Männer der Einheit 707 und erhielten bei seinem Abschluß als Auszeichnung das Fledermaus-Abzeichen. Zwei Offiziere der 13. Flottille, die sich weigerten, an der abschließenden Parade teilzunehmen, wurden ausgeschlossen. Hiermit waren die beiden Einheiten zwar vereinigt, aber ein Rest an Spannungen blieb bis zum heutigen Tag erhalten.

Libanon: Eine schmerzliche Botschaft für die Fischer

Im Gefolge der terroristischen Aktivitäten errichteten die Israelis entlang ihrer gesamten Nordgrenze im Frühjahr 1974 einen elektrisch geladenen Zaun. Dies zwang die Terroristen, nunmehr von See aus zu operieren.

Im Mai 1974 lief eine kleinere Anzahl Terroristen aus einem libanesischen Fischerhafen mit einem Boot aus. Sie gelangten nach Naharya, töteten bei einem Anschlag vier Zivilisten und verschwanden wieder. Die Folge war, daß zusätzliche Radarstationen errichtet wurden, der Patrouillendienst wurde verstärkt und »Snunit«-Boote der 13. Flottille wurden zur Unterstützung abkommandiert. Von Zeit zu Zeit setzten die FMB's ihre Beschießungen terroristischer Ziele entlang der Küste des Libanon fort.

Anfang Juli entschloß sich das Generalkommando, das Unternehmen »Uziahu« durchzuführen: die Zerstörung eines kleinen Schiffes der Terroristen und von etwa 30 Fischerbooten, verbunden mit der Verteilung von Flugblättern, worin die libanesischen Fischer vor einer Zusammenarbeit mit den Terroristen gewarnt wurden.

Am 8. Juli liefen die Kommandos an Bord von FMB's zum ersten Versenkungsunternehmen in einem libanesischen Hafen seit dem IGRIS-Ereignis im Krieg von 1948 aus. Es gliederte sich in drei Kommandos. Das erste unter dem Befehl von Gadi Shefi drang über einen Wellenbrecher in den Hafen von Sidon (Saïda) ein. Nach der Erkundung des Wellenbrechers änderte Gadi Shefi den Plan etwas ab. Nach seiner Auffassung könnte dieses Bauwerk die Bergung Verwundeter behindern. Daher entschloß er sich die nächstgelegenen Fischerboote zu sprengen, ohne sich um das Terroristenschiff an der Innenpier zu kümmern, um sich nicht in nutzlose Kämpfe verwickeln zu lassen. Während sich die Männer auf dem Wellenbrecher auffächerten, wurde ein arabischer Fischer gefangengenommen. Er erlitt einen Schock und war unfähig zu reden. Erst als ihm einer der Offiziere ins Gesicht schlug, um ihm klarzumachen, daß er sich ruhig verhalten sollte, begann er zu schreien. Nach ein paar gelassen gesprochenen Worten beruhigte er sich wieder und kam den Männern nicht mehr in die Quere. An neun Fischerbooten wurden Sprengladungen mit Zeitzündern angebracht und die Flugblätter wurden ringherum verstreut. Als sich die Gruppe zurückzuziehen begann, detonierte eine der Minen vorzeitig. Gadi Shefi befahl, eine Nebelgranate zu werfen. Ihr Detonieren löste Beschuß von der Küste aus und sie wurde mit einem Fußtritt in die See befördert. Das Kommando zog sich auf die andere Seite des Wellenbrechers zurück. Das Ins-Wasser-Gehen erwies sich als schwieriges Unterfangen und kostbare Zeit ging verloren. Noch während die Männer dabei waren, feuerten Granatwerfer in Richtung See. Die Einsätze in den Häfen Ras-el-Sheik und Tyrus (Sur) verliefen problemlos.

Die Kommandos drangen in den einen Hafen mit Schlauchbooten und in den anderen als Fischer getarnt mit Fischerbooten ein. Auf den Wellenbrechern abgesetzte Deckungsgruppen übernahmen die Sicherung. Die Männer fuhren langsam auf die Fischerboote zu, die zerstört werden sollten, und warfen die Sprengladungen hinein. Ein Fischer, der in der Nähe auf einem Fahrrad fuhr, wurde verjagt und die in einem nahegelegenen Café sitzenden Leute folgten ihm seltsamerweise, ohne einzugreifen. Das gesamte Unternehmen endete erfolgreich. Kein einziger Zivilist erlitt Verletzungen. 30 Boote wurden zerstört, darunter auch eine große Yacht, die den Terroristen gehörte.

Am folgenden Morgen lasen die Fischer die Flugblätter, in denen sie darauf hingewiesen wurden, Israel habe sie in den ganzen Jahren gut behandelt. Der letzte Absatz lautete: »Wir warnen euch vor den Folgen einer Zusammenarbeit mit den Terroristen, ehe es zu spät ist. Wir unterstützen den Libanon als ein freies, unabhängiges und friedliebendes Land, das den Terroristen nicht nachgeben wird, die es nicht riskieren, von einem anderen Land aus zu operieren. Bleibt diesem üblen Pfuhl fern und wir werden euch korrekt gegenübertreten.«

Anfang August 1974 vernichtete ein »Dabur«-Boot ein Schlauchboot, das einen Raketenstarter mitführte, und FMB's beschossen terroristische Ziele im Süden des Libanon.

Innerhalb kurzer Zeit war klar, daß die Zerstörung der Fischerboote nicht die richtige Lösung war, und daher wurde beschlossen, die Boote der Terroristen im Hafen von Sidon zu versenken. Das Unternehmen war nicht einfach durchzuführen. Zwei Taucherpaare waren erforderlich, um zwei Boote aus Dutzenden nach Größe und Aussehen ähnlich aussehender Fahrzeuge herauszufinden. Ihre hölzernen Bootskörper boten ein zusätzliches Problem. Dies veranlaßte die Taucher, die Minen mit Zwingen an ihren Kurvenleisten anzubringen – wie dies in den Tagen des »Teams« geschehen war.

Um das eine Taucherpaar davon in Kenntnis zu setzen, daß das andere Paar die Ziele identifiziert hatte, wurde beschlossen, eine Unterwasserpfeife zu benutzen. Verantwortlich für das Unternehmen war OblitzS. Israel Assaf. Allerdings stellte sich heraus, daß Assaf diesen Pfeifton nicht hören konnte, da sein Gehör seit Green Island beeinträchtigt war. Caruso wollte ihn ersetzen, aber Israel Assaf bestand auf der Teilnahme, und so entschied Caruso, daß sein Tauchpartner »sein Ohr« sein sollte.

In der Nacht des 12. September 1974 lief das Kommando mit »Snunit«-Booten aus. Israel Assaf und seine Männer hatten sorgfältig Bilder der Boote studiert: ein großes Fischerboot mit hervorstehenden Aufbauten und ein luxuriöses Rennboot. Es war eine ruhige Nacht und der Mond gab ein spärliches Licht. Nach dem Absetzen erkundeten Assaf und sein Partner die Gewässer des Hafens in der Nähe eines Cafés, vor dem eine größere Anzahl Leute saß. Sie schwammen unter eine nahe gelegene Pier und identifizierten nach einer Weile das zwischen anderen Booten liegende große Fischerboot. Das Wasser des Hafens war sehr flach und die auf ihrem Rücken befestigten Minen ragten aus dem Wasser. Geschickt einem kleinen Ruderboot ausweichend, das von hinten herankam, tauchten sie und befestigten die Zwingen nach Gefühl, da es unter Wasser stockdunkel war. Als sie soweit waren, den Zeitzünder zu aktivieren, hatte Israel Assaf die gesamte Vorrichtung plötzlich in der Hand. Den Sabotageoffizier kräftig verfluchend, stellte er fest, daß keine Beschädigung eingetreten war, und brachte den Zünder wieder an. Nach einem weiteren flüchtigen Rundumblick machte Assaf das Rennboot aus, das separat vor Anker lag. Nach der Identifizierung seines Namens und seiner Nummer brachte er die Mine an. Danach gab er als eine abschließende Geste den Sicherungsstift seinem jüngeren Partner. Auf dem Weg zum Aufnahmepunkt lagen viele Fischerboote. Da sie vom Tauchen genug hatten, um diesen Hindernissen auszuweichen, blieben sie an der Wasseroberfläche und schwammen dicht an den Booten vorbei, ohne entdeckt zu werden. Im »Snunit«-Boot trafen sie auf das andere Paar, das seine Minen ebenfalls an der Motoryacht befestigt hatte.

Am nächsten Morgen detonierten die Minen. Vor allem das Rennboot flog in einem Feuerball in die Luft und seine Trümmer regneten auf die Pier.

Terroristen im Herzen von Tel Aviv – Kampfschwimmer und ein Fischnetz

Die Aktivitäten der Terroristen hörten nicht auf und im Verlaufe des Winters sickerte eine Anzahl von ihnen ein. In einem Fall wurden am Strand in der Nähe der Nordgrenze eine Taucherausrüstung sowie kleine Schwimmbehälter mit Sprengstoff gefunden. Terroristen wurden nicht gesichtet. Bei einer anderen Gelegenheit ortete ein Radarbeobachter ein Objekt. Ein alarmiertes »Dabur«-Boot entdeckte an Land gehende Schwimmer. Eine größere Suchgruppe wurde dorthin entsandt, darunter auch Angehörige der Flottille. Auf ihrem Weg zum Strand durchstreifte die Gruppe mehrere Bananenplantagen. Plötzlich sah sich Kptlt. Goshen zwei Terroristen gegenüber. Den einen tötete ein kurzer Feuerstoß und der andere wurde gefangengenommen. Ferner wurden in dem Gebiet zwei einzelne kleine Flöße, Taucherausrüstungen und Sprengstoff gefunden. Der Terrorist sagte aus, sie wären am Mittag von Beirut nach Tyrus (Sur) gebracht worden. Von dort aus hätten sie den Weg bis etwa 300 m vor der Grenze auf Eseln zurückgelegt. Die restliche Strecke wären sie geschwommen, um in Israel einen für jedermann sichtbaren Anschlag durchzuführen. Als Vergeltungsaktion beschossen »Dabur«-Boote, ausgerüstet mit 130-mm-Raketenstartern, terroristische Ziele entlang der libanesischen Küste.

In der Nacht des 5. März 1975 landeten zwei Schlauchboote am Strand bei Tel Aviv. Acht Terroristen gingen an Land und besetzten über die Promenade hinweg das Hotel »Savoy«. In dem sich entwickelnden Feuergefecht wurden sieben der Geiseln getötet. Einige Zeit später brachten FMB's das zum Transport benutzte Boot auf und schleppten es in den Hafen ein.

Der Anschlag der Terroristen lähmte die gesamte israelische Öffentlichkeit. Er hatte die Schwäche der Verteidungsorganisation der Marine bloßgestellt. Im Gefolge dieses Angriffs wurde die Überwachung entlang der libanesischen Küste verstärkt. Patrouillenboote und -flugzeuge suchten die See nach Schiffen und Booten zum Transport von Terroristen ab. Im Libanonen wurden terroristische Ziele beschossen. Diese Maßnahmen beruhigten die Situation in Verbindung mit dem Eingreifen der Terroristen in den libanesischen Bürgerkrieg etwas.

Die beim Anschlag auf das Hotel »Savoy« festgenommenen Terroristen sagten unter anderem aus, sie hätten von einem großen Fischerboot aus geübt, das der PLO gehören würde. Sein Einlaufen in den Hafen von Sidon (Saïda) schuf günstige Voraussetzungen für seine Versenkung.

Am 20. Mai setzte ein »Snunit«-Boot, das von einem FMB herangebracht worden war, vor der Küste zwei Taucherpaare unter Führung von ObltzS. Didi Ya'ari und ObltzS. Ran Galinka aus. Die Annäherung vollzog sich friedlich. Die See war ruhig und lag vom Vollmond beschienen da. Wenige Minuten später, nachdem die Kampfschwimmer getaucht waren, geriet der »Snunit«-Verband unter Beschuß. Die Taucher hörten die Schüsse, entschlossen sich aber, ihr Unternehmen fortzusetzen. Sie drangen in den Hafen ein und waren in dem stellenweise flachen Hafengewässer gezwungen, fast über den Grund zu kriechen. Auf der Pier standen Leute und Ran Galinka und sein Partner kamen nur wenige Meter von ihnen entfernt zu einem Rundblick an die Oberfläche. Nach dem Absuchen der vielen Boote – keines von ihnen entsprach der Beschreibung – wählte Ran Galinka zwei geeignete Fischerboote aus und sie brachten an ihnen die Minen an.

Didi Ya'aris Weg war schwieriger. Er und sein Partner verhedderten sich in einem Fischnetz und hatten Probleme, sich aus ihm zu befreien. Didi Ya'ari schnitt mit langsamen Bewegungen das Netz durch, um keine Aufmerksamkeit zu erregen. Dann erreichten die beiden ein Fischerboot, das nach der Beschreibung das Fahrzeug der Terroristen sein konnte. Unter ihm auf dem Rücken liegend, befestigten sie die Mine. Über ihnen stand in nächster Nähe des Bootes ein Mann und bemerkte nichts. Ya'ari sah sich noch nach einem weiteren Ziel um und entdeckte dann das Boot, an dem Galinka bereits seine Mine angebracht hatte. Daher mußte er nach einem anderen Ziel Ausschau halten, aber die Probleme der beiden mit dem Netz hatten zuviel kostbare Zeit gekostet. Nach seiner Einschätzung war die vorgeschobene Befehlsstelle durch die Schießerei beunruhigt und daher entschied er, es bei einem Ziel zu belassen. Schießen war auch um 01.30 Uhr zu hören und ein Feuerstoß traf das »Snunit«-Boot, wobei ein Mann am Bein verwundet wurde. Woher die Schüsse kamen, ließ sich nicht erkennen.

Die an den Fischerbooten angebrachten Minen detonierten am folgenden Tag. Doch dann sickerte durch, daß die Kampfschwimmer einen Identifizierungsfehler begangen hatten. Das von den Terroristen benutzte Boot war bereits vor ihrem Eintreffen wieder ausgelaufen und auf diese Weise seinem bitteren Schicksal entgangen.

Ein großangelegter Vorstoß mit geringen Ergebnissen

Ende Juni 1975 entschied das Generalkommando, infolge weiterer terroristischer Anschläge einen Vorstoß gegen terroristische Ziele in das Gebiet von Tyrus (Sur) zu unternehmen. Zur Kampfgruppe »Panther«, die ein ter-

Angehörige eines Kommandos der 13. Flottille vor einem Unternehmen im Libanon Mitte der 70er Jahre.

roristisches Ziel im Norden von Tyrus angreifen sollte, gehörten 45 Mann Infanterie sowie sieben Reservisten der 13. Flottille. Die Kampfgruppe »Arieh« (Löwe), aus Kräften der 13. Flottille bestehend, hatte seine Ziele wie folgt anzugreifen: Ein aus sechs Häusern bestehender Gebäudekomplex der Terroristen in Ras-el-Ein war das Ziel einer aus 25 Mann bestehenden Abteilung unter FKpt. Ami Ayalon, während ein in dem Gebiet patrouillierendes Fahrzeug der Terroristen von einer Abteilung aus 11 Mann unter KKpt. Yehuda Goshen vernichtet werden sollte. Der vorgeschobene Gefechtsstand unter dem Befehl von FKpt. Gadi Shefi umfaßte fünf Mann. Zudem hatten »Kaffeemühlen«, d.h. Hubschrauber, eine zusätzliche Fallschirmjäger-Kampfgruppe zu einem Ziel nördlich von Tyrus zu fliegen. Alle Verbände hatten ihre Ziele zu einem bestimmten Zeitpunkt gleichzeitig anzugreifen.

Das großangelegte Unternehmen begann am 6. Juli. Die Kampfgruppe »Arieh« griff von See aus an. Schwaches Mondlicht erhellte eine ruhige See, in der die Kämpfer an Land schwammen. Das Ziel an der Küste – der Gebäudekomplex – war erleuchtet und sein

Identifizieren daher kein Problem. Das Anlandgehen war einfach und Gadi Shefi entsandte die einzelnen Gruppen zu ihren verschiedenen Zielen. Dahin unterwegs ging von einem »Snunit«-Boot die Meldung ein, daß das Patrouillenfahrzeug – ein mit einem Maschinengewehr ausgerüsteter Landrover – von See her beobachtet werden konnte, wie es in die Richtung von Goshens Abteilung fuhr. Der Wagen stoppte nicht weit von der Gruppe der Kämpfer entfernt. Goshen näherte sich ihm gelassen. Als er bemerkte, daß der Wagen wegfahren wollte, rannte er zurück zu seinen Männern und die Abteilung eröffnete aus allen Rohren das Feuer. Das Fahrzeug stand sofort in Flammen, die Munition detonierte und vier Terroristen kamen zu Tode. Der Lärm des Gewehrfeuers und das Krachen der Explosionen veranlaßte die anderen Gruppen zu schnellstem Handeln.

Ami Ayalon und seine Männer umzingelten die beiden Häuser, die ihnen als Ziel zugewiesen waren, und eröffneten ein schweres Feuer. Einer der Kämpfer sah eine fliehende Gestalt und gab einen Feuerstoß in diese Richtung ab. Die Gestalt entpuppte sich als ein

Junge. Er stand nur leicht verletzt auf, sagte ein paar Worte auf Arabisch und rannte zu einem der Häuser, aus dem die Schreie von Frauen und Kindern gehört werden konnten. Die Männer wandten sich dem anderen Haus zu, warfen Handgranaten ins Innere und zogen sich dann rasch zurück. Ayalon schickte einen seiner Männer, der arabisch sprach, zu dem ersten Haus, um herauszufinden, was dort vor sich ging. Er fand im Inneren den verletzten Jungen, zwei Mädchen und ein Baby vor. Die Männer verbanden den Jungen und verließen dann unter dem Feuerschutz der eigenen Artillerie das Gebiet.

Didi Ya'aris Gruppe erreichte im Laufschritt ihr Ziel – ein zweistöckiges Haus – und beschoß es ebenfalls aus allen Rohren. Auch dieses Haus wurde schwer beschädigt.

Die Kampfgruppe »Panther«, zu der auch die sieben Angehörigen der Flottille unter Israel Assaf gehörten, erreichten ohne Schwierigkeiten ihr Ziel und sprengten es in die Luft. Die Kampfgruppe der Fallschirmjäger mit ihren Hubschraubern landete eine Stunde vor der Morgendämmerung. Sie erhielt starken Beschuß, so daß sich ihr Führer entschloß, das Ziel lieber unter Artilleriefeuer nehmen zu lassen, statt es bei hellem Tageslicht anzugreifen.

Ergebnis des großangelegten Unternehmens war im Bereich der 13. Flottille die Zerstörung eines Landrovers und der sechs Gebäude, die von den Terroristen benutzt wurden. Vier Terroristen wurden getötet und vier Zivilisten erlitten Verletzungen.

In der Besprechung nach dem Einsatz wunderte sich jeder über den Verbleib der ganzen Terroristen, zu deren Bekämpfung rund 100 Mann entsandt worden waren. Der Generalstabschef war der Auffassung, solche Unternehmen hätten keinen Zweck, wenn keine genauen Informationen hinsichtlich der Anwesenheit der Terroristen verfügbar wären. Er schloß mit den Worten: »Ich bin zufrieden, daß die Ziele zerstört wurden. Ich bin zufrieden, daß wir ein paar der Terroristen erwischt haben, und ich bin zufrieden, daß unsere Männer wieder sicher zurückkamen.«

Die 13. Flottille gegen Landrover

Einen Monat später verlautete die Absicht, ein weiteres Ziel anzugreifen, das aus Stellungen bestand, die mit einem Maschinengewehr und einem rückstoßfreiem Geschütz besetzt waren. Diese Stellungen befanden sich in einem lichten Wald in der Nähe eines Flüchtlingslagers bei Zidon. FKpt. Ami Ayalon, unterstützt durch KKpt. Didi Ya'ari, befehligte ein aus 40 Mann bestehendes Kommando, das in zwei Gruppen gegliedert war, die unter dem Befehl von Kptlt. David Schick und Kptlt. Ran Galinka standen.

Am 8. August 1975 verließ das Kommando an Bord von FMB's den Hafen. Die Fahrt ins Einsatzgebiet verlief ohne Ereignisse und die Schlauchboote wurden ausgesetzt. Durch sein Fernglas machte David Schick die Hütte aus, die ihre Landungsstelle markierte.

Am Abgangspunkt angekommen, schwammen die Männer des Vortrupps an Land und krochen über den Sandstrand zu einem Beobachtungspunkt. David Schick ging gelassen in die Hütte, eine »Uzi« mit Schalldämpfer in der Hand haltend, und jagte einen Feuerstoß ins dunkle Innere. Ein Bettgestell umkippend, sah er anschließend nach, ob sich etwas darunter befand. Die Hütte war jedoch leer und das Gros des Kommandos ging an Land.

Ami Ayalon befahl, Schick sollte mit seiner Gruppe am Strand bleiben, und ging mit Ran Galinkas Gruppe zur Straße. Sie überquerten sie im Laufschritt, drangen in den Wald ein und gingen hinter einer niedrigen Mauer in Deckung, von wo aus sie das Ziel beobachten konnten. Gleichzeitig suchte Didi Ya'ari mit einigen Männern nach der Geschützstellung. Als sie diese gefunden hatten, sprengten sie die Stellung mitsamt dem Geschütz und töteten dabei drei der Terroristen.

Eine südlich davon postierte Deckungsgruppe unter Shaike Brosh befand sich nicht weit vom Haus des libanesischen Arbeitsministers entfernt. Einige Leute sahen die Israelis vom Balkon aus, kamen herunter und gingen auf sie zu. Ein kurzer Feuerstoß zwang sie zurück ins Haus. Als sie erneut zum Vorschein kommen wollten, wurde ihnen die Lage mit einem Schuß aus einem RAG deutlich gemacht. Wenige Minuten später erschien ein Terroristenfahrzeug, das mit ausgeschalteten Scheinwerfern sehr schnell fuhr. Die Deckungsgruppe beschoß den Wagen, der krachend auf den Strand stürzte.

Nach der Erfüllung ihrer Aufgabe schwammen die Männer zum Aufnahmepunkt zurück. Als sie noch unterwegs zu den Booten waren, tauchte ein Landrover am Strand auf und aus einem Maschinengewehr wurde das Feuer auf sie eröffnet. Dies setzte die Schwimmer einem großen Risiko aus und die Boote, den Vorteil der dunklen Nacht wahrnehmend, fuhren ihnen entgegen und nahmen sie auf. Caruso, der sich in einem »Snunit«-Boot befand, gab ihnen Feuerschutz und beschoß den Strand aus naher Entfernung.

Während des Artilleriebeschusses vom israelischen Gebiet aus am Ende des Unternehmens wurden durch eine Granate, die einen libanesischen Militärstützpunkt traf, vier libanesische Offiziere getötet. Das Ergebnis des Unternehmens bestand in fünf getöteten und zehn verwundeten Terroristen. Ferner wurden zwei Fahrzeuge beschädigt sowie ein Maschinengewehr, ein rückstoßfreies Geschütz und ein geheimes Munitionslager der Terroristen zerstört. Der Generalstabschef faßte kurz zusammen: »Ich bin erfreut darüber, daß das Ziel diesmal echt war.«

Soldaten eines Kommandos der 13. Flottille nach einem Unternehmen im Libanon: Erschöpft, aber erleichtert und glücklich.

Zehn Tage später kehrte ein Kommando zurück, um den Landrover zu vernichten, der die Gruppe der Männer in See beschossen hatte. Die Landestelle war beleuchtet, und so wurde entschieden, sie getaucht zu erreichen, um danach in einen Landangriff überzugehen, wie dies auf Green Island der Fall gewesen war.

Während der vorbereitenden Übungen wurde die Taucherausrüstung modernisiert. Anstatt sie vor der Brust zu tragen, wie dies viele Jahre lang üblich gewesen war, wurde sie nunmehr auf dem Rücken mitgeführt.

FKpt. Gadi Shefi führte das Kommando, das in zwei Gruppen gegliedert war, die unter dem Befehl von KKpt. Didi Ya'ari und Kptlt. David Schick standen. Gegen zwei Uhr morgens näherten sich die Männer der Landestelle, identifiziert durch die Lichter einer Bank. Sie nahmen die Taucherbrillen ab, so daß in der Nähe befindliche Zivilisten die Kampfschwimmer durch das Aufblitzen des sich in den Gläsern spiegelnden Lichtes

nicht bemerken konnten. Dann gingen die beiden Gruppen an Land und suchten sich ihren Weg im unbeleuchteten Bereich außerhalb der Straßenlaternen. An der Stelle des Hinterhalts angelangt, verteilten sie sich. Wenige Minuten später fuhr der Landrover die Straße entlang. In seinem hinteren Teil stand ein Terrorist mit einem »Gurianov«-Maschinengewehr vor sich. Didi Ya'ari hatte keine Ahnung, ob die zweite Gruppe zum Ausschwärmen Zeit gehabt hatte. Er entschloß sich zu warten, obwohl ihn seine Männer bedrängten, das Feuer zu eröffnen. Er rechnete damit, daß der Landrover entsprechend der normalen Patrouillenzeiten wieder an ihnen vorbeifahren werde.

In der Zwischenzeit war die Gruppe von David Schick ausgeschwärmt und hatte hinter einer niedrigen Mauer Deckung gefunden, um auf Vorübergehende achtzugeben. Nach einer kurzen Zeit erschien der Landrover erneut, Didi Ya'aris Gruppe passierend. Durch seine eigenen Scheinwerfer bot der Wagen ein gutes Ziel und Schick eröffnete das Feuer. Die Scheinwerfer gingen aus und das Fahrzeug fuhr weiter, hinter einer Kurve der Straße verschwindend. David Schick und seine Leute eilten ihm im Laufschritt nach, sich dabei dicht an einer Mauer neben der Straße haltend. Dann stießen sie auf den beschädigten Landrover, der etwa 50 m entfernt stand. Schick warf eine Phosphorgranate und in ihrem Schein schossen die Männer aus allen Rohren. Auf die Straße laufend, warf Schick noch eine weitere Leuchtgranate. Am Wagen angekommen, sah er den MG-Schützen tot auf dem Sitz liegen. Inzwischen ging der Landrover in Flammen auf und seine Munition detonierte.

Unterwegs zum Strand sah Didi Ya'ari einen weiteren Landrover, aber es wäre zu gefährlich gewesen, an ihn heranzukommen. Er entschloß sich daher, das Leben seiner Männer nicht aufs Spiel zu setzen, und das Kommando räumte das Feld.

Der Befehlshaber der Marine faßte zusammen: »Das Unternehmen war ein hundertprozentiger Erfolg. Als wir um drei Uhr nachmittags den Plan im Generalkommando darlegten, waren alle Fachleute der IDF für verdeckte Operationen dagegen gewesen. Doch der Generalstabschef mag Landrover, und das rettete die Situation.« Er billigte Didi Ya'aris Entschluß, sich zurückzuziehen; denn nach seiner Auffassung hätte es sicherlich keinen Sinn gehabt, das Leben der Männer unnötigerweise zu gefährden.

Während die IDF im Norden die Terroristen bekämpfte, räumte sie gemäß den Bestimmungen des Abkommens mit Ägypten weitere Stützpunkte auf dem Sinai. Im November 1975 wurde auch der unter meinem Befehl stehende Marinestützpunkt in Ras-el-Sudr geräumt. Zur selben Zeit lief bei Vickers-Armstrong in Großbritannien das nach Bauplänen (Typ 206) des deutschen Ingenieurbüros Gabler, Lübeck, gebaute Unterseeboot GAL (600 ts unter Wasser) vom Stapel. Damit kehrte die Marine zu den Operationen unter Wasser zurück, die nach der Außerdienststellung der Unterseeboote der T-Klasse aufgehört hatten. Außerdem kaufte die Marine einige Düsenflugzeuge für Aufklärungseinsätze über See. Diese Maschinen wurden der Luftwaffe angegliedert, standen aber den Erfordernissen der Marine zur Verfügung.

Gadi Shefi wird der neue Chef der 13. Flottille

Von ständiger Aktivität erschöpft, beendete Caruso 1976 seine Dienstzeit. Er empfand es als hart, mit den Unfällen zurechtzukommen, die sich während seiner Zeit als Flottillenchef ereignet hatten, wohingegen die Einsätze ohne Verluste abgelaufen waren.

Caruso, ein schwieriger und nach innen gekehrter Mensch, sprach offen darüber:

»Was mich so fertiggemacht hat, war die Anzahl der Männer, die bei Unfällen starben; alles Folgen der Sorglosigkeit – einschließlich meiner eigenen. Ich fand mich in eine Atmosphäre der Zügellosigkeit hineingezogen, die aus der Vergangenheit herrührte. Meine Bettelarmut und Stupidität erreichten ein solches Ausmaß, daß ich die nicht detonierten Minen eingesammelt hätte, nur, um keine Ressourcen zu verschwenden – natürlich gegen die Sicherheitsvorschriften. Wir waren alle einzigartige Charaktere, deren Verhalten im Widerspruch zu den sozialen Normen stand; Individualisten, die sich nur auf sich selbst verließen und die nur für sich selbst lebten. Daher gingen die meisten von uns auf Abstand zueinander, waren verleumderisch und verächtlich. Wie die meisten meiner Kameraden hatte ich einen Befehl stets als etwas angesehen, das übertreten werden sollte. Das war die Ursache der Vorfälle. Wir dachten nie daran, die Waffen kennenzulernen, die wir führten und ohne jede Sicherheitsmaßnahme benutzten. Einen Mann verletzte ein verirrtes Geschoß bei der Erprobung einer neuen Waffe. Ein anderer wollte sehen, wie tief er tauchen konnte – und kehrte nicht zurück. Wir bauten auf einem »Snunit«-Boot einen Granatwerfer ein. Motta Gur, der Generalstabschef, der bei den Versuchen anwesend war, sah, wie an ihm und an den Männern Stücke vorbeiflogen. Niemand nahm davon Notiz. Anscheinend hatte es eine Funktionsstörung gegeben, die ein paar Männer verletzte. Bei einer weiteren Erprobung

wurde einer der Männer durch einen umherfliegenden Granatsplitter getötet, der ihm in den Hals drang. Ein anderer, der seine Taucherausrüstung auf dem Rücken statt auf dem Bauch liegend überprüfte, ertrank fast, als er sich mit dem Atemschlauch verhedderte. Bei der Hochzeit von Gadi Kroll befahl ich, die Männer sollten mit dem Bus der Flottille zurückfahren, da sie zur Trunkenheit neigten. Niemand traf dafür Vorkehrungen. Sie tranken und trieben es dabei wie die Wahnsinnigen – und zwei von ihnen kamen um. Das Schmerzlichste an den Vorfällen bestand darin, ihren Eltern mitzuteilen, daß ihre Söhne tot waren. Das war mehr, als ich ertragen konnte. Diese Ereignisse überzeugten mich, daß ich für das Soldatische überhaupt nicht geeignet war. Ich betrachtete mich für alles, was geschah, als verantwortlich, auch wenn ich von diesen Erprobungen nichts gewußt hatte.«

Die Offiziere der Flottille gewährten Caruso, der an keinem der Vorfälle persönlich oder dienstlich beteiligt gewesen war, ihre volle Unterstützung. Der Großteil der Männer bezog sich mit der lapidaren Bemerkung auf die Unfälle: »Wir haben Mist gebaut!« Bestrafungen erfolgten keine.

Im Juni 1976 erhielt Gadi Shefi die Ernennung zum neuen Flottillenchef. Auch er empfand es als hart, mit den Unfällen zurechtzukommen, insbesondere als zwei Taucher getötet wurden, nachdem eine kleine Sprengladung zwischen ihnen detonierte, die ins Wasser geworfen worden war, um ihnen das Auftauchen zu signalisieren. Sie verloren ihren Gleichgewichtssinn und ertranken. Für das Unheil machte Gadi Shefi das gesamte System verantwortlich, darunter auch die früheren Flottillenchefs, die es zugelassen hatten, daß solche Sprengsätze ohne Sicherheitsmaßnahmen benutzt wurden. Shefi wurde der Nachlässigkeit beschuldigt und weigerte sich, seinen neuen Posten zu übernehmen. Der Generalstabschef versuchte, ihn auf andere Weise zu überzeugen, und machte ihm klar, daß er selbst den Posten des Generalstabschefs trotz eines ähnlichen Vorfalls angetreten hätte. Schließlich übernahm Gadi Shefi sein neues Kommando.

Das Entebbe-Unternehmen: Krokodile im Victoriasee

Ende Juni 1976 entführten Terroristen eine Linienmaschine der Air France nach Entebbe in Uganda. Dort stand die Maschine auf dem Flughafen direkt am Victoriasee. Die jüdischen Fluggäste wurden von den übrigen Passagieren getrennt – völlig geschockt, nachdem zwei deutsche Terroristen einen »Selektionsprozeß« durchgeführt hatten, wie dies die Nazis während des »Holocaust« getan hatten.

Der Generalstabschef befahl, einen Rettungsplan vorzubereiten, während gleichzeitig Verhandlungen über die Freilassung der Geiseln stattfanden. Als sich herausstellte, daß Idi Amin, der Präsident Ugandas, mit den Terroristen zusammenarbeitete, sollten die Geiseln unter Anwendung von Gewalt befreit werden.

Um zwei Uhr morgens wurde Gadi Shefi ins Generalkommando befohlen. Dort traf er den stellvertretenden Kommandeur der »Sayeret Matkal«. Shefi schlug vor, über dem Victoriasee Schlauchboote an Fallschirmen abzuwerfen, um vom See aus den Flughafen einzunehmen. Dies sollte es der israelischen Regierung und den Politikern der westlichen Welt ermöglichen, Druck auf den Präsidenten von Uganda auszuüben, der sich in einer sehr unangenehmen Lage befinden würde.

Dies war ein sehr gewagter Plan und es bestand die Besorgnis vor hohen Verlusten. Befürchtungen gab es auch hinsichtlich der Krokodile im See und niemand wußte, wie ihnen zu begegnen war. Der Generalstabschef befahl Gadi Shefi, sich auf das Unternehmen vorzubereiten, und so führte die Flottille Übungen mit Fallschirmabwürfen von Schlauchbooten in die See durch. Zudem entsandte die Marine zwei Offiziere nach Kenia, Ugandas Nachbar am Victoriasee. Mit der Unterstützung von Agenten des Mossad erwarben sie ein großes Boot, um damit die befreiten Geiseln wegzubringen.

In der Nacht des 3. Juli wurden die Geiseln durch eine kombinierte Kampfgruppe befreit, die aus Angehörigen der »Sayeret Matkal«, Fallschirmjägern und Soldaten der Infanteriebrigade »Golani« bestand.

Die Kampfgruppe landete mit »Hercules«-Transportmaschinen auf dem Flughafen von Entebbe. Bei der Befreiungsaktion wurden neben dem Kommandeur der »Sayeret Matkal« auch sechs Geiseln getötet und sechs weitere verletzt. Fernen kamen in den Kämpfen alle Terroristen und etwa 20 ugandische Soldaten um.

Gadi Shefi und seine Männer erfuhren von dem Unternehmen erst, nachdem die Flugzeuge bereits gestartet waren. Sie fühlten sich verletzt, weil sie nicht einbezogen und nicht informiert worden waren. Ihre Übungen hatten sie für nichts und wieder nichts abgehalten. Nach ihrer Auffassung waren sie genauso gut wie die anderen, und sie hätten in einer schwierigen Lage helfen können, in der möglicherweise seemännische Erfahrung erforderlich gewesen wäre. Sie hatten recht; wieder einmal waren von außen kommende Prestigegedanken Teil einer Sonderoperation gewesen. Gadi Shefi war außerordentlich wütend und drohte mit seinem Rücktritt.

Die Operation der »Heiligen Geister«: Handelsschiffe sinken

Gadi Shefi blieb weiterhin Chef der Flottille und trat nicht zurück. Statt dessen vertiefte er sich in die Vorbereitungen für eine Operation, die damals als die wichtigste angesehen wurde: die Versenkung feindselig gesinnter Schiffe. Anfang 1976 wurde über die Häfen Tyrus (Sur) und Sidon (Saïda), die sich damals unter terroristischer Kontrolle befanden, eine Seeblockade verhängt. Mit ihr sollte das Einlaufen griechischer und zypriotischer Schiffe verhindert werden, die gegen großzügige Bezahlung militärische Ausrüstung und Waffen in diese Häfen brachten. Ende Juni hielt ein Patrouillenboot der »Dabur«-Klasse ein griechisches Schiff an, in dessen Laderäumen Hunderte von Tonnen Artillerie- und Granatwerfermunition entdeckt wurden. Die Israelis beschlagnahmten das Schiff und schleppten es nach Haifa ein.

Mitte Juli erhielten vier Kampfschwimmer mit SPC's den Auftrag, Schiffe mit ähnlicher Ladung im Hafen von Tyrus zu versenken, und zwei weitere hatten die Aufgabe, ein Schiff zu vernichten, das außerhalb des Hafens auf Reede ankerte.

Bei der 13. Flottille herrschte große Aufregung. Seit dem Ende des Yom-Kippur-Krieges waren keine großen Schiffe mehr versenkt worden und jeder in der Einheit kämpfte um das Recht, an diesem mit Prestige verbundenen Unternehmen teilzunehmen.

Als das Kommando mit seinen »Snunit«-Booten im Einsatzgebiet eintraf, ging die Meldung ein, daß keine Schiffe auf Reede lägen, die anzugreifen wären. Die für diese Aufgabe eingeteilten Kampfschwimmer waren enttäuscht.

Kptlt. David Schick, der für die Taucher-Abteilung verantwortlich war, führte die Gruppe mit den beiden SPC's. Sich dem Hafen nähernd, erkannte er vier Schiffe, die beiderseits der beleuchteten Mole festgemacht hatten. Ein Panzerfahrzeug stand dort und es herrschte reger Personenverkehr. David Schick verteilte die anzugreifenden Ziele unter seine Männer und hielt getaucht direkt auf eines von ihnen zu. Das schwer beladene Schiff schwang hin und her und es war für ihn schwierig, mit seinem SPC unter das Schiff zu gelangen. Offensichtlich war die Wassertiefe unter dem Kiel falsch berechnet worden. In dem beleuchteten Bereich fühlten sich die Kampfschwimmer der Entdeckung preisgegeben und hatten Schwierigkeiten, an die Bordwand des Schiffes zu kommen, da sie zwischen ihr und der Pier eingezwängt waren. David Schick brachte die erste Mine an. Die zweite rutschte nach dem Befestigen ab und sank auf Grund. Er befürchtete, sie könnte jeden Augenblick detonieren, da die Sperre gegen das Entfernen aktiviert worden war. Daher schwamm er rasch zu den beiden anderen Kampfschwimmern hinüber, die dabei waren, eine weitere Mine anzubringen, und signalisierte ihnen, sich so schnell wie möglich aus diesem Bereich zu entfernen. Nach einer Tauchstrecke von etwa 70 m kamen die Männer an die Wasseroberfläche und begannen zu schwimmen, um nicht in tiefem Wasser erwischt zu werden, falls die Mine vorzeitig hochgehen sollte.

Als die Minen am folgenden Morgen detonierten, bestand der gesamte Erfolg nur darin, daß das Schiff lediglich ein paar Zentimeter tiefer in den Schlamm des Hafens einsank. Bei der Besprechung nach dem Einsatz wurde der Grund für die falsche Berechnung der Wassertiefe offensichtlich. Traktoren hatten die Schiffe an die Pier gezogen und deshalb hatten ihre Kiele den Grund berührt. Einige weitere grundlegende Fehler kamen als Ursache zum Vorschein, weshalb nur eines der beiden Schiffe im Hafen sank. David Schick hatte einen Navigationsfehler begangen und eine Mine an dem Schiff angebracht, das dem anderen Taucherpaar zugewiesen worden war.

Der Grund für das Abrutschen der Mine war einfach – und zugleich irgendwie amüsant. Es stellte sich heraus, daß keiner von ihnen einen Schaber bei sich gehabt hatte; dieses einfache kleine Werkzeug, das Yochai Ben-Nun und seine Kameraden benutzt hatten, um den Algenbewuchs abzukratzen, und das jedem Seemann so vertraut war. Jahre vergingen und den Schaber ersetzte ein beeindruckendes Tauchermesser, das zu vielem gebraucht werden konnte – das Abkratzen von Algen gehörte nicht dazu. Die Männer hatten ein grundlegendes Prinzip der Sabotage an Schiffen vergessen. Am nächsten Morgen ging der Furier der Flottille in die Stadt und kaufte Schaber. David Schick wurde suspendiert und der von einem Offizierslehrgang abberufene Didi Ya'ari mußte ihn ersetzen.

In der Nacht des 8. August 1976 drangen Kampfschwimmer der SDV-Abteilung in den Hafen von Tyrus ein. Die Auswahl dieser Männer für einen Tauchereinsatz versetzte dem Stolz der Taucher-Abteilung einen schweren Schlag. Die Fehler beim vorhergehenden Unternehmen hatten die gesamte Flottille in Aufruhr versetzt und daher war es wichtig, das wieder in Ordnung zu bringen, was schiefgelaufen war.

Die Anweisungen lauteten, daß das mit Waffen beladene Schiff vom Namen her identifiziert werden mußte, um das Versenken eines unbeteiligten Schiffes zu vermeiden. Das Unternehmen war von kurzer Dauer und verlief exakt. Kptlt. Ran Galinka und ObltzS. Eitan Gross erreichten das Einsatzgebiet mit einem »Snunit«-Boot und gingen am Absetzpunkt ins Wasser. Auf Ran Galinkas Schultern ruhte eine große Verantwortung und er fühlte sich sehr unter Druck gesetzt. Als sich die beiden während des Tauchgangs in der Nähe der Mole befanden, drängte er Eitan Gross auf die Felsen zu, als er diesen, den Tauchanweisungen entsprechend, in

Führung vermutete. Er war sehr ärgerlich, beruhigte sich aber wieder, als am Kopf der Mole das Schiff auszumachen war. Ran Galinka tauchte kurz auf, sah sich um, identifizierte seinen Namen und tauchte wieder. Diesmal befestigten die beiden Kampfschwimmer die Minen mit Zwingen am Kiel, um ein Abrutschen zu vermeiden. Am folgenden Morgen sank das Schiff und ein weiterer Abschnitt der Mole war blockiert.

Die libanesischen Medien brachten die Meldung, daß israelische Kommandos die Schiffe versenkt hätten. Darauf erwiderte der Pressesprecher des Generalkommandos der IDF: »Uns ist keine derartige Aktion bekannt.«

An 23. September 1976 übergab Admiral Bini Telem den Befehl über die Marine an Michael Barkai. Drei Tage später erinnerten die Terroristen daran, daß die israelische Küste leicht zu erreichen war. In der Marina von Tel Aviv sitzendes Publikum war überrascht, fünf Terroristen zu sehen, die von einem Schlauchboot an Land gingen und sich ergaben. Nach ihren Aussagen waren sie an Bord eines Schiffes gewesen und hatten vorgehabt, nach Gaza zu gelangen, um dort im Untergrund eine terroristische Zelle einzurichten. Das Schiff hatte sie mit ihrem Schlauchboot etwa 50 sm vor der Küste ausgesetzt. Danach hatten sie die Orientierung verloren, und als ein Patrouillenboot der »Dabur«-Klasse sie sichtete, warfen sie ihre gesamte Ausrüstung über Bord und beschlossen, sich zu ergeben.

Wieder einmal verstärkte die Marine ihre Patrouillentätigkeit, aber auch das geheimdienstliche Netz erfuhr eine zunehmende Aktivierung, um die zum Transport von Terroristen bestimmten Schiffe bereits auszumachen, noch ehe sie ausliefen. Anfang Oktober 1976 versenkte ein FMB westlich von Beirut ein Schiff der Terroristen und brachte ein Boot auf.

Am 18. Oktober 1976 hatten die Kampfschwimmer ein weiteres Unternehmen durchzuführen. Der Befehl hierzu kam abends um sechs Uhr, als sich der wieder auf seinen Posten zurückberufene David Schick und Ran Galinka zu Hause befanden. Beiden war klar, daß der zuerst auf dem Stützpunkt Eintreffende das Unternehmen führen würde. Galinka gewann den Wettlauf, mußte aber einen Strafzettel wegen zu schnellen Fahrens bezahlen.

Auch Eitan Gross befand sich zu Hause; er war nach einem Familienbegräbnis in Trauer. Ihn erreichte ebenfalls der Rückruf, um als Ersatztaucher zur Verfügung zu stehen. Schließlich traf der ursprünglich vorgesehene Kampfschwimmer nicht rechtzeitig ein und Eitan Gross nahm seinen Platz ein.

Galinka und Gross liefen mit einem «Snunit»-Boot aus, um das Schiff noch zu erwischen, ehe es in See ging. Die Liegeplätze an der Mole waren durch versenkte Schiffe blockiert und das Schiff mußte daher etwa 50 m vom Wellenbrecher entfernt ankern. Das Wasser war klar und die beiden Kampfschwimmer befürchteten, sie könnten von Deck aus gesehen werden. Während sie sich zum Anbringen der Mine am Kiel des Schiffes aufhielten und Eitan Gross beim Befestigen half, dachte er daran, in was für einer unglaublichen Situation er sich gerade befand. Um sechs Uhr abends war er noch friedlich zu Hause gesessen und hatte sich der Trauer hingegeben und jetzt – sieben Stunden später – war er dabei, im Libanon ein Schiff zu versenken.

Am folgenden Morgen sank das Schiff im seichten Gewässer des Hafens auf Grund und nur noch seine obere Hälfte ragte aus dem Wasser.

Das Monatsende sah die Kampfschwimmer erneut in Aktion, um ein weiteres Schiff zu versenken und das bereits zur Hälfte gesunkene Schiff, das noch nicht entladen war, endgültig zu vernichten. Der Befehl hierzu ging bei der Flottille um ein Uhr nachmittags ein. Vier Stunden später ging ein Kommando an Bord von »Snunit«-Booten in See. Diesmal stand es unter Führung von David Schick.

In der Bucht lagen mehrere Schiffe vor Anker. David Schick und sein Partner tauchten und schwammen in der offenen See etwa anderthalb Stunden lang von Schiff zu Schiff. Sie nahmen sogar ihre Taucherbrillen ab, um imstande zu sein, ihre Namen zu lesen – fanden aber nichts. Da ihm das Aufgeben widerstrebte, beschloß David Schick, sich um das Schiff dicht an der Mole zu kümmern, auch wenn er dabei die vorgesehene Zeit überschreiten müßte. Er versuchte, seinen Entschluß über Funk zu melden, bekam aber keine Verbindung. Nun befand er sich in der Zwickmühle. Er war knapp an Sauerstoff und mußte noch genügend für den Rückweg in Reserve behalten. Plötzlich waren einige Unterwasserdetonationen zu hören. Die Männer tauchten auf, um zu sehen, ob die Detonationen von Sprengladungen stammten, die von den Terroristen ins Wasser geworfen worden waren, oder ob es sich um eine an sie gerichtete Aufforderung zur Rückkehr handelte. Sich seiner Suspendierung erinnernd, entschloß sich David Schick zum Weitermachen. Er tauchte in Richtung der beiden Schiffe, die einander gegenüberliegend an der Mole festgemacht hatten, und stieß einen Seufzer der Erleichterung aus, als er den Namen eines der Schiffe hinter der grünen Segeltuchplane am Heck identifizieren konnte. Dann brachten er und sein Partner die Minen an. Sie umarmten sich beglückwünschend und verließen mit dem letzten Atemzug an Sauerstoff den Hafen. Immer wieder auftauchend, atmeten sie Frischluft ein und erst, als sie weit genug entfernt waren, setzten sie den Weg über Wasser schwimmend fort – nach über drei Stunden erschöpfenden Tauchens. Nach ihrer Rückkehr zum »Snunit«-Boot stellten sie fest, daß der Befehlshaber der Marine die Umkehr des Kommandos befohlen hatte. Das war der

Anlaß für die Detonationen gewesen. Das zweite Kampfschwimmerpaar tauchte zum beschädigten Schiff. Eine Wache auf dem Leichter leuchtete mit einem Handscheinwerfer und feuerte von Zeit zu Zeit ein paar Schüsse ins Wasser. Die beiden Taucher sahen die Löcher in der Bordwand, die die Minen beim vorhergehenden Unternehmen gerissen hatten, während sie die eigenen anbrachten. Am Morgen detonierten alle Minen. Auch das schon beschädigte Schiff legte sich auf die Seite, während der Leichter und der Kran sanken.

Wie am folgenden Tag verlautete, hatte das im Hafen beschädigte Schiff eine Ladung Reis an Bord gehabt. Trotz dieser Tatsache war Motta Gur, der Generalstabschef, mit dem Erfolg zufrieden. David Schick erkannte, daß die Tatsache, einen Fehler begangen und den Befehl zur Rückkehr nicht befolgt zu haben, ohne Bedeutung war, solange er die Absichten seiner Vorgesetzten befolgte. Nach seinem Dafürhalten war es die Absicht des Generalstabschefs gewesen, jedes Schiff als Warnung für die Terroristen zu versenken.

Um die Versenkungen nicht offiziell zu verkünden, gestatteten mir die Zensoren, den folgenden Text zu benutzen: Unter anderem teilte die Presse die Versenkung der folgenden Schiffe mit: der RIRI, ETNA, SPYRUS und der HERMES – und schrieb diese Aktionen den »Heiligen Geistern« in Israel zu.

Eine Aufklärung zur See endet mit einem Wunder

Im Gefolge von Präsident Sadats Friedensinitiative, bei der sich die Führer der PLO als die Hauptopfer sahen, griff diese erneut an und zog die Aufmerksamkeit der Weltöffentlichkeit auf sich. Der israelische Geheimdienst hatte von der vorgeschlagenen Aktion Kenntnis und versuchte, die Täter ausfindig zu machen. Zum Zeitpunkt des Besuches von Präsident Sadat in Israel, der Ende November 1977 stattfand, waren die Terroristen nicht imstande, entscheidend zu handeln. Eine Reihe von Versuchen endete mit der Versenkung ihrer Boote und sieben Terroristen wurden getötet.

Im Februar 1978 ging eine Information über eine Einheit der Terroristen ein, die von einem Stützpunkt im südlichen Libanon aus Übungen zur See durchführte. Daraufhin verstärkte die Marine ihre Aufklärung hinsichtlich der von den Terroristen benutzten Häfen und setzte zu diesem Zweck das neue Unterseeboot GAL ein.

Kampfschwimmer der 13. Flottille erhielten den Auftrag, vom Wrack der HERMES aus zu beobachten. Dieses Wrack ragte etwa 50 m vom Wellenbrecher des Hafens von Tyrus (Sur) entfernt diagonal aus dem Wasser. Die Führung des Einsatzes hatte Eitan Gross, der auch die SDV-Abteilung befehligte. Die Anweisungen für den Einsatz wurden in der Nacht erteilt, da Gadi Shefi dafür war, die Männer während des Tages schlafen zu lassen und sie lieber die ganze Nacht umherhetzte. Bei der abschließenden Einsatzbesprechung ergaben sich einige Probleme. Die Taucher wollten »richtiges Essen« haben, aber Gadi Shefi bestand auf Verpflegungsrationen. Der Generalstabschef erwiderte: »Was heißt hier Essen? Sie gehen nicht zu einem Picknick!« Der letztere wollte auch den Verbleib am Beobachtungspunkt ausdehnen und den Einsatz erst am Sonntag beenden. Dies verursachte ein weiteres Problem; denn Eitan Gross hatte vor, am Sonntag zu heiraten – der Generalstabschef gab schließlich nach.

Am Abend des 1. Februar setzte ein FMB sechs Kampfschwimmer mit ihren SDV's vor dem Hafen ab. Mit ihnen fuhren die Kampfschwimmer in Unterwasserfahrt zum Wrack, machten die SDV's in etwa fünf Meter Wassertiefe an seinen Seiten fest und gingen an Bord. Auf dem Wrack versteckten sie sich in einer kleinen Kajüte, die nur etwa drei Quadratmeter groß und halb mit Wasser gefüllt war. Zwei der Kampfschwimmer hatten den Auftrag, gegebenenfalls im Hafen ankernde Schiffe zu versenken, falls sich eine Gelegenheit hierzu bot – genauso wie dies die italienischen Kampfschwimmer während des Zweiten Weltkrieges in Gibraltar unternommen hatten. Eitan Gross teilte die Wachen ein, die dann abwechselnd die Aktivitäten im Hafen durch ein Bullauge beobachteten. Im Morgenlicht kundschafteten die Männer Fluchtwege aus und stellten fest, daß sie durch die von den Minendetonationen verursachten Löcher in der Bordwand des Schiffes ins freie Wasser tauchen konnten.

Gegen Mittag brach ein Sturm los. Wellen peitschten gegen die Seeseite des Wracks. Sie machten es unmöglich, sicher aus seinem Inneren zu gelangen. Eitan fürchtete um seine Männer – und um das Los seiner Hochzeit. Er entschloß sich zum Abwarten, bis sich der Sturm legte. Nach ein paar Stunden Aufenthalt in der kleinen Kajüte ließen es die Kälte und die beengten Verhältnisse einfach nicht zu, die steifen Gliedmaßen zu bewegen und warm zu werden. Erschöpfung war die Folge. Die Verpflegungsrationen mit der konzentrierten Nahrung machten alles noch schlimmer; sie verursachten bei den Männern Gereiztheit. Einer von ihnen verlor sogar die Kontrolle über seine Körperfunktionen.

Eitan Gross schickte zwei der Kampfschwimmer hinaus, um die SDV's zu untersuchen. Das Deck fiel gefährlich schräg ab und der hohe Seegang fegte sie in einen kleinen Raum, in dem der Ersatzpropeller verstaut war. Unter Verlust eines Rückenbeutels, der geheime Ausrüstung enthielt, hielten sie sich mit letzter Kraft an der Luke zum Laderaum fest. Ihre Kameraden zogen sie heraus und dann lagen sie aufs äußerste erschöpft auf dem nassen Deck. Nach ihren Instruktionen durfte keinerlei Ausrüstung, die sie verraten könnte,

zurückgelassen werden. Doch Eitan Gross war nicht gewillt, das Risiko auf sich zu nehmen, um auf den Boden des Laderaums hinabzutauchen. Angesichts der ernsten Lage, in der sie sich befanden, gingen ein Unterstützungsschiff und ein Patrouillenboot der »Dabur«-Klasse zur Hilfeleistung in See. Die Bergungsoperation begann noch am selben Abend. Die Männer wanden sich aus der Kajüte heraus und tauchten unter großen Schwierigkeiten zu ihren SDV's hinab. Zwanzig Stunden hatten sie in dem Wrack verbracht und besaßen kaum mehr Kraft. Unter großen Anstrengungen gelang es ihnen schließlich, die SDV's in Bewegung zu setzen. Der Seegang hatte die am Wrack festgemachten Fahrzeuge so arg mitgenommen, daß sie gerade noch schwimmfähig waren. Dann passierten die Kampfschwimmer mit ihren SDV's die den Hafen umgebenden Felsen und hielten auf das offene Meer zu. Dort wurden sie von der hochgehenden See heftig durchgeschüttelt. Zwei der Männer, die nicht zur SDV-Abteilung gehörten und es nicht gewohnt waren, auf solchen Fahrzeugen zu fahren, wurden ziemlich seekrank. Das zur Bergung bereitstehende »Dabur«-Boot wartete etwa eine Seemeile von der Küste entfernt auf sie und ungefähr eine halbe Seemeile weiter in See stand das Unterstützungsschiff.

Eitan Gross führte die SDV's und nachdem sie von dem sehr heftigen Seegang in Küstennähe etwas weiter entfernt waren, löste er einen der SDV-Steuerer ab, der außerordentlich erschöpft war. Sich dem »Dabur«-Boot nähernd, schickte er einen der Kampfschwimmer hinüber, aber auch dieser hatte fast keine Kraft mehr. Dann wurde das »Dabur«-Boot über das SDV gedrückt und Eitan Gross war sicher, daß dies seine Kameraden nicht überlebt hatten. Doch ein Seufzer der Erleichterung entrang sich ihm, als er sie hinter dem »Dabur«-Boot wieder auftauchen sah. Mit einem weiteren Versuch wurde auch der Kampfschwimmer an Bord des »Dabur«-Bootes gezogen und die SDV's liefen zum Unterstützungsschiff weiter. Nach einigen gefährlichen Manövern gelang es dem Kranführer, die beiden SDV's nacheinander aus dem Wasser zu heben.

Am nächsten Tag hatte sich die See wieder beruhigt und die Kampfschwimmer kehrten im verborgenen zum Wrack zurück. Hierbei tauchten sie auch in den Laderaum hinab und holten den Großteil der verlorengegangenen Ausrüstung herauf.

Niemand auf der Hochzeit von Eitan Gross ahnte, daß dieser einen Tag vorher vom körperlich anstrengendsten Unternehmen seines Lebens zurückgekehrt war. Niemand hörte seine Kameraden flüstern: »Das meiste von der Ausrüstung wurde gefunden.«

Einige Zeit vor diesem Unternehmen waren Eitan Gross und einige seiner Kameraden von einem Besuch bei den »Seals«, der Kommandoeinheit der US-Marine, zurückgekehrt. Sie hatten dort mit ihren SDV's trainiert.

Eitan Gross und eine Gruppe von Angehörigen der 13. Flottille weilten Mitte der 70er Jahre zu einem Ausbildungsbesuch bei den »Seals«, der Kommandoeinheit der US-Marine. Dort trainierten die israelischen Kampfschwimmer mit den amerikanischen SDV's. Im Bild: Übernahme von Sprengstoff und Ausrüstung von einem SDV.

Fachkundig hatten ihnen Unteroffiziere dieser Einheit von Einsatzfahrten in Atomunterseebooten berichtet und wie sie Unterwasserkabel für den Fernmeldeverkehr angezapft hatten, um mitzuhören.

Verbindung zu den »Seals« und ein unnötiger Unglücksfall

Die Verbindung zu den »Seals« war in den 70er Jahren zustandegekommen, als die israelische Marine ein amerikanisches SDV erprobt hatte, das mit Sonar ausgerüstet und hauptsächlich für den Einsatz von einem Unterseeboot aus entworfen worden war. Zu diesem Zeitpunkt befehligte Yossi Civshani die SDV-Abteilung der 13. Flottille. Er berichtete über die Sicherheitsrisiken, die mit der Verwendung des neuen SDV ver-

bunden waren, und forderte die Ablösung eines Lehrgangsteilnehmers, der die rigorosen Anforderungen des Fahrzeugs nicht bewältigen konnte. Civshani mußte den Mann jedoch behalten. Einige Zeit, nachdem Yossi Civshani die Einheit verlassen hatte, fanden Übungen im Hafen statt, als eine neue Tauchermaske erprobt wurde, die es den Kampfschwimmern ermöglichen sollten, miteinander zu sprechen. Ein Übungsteilnehmer meldete, er fühle sich nicht wohl, aber ihm wurde gesagt: »Mach' weiter, solange du kannst.« Er ertrank.

Eine Untersuchung ergab, daß die Verantwortung bei mehreren lag. Doch von den zum fraglichen Zeitpunkt anwesenden Personen wurde dem Dienstältesten, der die Ablösung des Verunglückten nicht gestattet hatte, keine Schuld beigemessen.

Später erwarb die Marine von einem anderen Land ein neues SDV. Nach den Aussagen eines der Offiziere explodierte wenige Tage nach dem Erwerb der Motor des Fahrzeugs – und es vergingen zehn Jahre, ehe seine

Einsatzbereitschaft erklärt wurde. Ins Ausland zu Erprobungen entsandte Offiziere der 13. Flottille kehrten mit neuen Taucheruhren zurück: »Werbegeschenke« der Hersteller. Nach Überzeugung eines Offiziers wollte der Hersteller »Löcher in den Ausgabensäckel der Marine reißen«.

Verteidigungsminister Ezer Weitzman: »Gut gemacht!«

Jeder in der 13. Flottille wartete auf einen weiteren Versenkungserfolg. Es gab viele Warnungen vor Terroristen und Operationen wurden geplant und widerrufen. Es war klar, daß die Terroristen nicht an die »Heiligen Geister« glaubten, die ihre Schiffe versenkt haben sollten, und daher Verteidigungsmaßnahmen ergriffen. Mitte Februar 1977 lief eine Information ein, wonach ein Waffenschiff im Begriff stünde, aus dem Hafen von Tyrus auszulaufen. Binnen weniger Stunden wurde ein Unternehmen in Gang gesetzt. Auf diese Weise wurden nach kurzer Unterbrechung der Präventiveinsätze die ständigen Unternehmen wieder aufgenommen.

Zwei Kampfschwimmer sollten den Einsatz ausführen, wobei der dienstältere LtzS. »Yaniv« (ein Deckname) war. Sie verließen die »Snunit«-Boote um 19.30 Uhr und, durch eine Leine verbunden, tauchten sie zu einem gesunkenen Schiff – ein guter Wegweiser. Als sie das Heck erreichten, tauchte Yaniv zu einem kurzen Rundblick auf und entdeckte mehrere Masten, deren Identifizierung schwierig war. Sie setzten ihren Weg in Richtung auf den Wellenbrecher fort, den sie nach etwa vier Minuten Tauchzeit erreichten. Nach ungefähr sechs weiteren Minuten erkannte Yaniv, daß sie in die falsche Richtung schwammen. Wieder auftauchend, stellte er fest, daß er rund 70 m von der Mole entfernt war. Erneut tauchend, fingen sie an, nach dem Zielschiff zu suchen. Plötzlich stieß Yaniv mit dem Kopf gegen eine Mauer und erkannte, daß sie sich verirrt hatten. Auf Grund sitzend, rekonstruierte er im Geiste den Grundriß des Hafens, um seinen Irrtum begreifen zu können. Zum Wrack zurückkehrend, wandten sie sich einem weiteren gesunkenen Schiff zu, das auf ihrer Taucherkarte markiert war. An den Seiten der beiden Schiffe tauchend, hörten sie das Geräusch eines Motorbootes und befürchteten, es könnte Wasserbomben werfen. Schneller schwimmend, passierten sie mehrere Wracks, konnten aber das Zielschiff nicht finden. Wieder tauchte Yaniv auf und bemerkte, daß er sich inmitten eines beleuchteten Bereichs befand. Sofort tauchend, entschied Yaniv, zum Wellenbrecher zurückzukehren und ihre Position erneut festzulegen. Anderthalb Stunden waren vergangen, seit sie das

»Snunit«-Boot verlassen hatten, und noch immer konnten sie kein Anzeichen des Ziels erkennen. Sorgfältig erkundete Yaniv den Hafen, um schließlich das weiße Schiff zu entdecken: ihr Ziel. Nach einer genauen Kompaßpeilung stießen sie unter Wasser in einem einzigen Zug auf das Schiff. Auf dem Grund des Hafens stehend, kratzten sie sorgfältig den Algenbewuchs von der Bordwand ab und brachten die Minen an. Danach entfernten sie sich vom Ziel, tauchten auf und meldeten den erfolgreichen Abschluß ihres Einsatzes. Am nächsten Morgen gesellte sich das Schiff zu den übrigen Wracks.

Nach dem Unternehmen traf Verteidigungsminister Ezer Weitzman mit den beiden Kampfschwimmern zusammen. In seiner freundlichen Art erklärte er ihnen sein Dilemma:

»Ich kann das Unternehmen nicht kurz zusammenfassen, ohne Ihnen etwas über meine Befürchtungen mitzuteilen. Sie sollten wissen, daß dies für Sie ein Einsatz von höchster Wichtigkeit war – und als solcher gerechtfertigt. Doch uns stellt sich stets die Frage, ob ein derartiges Unternehmen die Lage im gesamten Nahen Osten noch weiter komplizieren wird oder nicht. Es gibt Gründe, warum wir manchmal Unternehmen billigen und manchmal nicht. Schließlich würden wir die Zustimmung zu mehr Einsätzen geben, wenn es mehr Ziele gäbe. Es genügt für Sie zu wissen, daß derartige Einsätze von äußerster Wichtigkeit sind. Ich habe mich daher unter anderem entschieden, hierher zu kommen, um von Ihnen etwas über das Unternehmen zu hören. Doch als allererstes: Gut gemacht! Ich würdige in der Regel Dinge, die ich nicht selbst tun kann, und wenn ich sie selbst tun könnte, finden sich gewöhnlich andere Gründe, um zu sagen: „Gut gemacht!"«

Eine Tragödie auf der Autobahn an der Küste Israels

Seit dem Besuch des ägyptischen Präsidenten Sadat in Jerusalem waren nunmehr vier Monate vergangen. Am Samstag, dem 11. März 1978, landete eine Gruppe Terroristen gegen Mittag an einem Strand im mittleren Israel. Beim Anlandgehen ertranken zwei von ihnen, während sich zehn Mann auf den Weg zur wichtigsten Autobahn an der Küste machten. Unterwegs töteten sie eine Touristin. Nachdem sie die Autobahn erreicht hatten, entführten sie auf ihrem weiteren Weg nach Tel Aviv einen Omnibus. In den Außenbezirken der Stadt stoppte eine Straßensperre die Fahrt des Busses. Als er gestürmt wurde, ereignete sich in seinem Inneren eine

Explosion. Dann ging der Bus in Flammen auf. Hierbei fanden 35 Israelis den Tod und 71 weitere wurden verletzt. Einige von ihnen waren das Opfer israelischer Schüsse. Von den Terroristen wurden acht getötet und zwei festgenommen. Da nicht bekannt war, ob sich noch weitere Terroristen in dem Gebiet aufhielten, verhängten die israelischen Behörden eine 19 Stunden während Sperrzeit – die erste, die für die jüdische Bevölkerung in Israel je verhängt worden war.

Die Nachforschungen ergaben, daß Abu Jihad, der bisher alle über See erfolgten Anschläge organisiert hatte, auch für diesen Anschlag verantwortlich gewesen war. Schon seit längerem liefen Informationen über Ausbildung und Übungen von Terroristen für Operationen über See sowie über den Erwerb von SDr's und SPC's ein. Sämtliche Informationen dieser Art wiesen auf die Fähigkeiten der Terroristen hin, nunmehr Kommandounternehmen zur See durchzuführen.

Operation »Litani« – »Unser Vorrat an Glück ist übervoll!«

Der Anschlag lähmte Israel vor Entsetzen und die Regierung befahl, sämtliche terroristischen Stützpunkte im südlichen Libanon anzugreifen. In der Nacht zum 14. März 1978 setzten die israelischen Streitkräfte die Operation »Litani« in Gang. Nach einer Woche beherrschte die IDF, abgesehen von der Stadt Tyrus, den gesamten südlichen Libanon bis zum Fluß Litani.

Zu Beginn der Operation war die Atmosphäre in der 13. Flottille voller Zweifel darüber, ob sie einbezogen werden würde. Viele Vorschläge wurden gemacht, aber nur zwei Angriffsunternehmen fanden schließlich Zustimmung.

Unter Kptlt. Uri Teits schwamm in der Nacht zum 15. März ein Kommando mit leichter Tauchausrüstung an Land. Bereits nach kurzer Zeit froren die Männer und waren kaum in der Lage, etwas zu unternehmen. Der Einsatz verlief erfolglos, wenn es ihnen auch gelang, einen Landrover der Terroristen zu beschädigen, der noch nicht vernichtet worden war. In seinem Buch »Die israelische Invasion des Libanon« schrieb Mustafa Talas, der syrische Verteidigungsminister, über dieses Angriffsunternehmen: »Die Israelis landeten mit 40 Kampfbooten. Zwei der Boote beschädigten die palästinensischen Widerstandskräfte und zerstörten sie. In den Kampfhandlungen fanden 13 Widerstandskämpfer den Tod.«

In der folgenden Nacht ging ein Kommando unter Israel Assaf in Stärke von 18 Mann an Land. Den Angriff führten in der Nähe eines Apartmentblocks eine Deckungs- und eine Zerstörungsgruppe durch. Drei Fahrzeuge wurden zerstört. Als das Schießen aufhörte, waren aus einem der Wagen gellende Schreie zu hören, und die Männer verließen den Einsatzort mit dem Gefühl, einen Irrtum begangen zu haben, so daß auch Frauen getötet worden waren. Bei der Besprechung nach dem Einsatz war auch der Generalstabschef anwesend. Er hörte zu, wie die Männer ihre Fehler bekannten. Schließlich stand er auf und teilte ihnen mit, daß sich unter den Toten zwei Führer der Terroristen befunden hätten, darunter auch Jihad Carlos, der Kopf der »Ablehnungsfront«. Er setzte hinzu: »Wir brauchen im Leben manchmal etwas Glück.« Woraufhin Israel Assaf entgegnete: »Laßt uns doch mal mehr tun – unser Vorrat an Glück ist übervoll!« Die libanesische Presse schrieb: »Quellen in Beirut berichten, daß die IDF am Freitag ein blitzschnelles Kommandounternehmen nördlich von Tyrus unter Anwendung einer Methode durchführte, die an den Anschlag der Terroristen vom letzten Samstag nördlich von Tel Aviv erinnerte. Die Volksfront erklärte, daß ihre Streitkräfte ein grimmiges Gefecht lieferten, in dessen Verlauf Jihad Carlos getötet wurde.« Ferner berichtete der Reporter, daß auch 14 Zivilisten umkamen.

Im Verlaufe der Operation leisteten Schiffe der Marine Unterstützung, indem sie auf der Küstenstraße Fahrzeuge beschossen sowie eine Seeblockade des Hafens von Tyrus und an der Küste weitere Angriffe durchführten. Unterseeboote – zur GAL waren inzwischen ihre Schwesterboote RAHAV und TANIN hinzugekommen – fuhren Aufklärungseinsätze.

Unternehmen »Shalechet« – Gadi Shefi tritt zurück

Das Hauptergebnis der Operation »Litani« war die Schaffung einer von Israel kontrollierten Sicherheitszone im südlichen Libanon, mit deren Einrichtung die Terroristen keine direkte Verbindung mehr zur israelischen Nordgrenze besaßen. Der Erfolg der Terroristen beim Anschlag auf die Küstenautobahn hatte in Israel eine allgemeine Panik ausgelöst. Als Folge entstanden entlang seiner Küste Dutzende von Beobachtungsposten und fast die gesamte Strandlinie erhielt eine Einzäunung. Auf diese Weise bekam diese Küste eine gewisse Ähnlichkeit mit einer »Ghetto-Absperrung«. Zudem verstärkte die Marine ihre Küstenverteidigungssysteme, auch wenn klar war, daß es schwierig sein würde, die Routen über See vollständig zu blockieren. Nur eine umfangreiche Bandbreite modernster Ausrüstung verbunden mit der Durchführung von Präventivunternehmen könnte Anschläge verhindern.

Am 25. Mai 1978 entschied das Generalkommando, eine Angriffsoperation – das Unternehmen »Shalechet« (»Fallende Blätter«) – gegen den Stützpunkt durchzuführen, von dem die Terroristen gekommen waren, um die Anschläge auf das Hotel »Savoy« und die Küstenautobahn durchzuführen. Es gab Informationen, wonach dort eine Terroristengruppe für einen weiteren Anschlag trainierte.

Der Stützpunkt lag an einer ungeschützten Bucht nördlich von Ras-el-Sheik. Zu ihm gehörten eine Anzahl Motorboote, sieben Gebäude und ein Schuppen. Den Auftrag für die Durchführung des gesamten Unternehmens erhielt die 13. Flottille. Die Ausbildung ihrer Einsatzkräfte ging an einem Modell des Angriffszieles vor sich. Für den Angriff auf ein weiteres Ziel im Einsatzraum erfolgte später noch die Zuweisung einer Einheit Fallschirmjäger. Somit bestanden die Einsatzkräfte aus zwei Abteilungen:
- dem Kommando »Falke« mit ca. 60 Mann der 13. Flottille, welche die Gebäude und die Boote zu zerstören hatten, und
- dem Kommando »Adler«, bestehend aus 55 Fallschirmjägern und 9 Flottillenangehörigen, die ein Haus und ein Zeltlager inmitten von Zitrushainen zerstören sollten.

Der Operationsbefehl für das Unternehmen »Shalechet« erging lediglich drei Tage vor seiner geplanten Ausführung – nur sehr wenig Zeit für die Vorbereitungen belassend. Inzwischen trafen weitere geheimdienstliche Informationen ein, die Zweifel hinsichtlich des Angriffs auf die Zelte weckten. General Rafael Eitan (Raful), der Generalstabschef, gab dieses Ziel auf und teilte die Fallschirmjäger dem Kommando der Flottille zu. Am letzten Tag der Vorbereitungen fügte er noch ein weiteres Ziel hinzu: zwei zusätzliche Häuser. Gadi Shefi ernannte FKpt. Eli Marek zum Führer der zusätzlichen Gruppe.

Raful verfolgte die Vorbereitungen persönlich und am Ende der letzten Übung am Modell ließ er die Bombe platzen. Er verkündete, daß die Einsatzgruppen der Flottille, abgesehen von Eli Mareks Gruppe, nicht leistungsfähig genug wären, und ersetzte sie durch die Fallschirmjäger. Der Kommandeur der Fallschirmjäger war schockiert und machte geltend, daß nicht mehr genügend Zeit vorhanden wäre, um neue Pläne zu entwerfen. Erstaunlicherweise handelte Eli Marek, der für das neue Ziel nicht ausreichend vorbereitet war, ohne alle Hemmungen, während sich die Führer der Gruppen für die übrigen Flottillenziele nach einem langen Vorgang der Einweisung umständlich und automatisch verhielten. Rafuls Entscheidung schockierte Gadi Shefi in einem solchen Maße, daß er aufsprang und vor allen Offizieren Raful gegenüber erklärte, wenn dies der Fall wäre, würde er den Turnus seiner Dienstzeit nicht beenden. »Suchen Sie sich jemand anderen!«, schloß er und verließ den Raum. Danach legte er sich ins Bett und schlief ein. Am nächsten Morgen um sieben Uhr fand die letzte Einsatzbesprechung statt. Gadi Shefi erschien in »Zivilklamotten«. Raful befahl ihm, seine Uniform anzuziehen, und endete mit den Worten: »Sie sind der Kommandeur. Ich werde Sie Ihres Kommandos entheben, wenn *ich* mich unbehaglich fühle und nicht umgekehrt.«

Am Mittag des 8. Juni gingen die Kommandos an Bord eines Versorgungsschiffes und einiger FMB's. Nach der Umgliederung bestand die Fallschirmjäger-Abteilung aus 50 Offizieren und Mannschaften, während das Kommando Eli Mareks 26 Mann aus der Flottille umfaßte.

Der Anmarsch zum Abgangspunkt verlief ereignislos. Die Kampfschwimmer der Vorhutgruppe gingen ins Wasser und schwammen getaucht in Richtung Ziel. Als sie sich dem Strand näherten, löschten sie die Lämpchen, die sie benutzt hatten, um ihre Position zu markieren. Besorgnis kam auf, der Verband könnte die kleine Bucht verfehlt haben, in der sie an Land gehen sollten. Als sich die Vorhut am Strand befand, signalisierte der Führer der Gruppe dem Gros des Kommandos in See, das nun ebenfalls an Land schwamm. Infolge der herrschenden Strömung und weil einer der Kampfschwimmer gezwungen war, seinen Körperfunktionen im Wasser nachzukommen – ein komplizierter Vorgang –, hatte das Kommando einige Verspätung. Unmittelbar nach dem Anlandgehen suchten die Männer nach dem Schuppen, den ein Unterseeboot am selben Tag ausgemacht hatte. Nachdem sie ihn gefunden hatten, wurde dicht daneben eine Sicherungsgruppe postiert. Dieser gesamte Vorgang hatte zu weiterer Minuten der Verspätung geführt und Eli Marek hegte die Befürchtung, das Unternehmen müßte abgebrochen werden. Nach kurzer Diskussion mit dem vorgeschobenen Gefechtsstand, eingerichtet auf einem der FMB's, wurde entschieden, mit dem Unternehmen fortzufahren. Daraufhin wurde die Fallschirmjäger-Abteilung mit Schlauchbooten an Land gesetzt und die beiden Kommandos bewegten sich nunmehr in Richtung ihrer Ziele.

Dann erreichte Eli Marek den Punkt, an dem sich die Kommandos trennen mußten, und Marek wandte sich mit seinen Leuten in Richtung ihres Zieles. Auf seinem Weg dorthin stieß er auf eine hohe Mauer, die er von den Luftaufnahmen her kannte, war aber nicht imstande, einen Durchlaß zu finden. Zum Punkt ihrer Trennung zurückgekehrt, führte er seine Leute am Strand entlang. Nach einem kurzen Marsch kam das erste Ziel in Sicht. Eli Marek entsandte die erste Gruppe und wandte sich beobachtend einem zweistöckigen Gebäude mit einem angrenzenden Lagerraum zu, das auf seinem Dach einen Schuppen hatte. Im zweiten Stockwerk waren Leute zu erkennen, die sich bewegten. Er brachte sich und die Angriffsgruppe neben einer geborstenen Mauer in Position.

Etwa eine Stunde nach Mitternacht eröffneten die Fallschirmjäger das Feuer. Dies war das Signal, auf das Eli Marek wartete. An der Spitze seiner Männer stürmte er in das Gebäude und tötete einen Terroristen, der wegzulaufen versuchte. Rund um ein Haus waren Kommandoangehörige in Stellung gegangen und eröffneten ebenfalls ein heftiges Feuer. Eli Marek vermutete, daß es für niemanden, der sich noch im Inneren befand, eine Chance gab. Nur Esel konnten bei einem derartig losbrechenden Lärm noch schlafen. Trotzdem warfen die Männer ein paar Handgranaten hinein. Die erste Gruppe meldete zwei tote Terroristen und das Vorhandensein eines nicht identifizierten Objektes. Marek eilte zu dem Gebäude hin, um nachzusehen, und fand drei aufgeblasene Schlauchboote in einsatzbereitem Zustand, um in See zu gehen. Er befahl ihre Zerstörung. Die Männer warfen eine Sprengladung in das Haus und das Dach brach zusammen. Von einem hilflosen Esel abgesehen, erbrachte eine weitere Durchsuchung des Gebäudes nichts. Aus den auf den Boden geworfenen Decken war offensichtlich zu schließen, daß die Terroristen faktisch in letzter Minute entkommen waren.

Eli Marek und seine Leute wandten sich anschließend einem weiteren Haus zu. In ihm gab es offenbar Frauen und Kinder. Er entschloß sich daher zu einer gefährlicheren Form des Angriffs, indem er über einen Lautsprecher aufforderte, unbeteiligte Zivilisten sollten herauskommen. Diese Methode konnte das Leben von Zivilisten retten, aber auch den Terroristen ermöglichen, sich zu verteidigen oder zu entkommen.

Mit seinen Männern bewegte sich Eli Marek langsam auf das Gebäude zu, das von dichtem Buschwerk umgeben war. Dies hinderte sie daran zu erkennen, was in seinem Inneren vor sich ging. Der Befehl lautete, nach der Aufforderung ein paar Minuten zu warten, und wenn keine Antwort erfolgte – das Haus zu sprengen. Eli Marek hatte einen arabisch sprechenden Offizier der Vernehmungseinheit bei sich. Auf dessen Rufe in Arabisch kam keine Antwort und er flüsterte Marek zu: »Gott hat entschieden.« Oder anders ausgedrückt: Falls sich Zivilisten im Gebäude aufhielten, dann war dies ihr Schicksal.

Marek war sicher, daß Zivilisten da waren und erwiderte: »Unser Land muß nicht für eine Handlung wie diese beschuldigt werden.« Er ging an die Tür, öffnete sie, leuchtete mit seiner Lampe hinein und gab einen Feuerstoß in die Decke ab. Zuerst tauchte ein älterer Mann auf, der ein Kind hielt. Er legte sich auf den Boden und schrie, daß hier eine unschuldige Familie wohne. Dann kamen sechs Frauen und vierzehn Kinder heraus und legten sich ebenfalls langsam auf den Boden. Die Angehörigen des Kommandos durchsuchten das Haus und fanden einen stöhnenden alten Mann. Es stellte sich heraus, daß die nachrichtendienstlichen Informationen nicht stimmten; es handelte sich tatsächlich um ein normales Haus. Eli Marek verließ es mit seinen Männern, ohne jemandem ein Leid zuzufügen.

Das Teilunternehmen der Fallschirmjäger – ein Angriff gegen zwei Gebäudekomplexe – verlief nicht so routinemäßig. Ein Wachposten auf einem der Dächer eröffnete das Feuer. Die Fallschirmjäger stürmten vor, töteten den Posten und zerstörten das Gebäude sowie zwei daneben liegende Boote. Eine weitere Gruppe griff das mittlere Gebäude an, in dem sich ein Munitionslager befand. Die Munition ging hoch und tötete zwei der eigenen Offiziere, wobei den einen eine Betonmauer unter sich begrub. Zuerst wollten die Fallschirmjäger einen Bulldozer herbeischaffen oder den Körper herausschneiden, um ihn zurück nach Israel zu bringen. Schließlich gelang es ihnen jedoch, mit viel Kraft und Improvisation die beiden Leichen herauszuziehen.

Als die Kämpfe an Härte zunahmen, befahl Raful die Evakuierung der beiden Kommandos aus der nahen Bucht. Marek rief die Boote herbei und deckte mit seinen Leuten den Rückzugsweg. Die Terroristen eröffneten das Feuer aus den Zitrushainen und brachten Verwirrung in die Räumung. Sich daran erinnernd, was auf Green Island geschehen war, beschloß Eli Marek, die Fallschirmjäger in den Booten zu zählen. Sie hörten ihm nicht zu und viele rannten einfach ins Wasser. Einer der Fallschirmjäger wurde bei der Räumung verwundet. Männer aus Mareks Gruppe wiesen einen Hubschrauber zur Landung ein, um den Verwundeten abzutransportieren. Schließlich verließen die Männer der 13. Flottille als letzte die Bucht.

Bei dieser kombinierten Operation wurden sieben Gebäude der Terroristen zerstört, vier Rennboote in die Luft gejagt und auch eine Anzahl Schlauchboote vernichtet. Acht tote Terroristen wurden gezählt, aber wahrscheinlich lagen unter den Trümmern des in die Luft geflogenen Gebäudes noch weitere Tote. Das Unternehmen hatte seine Ziele erreicht. Die Aktionen des Kommandos der Flottille erfuhren hohes Lob und Gadi Shefis Reaktion auf die Entscheidung des Generalstabschefs war vergessen. Zwei Wochen später beendete dieser seine Dienstzeit.

Hanina Amishav, der neue Flotillenchef

Im August 1978 erhielt Hanina Amishav das Kommando über die 13. Flottille, nachdem er eine Zeitlang ein Flugkörper-Schnellboot als Kommandant geführt hatte. Als Flottillenchef zeigte Amishav visionäre und technische Fähigkeiten, hierin seinen Vorgänger übertreffend. Er war rauhbeinig, barsch und manchmal sehr zynisch. Darin glich er einigen, die vor ihm dieses Kommando innehatten.

Für die Terroristen spielte der Wechsel in der Führung der Flottille keine Rolle. Am 22. August setzte Hanina Amishav ein Kampfschwimmerkommando ein, um im Hafen von Sidon (Saïda) ein Schiff zu versenken. Doch die Kampfschwimmer fanden das Ziel dort nicht. Vier Tage später ortete eine Radarstation an der Nordküste ein Objekt. Ein dorthin entsandtes Patrouillenboot der »Dabur«-Klasse identifizierte in einem flachen Boot zwei Terroristen. Dies war das erstemal seit vier Jahren, daß ein Versuch von Terroristen entdeckt worden war, um vom Libanon aus direkt in israelische Gewässer einzudringen.

Einen Monat später verhinderte der Kommandant eines LST einen Angriff auf Eilat. Er stellte ein Handelsschiff fest, die AGIOS DEMITRIUS, und meldete seine Daten dem Kommandeur des regionalen Befehlsbereiches. Offensichtlich war das Schiff verdächtig und der LST-Kommandant erhielt den Befehl, es anzuhalten. Das Schiff reagierte nicht und versuchte zu entkommen – trotz der Warnung, das Feuer zu eröffnen. Schließlich wurde es aufgebracht, nachdem seine Brücke beschossen und beschädigt worden war. Bei seiner Durchsuchung entdeckten die Israelis Dutzende von Raketenabschußgeräten und eine große Menge Sprengstoff. Die Terroristen waren offenbar im Begriff gewesen, Eilat mit Raketen anzugreifen, während sie gleichzeitig die Zeitzünder für die Sprengladung aktivierten und das Schiff als Minenfalle in den Hafen steuerten. Ein FMB versenkte das Schiff.

Am 5. Oktober 1978, wenige Tage nach der Unterzeichnung des Friedensvertrages zwischen Israel und Ägypten in Camp David bei Washington, DC, verlud die israelische Marine auf zwei Landungsboote je einen Panzer. Danach liefen die beiden LCT's aus, um Ziele am Strand von Beirut zu beschießen. Dort waren weitere flache Boote festgestellt worden. Angriffsziel war auch das Hotel »Abla«, das den Terroristen als Hauptquartier diente. Von mehreren FMB's begleitet, näherten sich die Landungsboote bei völliger Dunkelheit der Küste. Ihre Rampen öffneten sich, die Panzerkommandanten faßten ihre Ziele auf und eröffneten mit ihren Kanonen das Feuer. Bereits die ersten Granaten trafen ihre Ziele. Durch das aufblitzende Mündungsfeuer der Panzerkanonen erkannt, gerieten die LCT's von der Küste und vom Hotel her unter schweren Beschuß. Doch die Geschütze der FMB's und der Landungsboote erwiderten das Feuer und der Beschuß schwächte sich bald ab.

Im Januar 1979 kam ein Offizier bei einer Übung auf der Insel Tiran ums Leben – der einzige Platz, an dem es möglich war, das Herauskommen aus dem Wasser unter scharfem Beschuß und echten Gefechtsbedingungen zu üben. Hanina Amishav erhielt die Aufforderung, bei Flottillenadmiral Gideon Raz, dem stellvertretenden Marinebefehlshaber, zu erscheinen.

Dieser hatte den Platz des Befehlshabers der Marine eingenommen, der infolge der Klage einer Soldatin wegen unzüchtigen Verhaltens vom Dienst suspendiert worden war. FltlAdm. Raz teilte Hanina Amishav mit, daß der Generalstabschef entschieden hatte, ihn öffentlich anzuklagen. FKpt. Gadi Kroll sollte solange die Führung der Flottille übernehmen, bis für Amishav ein Nachfolger gefunden worden war. Kroll war wütend, denn er war nicht nur Hanina Amishavs Stellvertreter sondern auch dessen Freund. Er beteuerte nachdrücklich, Amishav wäre in keiner Weise für das Unglück verantwortlich gewesen, und weigerte sich, ihn abzulösen. Hanina Amishav bat ihn jedoch, sich nicht wegen Befehlsverweigerung in Schwierigkeiten zu bringen.

Am folgenden Tag unterrichtete FltlAdm. Raz die Offiziere der 13. Flottille und erklärte ihnen die Situation. Sie schrien den stellvertretenden Marinebefehlshaber nieder und ließen ihn nicht sprechen. Einige der Offiziere übernahmen selbst die Verantwortung für den Unglücksfall. Es herrschte eine gereizte Stimmung und mehrere der Offiziere, die schon länger bei der Flottille waren, verkündeten ihren Rücktritt und verließen den Raum. Der anwesende Hanina Amishav befürchtete, daß eine Meuterei im Entstehen war. Natürlich war er seines Postens enthoben und dies bedeutete, daß er keine Befehlsgewalt mehr hatte. Doch trotz dieser Tatsache befahl er ihnen zurückzukehren, machte ihnen klar, daß sie ihrem Land und nicht ihm persönlich zu dienen hätten, und forderte sie auf, sich zu beruhigen. Mit diesen Worten schließend, ging er aus dem Raum.

Hanina Amishav war der erste Kommandeur, der den Preis für die verhängnisvollen Unfälle und für die Kluft zwischen Einsatz und alltäglicher Disziplin zu zahlen hatte. Vor dem öffentlichen Verfahren gegen ihn hatte es viele vermeidbare Unfälle gegeben, die alle – intern und ohne Einmischung von außen – untersucht wurden. Niemand war zur Verantwortung gezogen worden; der Schleier der »Geheimhaltung« hatte alles zugedeckt. Im Laufe der Jahre bildete sich die Erkenntnis heraus, daß Unfälle nicht als Bestandteil des täglichen Lebens hingenommen werden mußten. Innerhalb der Flottille kam ein Untersuchungsprozeß in Gang, der zum Aufstellen von mehr Sicherheitsvorschriften führte – zumeist mit dem Blut von Opfern.

Almog und Ayalon werden befördert

Im Januar 1979 erfolgte die Ernennung von Ze'ev Almog zum Befehlshaber der Marine, obwohl viele der Auffassung waren, er nähere sich dem Ende seiner

Karriere. Er war kein Generalstabsoffizier und nur ein paar Monate lang Kommandant eines Motortorpedobootes gewesen – keineswegs der ideale Weg für einen Marinebefehlshaber.

Almog trat seine neue Position mit großer Energie an. Die jungen Offiziere waren erfreut, auf einen neuen Befehlshaber zu treffen, der – den meisten von ihnen unbekannt – glänzende Vorträge hielt und eine Aura des Vertrauens, der Stärke und der guten Manieren verbreitete. Doch seine ersten Entscheidungen verursachten erhebliche Unzufriedenheit.

Drei Tage nach seiner Ernennung hob ein Kommando der 13. Flottille ein Hauptquartier der Terroristen aus. Einen der Flügel des Gebäudes hatten zwei Wochen früher »Gabriel«-Flugkörper zerstört. Der übrige Teil des Gebäudes war erhalten geblieben und gegen ihn richtete sich der Entschluß zum Angriff. Die Terroristen in diesem Gebiet befanden sich in voller Alarmbereitschaft. Sie hatten Beobachtungsposten und Hinterhalte eingerichtet und benutzten Leuchtbomben, um die See zu beleuchten.

Das Unternehmen wurde FKpt. Gadi Krolls breiten Schultern aufgebürdet. Am 15. Januar landete ein 15 Mann starkes Kommando an der Küste, drang in das Gebäude ein und sprengte es. Terroristen kamen nicht zum Vorschein.

Ami Ayalon war zu dem Zeitpunkt Kommandant eines FMB und dazu ausersehen, Gadi Kroll als stellvertretenden Flottillenchef zu ersetzen. Ihm wurde nunmehr die Position des Flottillenchefs angeboten. Doch er wollte Hanina Amishav, einen Jugendfreund, nicht verdrängen. Bei einem Zusammentreffen mit dem Generalstabschef machte er geltend, daß eine Untersuchung und ein Kriegsgericht einer öffentlichen Anklageerhebung vorgezogen werden sollten. Raful erwiderte: »Eine Untersuchungskommission hat eine Schweinerei festgestellt.«

Die Moral in der Flottille war auf einem beispiellosen Tiefpunkt angelangt und die Männer hatten das Gefühl, der Generalstabschef verfolge sie. Ami Ayalon – von kleiner Statur, mit entschlossenen Gesichtszügen und kahlköpfig – spürte, daß ihn die Offiziere nicht mochten, da er seit drei Jahren von der Einheit weg war. Er forderte sie auf, ihn zu unterstützen, um auf diese Weise ihr Vertrauen zu gewinnen. Auch das Vertrauen der jüngeren Männer gewann er, da er sich in einer körperlichen Höchstform befand und imstande war, alles selbst zu leisten, was er von ihnen forderte.

Sie anerkannten und respektierten seine fachlichen Fähigkeiten, mit denen es nur wenige aufnehmen konnten. Dann frugen sie ihn, nach welchen Kriterien er Kämpfer auswähle. Er erwiderte: »Wenn ich Kinder auf einem Schulausflug sehe und ein Kind sucht nach einem anderen, ungewöhnlicheren Weg –

dann ist dies genau das, was ich will.« Ami Ayalon hatte recht, aber er hätte sich vielleicht auch an Yossale Dror erinnern sollen, der bei einem Ausflug auf einen Vulkan in Italien einen Seitenpfad wählte und sich zu Tode stürzte.

Ami Ayalon erneuerte die Tradition, quer durch die Bucht von Haifa zu tauchen, und stoppte – aber nicht vollständig – die wilden Partys, die in der Flottille zur Routine geworden waren. Ihm war klar, daß er allein nicht alle Unternehmen leiten und in allem der Beste sein konnte. Daher ernannte er einen jüngeren Offizier, um die Männer an der Front zu führen.

Ein Angriff auf Naharya: Die israelische Küste ist noch immer verwundbar

Ein terroristischer Anschlag im Januar 1979 auf eine Schule in Ma'alot, der mit einem erfolglosen Rettungsversuch durch die »Sayeret Matkal«, dem Mord an 24 Schülern und vielen Verletzten endete, änderte die Lage. Das Generalkommando beschloß, selbst Operationen in Gang zu setzen, statt auf einen Angriff der Terroristen zu warten und anschließend Vergeltung zu üben.

Im März brachten Patrouillenboote in See zwei Schiffe der Terroristen auf: die JINAN mit Kampfausrüstung und Booten an Bord sowie die STEPHANIE. Hubschrauber brachten ein Sturmkommando der 13. Flottille in das Gebiet. Bei der Durchsuchung der Schiffe wurden Raketen und Gewehre gefunden, die durch die Bullaugen gerichtet worden waren. Die Terroristen waren unterwegs zu einem massiven Anschlag in Israel gewesen.

Am 22. April, einen Monat nach der endgültigen Unterzeichnung des israelisch-ägyptischen Friedensvertrages in Washington, landete um Mitternacht ein Schlauchboot in Naharya. Die Terroristen töteten einen Polizeibeamten und drangen in ein Apartmentgebäude ein. Dort erschoß ein Bewohner einen der Terroristen, die anschließend zwei Geiseln nahmen: einen Vater und seine kleine Tochter. Die Mutter versteckte sich mit der zweijährigen Tochter und hielt ihr den Mund zu, nicht bemerkend, daß sie das Kind dabei erstickte. Danach kehrten die Terroristen zu ihrem Schlauchboot zurück, das von Einschüssen durchlöchert war. Eiligst wurden Polizeikräfte in das Gebiet entsandt, das sich in vollem Aufruhr befand. Einer der Terroristen wurde getötet und ein weiterer verletzt. Um 04.45 Uhr ergaben sie sich schließlich. Der Vater war erschossen und seine Tochter durch einen Schlag auf den Kopf getötet worden. Dieser Anschlag war ein weiteres Anzeichen für die Notwendigkeit, die technischen Verfahren zu verbessern, um kleine Fahrzeuge zu orten, und rief bei allen Waffengattungen der IDF eine beträchtliche Reaktion hervor.

Nach fast einjähriger Unterbrechung entschied das Generalkommando, in den Hafen von Sidon (Saïda) einzudringen, um ein Schiff zu versenken, das vermutlich die Terroristen benutzten – da die Terroristen die Namen ihrer Schiffe wechselten, um die Israelis zu verwirren.

Eine Schiffsversenkung und eine Luftaufnahme auf der Mole

KKpt. Shaike Brosh war am fraglichen Tag der einzige Offizier im Stützpunkt der Flottille und Ami Ayalon frug ihn, ob er in dieser Nacht den Einsatz durchführen könnte. Shaike Brosh erwiderte: »Wenn ich gehe, kann es erledigt werden.« Die letzte – und einzige – Einsatzbesprechung fand auf der Mole in der Bucht des Stützpunktes statt. Auf einem Tisch war eine Luftaufnahme jüngsten Datums aufgelegt und der Bildauswerter wies auf das Zielschiff hin. Raful frug: »Sind Sie sicher?« Der Bildauswerter zögerte und Raful fuhr fort: »Ändern Sie nicht Ihre Meinung!« Der Bildauswerter änderte sie nicht und das Kommando lief mit seinen Booten aus. Shaike Brosh vertrat die Auffassung, wenn der Bildauswerter seiner Sache so sicher war, dann war er es ebenfalls und würde das Schiff verminen – wie auch immer. Das Ziel wurde vom führenden »Snunit«-Boot aus erkannt. Shaike Brosh und sein Partner schwammen unter Wasser auf das Schiff zu und tauchten an seinem Heck auf, um seinen Namen zu lesen. Dessen Lichter blendeten und es war unmöglich, etwas zu entziffern. Das Schiff lag an der erwarteten Stelle, glich dem Ziel und Shaike Brosh brachte die Minen an. Danach las er einen anderen Namen an seinem Heck, aber darüber machte er sich keine Sorgen. Die beiden Kampfschwimmer kehrten zu ihrem »Snunit«-Boot zurück, während der Marinebefehlshaber und der Generalstabschef auf sie warteten.

Als das Schiff am folgenden Tag sank, wurde bekannt, daß es sich um ein anderes Fahrzeug der Terroristen handelte. Ein Unterseeboot beobachtete das ursprüngliche Zielschiff später im Hafen von Tyrus. Daraufhin hielt sich im fraglichen Seegebiet ein Patrouillenboot der »Dabur«-Klasse in Wartestellung auf, um es nach dem Auslaufen zu beschießen. Drei Tage später wurde es durch Geschützfeuer versenkt.

Die beiden Unternehmen fanden unter Anwendung des kürzestmöglichen Befehlsverfahrens statt. Der Befehlshaber der Marine faßte in der abschließenden Besprechung das Ergebnis wie folgt zusammen: »Dies waren zwei erfolgreiche Operationen – das Ergebnis von Initiative und Durchführen des Einsatzes.

Ich beglückwünsche die Kampfschwimmer und ihre Offiziere.« Die Presse im Libanon meldete die Versenkung der TAREQ und der NIVIN und machte Israel dafür verantwortlich. – Der Pressesprecher der IDF gab keinen Kommentar ab.

Krieg und »Willkommen im Frieden!«

Anfang September stattete Präsident Sadat Israel einen zweiten Besuch ab – diesmal der Hafenstadt Haifa an Bord der Präsidentenjacht. Die Jacht begleitete ein ägyptischer Zerstörer der ex-britischen Z-Klasse (ein Schwesterschiff der von den Ägyptern versenkten El-LAT). Das Einlaufen des ägyptischen Verbandes in Haifa, Israels Hauptstützpunkt seiner Flotte, ließ einen Traum zur Wirklichkeit werden.

Anfang Januar 1980 besuchte der israelische Premierminister zur Fortsetzung der Gespräche Ägypten. Diese führten zur Räumung von zwei Dritteln der Sinai-Halbinsel und zur Einrichtung von Botschaften in beiden Ländern.

Der Friedensschluß ermöglichte es der »Yaltam«, der Einheit für Unterwasserarbeiten in der israelischen Marine, in den Gewässern vor Port Said nach den Überresten eines israelischen Flugzeuges zu suchen, das während des Sechs-Tage-Krieges abgeschossen worden war. Angehörige dieser Einheit wurden auch an die Elfenbeinküste entsandt, um den Leichnam eines israelischen Piloten ausfindig zu machen. Sie fanden alle Teile des Flugzeugs, insbesondere das Cockpit und das Bordbuch, aber keine Spur des Piloten.

Die Schaffung dieser Einheit hatte die Lücke geschlossen, die mit der Auflösung der Einheit 707 entstanden war. Der Befehlshaber der Marine war der Auffassung gewesen, daß eine Einheit mit Berufstauchern gebraucht wurde, hatte aber darauf bestanden, daß keinesfalls die Rückkehr zu einer Kampfeinheit in Frage käme. Nach einer kurzen Zeitspanne zur Aufstellung der Einheit ging eine Anzahl Männer in die USA, wo sie einen Tieftauchlehrgang für Fortgeschrittene besuchten. Die Taucher dieser Einheit wurden zu Spezialisten für jede Art Arbeit unter Wasser, insbesondere für das Suchen und Bergen der Leichen Ertrunkener in der See. Sie waren auch eingesetzt zur Suche nach dem Unterseeboot DAKAR in ägyptischen Gewässern, das am 25. Januar 1968 verschwunden war.

Ende März 1980 ging die Information ein, daß eine Gruppe von Terroristen im Begriff stand, eine Operation mit einem zielgerichteten Anschlag durchzuführen. Der Entschluß, ihren Stützpunkt anzugreifen, kam im Gefolge eines verheerenden Angriffs auf ein Kibbuz im Norden Israels nach einer mehrmonatigen Unterbrechung der Präventivunternehmen zur See zustande.

Operation »Hochspannung« – Das erfolgreichste Unternehmen

Der Stützpunkt der Terroristen lag über 60 km von Israel entfernt in einer Obstplantage und befand sich zwischen einem Eisenbahngleis und der Strandlinie, dicht an einer kleinen felsigen Bucht sowie in der Nachbarschaft des Flüchtlingslagers von Sarafand. Er bestand aus folgenden Objekten: einer MG-Stellung, ein in den Untergrund eingegrabenes Zelt, etwa 50 m vom Wasser entfernt, in dem die Terroristen lebten, einem zweistöckigen Gebäude, das als Hauptquartier diente, einem einstöckigen Gebäude neben dem Eisenbahngleis und zwei weiteren Zelten. In diesem Stützpunkt hielten sich etwa 40 Terroristen auf, die sich in einem hohen Zustand der Alarmbereitschaft befanden. Da die Bucht sehr flach war, kam die Landung einer Eliteeinheit der Infanterie mit Schlauchbooten nicht in Betracht. Daher erhielt die 13. Flottille den Auftrag zur Durchführung des Unternehmens.

Ami Ayalon entschied sich, mit einem Kommando in der Stärke von 40 Mann von der Küste aus anzugreifen. Die Einteilung sah folgende Gruppen vor:
- ObltzS. Yonatan mit 10 Mann: Angriffsziel das Zelt, in dem die Terroristengruppe lebte,
- ObltzS. Doron mit 12 Mann: Angriffsziel das Gebäude mit dem Hauptquartier und
- Kptlt. Shaike mit 13 Mann: Angriffsziel das Apartmentgebäude.

LtzS. Michael Abir (Deckname) führte den Vortrupp der Gruppe für den Angriff auf das Hauptquartiersgebäude.

Ami Ayalon und die Männer des Kommandos waren für die Nacht zum 11. April einsatzbereit, aber die Zustimmung der Regierung verzögerte sich. Das Kommando verblieb daher in einer 48-Stunden-Alarmbereitschaft. Als der Einsatzbefehl schließlich am späten Abend des 16. April einging, befanden sich die meisten der Männer entweder zu Hause oder waren mit anderen Einsätzen beschäftigt. Statt der vorgesehenen 48 Stunden blieb dem Kommando nur eine Vorbereitungszeit von 15 Stunden. Der Befehlshaber der Marine frug an, ob Ami Ayalon angesichts einer derartig kurzen Zeitspanne den Einsatz durchführen könnte. Ayalon stimmte zu, war aber gezwungen, die abschließende Planübung am Modell – normalerweise ein ungebrochenes Gesetz – der Zeitknappheit zu opfern. Er verließ sich auf seine Männer, von denen einige die ganze Nacht nicht geschlafen hatten. Aufgrund seiner

Erfahrung wußte er, daß Schwimmen sie lange genug wachhalten würde, um eine weitere schlaflose Nacht mit der Durchführung dieses schwierigen Unternehmens zu verbringen.

Am frühen Nachmittag des 17. April liefen die FK-Schnellboote mit den Schlauchbooten an Bord und den »Snunit«-Booten im Schlepp zum Aussetzpunkt aus. Um einem sowjetischen Aufklärungsschiff auszuweichen, marschierten die FMB's dicht unter der Küste nach Norden. Dann brachten die »Snunit«-Boote das Kommando zum Abgangspunkt und als Mitternacht näherkam, gingen die Kampfschwimmer ins Wasser und schwammen auf die Lichter des Hauptquartiersgebäudes zu. Während sie sich der Küste näherten, erfuhren sie jedoch von einem Navigationsfehler; sie schwammen auf zwei Villen am Nordteil der Bucht zu. Ami Ayalon wandte sich daher nach Westen und machte die richtige Landestelle aus.

Infolge der kabbeligen See und des Navigationsfehlers lag das Kommando 40 Minuten hinter dem Zeitplan zurück. Ami Ayalon verkürzte daraufhin drastisch die Zeitspanne zwischen dem Anlandgehen der ersten Gruppe und dem Gros des Kommandos. In verhältnismäßig kurzer Zeit hatte sich das Kommando im Zentrum einer Mauer, die sich an der Küste hinzog, in Gefechtsformation gesammelt und marschierte durch die Obstplantage auf das Ziel zu. Heruntergefallene Blätter und Zweige raschelten und knackten unter den Füßen und Ami Ayalon führte das Kommando auf ein umgepflügtes Feld, auf dem die Männer geräuschlos und rasch vorankamen. Etwa 35 m vom Hauptquartiersgebäude entfernt zog sich das Kommando auseinander; es lag jetzt nur noch etwa zehn Minuten hinter dem Zeitplan zurück. Um sich dem Gebäude zu nähern, mußte ein Bewässerungskanal durchquert werden. Jetzt stellte sich heraus, daß der Luftbildauswerter einen Fehler begangen und die Tiefe des Kanals – ca. 2,5 m – falsch eingeschätzt hatte. Infolgedessen würde ein Durchqueren geräuschvoll werden. Ayalon entließ daher Shaikes Gruppe entlang der vorher geplanten Route zu dem einstöckigen Apartmentgebäude und kehrte mit dem Gros des Kommandos zur Ecke der Obstplantage zurück. Um weiterhin einer vollständigen Überraschung sicher zu sein, wollte er sich dem Ziel auf einem längeren Weg nähern. Die Männer marschierten langsam, während sie den Kanal umgingen. Die Kluft zum Zeitplan vergrößerte sich und der vorgeschobene Gefechtsstand war besorgt. Ami Ayalon stationierte den Führungstrupp etwa 100 m vom Gebäude mit dem Hauptquartier entfernt. Er hatte ein Fahrzeug der Terroristen beobachtet, das sich nur ein paar Minuten früher genähert hatte. Auf seinen Befehl hin zogen sich die Gruppen geräuschlos auseinander und entwickelten sich. Doron und Michael Abir, sein Vertreter, postierten sich an der Schmalseite des Gebäudes, während ObltzS. Rosmarin mit seinem Trupp die Südseite und ObltzS. Hagai mit dem seinen die der See zugewandte Nordseite besetzten. Dicht am Gebäude reinigte ein Wachposten sein Gewehr, als ob er sich auf einen Kampf vorbereitete. Ein weiterer Wachposten stand mit umgehängtem Gewehr neben ihm. Doron und Abir robbten etwa zehn Meter von ihnen entfernt in Stellung. Inzwischen marschierte Shaikes Gruppe neben dem Bewässerungskanal auf das einstöckige Gebäude zu, das ein Zaun umgab. Die Männer bewegten sich langsam mit gebücktem Oberkörper, um nicht über das niedrige Buschwerk hinweg gesehen zu werden. Schließlich kamen sie an eine Stelle, an der sie durch den Zaun gelangen konnten. Shaike hörte über Funk, daß sich Ami Ayalon in Position befand und bereit war, das Feuer zu eröffnen. Durch das Loch im Zaun schlüpfend, postierte er seine Männer dicht am Haus. Seine Lichter schimmerten durch die Bäume.

Auch Yonatans Gruppe hatte inzwischen an ihrem Ziel, dem Wohnzelt, Stellung bezogen und wartete auf den Befehl zur Feuereröffnung. Dann gab Ami Ayalon das Signal. Der erste Feuerstoß tötete die Wachen am Hauptquartiersgebäude. Das neben dem Gebäude geparkte Kraftfahrzeug kippte um. Doron und Abir stürmten vorwärts und warfen vier Handgranaten in das Gebäude. Die Schreie der in seinem Inneren gefangenen Terroristen waren zu hören. Dann kehrten die beiden Männer zurück, um eine der beiden 5-kg-Sprengladungen zu werfen, die in einem Segeltuchsack verpackt waren. Michael Abir versuchte, eine der Sprengladungen herauszuziehen, aber das Segeltuch hatte sich im Wasser zusammengezogen, und er war nicht imstande, es zu entfernen. Daher befahl ihm Doron, beide Sprengladungen zu werfen. Abir entfernte den Sicherungsstift, warf den Sack und schrie den Männern eine Warnung zu, die in Deckung gingen. Eine ungeheure Detonation schleuderte überall Steinbrocken umher, von denen einer Dorons Hand zerschmetterte. Nachdem Rosmarins Trupp einen der Terroristen getötet hatte, der mit einem geladenen RAG zu entkommen versuchte, machten sich die Männer daran, das zerstörte Gebäude zu durchsuchen. Gegen Ende des Kampfes näherte sich ein verwirrter Terrorist dem vorgeschobenen Gefechtsstand, nach einem seiner Kameraden rufend. Der zwei Meter entfernt stehende Hagai erschoß ihn. Ami Ayalon, am vorgeschobenen Gefechtsstand kauernd, dachte eine Sekunde lang, daß Hagai irrtümlich auf einen seiner Kameraden geschossen hätte. Aufspringend, als hätte ihn eine Schlange gebissen, beruhigte er sich erst wieder, nachdem sich die Lage geklärt hatte.

ObltzS. Yaniv entdeckte einige Terroristen, die zu entkommen versuchten. Er schrie laut: »Ausreißer!« Daraufhin antwortete Yonatan: »Gebt es ihnen!« Yaniv und sein MG-Schütze erledigten sie schließlich mit ein paar kurzen Feuerstößen. Sie gingen zu einer der Leichen, um einige Dokumente zu bergen, und nahmen

die »Kalaschnikow« des Mannes und einen Koran mit, den sie in seiner Hosentasche fanden.

Yonatan und seine Männer durchforschten inzwischen die Seeseite ihres Zielortes. Sie wurden beschossen, konnten aber das eingegrabene Zelt nicht finden. Yonatan sah in der Mauer eine Öffnung, die wie der Eingang zu einem Bunker aussah. Die Männer schossen auf die Öffnung und warfen eine Handgranate hinein. Näher herankommend, erkannten sie ein eisernes Tor in der Mauer. Weitermachend zerstörten sie eine mit Unkraut dicht überwucherte Erdstellung. Als sie die Ecke der Obstplantage erreichten, gerieten sie unter genau liegendes MG-Feuer. Einer von den Männern erhielt einen Streifschuß und sie erwiderten das Feuer. Yonatan schätzte, daß sie dem Gegner unterlegen waren. Außerdem hörte er über Funk, daß der Generalstabschef Ami Ayalon zum Rückzug drängte. Unter dem Feuerschutz des Maschinengewehrs im »Snunit«-Boot strebte er mit seiner Gruppe dem Aufnahmepunkt zu.

Auch Shaikes Gruppe hatte inzwischen das Apartmenthaus angegriffen. Die Männer warfen zwei Handgranaten hinein und danach – eine nach der anderen – zwei 5-kg-Sprengladungen. Eine weitere Sprengladung zerstörte das Gebäude. Danach machten sich die Männer auf den Weg zum Aufnahmepunkt. Unterwegs kamen sie an dem umgestürzten Kraftfahrzeug vorbei. Daneben lag ein toter Terrorist. Er hatte ein geladenes RAG bei sich und Shaike entfernte das Geschoß, während er die Waffe an Rosmarin übergab. Den Marsch zum Aufnahmepunkt fortsetzend, hörten ihn seine Kameraden rufen: »Ich bin Shaike! Ich bin Shaike!« Des vorherigen Unternehmens eingedenk, war er sich sehr der Gefahr bewußt, daß eigene Leute irrtümlich erschossen werden konnten.

Der Befehl zur Räumung traf etwa eine halbe Stunde nach dem Beginn des Gefechtes ein. Das Einschiffen des Kommandos fand statt, während die FMB's nunmehr den Stützpunkt der Terroristen beschossen, nachdem sie bereits zu einem früheren Zeitpunkt ein südlicher gelegenes Ablenkungsziel mit Artilleriefeuer belegt hatten.

Am folgenden Tag wurde bekannt, daß die Terroristen unter dem Eindruck, ein anderer radikaler Flügel der eigenen Leute hätte sie angegriffen, außerordentlich verwirrt wären. Bei dem Unternehmen waren 15 Terroristen getötet worden, darunter der Führer einer Gruppe, die bereit war, nach Israel aufzubrechen, sowie zwei seiner engsten Mitstreiter.

Der Generalstabschef faßte in der Besprechung nach dem Einsatz zusammen: »Dies war das erfolgreichste Unternehmen dieser Art, das je von der IDF durchgeführt wurde. Wir hatten Kenntnis davon, daß sich eine Terroristengruppe auf einen Angriff vorbereitete. Das zerstörte Kraftfahrzeug kann sogar schon unterwegs gewesen sein, um sie abzuholen. Es hätte sein können, daß wir uns am nächsten Tag dem Problem eines zielgerichteten Angriffs gegenüber gesehen hätten. So haben *wir* die Operation durchgeführt und die Gruppe wurde getötet. Für dies alles spreche ich der Flottille das denkbar höchste Lob aus.«

Am Ende des Unternehmens faßte Ami Ayalon vier Monate ständiger und erfolgreicher Aktivität zusammen: Es waren vier Monate ohne einen Gefallenen; denn es war Absicht gewesen, die Terroristen auszulöschen – aber ohne das Leben der Männer unnötig zu gefährden. Daher verließen die Gruppen für die Hinterhalte sofort nach der Zerstörung der Kraftfahrzeuge das Gebiet wieder, ohne vorwärts zu stürmen, um alle Terroristen zu erledigen – aus der Besorgnis heraus, daß einer der Kommandoangehörigen ohne Notwendigkeit verletzt werden könnte.

Der Erfolg des Unternehmens leitete den Beginn einer Serie von Operationen ein. Am 7. Mai 1980 gelangten zwei Hinterhaltunternehmen zur Ausführung.

Als die Kampfschwimmer vom »Snunit«-Boot abgesetzt wurden, stellten sie fest, daß eine sehr starke Strömung lief. ObltzS. Gilads Gruppe wurde nach Norden abgetrieben. Er entschoß sich, nicht gegen die Strömung anzukämpfen, sondern an anderer Stelle an Land zu gehen und den Weg zum Ort des Hinterhalts zu Fuß fortzusetzen.

Terroristen lauern einem Kommando der Flottille auf

Das aus vier Mann bestehende Kommando bewegte sich durch dichtes Buschwerk auf einem Kiespfad, der parallel zur See verlief. Ein paar Sekunden, ehe sie die vorgesehene Stelle für den Hinterhalt erreichten, sah der Mann an der Spitze des Kommandos eine Gestalt. Die Männer blieben regungslos stehen. In 15 m Entfernung stand ein bewaffneter Terrorist, der zum Urinieren hinunter ans Wasser gegangen war. Gilad, der in der schwächeren Position war, meldete die Beobachtung über Funk an Ami Ayalon, der sich im »Snunit«-Boot befand, und schlug vor, abzuwarten, bis der Terrorist auf seinen Posten zurückkehrte. Es stellte sich heraus, daß die Terroristen an der ursprünglichen Landestelle einen Hinterhalt eingerichtet hatten. Nur der Strömung, die Gilad und seine Gruppe vom Kurs abgetrieben hatte, war es zu verdanken, daß es zu keinem unliebsamen Zwischenfall gekommen war. Das Kommando kroch nach vorn in eine bessere Position, während der Terrorist sein Geschäft erledigte und auf seinen Posten zurückging. Dann eröffnete Gilad das Feuer. Seine Männer und er stürmten vorwärts, ihre Lage verbessernd, und suchten die Büsche ab, aus denen sie Stöhnen hörten. Erneut eröffneten sie das

Feuer, warfen Handgranaten und vernichteten den Hinterhalt der Terroristen.

Ähnlich beeindruckende Ergebnisse wurden durch den Hinterhalt im Norden erzielt. Ein Landrover wurde zerstört und vier Terroristen kamen um.

In dieser Zeitspanne hielten die Anschläge der Terroristen an. In Hebron wurden sechs »Yeshiva«-Studenten getötet und 17 weitere wurden verletzt. Eine private Vergeltungsmaßnahme führte zu einem Angriff, der die Bürgermeister von Hebron und Nablus verletzte. Erneut ergab sich eine politische und militärische Eskalation. Die Siedlungspolitik wurde verstärkt, während auf der Sinai-Halbinsel entsprechend dem Fortgang des Friedensprozesses Siedlungen geräumt wurden. Zwei israelische FK-Schnellboote statteten dem Hafen von Alexandria einen Besuch ab – diesmal offen und in Friedenszeiten.

Hinterhalte und Scharfschützen-Unternehmen

Ende Mai 1980 fiel die Entscheidung, Terroristen unschädlich zu machen, deren Gewohnheit es war, im Hafen von Sidon ein bestimmtes Café zu besuchen. Dahinter stand die Idee, sie an einem Ort zu treffen, der eine sehr sichere Örtlichkeit zu sein schien. Diesmal wurde ein neues Verfahren gewählt: Beschuß durch Scharfschützen. Daher sollten die Kampfschwimmer mit SDV's transportiert werden.

Am 4. Juni wurden drei SDV's an Bord von FMB's verladen. Das Kommando bestand aus 12 Mann, eingeteilt in drei Gruppen unter Führung von Didi Ya'ari, Michael Abir und Rosmarin. Der Anmarsch zum Einsatzort verlief ereignislos und die ausgesetzten SDV's bewegten sich rasch auf den Wellenbrecher zu. Didi Ya'ari und sein Partner verließen ihr SDV, mit ihm durch eine Leine verbunden, und tauchten zu einem Rundblick auf. Da keine Aktivitäten zu erkennen waren, tauchten sie wieder. Plötzlich fühlte Didi Ya'ari einen heftigen Ruck, der ihn tief nach unten zog. Er griff hastig nach seinem Partner und beide wurden von der Leine mitgeschleppt, bis sie nach wenigen Sekunden brach. Verwirrt fanden sie sich auf Grund wieder. Es stellte sich heraus, daß sich die Leine im Propeller eines vorbeifahrenden SDV verheddert hatte. Doch nun ergab sich ein anderes Problem. Didi Ya'ari war nicht imstande, sein SDV wiederzufinden. Statt dessen fand er das Heck des Fahrzeugs, das die Leine zerrissen hatte. Das Kommando wieder unter Wasser zu sammeln, bedurfte einer halben Stunde und erst dann konnte die Weiterfahrt zum Wellenbrecher fortgesetzt werden. In einiger Entfernung von ihm verließen die Kampfschwimmer ihre SDV's und tauchten, so daß sie vom

Kampfschwimmer der 13. Flottille üben mit einem amerikanischen SDV.

Beobachtungsposten und der MG-Stellung der Terroristen am Fuße des Wellenbrechers nicht entdeckt werden konnten. Von einem bestimmten Punkt aus entschied Didi Ya'ari, daß sie aufgetaucht schwimmen sollten, da der Sauerstoffvorrat infolge des Leinenproblems knapp war und einer der Kampfschwimmer eine Störung am Atemgerät hatte. Dann erreichten die Kampfschwimmer den Wellenbrecher und ein stürmischer Wellengang warf sie gegen die Felsen. Diejenigen von ihnen, die schwere Waffen mitführten, wurden derart gebeutelt, daß einige ihren Partner verloren. Während sie nach oben kletterten, ging versehentlich eine Lampe an. Glücklicherweise schauten die Wachen gerade nicht in ihre Richtung. Die anstrengende Kletterei dauerte etwa zehn Minuten, dann hatten die drei Gruppen bequeme Beobachtungsposten eingenommen. Die Schützen nahmen die empfindlichen Scharfschützengewehre aus ihren Transportkästen heraus. Von ihren Stellungen aus bestand eine gute Sicht auf das ungefähr 200 m entfernte Café. Um 23.00 Uhr beobachteten die Scharfschützen einen bewaffneten Mann, der aus einem Auto ausstieg und in das Café gehen wollte. Der Feuerbefehl erging und der Mann wurde erschossen. Menschen begannen umherzurennen und die Scharfschützen erschossen einen weiteren bewaffneten Terroristen, als dieser zu einem Fahrzeug

stürmte. Das Schießen war das Zeichen für Michael Abirs Nordgruppe, ebenfalls das Feuer zu eröffnen. Unter Einsatz von »Lao«-Abschußgeräten, einem Maschinengewehr und Handfeuerwaffen beschossen die Kampfschwimmer ein Gebäude im Hafen, bei dem eine Anzahl Terroristen und Fahrzeuge zu erkennen waren. Ein Lastwagen, bewaffnet mit einem Maschinengewehr, der herbeigerufen worden war, ging in Flammen auf. Rosmarin und seine Männer warteten auf einer südlicheren Position ab. Plötzlich war eine Reihe von Gestalten zu sehen, die dicht gedrängt zu einer Mauer rannten. Didi Ya'ari befahl Rosmarins Gruppe, das Feuer zu eröffnen. Die Gestalten verschwanden hinter der Mauer; statt dessen erschienen acht Männer, die sich verstohlen auf ein Gebäude am Strand zu bewegten. Das Kommando eröffnete auf die Gruppe das Feuer. Schüsse aus einem Fischerboot, das die Israelis ebenfalls unter Beschuß nahmen, erwiderten das Feuer. An die Stelle, an der die erste Gruppe verschwunden war, warfen die Israelis Handgranaten. Einer der Kommandoangehörigen schoß sogar voller Begeisterung mit seiner Pistole auf eine entfernte MG-Stellung.

In der 50 Minuten dauernden Operation wurden ein Terrorist getötet und drei weitere verwundet. Später kam noch ein weiterer Terrorist durch ein Magazin

194

als Minenfalle ums Leben. Die Terroristen waren jetzt gezwungen, die Gebiete zu verteidigen, die sie bis jetzt als verhältnismäßig sicher angesehen hatten.

Am 31. Juli 1980 sprengten Kommandos der 13. Flottille ein Motorboot an der libanesischen Küste in die Luft und beschossen irrtümlich einen zivilen Lastwagen. Letzteres war die Folge eines Mißverständnisses zwischen der Warn- und der Hinterhaltgruppe.

Am 14. August errichtete ein Kommando erneut nördlich von Sidon (Saïda) einen Hinterhalt. Er befand sich gegenüber einer Tankstelle in einem Gebiet, in dem zahlreiche Terroristen lebten. Auf seinem Weg zur Stelle des Hinterhalts sah ObltzS. Yonatan einen Terroristen hinter einer Sanddüne hervorkommen. Er befahl seinen Leuten, am Boden zu bleiben, und kroch nach vorn. Der Terrorist schrie, lud sein Gewehr durch, sah aber niemand. Sehr gelassen verständigte Yonatan über Funk seinen Stellvertreter Itamar – den letzten in der Reihe, der sich dem Terroristen am nächsten befand. Dieser tötete ihn mit einem kurzen Feuerstoß. Einen weiteren von den Dünen herunterkommenden Terroristen erwischte eine Handgranate. Nicht weit davon entfernt war ein Lastwagen zu erkennen. Er war auf einer Straße geparkt, die parallel zum Wasser verlief. Seine Insassen schossen in Richtung See. Das Kommando feuerte aus einem RAG ein Geschoß auf den Laster ab, das ihn aber nicht traf. Dann fuhr der Lkw durch enge Durchgänge davon, während sich die Männer des Kommandos hinter einem Erdwall verbargen. Der Schütze feuerte weitere Geschosse auf ihn ab, die wieder nicht trafen. Verärgert schrie Itamar den »Lao«-Schützen wütend an: »Idiot! Triff' ihn endlich!« Offensichtlich reichte dies aus, um für Genauigkeit zu sorgen. Der Lastwagen ging in Flammen auf. Mit langen Feuerstößen vollendete das Kommando seine Aufgabe. Während dies geschah, versenkte ein P-Boot der »Dabur«-Klasse ein Boot der Terroristen und tötete einen von ihnen.

Am 17. September 1980 wurde ein Kommando zum Hafen von Tyrus (Sur) entsandt. Eine Gruppe von Scharfschützen unter Michael Abir sollte auf dem Wellenbrecher in Stellung gehen und zwei Führer der Terroristen – Azami Zrir und Yussuf es Naji – töten, deren Gewohnheit es war, ein Café im Hafen aufzusuchen. Eine weitere Gruppe unter Amos hatte auf dem Deck der halbgesunkenen HERMES Stellung zu beziehen, etwa 50 m vom Hafen entfernt. Vom Heck des Schiffes aus bestand ausgezeichnetes Schußfeld auf einen Wohnblock, in dem Terroristen lebten. Außerdem sollten zugewiesene Kampfhubschrauber eine Radaranlage der Terroristen rund fünf Kilometer vom Hafen entfernt zerstören. Nach den erteilten Befehlen hatten das Kommando und die Hubschrauber entsprechend der Lage im Einsatzgebiet zu handeln. Jedem war klar, daß die beiden Terroristenführer das Hauptziel darstellten – sie zu treffen, bedeutete, das gesamte Gebiet aufzurütteln und auf diese Weise den Angriffskräften zusätzliche Ziele zu liefern.

Wie stets nahm Raful am Unternehmen teil und die Männer hatten das Gefühl, ihren eigenen persönlichen Generalstabschef zu haben. Wenige Minuten, ehe das Kommando das FMB über das Heck verließ, wandte sich Raful an Michael Abir und frug ihn, wie er die beiden Terroristenführer zu identifizieren hatte. Abir gab ihm die erwartete Antwort: »Einer hinkt und der andere hat eine schwarze Augenklappe.« Raful forschte weiter: »Woher werden Sie wissen, welcher der Ranghöhere ist, wenn beide mit dem Rücken zu Ihnen sitzen?« Michael Abir war sprachlos. Raful lächelte und sagte: »Sie erschießen den zuerst, dem als ersten der Kaffee serviert wird. – Er ist der Ranghöhere.« Die Gruppen bezogen um 23.15 Uhr ihre Positionen. Als sie keine Ziele feststellen konnten, traten die Hubschrauber in Aktion und Flugzeuge beleuchteten das Gebiet. Im allerletzten Augenblick waren zwei Gestalten am Strand zu sehen. Die Angehörigen des Kommandos fanden sich selbst im Mittelpunkt eines erleuchteten Gebietes. Sie mußten jetzt auf jedes Ziel das Feuer eröffnen, das sie bedrohte. Innerhalb eines Zeitraums von wenigen Minuten feuerten sie auf Ziele im Café und auf einen Lastwagen. Die Hubschrauber griffen ein Gebäude der Terroristen am Strand an, das sich der Gruppe auf der HERMES direkt gegenüber befand. Dann machten die Terroristen die Gruppe aus und feuerten auf sie. Unter der Beleuchtung und dem Beschuß der Hubschrauber entkamen Amos und seine Männer rasch.

Schließlich kehrten alle eingesetzten Kräfte sicher zurück. Die Terroristen meldeten einen Verwundeten. Ihre Gebäude wären unbeschädigt geblieben. Der Hubschrauberangriff auf das Rashadiyeh-Radar kam nicht zur Ausführung, da das Ziel nicht identifiziert werden konnte. Das Unternehmen erwies sich als ein Fehlschlag, stellte aber eine wirksame Lehre für den Einsatz so verschiedenartiger Kräfte dar. Während das Kommando der Flottille den Schutz der Dunkelheit brauchte, um leistungsfähig zu handeln, brauchten die Hubschrauber Beleuchtung, um ihre Ziele zu identifizieren und anzugreifen.

Die Terroristen sind mit den Methoden der Kommandos vertraut

Anfang Dezember 1980 führte ein Kommando unter dem Befehl von Kptlt. Uri Teits ein weiteres Hinterhaltunternehmen durch. In den Außenbereichen eines bevölkerten Gebietes sollten sie drei Hinterhalte unter David Schick, Michael Abir und Rosmarin einrichten.

Jedermann wußte, daß die Terroristen inzwischen mit ihren Methoden vertraut waren.

Das Kommando legte den Weg zur Küste im eisigen Wasser nur langsam zurück. Dies verursachte eine Verspätung im Zeitplan. Von Bord des FMB's aus befahl Raful dem bereits an Land befindlichen Uri Teits eine Abänderung des ursprünglichen Plans. Die Gruppen sollten eine andere Aufstellung einnehmen, um den Weg entlang der Küste zu verkürzen. David Schicks Gruppe wurde dicht neben einem großen Gebäude postiert, das als guter Bezugspunkt für die FMB-Feuerleitsysteme dienen konnte, um sie zu unterstützen.

Zehn Minuten lang fuhren zivile Fahrzeuge vorbei. Dann erschien ein Landrover, ausgerüstet mit einem schweren Maschinengewehr. David Schick gab eine Warnung, Rosmarins Trupp ging in Stellung und ein RAG-Geschoß traf den Sitz des Fahrers. Das Fahrzeug schleuderte von der Straße und kam mit einer enormen Detonation zum Stehen. David Schick ersuchte um die Angriffserlaubnis, aber Ami Ayalon, der sich auf einem »Snunit«-Boot befand, befahl ihm zu warten. Dann erschien auf der Straße ein Terrorist und schrie um Hilfe. Ein Lastwagen traf ein und nahm ihn auf. Die Israelis beschossen ihn, aber er fuhr davon. Ihren Hinterhalt geduldig fortsetzend, sahen sie sich jetzt einer weiteren Überraschung gegenüber. Aus dem Norden kam ein alter Mercedes, der in der Straßenmitte fuhr. Dann kam aus dem Süden noch ein Mercedes in Sicht. Die Fahrer, zu dem brennenden Landrover blickend, bemerkten einander nicht und die beiden Wagen stießen zusammen. Der eine Mercedes kam wenige Meter vor dem Hinterhalt zum Stehen. Zwei Terroristen, die zu entkommen versuchten, wurden getötet. Ein dritter, um Hilfe schreiend, wurde etwas weiter entfernt entdeckt. Da die Befehle lauteten, sich auf kein Gefecht einzulassen, ließen ihn die Männer ziehen. Inzwischen beschossen die FMB's einen Hügel, von dem aus der Hinterhalt Feuer erhielt. Minenfallen zurücklassend, verließ das Kommando den Einsatzort. Ihm fielen bei diesem Unternehmen etwa sechs Terroristen zum Opfer, darunter die beiden höherrangigen Anführer.

In der Besprechung nach dem Einsatz bezog sich Ami Ayalon auf ihren Rückzug, ohne alle Terroristen zu töten:

»Ich erhebe dies zu einer Sache des Prinzips, nur weil es Auswirkungen auf alle Besprechungen nach Einsätzen hat. Ich kann Ihre Gefühle verstehen, denn bis zu einem gewissen Grade kehren sie frustriert zurück. Wir haben alle gelernt, anzugreifen und zu gewährleisten, daß das Ziel vernichtet wird; genau wie James Bond, der mit einer Rose in seinem Rockaufschlag elegant zum Gegner gelangt. Doch diese Unternehmungen sind weit von Eleganz entfernt. Wir halten ein

Ergebnis von 2 : 0 für besser als eines von 10 : 1. Ich kann die unangenehme Empfindung verstehen, die Küste zu verlassen, ohne unsere Kapazitäten voll einzusetzen. Doch dies ist eine weit bessere Empfindung als jene, die wir haben, wenn wir einen Freund verlieren.«

Die jungen Kommandoangehörigen wollten den vollkommenen Angriff. Doch Raful, Almog und Ayalon hatten die Lektion von Green Island gelernt. Keine Präventivgefechte mehr »um jeden Preis«, sondern nur Gefechte »mit gesundem Menschenverstand«.

Im Januar 1981 fand ein arabischer Gipfel statt, der einmal mehr mit dem »Dschihad« – dem »Heiligen Krieg« – drohte. Dies alles verbunden mit einer zunehmenden Anzahl terroristischer Aktionen: Abfeuern von »Katjuscha«-Raketen auf das nördliche Israel sowie Versuche der Terroristen, mit Drachengleitern oder mit Ballonen einzusickern.

Am 2. Februar führte FKpt. Uzi Livnat mit zwei Gruppen ein Hinterhaltunternehmen durch. Einsatzort war ein Damm aus Schottersteinen, nicht weit von einem Restaurant entfernt, vor dem mehrere Luxuswagen parkten. Zehn Minuten nach dem Einrichten des Hinterhalts kam ein Fahrzeug mit zwei Terroristen an. Ein heftiger Feuerüberfall zerstörte den Wagen. Dieses Geschehen hatte jedoch überhaupt keine Auswirkungen auf die Leute im Restaurant, die weiterhin aßen und sich freuten.

Die Kampfschwimmer schlagen sich mit Fischnetzen herum

Ende Februar 1981 gab es Alarm für einen sofortigen Einsatz, um ein gerade im Hafen von Tyrus eingetroffenes Schiff der Terroristen zu versenken. Das Unternehmen sollte David Schick führen und zum Kommando gehörten die beiden Kampfschwimmer Danny und Uri. Als diese sich gerade bereit machten, begann die See unruhig zu werden und das Unternehmen mußte verschoben werden. Auch am folgenden Tag hatte sich die Lage noch nicht gebessert. In ihren Taucheranzügen streiften die Kampfschwimmer in der Messe der Flottille wie hungrige, eingesperrte Löwen umher. Aus dem Marinekommando kamen nervöse Telefonanrufe. Offensichtlich glaubten die in der Klemme sitzenden Offiziere des Stabes, sie könnten mit ihren Anrufen die Wetterverhältnisse bessern.

Am folgenden Abend begann sich die See etwas zu beruhigen. Didi Ya'ari, der stellvertretende Flottillenchef, blickte auf die Wellen hinaus, schnupperte in die Luft und verkündete: »Wir sind unterwegs!« Drei »Snunit«-Boote kämpften sich gegen den Seegang nach Norden voran. Die Kampfschwimmer waren seekrank und ein Angehöriger der Flottille, der sich noch in der Tauchausbildung befand und sich gut fühlte, war durchaus bereit zu übernehmen.

Um 22.30 Uhr stiegen die beiden Kampfschwimmer ins Wasser und fuhren mit ihren SPC's auf das Schiff zu, das etwa in der Mitte der Pier festgemacht hatte. Eines der SPC's verheddert sich in ein Fischnetz und es dauerte ungefähr 20 Minuten, um freizukommen. Sie setzten ihre Fahrt fort und gerieten in ein weiteres Netz. Erneut schlugen sich die Kampfschwimmer mit Messern und Nylonsträngen herum. Plötzlich fühlte Danny einen scharfen Ruck und dachte, ein Fischer wäre dabei, das Netz hochzuziehen. An die Wasseroberfläche schnellend, die Pistole bereit haltend, fand er jedoch nichts. Das Netz war zerschnitten und der Weg zum Schiff lag frei vor ihnen. DIE HERMES passierend, näherten sie sich ihrem Ziel. Für Danny war es kaum möglich, den Namen des Schiffes zu erkennen. Er nahm die Schutzbrille ab und sah einige nicht zu identifizierende farbige Buchstaben. An der Bordwand entlang schwimmend, die etwa einen Meter von der Pier entfernt war, sah er auch am Bug nur einige weitere undeutliche Buchstaben. Sich ein Stück entfernend, meldete er über Funk, daß das Schiff von der Bauweise her der Beschreibung entspräche. Es wäre aber unmöglich, das Schiff durch seinen Namen zu identifizieren. Da jedoch die Beschreibung ausreichend war, erhielt Danny die Erlaubnis zu seiner Versenkung. Am nächsten Morgen detonierten die Minen und das Schiff sank.

Der Befehlshaber der Marine faßte das Ergebnis des Unternehmens so zusammen:

»Das Unternehmen spiegelte ausgezeichnet das wider, was wir von dieser Art antiterroristischer Aktion erwarten:
a) *das Treffen eines jeden Ziels, das wir treffen wollen,*
b) *Verwirrung unter den terroristischen Aktivitäten zu stiften,*
c) *unsere Kräfte nicht zu erschöpfen und*
d) *uns auf den Krieg vorzubereiten.«*

Verminen der Start- und Landestreifen für Drachengleiter

Im März 1981 warf ein Terrorist mehrere Handgranaten von einem Drachengleiter ab, die keine Beschädigungen verursachten. Er sagte bei seiner Gefangennahme aus, daß er von einem Start- und Landestreifen an der Küste nördlich von Tyrus gestartet wäre. Daher entschied das Generalkommando, diese Start- und Landestreifen zu verminen.

Am 30. März liefen die Boote mit den erforderlichen Kräften aus. Ami Ayalon befehligte das Unternehmen, das von zwei Kommandos durchgeführt werden sollte:
– ein Kommando unter Michael Abir in Stärke von 18 Mann: Zerstörung des südlichen Start- und Landestreifens;
– ein Kommando unter Yonatan in Stärke von 15 Mann: Zerstörung des nördlichen Streifens.
Den Angehörigen der Kommandos war bekannt, daß die Wahrscheinlichkeit groß war, von einem der Beobachtungsposten der Terroristen entdeckt zu werden – einen Teil der in dieser Region verteilten 1500 Terroristen bildend.

Yonatan ging mit seinen Männern insgeheim an Land. Sie entfernten die Überzüge von den Waffen und bezogen hinter den Dünen Stellung. Ein Angehöriger des Kommandos beobachtete das Ziel durch ein Nachtsichtgerät, mit dem er ausgerüstet war. Während die Ausrüstung vorbereitet wurde, erblickte der Beobachter in rund 100 m Entfernung eine Gestalt. Yonatan erstieg die Düne und sah einen dunklen Umriß vor sich, der wie ein Zelt aussah. Daneben stand ein Mann. Er meldete Ami Ayalon über Funk die Lage. Dieser erwiderte: »Das ist Ihre Aufgabe. Viel Glück!«

Die Männer bewegten sich verstohlen etwa 50 m weiter entlang der Dünen. Während des letzten Ausschauhaltens hörten sie Rufe in Arabisch und der Beobachter entdeckte einen Lastwagen, der ein MG führte. Von See her war das Geräusch eines Motorbootes zu hören, gefolgt von einem lauten Ruf in Arabisch: »Komm' her!« Mit abgeschalteten Scheinwerfern stieß ein weiteres bewaffnetes Fahrzeug zum ersten. Dann eröffneten die beiden Lkw's heftiges Feuer in Richtung See – als ob das »Snunit«-Boot entdeckt worden wäre. Der Lärm war ohrenbetäubend und das Kommando nahm den Vorteil der Lage wahr, um gute Feuerstellungen zu beziehen. Im aufblitzenden Schein des Mündungsfeuers waren die Position aller Terroristen zu erkennen. Einige von ihnen hielten sich die Hände über die Ohren, um sie gegen den Lärm zu schützen. Nach ein paar Minuten hörte das Schießen auf und das Gelände versank in Schweigen und völlige Dunkelheit. Yonatan schoß zwei Leuchtkugeln und in ihrem Licht eröffnete das Kommando aus allen Waffen ein schweres Feuer. Innerhalb von Sekunden gingen die Lastwagen in Flammen auf. Wer zu entkommen versuchte, fiel im MG-Feuer. Der Beschuß war derart heftig, daß Yonatan kaum in der Lage war, den Befehl zur Feuereinstellung durchzugeben. Einer der Männer war so ins Feuern vertieft, daß er den Befehl erst dann zur Kenntnis nahm, nachdem ihm Yonatan einen Schlag auf den Helm versetzt hatte. Michael Abirs südliches Kommando stieß auf keinerlei Terroristen und verminte wie geplant den Start- und Landestreifen.

Versenkung eines Schiffes der PLO vor dem Libanon.

In der Nacht zum 2. April brach ein Kommando zu einem weiteren Unternehmen auf. Die Terroristen waren voll alarmiert und Didi Ya'ari führte den Angriffsverband, während Michael Abir und Uri die beiden Hinterhaltgruppen befehligten. Der Weg zum Ort des Hinterhalts war schwierig. Unterwegs zur Straße mußten die Männer einen 20 m hohen Felsen erklimmen. Nach ungefähr einer halben Stunde erschien ein Jeep der Terroristen. Das Kommando eröffnete das Feuer. Der Jeep überschlug sich und ging in Flammen auf. Einer der Insassen versuchte zu entkommen und Abir warf eine Handgranate. Der Mann duckte sich hinter das Fahrzeug, aber ein Feuerstoß erwischte ihn.

Während sich das Kommando in Richtung See zurückzog, hörten die Männer das Rasseln von Ketten. Sie vermuteten, jeden Augenblick könnte ein Panzer auf dem Schauplatz erscheinen. Dies stand auch im Einklang mit nachrichtendienstlichen Informationen, wonach die Terroristen einen Panzer in diesem Gebiet hatten. In der Nähe eines Wohngebietes stoppte der Panzer und eröffnete ein schweres Maschinengewehrfeuer in Richtung See. Artilleriebeschuß durch eines der FMB's brachte ihn zum Schweigen und das Gebiet beruhigte sich wieder.

Mitte April 1981 erhielt ein Kommando der 13. Flottille einen neuerlichen Auftrag zur Versenkung eines Schiffes im Hafen von Tyrus. Das an der Hafeneinfahrt liegende Schiff konnte leicht identifiziert werden. Yonatan als Führender des ersten Kampfschwimmerpaars tauchte zur genauen Identifizierung des Zieles auf, mußte aber sofort wieder tauchen, um nicht von den Fischerbooten entdeckt zu werden, die nicht weit

von ihm entfernt vorbeiliefen. Das nur etwa 20 cm über Grund vor Anker liegende Schiff erschwerte den Kampfschwimmern die Arbeit unter seinem Rumpf, aber Yonatan brachte trotzdem die Minen an. Sie detonierten am folgenden Morgen und das Waffenschiff sank auf Grund, die Hafeneinfahrt blockierend.

Anderthalb Monate später traf ein weiteres Waffenschiff in Tyrus ein und erneut kamen Kampfschwimmer zum Einsatz. Diese waren glücklich, keinen Einsatz von Wasserbomben vorzufinden, aber unglücklich, als sie den Zustand des Kiels sahen. Minutenlang mußten sie mit ihren Schabern arbeiten, um den Algenbewuchs und die festsitzenden Muschelschalen abzukratzen. Erst dann waren sie imstande, die Minen anzubringen. Auch sie detonierten am Morgen danach. Das Schiff sank fast vollständig; nur seine Kräne und der obere Teil seiner Aufbauten ragten noch aus dem Wasser.

In dieser Zeitspanne meldete die Presse die Versenkung der RASHID, der ROL, der MANAL AS und anderer Schiffe. Die »Heiligen Geister« wurden nun nicht mehr als Urheber derartiger Unternehmen betrachtet.

Im Verlaufe des Monats Mai traf die 13. Flottille Vorbereitungen für ein Sonderunternehmen. Mehrere amphibische APC's, die mit Flugkörpern bewaffnet waren, wurden auf einer kleinen Erhebung am nördlichen Ende der Damur-Küste entdeckt. Daher wurde die Möglichkeit untersucht, eines der APC's an sich zu bringen, mit ihm in See zu gehen und zum Unterstützungsschiff zu gelangen. Dort konnte es mit Hilfe des Krans an Bord genommen werden. Eine weitere

Idee war das Fortschaffen eines Flugkörpers mit Unterstützung von angebrachten Schwimmern über See. Die für den Einsatz vorgesehenen Kommandoangehörigen mußten lernen, wie ein APC der IDF, das den fraglichen Fahrzeugen glich, zu fahren war.

In der Nacht zum 28. Mai ging das Kommando in See. Auf seinem Weg nach Norden traf die Nachricht ein, daß der Plan geändert werden mußte. Die Luftwaffe hatte die Idee, eines der Fahrzeuge zu entführen, aufgegeben und die APC's zerstört. Bei dem Luftangriff kamen drei libysche Soldaten ums Leben, die zu den Unterstützungskräften in dem Gebiet gehörten.

Das enttäuschte Kommando erhielt nun den Auftrag für einen Hinterhalt. Der Einsatzort sollte noch von Raful festgelegt und über Funk mitgeteilt werden. Der Hinterhalt kam schließlich an der Hauptverkehrsstraße zur Ausführung. Hierbei zerstörte MG-Feuer einen Lastwagen. Als das Kommando zurückkehrte, wurde festgestellt, daß es sich bei dem Lastwagen um ein syrisches Militärfahrzeug gehandelt hatte. Einer der beiden Insassen wurde getötet und der andere verwundet – infolge fehlerhafter Planung ein schlechtes Ergebnis.

In der Nacht zum 2. Juni 1981 feuerten FMB's »Gabriel«-Flugkörper auf terroristische Ziele an der syrisch-libanesischen Grenze ab. Der Erfolg zweier früherer Operationen wie auch moderne Identifizierungs- und Feuerleitverfahren ermöglichten mit Unterstützung von »Snunit«-Booten zur Beleuchung die Durchführung des Angriffs in der Nacht. Die Entscheidung, das Unternehmen bei Nacht durchzuführen, wurde getroffen, um die FMB's weder der Gefahr eines Angriffs durch die syrische Luftwaffe noch dem Risiko auszusetzen, von der Küste aus beschossen zu werden. Die »Snunit«-Boote näherten sich der Küste und identifizierten das Ziel. Die Leuchtkugeln waren genau gezielt; eine ging sogar im Hof des Gebäudes nieder, das zerstört werden sollte. Zwei Flugkörper gelangten sofort zum Abschuß und Artilleriebeschuß setzte ein.

Luftaufnahmen zeigten, daß das Dach des Gebäudes mit der Administration der Terroristen eingestürzt war. Außerdem war ein schweres Maschinengewehr vernichtet und zusätzlich ein weiteres Gebäude beschädigt worden. Treffer erhielt auch die Fernmeldezentrale, die zerstört wurde. Darüber hinaus kam es zur Beschädigung mehrerer Fahrzeuge. Das Einsatzverfahren hatte sich bewährt. Das Risiko war gering und die Schäden waren hoch – jeder war zufrieden.

Drei Tage später lief das Unterseeboot RAHAV mit einem Kampfschwimmer-Kommando an Bord zum Hafen von Sidon aus. Sie hielten sich dort sechs Tage auf, ohne Schiffe der Terroristen zu entdecken, um sie zu versenken.

Zwei Tage später zerstörten Maschinen der israelischen Luftwaffe den im Bau befindlichen Atomreaktor im Irak. Die Weltöffentlichkeit verurteilte die israelische Handlungsweise. Einige Jahre später war das »moralische Gewissen« derselben Weltöffentlichkeit gezwungen, im Irak zu handeln; ihre Staatsmänner waren sehr froh, daß sie nicht unter einer nuklearen Bedrohung hatten handeln müssen.

Ein unnötiger Unglücksfall und eine Auszeichnung für die gesamte Einheit

Ami Ayalon stand im Begriff, seine turnusmäßige Dienstzeit als Flottillenchef nach zwei geschäftigen Jahren zu beenden. Da fand noch ein verhängnisvoller Unfall mit einem Kraftfahrzeug statt – eine Folge der traditionellen Trinkgewohnheiten. Der Unfall ereignete sich am Vorabend des Unabhängigkeitstages im Gefolge einer im Norden durchgeführten Operation zu Lande. Die Einsatzbesprechung hatte im Hause des die Operation befehligenden Offiziers bei einigen Gläsern Bier stattgefunden. Nach der Rückkehr vom Einsatz setzten einige Angehörige des Kommandos den Bierkonsum fort und veranstalteten auf dem Stausee des Jordans mit ihren Schlauchbooten einigen Unfug. Ihr Einsatzführer bestand anschließend darauf, den Lastwagen zu fahren. Einer der Männer weigerte sich, mit ihm mitzufahren, da er erkannte, daß der Offizier betrunken war. Dieser Entschluß rettete ihm das Leben; denn bei dem folgenden Unfall wurden der Offizier und zwei Männer getötet. Einige behaupteten, daß der Untersuchungsstelle nicht alle Fakten vorgelegt worden wären. Wenn dies tatsächlich der Fall gewesen sein sollte, dann kann daraus wieder einmal ersehen werden, wie wichtig es ist, militärische Unfalluntersuchungen von einer fremden Dienststelle durchführen zu lassen.

Ami Ayalon hatte keine Ahnung, daß das Ende seines Kommandos von einem besonderen Ereignis begleitet werden sollte. Während einer Einsatzbesprechung wandte sich Raful an Almog und sagte zu diesem: »Ich mag sie einfach! Sie verdienen eine Medaille!« Almog erhob gegen diese Idee keinen Widerspruch.

Raful verlas den Befehl zur Verleihung der Auszeichnung an die gesamte Flottille: Fahrer, Troß, Techniker und alle Kommandos. Die Verleihung der Medaille erfolgte für 22 Unternehmungen, aber die Männer waren sich sicher, sie schloß die ständigen Einsätze mit ein, die bereits in den Tagen von Gadi Kroll und Hanina Amishav begonnen hatten. Diese Auszeichnung erging für viele andere, offenkundig leichte Unternehmen, darunter eines am Jordan, bei dem die Flottille ihren einzigen Verlust in dieser Zeit zu beklagen hatte – einen Mann, der von der starken Strömung mitgerissen wurde und ertrank.

11. Kapitel

Vom Sudan zur Operation »Frieden für Galiläa«

Im Juli 1981 folgte Kapitän z.S. Uzi Livnat als Flottillenchef Ami Ayalon nach. Zu diesem Zeitpunkt waren weit über 20 000 Terroristen im Libanon stationiert. Die Ansiedlungen im Norden Israels lagen unter ihrem Beschuß mit »Katjuscha«-Raketen und Artillerie. Dies führte zu einer massenweisen Evakuierung der Einwohner aus dieser Region. Die IDF übte Vergeltung und die Luftwaffe griff die Befehlszentralen der Terroristen in Beirut an.

Am 23. Juli brachen Kommandos der 13. Flottille in Stärke von 40 Mann auf, um an einem durch U-Bootaufklärung erkannten Einsatzort zwei Hinterhalte zu legen. Als Ergebnis wurde ein Fahrzeug der Terroristen zerstört. Als Anwort entschied die terroristische Seite, daß alle zu einem Hinterhalt entsandten Verstärkungen zu Fuß dorthin gehen sollten.

Am nächsten Tag kam es zur Unterzeichnung eines Abkommens zur Feuereinstellung zwischen Israel, dem Libanon und der PLO. Daher endeten die Einsätze der 13. Flottille; sie hatte in zwei Jahren 80 Unternehmen durchgeführt. Ihren Flottillenchefs war es gelungen, den Vorteil einer »historischen Stellung« wahrzunehmen, ähnlich jener während des Abnutzungskrieges, aber von wesentlich anderer Substanz, da nunmehr keine Notwendigkeit mehr bestand, die Flottille »zu verkaufen«. So ergab sich eine bedeutende Veränderung aus der Höhe der Verluste, da den Kommandos nicht mehr befohlen wurde, »um jeden Preis« zu handeln – niemand hatte die Absicht, alle Terroristen im Libanon zu töten.

Sudan: Leben erhalten statt nehmen

In dieser Zeit erhielt ein Kommando der Flottille den Auftrag zu einem Unternehmen, um äthiopische Juden zu evakuieren – eine Aktivität, die das Einbeziehen des Mossad und des CIA erforderlich machte. Diese Juden, eine große Gruppe, war in einem Flüchtlingslager im Sudan versammelt. Es war nicht möglich, sie auf dem Luftwege zu retten. Daher wurde als Alternative die Rettung über See in Erwägung gezogen. Agenten des Mossad, unter denen sich mehrere ehemalige Angehörige der 13. Flottille und der Einheit 707 befanden, erwarben ein Ferienlager an der sudanesischen Küste, das als Deckmantel für den Transport der Einwanderer zu einem Schiff der Marine dienen sollte.

Das Rettungsunternehmen über See sollte an der Küste eines feindlich gesinnten Landes etwa 540 sm von Eilat entfernt stattfinden. Der dort herrschende Seegang wurde als »wild« beschrieben und das Kartenmaterial war veraltet. Möglichkeiten einer Rettung aus der Luft oder zur See waren begrenzt und längere geheime Aktivitäten waren der Gefahr ausgesetzt, Aufmerksamkeit zu erregen. Die auf dem Landwege herangeführten Einwanderer mußten von einem Schiff aufgenommen werden, denn sie an der Küste zu lassen, würde nicht nur zu technischen Problemen führen sondern das gesamte Unternehmen in Gefahr bringen.

Am 7. Oktober 1981 liefen zwei FMB's in ein bestimmtes Seegebiet vor der sudanesischen Küste aus, um die Korallenriffe, die sich an der Küste entlangzogen, mit Radarreflektoren zu markieren. Zwischen dem Riff und dem Korallenstrand verlief ein zwei Seemeilen breiter Kanal, der das Einfahren großer Schiffe erleichterte.

Der kleine Verband nahm Verbindung mit Yonatan auf, einem Agenten des Mossad und zugleich einem erfahrenen ehemaligen Angehörigen der 13. Flottille, der an einem einsamen Strand mit Danny wartete, der die Operation im Auftrag des Mossad leitete. Die beiden Männer frugen sich scherzend, warum keine Juden aus Miami gerettet werden müßten, der Strand dort wäre für das Warten angenehmer. KKpt. Ran Galinka führte die Boote zur Küste. Yonatan ließ in ihre Richtung ein Licht aufblitzen, und als sie an Land gingen, waren sie erstaunt, Yonatan Hebräisch sprechen zu hören, als ob er sich mitten in Tel Aviv befände. Das Kommando markierte die Riffe und maß die Wassertiefen vor der Küste, um eine geeignete Landestelle für ein Landungsschiff festzustellen. Die gefundenen Wassertiefen waren hierfür nicht geeignet. Hiermit war der Auftrag beendet und die Offiziere erhielten ein hübsches Souvenir: ein sudanesisches Schwert.

Zur Durchführung des Unternehmens wurde das mit einer Bugrampe ausgerüstete 5000 ts große Versorgungsschiff BAT-GALIM ausgewählt. Es war bereits außer Dienst gestellt, aber seine Einsatzfähigkeit wurde rasch wieder hergestellt. Seine Ladung umfaßte Feldbetten, Decken, Proviant, chemische Toiletten, Duschen und so fort. Nur ein paar Eingeweihte kannten die geheimen Einzelheiten des Auftrags. Der weitaus größte Teil der Besatzung hatte keine Ahnung, warum sie gebraucht wurden, um das Schiff so umfassend auszurüsten, unter anderem aufgrund einer streng vertraulichen Liste, die eine Ausstattung für Geburtshilfe, Damenbinden, Windeln für Säuglinge usw. umfaßte. Auch zwei »Snunit«-Boote und neun Schlauchboote unter dem Befehl von KKpt. David Schick wurden an Bord genommen. Ihm zur Seite standen erfahrene Reservisten der 13. Flottille, die als Freiwillige zur Teilnahme aufgefordert worden waren. Sie wußten, daß sie einer ungewissen Zeitspanne entgegensahen, in der sie sich mit einer Gruppe Menschen befassen mußten, die aus einer isolierten ländlichen Kultur stammten und die sie ins 20. Jahrhundert zu überführen hatten.

Die Offiziere studierten die Einzelheiten des fraglichen Gebiets aufgrund des Kartenmaterials und der Luftaufnahmen, die ihnen persönlich übergeben worden waren. Das ausgewählte Gebiet, um die Einwanderer zu versammeln, war ein Küstenabschnitt von 55 km, in dem sich vier einsame Buchten befanden, die von Riffen umgeben waren. Beobachtungsposten oder Patrouillen waren in diesem Gebiet keine festgestellt worden, aber es fand ein ziemlicher Schmuggel statt. Dies führte immer wieder zur Anwesenheit von Polizei, die nach diesen Schmugglern Ausschau hielt. Außerdem brachte der Wintermonsun starke Stürme aus dem Norden.

Am 8. November 1981 lief die BAT-GALIM aus, getarnt als Handelsschiff. Dies verursachte disziplinäre Probleme, da der Kommandant des Schiffes nicht begriff, daß eine derartige Tarnung keinen Verzicht auf militärische Disziplin bedeutete. Nach mehrtägiger Fahrt traf das Schiff am Bestimmungsort ein und ging außerhalb der Riffe vor Anker. Yonatan gelangte mit einem Schlauchboot an Bord und wies die Offiziere ein. Er bekam einen Handkoffer mit Bargeld, den das Kommando aus Israel mitgebracht hatte, um das Lager in Betrieb zu halten und lokale Behörden zu bestechen.

Der Plan sah vor, die Juden mit Lastwagen aus dem Flüchtlingslager herzubringen. Dort sollten sie an Bord von Booten des Ferienlagers gehen und zu den Schlauchbooten in See gebracht werden. Am Strand sollten sich nur getarnte Mossad-Agenten aufhalten – keine Soldaten. Ariel Sharon, der Verteidigungsminister, hatte dies in der abschließenden Einsatzbesprechung ausdrücklich betont. David Schick, der die Küste erreichen wollte, hielt den Plan für verwirrend. Yonatan stimmte ihm zu und Schick entschied, mit seinem Kommando bei der vorbereitenden Übung an Land zu gehen. Plötzlich erschien ein sudanesischer Lastwagen auf der Straße. David Schick und seine Männer – mit kurzen Hosen und Turnschuhen bekleidet – gingen in Deckung, während Yonatan und seine Leute – als Franzosen getarnt – mit der Gegend vertraut waren und dablieben.

David Schick meldete das Anlandgehen nicht. Er stimmte mit Yonatan überein, daß am Abend vor dem Beginn der Operation über Funk eine Meldung abgesetzt werden würde, wonach es die stürmische See erforderlich macht, mit dem Kommando an Land gehen zu müssen. Ihnen war klar, daß sie die Zustimmung hierfür nicht bekämen, wenn sie diese vorher anfordern würden. Später ließ David Schick die Falschmeldung wie vorgesehen übermitteln – verschlüsselt und in Englisch –, so daß selbst ein zufällig Mithörender keinen Verdacht schöpfen würde.

Als die Dunkelheit hereinbrach, setzte sich das Kommando mit den Booten in Richtung Küste in Bewegung, zwischen den Riffen mit Radar in den Schlauchbooten navigierend, um die Reflektoren zur Kursbestimmung auszumachen. Dann liefen sie langsam in die enge Bucht ein. Kurze Zeit später kamen Lastwagen mit einer Gruppe Einwanderer an, die ohne Aufenthalt an die 1280 km durchgefahren waren. Die Leute hatten sich unter Segeltuchplanen versteckt, während ihre Mossad-Fahrer durch die Straßensperren gebraust waren und den mit Gewehren bewaffneten sudanesischen Soldaten zugewinkt hatten – aber ohne Schüsse als Gegengruß.

Dies war der Augenblick, der für Yonatan die Fragen seines Freundes unausgesprochen beantwortete, warum er sich weiterhin an verlassenen Stränden herumtrieb und seine Familie vernachlässigte. Die Einwanderer saßen eng zusammengedrängt auf den Lastwagen, ihre spärlichen Habseligkeiten und mehrere heilige Bücher krampfhaft festhaltend. Die Angehörigen des Kommandos griffen sich die Kinder, eine müde Frau oder einen erschöpften alten Mann und setzten sie in die Boote. So fanden sie sich diesmal in der Situation, Leben zu retten, statt es zu nehmen, und sie spürten, wie die Flüchtlinge ihnen folgten – genauso wie die Kinder Israels Moses in die Wildnis gefolgt waren.

Einige der Einwanderer ließen die Kommandoangehörigen in die Fiberglasboote des Ferienlagers steigen. Nach kurzer Zeit schien sich zu bestätigen, daß David Schick recht gehabt hatte, die Befehle zu mißachten;

denn die Boote liefen voll Wasser und sanken fast. Daher mußten die Einwanderer für den Transport zum Schiff auf die neun Schlauchboote verteilt werden. Diese hatten jetzt 76 Flüchtlinge an Bord, von denen die meisten noch nie die See gesehen hatten. Einige von ihnen tranken Meerwasser, weil sie es für Süßwasser hielten. KKpt. Ilan Buchris, der Kommandant der BAT-GALIM, erkannte die problematische Lage und brachte sein Schiff näher an die Riffe heran. Mehrere Einwanderer sahen die Lichter des Schiffes und waren der Meinung, sie hätten jetzt Jerusalem erreicht. Die Schlauchboote luden ihre Passagiere auf die heruntergelassene Rampe aus, so daß sie von dort aus direkt in den Laderaum gelangen konnten. Sie waren verängstigt und redeten kaum ein Wort. Die fürsorgliche Besatzung hatte eine Mahlzeit für sie vorbereitet und Brot, Marmelade und heißer Tee standen bereit. Jeder Einwanderer bekam ein Bett, zwei Decken und ein Handtuch. Im übrigen blickte die Besatzung mit erstaunten Augen auf ihre schwarzen Brüder. Einige aus der Besatzung stellten fest, daß viele von den äthiopischen Juden geglaubt hatten, es gäbe nur schwarze Juden. Doch es blieb nur wenig Zeit zum Nachdenken. Die Rampe wurde geschlossen und das Schiff nahm Kurs auf Israel. Die Besatzung unterstützte jetzt Instruktoren, um den Einwanderern – die aus abgelegenen Dörfern stammten – zu erklären, wie zum Beispiel die Duschen funktionierten, und sogar zu zeigen, wie verpackter Käse zu essen war.

Am Abend frug das Marinekommando über Funk beim Kommandanten an, ob er die sudanesische Küste in drei Tagen noch einmal anlaufen könnte. Wenn es auch Personalmangel und Proviantknappheit gab, so war es doch klar, daß die Aufgabe ausgeführt werden mußte. Das Schiff kehrte um und steuerte wieder nach Süden. Während alles auf die nächste Flüchtlingsgruppe wartete, wurde eine Party organisiert, auf der Angehörige der Besatzung hebräische Lieder sangen. Allmählich brach das Eis und die Äthiopier begannen zu singen und zu tanzen. Dann wurde ein Film gezeigt und mehrere der Einwanderer wandten das Gesicht dem Licht des Projektors zu; denn sie hatten noch nie in ihrem Leben einen Kinofilm gesehen.

Dann trafen die Lastwagen mit den Einwanderern an der Küste ein, aber ihr Übersetzen zum Schiff verzögerte sich, da sich Schmugglerboote und Polizei in dem Gebiet aufhielten. In der Zwischenzeit wurden die Flüchtlinge in einem Gebäude am Rand des Ferienlagers versteckt. Das Lager war zu diesem Zeitpunkt vollbesetzt mit ahnungslosen Touristen, die keine Vorstellung davon hatten, daß das gesamte Personal des Camps – von der Leitung bis zu den Reinigungskräften – aus Agenten des Mossad bestand.

Schließlich mieteten Yonatan und seine Kameraden Fischerboote an, um das Übersetzen zu ermöglichen. Unter Segeltuchplanen verborgen, wurden insgesamt

88 Flüchtlinge zum Treffpunkt mit den Schlauchbooten in See gebracht, die sie anschließend zum Schiff übersetzten. Dann nahm die BAT-GALIM endgültig Kurs auf Israel.

Die erste Gruppe der Einwanderer verbrachte rund eine Woche auf dem Schiff. Sie zählte 164 Personen, darunter 70 Kinder unter 14 Jahren. Mit dem Einbrechen der Dunkelheit lief die BAT-GALIM in den Hafen von Sharm-el-Sheich ein. An Land warteten der Chef des Mossad und Admiral Almog, der Befehlshaber der Marine.

In der Besprechung nach dem Einsatz ergab sich als Resultat, weiterhin dasselbe Verfahren anzuwenden und größere Gruppen herauszubringen. David Schicks Entscheidung fand ebenfalls Zustimmung. Der Marinebefehlshaber ließ ihn wissen, daß er ihn aus der Marine hinausgeworfen hätte, wenn etwas schiefgegangen wäre. Adm. Almog gab auch seine Zustimmung für das Einlaufen des Schiffes in den Kanal zwischen der Küste und den Riffen, um die Fahrzeit mit den Schlauchbooten zu verkürzen. Außerdem befahl er den Erwerb größerer Schlauchboote mit Fiberglasböden (sog. »Moliots«) in England, um ihr Aufreißen durch die scharfkantigen Korallenfelsen zu verhindern.

Die BAT-GALIM erhielt Rettungsflöße für eine Aufnahmekapazität von 500 Personen sowie zwei weitere getarnte 20-mm-Geschütze. In der Mitte des Laderaums erfolgte der Einbau eines festen Zwischenschotts, um ein gesicherteres Öffnen der Rampe in See zu ermöglichen. Zudem wurden im Laderaum 400 Kojen mit zusätzlichen Wasserhähnen und Toiletten eingebaut. Hinzu kamen eine separate Küche und große Kochkessel. An Deck wurden Wäscheleinen gespannt und die Reling erfuhr eine Sicherung, um Kinder daran zu hindern, über Bord zu fallen. Ferner standen zusätzliche Kleidung sowie Spielzeug und Spiele zur Verfügung. Die Besatzung wurde durch drei Ärzte ergänzt, darunter eine Ärztin.

Am 14. Januar 1982 ging die BAT-GALIM in See, um zwei Gruppen von je 180 Einwanderern aufzunehmen. Erfahrene Reservisten der 13. Flottille gehörten erneut zum Kommando. Diesmal befanden sich zusätzliche Proviantvorräte, ein beträchtlicher Vorrat an Filmen, Bierfässer und eine Bierzapfanlage an Bord. Dann traf das Schiff an seinem Bestimmungsort ein und die Schlauchboote fuhren zur mittleren Bucht. Am Strand sahen die Kommandoangehörigen, wie Mossad-Agenten Fotos machten, und kamen zur Überzeugung, sie könnten dies auch tun. Trotz eines vollständigen Verbots durch den Militärischen Abschirmdienst der IDF hatten einige von ihnen Kameras dabei und fotografierten bedenkenlos.

Als die Nacht hereinfiel, brach ein Sturm los. Ilan Buchris verholte die BAT-GALIM in den Kanal. Es hieß, die in der Seekarte angegebenen Wassertiefen wären nicht genau. Daher wurde der Anker ausgefahren, soweit dies ging – fand aber keinen Grund. Ilan Buchris befahl, ihn wieder zu lichten, um einen sicheren Ankergrund zu finden. Doch der Motor der Ankerwinde hielt dem Gewicht von Kette und Anker nicht stand. Inzwischen trieb das Schiff langsam auf die Küste zu und Ilan Buchris steuerte die BAT-GALIM mit immer noch herbhängendem Anker auf die offene See hinaus. Später gelang es, den Anker mit behelfsmäßigen Maßnahmen wieder einzusetzen. Schließlich trafen aus der Wüste die Lastwagen ein. Das Kommando brachte die schwarzen Juden in ihren weißen Umhängen in die Boote, die danach hinaus in eine stürmische See fuhren. Viele wurden seekrank und der mitgebrachte Arzt verabreichte einigen von ihnen eine Infusion mit Salzlösung, um den Flüssigkeitsverlust zu ersetzen. In einem der Schlauchboote saß KKpt. Gadi Patish. Während sein Freund Avishai steuerte, hetzte er zwischen den 15 Flüchtlingen unter seiner Obhut hin und her: von einem drei Monate alten Säugling, mit Lumpen an seiner Mutter festgebunden, bis zu einer 80 Jahre zählenden Großmutter. Er kümmerte sich unermüdlich um die Bootsinsassen, machte es ihnen bequem und versuchte, sie vor Nässe zu schützen.

Infolge des stürmischen Seegangs war es nicht möglich, die Rampe des Schiffes herabzulassen. Daher wurden die Schlauchboote mit dem Kran auf eine Höhe von 15 m angehoben, um die Insassen ungefährdet an Bord zu nehmen. Die verwirrten und erschöpften Einwanderer hatten keine Vorstellung, was mit ihnen geschah. Auch die Agenten des Mossad waren von der mörderischen Fahrt durch die Wüste erschöpft. Die Angehörigen des Kommandos gaben ihnen alles an Aufputschmitteln mit, was sie hatten.

Einige Zeit später traf die zweite Gruppe der Flüchtlinge ein. Unter Anwendung eines einzigartigen Systems wurden alle Einwanderer der beiden Gruppen gezählt. Beim Betreten des Laderaums erhielt jede Person ein Lutschbonbon aus einem Sack, der abgezählte 352 Stück enthielt – die Anzahl der Einwanderer, die an der Küste vor dem Einschiffen gezählt worden waren. Ein Bonbon blieb übrig. Jeder erhielt zum zweiten Mal ein Bonbon – und wieder blieb ein Bonbon übrig. Bei der dritten Zählung wurde ein Baby entdeckt, das bei seiner Mutter verborgen auf dem Rücken ruhte.

Während der Fahrt nach Norden ergaben sich mehrere medizinische Probleme und eine Bettenreihe mußte als Lazarett eingerichtet werden. Schon bald diagnostizierten die Ärzte, daß ein 11 Jahre altes Mädchen an Meningitis litt, und rieten dringend zur Evakuierung. Die ganze Nacht über gingen dringende Funksprüche hin und her. Schließlich wurde entschieden, einen von Tankflugzeugen begleiteten Hubschrauber zu schicken, um die große Entfernung zu überbrücken. Auch die Ärzte wichen die ganze Nacht nicht von der Seite der jungen Patientin. Am Morgen verließ das Mädchen das Bett und fing an umherzurennen, als ob nichts gewesen wäre.

Anfang März 1982 lief die BAT-GALIM erneut aus. Die Einwanderer hielten sich im Ferienlager versteckt, aber es war unmöglich, sie herauszubekommen; denn in der Umgebung hielt sich ein Polizeifahrzeug auf und es herrschte Vollmond. Die Warterei hielt einige Tage an. Niemand wußte, wann sie zu Ende sein würde. Die Reservisten, die ihre zivilen Tätigkeiten verlassen hatten, als sie einberufen wurden, drängten auf die Erlaubnis, Botschaften nach Hause übermitteln zu können. Zum erstenmal entschlüsselte das Marinekommando Funksprüche, die sich mit Blumenanbau, Versicherungsfällen, Milchprodukten usw. befaßten.

Am 11. März funkte der Chef der Mossad-Operation: »Wir sind seit mehreren Tagen unentschlossen, ob die Operation durchgeführt werden kann. Die Entscheidung muß ohne Rücksicht auf die Anstrengungen getroffen werden, die gemacht worden sind, um das Schiff herüberzubringen. Das Polizeifahrzeug steht offensichtlich mit den Schmugglern in Verbindung. Der Sicherheitsfaktor ist wichtig, aber wir müssen auch die Gefühle der Einwanderer in Betracht ziehen – ob sie daran glauben, daß der Einsatz durchgeführt werden kann. Ich verlasse mich darauf, daß sie gesunden Menschenverstand besitzen.«

Am 13. März brachten die Boote 172 Personen zum Schiff – nach einer zermürbenden Nacht, in der ein Fahrzeug mit sudanesischer Polizei auf dem Schauplatz erschien und das Feuer auf verdächtige Gestalten am Strand eröffnete. Während dies vor sich ging, entschloß sich FKpt. Gadi Kroll, die Schlauchboote ein Stück von der Küste wegzubringen, um nicht die Wichtigkeit der Operation zu verraten. Ein Mossad-Agent, dem es gelungen war, mit den Männern des Kommandos zu verschwinden, befürchtete, seine Kameraden wären gefangengenommen worden. Daraufhin griff das Kommando zu den Waffen und bereitete sich auf eine Befreiungsaktion vor. Nach kurzer Zeit war jedoch der Kontakt zu Danny wiederhergestellt. Es stellte sich heraus, daß die Polizisten der Meinung gewesen waren, sie hätten Schmuggler erwischt. Danny teilte ihrem Offizier mit, die Polizei würde Touristen belästigen, die beim Tauchen wären. Er drohte, sich beim Polizeichef des Distriktes zu beschweren, der Danny häufig mit seinem Hubschrauber mitnehmen und es lieben würde, sich in dem angenehmen Klub zu amüsieren.

Nach dem Abschluß der gesamten Operation wurden die Einwanderer nach Eilat gebracht, da der Stützpunkt von Sharm-el-Sheich zu den Gebieten gehörte, die an Ägypten übergeben werden mußten. In einem Zeitraum von vier Monaten waren 688 Einwanderer evakuiert und zwei weitere unterwegs geboren worden. Ein weiteres Unternehmen zur See lehnte die israelische Regierung ab und sah sich statt dessen nach einer anderen Lösung um.

Terror und politische Ziele führen zum Krieg

Die Zeit des Waffenstillstandes mit der PLO hielt nicht lange an. Erneut begannen die Terroristen, Anschläge in Israel durchzuführen. Umstände, die die Lage beträchtlich verschlimmerten, waren die Ermordung von Anwar as Sadat, dem ägyptischen Präsidenten, am 6. Oktober 1981 und die Annexion der Golan-Höhen durch Israel am 14. Dezember 1981. Die Ende 1980 erstellten Befehle für eine Invasion des Libanon – Operation »Oranim« – wurden auf den neusten Stand gebracht und die Grenze des Eindringens bis zum Fluß Oula ausgedehnt – etwa 50 km von der israelischen Grenze entfernt.

Verteidigungsminister Ariel Sharon definierte die Ziele des Krieges:
- Verhindern des Beschießens von Siedlungen im Norden Israels und Stoppen der terroristischen Aktivitäten,
- Vertreiben der syrischen Streitkräfte aus Beirut,
- Eliminieren des Terroristenproblems im Libanon,
- Errichten einer verfassungsmäßigen libanesischen Regierung, die ein Teil der freien Welt werden sollte, sowie das
- Herstellen friedlicher Beziehungen zwischen dem Libanon und Israel.

Die Planung für die Invasion gelangte am 24. Januar 1982 zur Verteilung, wenige Tage nach einem Besuch Sharons in Beirut, wo er mit Vertretern der Phalangisten zusammentraf, um ihre gemeinsame Haltung festzulegen. Den Besuch – wie viele andere auch – bewachte die Kommandotruppe der 13. Flottille.

Als der Generalstabschef seinen ersten Besuch abstattete, drückte er den Wunsch aus, in Beirut die Demarkationslinie zwischen Christen und Moslems zu besichtigen. Der Führer des Kommandos teilte ihm mit, eine solche Besichtigung wäre untersagt. Daraufhin frug ihn Raful, wer diesen Befehl erteilt hätte, und erhielt als Antwort: »Der Generalstabschef.« Mit den Worten »Jetzt hebt der Generalstabschef seinen eigenen Befehl auf!« verließ er mit einer Gruppe von Offizieren den Raum, um das gefährliche Gebiet mit örtlicher Führung zu besuchen.

Ein Kommando der 13. Flottille bewachte einen weiteren Besuch des Generalstabschefs, den er zusammen mit dem stellvertretenden Chef des Mossad und Stabsoffizieren abstattete. Hierbei trafen die Israelis mit den Kommandeuren der Phalangisten unter Führung von Bashir Jumail zusammen. Raful vertrat die Auffassung, Israel würde dafür sorgen, daß eine Vereinigung mit ihren christlichen Brüdern im Süden sowie ein eigener Staat zustande kämen. Enthusiastischer Beifall belohnte ihn. Dann gingen sie in eine Halle hin-

unter, in der 15 »Sherman«-Panzer standen, die ein Landungsboot gebracht hatte.

Zu dieser Zeit befehligte ich das Landungsboot-Geschwader. Meine Hauptaufgabe bestand im Transport von Panzern, Geschützen und bewaffneten Lastwagen zu den Phalangisten. Auf dem Rückmarsch brachte ich ihre Männer nach Israel zur Ausbildung. Während dieser Fahrten knüpften wir ausgezeichnete Beziehungen zu den Kommandeuren der christlichen Streitkräfte an, die uns in jeder erdenklichen Weise mit nahöstlicher Gastfreundschaft überhäuften. Der Großteil der israelischen Offiziere – sogar jene, die mit der mörderischen Geschichte des Libanon vertraut waren – hegte die Überzeugung, wir könnten zu normalen Beziehungen mit ihnen gelangen. Jeder hatte Geschichten über Eli Hobayka gehört, über den Mann, der bei den Phalangisten für die innere Sicherheit verantwortlich war – und über seine Sammlung von Ohren, die seinen Opfern gehört hatten.

So ging die Planung der Operation »Oranim« weiter. Menachem Begin, der damalige Premierminister, änderte jedoch ihren Namen in »Shalom Hagalil« um: Frieden für Galiläa.

Die Marine erhielt die Aufgabe zugewiesen, Kräfte zu landen und Feuerunterstützung entlang des Küstenstreifens zu leisten. Außerdem waren Hinterhalte an Land durchzuführen, um ein Entkommen der Terroristen zu verhindern, sowie Aufklärung zu betreiben, um nicht durch einen syrischen Angriff überrascht zu werden.

Der Entschluß zur Durchführung einer amphibischen Landung rührte von dem verhältnismäßig geringen Risiko her, da die libanesische Küste weder durch radargelenkte Geschütze noch durch FMB's verteidigt wurde. Ein weiterer Grund war mit der Tatsache verknüpft, daß sowohl der Verteidigungsminister als auch der Generalstabschef die indirekte Annäherung unterstützten.

Vor der Landung erfolgte eine geheime Erkundung der Küste im Bereich der Mündung des Zaharani-Flusses südlich von Sidon. Hierbei entdeckte der Erkundungstrupp einen felsigen Strand und da er eine andere geeignete Stelle nicht fand, wurde dieses Strandstück als Landekopf in Aussicht genommen. Später ergab sich jedoch ein perfekter Landestrand in der Nähe der Mündung des Flusses Oula nördlich von Sidon.

Ende Januar 1982 sickerte eine Terroristengruppe aus dem Libanon nach Israel ein, wodurch erneut eine angespannte Situation eintrat. Im März kehrte Philip Habib in die Region zurück und die PLO verkündete ihre Absicht, die Angriffe gegen Israel fortzusetzen.

Ende Februar brachte ein Patrouillenboot der »Dabur«-Klasse ein verdächtiges Schiff auf, das schon früher im Hafen von Tyrus durch Haftminen versenkt und anschließend repariert worden war. Sein Kapitän erklärte dem Führer des Enterkommandos, seine Aktivitäten wären nunmehr legal. Kurze Zeit später ergab sich, daß das Schiff noch immer mit dem Transport von Terroristen beschäftigt war. Das »Dabur«-Boot versenkte es. Einer der Taucher, die die Sprengladung anbrachten, hatte ein paar Tage zuvor zum Enterkommando gehört – er sah das Schiff von oben und von unten.

Ende März gab es in Europa einen Anschlag auf Vertreter des israelischen Verteidigungsministeriums, dem ein israelischer Diplomat zum Opfer fiel. Der Premierminister kündigte an, Israel würde zu den terroristischen Aktivitäten während des Zeitraums der »Feuereinstellung« kein Stillschweigen bewahren. Sie hätten inzwischen 26 Tote und 246 Verletzte gefordert.

Am 24. April 1982 wurde der Stützpunkt Sharm-el-Sheich geräumt und – von Eilat abgesehen – gab es in den Häfen und an den Ankerplätzen im Süden keine Aktivitäten der eigenen Marine mehr. Die Vorbereitungen für den Krieg im Libanon gingen weiter und der Großteil der israelischen Truppenführer war sich sicher, daß der Krieg früher oder später ausbrechen würde.

Anfang April hatte die US-Regierung erneut Zurückhaltung gefordert, aber die Spannungen waren hoch. Im Libanon kam es zum Abschuß syrischer Flugzeuge und Terroristen legten Minen. Wiederholt griffen israelische Flugzeuge terroristische Ziele an, während die Terroristen als Vergeltung ca. 100 »Katjuscha«-Raketen auf Siedlungen im Norden Israels abfeuerten – Botschaften zur Warnung aussendend. Die israelische Regierung versuchte, politische Lösungen des Problems zu finden. Doch am 16. Mai verkündeten die Terroristen das Ende der Feuereinstellung.

Am 3. Juni wurde der israelische Botschafter in Großbritannien erschossen. Am folgenden Tag griffen die Israelis terroristische Ziele aus der Luft und mit Artillerie an, während die Terroristen wieder die Siedlungen im Norden Israels beschossen. Der Anschlag auf das Leben des israelischen Botschafters brachte das Faß zum Überlaufen.

D-Tag: Die Landung im Bereich des Flusses Oula

Am Abend des 5. Juni 1982 entschloß sich die israelische Regierung zum Einmarsch in den südlichen Libanon. Die Seestreitkräfte umfaßten FK-Schnellboote, einige zur U-Abwehr ausgerüstet, P-Boote der »Dabur«-Klasse, Unterseeboote und mehrere Versorgungsschiffe. Zum amphibischen Verband gehörten die BAT-SHEVA, ein 1150 ts großes LST, das 16 Panzer und 25 gepanzerte Fahrzeuge an Bord hatte, sowie zwei über 60 m lange LCT's (730 ts maximal), die jedes etwa zehn Panzer und gepanzerte Fahrzeuge mitführten.

Während die IDF auf dem Landwege ihren Vormarsch antrat, begannen die Landungsoperationen. Zum erstenmal konzentrierte sich die Marine auf eine Landung und ihr Hauptangriffsverband hatte nicht wie bisher als Hauptaufgabe: die Vernichtung der gegnerischen Flotte.

Die Landungstruppen gingen im Hafen von Ashdod an Bord des amphibischen Verbandes, weit genug vom Ort des Geschehens entfernt. Der Marsch nach Norden verlief glatt – von dem Versuch abgesehen, einem Kampfverband auszuweichen, der amerikanische Zivilisten in der Region evakuierte.

Mein LCT-Geschwader lief weit abgesetzt von der Küste mit etwa 10 kn Fahrt und drehte gegen Mittag auf die Küste zu. Kurz vor dem Auslaufen hatte ich zu meinen Männern gesagt: »Wir werden unter Beschuß geraten und ihm ohne Schutz ausgesetzt sein. Unsere einzigen Waffen sind unser fachliches Können und die Schnelligkeit des Handelns. Je weniger Zeit wir vor der Küste und in Schußweite verbringen, desto größeren Erfolg werden wir haben. Dafür sind wir ausgebildet worden. Jetzt hängt alles von uns ab.«

Um 15.00 Uhr erging der Befehl zur Oula-Landung. Die FMB's nahmen mit ihrer Artillerie Ziele an der Küste in rund 10 km Entfernung vom Landekopf unter Feuer, während Flugzeuge weiter entfernte Ziele mit Bomben belegten.

Zur gleichen Zeit waren zwei Kommandos der 13. Flottille zur Küste unterwegs, um Fahrzeugen der Terroristen auf der Küstenfernstraße einen Hinterhalt zu legen. Die meisten der aktiven Flottillenangehörigen nahmen an der Operation teil. Die Planung hatte nicht in Erwägung gezogen, sie direkt an der Landung zu beteiligen, die als weniger gefährlich und als weniger mit Prestige verbunden angesehen wurde, so daß für diese Aufgabe in erster Linie Reservisten zum Einsatz kamen.

Ein Jeep der Terroristen fuhr in David Schicks Hinterhalt. Doch Schick, der ständig den Finger am Abzug hatte, schoß nicht und wich somit von seinem üblichen Verhalten ab. Er wollte die Umgebung nicht vorzeitig alarmieren und die Landungstruppen dem Beschuß aussetzen.

Das für den Landekopf vorgesehene Kommando in Stärke von 50 Mann unter Führung von FKpt. Didi Ya'ari schwamm in der Zwischenzeit an Land und die Hinterhalt- und Sicherungsgruppen entfalteten sich. Eine Gruppe durchsuchte die leere Tankstelle und die Männer bezogen Stellung, um die anderen zu sichern. Kurze Zeit später wurden sie aufs Geratewohl beschossen. Sie erwiderten das Feuer und dann senkte sich wieder Schweigen über den Schauplatz. Eine andere Gruppe beschoß ein mit hoher Geschwindigkeit fahrendes Fahrzeug. Es erlitt Beschädigungen, setzte aber seine Fahrt fort. Ein paar Minuten später wurde ein weiteres Fahrzeug der Terroristen zerstört, wobei seine

Munition hochging. Dann erschien der Wagen, der der ersten Gruppe entkommen war, und stoppte. Die heraußspringenden und in ein Restaurant flüchtenden Terroristen wurden erschossen.

Zu diesem Zeitpunkt kamen die Schlauchboote und setzten 150 Fallschirmjäger an Land. Sie übernahmen sofort die Sicherung des Landekopfes, während Didi Ya'ari und sein Kommando den Strand für die Landung vorbereiteten.

Mittlerweile näherten sich die Panzerlandungsboote der Küste. Am 6. Juni – dem D-Tag – um Mitternacht begann die Landung. Didi Ya'ari war überrascht; denn er war bis jetzt nur kurze Gefechte und schnelles Zurückziehen gewöhnt. Nun umgaben ihn Panzer und niemand erteilte ihm den Befehl zum Rückzug. Artilleriebeschuß begleitete die Landung, die Einschläge lagen dicht bei den LCT's. Innerhalb einer halben Stunde hatten wir das Ausschiffen abgeschlossen und die Landungsboote traten den Rückmarsch an, um weitere Truppenverstärkungen zu holen. Wir fühlten uns seltsam – ein Funken Glück zusammen mit dem Bewußtsein, daß wir unsere Aufgabe erfüllt hatten. An der Grenze übernahmen wir den nächsten Transport und kehrten in den Norden zurück. Sicher aus der nächtlichen Feuertaufe hervorgegangen, standen wir jetzt im Begriff, bei hellem Tageslicht an einer vom feindlichen Feuer beherrschten Küste zu landen. Langsam näherten wir uns der aus der Ferne idyllisch aussehenden Szene. Näher herankommend, konnten wir Schützengräben, gepanzerte Fahrzeuge und viele Soldaten erkennen. Entfernt erinnerte mich das Bild an den Film »Der längste Tag«. Da erreichte uns der Befehl von Admiral Almog, die Landung in die Nacht zu ver-

schieben, um dem feindlichen Beschuß auszuweichen. Der Kommandeur der Fallschirmjäger an der Küste forderte hingegen die sofortige Durchführung der Landung, da er die Panzer dringend brauchte, die wir an Bord hatten. Almog stimmte unter der Bedingung zu, daß der Beschuß uns nicht gefährdete. Diesen Befehl verstand ich nicht. Wie konnten wir wissen, ohne die Landung durchgeführt zu haben, ob der Beschuß uns gefährdete? Mir war klar, daß die Verantwortung auf uns abgewälzt worden war. Falls wir Schäden erlitten, wäre die Lage gefährlich gewesen, und – wir hätten uns nicht an den Befehl gehalten. Erlitten wir keine Schäden, nahm den Erfolg jeder für sich in Anspruch. Dieser Befehl erinnerte mich an den von Bini Telem im Sechs-Tage-Krieg an das Kommando vor Port Said abgesetzten Funkspruch: »Unternehmt den Einsatz – aber geht keine Risiken ein!«

Die beiden großen LCT's waren in Rekordzeit ausgeladen: zwei Minuten. Nach dem Ablegen von der Küste setzte Artilleriebeschuß ein und die Einschläge lagen dicht bei den Booten. Jetzt näherte sich die BAT-SHEVA der Küste und erneut erging derselbe Befehl. Wir ignorierten ihn, obwohl es klar war, daß wir uns in Gefahr befanden.

Während des Ausschiffens begann die Artillerie, das Feuer auf die BAT-SHEVA zu eröffnen. Ich setzte die beiden großen LCT's längs der Küste ein, um den Ursprung des aus zwei Richtungen kommenden Feuers festzustellen. Hierbei hoffte ich, daß wir den Beschuß auch auf uns ziehen könnten, um für die BAT-SHEVA die Lage zu erleichtern. Tatsächlich schlugen auch eine Anzahl Granaten nicht weit von uns entfernt ein. Wir meldeten den geschätzten Ort der Abschüsse, aber es kam kein Befehl zur Beschießung des Ziels; denn der Frontverlauf der Fallschirmjäger in diesem Gebiet war unklar und es bestand daher die Befürchtung, die eigenen Truppen zu treffen. Unter ständigem Beschuß beendete die BAT-SHEVA das Ausschiffen, ohne daß Schäden eintraten.

Ich stieß einen Seufzer der Erleichterung aus. Wir hatten unsere Aufgabe ausgeführt. Unsere Geheimwaffen waren Schnelligkeit des Handelns und fachliches Können gewesen, und wir hatten sie gut einge-

Ein Panzerlandungsboot (LCT) vor der Invasionsküste. An Bord leichte Schwimmpanzer PT 76 sowjetischer Herkunft, die in vergangenen Kriegen erbeutet wurden.

setzt. Die Terroristen waren das zweite Mal auf uns vorbereitet gewesen. Insoweit hatten wir eine schwere Verantwortung auf uns genommen – und gewonnen.

Danach bekamen wir den Befehl, Artillerie, Pioniereinheiten mit ihrem Gerät und Nachschub zu transportieren. Auch führten wir Kräfte heran, die in den südlichen Außenbezirken von Sidon zum Einsatz kamen, um den festgefahrenen Vormarsch nach Norden fortzusetzen; denn der Transport über See war sicherer und wir konnten die Truppen an der Oula-Küste absetzen. Als die Verbände der IDF weiter in Richtung Beirut vordrangen, mußten weitere Truppenverbände in der Oula-Region und an der Junia-Küste im Norden Beiruts gelandet werden. Die Besatzungen der LCT's, die rund 400 gepanzerte Fahrzeuge und etwa 2400 Soldaten an Land gesetzt hatten, waren normale Soldaten, die lediglich einen Monat Grundausbildung hinter sich hatten. Sie gehörten zu keiner der Eliteeinheiten. Immer wieder kehrten sie mit ihren klapprigen Booten an die feindliche Küste zurück und erfüllten unter Beschuß ihre Aufgaben.

Am Ende des Krieges empfahl Oberst Avraham Ashur, der Kommandeur der gelandeten Truppenverbände, die gesamte Einheit für eine ehrenvolle Erwähnung. Die Marine war jedoch der Auffassung, daß eine Einheit normaler Soldaten, aus der niemand getötet oder verwundet worden war, keiner Auszeichnung wert wäre – und die Empfehlung wurde verworfen.

Jahre vergingen und die Wogen der Mißgunst waren vergessen. Die Marineführung erkannte, daß auch noch lebende Soldaten eine Anerkennung verdienten und daß der Tod auf dem Schlachtfeld nicht das Hauptkriterium für eine Auszeichnung bedeutete. Zehn Jahre später verlieh mir Admiral Ami Ayalon als Befehlshaber der Marine nach einem grimmigen Kampf die ehrenvolle Erwähnung der Einheit – als Auszeichnung für alle meine Männer (die Landungsoperationen betreffend: siehe mein Buch »Die 11. Flottille«).

Die Blockade von Beirut

Am 11. Juni 1982 kam es zur Erklärung eines zeitweiligen Waffenstillstandes. Die nach Beirut entkommenen Terroristen fanden sich durch eine Blockade an Land und zur See gefangen. Um Druck auf das belagerte Gebiet auszuüben, sollten am 24. Juni zwei Hinterhalte eingerichtet und Minen gelegt werden. Den Weg nach Beirut legten die Kommandos in den neuen »Zaharon«-Booten zurück, die in den USA erworben worden waren und zehn Mann an Bord nehmen konnten.

FKpt. Didi Ya'ari beobachtete forschend die Stadt durch sein das Sternenlicht verstärkende Nachtglas. An der vorgesehenen Landestelle konnte er einige Leute erblicken. Da er seine Männer nicht in Gefahr bringen wollte, feuerte er die Raketen auf die Terroristen ab, statt einen Hinterhalt zu legen. David Schick führte das Kommando für den zweiten Hinterhalt. Eine Gruppe landete direkt neben der Hauptabwasserleitung der Beiruter Kanalisation. Gegenüber einem Parkplatz gingen die Männer in Stellung, eröffneten ein heftiges Feuer und töteten vier Terroristen. Anschließend feuerte das Kommando »Lau«-Raketen auf ein Lager der Terroristen ab. Die Antwort bestand aus dem Feuerstoß eines Maschinengewehres, der einen Kommandoangehörigen verwundete.

Eine weitere, aus acht Mann bestehende Gruppe hatte den Auftrag, ein Geschütz zu vernichten, das sich etwa 150 m ostwärts des Parkplatzes befand. Die Männer landeten an einem felsigen Strand und bewegten sich auf eine Steinmauer zu. Die Felsen waren mit dreckigen Abfällen und leeren Blechbüchsen bedeckt, die beim Passieren Lärm verursachten. Auf der Mauer waren Terroristen zu erkennen, die Worte auf arabisch riefen. Der Führer der israelischen Gruppe tötete einen von ihnen, aber dies führte zu keinerlei Reaktion bei den anderen. Da sich die Gruppe jedoch in einem Bereich befand, der von der Mauer aus sehr gut beherrscht wurde, entschloß sich ihr Führer zum Rückzug.

Am nächsten Tag befahl Arafat seinen Männern, sich entlang der Küste zu verteilen, um sich auf einen Vorstoß von See her vorzubereiten.

Ende Juli 1982 kam es in Beirut erneut zu Kämpfen und die IDF reagierte energisch. Vom 27. Juli an war die 13. Flottille an drei zusammenhängenden Operationen beteiligt, deren Ziel es war, den Bewegungsraum der Terroristen weiter zu verringern, sie auf ein kleines Gebiet einzuengen und sie zu veranlassen, Beirut zu verlassen.

Kptlt. Ikkes Gruppe landete an einem felsigen Strand in der Nähe des Hotels »Coral Beach« und nicht weit von der irakischen und der iranischen Botschaft entfernt. Wellen peitschten gegen die Felsen und die Kampfschwimmer fühlten sich ziemlich mitgenommen. Wie zu erwarten gewesen war, hatten die Terroristen die Boote entdeckt und eröffneten ein schweres Feuer, das über die Köpfe der Schwimmer hinwegfegte. Durch sein Nachtglas beobachtete Ikke eine Anzahl bewaffneter Terroristen auf einer schmalen Mole, während sich eine weitere Gruppe verstohlen entlang des Hotelstrandes bewegte. Einer der Terroristen hielt ein geladenes RAG, bereit zum Feuern. Didi Ya'ari, der das Unternehmen von einem der Boote aus führte, gab den Angriff frei. Ikke verteilte seine fünf Mann entlang der Felsen und wies ihnen ihre Ziele zu. Der hinter ihnen scheinende Mond hob sie gegen den Horizont ab. Die Terroristen kamen immer näher und plötzlich warfen sie sich zu Boden. Ikke erteilte den Befehl zur Feuereröffnung. Unter den Terroristen auf der Mole gab es Verwundete und die Gruppe am Strand verschwand. Überall war der Lärm von Schüssen zu hören. Die Terroristen eröffneten auch mit einem Fla-Geschütz das Feuer, dessen Geschosse über die Köpfe der Kampfschwimmer hinwegpfiffen. Ikke entschloß sich nun zum Rückzug. Die Männer sprangen ins Wasser und tauchten sofort.

Kptlt. Frumers Gruppe landete an den Felsen beim Hotel »Abala«, das etwa 100 m vom »Coral Sea« entfernt lag. Für die mit ihrer Ausrüstung beladenen Kampfschwimmer war es schwierig, die Felsen zu erklimmen. Einige von ihnen stürzten in eine schmale Wasserrinne, aus der sie herausgezogen werden

mußten. Didi Ya'ari befahl ihnen zu warten, bis Ikke das Feuer einstellte. Geräuschlos bewegten sie sich auf eine niedrige Mauer zu, die sie von den Stellungen der Terroristen trennte – etwa 50 m von der Küste entfernt.

Plötzlich schlug dicht bei ihnen eine Granate ein. Wie durch ein Wunder wurde keiner von ihnen verwundet. Sie befanden sich in einer ernsten Lage. Die Terroristen wußten, wo sie waren und warteten nur darauf, daß sich hinter der Mauer ein Kopf zeigte, der sich im Mondlicht scharf abheben würde. Frumer schätzte die Lage ab; glücklich darüber, daß ihm niemand befohlen hatte, aus einer derart unterlegenen Position heraus, ein Gefecht führen zu müssen. Nachdem er mit seiner Gruppe den Befehl zum Rückzug erhalten hatte, mußten sie noch ein paar Meter offenes Gelände überqueren, um dann ins Wasser zu springen. Eine Salve von Schüssen lag einen halben Meter neben dem ersten, der loszujagen und zu springen hatte. Er kam glücklich im Wasser an, ohne seine Schwimmweste aufzublasen, die ihm mit seinen ganzen Waffen das Schwimmen erleichtert hätte. Rasch wegschwimmend, wartete er auf seine Kameraden. Frumer entschloß sich, die Initiative zu ergreifen. Einige der Männer erhoben sich etwas und feuerten »Lao«-Raketen ab. Unter diesem Feuerschutz rannten die Kampfschwimmer los und sprangen ins Wasser. Das Wegkommen erwies sich jedoch als nicht einfach. Die Wellen warfen sie gegen die Felsen und es bedurfte einiger Versuche, ehe sie imstande waren, sich von der Küste zu entfernen. Danach schwammen die beiden Gruppen zu den »Zaharon«-Booten, die ihnen zusammen mit den FMB's Feuerschutz gegen die Terroristen gaben.

In der folgenden Nacht brach ein Kommando auf, um zum erstenmal in der Region von Tripoli im Norden des Libanon dicht an der syrischen Grenze ein Hinterhaltunternehmen durchzuführen. Dort befand sich eine starke Konzentration von Terroristen. Um der Befürchtung eines syrischen Eingreifens zu begegnen, waren drei FMB's und ein U-Boot beteiligt. Bei diesem Unternehmen zerstörte das Kommando zwei Fahrzeuge. Auf dem Rückmarsch feuerte Didi Ya'ari auf ein schwimmendes Faß, das er für einen Teil eines Unterseebootes der Terroristen hielt.

Zwei Tage später kamen im selben Gebiet zwei Hinterhaltgruppen unter Führung von David Schick und Yonatan zum Einsatz. Während sie zum Einsatzort unterwegs waren, entdeckten sie einen Mann, der sich ihnen näherte. David Schick lag in Wartestellung hinter einem Busch. Zehn Meter von ihm entfernt drehte sich der Mann um und ging davon, sich vor einem bitteren Schicksal bewahrend. Das Kommando wurde nicht entdeckt und setzte seinen Weg zum Ort des Hinterhalts fort. Dieser stellte sich als ein Graben voller Dreck heraus, in dem niemand liegen wollte, und David Schick fand einen besseren Platz. Zuerst beschossen sie erfolglos einen vorbeifahrenden Jeep. Ein weiterer Jeep wurde zwar getroffen, setzte aber ebenfalls seine Fahrt fort. David Schick kletterte zur Straße hinauf und ließ eine Handgranate unter den Jeep rollen. Sie detonierte und der Jeep kippte um. Ein weiterer Feuerstoß erledigte die Terroristen. Noch ein weiteres auf dem Schauplatz eintreffendes Fahrzeug wurde zerstört. Eine zu dicht abgefeuerte Splittergranate verwundete drei eigene Leute leicht. Außerdem brach sich ein Mann einen Finger, verursacht durch eine wegfliegende Radkappe.

Anfang August 1982 setzte die IDF die Beschießung von Beirut fort. Die israelischen Streitkräfte, die mit den Truppen der Christen in Beirut zusammengetroffen waren, hatten über See Verstärkung durch eine Panzerbrigade erhalten. Auch die BAT-GALIM, gerade aus dem Sudan zurückgekehrt, gehörte zum amphibischen Verband, um eine Artillerieeinheit zum Hafen von Beirut zu transportieren. Dieses Unternehmen gehörte zu einem der am striktesten gewahrten Geheimnisse der IDF. Angehörige der Phalangisten-Miliz warteten auf der Pier und es gibt keinen Zweifel darüber, daß zu den Terroristen und zu den Syrern Informationen durchdrangen.

Nach einer schweren Beschießung stimmte am 12. August um 00.00 Uhr Yasir Arafat der Räumung Beiruts durch seine Verbände zu. Ein Abkommen wurde unterzeichnet und mit seinem Inkrafttreten räumte die IDF West-Beirut. Nach mehreren Transporteinsätzen kehrten die LCT's und die LST's mit etwa 600 Panzern, Geschützen und Fahrzeugen der verschiedensten Art von Beirut nach Israel zurück. Gleichzeitig zogen sich die syrischen Truppen auf dem Landwege zurück. Außerdem wurden auf dem Seewege rund 8000 Terroristen zu Lagern in entfernte arabische Länder evakuiert. Trotz dieser Evakuierung verblieben ca. 1500 Terroristen in Beirut. Die Operation »Frieden für Galiläa« kostete über 350 Soldaten der IDF das Leben. Die Infrastruktur der Terroristen im Libanon wurde zerstört und Dutzende von geheimen Munitions- und Waffenlagern wurden ausgehoben. Die Artillerie der Terroristen stellte für die Siedlungen im Norden Israels keine Bedrohung mehr dar.

Das erste Mal: Besetzung einer arabischen Hauptstadt

Die allgemeine Stimmung war ruhig und die Verbände der IDF feierten das Ende des Krieges. Der Adjudant des Generalstabschefs vertrat die Auffassung: »Jetzt hoffen wir darauf, daß es an der Nordgrenze ruhig bleiben wird und daß die übrigen arabischen Staaten die Tatsache anerkennen werden, daß wir unbesiegbar sind.«

Nach der Räumung Beiruts nahmen die Aktivitäten im Norden des Libanon zu. Am 13. September 1982 brach erneut ein Kommando auf, um in der Region von Tripoli einen Hinterhalt zu legen. Die 50 m breite Landestelle war felsig. Während der Hinterhalt noch im Aufbau war, bemerkte Kptlt. Hatzav, der Führer des Warntrupps, zwei mit Maschinengewehren bewaffnete Fahrzeuge. Sie »benahmen sich gut«, indem sie sich ohne Scheinwerfer mit langsamer Fahrt näherten, so daß David Schick genügend Zeit hatte, die Hauptgruppe in die richtige Position zu bringen. Innerhalb von Sekunden wurden die beiden Fahrzeuge zu Feuerbällen. Dann entdeckte das Kommando eine Gruppe von Terroristen, die in gebückter Haltung lief und das Feuer eröffnete. Sie erhielten starken Beschuß. Drei von ihnen flüchteten in die Richtung von Kptlt. Hatzavs Trupp und wurden getötet.

Als sich die Israelis zurückzogen, wurde ein weiterer Terrorist getötet. Während die Kampfschwimmer noch im Begriff standen, ins Wasser zu gehen, entdeckten sie noch einen Terroristen, der entlang der Dünen lief. Sie warteten geduldig und erschossen ihn dann aus kurzer Entfernung. Im übrigen waren die Männer des Warntrupps enttäuscht; denn in ihrem Abschnitt hatte sich nichts ereignet. Doch als sie auf dem Rückweg waren, töteten sie zwei Terroristen, die vor ihnen über die Straße liefen.

Das Kommando war mit dem Ergebnis des Unternehmens zufrieden: neun getötete und vier verwundete Terroristen sowie zwei zerstörte Fahrzeuge – das erfolgreichste Unternehmen in dieser Zeitspanne.

Am 14. September ermordeten seine Feinde Bashir Gemayel, den neuen libanesischen Staatspräsidenten und zugleich Führer der Phalangisten. Innerhalb weniger Stunden wurde eine Operation improvisiert, um Beirut zu besetzen; denn es bestand die Befürchtung, die Terroristen könnten erneut die Kontrolle über die Stadt ausüben. Uzi Livnat erhielt den Befehl, bei vollem Tageslicht mit einem Kommando in Stärke von 50 Mann am Müllabladeplatz von Beirut an Land zu gehen, um die Brigade zu unterstützen, die den Teil der Stadt besetzen sollte, in dem sich Terroristen aufhielten. David Schick führte eine Gruppe des Kommandos, die den Auftrag hatte, zunächst in diesem Gebiet aufzuklären – mit dem Befehl, sich nicht sehen und nicht in Kämpfe verwickeln zu lassen. Nachdem die Männer an Land gegangen waren, versteckten sie sich hinter einigen stinkenden Abfallbehältern. Nicht weit von ihnen entfernt stand eine Gruppe bewaffneter Wachen. David Schick kletterte auf eine Mauer, um besser beobachten zu können. Yonatan stieß zu ihm, um zu bestätigen, daß das Gebiet nicht von den »unterstützenden Christen« eingeschlossen war – wie in der Einsatzbesprechung dargelegt worden war –, sondern daß sich dort nicht identifizierte Bewaffnete aufhielten. Unter diesen Umständen empfahl David Schick, das Kommando sollte nicht vorgehen. Admiral Almog, der Befehlshaber der Marine, empfand darüber Ärger, da die Marine aufgrund dieser Meldung nicht an der »Besetzung« der Stadt beteiligt sein würde.

Daraufhin schlug Almog dem Generalstabschef vor, eine Gruppe Kommandoangehöriger zu entsenden, um auf einem Hochhaus in Beirut Beobachtungsposten zu beziehen. Uzi Livnat spürte, daß ein solcher Auftrag seinen Männern nicht lag, da die eingeteilten acht Mann nichts ausrichten konnten. Zu seiner Erleichterung lehnte der Generalstabschef diesen Plan ab.

Uzi Livnat sah beträchtliche Vorbereitungen und stellte fest, daß ihm niemand genau sagen konnte, was da vor sich ging. Nach seiner Überzeugung hatte er wieder einmal einen gefährlichen und unnötigen Auftrag erhalten. Er verstand nicht, warum er 50 Mann in Gefahr bringen sollte, während eine Brigade des Heeres für die Operation zur Verfügung stand. Voller Argwohn betrachtete er Almogs Bereitschaft, dem Generalstabschef auf Kosten der Kommandoeinheit gefährliche Unternehmungen vorzuschlagen – nur damit dieser sagen konnte, die Marine hätte auch etwas unternommen. Wenn Uzi Livnat Widerspruch erhob, gab ihm Almog immer das Gefühl, entweder unrecht zu haben – oder ein Feigling zu sein. Almog machte ihm klar, daß der Generalstabschef ihn bedränge, das Unternehmen durchzuführen. Schließlich besetzte die IDF die Stadt, ohne irgendeine Unterstützung durch die Marine erfahren zu haben.

Ein weiteres Unternehmen, das im selben Monat durchgeführt wurde, endete mit einer Katastrophe. Hierbei handelte sich um einen Tauchereinsatz unter Beteiligung von »Yaltam«-Angehörigen und Kampfschwimmern der 13. Flottille, um eine militärische Anlage zu orten. Beide Gruppen machten geltend, Tauchereinsätze durchzuführen, und erneut wurde klar, daß die alte Rivalität zwischen den beiden Einheiten nie wirklich zu Ende gewesen war. Die benutzte Ausrüstung, nur bei der »Yaltam«-Einheit verwendet, war bei der 13. Flottille unbekannt und einige ihrer Taucher ertranken fast. Doch dies war nicht das einzige Problem. Zwei »Zaharon«-Boote, die das Kommando zurückbrachten, sanken nacheinander. Den in der vorderen Kajüte schlafenden Männern gelang es gerade noch rechtzeitig, von Bord des zweiten Bootes zu springen, ehe es Sekunden später unterging. Eine interne Untersuchung fand statt, ohne Außenstehende hinzuziehen, da es sich um ein als geheim eingestuftes Unternehmen handelte. Hierbei wurde eine Reihe von Fehlern festgestellt. Doch die beiden Boote lagen letztlich auf Grund und schließlich wurde niemand zur Rechenschaft gezogen. Wer kennt die Ursache?

Vielleicht lag sie darin, weil ein Stabsoffizier der Flottille – sowohl mündlich als auch schriftlich – gewarnt hatte, die »Zaharon«-Boote sollten noch nicht eingesetzt werden, weil sie Mängel in der Fahrtauglichkeit hätten.

Vier Tage nach der Ermordung von Bashir Gemayel wurde sein Bruder Amin Gemayel – ein Anhänger Syriens – zum Staatspräsidenten gewählt. Am 17. September 1982 massakrierten christliche Milizen die Insassen von zwei Flüchtlingslagern in Sabra und Shatila. In Israel wuchs der Widerstand gegen die Verstrickung des Landes im Libanon.

Die Operation zur Besetzung Beiruts ging zu Ende. Während sie noch lief, hatte der Papst Yasir Arafat im Vatikan empfangen. Die israelische Regierung setzte ihre euphorische Politik fort, das strategische Ziel eines Friedens mit dem Libanon zu erreichen. Die Führer Israels wiederholten den Fehler, der schon mit vielen anderen Streitkräften begangen worden war – die IDF wurde rasch in den libanesischen Treibsand gezogen. Die Operation »Frieden für Galiläa« geriet zum politischen Sumpf. Endlos setzten sich die terroristischen Aktivitäten fort. Die Detonation einer Autobombe zerstörte das Hauptquartier der internationalen Friedenstruppe in Beirut und Anfang November wurde das Gebäude eines israelischen Hauptquartiers in die Luft gesprengt. Diese beiden Anschläge forderten das Leben Dutzender von Soldaten.

Trotzdem kam es am 17. Mai 1983 zur Unterzeichnung eines Friedensvertrages zwischen den Regierungen Israels und des Libanon – aber dieser Vertrag war nicht das Papier wert, auf dem er geschrieben war.

Die Kommandoeinsätze verursachen eine Abspaltung von terroristischen Splittergruppen

Das Scheitern der PLO im Krieg brachte Abspaltung und ernste Kämpfe zwischen den rivalisierenden Splittergruppen der Terroristen mit sich. Daher sollten diese Bestrebungen, die immerhin Israels Absichten entgegenkamen, »ermutigt« werden.

In der Nacht zum 19. Juni 1983 näherten sich FMB's der libanesischen Küste bei Tripoli. An Bord befand sich ein Kommando in Stärke von 13 Mann unter Führung von David Schick. Im Verlaufe des Tages hatte das Unterseeboot RAHAV die Küstenfernstraße unter Beobachtung gehalten. Um acht Uhr abends wurden die beiden Kampfschwimmer, die den Einsatzort studiert hatten, vom U-Boot auf ein FMB übergesetzt. David Schick und seine Männer schwammen an Land, legten Minen, beseitigten alle Spuren einer israelischen Anwesenheit in dem Gebiet und kehrten in die

See zurück. Um neun Uhr morgens wurde durch das Sehrohr des U-Bootes ein Lastwagen der Terroristen beobachtet, der anschließend durch Fernzündung in die Luft gesprengt wurde. Dies führte in dem Gebiet zu einem Verkehrsstau, in dem es von neugierigen Zivilisten zu wimmeln begann. Hierzu der U-Bootkommandant:

»Das Unterseeboot hatte den Befehlshaber der Marine, den Chef der U-Bootflottille und einen Oberst der Luftwaffe an Bord. Nach der Vernichtung des Lastwagen entstand ein ziemlicher Aufruhr und in dem Gebiet erschienen Truppen in beträchtlicher Stärke. Wir beobachteten sie durch das Sehrohr. Ich konnte acht Uniformierte erkennen und befürchtete, sie könnten die zweite Sprengfalle entdecken – sichtbar infolge eines an ihr befestigten Nylonbandes. Plötzlich erschien ein Lastwagen. Ich fuhr den Mast aus, um das Funksignal zum Auslösen der Sprengladung zu senden. Dann sah ich Zivilisten und hielt inne. Nun blickte der Marinebefehlshaber durch das Sehrohr und gab mir den Befehl zum Weitermachen. Eine Auseinandersetzung entstand. Er befahl mir das Auslösen der Sprengladung, aber ich weigerte mich. Dies war ein sehr unangenehmer Vorfall. Der Flottillenchef griff nicht ein und die gesamte Besatzung hörte dem Streit zu. Ich behauptete meinen Standpunkt. Daraufhin wandte sich der Marinebefehlshaber an den Luftwaffenoberst und sagte so etwas wie: „Na schön, was soll man zur Rechtschaffenheit unserer U-Bootkommandanten sagen?" Wenn ich nicht widersprochen hätte, wären unschuldige Zivilisten getötet worden. Gegen Mittag traf ein Jeep ein. Es befanden sich keine Zivilisten in der Nähe und wir sprengten ihn in die Luft. Der Befehlshaber der Marine war in Eile, um rechtzeitig zur Hochzeit von Yochai Ben-Nuns Tochter zu kommen. Wir setzten uns von der Küste ab, konnten aber nicht auftauchen, da wir durch das Sehrohr einen französischen Zerstörer und einen Hubschrauber erkennen konnten. Unsere Anwesenheit in diesem Seegebiet sollte nicht verraten werden. Als ich sah, daß der Hubschrauber verschwunden war, tauchte ich rasch auf, der Marinebefehlshaber stieg in ein Boot und ich tauchte wieder.«

In der Besprechung nach dem Einsatz wurde den Stabsoffizieren des Generalkommandos ein Videofilm von den Ereignissen gezeigt, der sie erfreute. Die Auseinandersetzung mit dem Befehlshaber der Marine zog keine Untersuchung nach sich. Rührte sein Befehl, den Lastwagen mit den Zivilisten in die Luft zu sprengen, aus der Tatsache her, daß er das Unternehmen so schnell wie möglich beenden wollte?

Am folgenden Tag meldeten die Syrer die Explosion des Lastwagens, bei der zwei Offiziere und mehrere Soldaten verwundet worden waren. Die zweite Detonation hatte ein syrisches Fahrzeug beschädigt sowie zwei Oberstleutnante und drei Soldaten getötet. Nach den vor dem Unternehmen erteilten Anweisungen sollte die Beeinträchtigung von Syrern vermieden werden. Bedauerlicherweise fuhren sie mit einem Fahrzeug, das jenen glich, die von den Terroristen benutzt wurden. Soweit es die Syrer betraf, waren sie der Auffassung, daß den Anschlag eine örtliche Miliz verübt hätte, der moderne IDF-Ausrüstung zugänglich gewesen wäre.

Im selben Zeitraum verdichteten sich die Informationen, die ein Schiff betrafen, das Kriegsmaterial in einem Hafen nördlich von Tripoli ausladen sollte.

Nach drei Wochen der Anspannung gingen die Kampfschwimmer Ende Juli 1983 mit »Zaharon«-Booten in See, gesichert durch FMB's. Das aus acht Mann bestehende Kommando stand unter dem Befehl von FKpt. Israel Assaf. Es war in zwei Gruppen gegliedert. Assafs Gruppe brachte die Minen an einem Schiff an, das im Aussehen dem Zielschiff glich, während David Schick und seine Männer mehrere Schiffe überprüften, aber nicht das richtige unter ihnen finden konnten. Am folgenden Morgen sank durch die Detonation der Minen ein unbeteiligtes Schiff, blockierte die Brennstoffversorgung an der Pier und erzeugte zwischen den terroristischen Gruppen einen Streit. Jede beschuldigte die andere, den Anschlag verübt zu haben.

Einen Monat später gelang es, die HANAN – das echte Zielschiff – in See abzufangen und aufzubringen. An Bord befanden sich elf Terroristen sowie in beträchtlichem Umfange Waffen und Munition. In den folgenden Monaten konnten weitere Schiffe mit Kriegsmaterial an Bord abgefangen und nach Israel eingebracht werden. Auf der Ende Dezember aufgebrachten ENODA befanden sich mehrere Marineoffiziere der PLO, die mit den Anschlägen auf das Hotel »Savoy« und die Küstenautobahn in Verbindung standen. Außerdem transportierte dieses Schiff zwei Panzer, Raketenabschußgeräte, Lastwagen, Waffen und Munition.

In dieser Zeit entschied das Generalkommando, weitere Präventivaktionen durchzuführen. Sie umfaßten auch die Beschießung von Lagern der Terroristen mit Granatwerfern, um in ihren Reihen Verwirrung zu stiften – eine ähnliche Methode wie jene, die im Yom-Kippur-Krieg fehlgeschlagen war. Uzi Livnat und seinen Männern behagten diese Einsätze nicht; sie standen zu ihren mit Präzision durchgeführten Unternehmen im Widerspruch. Doch ihre Einwände bildeten zu keiner Zeit ein Thema der Diskussion und im Handumdrehen waren die Granatwerfer beschafft und Bojen an ihnen befestigt.

In der Nacht zum 13. September 1983 landete ein aus zwei Gruppen bestehendes Kommando unter KKpt. Yonatan in der Bucht von Tartus in Syrien. Sie feuerten aus 81-mm-Granatwerfern 70 Schuß auf terroristische Ziele ab. Dieser Beschuß, an dem sich auch FMB's mit ihrer Artillerie beteiligten, forderte unter den Terroristen viele Tote und Dutzende von Verwundeten. Keine Zeit verschwendeten Splittergruppen der PLO, die sich gegenseitig beschuldigten, aufeinander zu schießen. Ihnen fielen sogar noch weitere Terroristen zum Opfer.

Im November brachen zwischen verschiedenen Terroristengruppen schwere Kämpfe aus, die in Israel eine große Anspannung hervorriefen. In den Händen von Arafats PLO befanden sich sechs israelische Soldaten als Gefangene im Libanon. Die Besorgnis um ihre Sicherheit wuchs. Alarmierte Kommandos der 13. Flottille standen in Bereitschaft, um gegebenenfalls einen Einsatz zu ihrer Rettung durchzuführen. Nach zähen Verhandlungen unter dem Schutz des Roten Kreuzes wurden die Gefangenen auf ein FMB in See überführt. Im Austausch entließ Israel 4500 Terroristen und libanesische Zivilisten, die im Libanon und in Israel eingesperrt worden waren. Zu einem späteren Zeitpunkt gab Ahmad Jibrils Organisation zwei weitere israelische Gefangene im Austausch gegen 1150 Terroristen und Mörder frei.

Die Kanonen der AMIR FAROUK und die Gebeine aus dem italienischen U-Boot SCIRÉ

Die verhältnismäßig ruhigen Monate gestatteten dem Marinekommando, seine Aufmerksamkeit dem Wrack der AMIR FAROUK zuzuwenden. Im März 1984 verfügte Almog die Bergung der Geschütze dieses Schiffes, um sie in einem Museum auszustellen. Dies war seine Antwort auf die Entscheidung Ägyptens, den Jahrestag der Versenkung der EILAT als »Tag der Marine« zu begehen. In einem einzigartigen Unternehmen bargen die Taucher der »Yaltam«-Einheit aus dem Wrack die Geschütze.

Zur selben Zeit tauchten die »Yaltam«-Taucher auch zum italienischen U-Boot SCIRÉ, das am 10. August 1942 in der Bucht von Haifa vom britischen U-Jagdtrawler IS-LAY bei dem Versuch versenkt wurde, »Torpedoreiter« zum Angriff auf den Hafen von Haifa auszusetzen. Obwohl sich die Taucher bei der Ausbildung auf dem Oberdeck des U-Bootes befanden, waren sie nicht ins Innere vorgedrungen. 1984 sprach ein Zivilist bei der Italienischen Botschaft in Israel vor. Der Mann war ein ehemaliger Kampfschwimmer der 13. Flottille, der ins

Innere des U-Bootes getaucht war und aus ihm menschliche Schädel geborgen hatte. Er schlug dem Botschafter vor, daß er – gegen eine entsprechende Bezahlung – die Gebeine der Besatzung aus dem Wrack bergen würde. Die Regierungen Italiens und Israels waren schockiert. Im September 1984 wurden italienische Taucher entsandt, um jede weitere Entweihung des nassen Grabes der U-Bootmänner zu verhindern. Sie bargen die Gebeine der 22 Gefallenen aus dem Wrack und verschweißten die Öffnungen. »Yaltam«-Taucher, die beim Auffinden des Wracks Unterstützung geleistet hatten, nahmen an einem Gottesdienst an Deck des Mutterschiffes der Taucher teil.

Didi Ya'ari neuer Flottillenchef – Ein mutiger Terrorist auf der Kaninchen-Insel

Im November 1983 auf dem Höhepunkt der Kämpfe zwischen den rivalisierenden Gruppen der Terroristen löste Kapitän zur See Didi Ya'ari als Flottillenchef Uzi Livnat ab. Diese terroristischen Gruppierungen stellten das Ende eines politischen Prozesses dar, der die Evakuierung der PLO unter Arafats Führung aus der Region um Tripoli ermöglichte. Die israelische Regierung entschloß sich, ein Schiff zu versenken, um deutlich zu machen, daß eine Evakuierung nur mit ihrer Zustimmung stattfinden könnte.

Israel Assaf führte seine Kampfschwimmer in den Hafen von Tripoli und verminte das Schiff. Weitere Minen wurden an der Pier angebracht, um Verwirrung zu stiften. Wenige Stunden, nachdem sich das Kommando im hellen Tageslicht zurückgezogen hatte, beschossen die FMB's ein geheimes Munitionslager.

Ende Dezember fand die Evakuierung von Arafat und seiner PLO auf einem griechischen Schiff statt. Sie stießen zu jenen Teilen der PLO, die bereits aus Beirut weggebracht worden waren. Die Räumung dieser Region zog die maritime Infrastruktur der Terroristen beträchtlich in Mitleidenschaft und der Raum beruhigte sich. Doch der durch den Einsatz der LCT's unterstützte Abzug der IDF aus dem Gebiet am Fluß Oula ermöglichte den Terroristen die Rückkehr nach Beirut.

Trotz der schweren Schläge, die den Terroristen im Kriege zugefügt worden waren, hörten ihre Aktivitäten nicht auf. Sie griffen die Israelische Botschaft in Kolumbien an, warfen Handgranaten auf israelische Straßen, griffen unschuldige Passanten an und entführten einen Omnibus. Ein Kommando der »Sayeret Matkal« befreite die Geiseln. In dem Gefecht starb einer der Passagiere durch eigenen Beschuß und mehrere andere wurden verletzt.

Vor einem Tauchgang im Jahre 1980 zur versenkten AMIR EL FAROUK (von rechts): Uzi Livnat, Ze'ev Almog, Israel Assaf. Im März 1984 verfügte Almog die Bergung der Geschütze zur Ausstellung im Museum.

Im Juni 1984 gingen Informationen ein, die über die Ausbildung einer Gruppe Terroristen auf der Kaninchen-Insel berichteten. Diese Insel gehörte zu einer Inselkette, die sich etwa fünf Seemeilen nördlich von Tripoli hinzog. Ein in das Seegebiet entsandtes Unterseeboot erkannte eine Gruppe Terroristen sowie Motorboote, ausgerüstet mit schweren Maschinengewehren. Mit einem nächtlichen Vorstoß sollten die Terroristen ausgeschaltet und ihre Ausrüstung zerstört werden. Sollte das Kommando keine Terroristen vorfinden, hatte als Alternative die Einrichtung eines Hinterhalts zu erfolgen, um sie beim morgendlichen Eintreffen zur Ausbildung zu vernichten.

Am 27. Juni meldete das Unterseeboot die Anwesenheit von neun bewaffneten Männern sowie das Vorhandensein eines schweren Maschinengewehres und eines Fla-Geschützes. Um fünf Uhr nachmittags traf ein Motorboot ein und begann, Männer, Ausrüstung und Munition zu übernehmen. Infolgedessen entschied der Generalstabschef, die Insel aus der Luft zu bombardieren, ehe sie die Terroristen verließen. Der Luftangriff hatte ein beschädigtes Gebäude zur Folge, während das Zelt, die MG-Stellung und das Motorboot unbeschädigt blieben. Nach der Bombardierung meldete das Unterseeboot die Anwesenheit von sechs Terroristen im südlichen Teil der Insel. Daraufhin beschoß ein FMB die Insel mit seinem 76-mm-Geschütz. Zwanzig Minuten später konnten einige Terroristen bei dem Versuch beobachtet werden, mit dem Motorboot zu entkommen. Das FMB setzte die Beschießung fort. Dann meldete das U-Boot, daß sich ein weiteres Boot näherte, und das FMB versuchte, es zu treffen. Doch das Boot entkam nach Tripoli. Drei Stunden später trafen die FMB's ein, die das Kommando der 13. Flottille mit seinen Booten an Bord hatten. Da die israelischen Maschinen auch Zeitzünderbomben abgeworfen hatten, war das Kommando nicht imstande, auf der Insel zu landen. Statt dessen setzte Didi Ya'ari zwei »Snunit«-Boote unter seinem Befehl ein, um ein Entkommen der Terroristen bei Nacht zu verhindern. Die Stunden der Dunkelheit verbrachten die Männer in gespannter Erwartung. Im ersten Tageslicht ersuchte Didi Ya'ari um Erlaubnis, die Reste des Gebäudes zu beschießen. Gleichzeitig ortete das Radar der FMB's ein Motorboot, das zur Insel unterwegs war. Didi Ya'ari erhielt den Befehl, das Boot zu untersuchen, und verfolgte das Fischerboot bis zur Hafeneinfahrt. Ausländische Seeleute an Deck eines Handelsschiffes, das dort ankerte, fotografierten sie.

Zur Kaninchen-Insel zurückgekehrt, entschloß sich Ya'ari, befehlsgemäß das Feuer zu eröffnen. Seine Männer feuerten »Lao«-Raketen auf das Gebäude und das Fla-Geschütz ab, das sich immer noch an seinem Platz befand – als ob es sagen wollte: »Ihr könnt' mich mal!«

Nach dieser Beschießung ergab die Beurteilung, daß niemand mehr am Leben sein konnte, und die Boote kehrten zu den FMB's zurück. Eines von ihnen mußte infolge einer Motorenstörung geschleppt werden. Während die Seeleute im Begriff standen, die Boote zu verladen, meldete das U-Boot, daß auf der Insel zwei Motorboote eingetroffen wären, aus denen Personen von Bord gingen. Erneut wurden die »Snunit«-Boote losgeschickt. Noch während diese unterwegs waren, meldete das U-Boot, eines der Boote hätte die Insel verlassen. Das andere Boot triebe mit Terroristen an Bord bewegungsunfähig, da der Motor nicht in Gang käme. Mit einem Handlautsprecher wies Didi Ya'ari seinen Männern die Ziele zu. Er wollte das Terroristenboot angreifen, das sich der Küste am nächsten befand, während sich Kptlt. Amos im anderen »Snunit«-Boot mit den Terroristen an Land befassen sollte. Doch Amos' Boot, das die Motorenstörung hatte, fiel zurück. Yaniv, der das andere »Snunit«-Boot führte, machte das etwa 100 m von der Insel entfernt treibende Motorboot aus. Die Terroristen eröffneten auf eine Entfernung von 400 m als erste das Feuer. Yaniv fuhr so, daß sich ein guter Schußwinkel ergab, der es dem MG-Schützen gestattete, das Boot unter Feuer zu nehmen.

Auch die übrigen im Boot beteiligten sich an diesem Feuerzauber. Ein Terrorist wurde getötet, als er ins Wasser sprang. Zwei weitere standen im Boot, wurden getroffen und fielen hinein. Der noch übriggebliebene Mann kniete im Boot und schoß unaufhörlich. In diesem Augenblick traf auch Amos' »Snunit«-Boot ein und die beiden Boote glitten dicht an der Insel vorbei. Plötzlich ereignete sich ein heftiger Feuerüberfall. Ein Terrorist hatte in seinem Versteck geduldig das Tageslicht abgewartet. Die Geschosse aus seiner Waffe pfiffen an den Männern vorbei und trafen die Bordwand des »Snunit«-Bootes. Ein Mann wurde verwundet und fiel in das Boot. Der neben ihm stehende Didi Ya'ari erlitt eine leichte Verwundung. Rasch drehten die beiden israelischen Boote ab.

In dieser Phase erhielt das FMB den Befehl, das Boot und den noch feuernden Terroristen zu beschießen. Das Schnellboot kam auf 600 m heran, während der Terrorist aufstand und mit seinem Gewehr auf das FMB schoß, das infolge einer Ladehemmung abdrehte. Nach kurzer Zeit schoß es wieder heran. Doch trotz seines heftigen Artillerie- und MG-Beschusses gelang es nicht, den Terroristen zu treffen, der mit Schießen fortfuhr. Die Situation war einerseits lächerlich und andererseits auch gefährlich. Vier Mann auf dem FMB mit M-16-Gewehren unterstützten dessen Beschuß, aber auch ihnen gelang es nicht, den Terroristen zu treffen, der aufrecht in seinem Boot stand. In der Zwischenzeit war das treibende Boot nur noch sieben Meter entfernt und der Kommandant, dessen FMB bereits Hunderte Schuß gefeuert hatte, rammte den Bug des Bootes. Der Terrorist, der keine Möglichkeit zum Entkommen mehr hatte, sprang ins Wasser und schwamm neben dem FMB her. Sein Kommandant stieg von der Brücke herunter und erschoß den Mann auf kürzeste Entfernung. Hinterher wurden in Rumpf und Aufbauten des FMB 15 Einschüsse gezählt.

Dann stellte sich heraus, daß es auf der Insel etwa 30 Terroristen gegeben hatte. 14 von ihnen waren getötet worden, darunter die vier, die vermutlich in wenigen Tagen zu einem Anschlag nach Israel hätten aufbrechen sollen. Am folgenden Tag wuchs die Besorgnis, daß sich ein Teil derselben Gruppe noch in Tripoli aufhielt, und die FMB's liefen in ihren Einsatzraum, um den Transportschiffen der Terroristen aufzulauern.

Ein Kommando der 13. Flottille kehrt in den Sudan zurück

Nach dem Ende der Kämpfe im Libanon kam die Evakuierung von Flüchtlingen aus dem Sudan wieder in Gang. Die politische Lage in diesem Land war unklar. Daher sollten nur kleine Gruppen von rund 40 Personen herausgebracht werden. Es war geplant, auf diese Weise 2200 Einwanderer nach Israel zu bringen. Zunächst waren die Zahlen eher bescheiden gewesen: 1982 nur 25, im Januar 1983 mit zwei Fahrten der BAT-GALIM 57 bzw. 64, im März 63 und im April 77 Personen. Diese Fahrten wurden Teil des normalen Ganges der Ereignisse. Es bestand die Befürchtung, sich in falsche Sicherheit zu wiegen. Außerdem konnten die Terroristen, die im südlichen Roten Meer ausgebildet wurden, den glatten Verlauf dieser Einsätze unterbrechen. Zu den Aktivitäten, um die Flüchtlinge zu retten, gehörte auch das Evakuieren durch Transportflugzeuge der Luftwaffe, die improvisierte Start- und Landebahnen im Sudan benutzten.

Bis zum September 1984 waren rund 6000 äthiopische Einwanderer auf dem See- und Luftwege – manche über Kenia – nach Israel gebracht worden. Gleichzeitig verschlechterte sich die Lage in den Flüchtlingslagern und es wurde lebenswichtig, den Evakuierungsprozeß zu beschleunigen. Vertreter der amerikanischen Regierung überzeugten den sudanesischen Präsidenten Numery, die Ausreise der Juden aus Äthiopien mit Hilfe einer umfangreichen Luftbrücke zu erleichtern. Zwischen November 1984 und Januar 1985 kamen auf dem Luftwege weitere 6000 Einwanderer nach Israel. Dann gelangte die Operation aufgrund einer undichten Stelle auf israelischer Seite an die Öffentlichkeit und Numery stoppte den weiteren Abtransport. Kurze Zeit später wurde das von der Scheinfirma »Navako« erworbene »Arus«-Ferienlager aufgegeben. Es war zu einem beliebten Urlaubsdomizil der westlichen Gemeinde im Sudan geworden, wohlbekannt durch seine Möglichkeiten für Sporttaucher und durch sein ausgezeichnetes Essen. Die dort als Stammgäste verkehrenden Touristen hatten keine Ahnung, wo ihre »französischen« und »österreichischen« Betreuer verblieben waren.

Ein neuer Politiker erschien nunmehr auf dem Schauplatz: George Bush, der Vizepräsident der Vereinigten Staaten. Er besuchte den Sudan und versprach Numery großzügige Unterstützung, sollte er zustimmen, die Evakuierung der in den Flüchtlingslagern verbliebenen Juden zu erleichtern. Im März 1985 landeten zwei von der CIA betriebene Transportflugzeuge vom Typ C-130 »Hercules« im Sudan auf einer Start- und Landebahn in der Wüste. Im Rahmen der Operation »Queen of Sheba« (Königin von Saba) transportierten sie Hunderte von äthiopischen Juden direkt zu einem Luftstützpunkt in der israelischen Negev-Wüste.

Viele Jahre später erfuhr ich, daß ich indirekt an dem Vorgang beteiligt war. Kurze Zeit vor dieser Operation hatten mich die amerikanisch-jüdischen »Bonds«-Vertreter, Ron Krongold und Michael Segel, zusammen mit Jab, dem Sohn von George Bush, aufgesucht. Als der Zeitpunkt kam, George Bush zu beteiligen, handelte Jab als Vermittler.

Das Drama der äthiopischen Juden war noch nicht zu Ende. Der sudanesische Präsident wurde seines Amtes enthoben und beschuldigt, als Entgelt für seine Zustimmung zur Evakuierung der Juden 56 Millionen Dollar erhalten zu haben.

Das Ende der Einwanderung war ein schwerer Schlag – nur ein Drittel der jüdischen Gemeinde Äthiopiens konnte nach Israel gebracht werden. In der Folgezeit war es 1987 und 1988 lediglich möglich, drei geheime Luftoperationen mit Transportflugzeugen durchzuführen. Unter anderem war im Rahmen dieser Operationen auch ein Schlepper beteiligt, der ein Kommando der 13. Flottille mit Schlauchbooten an Bord hatte. Das Kommando transportierte eine Anzahl Mossad-Agenten, die nicht imstande waren, offiziell ins Land einzureisen, da die Befürchtung bestand, ihre Identität könnte aufgedeckt werden. Einige Agenten waren bereits früher aus dem Sudan entkommen, versteckt in einem Kantinen-Container des amerikanischen Militärs, den ein US-Flugzeug ausflog. Die Marineangehörigen blieben in diesem Gebiet, bis die Bestätigung kam, daß die Flugzeuge mit den Mossad-Agenten an Bord gestartet waren.

Diese Flüge wurden nicht fortgesetzt und Tausende von Juden blieben in Äthiopien. Erst 1991 machten es die Umstände möglich, den Rest der jüdischen Gemeinde nach Israel zu bringen. Mit einer Operation der Luftwaffe, an der auch Zivilflugzeuge beteiligt waren, gelang es, über 13 000 Personen außer Landes zu bringen und nach Israel zu fliegen.

Die Terroristen kehren nach Beirut zurück

Das Ende der Kämpfe zwischen den rivalisierenden Gruppen gestattete es den Terroristen, energischer zu operieren, und weitere Organisationen schlossen sich den Aktivitäten der PLO an.

Im September 1984 empfahl die israelische Marine aufgrund von Warnungen vor beabsichtigten terroristischen Angriffen Unternehmungen in der Region Beirut. Es sollte ein Vorstoß gegen ein Ziel durchgeführt werden, das der Ausbildung von Terroristen diente. Doch ehe die 13. Flottille zuschlagen konnte, führten andere den Angriff durch. Am 23. September entwickelte sich im Seegebiet vor Tyrus (Sur) um 05.30 Uhr eine Verfolgung zwischen einem Patrouillenboot der »Dabur«-Klasse und einem Motorboot, das jedoch an die Küste entkam. Eine zur Unterstützung angeforderte Infan-

terieeinheit tötete drei Terroristen und nahm zwei gefangen. Die Gefangenen sagten aus, sie hätten ihren Stützpunkt mit dem Auftrag verlassen, die Basis der Flottille anzugreifen, und wären unterwegs nach Haifa gewesen. Dies war das erstemal seit vier Jahren, daß Terroristen den Versuch unternommen hatten, nach Israel auf dem direkten Weg einzudringen. Weiterhin sagten sie aus, noch eine zweite Gruppe stünde zum Aufbruch bereit.

Innerhalb von vier Tagen griff ein Kommando der 13. Flottille das an einer kleinen Bucht gelegene Ausbildungslager an. An der Küste lagen Dutzende von Motor- und Fischerbooten. Dem Kommando gelang es, in schwierigem Gelände ein Schlauchboot auszumachen, dessen Zerstörung Verstärkung erforderte. Eine Sicherungsgruppe stieß deshalb zum Angriffstrupp. Sie bezogen Stellungen auf den Felsen beiderseits der Bucht und zerstörten das Fahrzeug mit einer »Lao«-Rakete.

Am 19. Oktober ortete ein Patrouillenboot der »Dabur«-Klasse ein schnelles Ziel, das die Küste in der Nähe des Hotels »Coral Sea« verließ, während von einem Versorgungsschiff ein »Snunit«-Boot ausgesetzt wurde. Der Kommandant des »Dabur«-Bootes wartete, bis sich das Ziel von der Küste entfernt hatte, und fuhr dann los, um es zu identifizieren. Ein mit drei Terroristen besetztes Schlauchboot eröffnete auf das »Dabur«-Boot das Feuer und verwundete zwei Mann der Geschützbedienung. Nach wenigen Minuten erhielt das Schlauchboot Treffer und sank mit seinen Insassen. Wieder einmal war ein »Dabur«-Boot einem Kommando der Flottille zuvorgekommen.

Dies war eine stürmische und schwierige Zeit. Die Soldaten der IDF verspürten schon lange nicht mehr die Begeisterung, mit der sie in den Libanon einmarschiert waren. Extremistische Schiiten von der durch den Iran unterstützten *Hisbollah* füllten die Lücken aus, die der Abzug der PLO hinterlassen hatte. Sie fügten den israelischen Streitkräften und den Angehörigen der internationalen Friedenstruppe schwere Verluste zu, denen nichts anderes übrig blieb, als Beirut zu räumen. Auf Israel wurde ein starker öffentlicher Druck ausgeübt, seine Streitkräfte abzuziehen.

Im Mai 1985 räumte die IDF den größten Teil des Libanon. Dies bedeutete das Ende des Krieges im Libanon: das Ergebnis der Operation »Frieden für Galiläa«. Die Schaffung einer Pufferzone – einer Sicherheitszone – im südlichen Libanon diente in gewisser Weise zur Verringerung der Spannungen an der Landfront. Die Marine hingegen setzte ihre Anstrengungen fort, als ob der Krieg nicht zu Ende gegangen wäre.

12. Kapitel

Eine Schlacht im Mittelmeer und die den Frieden bringenden »Scud«-Raketen

Am 31. Januar 1985 übergab Konteradmiral Almog den Befehl über die Marine an Konteradmiral Avraham Ben-Shushan, einem FK-Schnellboot- und U-Bootfahrer. Ben-Shushan war liebenswürdiger als Almog, aber wie bei diesem war den Nachgeordneten ein offenes Wort nicht gestattet. Ihm gelang es, die Zustimmung zum Bau der »Sa'ar 5«-Klasse in den USA zu erreichen _ einer Korvette, die doppelt so groß ist wie die FMB's der »Sa'ar 4«-Klasse. Der Plan war einer der Gründe für die Abneigung gewesen, die gegen Almog entstanden war. Diese Abneigung rührte jedoch genauso aus seinem Bestehen auf vollständiger persönlicher Loyalität wie auch aus seinem Hang her, Erfolge sich selbst und Fehler anderen zuzuschreiben. Sein »Sa'ar 5«-Plan hatte einen heftigen Widerstand erzeugt. Jene, die die Dinge nicht wie er sahen, wurden entweder nicht befördert oder zum Ausscheiden gezwungen.

In dieser Zeit hatte ein Kommando ein Unternehmen auszuführen, um ein Schiff der Terroristen zu versenken, dessen Auslaufen bevorstand. Der Einsatzbefehl erging daher sehr hastig. Die FMB's traten den Vormarsch bei sehr rauhem Seegang an. Ein sowjetisches Auklärungsschiff beobachtete einige von ihnen aus der Nähe. Um 22.50 Uhr traf der Verband am Abgangsort ein und die FMB's setzten die »Snunit«- und »Mulit«-Boote aus, die das Kommando vor den Hafen brachten. Die Kampfschwimmer gingen etwa 800 m von der Hafeneinfahrt entfernt ins Wasser und benutzten SPC's. Infolge der stürmischen See tauchten sie sofort, wobei es schwierig war, den Weg zum Zielschiff zu finden, denn es regnete heftig. Nach dem Absuchen der Molen gelang es ihnen schließlich, ihr Ziel anhand seines Farbanstrichs und seiner Streifen zu identifizieren. Danach tauchten sie zum Boden des Schiffes, befestigten die Minen und schwammen getaucht zu einer sicheren Stelle, von der aus sie ihren Erfolg meldeten. Nach Durchführung des gefährlichen Unternehmens in stürmischer See nahmen die FMB's die Boote wieder an Bord.

Am 19. April 1985 sichtete die MOLEDET, ein FMB der »Sa'ar 4«-Klasse, kurze Zeit nach der Gefangennahme eines führenden Mitgliedes der »Einheit 17« – der Eliteeinheit der PLO – die ATVIROS, ein Handelsschiff, das sich der israelischen Küste näherte. Aufgefordert, sich zu identifizieren, weigerte sich das Schiff jedoch zu stoppen. Auch nach der Abgabe von Warnschüssen drehte es nicht bei. Über die internationale Welle war ein arabischer Fluch zu hören und vom Schiff wurden ein paar Schüsse abgefeuert. Kurz darauf sank das Schiff und die See verschlang fünf Besatzungsmitglieder und zwei der 20 Terroristen, die Abu Jihad ausgesandt hatte, um die Gebäude des Generalkommandos der IDF und des Verteidigungsministeriums in Tel Aviv anzugreifen. Einige Zeit später meldete die Presse die Versenkung der MOON LIGHT im algerischen Hafen Anabe. Das Schiff hatte versucht, den Suezkanal zu durchfahren, mußte aber nach Anabe zurückkehren, nachdem in seinem Laderaum eine Sprengladung entdeckt worden war. Seine Versenkung wurde der 13. Flottille zugeschrieben – Israel gab hierzu keinen Kommentar ab.

Anfang Mai 1985 ortete ein Patrouillenboot der »Dabur«-Klasse im Gebiet von Rashadiyah ein Schlauchboot. Durch ein Infrarot-Sichtgerät waren uniformierte Gestalten zu erkennen. Nach dem Anschalten des Scheinwerfers hoben vier von ihnen die Hände und ergaben sich. Nach ein paar Sekunden bückte sich einer von ihnen. Der Kommandant des »Dabur«-Bootes zögerte nicht und vernichtete das Boot.

Am 23. Juli eröffnete das Handelsschiff ROL das Feuer auf ein im Seegebiet vor Sidon (Saïda) patrouillierendes Boot der »Dabur«-Klasse. Das »Dabur«-Boot erwiderte das Feuer und traf das Schiff. Zwei herbeigerufene FMB's setzten die ROL schließlich durch Artilleriebeschuß in Brand. Im selben Monat wurde die ANTON versenkt; sie transportierte Terroristen von Zypern in den Libanon. Ende August brachte ein israelisches Patrouillenboot die KASEL ARDIT auf, eine Jacht, die gerade den Libanon mit Terroristen an Bord verließ, um einen Anschlag durchzuführen. Wenige Tage später orteten die Israelis die schnelle Jacht GANDA und holten drei Offiziere der »Einheit 17« von Bord. Am 10. September brachte ein P-Boot die Jacht OPPORTUNITY auf dem Wege von Beirut nach Zypern auf und holte einen versteckten Passagier von Bord: den Kommandeur der »Einheit 17«.

Der neue Chef der 13. Flottille ertrinkt

Am 4. November 1986 übergab Didi Ya'ari nach dreijähriger Amtszeit das Kommando über die Flottille an Kapitän z.S. Uri Teits. Didi Ya'aris Zeit als Flottillenchef war verhältnismäßig ruhig verlaufen – trotz Hervorrufens unaufhörlicher Konfrontationen mit den »hungrigen Löwen«. Israel Assaf, der sich ebenfalls um den Posten bemüht hatte, wurde zum Kommandeur des Bildungszentrums der IDF berufen, ein Posten, der nicht an einen Stabsoffiziersrang der Marine gebunden war. Dies bedeutete einen Durchbruch und symbolisierte die Integration der 13. Flottille in die IDF auf allen Ebenen.

Uri Teits absolvierte 1972 den Lehrgang zur Kommandoausbildung und war später Kommandant eines FMB gewesen. Wie viele seiner Kameraden hatte auch er sich von der Marine beurlauben lassen, um zu reisen – in seinem Falle nach Kenia. Zwischendurch hatte er als Kellner gearbeitet und es war ihm gelungen, dem Befehlshaber der Marine ein saftiges Steak zu servieren. Teits war ein ernster Offizier, wobei es einzigartig war, daß es sich bei ihm um einen Vegetarier handelte – seinen Kameraden die Wunder der Petersilie und des Knoblauchs predigend.

Sein erstes Unternehmen als Flottillenchef bestand im Versenken von Fischerbooten, die an einem Anleger beim Flüchtlingslager Sarafand im Libanon festgemacht hatten. Den Fischern sollte klargemacht werden, was eine Zusammenarbeit mit den Terroristen bedeutete – ein Vorgang, der dem Unternehmen »Uziahu« im Jahre 1974 glich. Die Führung des Kommandos hatte KKpt. Michael Abir. Auch er hatte sich lange Zeit beurlauben lassen. In dieser Zeit fuhr er zu einer einsamen Insel in Alaska und arbeitete als Holzfäller. Es war reiner Zufall, daß er von der Operation »Frieden für Galiläa« hörte. Sein Arbeitgeber, der ihn mochte, flog ihn zur Hauptinsel. Von dort aus rief Michael Abir in Israel an und hörte, daß der Krieg vorüber wäre. Er blieb bis 1983 in Alaska. Dann kehrte er zurück und besuchte den Marineoffizierlehrgang. Danach befehligte er ein FMB, ehe er wieder zur 13. Flottille stieß.

Am 11. November 1986 versenkte das Kommando sieben Fischerboote und kehrte sicher nach Israel zurück, ohne entdeckt worden zu sein. Fünf Tage später ortete eine mobile Radareinheit, die in der libanesischen Sicherheitszone stationiert war, ein Objekt. Ein in Marsch gesetztes Patrouillenboot der »Dabur«-Klasse entdeckte zwei Fiberglasboote. Ein kurzer, in die Luft abgegebener Feuerstoß bewirkte, daß sich die drei Terroristen ergaben.

Uri Teits übernahm sein Kommando mit großer Begeisterung; auch wenn sich der größte Teil der Aktivität zur Terroristenbekämpfung auf Luftangriffe konzentrierte. Seine Männer waren am Aufbringen einer beträchtlichen Anzahl von Schiffen beteiligt, aber diese Tätigkeit befriedigte sie nicht. Daher mußte sich Teits mit disziplinären Problemen befassen; denn die Männer sahen sich nach einem alternativen Ventil für ihr überschäumendes Temperament um.

Im Juli 1987 sollte ein großangelegtes Hinterhalt-Unternehmen südlich von Sidon (Saïda) durchgeführt werden. Vier Jahre waren vergangen, seit die 13. Flottille an einem Hinterhalt an Land beteiligt gewesen war. Viele Angehörige der Flottille kannten derartige Unternehmen nur von den Übungen her. Uri Teits erkannte klar, daß er sich keine Fehler leisten konnte. Die Folgen bestünden darin, daß einerseits die Kommandoangehörigen den Glauben an ihre Fähigkeiten und andererseits die IDF den Glauben an sie verlieren würde.

Am 26. Juli liefen drei FK-Schnellboote mit dem Kommando an Bord aus Haifa aus:
- die MOLEDET (450 ts maximal, 32 kn), ein FMB der »Sa'ar 4«-Klasse, bewaffnet mit Seezielflugkörpern »Harpoon« und »Gabriel«, 2 x 7,6-cm-Geschützen, 1 x Vulcan »Phalanx« 20 mm zur Nahbereichsabwehr sowie 12,7-mm-MG's;
- die GEOULA (500 ts maximal, 31 kn), ein Führungsschiff für FMB's, ausgerüstet mit einem Hubschrauber Bell »Kiowa«, bewaffnet mit FK's wie oben, 2 x 30 mm in Doppellafette und 2 x 20 mm;
- die SHIMRIT (105 ts maximal, 52 kn), ein in den USA gebautes Tragflügelboot der »Flagstaff II«-Klasse, bewaffnet mit FK's wie oben sowie 2 x 30 mm in Doppellafette.

Das in drei Gruppen gegliederte Kommando führte Michael Abir.

Nach dem Aussetzen der Boote, gefolgt von einem kurzen Anmarsch, schwammen die Männer an Land. Während das Kommando noch seine Stellungen an einem Straßenknotenpunkt bezog, näherte sich der Gruppe von Kptlt. Erez ein Fahrzeug. Die Männer nahmen rasch ihre Positionen ein und eröffneten auf einen Landrover das Feuer, der nach Treffern stehenblieb. Ein erkanntes Maschinengewehr wurde durch Handgranaten zerstört. Ehe die Männer die Möglichkeit hatten, sich umzugruppieren, kam eine Funkmeldung von der vorgeschobenen Befehlsstelle auf dem »Zaharon«-Boot, daß sich ein weiteres Fahrzeug näherte. Auch dieser Landrover, der ein Geschütz führte, wurde vernichtet. Dann zog sich die Gruppe aus dem Gebiet zurück, sogar noch ehe die anderen Gruppen die Chance hatten, sich zu entfalten. Auch dieses Kommando blieb dem Grundsatz treu: Erfolg ohne Verluste. Dem Hinterhalt fielen sieben Terroristen zum Opfer, während vier weitere verwundet wurden.

Das Hinterhaltunternehmen war erfolgreich verlaufen. Doch es hatten sich mehrere Probleme ergeben, die mit der Tatsache zu tun hatten, daß dieser Hinterhalt das erste Unternehmen gewesen war, seit General Dan Shomron zum Generalstabschef ernannt worden war. Dan Shomron war nervös und forderte vom Befehlshaber der Marine, ständig unterrichtet zu werden. Dieser wiederum tadelte Uri Teits, daß er ihn nicht ins Bild gesetzt hätte – infolge schlechter Funkverbindung zu Michael Abir.

Nach kurzem Schlaf ging Uri Teits am nächsten Morgen seinen normalen Geschäften nach. Er war in gehobener Stimmung, aber der Tadel seines Befehlshabers beunruhigte ihn. Er befürchtete, abgelöst zu werden, da es trotz seiner Betonung der Disziplin bereits zwei Unfälle bei der Ausbildung während seiner Zeit als Flottillenchef gegeben hatte, die er sich sehr zu Herzen nahm.

Gegen Mittag folgte eine Nachbesprechung des Einsatzes. Als sie zu Ende war, ging Uri Teits zu seiner üblichen Tour hinaus. Nach dem Essen kamen die Offiziere zu einer internen Besprechung der Einsatzerfahrungen zusammen. Uri Teits tauchte nicht auf. Er war für seine Pünktlichkeit bekannt und Michael Abir wartete außerhalb des Besprechungsraumes auf ihn. Plötzlich erschien ein Offizier mit allen Anzeichen der Erregung. Auszubildende, die an der Mole fischten, sahen etwas im Wasser schwimmen. Es stellte sich heraus, daß es sich um Uri Teits' leblosen Körper handelte. Michael Abir und seine Kameraden handelten ruhig. Sie riefen einen Arzt und forderten einen Hubschrauber an. Sofort einsetzende Wiederbelebungsversuche blieben erfolglos. Die Autopsie ergab, daß ein Hitzschlag für den Tod ursächlich gewesen war. Ran Galinka, Teits' Stellvertreter, übernahm kommissarisch die Führung der Flottille und am folgenden Tag kehrte die Flottille zu ihrer normalen Ausbildungstätigkeit zurück. Dies hätte auch Uri Teits von ihnen gefordert.

Das »Rückkehrschiff« sinkt im Hafen von Limassol

Nach 30 Tagen der Trauer erhielt Shaike Brosh – jung, aber mit Einsatzerfahrung – das Kommando über die 13. Flottille. In den folgenden Monaten hatten *Hisbollah*-Terroristen Seeminen im Seegebiet vor Tyrus ge-

legt, um die dort patrouillierenden »Dabur«-Boote zu vernichten. Minentaucher der Marineeinheit für Unterwasserarbeiten suchten die Minen und sprengten sie.

Am 10. November 1987 vernichtete ein P-Boot der »Dabur«-Klasse ein *Hisbollah*-Motorboot. Hierbei fand ein Offizier des israelischen Bootes den Tod. Das Motorboot war nicht unterwegs gewesen, um einen Anschlag auszuführen, sondern um ein »Dabur«-Boot in den Hinterhalt zu locken. Diese Methoden hatten die Terroristen aus dem Krieg im Persischen Golf gelernt.

Ende Dezember beschoß die SHIMRIT ein Handelsschiff der PLO, die INGA VOB, in der Nähe von Beirut, als das Schiff versuchte, sich einer Untersuchung zu entziehen. Obwohl die INGA VOB Beschädigungen erlitt, gelang es ihr, in den Hafen zu entkommen. Dies war die einzige Gelegenheit, bei der ein Tragflügelboot in ein Gefecht verwickelt wurde.

Ebenfalls Ende Dezember 1987 brachen im Gazastreifen sowie in den Regionen von Judäa und Samaria unter der arabischen Bevölkerung Unruhen aus. Die Führer der PLO verloren keine Zeit, die Lage für ihren eigenen Kampf auszunutzen, der bereits so viele Jahre geführt wurde.

Auf diese Weise begann die »Intifada« – der Aufstand der Bevölkerung – und der israelische Soldat wurde als brutal dargestellt, der Frauen und Kinder terrorisierte. Israel deportierte eine beträchtliche Anzahl der »Intifada«-Führer. Daraufhin organisierte die PLO das »Rückkehrschiff«, das Hunderte von Deportierten und Journalisten nach Israel bringen sollte, um die Meinung der Weltöffentlichkeit zu beeinflussen. Zu diesem Zweck erwarb die PLO die SOL FERIN, ein zyprisches Passagierschiff.

Am 13. Februar 1988 detonierte in Limassol eine Bombe in einem Kraftfahrzeug. Hierbei verloren die drei Stabsoffiziere der PLO ihr Leben, die die Vorbereitungen für das Schiff trafen. Die Detonation begleiteten mehrere Ankündigungen verschiedener rivalisierender Gruppen, die für den Anschlag verantwortlich zeichneten. Dies verstärkte die Spannungen hinsichtlich der Öffentlichkeitskampagne der PLO. Der Vorfall verhinderte die Fortsetzung der Vorbereitungen für die Reise nicht und Arafat kündigte ihr Bevorstehen an.

Am nächsten Morgen ereignete sich gegen die SOL FERIN ein Sabotageakt und das Schiff sank. Innerhalb weniger Tage verließen alle Deportierten fluchtartig Zypern. Um ihr Leben fürchtend, zogen sie ein ruhiges Leben im Exil einer Konfrontation draußen auf See vor. Ein PLO-Sprecher beschuldigte Israel und schwor Rache. Offizielle Quellen Israels betonten wiederum, daß Israel bereits dargelegt hätte, es betrachte die Reise als einen feindlichen Akt. Premierminister Itzhak Shamir, der sich zu Besuch in Rom befand, gab bekannt, er hätte von dem Anschlag aus den Medien erfahren und könnte keine Erklärung hierzu abgeben. Angehörige seiner

Eines der schnellen »Zaharon«-Motorboote.

Begleitung ließen verlauten, sie hätten nichts gesehen oder gehört. Offizielle Quellen legten dar, beide Ereignisse wären das Ergebnis von Konflikten zwischen rivalisierenden Gruppen der PLO. Die Presse erhielt anonyme Telefonanrufe, in denen behauptet wurde, die Anschläge wären von einer Gruppe der »Einheit 17« verübt worden. Ein anderer Telefonanruf machte geltend, Angehörige der extremistischen jüdischen »Cahana«-Gruppe wären verantwortlich gewesen. Arafat beschuldigte sowohl den amerikanischen als auch den israelischen Geheimdienst und die Medien verkündeten, Israel hätte bei den Ereignissen seine Hand im Spiele gehabt. Wenn auch der Premierminister eine Verantwortlichkeit nicht zugegeben hatte, so hatte er sie immerhin auch nicht in Abrede gestellt.

Die Palästinenser räumten ein, die beiden Akte wären »beispielhafte chirurgische Operationen« gewesen. Sie hätten für die Zerstörung eines Kraftfahrzeuges durch Fernzündung und die Versenkung eines Schiffes ohne zivile Verluste große fachliche Bewunderung. Fachleute waren der Ansicht, Israel hätte von der An-kunft der PLO-Offiziere auf Zypern gewußt, während die bereits anwesenden PLO-Vertreter davon erst erfahren hätten, nachdem diese getötet worden waren. Nach Berichten von Fachleuten war der Mossad im Januar 1986 in Sizilien aktiv gewesen, als zwei Stabsoffiziere der PLO getötet worden waren. Außerdem hätte der Geheimdienst auch zwei zyprische Luftkissenfahrzeuge versenkt, die ausersehen waren, Terroristen in den Libanon zu bringen. Bei einem weiteren Ereignis sank ein aus Spanien ausgelaufenes Schiff mit Waffen an Bord auf hoher See. Ausländische Quellen schrieben dieses Ereignis Israel zu.

Das wieder gehobene und reparierte »Rückkehrschiff« lief schließlich doch aus. Seine Beschädigung hielt die »Intifada« nicht auf. Verschiedene Methoden wurden angewandt, um den Versuch zu unternehmen, mit den Demonstrationen, dem Steinewerfen und dem Terror fertig zu werden. Auch Angehörige der 13. Flottille waren hieran beteiligt. Ihre Erfahrung bei geheimen Operationen war ihr Vorteil und sie leisteten beim Ausfindigmachen gesuchter Terroristen Unterstützung. Michael Abir bekam den Befehl über die Brigade im Jenin-Gebiet, ehe er seine Ernennung zum Flottillenchef erhielt. Offiziere der 13. Flottille befehligten die geheimen »Duvdevan«- und »Shimshon«-Einheiten, die getarnt als Araber operierten. Auf diese Weise vollzog sich ein weiterer Schritt zur vollständigen Integration der Flottille in die israelischen Streitkräfte.

Die Versuche von Infiltrationen über See hörten nicht auf. Ende Februar 1988 ortete eine Radarstation in der von Israel kontrollierten Sicherheitszone ein kleines Objekt. Ein Patrouillenboot der »Dabur«-Klasse versenkte ein Kajak und tötete zwei Terroristen – ausgebildet in arabischen Ländern und in Osteuropa, um Sprengboote und Kleinunterseeboote zu fahren.

Wer tötete Abu Jihad?

Am 16. April 1988 versetzte in einer Nachrichtensendung die Mitteilung, Abu Jihad, Arafats Stellvertreter, war getötet worden, die israelischen Bürger in Aufregung. Nur wenige Israelis bedauerten den Tod des Befehlshabers des militärischen Flügels der PLO. Er hatte den ersten Anschlag der PLO im Januar 1965 geplant, der die Zerstörung der landesweiten Wasserversorgung Israels zum Ziel hatte. Seit damals war Abu Jihad für den Tod von Hunderten unschuldiger Menschen verantwortlich gewesen. In dieser Aprilwoche behauptete die Weltpresse, daß Mossad-Agenten in sein Haus am Strand von Tunis gelangt wären, während weitere Meldungen von einem israelischen Unterseeboot berichteten, das das Haus beobachtet hätte. Sie berichteten außerdem, daß ein Kommando der »Sayeret Matkal« von FMB's in das Seegebiet vor der Küste gebracht und in Schlauchbooten an Land gesetzt worden wäre. Dann hätte sich das Kommando zu Abu Jihads Haus begeben, wäre eingedrungen, hätte ihn getötet und wichtige Dokumente mitgenommen. Die tunesischen Sicherheitsbehörden hatten drei aufgegebene Fahrzeuge am Strand gefunden. Zur Suche in See entsandte Hubschrauber hatten nichts gefunden. Die Behörden ließ verlautbaren, daß es sich bei den Tätern um Berufsmörder gehandelt hatte, die aus den hervorragenden Informationsquellen Nutzen gezogen und die gesamte Operation bis in die letzte Einzelheit geplant hätten.

Am Tag nach der Tat brachen in Judäa, Samaria und im Gazastreifen Krawalle los. Die israelische Regierung gab nicht zu, dieses Unternehmen ausgeführt zu haben. Mir gestattete die israelische Zensur jedoch, über den Tod eines Terroristenführers zu schreiben. Natürlich wurden viele getötet, aber vielleicht kommt die folgende Beschreibung der Tötung von Abu Jihad nahe:

»Das an der Küste eines arabischen Landes ausgeführte Unternehmen wurde einem Kommando der „Sayeret Matkal" zugeschrieben. Von der Art her glich seine Durchführung der Operation „Frühling der Jugend" in Beirut, bei der Kommandoangehörige der Marine in Landeinheiten einbezogen waren, um das Problem einer nicht geplanten Seebergungsoperation zu lösen – eine kluge Entscheidung, die große Anstrengungen umfaßte, da die Offiziere der „Sayeret Matkal" darauf beharrten, nur ihre eigenen Männer einzubeziehen, um sicherzustellen, daß der Ruhm ihnen allein zuteil wurde. Und in diesem Fall wurden bei einem ähnlichen Unternehmen Kommandoangehörige der Flottille nur in die Seephase einbezogen. Der Fehler hierbei war, daß der Marinebefehlshaber nicht darauf bestand, seine Männer in das Kommando einzubeziehen, während der Führer des Unternehmens nicht darauf beharrte, das Kommando von Fachleuten der Marine begleiten zu lassen. Spielten unnötige Überlegungen der Ehre wieder einmal eine Rolle bei der Ausführung wichtiger Operationen?«

Die »Blauen« retten die »Braunen«!

Im April 1988 vernichtete ein P-Boot der »Dabur«-Klasse ein Schlauchboot nördlich von Tyrus und im September wurden zwei weitere Boote im Raum Rashadiyeh zerstört. Die FMB's fuhren fort, verdächtige Schiffe aufzubringen, darunter die ANGEL – bekannt als Arafats Jacht. Im August 1988 wurde gemeldet, daß die Besatzung der Jacht Minen am Schiffskörper entdeckt hatte, als sie in einem Hafen Maltas ankerte. Daraufhin wurde die Jacht in einen jugoslawischen Hafen verlegt, in dem Israel nach allgemeiner Auffassung nicht angreifen würde. Die ANGEL befand sich unterwegs nach Libyen, als sie schließlich in internationalen Gewässern südlich von Italien aufgebracht wurde. Die Israelis inhaftierten vier Marineoffiziere der PLO und schleppten die Jacht nach Haifa ein.

Da die Marine die Seegrenze eng bewachte, drang am 25. November ein Terrorist mit einem Hängegleiter aus dem Libanon nach Israel ein. Er tötete als erstes einen Offizier und verwundete eine Soldatin, die in einem Militärfahrzeug unterwegs waren. Danach brach er in einen nahegelegenen Stützpunkt ein. Dort wurde er erschossen, aber erst nachdem er fünf Soldaten getötet und sieben weitere verwundet hatte. Das gesamte Land erfuhr einen Schock und niemand hegte einen

Zweifel: Israel würde dies nicht schweigend hinnehmen.

Das Datum für den Angriff auf Jibrils Hauptquartier – er hatte den Terroristen ausgesandt – war der Jahrestag des Beginns der »Intifada«. Der Generalstabschef hoffte, daß eine Operation an diesem Tag – in Verbindung mit einer der längsten Nächte des Jahres – eine schmerzliche Botschaft übermitteln würde. Das terroristische Hauptquartier lag in einem hügeligen Gelände rund 10 km südlich von Beirut und ungefähr anderthalb Kilometer von der Küste entfernt. Zum Komplex des Lagers gehörten sowohl oberirdische Bauwerke als auch ein Netz von Bunkern, dessen Bombardierung durch die Luftwaffe sich als schwierig erwies.

Drei Ziele, die etwa einen Kilometer voneinander entfernt lagen, waren festgelegt worden:
- das »Amir«-Kommando (Oberstlt. Amir) – bestehend aus einer ausgewählten Gruppe von Offizieren und Mannschaften der»Golani«-Brigade sowie aus einem Kommandotrupp der 13. Flottille – hatte die Aufgabe, mehrere Höhlen zu sprengen, die als Wohnquartiere der Terroristen sowie auch als Munitions- und Waffenlager benutzt wurden;
- das »Erez«-Kommando (Kptlt. Erez) – gebildet aus einer Einheit der »Golani«-Brigade und einem Kommandotrupp der 13. Flottille – hatte die Aufgabe, den Bunker mit dem Hauptquartier zu sprengen;
- ein Sonderkommando der 13. Flottille unter Führung von Ran Galinka, des neuen Flottillenchefs, sollte einen weiteren Bunker angreifen.

Am 4. Dezember 1988 wurde nach einer Übung am Modell ein Kriegsspiel als Planübung durchgeführt, wobei verschiedene Szenarien durchgespielt wurden. Die Offiziere der Flottille waren der Meinung, die Handhabung der Vorbereitungen wäre zu sorglos. Diesen Umstand beklagte der Flottillenchef bei General Doron Rubin, dem Chef der Operationsabteilung. Er hatte keine Ahnung, daß Rubin sich mit Stabsoffizieren auseinandersetzen mußte, die das Kommando der Operation wollten und die kein Verlangen hatten, ihn zu unterstützen. Zwei Tage später traf der Verteidigungsminister mit den Offizieren zusammen. Rubin erklärte, daß er sich reihenweise getötete Terroristen vorstellen könnte, nachdem sie aus den Bunkern entkommen wären.

Am 8. Dezember brachen die an dieser umfangreichen Operation – der ersten dieser Art seit dem Krieg im Libanon – beteiligten Kommandos auf. General Dan Shomron, der Generalstabschef, befand sich zusammen mit dem Marinebefehlshaber sowie General Rubin und weiteren Stabsoffizieren an Bord des FMB-Führungsschiffes des Marineverbandes. Die »Landratten« priesen die ruhige See.

Unmittelbar vor dem Einschiffen in die Schlauchboote gaben die »Golani«-Männer ihr traditionelles »Bärengebrüll« von sich. Die Boote liefen hohe Fahrt und setzten die Soldaten in drei Wellen an Land, wo sie von den Kampfschwimmern der 13. Flottille erwartet wurden.

Als Zeitpunkt der Feuereröffnung war 01.00 Uhr festgelegt worden. Die Durchführung der Operation sollte etwa eine halbe Stunde in Anspruch nehmen, dann hatte ein planmäßiger Rückzug – etwa anderthalb Stunden dauernd – zu dem Punkt einzusetzen, an dem die Soldaten durch Hubschrauber aufgenommen werden sollten. Als letztmöglicher Evakuierungszeitpunkt war 03.00 Uhr festgesetzt. Die drei Kommandos bewegten sich in langer Reihe voran, geführt von einem Kommandotrupp der 13. Flottille. Die Männer dieses Trupps hatten bei einem Aufklärungsunternehmen wenige Tage zuvor die Route erkundet. Durch Bananenplantagen und über morastige Pfade schritten die Soldaten rasch vorwärts und erreichten einen Punkt, an dem die Küstenstraße ein tiefes Wadi kreuzte. Bis hierher war der Kommandotrupp bei seiner vorherigen Erkundung gekommen. Nunmehr übernahm das »Erez«-Kommando die Führung und der bisherige Führungstrupp begab sich ans Ende der Reihe. Von hier aus begann eine anstrengende Kletterei auf den Gipfel eines Berges, um das Zielobjekt einzuschließen. Das Ersteigen des felsigen Abhangs unter dem dichten Blätterwerk nahm eine lange Zeitspanne in Anspruch. Die Reihe der Männer zog sich weit auseinander. Oberstlt. Amirs Stellvertreter kam in dem schwierigen Gelände nicht zurecht und mußte zurückgeschickt werden. Ihr Weg führte die Männer auf einem schmalen Ziegenpfad einen Hügel hinab, auf einer Seite durch eine steil abfallende tiefe Schlucht begrenzt. Dieser Abstieg verlief langsam und war tückisch, da die Männer mit ihrer schweren Ausrüstung, die sie zu schleppen hatten, das Gleichgewicht halten mußten. Der sich windende Pfad ging in ein tiefes Wadi hinunter. Sie überquerten es in etwa sieben Meter Höhe auf einer schmalen Brücke. Kptlt. Erez an der Spitze schlug infolge der Verspätung gegenüber ihrem Zeitplan den Abbruch des Unternehmens vor. Sein Vorschlag wurde abgelehnt. In einer Entfernung von nur noch wenigen hundert Metern vom Ziel schor das Sonderkommando der 13. Flottille in Richtung seines Bestimmungsortes aus. Sie stiegen in ein Wadi hinab, das sie von ihrem Ziel trennte. Der Abstieg war steil und die wegrollenden Steine verursachten Geräusche. Dann überquerte das Kommando eine schmale Straße und plötzlich ertönte ein Ruf: »Wer ist da?« Auf der Stelle erstarrend, war durch das Nachtglas gegen den Himmel eine Wache zu erkennen. Ran Galinka meldete dies über Funk der vorgeschobenen Befehlsstelle, während die Männer weiter auf das Ziel zukrochen. Wieder schrie der Wachposten: »Wer ist da?« Dann schoß er in die Luft. Trotz dieser Tatsache war offensichtlich, daß das Kommando noch nicht entdeckt worden war. Vier mit Schalldämpfern versehene Scharfschützengewehre richteten sich auf die Wachen und Ran Galinka ersuchte um die Erlaubnis zur Feuereröffnung. Er bekam den Befehl zu warten, bis der Hauptverband das Feuer eröffnete.

Um 02.00 Uhr fächerten sich die beiden Kommandos der »Golani«-Brigade auf – eine Stunde hinter dem Zeitplan zurück. Angesichts dieser Situation verschob General Rubin den Zeitpunkt der Feuereröffnung auf 02.30 Uhr und verlegte auch den Zeitpunkt der Evakuierung aus der Luft entsprechend. Das »Erez«-Kommando eröffnete zuerst das Feuer. Sie drangen nicht in den Bunker ein, sondern blieben außerhalb – um die Terroristen zu töten, sobald sie herausrannten. Ein auf dem Schauplatz eintreffender Lastwagen mit einem Maschinengewehr wurde vernichtet.

Das Hauptkommando traf am Zielort ein, nachdem das »Erez«-Kommando das Feuer eröffnet hatte. Amir und seine Soldaten gingen entlang eines Kiespfades zu den Höhlen vor, in denen die Terroristen lebten. Plötzlich wurden Schüsse abgegeben und Schreie waren zu hören: »Yahud! Yahud! – Juden! Juden!« Oberstlt. Amir wurde tödlich getroffen, während der MO und zwei Soldaten verwundet wurden. Kptlt. Nevo von der 13. Flottille, der den Befehl über die Sicherungsgruppe führte, rannte die 100 m nach vorn, die ihn von den Verwundeten trennten. Die Lage abschätzend, warf er zwei Handgranaten und sammelte die Soldaten des Kommandos. Danach zog er sich mit ihnen über eine schwierige Route zurück. Sie stiegen einen felsigen Abhang hinab, wobei sie den Toten und die Verwundeten teils auf dem Rücken und teils auf Tragen mitführten. Während des Abstiegs ließen die »Golani«-Männer eine Trage mit den Waffen der Verwundeten zurück.

Zur selben Zeit erschoß das Sonderkommando der Flottille die Wachen und stürmte den Hügel aufwärts auf den Bunker zu. In drei Gruppen aufgefächert, töteten sie mehrere Terroristen. In die Bunkereingänge warfen sie Sprengladungen und Phosphorgranaten. Danach warteten sie liegend auf die Terroristen, die zu entkommen versuchten. Um 03.00 Uhr räumten sie das Gelände und begannen, sich zurückzuziehen, wobei ihnen ein weiterer Terrorist zum Opfer fiel.

Kurze Zeit später nahm Kptlt. Nevo Verbindung mit Oberst Schpigel auf, dem »Golani«-Kommandeur, unter dessen Befehl die Kommandos standen. Hierbei stellte sich heraus, daß ein aus vier Mann bestehender »Golani«-Trupp, der eine Sicherungsaufgabe gehabt hatte, vermißt wurde. Noch 40 Minuten verblieben bis Sonnenaufgang. Der Generalstabschef befahl, mit der Evakuierung fortzufahren. Er wollte niemand in ein größeres Gefecht bei Tageslicht verwickelt sehen. Unter schwerem Beschuß landeten die Hubschrauberpiloten mit großem Mut auf zwei behelfsmäßigen Landeplätzen. Auch mehrere Kampfhubschrauber waren an der Operation beteiligt. Sie brachten das Feuer der Terroristen zum Verstummen und erlitten selbst einige Beschädigungen.

Um 08.30 Uhr kam eine Verbindung zu dem vermißten Trupp zustande. In einem gewagten Einsatz, wobei sich die Hubschrauber ihrem Versteck unter Beschuß näherten, wurden die Männer gerettet. Sich an den Kufen festhaltend, wurden sie hinaus auf See geflogen. Dort sprangen sie ab und wurden von Schlauchbooten, die ein FMB aussetzte, aufgenommen.

Am nächsten Morgen berichteten die Medien über die Operation und diskutierten die Frage, ob es richtig gewesen war, die vier Männer auf feindlichem Gebiet zurückzulassen. Das war eine unersprießliche Diskussion. Hinterher läßt sich immer klug daherreden; doch was hätten die Journalisten wohl gesagt, wenn der Generalstabschef den gesamten Verband in diesem Gebiet belassen hätte und daraus wäre ein kleiner Krieg entstanden, der hohe Verluste gefordert hätte? Der Generalstabschef hatte mit der Aussage recht, daß die Ergebnisse für sich selbst sprächen. Nach Schätzungen waren etwa 20 Terroristen ums Leben gekommen, unter ihnen ein Regimentskommandeur.

Eine von Ahmad Jibril neben dem noch intakten Befehlsbunker abgehaltene Pressekonferenz trug nicht zur Hebung der Moral bei. Er zeigte Waffen, eine Karte sowie die Kadaver von zwei Rottweilern mit Sprengstoffgürteln und auf dem Rücken befestigten Gasbehältern. Jibril behauptete, die Hunde wären für die Aufgabe ausgebildet worden, in die Höhlen einzudringen und sich dort in die Luft zu sprengen. Das Gas in den Behältern hätte seine Männer zum Herauskommen zwingen sollen, wo sie für die IDF-Truppen ein leichtes Opfer gewesen wären.

Trotz der Enttäuschungen gab es ein paar Lichtblicke. Das »Erez«-Kommando hatte sich gut gehalten. Dies galt auch für das Sonderkommando der 13. Flottille. Kptlt. Nevos rasches Reagieren, als er den Befehl über Amirs konfuses Kommando übernahm, rettete die Situation. Die Hubschrauberpiloten, die sich als sehr tapfer erwiesen hatten, wurden mit ehrenvollen Erwähnungen ausgezeichnet.

Der Kommandeur der »Golani«-Brigade zeichnete sich weder mit seinem Plan noch mit dessen Durchführung aus. Wieder einmal hatte sich gezeigt, daß eine ausgewählte Gruppe von Männern nicht die Lösung darstellte. Überall hatte Verworrenheit geherrscht; nur ein paar Offiziere hatten die Lage gerettet, ehe sie verhängnisvoll werden konnte. Es hat den Anschein, als ob der Plan zu kompliziert gewesen war. Doch eine Beurteilung der Situation ist kaum möglich, auch wenn die Hunde (falls sie tatsächlich zu den Israelis gehörten) ihre Aufgabe ausgeführt hätten und den Terroristen große Verluste zugefügt worden wären. Der Deckname der Operation – »Blau und Braun« – war die Bestätigung ihres Abschlusses: Die Luftwaffe und die Marine-»Blauen« retteten die »Braunen« der Landtruppen.

Die Terroristen sickern erneut von See her ein

Am 1. Februar 1989 wurde Konteradmiral Ben-Shushan als Befehlshaber der Marine von Mica Ram abgelöst, der seine Erfahrungen während des Yom-Kippur-Krieges gesammelt hatte. Innerhalb weniger Tage war ein bezeichnender Stimmungsumschwung zu verspüren. Mit seinem ausgleichenden Wesen beruhigte Mica Ram die stürmischen Temperamente – vorherrschend in den zehn Jahren des Kommandos unter Männern, die ein offenes Wort nicht gestattet hatten. In der Alltagsroutine führte er keine großen Änderungen ein. Die Kommandanten der Schiffe, belastet mit den täglichen Bürden, hatten sich nie um die Charaktere der Admirale gekümmert – sie waren stets erleichtert, den Anker zu lichten und auszulaufen.

Im April brachte ein P-Boot das Schiff FARACH auf und holte vier Verdächtige von Bord. Im Juli versenkte ein Kommando der 13. Flottille im Hafen von Tyrus drei Boote, die terroristischen Kollaborateuren gehörten. Einen Monat später sank im Hafen von Sidon ein weiteres Schiff.

In der Nacht zum 30. Oktober ortete ein Patrouillenboot der »Dvorah«-Klasse (54 ts maximal, in Israel gebaut) ein Fischerboot mit Kurs auf die israelische Küste. Der Kommandant des P-Bootes sah einen Fischer, der mit der Hand winkte. Mit großer Vorsicht ging er näher heran. Plötzlich bestätigte eine gewaltige Detonation seinen Argwohn. Der »Fischer« hatte sich mit dem Boot selbst in Luft gesprengt. Das »Dvorah«-Boot erlitt leichte Beschädigungen und mehrere Seeleute wurden geringfügig verwundet. Am nächsten Tag kehrte das P-Boot in den Patrouillendienst zurück.

Von Anfang November 1989 bis Ende Januar 1990 fingen Patrouillenboote der Marine die Jacht ZEUS CASNIOS dreimal auf der Route Libanon–Zypern ab und holten Verdächtige von Bord. Auch die Aktivitäten der »Yaltam«-Einheit setzten sich fort. Sie bargen israelische Ziviltaucher, die gegen elementare Sicherheitsvorschriften gehandelt hatten und in tiefem Wasser ertrunken waren. Weitere humanitäre Handlungen ergaben sich im Gazastreifen. Örtliche Fischer hatten Schwierigkeiten, die Küste zu erreichen. Daher sprengten die »Yaltam«-Taucher Felshindernisse weg.

Über zehn Jahre waren vergangen, seit es den Terroristen zum letzenmal gelungen war, die israelische Küste zu erreichen. Im Mai 1990 drangen sie mit einem Motorboot, das zusammen mit drei weiteren Booten von einem Schiff ausgesetzt worden war, zur südlichen israelischen Mittelmeerküste vor. Von den letzteren wurden zwei Boote gekapert und eines entkam nach Ägypten. Das in die Hoheitsgewässer eingedrungene Motorboot erreichte die Küste mit etwa 35 kn Fahrt und war somit schneller als das verfolgende »Dabur«-Boot (ca. 25 kn), das es geortet hatte. In der Nähe eines belebten Strandes gingen elf bewaffnete Terroristen an Land. Fünf von ihnen ergaben sich kampflos, während die übrigen sich zur Wehr setzten. Schließlich wurden vier getötet und die beiden anderen gefangengenommen.

Ihre Absicht war es gewesen, Ansammlungen von Touristen am Strand von Tel Aviv anzugreifen und mit 107-mm-Raketen von See her zu beschießen. Anschließend wollten sie am Strand an Land gehen und ein Hotel besetzen, um ein Massaker zu verüben. Ein weiteres Ziel sollte die amerikanische Botschaft sein. Danach hatten sie die Absicht gehabt, mehrere Kraftfahrzeuge zu entführen, um in den Gazastreifen oder nach Judäa bzw. nach Samaria zu entkommen.

Ihr Erfolg erzeugte einen Aufruhr; wenn es ihnen auch dank der Verteidigungsorganisation nicht möglich gewesen war, ihren fürchterlichen Plan auszuführen. Die »Landratten« wollten nicht begreifen, daß es unmöglich war, die See hermetisch abzuriegeln. Vierzehn Tage später versenkten Kampfschwimmer der 13. Flottille drei von den Terroristen benutzte Schiffe. Doch die Terroristen gaben nicht auf. In der Nacht zum 23. Juni versuchten sie es erneut. Diesmal stand es unentschieden zwischen Kptlt. Danny und den Terroristen, die versucht hatten, in seiner Nähe ein Fischerboot in die Luft zu sprengen. Danny entdeckte ein Motorboot mit zwei Terroristen an Bord, griff es an und versenkte es.

Der Abschuß der »Scud«-Raketen führt zu Friedensgesprächen

Ende 1990 entstanden in einer Region Probleme, aus der sich eine Beeinträchtigung des Lebens in Israel hätte nicht ergeben dürfen. Die Invasion Saddam Husseins im »demokratischen« Kuwait führte zur Entstehung einer internationalen Koalition, der sich auch arabische Staaten anschlossen. Im Verlaufe des Golfkrieges zwischen den »Alliierten« und dem Irak schossen die Iraker 39 »Scud«-Raketen auf Israel ab – die unerwidert blieben.

Nach dem Ende des Golfkrieges setzten die USA einen Friedensprozeß in Gang. Die Ergebnisse des Krieges wie auch der Umstand, daß die Araber und Israel gegen einen gemeinsamen Gegner gekämpft hatten, schuf eine historische Gelegenheit. Die Amerikaner nahmen den Vorteil der Tatsache wahr, daß die Sowjetunion zusammengebrochen war, und waren daher imstande, alle Seiten zu Verhandlungen zu drängen. Den Syrern, die den Krieg im Irak benutzt hatten, geräuschlos die Kontrolle des Libanon zu übernehmen, war es in geringem Umfange gelungen, ihr Prestige wiederzugewinnen, das in den Kriegen mit Israel beschädigt worden war. Alle Seiten beugten sich daher der Erkenntnis, daß die Zeit für Gespräche gekommen war.

Doch der in Gang gekommene Friedensprozeß verhinderte weitere terroristische Aktivitäten nicht. Die südlibanesischen Streitkräfte fingen Fahrzeuge der Terroristen ab, die Taucherausrüstungen mitführten. Ein israelisches P-Boot brachte ein Boot der Terroristen auf, während Kampfschwimmer im Hafen von Sidon (Saïda) ein weiteres Schiff versenkten.

Ende 1991, während bei der 13. Flottille die Abschlußfeier zur Beendigung der Kommandoausbildung im Gange war, griff ein Kommando der Flottille ein terroristisches Ziel an der libanesischen Küste an. Niemand bei der Abschlußparty wußte, daß die Flottille ihre Einsätze fortsetzte, während die Teilnehmer ihren Lehrgangsabschluß feierten.

Trotz aller Anstrengungen, die Küste abzuriegeln, gelang es den Terroristen, die israelischen Verteidigungseinrichtungen zu überwinden. Im Juni 1992 sickerten zwei von ihnen an der Küste bei Eilat ein, indem sie mit Hilfe leerer Benzinkanister aus Plastik den Golf von Akaba durchschwammen. Sie töteten einen israelischen Zivilisten und wurden anschließend selbst von Truppen erschossen, die in das Gebiet entsandt worden waren.

Ami Ayalon wird Befehlshaber der Marine

Im Juli 1992 beendete Mica Ram seine Amtszeit und gab das Kommando über die Marine an Ami Ayalon ab. Mica Rams Amtszeit als Befehlshaber der Marine war erfüllt vom Ringen um die Zukunft der Marine gewesen. Er mußte sich mit General Ehud Barak herumschla-

gen, der als Generalstabschef der Überzeugung war, der Staat Israel brauche keine große Marine und könne mit einer Küstenwache auskommen. Als Generalstabschef mußte er entscheiden, wie der »Kuchen« der Haushaltsmittel für die Streitkräfte zu verteilen war, wobei der Anteil der Marine gerade einmal 3 % betrug. Nach Baraks Auffassung gab es wichtigere Vorhaben als den Bau großer, leistungsfähiger Kampfboote – die seiner Meinung nach niemand brauchte. So erfolgte das Annullieren des Projektes der »Sa'ar 5«-Klasse. Es wurde allerdings nach einiger Zeit wieder aufgegriffen. Das Unterseeboot-Projekt war weitaus komplizierter und an einem bestimmten Punkt entschied der Generalstabschef, das Projekt zu annullieren. Mica Ram weigerte sich, die Unterseeboote wegen ihrer taktischen Bedeutung in der direkten Kriegsführung sowie aufgrund ihrer strategischen Wichtigkeit als Abschreckungsmittel aufzugeben. Der Golfkrieg löste das Problem. Die deutsche Regierung – sich offensichtlich wegen der Verwicklung in die Waffengeschäfte mit dem Irak als schuldig fühlend – entschied, den Bau der beiden Unterseeboote zu finanzieren. Nach einiger Zeit wurde noch ein drittes Boot bewilligt.

Ami Ayalon war der dritte Befehlshaber der Marine, der aus der 13. Flottille hervorgegangen war.

Kurze Zeit nach seiner Kommandoübernahme führte die Zeitschrift der IDF ein Interview mit ihm. Darin erwähnte er die Bedeutung der Kommandoeinheiten der Marine auf den zukünftigen Gefechtsfeldern:

»Der Einzelkämpfer, der Kommandosoldat der Marine, wird weiterhin in der Erreichung unserer Einsatzfähigkeiten eine wesentliche Rolle spielen. Die IDF von heute ist sich der Bedeutung von Sonderverbänden weitaus bewußter. Soweit es die Marine betrifft, wird ihre Kommandotruppe Teil eines jeden operativen Szenarios der Zukunft sein, die übrigen Kampfeinheiten der Marine ergänzend. Es wird stets Bereiche geben, in dem der Einzelkämpfer etwas erreichen kann, wozu eine komplizierte Organisation nicht in der Lage ist.«

13. Kapitel

Zensur und historische Wahrheit

Dieses Kapitel beschreibt einige der Erfahrungen, die ich bis zur Veröffentlichung dieses Buches durchgemacht habe. In Israel ist die militärische Zensur die Regel. Da ich von der IDF Unterstützung erfahren habe, gab ich auch das Manuskript dem Militärischen Abschirmdienst *(Field Service)* zur Überprüfung. Mir ist bekannt, daß es Themen gibt, die geheim bleiben müssen, solange sich Israel noch im Krieg befindet. Doch es gibt keinen Grund, vor der Öffentlichkeit das zu verbergen, was dem Gegner bekannt ist, oder das Veröffentlichen von Ausrüstungen zu verhindern, die auch bei anderen Streitkräften in Gebrauch sind, oder Methoden geheimzuhalten, die seit langem angewendet werden. Doch diesen Weg behielt Israel bei – unter dem Schutz dieser Tatsache wurde die Sicherheit zu einer »Religion«: dem »Mythos« der Geheimhaltung. Nur wenige stellten dies in Frage.

Ich bin der Auffassung, auf bestimmten Gebieten ist es besser, den Gegner mit Informationen zu überfluten. Ich glaube, daß dieses Wirken auf dem Gebiet der Zensur in einem Irrtum befangen ist, wenn es darauf beharrt, das Bekannte aus der Vergangenheit zu verbergen, statt sich auf die Gegenwart und auf die Zukunft zu konzentrieren. Die Vertreter dieser Ansicht irren, wenn sie Angelegenheiten nationaler oder persönlicher Vorstellung in Geheimnisse verwandeln. Ich bin davon überzeugt, daß einige dieser Hüter in die Geheimnisse »verliebt« sind, die sie so eifersüchtig bewachen – als ob es sich um ihr privates Eigentum handeln würde.

Vielen von ihnen ist natürlich bekannt, daß der Besitz von Geheimnissen Macht und Bedeutung verleiht. Sie anderen zu enthüllen, schwächt daher offensichtlich ihr Prestige und ihren Einfluß. Meines Erachtens nach ist die Anzahl der so Denkenden im Abnehmen begriffen, wohl wissend, daß sie nicht imstande sind, eine Veröffentlichung zu verhindern. Sie müssen sich damit abfinden, daß Israel ein demokratischer Staat ist und daß es in der modernen Welt Medien gibt.

Eine offizielle Darstellung und Kommandeure, die nie irren

Das Schreiben dieses Buches bedeutete eine faszinierende Erfahrung. Hierzu habe ich Hunderte von Dokumenten und Dutzende von Büchern gelesen und mein Äußerstes versucht, um objektiv zu bleiben. Kämpfer aller Generationen und Dienstränge haben mit mir vollendet zusammengearbeitet. Viele machten geltend, daß es an der Zeit sei, jedermann zu zeigen, daß sie menschliche Wesen und keine »Supermänner« wären. Das Schreiben lieferte mir eine Fülle von Erfahrungen: persönlicher, militärischer, fiktiver und forschungsmäßiger Natur. Als das Buch in Israel veröffentlicht wurde, erhielt ich viel Lob und bedauerlicherweise auch ein paar negative Beurteilungen – von jenen, die der Auffassung waren, daß ein Buch, ohne ihre Namen zu erwähnen, nichts wert wäre.

Yochai Ben-Nuns Frau protestierte gegen mehrere Aufsätze von Journalisten. Ich schrieb ihr:

»Dieses Buch wurde mit viel Liebe geschrieben. Ich habe versucht, nicht hinter billiger Sensationsmache herzujagen oder Tratsch und persönliche Verleumdungen zu verkünden, und ich habe mich in dieser Hinsicht selbst überprüft. Ich wollte die Wahrheit bewahren, wie sie aus persönlichen Zeugnissen und aus Dokumenten hervorgeht. Alles, was ich geschrieben habe, beruht auf den Worten jener, die ich befragt habe, und auf dem Wortlaut offizieller Papiere. Wer weiß dies besser als Sie, wie schwierig es ist, die Wahrheit unter den Wellen der Vergessenheit oder der Fantasie herauszufinden, die sich im Lauf der Jahre gebildet haben. Nichtsdestoweniger ist auch die Fantasie Teil des Geistes dieser Einheit. Mir ist klar, daß ich hin und wieder im Irrtum bin – schließlich ist es menschlich zu irren.«

Meine Kritiker werfen mir vor: »Dies ist keine offizielle Darstellung!« Um diesen Einwand zu vermeiden, habe ich das Buch [in der englischsprachigen Fassung] mit »The Story of…« und nicht mit »The History of…« untertitelt. Solche Äußerungen kümmern mich nicht, da ich für meine »detaillierte Forschungsarbeit und geistige Redlichkeit« gelobt und zu der Tatsache beglückwünscht wurde, daß ich »die Marine und die Unternehmungen der 13. Flottille sowie ihre Kommandeure als Wesen von Fleisch und Blut mit Schwächen, wie wir sie alle teilen,« geschildert habe. Zudem erfuhr ich auch dafür Lob, weil ich »einen bedeutsamen Beitrag zum vernachlässigten Gegenstand der Militärgeschichte Israels geleistet« habe. Unter jenen, die behaupteten, dieses Buch enthielte keine »wirkliche« Geschichte, waren einige, die viele Jahre lang die grauen und schwarzen Zonen in funkelndem Weiß gemalt hatten. Wenn sie – Gott behüte! – das Schwarze entdecken, werden sie wie die Strauße ihre Köpfe in den Sand stecken und ihren exponierten »Achtersteven« vergessen. Sie schämen sich nicht, das Wort »Wahrheit« zu verwenden, haben aber ihre Bedeutung vergessen. Meine Generation haben sie getäuscht, überzeugt, daß wir an Körper und Geist zu schwach sind, um sich dem zu widersetzen, was sie vor uns verbergen: daß wir nicht immer recht haben und daß wir uns im Frieden verhalten, als ob wir im Krieg wären. Die so Denkenden verbergen Fehler und Unglückfälle, die Maxime schaffend, daß wir »die Besten und die Saubersten« sind, und hocken auf sog. »Geheimnissen«, die höheren Stellen schaden könnten. Sie schützen sie – und ihre Inhaber schützen ihrerseits wieder ihre Positionen und ihre Publizität. Die Geschichtsschreibung dient ihren eigenen Zwecken oder den Zwecken ihrer Vorgesetzten – den Stiftern ihrer Forschungsarbeit und ihre zukünftigen Finanziers. Die Sensibilität des Kämpfers, so behaupteten sie, sein Lebensstil, seine Vorlieben und sein Hader – Tratsch in ihren Augen – und natürlich seine Fehler, die ich in das Buch einbezogen habe, sind nach ihrer Auffassung keine Wiedergabe von Geschichte.

Ein Flaggoffizier war nur unter der Bedingung gewillt, befragt zu werden, daß ich ihm das Manuskript des Buches zur Genehmigung vorlege. Seine Forderung habe ich nicht akzeptiert. Jedermann hat seine eigene Wahrheit und es wird stets über Fakten Diskussionen geben. Mir ist klar, daß mein Buch zu »seinem« Buch geworden oder überhaupt nicht veröffentlicht worden wäre, hätte ich dem zugestimmt. Statt in einem Interview Rede und Antwort zu stehen, gab er mir eine Anzahl Akten, die sich mit seinen Aktivitäten und den Unternehmen befaßten, die er führte. Hätte ich nur diese benutzt, wäre es zu einem Verrat an der »Wahrheit« gekommen, um die er in so großer Sorge war, denn diese Berichte waren weder genau noch ausgewogen. Erst nach der Veröffentlichung dieses Buches hörte ich wieder von ihm, als er behauptete, ich wäre

kein »Historiker«, hätte nicht in der Flottille gedient und wäre daher nicht qualifiziert, ein solches Buch zu schreiben. Er hatte nur vergessen, daß ich B.A. in Geschichte sowie M.A. in Politikwissenschaft war und bis dahin acht Bücher veröffentlicht hatte. In Erwiderung seiner Behauptungen frug ich ihn, warum andere Offiziere, über die ich auf »wenig schmeichelhafte« Art schrieb, nicht aus der Haut fuhren. Er antwortete: »Ich habe keine Erfolge zu rechtfertigen und ich weiß nichts von Fehlern.« Auf diese Weise gesellte er sich zur »Niemals falsch«-Richtung – jener Handvoll Generale oder Admirale, die in allen Streitkräften zu finden sind. Ich schlug ihm vor, seine Kameraden in der Marine oder das Marinearchiv aufzusuchen, wo er von seinen Erfolgen und Fehlern hören bzw. über sie nachlesen konnte. Einige meiner Kritiker waren der Meinung: »Verlaß' die Ausstrahlungen, schreib' nur über die technischen Fakten.«

Viele Denkrichtungen haben sich auf Anschauungen dieser Art bezogen. Marschall de Sachs sagte: »Das menschliche Herz ist der Ausgangspunkt für jedes Thema, das sich mit Krieg befaßt.» Thukydides schrieb: «… und wir sollten nicht den Sängern glauben noch den Beschreibungen der Historiker, die lieber süße Worte hören als die Wahrheit. Ihre Lieder und Erzählungen können nicht belegt werden und mit dem Vergehen der Zeit sind die meisten in die Sagenwelt eingegangen und enthalten keine Wahrheiten.« Basil H. Liddel-Hart war der Meinung: »Die gefährlichsten vergleichenden Ideen stammen aus den Fälschungen der Geschichte um der sogenannten Interessen der nationalen Armeemoral willen.« Er setzte hinzu: »Geschichte, die die Bezeichnung „offiziell" führt, ist an eine gewisse natürliche Vertraulichkeit gebunden; und zumeist bedeutet die Bezeichnung „militärisch" doppelte Vertraulichkeit. Die Geschichte der Geschichtsschreibung liefert viele Beweise, daß die Kunst der Täuschung viel früher auf diesem Gebiet entwickelt worden ist als ihre Anwendung auf dem Schlachtfeld.« Abschließend bemerkte er: »Die militärische Hierarchie hat stets die naturgemäße Befürchtung an den Tag gelegt, daß die Kenntnis der Wahrheit von den Irrtümern und Versehen der Generale von gestern das Vertrauen der jungen Soldaten in die Generale von heute und morgen erschüttern wird.«

Für jene, die mein Buch angreifen, wäre es ein guter Gedanke, aus diesen Aussagen zu lernen, um die Wahrheit dem »süßen« Klang der Lüge vorzuziehen – um in ihre trockene Forschungsarbeit die Gefühle jener einzubeziehen, die diese Dokumente schrieben und an der Front standen. Auf diese Weise werden sie imstande sein zu begreifen, daß das Entlassen von Offizieren infolge persönlicher Irrtümer oder das Stürzen von Regierungen infolge persönlicher und familiärer Interessen (Tratsch) die Schicksale der Menschen, der

Institutionen und des Staates beeinflussen. Auf Gottes kleinem Acker, der die Marinefamilie Israels darstellt, wird sich den so Denkenden zum Beispiel die Erkenntnis offenbaren, daß die Ernennung von Gershon Zack – eines Lehrers und Mitgliedes der Sozialistischen Partei, der keinerlei Kenntnisse von Marineangelegenheiten besaß – zum Befehlshaber der Marine die gesamte maritime Szene beeinflußte. Sie werden feststellen, daß die Ablösung von Yochai Ben-Nun von seinem Posten als Chef der 13. Flottille in den 50er Jahren sich nicht nur auf ihn persönlich sondern auf die gesamte Flottille auswirkte. So ergaben sich Auswirkungen aus dem Ausscheiden von Izzy Rahav nach dem Sechs-Tage-Krieg, aus der Ablösung Barkais als Marinebefehlshaber, aus dem besessenen Verhalten Almogs und so fort – dies alles hatte seine Auswirkungen auf Ereignisse und Einheiten.

»Betonköpfe« gegen den Fortschritt – Die Theorie der »kleinen Stinkblase«

Der Militärische Abschirmdienst versorgte mich mit vielen Erfahrungen. Flottillenadmiral Didi Ya'ari, damals Chef des geheimen Marinenachrichtendienstes, definierte für mich die Grenze der Geheimhaltung, bis zu der ich schreiben konnte – und sie hing besonders hoch. Davon wich ich nicht ab und bei sensiblen Themen zensierte ich mich selbst. Natürlich konnte ich nicht über israelische Aktivitäten in befreundeten Staaten schreiben – falls es sie tatsächlich gab. Dies ist auch der Grund, warum in diesem Buch eine Reihe von Unternehmungen beschrieben werden, ohne die genauen Umstände zu erwähnen.

Einige Monate nach der Ernennung von Ami Ayalon zum Befehlshaber der Marine legte ich ihm wie auch Didi Ya'ari Kopien meines Manuskriptes vor. Beide hatten die 13. Flottille geführt und wußten genau, was gestattet war und was nicht. Ami Ayalon billigte das Buch grundsätzlich und urteilte: »Es ist ausgewogen.« – Das beste Lob, das mir über ein Buch zuteil werden konnte, das von seiner Einheit handelte.

Damals begannen meine Prüfungen und Leiden. Der Chef des Militärischen Abschirmdienstes der Marine forderte, eine Veröffentlichung zu verhindern. Als ich Einspruch erhob – strich er viele Passagen. Schließlich blieb ihm nichts anderes übrig, als den größten Teil des Buches zu billigen. Dann erhielt ich die Weisung, das Manuskript an den allgemeinen Militärischen Abschirmdienst weiterzureichen. Erneut wurden große Abschnitte gestrichen. Sogar das bekannte SDV – von der Marine zur Veröffentlichung freigegeben – wurde wieder als geheim eingestuft.

Das Manuskript ging durch viele Hände. Jeder Offizier benutzte einen anderen Farbstift, um verschiedene Passagen zu streichen, und als ich es zurückerhielt, sah es aus wie ein surrealistisches Gemälde. Ich anerkannte durchaus die schwierige Lage, in der sich die Zensoren befanden, und verstand sogar, daß ihre Aufgabe im Streichen bestand. Denn wie konnte ein derartiges Buch genehmigt werden, ohne etwas zu streichen?

Sogar ein Oberstleutnant der Reserve wurde einberufen, um sich mit dem Buch zu befassen; er versuchte, mich zu zermürben. Manchmal stimmte ich mit ihm über Randthemen überein, nur um ihn fühlen zu lassen, daß er etwas erreicht hätte. Nichtsdestoweniger umriß ich mehrere Grenzen deutlich, über die ich nicht bereit war zu diskutieren. Meine Auffassung war klar; ich hatte die Zustimmung der Marine erhalten und soweit es diesen Offizier betraf, übertrieb er die Sicherheit des Staates sowie die Sicherheit der Kommandotruppe der 13. Flottille.

Als mir zum Beispiel Angehörige der Flottille von der Tötung der Gefangenen während der Operation »Kadesh« berichteten, entschloß ich mich, darüber mit großer Sorgfalt zu schreiben – aus der Besorgnis heraus, durch das Aufdecken dieses Vorfalls könnte Schaden angerichtet werden. Erst viel später, als der Vorgang – mit allen widerwärtigen Einzelheiten – veröffentlicht worden war, lernte ich schließlich das Prinzip der »Stinkblase« kennen: Wenn sich ein übler Vorfall ereignet, der sofort aufgedeckt wird, richtet er kaum Schaden an. Wenn er aber geheimgehalten wird, vergrößert er sich wie eine Seifenblase, platzt schließlich und hinterläßt einen fürchterlichen Gestank – der verhindert hätte werden können. Der Militärische Abschirmdienst verhinderte das Aufdecken des Vorfalls, um das Ansehen der IDF zu bewahren oder um die Täter zu schützen. Das war falsch; er hatte nicht gelernt, daß ein übles Geheimnis schließlich doch ans Licht kommt. Die so Handelnden hatten auch unrecht hinsichtlich anderer »übler« Geheimnisse. Darum sind es nicht jene, die sie aufdecken und die sich schämen sollten, sondern jene, die versuchen, sie zu verbergen.

Die Offiziere des Militärischen Abschirmdienstes versuchten, den Schaden zu verringern, dessen Eintritt sie in Betracht zogen, sollte das Buch veröffentlicht werden. Sie behaupteten, die Zensur »zu wahren«, da sie sich für liberaler hielten als sie es waren. »Liberalität« war nicht der Grund für den »freundlichen Anflug« der Zensoren. Der Grund lag in ihrem Begreifen, daß sie nicht mehr die Wachhunde des Ansehens oder die Schöpfer von Legenden waren. Letztlich hatten sie sich innerhalb der Grenzen der Gesetze zu bewegen und sich an die Entscheidungen des obersten Gerichtes zu halten. Dieses hatte verfügt, daß nur Angelegenheiten zensiert werden dürfen, die

»das Wesentliche der Staatssicherheit verletzen«. Bereits publik gewordene Sachverhalte dürfen natürlich nicht mehr zensiert werden. Der Militärische Abschirmdienst machte geltend, daß eine Veröffentlichung dieses Buches jedem eine »formlose Legitimierung« geben würde, derartige Bücher zu schreiben. Seine Vertreter machten deutlich, da es sich bei dem Verfasser um einen Kapitän zur See handelte, würde das Buch vom Gegner als sehr glaubwürdig angesehen werden. Diese Forderung bestärkte mich nur in meinem Entschluß, nicht nachzugeben. Da war der Haken an der Sache: Sie hatten nichts gegen Bücher einzuwenden, die von »nicht glaubwürdigen« Verfassern geschrieben waren, deren Inhalt nicht genau sein mag. Dagegen ist hier ein glaubwürdiges Buch geschrieben worden, das sie mit aller ihnen zu Gebote stehenden Macht bekämpften. Da ich so zuverlässig – und Angehöriger der Marine – bin, frage ich mich, ob der Gegner denken wird, dies alles ist eine Täuschungsmaßnahme? Bismarck, der »Eiserne Kanzler«, war der Auffassung: »Ich habe nie dem Personal meines Nachrichtendienstes geglaubt. Sie haben sich immer Geschichten ausgedacht, um ihre Existenz zu rechtfertigen!«

Ich genoß es zu sehen, wie die Zensoren versuchten, mit den zwischenmenschlichen Konflikten fertig zu werden, die ich im Buch beschrieben hatte. Sie räumten ein, daß sie nicht direkt die Sicherheit berührten, behaupteten aber, es wäre besser, wenn sie diese streichen würden, da später »die Admirale in der Presse streiten und die „Büchse der Pandora" mit Reaktionen und Gegenreaktionen öffnen und sogar noch mehr Geheimnisse offenbaren würden«. Der Versuch, Sachverhalte des Selbstbildnisses in »Staatsgeheimnisse« umzuwandeln, war tauglich, aber soweit es mich betraf: sinnlos.

Viel später stellte sich heraus, daß ihre Behauptungen – wie ich vorhergesagt hatte – nicht stichhaltig waren. In Wirklichkeit kämpften die Offiziere des Militärischen Abschirmdienstes für etwas, das sie »das Schlachten der letzten heiligen Kuh« nannten, die ganze Zeit über darauf beharrend, daß die Marine sich geirrt hätte, mir offizielle Unterstützung zu gewähren. Sie »vergaßen« die Tatsache, daß mein Buch von Fachleuten der Marine gebilligt worden war, die nur zu gut wußten, was ihr Personal gefährden würde. Ich hatte Verständnis für die Zensoren; denn wenn die »Geheimnisse« der Kommandoeinheit der Marine offenbart wurden, welche Geheimnisse würde es dann noch geben?

Der Militärische Abschirmdienst irrte sich. Anstatt den Versuch zu unternehmen, die Veröffentlichung meines Buches zu verhindern, hätte er mehr Zeit investieren sollen, um das Aufdecken künftiger Pläne zu verhindern. Die entscheidenden Geheimnisse sind doch diese: Wohin werden heute Truppen verlegt, welches Ziel werden sie morgen angreifen, welche Waffen werden sie hierzu einsetzen – aus einem Arsenal, das alle Streitkräfte ihr eigen nennen – und wie werden sie operieren – Methoden benutzend, die bereits in der Bibel und in anderer Literatur diskutiert wurden?

An einem bestimmten Punkt erkannte ich, daß ich das Opfer eines doppelten Spiels war. Die Vertreter des Militärischen Abschirmdienstes der IDF behaupteten, die Marine hätte sie um Unterstützung gebeten, da der Inhalt meines Buches »ernste Probleme« verursachte, wohingegen die Marine geltend machte, die IDF wollte sie vor einer fürchterlichen Bloßstellung bewahren. Ich wußte, daß beide Seiten versuchten, mich hinters Licht zu führen. Ami Ayalon, der Befehlshaber der Marine, mit dem ich zusammentraf, behauptete, die Marine wäre an der Veröffentlichung des Buches nicht interessiert, und er befürchtete, er könnte für den Initiator gehalten werden. Ich erklärte hierzu, daß dieses Buch veröffentlicht werden würde, was immer auch geschehen sollte. Deshalb läge es im Interesse der Marine, daß es so genau, glaubwürdig, ausgewogen und unverfälscht wie nur möglich sein sollte.

In Wirklichkeit war das Hauptproblem, daß Ami Ayalon und seine Freunde aus der Flottille betraf, ihre Empfindlichkeit bezüglich einiger Mißerfolge, die sie mir selbst offenbart hatten. Als sie diese Sachverhalte schriftlich vor sich sahen, fuhren sie aus der Haut. Didi Ya'ari behauptete, das Kapitel über Green Island, den »glänzenden Mißerfolg«, würde einen Aufruhr verursachen. Er vergaß, daß ähnliche Aussagen bereits in der Vergangenheit getroffen worden waren, wobei die Kritiker argumentierten, daß ihre Urheber nichts verstünden, nicht in der Marine gedient hätten und keine Offiziere wären. Diesmal stammten die Aussagen von einem Kapitän zur See der Marine, unterstützt durch als geheim eingestufte und inzwischen freigegebene Dokumente sowie durch ein Interview mit Didi Ya'ari selbst, der unverfälscht seine Auffassung zu dieser Operation zum Ausdruck brachte – wobei die Aussagen exakt dem niedergeschriebenen Text entsprachen.

Zu meiner Überraschung wurde ich gebeten, das Buch in zwei Hälften zu teilen, und die zweite Hälfte – die sich mit den Ereignissen von 1974 an befaßte – erst nach zehn Jahren zu veröffentlichen, da sie »persönliche Probleme« und »unnötiges Bloßstellen von Versenkungsunternehmen« enthielte. Ich weigerte mich und machte deutlich, daß es keine Unterschiede zwischen der Versenkung von Schiffen in den 70er und 80er Jahren gäbe. Was die »persönlichen Probleme« anging, so lehnte ich kategorisch die Forderungen ab. Es ist richtig, ich hatte über Mißerfolge und Irrtümer geschrieben, aber ich habe die Flottille als eine Einheit dargestellt, die ihre Lehren daraus gezogen hatte. Die Zeitspanne, die herausgenommen werden sollte, war tatsächlich die erfolgreichste. Ich hatte das Gefühl, meine Kontrahenten in der Marine hatte der Mut verlas-

Der Verfasser (rechts) überreicht Premierminister Itzhak Rabin (Mitte) 1994 eines seiner Bücher. Premierminister Rabin wurde am 4. November 1995 von einem jüdischen Extremisten ermordet.

sen, als es sich nicht mehr um bloßes Reden handelte sondern um das geschriebene Wort ging.

Auf der anderen Seite standen die Offiziere des Militärischen Abschirmdienstes der IDF – »Betonköpfe« nach den Worten von Offizieren des Marinenachrichtendienstes. Die letzteren, die das Doppelspiel betrieben hatten, behaupteten, der Militärische Abschirmdienst der IDF wäre in den 40er Jahren »steckengeblieben« und hätte keine Kenntnis von der modernen Welt. Zur Forderung, ich dürfte keine Dokumente zitieren, kam die Bemerkung: »Quatsch! Die Quellenhinweise gehören weg.« Die Vertreter des Militärischen Abschirmdienstes der IDF behaupteten, die Marine hätte »den Küken erlaubt auszureißen«, oder mit anderen Worten: Sie hätte einem schrecklichen »Feind« Geheimnisse übergeben. Sie vergaßen, daß die Marine vom frühesten Beginn an der Auffassung war, daß alles von mir Geschriebene schon seit langer Zeit kein Geheimnis mehr war. Tatsächlich waren nur die unfähigen »Betonköpfe« als Küken ausgerissen.

Der Streit zwischen den verschiedenen Seiten führte zu erstaunlich seltsamen Episoden: Da behaupteten die Zensoren, daß die Unterstützung, die ich erhalten hätte, sie dazu zwingen würde, jeden zu unterstützen, der darum ersuchte. Darauf erwiderte ich: »Warum sind sie nicht dieser Auffassung, wenn Minister, Stabsoffiziere und andere, die Bücher über die IDF verfassen, volle Unterstützung erhalten? Behaupten Sie dies nur, weil das Buch einige weniger erfreuliche Kapitel enthält? Oder weil dies so aussieht, als ob ich Ihnen Ihre privaten Geheimnisse wegnehme?« Tatsächlich gab es vor mir zwei andere Autoren. Als sie von der Marine Unterstützung erhielten, wurden keine Forderungen an sie erhoben; sie schrieben, was die Marine lesen wollte.

Die Punkte, die mir am Herzen lagen, listete ich in einem Brief an Ami Ayalon auf:

»… Was ist passiert? Ist irgend jemand durch eine Wahrheit beunruhigt worden, die schrecklich ist? Vielleicht wollte irgend jemand von mir, daß ich die Flottille idealisiere? … Warum sind über die Marine nur wenige Bücher veröffentlicht worden? Warum ist über all die Jahre hinweg die Marine „paranoid" gegenüber Publizität gewesen? Warum fürchten ihre Befehlshaber jedes gedruckte Wort? Für die Marine ist der Zeitpunkt gekommen, aus ihrer Niedergeschlagenheit herauszutreten. Schließlich brauchen sich ihre Angehörigen vor nichts zu schämen. Sind Sie der Meinung oder wollen Sie, daß jedes Buch „im Namen von …" geschrieben werden sollte? Und wenn dies so war, wo sind diese Bücher? Warum ist die Marine neidisch auf sich selbst und auf jene, die in ihr dienen und über sie schreiben? … Warum jagt Ihnen die Veröffentlichung von Unternehmen der Flottille – von denen Sie mir selbst mit einigem Stolz erzählt haben – plötzlich einen Schrecken ein? Diese Einheit ist der Stolz der Marine und mit Ausnahme der Wahrheit wird nichts enthüllt – wir haben eine hervorragende Kommandoeinheit der Marine, imstande, den Gegner ohne eigene Verluste überall, rasch, kraftvoll und mit Eleganz zu treffen. Was ist daran falsch? Die Araber wissen das. – Warum sollten das nicht auch andere wissen? Wollen Sie wirklich diese Kapitel streichen? …Natürlich beschreibt das Buch auch Mißerfolge und Auseinandersetzungen – schließlich haben wir es auch hier mit Menschen zu tun. … Die Forderung, die Hälfte des Buches einer Sperre zu unterwerfen, wird der Marine schaden. In seiner gegenwärtigen Form ist das Buch ausgewogen. Doch wenn es nur zur Hälfte veröffentlicht wird – werden Sie in einem schlechten Licht dastehen.«

»Geheimer Nachrichtendienst« –
Die Geschichten der Bibel über
Spione sollten zensiert werden

Inzwischen fuhren die Offiziere des Militärischen Abschirmdienstes der IDF mit ihrer Aufgabe fort. Anfangs strichen sie die Worte »nachrichtendienstliche Informationen«, wo immer sie diese fanden – als ob die IDF die Institution des geheimen Nachrichtendienstes nicht besäße. Sie betätigten sich sogar als »Gedankenpolizei«, als sie mir verboten, meine Auffassung zu sagen. Mir wurde bewußt, wenn ich ihnen die Bibel zum Lesen gegeben hätte, dann hätten sie auch deren Geschichten über Spione oder Plünderungen, über das Töten von Gefangenen, über den Ehebruch von Königen und so fort zensiert – da auch dies dem nationalen Image schadete. Hinsichtlich der »Sayeret Matkal« schrieb ich, daß diese Einheit auf gegnerischem Territorium »einzigartige nachrichtendienstliche Methoden« anwandte – ein Ausdruck, den die Zensur in der Vergangenheit nicht beanstandet hatte. Doch als ich schrieb, sie hätte sich mit geheimdienstlichen Angelegenheiten befaßt – haben mich die Zensoren fast auseinandergenommen und erschossen. Das Wort »Abhören« – eine dieser einzigartigen nachrichtendienstlichen Methoden – versetzte sie in die Furcht vor Gott. In einem früheren Buch, das ich geschrieben hatte, wurde ein Satz über das taktische Abhören des gegnerischen Funkverkehrs auf Schiffen gestrichen. Ich zog dies in Zweifel und zum erstenmal erfuhr ich von der Methode des Selbstbetrugs. Als Kompromiß gestatteten mir die Zensoren, den seltsamen Satz zu schreiben: »Infolge der geringen Entfernung zwischen den Schiffen gelang es ihnen, den Fernmeldeverkehr der ägyptischen Schiffe zu hören.« Ich lachte, als ich ihre Anweisungen befolgte. Taktisches Abhören des gegnerischen Funkverkehrs in See war schon seit Jahren nicht mehr als geheim eingestuft und die FK-Schnellboote führten sogar bei Besuchen in ägyptischen Häfen die entsprechenden Antennen an den Masten. Ein ähnlicher Vorfall ereignete sich, als ich den offiziellen Leitfaden der IDF für die Rekrutierung schrieb. Es sollte der Passus gestrichen werden, daß der geheime Nachrichtendienst »Horcher, Übersetzer usw.« umfaßt und daß es ein »Warnsystem« gibt. Außerdem wollten die Zensoren »Ausrüstung mit Nachtsichtgeräten«, benutzt in der »elektronischen Kriegsführung«, usw. streichen. Nach Auseinandersetzungen erhielt ich die Erlaubnis, über Abhören zu schreiben. Doch der Begriff »Abhören von Telefongesprächen« versetzte sie vollständig in Panik. Sie ließen außer acht, daß Abhören eine der anerkanntesten Methoden der Nachrichtenbeschaffung darstellt. Das Geheime daran besteht nur darin, welche Leitung an welchem Ort abgehört wird. Sie warfen mir vor, ich offenbare Methoden der nachrichtendienstlichen Kriegsführung, denn die Veröffentlichung der Existenz des Abhörens würde den Gegner wachrütteln – eine kindische Behauptung. Gemäß dieses Prinzips sollte die gesamte IDF geheim sein, da ein Offenbaren »den Gegner wachrütteln« würde.

Warum waren Abhöroperationen, die Israel eine beträchtliche Anzahl an wichtigen Informationen lieferten, geheim? Geschah dies, um die Methoden nicht aufzudecken? Oder um Irrtümer und Lügen zu überdecken? Oder deshalb, weil ein Geheimnis dem, der es bewacht, Macht verleiht?

Das »Trojanische Pferd«
ist ein Geheimnis und der
»Mossad« existiert nicht!

Die Offiziere des Militärischen Abschirmdienstes wollten die Tatsache gestrichen wissen, daß im Yom-Kippur-Krieg ein Kommando der 13. Flottille eine Unterwasseranlage im Seegebiet vor Beirut zerstörte. Sie gestatteten mir zu schreiben, daß eine militärische Unterwassereinrichtung gesprengt wurde, verboten mir jedoch, zu beschreiben oder zu erklären, wie das Unternehmen durchgeführt wurde. Ich erläuterte ihnen, daß die Ergebnisse des Unternehmens in den arabischen Medien veröffentlicht worden waren. Daher war es dem Gegner klar, daß es nicht der »Heilige Geist« war, der die Anlagen beschädigt hatte. Es gelang mir nicht, die Zensoren zu überzeugen, so daß ich das Unternehmen in der hebräischen Version des Buches nicht beschreiben konnte. Jetzt ist seine Veröffentlichung genehmigt und der englischsprachige sowie mit dieser Ausgabe auch der deutschsprachige Leser darf jetzt auch diese geheim gehaltene Operation erfahren. Doch mir wurde nur erlaubt, von einer »Fernmeldeanlage unter Wasser« zu schreiben, und ich stelle meinen Lesern anheim zu vermuten, um was es sich handelte. [A.d.Ü.: Der Übersetzer hat mit der Verwendung des Begriffs »Unterwasserkabel« dies für den deutschen Leser vermutet.]

Vollständiges Stillschweigen sollte über die Aktivitäten der Flottille in Verbindung mit dem Mossad gewahrt werden – als ob der Mossad unbekannt wäre oder niemand von der Versenkung der LINO im italienischen Hafen Bari gelesen hätte. Als Kompromiß wurde mir gestattet, über einige der Ereignisse zu berichten – aber durch Umschreibung. So schrieb ich über den Tod von Abu Jihad, die Versenkung der MOON LIGHT, die Beschädigung des »Rückkehrschiffes« und über andere Ereignisse – auf der Grundlage ausländischer Quellen und ohne Israels Beteiligung einzuräumen.

Ich ersuchte um die Erlaubnis, über getarnte Schiffe zu schreiben. Mein Ersuchen wurde mit der Begründung abgelehnt, daß ich Einsatzverfahren offenbaren würde. Dies trotz der Tatsache, daß dieselben Zensoren mir erlaubt hatten, über den Erwerb eines kleinen Bootes 1948 durch Israel zu berichten, das getarnt in ägyptische Häfen eindringen sollte, um einen Kampftrupp aus seinem Laderaum steigen zu lassen. Ich hatte die Erlaubnis zu berichten, daß Israel 30 Jahre zuvor getarnte Fischerboote benutzt hatte. Die Zensoren ignorierten die Tatsache, daß der Einsatz getarnter Boote und Schiffe als »Trojanische Pferde« allgemeiner Geflogenheit entspricht.

Das Problem der Geheimhaltung besteht nicht darin, ob wir diese Methode benutzen, sondern eher darin, wo und wie sie zur erneuten Anwendung gelangt. Ich fuhr fort, mich mit den Zensoren auseinanderzusetzen, sogar noch nachdem die hebräische Version des Buches veröffentlicht war. Nunmehr, nachdem noch nicht einmal ein Jahr vergangen und das Unternehmen »Trojanisches Pferd« erlaubt worden ist, wiederum zum Nutzen meiner englisch- und deutschsprachigen Leser.

Nicht gestattet ist die Veröffentlichung von Einsatzmethoden, wie sie auch die »Intifada-Kinder« anwenden!

Das Problem mit dem »Enthüllen von Einsatzverfahren« erreichte lächerliche Ausmaße. Die Tatsache, daß ein Hinterhalt aus einem Warn- und einem Beschießungstrupp bestand, wurde gestrichen. Die Zensoren ließen außer acht, daß sogar die »Intifada-Kinder« derartige Methoden angewendet hatten. Ich schrieb, daß Schiffe Westkurs steuerten, und die Zensur strich die Richtungsangabe. Ich schrieb, daß jedem Unternehmen ein »Einsatzplan« zugrundelag: Gestrichen!

Ich durfte schreiben, daß die FMB's passives Radar (Radarbeobachtung) hatten – das schon seit Jahren existierte –, aber ich durfte über diese Tatsache bei Unterseebooten nicht berichten. Ich schrieb, daß ein Unterseeboot vor der syrischen und der ägyptischen Küste operierte, worauf »syrisch« der Streichung anheimfiel – als ob ein Unterseeboot nur Südkurs steuern konnte. Ich schrieb, Fotos wurden durch das Sehrohr gemacht: mit einem dicken Strich ausgelöscht – schließlich machen wir keine Fotos. Das Verhalten der Zensoren war seltsam, als ob der Gegner glaubte, U-Boote wären zum Unterwasserfischen da. Jeder intelligente Mensch kann sich denken, daß nachrichtendienstliche Operationen eine Hauptaufgabe für Unterseeboote sind. Daher ist die Tatsache, daß sie die

Küsten und Einheiten des Gegners optisch und durch Funk aufklären, kein Geheimnis. Das Geheime besteht nur darin, wann, wo und wie sie in Zukunft Aufklärung durchführen.

Die Worte »Einrichtungen als Minenfalle« fielen der Streichung zum Opfer. Sie durften erst verwendet werden, nachdem ich einen Aufsatz gelesen hatte, in dem der Generalstabschef – Raful – davon sprach, daß wir in Jordanien aus Büchsenfleischdosen hergestellte Minenfallen zurückzulassen pflegten, da die Terroristen dieses Nahrungsmittel mochten. Gestrichen wurde auch die Tatsache, daß Sabotage-Sprengladungen von See her durch Fernzündung aktiviert wurden – als ob es Fernzündung nur an Land gäbe. Ich schrieb über das Versenken von Schiffen der Terroristen und wurde ersucht, ihre Namen zu löschen, »damit die Versicherungsgesellschaften die Marine nicht verklagen konnten«. Daraufhin erkundigte ich mich, ob die Eigentümer von Häusern, die durch Luftangriffe Schäden erlitten hätten, Israel verklagt hatten. Ich berichtete über den kriegsmäßigen Einsatz von Infrarotgeräten, woraufhin der Absatz gestrichen wurde – als ob wir noch Semaphore gebrauchten.

Das Verwenden der Bezeichnungen für Einheiten war interessant. Manchmal billigten dies die Zensoren und manchmal nicht. Die hinter ihrem Handeln stehende Logik war ich nicht imstande zu begreifen. Genauso wenig konnte ich ihr Überwachen der Decknamen für vergangene Unternehmen ergründen. Warum war gestattet, »alles« über eine Operation zu berichten, ihren Namen ausgenommen, der geheim blieb? Ich schrieb über ein »Zaharon«-Boot, dessen Bild und Namen in einer inoffiziellen Marinezeitschrift veröffentlicht worden war. Die Zensur strich den Namen. Als ich es leid war, mit den Zensoren weiter zu streiten, änderte ich den Namen in »Sinkeron« – mich an den Untergang der beiden »Zaharon«-Boote während der Operation »Frieden für Galiläa« erinnernd.

Es gab zeitweilige Streichungen; darunter auch das Ersuchen an mich, das Schlachten eines Schafes während der Ausbildung von Kommandoangehörigen der 13. Flottille in den 50er Jahren auf den griechischen Inseln nicht zu erwähnen – eine Tatsache, die damals in der Presse stand. Ich wurde gebeten, diesen Vorfall zu streichen, um die Beziehungen zwischen Israel und Griechenland nicht zu belasten, als die Regierung die Erlaubnis erhielt, in griechischen Gewässern nach dem Unterseeboot DAKAR zu suchen. Ich frug, ob dies nicht eine gute Gelegenheit wäre, die Geschichten der Bibel über die Kriege mit Griechenland zu zensieren – um die Griechen nicht zu verärgern.

Ein weiteres Problem stellte der Abschnitt über die Ausbildung für den Fall der Gefangennahme dar. Ich wurde ersucht, ihn wegzulassen, um »die Gefühle der jüdischen Mütter nicht zu verletzen«, sobald sie erfuhren, was offiziell ihren Kindern angetan wurde. Sollte der Abschnitt deswegen der Zensur zum Opfer fallen? Oder eher infolge der Vorfälle, bei denen Soldaten als Folge übertriebener Schläge Verletzungen erfuhren und ins Lazarett gebracht werden mußten oder weil sie Nervenzusammenbrüche erlitten hatten. Nur eine Handvoll Männer mußte sich dieser Ausbildung unterziehen – jene, deren Chancen in Gefangenschaft zu geraten, offensichtlich höher und die Träger bedeutenderer »Geheimnisse« waren. Doch eine Untersuchung aller Fälle der Gefangenschaft von Soldaten der IDF in allen Kriegen zeigt, daß es sich zumeist um »einfache« Soldaten handelte, die nicht auf die Gefangennahme »vorbereitet« waren. Verhielten sie sich nach der Gefangennahme anders als jene, die darauf vorbereitet worden waren? Wurden sie anders »behandelt«, weil es sich um »einfache« Soldaten handelte? Wurde diese Tatsache nachgeprüft? Wurde beschlossen, auch den einfachen Soldaten »beizubringen«, wie sie sich in Gefangenschaft verhalten sollten?

In meinen Darlegungen verwies ich auf alle zensierten Abschnitte, darunter auch auf einen Passus, in dem ich die Tötung eines ägyptischen Kriegsgefangenen während der Adabiya-Operation diskutierte. Ich stimmte nicht mit den Argumenten der Zensoren überein, das nationale Ansehen und das Vorenthalten solcher Informationen gegenüber der israelischen Öffentlichkeit betreffend, die sie als »zu hart« ansahen, um hingenommen zu werden. Ich schrieb:

»Wer weiß besser als Sie, die Zensoren, über ähnliche, wenn nicht sogar schlimmere Vorfälle Bescheid? Ich veröffentliche sie nicht, weil ich weniger Verantwortungsgefühl als Sie hätte. Die Kämpfe, die ich beschrieben habe, hatten zum Ziel, so viele Soldaten wie möglich zu töten. Die Kriegshistorische Abteilung der IDF bezog sich auf diesen Vorfall und sie hatte recht damit, da sie sich mit dem moralischen Dilemma befaßte, dem sich jede Sondertruppe gegenübersieht – und es gibt keinen Grund, dies zu zensieren.«

Die Zensur billigte den Abschnitt. Ich war froh, daß wir den Vorfall diskutieren konnten, um hieraus zu lernen.

Verändern der »13« als Nummer der Flottille? – Der »Schwangere Affe« ist zufrieden!

Meine »Schlacht« mit den Offizieren des Militärischen Abschirmdienstes und mit den ehemaligen Flottillenchefs zog sich über viele Monate hin. Die letzteren bewegten gemischte Gefühle. Einerseits wollten sie die Veröffentlichung des Buches, während sie andererseits die persönlichen Auseinandersetzungen und die Nachwirkungen fürchteten, die folgen würden.

Nach erschöpfenden Zusammenkünften blieben drei Sachverhalte zur Genehmigung übrig. Um den ersten kämpfte ich, über den zweiten lachte ich und beim dritten gab ich nach – und hatte unrecht.

Erstens kämpfte ich um die Erlaubnis, über die Marineoperation im Sudan zu berichten. Das Problem betraf den Mossad. Ich war nicht imstande, die Zensoren von der Freigabe der Schilderung zu überzeugen. Sie machten geltend, ich »enthülle Methoden« und ließen außer acht, daß Israel in den 40er Jahren unter Verwendung derselben Methoden »Holocaust«-Überlebende nach Palästina gebracht hatte.

Ich hatte die Befürchtung, daß dieses Ringen die Veröffentlichung des Buches hinauszögern könnte, und war gezwungen, diese Ereignisse unter Verwendung ausländischer Quellen sowie als Vermutungen zu veröffentlichen. Mit anderen Worten, ich bin sicher, die Zensoren vollzogen keine Gratwanderung, als Premierminister Menachem Begin gegenüber der Presse erklärte: »Wir retteten aus Port Sudan Juden!«

Nach der Veröffentlichung des Buches bat ich einen Freund, den Rechtsanwalt Arieh Virnik, sich mit der Angelegenheit zu befassen. Seine verschleierte Drohung mit einer Verfügung des obersten Gerichtes führte zur Freigabe des großen »Geheimnisses« mit einer Einschränkung, die nicht länger als einen Tag überdauerte: Ich sollte statt des Begriffes »Mossad-Agenten« die Bezeichnung »Einwanderer-Agenten« verwenden – als ob es das »Einwanderungs-Institut« aus der Zeit vor der Gründung des Staates Israel noch gäbe. Als ich über diese Operation in der Presse berichtete, schlug ich vor, der jährlich vergebene Israel-Preis sollte an jene gehen, die daran beteiligt waren. Ich legte sogar eine offizielle Empfehlung vor, den Mossad, die Marine und die Luftwaffe – seit vielen Jahren an einer beträchtlichen Anzahl von geheimen und offenen Einwanderungsoperationen beteiligt – mit dem Preis auszuzeichnen. Somit sind die Leser dieses Buches in der Lage, die volle Geschichte zu lesen.

Zweitens ging es um die Nummer der Flottille. »Sie werden die als geheim eingestufte Nummer nicht veröffentlichen!« – Eine lächerliche Forderung. Wenn dies seine Richtigkeit hatte, warum wurde sie dann nicht jeden Monat geändert? Was gab es für einen Unterschied zwischen den folgenden Bezeichnungen: »Kommandoeinheit der Marine«, »Eliteeinheit der Marine«, die »Crème de la crème«, »13. Flottille« oder irgendeinem anderen »geheimen Namen«?

Ich bin sicher, es gibt Einheiten, deren Identität als geheim eingestuft werden sollte. Doch warum die Nummern von Einheiten verbergen, die jahrelang unverändert bleiben und schließlich allgemein bekannt

Der Verfasser (links) erhält vom Befehlshaber der Marine, Konteradmiral Ami Ayalon, eine ehrenvolle Erwähnung. Anfang 1996 wurde Konteradmiral d.R. Ayalon nach der Ermordung des israelischen Premierministers Rabin zum Leiter der »Shabak« – der Sicherheitsdienste – ernannt.

sind? Vieleicht wegen des »Mythos«? Nach meinem Verständnis dienen die Nummern von Einheiten wie Namen der Bequemlichkeit. So sagen wir statt »Sol Adlers Sohn« einfach »Mike« und statt »FMB-Flottille« einfach »xte Flottille«. (Anm. d. Verfassers: Die Nummern existieren seit etwa 30 Jahren, der Gegner kennt sie, aber die Zensur weigert sich, dies anzuerkennen.)

Als ich einen Aufsatz fand, in dem die als geheim geltende Nummer »13« auftauchte, war ich froh; denn wie sollte eine Nummer nach den Worten des Militärischen Abschirmdienstes »ernsthaften Schaden« verursachen, wenn sie veröffentlicht war? So gab ich keinen Kommantar ab, während sie weiterhin beharrten: »Wir untersagen eine Veröffentlichung!« Ich wußte, sie konnten eine Wiederveröffentlichung nicht verhindern. Die Offiziere des Militärischen Abschirmdienstes hatten die Nummer etwa 40 Jahre lang gehütet und die Weitergabe dieser Aufgabe wie ein persönliches Geheimnis gehandhabt. Sie hatten sich in sie verliebt und lehnten es ab, sie mit jemand zu teilen - und sie war das Symbol der Auseinandersetzungen. In der abschließenden Diskussion wurde ich – in einer Art Verzweiflung oder unerklärbarer Gefahr – ersucht, die Nummer nicht zu veröffentlichen, da der »Befehlshaber der Marine sie sonst würde ändern müssen«. Darauf erwiderte ich:

»Soll er sie ändern. Es ist schließlich nur eine Nummer. Außerdem beruht sie auf der Tradition, auf dasselbe Datum zu trinken, und was das Erheben des Glases anbetrifft, so war dies der Tod mehrerer Kommandoangehöriger. Soll er sie in 18. Flottille umbenennen.« (In hebräischen Buchstaben bedeutet die Zahl 18 das Symbol des Lebens.)

Das war ihr Problem: kein Mittel der Kriegsführung, keine geheimen Einsätze, keine einzigartigen Kampfmethoden – aber der Mythos der Nummer 13, die ich stolz auf den Einband meines Buches plazierte.

Der dritte Sachverhalt bedeutete das Ersuchen an mich, nicht zu erwähnen, daß die Marine mich unterstützt hätte, und mich nicht bei der Marine für die Unterstützung zu bedanken – auf diese Weise könnte der Gegner nicht erkennen, daß es sich um ein »ernstes« Werk handelt, und »nicht jeder könnte Unterstützung fordern«. Für mich war dies lächerlich; jeder intelligente Leser würde wissen, daß ich offizielle Unterstützung erhalten hatte, und jedermann weiß, daß die Streitkräfte nicht jedem Ersuchen zugestimmt haben. Doch ich gab ihnen nach. Meine Entscheidung sollte sich später gegen mich wenden: Diejenigen, die mein Buch verwarfen, behaupteten, es wäre nicht wahr. Höhere Offiziere der Marine rollten die Augen und meinten: »Wir haben es nie gelesen, wir kennen es nicht, wir wurden nie befragt!« – Sie glichen den berühmten drei klugen Affen. Ich sah von ihnen einmal ein Poster, das den Militärischen Abschirmdienst verspottete. Neben den drei Affen stand noch einer, ein schwangerer – und neben den drei Affen stand ihr Wahlspruch: »Nichts Übles hören! Nichts Übles sehen! Nichts Übles sagen!«

So erschien mein Buch in hebräischer und in englischer Sprache – und nun auch in deutsch. Vielleicht sind die Affen traurig, aber der schwangere ist zufrieden: Seine volle Geschichte ist veröffentlicht worden – und er muß sich vor nichts schämen.

Epilog

Ist dies das Ende der Geschichte?

Die 13. Flottille war ein kleines Guckloch, durch das ich auf den Staat Israel und seine Marine blickte – eine offensive Marine, die nicht auf das Erscheinen des Gegners vor der eigenen Küste wartet. Von 1948 bis zu dem Zeitpunkt, an dem ich das Buch schrieb, führte die israelische Marine über 500 See- und Landoperationen durch, in derem Verlauf rund 50 Schiffe des Gegners versenkt wurden – darunter 17 Kriegsschiffe.

Ich habe meine Aufmerksamkeit hauptsächlich auf präventive Aktionen und außergewöhnliche Konfrontationen gerichtet. Es sollte daran erinnert werden, daß es Hunderte bei weiteren Anlässen gab: Patrouillen, Aufklärungsunternehmen, nachrichtendienstliche Einsätze usw. Hinter diesen Aktivitäten standen Tausende von Seeleuten und Mechanikern, die sich den Gefahren der stürmischen See gegenübersahen, in glühender Sommerhitze und in eisigen Nächten unterwegs waren und nur in den Hafen einliefen, um erneut auf der Suche nach dem Gegner auszulaufen.

Mein Buch handelt von »positiven Individualisten«. Einige sind zur Ruhe gekommen, andere suchen noch immer nach Aufregung. Manche diskutieren ständig über vergangene Unternehmungen, über die starken Befürchtungen, die sie hegten, und über ihre Fähigkeiten fachlicher und kämpferischer Natur. Je höher sie auf der Rangleiter nach oben stiegen, um so einzigartiger war ihre Persönlichkeit und desto stärker erwies sich ihr Selbstvertrauen – aber um so größer waren auch ihre Rivalitäten und ihre Anstrengungen. Die meisten von ihnen waren froh, ihre Kameraden zu loben, und fürchteten sich nicht davor, ihre Fehler zuzugeben. Ein paar von ihnen versuchten, allen Ruhm für sich zu beanspruchen.

Ich weiß, daß sich die Kommandotruppe der 13. Flottille nicht von anderen Soldaten an der Front unterschied. Doch die Geschichte der 13. Flottille unterscheidet sich von der vieler anderer Eliteeinheiten in einem wichtigen Bereich: dem Schauplatz der See, der die Myriaden von Problemen, die solche Einheiten charakterisieren, sogar noch extremer erscheinen läßt.

Das Buch enthält eine Anzahl von Themen, die von Fragen begleitet werden: Was ist vorzuziehen, ein Krieg »um jeden Preis« oder ein »mit aller Klugheit« geführter Krieg? Was zieht einen jungen Mann an, um zu einer geheimen »Selbstmord«-Einheit zu gehen? Einige von ihnen mit einem sehr hohen Image von sich selbst suchten nach Schwierigkeit und Gefährlichkeit, danach strebend, ihre Fähigkeiten und ihre Persönlichkeit zum Ausdruck zu bringen. Andere wiederum mit einem sehr geringen Selbstverständnis verspürten den Wunsch, sich selbst – und der Gesellschaft – zu beweisen, wozu sie fähig waren. Mit anderen Worten, ihr Kampf für die Sicherheit ihres Landes war auch ein Kampf für ihr eigenes Selbstvertrauen. Wieder andere stießen »gerade mal so« hinzu, wie alle, die ohne groß nachzudenken, solchen Einheiten beitraten.

Die Kombination aus Geheimhaltung und Mythos faszinierte mich. Daher wollte ich wissen, ist Geheimhaltung wirklich ein Statussymbol – »je mehr Geheimes um mich ist, desto bedeutender werde ich«? Weiterhin frug ich mich, ob Geheimhaltung die Besseren und Wertvolleren davon abhielt, zu dieser Einheit zu gehen. Wie konnten sie – die einfacheren Gemüter – sich schließlich in eine Einheit einfügen, die derart wundersame Taten durchführt, daß niemand darüber spricht?

Ich befaßte mich mit den Unfällen bei der Ausbildung und frug mich, ob Geheimhaltung Fehler verschleiert, die sich später nicht mehr ereignet hätten, wären sie damals aufgedeckt worden. Die Tatsache, daß Sicherheitsvorschriften mit Blut geschrieben wurden, beschäftigte mich. Daher frug ich mich auch, ob die Persönlichkeit der Elitekämpfer mehr Unfälle verursacht, weil sie bei den Unternehmen ebenfalls ein höheres Wagnis auf sich nehmen? Ich stellt mir die Frage, was halten die Angehörigen der Kommandotruppe von Orden und ehrenvollen Erwähnungen? Ergänzend stellte ich mir weitere Fragen: Warum glaubten die »hungrigen Löwen«, Gefechte wurden direkt für sie gemacht? Die Beiträge der einzelnen Flottillenchefs über die Generationen hinweg und wie sie ihre Einheit voranbrachten, war Thema einer weiteren Untersuchung, die ich anstellte. Ich erfuhr hierbei etwas über die Rivalität zwischen den einzelnen Kommandoeinheiten und wollte gerne wissen, ob sie negativ und destruktiver oder positiv und konstruktiver Art war. Zudem beschäftigte ich mich mit den geführten Kriegen und frug mich, ob es Gelegenheiten gab, bei denen Politiker auf die Durchführung von Unternehmen durch Eliteeinheiten drängten. Ich zog in Zweifel, daß die Kommandounternehmen im Abnutzungskrieg unvermeidlich waren, und bezweifelte auch, daß der Tod ihrer Soldaten in dem einen oder anderen Befestigungswerk das ägyptische Oberkommando beeinflußte. Hatte dies Auswirkungen auf die Kämpfe an der Front und auf politische Entscheidungen? Ferner wollte ich wissen, wie die Kommandotruppe das Image der Marine beeinflußte und ob es zwischen der ersteren und der letzteren einen wesentlichen Unterschied gab. Ich stellte mir die weitere Frage: Gab es einen Unterschied zwischen der Versenkung der AMIR EL FAROUK im Jahre 1948 – während eines Waffenstillstandes –, auf die die israelische Marine so stolz war, und der Versenkung des Zerstörers EILAT während des Abnutzungskrieges – von der die Marine behauptete, die Angreifer hätten wie die »Diebe in der Nacht« gehandelt?

Immer weitere Fragestellungen kamen hinzu. Ich kenne nicht immer die Antworten und in vielen Fällen – bleibt es bei der Frage.

Die von mir befragten Angehörigen der Kommandoeinheit kooperierten mit mir und berichteten mir offen von ihren Erfolgen und Fehlschlägen. Ich hoffe, diese Offenheit – für die ich dankbar bin – war nicht zu ihrem Nachteil. Es ist schwierig, die »Geschichten von …« zu schreiben, und sogar noch schwieriger, die »Wahrheit« zu erfassen. Da gibt es diejenigen, die sich nicht erinnern, solche, die fantasieren, und es gibt sogar jene, die offizielle Berichte erfinden, um ihre eigenen Fehler zu überdecken. Ich gab mir alle Mühe, die Ereignisse so zu beschreiben, wie sie sich tatsächlich ereigneten, und erfuhr, daß es zuweilen bei jedem Ereignis mehrere Wahrheiten geben kann. Ich lernte auch, daß der einfache Grundsatz »Der Erfolg hat viele Väter, aber der Mißerfolg ist ein Waisenkind!« in dieser Einheit ebenfalls seinen Platz hat.

Während der Arbeit an diesem Buch erhielt ich die Bestätigung für etwas, das ich schon seit vielen Jahren gewußt hatte: Es gab keine »Supermänner« – Yochai Ben-Nun, Shaul Ziv, Ami Ayalon und ihre Kameraden waren allesamt sterblich und verspürten, wie wir alle, Furcht, Liebe und Haß. Wie die gesamte übrige Bevölkerung waren die meisten von ihnen wahrheitsliebend und einige wenige verbreiteten Lügen. Nichtsdestoweniger hat es in ihrem Fall den Anschein, als ob der Hang zum Streit sowie Liebe, Haß und Frechheit bei ihnen stärker als bei den anderen ausgeprägt war.

Soweit es mir möglich war, habe ich versucht, die richtigen Namen zu benutzen, aber meine Leser sollten mir vergeben, wenn ich in einigen Fällen gezwungen war, Decknamen zu benutzen – um jene zu schützen, die noch immer aktiv sind. Ich mag auch hin und wieder einem Irrtum unterlegen sein; hierfür entschuldige ich mich im voraus.

FKpt.d.R. Yehuda Goshen schrieb mir einige Zeilen, die nach meinem Dafürhalten ein geeignetes Schlußwort zu diesem Buch abgeben:

»Meine „Besessenheit“ mit der israelischen Marine begann in meiner Kindheit und dank ihr war ich imstande, die psychischen und physischen Widerwärtigkeiten durchzustehen. Nur eine Art Vision oder Traum verschaffte mir die Motivation, um dem langen Weg die Stirn zu bieten. Ich sah mich nicht als Berufssoldat, aber die Freude, zu einer Kommandotruppe zu gehören, im Mittelpunkt der Ereignisse zu stehen und von Zeit zu Zeit Nachrichten zu erzeugen, gab mir genug emotionellen Antrieb, um mir zu gestatten, das „normale“ Leben aufzugeben und an schwierigen und gefährlichen Aktivitäten teilzuhaben. Ich mochte diese Aktivitäten; denn sie stellten für mich – und ich glaube auch für meine Kameraden – die größte Motivation dar, nicht unbedingt eine weitere patriotische Geschichte. Doch wie alles Gute im Leben endet auch der „Spaß“, während wir noch verhältnismäßig jung sind, und so ging auch die faszinierende Zeitspanne meines Lebens zu Ende.«

Goshen setzte hinzu, daß am Ende des Zweiten Weltkrieges die Mutter von Winston Churchill zu ihm gesagt hätte: »Es wird stets Kriege geben – weil ihr Männer sie liebt!«

In meiner Jugend wollte ich wie viele andere auch jeden Satz mit einem Ausrufungszeichen beenden – mit großer Entschiedenheit. Je älter ich wurde, so lernte ich, desto weniger wußte ich und um so mehr frug ich. Daher möchte ich der Aussage von Churchills Mutter, der ich neige zuzustimmen, die Frage anfügen: »Stimmt dies?«

Während ich dieses Buch schrieb, fand eine beträchtliche Anzahl von Ereignissen statt – realer als sich jedermann vorstellen kann. Wer hätte gedacht, daß ich die Gelegenheit erhalten würde, Kapitän 2. Ranges (FKpt.) Valery Zlichnok zu befragen – einen ehemaligen Kommandanten eines sowjetischen Unterseebootes und früheren Kommandeur einer Kommandoeinheit der sowjetischen Marine, Militärberater in Syrien und Ägypten in zwei Kriegen, der im Sechs-Tage-Krieg durch ein israelisches Motortorpedoboot in Port Said verwundet wurde? Nach dem Interview mit ihm schrieb ich, dieses Gespräch zeige, daß der Tag kommen wird, an dem in unserem Teil der Welt Frieden herrschen würde. Mir wurde gesagt – dies sei ein unmöglicher Traum. Doch auch Valery Zlichnok, der Kommunist, der nicht ahnte, daß er Jude war, als er gegen Israel kämpfte, hätte nicht gedacht, daß er eines Tages nach Israel als ein stolzer Angehöriger seines Glaubens kommen würde. Als ich mit ihm ein Interview führte, konnte ich mir nicht vorstellen, daß es mir vergönnt war zu erleben, daß Präsident Clinton auf dem Rasen des Weißen Hauses Itzhak Rabin und Yasir Arafat veranlassen würde, sich die Hand zu reichen, nachdem sie ein Dokument unterzeichnet hatten, das uns auf die Straße zum Frieden brachte.

Seither sind Teile israelischen Landes der palästinensischen Selbstverwaltung übergeben worden. Terroristen, die wir einst über die Läufe unserer Gewehre gewohnt waren zu sehen, sind unsere Partner geworden.

Die 13. Flottille erfüllt ihre Aufgaben weiterhin. Im Juli 1993 setzte die IDF ihre gesamte Stärke ein, um die Terroristen im Libanon im Rahmen der Operation »Din Vehesbon« (Endgültige Gerechtigkeit) zu bekämpfen. Schlagzeilen meldeten Vorstöße der 13. Flottille gegen Ahmad Jibrils Stützpunkt in der Nähe von Tripoli und Fotos von »Snunit«-Booten wurden veröffentlicht. Diese Publizität war ungewöhnlich, denn über viele Jahre hinweg wurde nur von einer »Eliteeinheit« gesprochen, ohne ihre Bezeichnung zu erwähnen. 1995 ereignete sich bei der 13. Flottille ein Tauchunfall und die Ergebnisse der Untersuchung wurden veröffentlicht. Diese Geschehnisse bewiesen, daß die Marine endlich ihre Lektion gelernt hatte – vielleicht war dies

auch ein wenig meinem Buch zu verdanken. Es lag keine Logik darin, Geheimnisse einzig und allein als Statussymbol zu bewahren, und die israelische Öffentlichkeit hatte ein Recht darauf, das zu erfahren, was jedem bekannt war. Daher lag auch keine Logik darin, Unfälle zu verschweigen – denn früher oder später würden die Fakten bekannt werden.

Noch im selben Jahr unterzeichneten Israel und Jordanien ein Friedensabkommen. Kurze Zeit nach der Ermordung des israelischen Premierministers Itzhak Rabin wurde 1996 Konteradmiral d.R. Ami Ayalon zum Leiter der »Shabak« – der Sicherheitsdienste – ernannt. Er ist der erste Marineangehörige, der in diese Position berufen wurde. Michael Abir wird bald seine Amtszeit als Chef der 13. Flottille beenden; er ist als Divisionskommandeur vorgesehen. Freunde sind der Meinung, er strebe nach dem Posten des Generalstabschefs. Nunmehr kann kein Zweifel mehr daran bestehen: Die 13. Flottille war zu einem integrierten Teil der IDF und im Leben des Landes geworden.

Am 26. März 1996 – dem Tag der Unterzeichnung des Friedensvertrages mit Ägypten und zugleich meines 50. Geburtstages – beendete ich die Arbeit an der Herausgabe der englischsprachigen Version dieses Buches. Im Norden gab es Kämpfe und die Gegner des Friedensvertrages verübten Selbstmord-Anschläge – ein unmoralisches Handeln, charakteristisch für Schwächlinge. Kommandos der 13. Flottille waren erneut im Libanon eingesetzt und führten Hinterhaltunternehmen im Rahmen der Operation »Invay Za'am« (Trauben des Zorns) durch.

Ich bin von Natur aus ein Optimist. Deshalb habe ich dem Epilog die Überschrift gegeben: »Ist dies das Ende der Geschichte?«

Quellen

Bibliographie

1. KptzS.d.R. Mike Eldar »The Enemy and the Sea«, Verteidigungsministerium, Israel 1991.
2. KptzS.d.R. Mike Eldar »Unit 424 – Shaked Special Force«, »Shaked«-Veteranenvereinigung, 1994.
3. Yosef Dror »The Naval Commando«, Verteidigungsministerium, Israel 1985.
4. Zrubavel Gilad »The Palmach Book«, Die *Palmach*-Veteranenvereinigung, 1950.
5. Zeev Schiff/Eitan Haber »Lexicon of Israeli Security«, Zmora Bitan, Israel 1976.
6. E. & M. Talmi »Lexicon of Zionism«, Ma'ariv, Israel 1976.
7. General Dr. Mustafa Tlas (Hrsg.) »The Israeli Invasion of Lebanon«, Verteidigungsministerium, Israel 1988.
8. Zeev Schiff/Ehud Ya'ari »The War of Deception«, Shocken, Israel 1984.
9. Eliezer Cohen (Cheeta)/Zvi Lavi »The Sky is not the Limit«, Ma'ariv, Israel 1990.
10. Meron Tzur »Mocca Limon«, Ma'ariv, Israel 1988.
11. Rafael Eitan »Raful – A Soldier's Story«, Ma'ariv, Israel 1991.
12. Zeev Schiff »Earthquake in October«, Zmora Bitan, Modan 1974.
13. Avraham Adan »On Both Banks of the Suez«, Idanim, Israel 1979.
14. Eliezer Tal »Naval Operations in the Israel War of Independence«, Verteidigungsministerium, Israel 1964.
15. Chaim Herzog »The War of Atonement«, Idanim, Israel 1975.
16. Benjamin Gafner »A Picture Story of the Sinai Campaign«, Lador, Israel 1956.
17. R. & W.S. Churchill »The Six Day War«, Massada, Israel 1967.
18. »The Six Day War Album«, Verteidigungsministerium, Israel 1967.
19. »1000 Days – 12 June 1967-8 August 1970«, Verteidigungsministerium, Israel 1970.
20. »From Ben-Gurion's Diary – The War of Independence«, Verteidigungsministerium, Israel 1970.
21. David Ben-Gurion »The Man and the Army«, Verteidigungsministerium.
22. Yossi Gamzo »Fire on the Water«, Verteidigungsministerium.
23. »Carta's Atlas of Israel: The First Years, 1948-1961«, Carta, Jerusalem.
24. »Navy Vessels Album«, Israelische Marine, Israel 1992.
25. »The Hebrew Encyclopedia«.
26. Marine- und Heeres-Zeitschriften.

Archive

Die *Hagana*; die Marine; die IDF; Yad Tabenkin; Ma'ariv; das Museum »Einwanderung und die Marine«; die Historische Abteilung der IDF.

Fotos

The »Bat« Society Photograph Collection;
Unit 707; Dita Perach; Shaul Ziv; Amnon Ben-Zion;
Izzy Rahav; Avrum Shavit; Uzi Livnat; Gadi Kroll
und andere.

Abkürzungsverzeichnis

A (Auxiliary Ship)	Kennung für Hilfsschiff
a.D.	außer Dienst
Adm.	Admiral
APC (Army Personnel Craft)	Landungsboot des Heeres
B.A. (Bachelor of Arts)	Bakkalaureus (niedrigster akademischer Grad) der philosophischen Fakultät
BBC (British Broadcasting Corporation)	öffentlich-rechtliche britische Rundfunkanstalt
BRT	Bruttoregistertonne (Maßeinheit zur Vermessung von Handelsschiffen)
Cdr. (Commander)	Fregattenkapitän
CIA (Central Intelligence Agency)	(am.) geheimer Nachrichtendienst (US-Geheimdienst)
CID (Criminal Investigation Department)	(brit.) Kriminalpolizei
DC (District of Columbia)	Bundesdistrikt der USA mit der Hauptstadt Washington
D-Day	Tag des Beginns einer Operation (dt. X-Tag), oft nur auf den 4. Juni 1944 (alliierte Landung in der Normandie) bezogen
d.R.	der Reserve
FAC (Fast Attack Craft)	Schnelles Angriffsboot = allgemeine Bezeichnung für Schnellboote mit Torpedo-, Artillerie- oder FK-Bewaffnung
FGB (Fast Gun Boat)	Schnellboot mit Artilleriebewaffnung
FK	Flugkörper
FKpt.	Fregattenkapitän
Fla	Fliegerabwehr
Flak	Fliegerabwehrkanone
FltlAdm.	Flottillenadmiral
FMB (Fast Missile Boat)	Schnellboot mit FK-Bewaffnung
ID-Card (Identification Card)	Personalausweis
IDF (Israeli Defence Force)	(israel. »Zahal«) Israelische Verteidigungsstreitkräfte
KKpt.	Korvettenkapitän
kn	Knoten: Seemeile (1853 m) pro Stunde
Kptlt.	Kapitänleutnant
KptzS.	Kapitän zur See
LC (Landing Craft)	Landungsboot
LCT (Landing Craft, Tank)	Panzerlandungsboot

LCVP (Landing Craft, Vehicle/Personnel)	Landungsboot für Fahrzeuge/Personen
Lkw	Lastkraftwagen
LST (Landing Ship, Tank)	Panzerlandungsschiff
LtzS.	Leutnant zur See
M.A. (Master of Arts, Magister Artium)	Magister (akad. Grad) der freien Künste
MAS (Motoscafo Anti-Sommergibili)	(ital. Kennung für kleines Schnellboot zu U-Jagd) 10. MAS-Flottille (Decima Flottiglia MAS): Deckname für die Kommandoeinheit der ital. Marine im 2. Weltkrieg
MEZ	Mitteleuropäische Zeit
MG	Maschinengewehr
MGB (Motor Gun Boat)	(brit.) Kennung für Schnellboot mit Artilleriebewaffnung
MIG-Jäger	Mikojan: sowj./russ. Flugzeugwerk
MO (Medical Officer)	Sanitätsoffizier, Militärarzt
MTB (Motor Torpedo Boat)	(brit.) Kennung für Schnellboot mit Torpedobewaffnung, Motortorpedoboot
Oberstlt.	Oberstleutnant
Oblt.	Oberleutnant
ObltzS.	Oberleutnant zur See
Obtm.	Oberbootsmann
PB (Patrol Boat)	Patrouillenboot
P-Boot	siehe PB
PLO (Palestinian Liberation Organization)	Dachorganisation der palästinensischen Befreiungsorganisationen (1964 gegründet)
Radar (Radio Detecting and Ranging)	Funkortung und Entfernungsmessung
RAG	Raketenabschußgerät (tragb. FK-Abschußgerät)
RN (Royal Navy)	(brit.) Königliche Marine
SBS (Special Boat Squadron)	(brit.) Kommandoeinheit bzw. Sondereinsatzverband der Royal Navy
SDV (Swimmer Delivery Vehicle)	Unterwasserfahrzeug zum Transport und Absetzen von Kampfschwimmern
SEAL od. »Seal« (Sea-Air-Land)	(am.) Kommandoeinheit bzw. Sondereinsatzverband der US-Marine
sm	Seemeile (1853 m)
Sonar (Sound, Navigation and Ranging)	(am.) Schallortungsgerät
SPC (Swimmer Propulsion Craft)	Unterwassergerät zur Fortbewegung von Kampfschwimmern
t	metrische Tonne (1000 kg)
TNT	Trinitrotoluol (Sprengstoff)
ts	brit. »long ton« zu 1016 kg (heute internationale Maßeinheit für die Wasserverdrängung von Kriegsschiffen)
U-Abwehr	Unterwasser- bzw. U-Bootabwehr
U-Boot	Unterseeboot
UN (United Nations)	Vereinte Nationen
»Zahal«	siehe IDF
z.S.	zur See